G. Hauptmann
(1858–1924)

Von große
Literaturth
russischer
Dostojews
Maler: Di
Manet, R⋯
Gauguin; Wilhelm Busch als ⋯
Käthe Kollwitz macht 1893 erste Studien aus proletarischem Milieu.

1890–1933

Th. Mann
(1875–1955)

E. Lasker-Schüler
(1869–1945)

G. Benn
(1886–1956)

M. Fleißer
(1901–1974)

Impressionismus und Symbolismus (1890–1920), Expressionismus (1910–1925), Neue Sachlichkeit (1918–1933)

Literatur der Jahrhundertwende – Impressionismus und Symbolismus:
Gedichte von Max Dauthendey, Stefan George, Rainer Maria Rilke;
Thomas Mann: *Tonio Kröger*;
Hugo van Hofmannsthal: *Der Schwierige*

Expressionismus:
Gedichte von Else Lasker-Schüler, Jakob van Hoddis, Georg Trakl, August Stramm, Gottfried Benn;
Franz Kafkas Parabeln;
Georg Kaiser: *Die Bürger von Calais*

•

Literatur der Weimarer Republik – Neue Sachlichkeit:
Bertolt Brecht: *Die Liebenden*;
Erich Kästner: *Sachliche Romanze*;
Alfred Döblin: *Berlin Alexanderplatz*;
Marieluise Fleißer: *Pioniere in Ingolstadt*

Von der Jahrhundertwende bis zum Ende der Weimarer Republik
Erster Weltkrieg (1914–1918); Oktoberrevolution in Russland (1917); Zusammenbruch Deutschlands, Ende der Monarchie; Nationalversammlung in Weimar/Weimarer Republik (1919); Kapp-Putsch (1920); Ruhrkämpfe; Inflation (1923); Hitlerputsch in München (1924); „Schwarzer Freitag" an der New Yorker Börse (1929): Beginn der Weltwirtschaftskrise; Wahlerfolge der radikalen Parteien NSDAP und KPD;
die „goldenen Zwanziger" (1924–1929);
Der für die Literatur bedeutendste Denker ist Friedrich Nietzsche (1844–1900). Von großem Einfluss sind auch Sigmund Freud mit der Entdeckung des Unbewussten (*Die Traumdeutung*, 1900) und Albert Einstein mit seiner *allgemeinen Relativitätstheorie* (1915).
Bedeutende Schriftsteller: Die Franzosen Mallarmé, Baudelaire, Rimbaud und Verlaine (Symbolismus), die Amerikaner Edgar Allan Poe und Walt Whitman, der Engländer Oscar Wilde und der Italiener Gabriele d'Annunzio.
Der Jugendstil setzt sich um 1900 in Europa durch (1908 malt Gustav Klimt *Der Kuss*). Expressionistische Maler (Kandinsky, Marc, Klee, Kokoschka u.a.) geben in Ausstellungen der „Brücke" in Dresden und des „Blauen Reiter" in München ihrer neuen Auffassung Ausdruck.
Europäische Kulturzentren: Paris (Picasso, Matisse, Duchamps, Chagall) und Berlin (Otto Dix, John Heartfield), Bauhaus-Künstler in Dresden;
Film: Fritz Lang, Charles Chaplin, Sergej Eisenstein;
ab 1923 regelmäßige Rundfunksendungen;
Schönbergs 12-Ton-Musik und Jazz

J. v. Eichendorff
(1789–1857)

Romantik:
Clemens Brentano, Novalis,
Karoline von Günderode,
Joseph von Eichendorff:
Taugenichts
Heinrich von Kleist:
Amphitryon

Caspar David Friedrich als Maler der Romantik;
Musiker: Frédéric Chopin, Robert Schumann,
Franz Schubert, Ludwig van Beethoven vertont im
Schlusschor seiner 9. Symphonie Schillers *Ode an
die Freude* (1823).

1820–1850

A. von
Droste-Hülshoff
(1797–1848)

H. Heine
(1797–1856)

**Biedermeier (1820–1850),
Junges Deutschland und
Vormärz (1830–1850)**

Biedermeier:
Eduard Mörikes Gedichte;
Annette von Droste-Hülshoff:
Der Knabe im Moor;
Die Judenbuche;
Adalbert Stifter: *Der Hochwald*;
Franz Grillparzer:
Ein Bruderzwist in Habsburg
**Das Junge Deutschland und
die politische Dichtung des
Vormärz:**
August Heinrich Hoffmann von
Fallersleben: *Lied der Deutschen*;
Georg Herwegh: *Wiegenlied*;
Heinrich Heine: *Deutschland.
Ein Wintermärchen*;
Georg Büchners offenes
Drama: *Woyzeck*

**Demokratische Bestrebungen bis zur März-
Revolution in Deutschland (1848/49)**

Julirevolution in Paris (1830);
Hambacher Fest (1832):
Massendemonstration des liberalen Bürgertums;
Weberaufstand in Schlesien (1844);
Kommunistisches Manifest von Karl Marx und
Friedrich Engels (1848);
revolutionäre Unruhen in ganz Europa;
die März-Revolution in Deutschland (1848/49)
scheitert.
Industrialisierung und Technisierung
(Eisenbahn; Telegrafie; Fotografie);
Charles Darwin beginnt seine Weltreise (1831);
Nikolaj Gogol: *Der Revisor*;
Charles Dickens: *Oliver Twist*;
Maler: Ludwig Richter, Carl Spitzweg

1850–1900

Th. Storm
(1817–1888)

Th. Fontane
(1819–1898)

**Realismus (1850–1890) und
Naturalismus (1880–1900)**

Realismus:
Theodor Storm;
Conrad Ferdinand Meyer:
Der römische Brunnen;
Theodor Fontanes Erzählwerk;
Friedrich Hebbel:
Agnes Bernauer

Naturalismus:
Arno Holz: *Phantasus*
Gerhart Hauptmann:
Bahnwärter Thiel;
Vor Sonnenaufgang

**Von der gescheiterten Revolution (1848/49) bis zur
Jahrhundertwende (1900)**
Gründung des Norddeutschen Bundes unter
preußischer Führung (1866);
Deutsch-Französischer Krieg,
Gründung des Deutschen Kaiserreiches (1870/71);
Otto v. Bismarck wird deutscher Reichskanzler
(1871–1890),
Friedrich Wilhelm II. deutscher Kaiser
(1888–1918);
Aufschwung der Landwirtschaft; Entwicklung der
Kohlenförderung, der Eisen- und Metallindustrie;
Entstehung der Elektroindustrie; elektrische
Beleuchtung; Anfänge des Automobils;
Nobel erfindet das Dynamit; zunehmende
Kapitalbildung, Entstehung eines besitzlosen
Arbeiterstandes;
Gustave Flauberts *Madame Bovary* (1857) wird
einer der berühmtesten Romane seiner Zeit.

1600–1720

A. Gryphius
(1616–1664)

H. J. C. von
Grimmelshausen
(1621/22–1676)

Barock
Gedichte von Martin Opitz,
Andreas Gryphius (Sonett),
Angelus Silesius (Epigramm),
Johann Christoph Männling
(Figurengedicht);
Hans Jakob Christoffel von
Grimmelshausen:
Simplicissimus-Roman
Andreas Gryphius: *Catharina von Georgien*

Das Zeitalter der Glaubenskriege und des Absolutismus
Dreißigjähriger Krieg (1616–48);
volle Ausbildung des Absolutismus zuerst in Frankreich (Ludwig XIV., Versailles), nach dessen Beispiel in ganz Europa; auch Einfluss französischer Sitte und Sprache, insbes. in Deutschland;
barocker Kirchen- und Schlossbau;
René Descartes, Begründer des Rationalismus: Glaube an die Erklärbarkeit aller Dinge;
Niederlande sind in der Malerei führend (Rubens, van Dyck, Rembrandt).
Dichter: Shakespeare, Cervantes, Molière;
Komponisten: Johann Sebastian Bach, Georg Friedrich Händel

1720–1785

G. E. Lessing
(1729–1781)

F. Schiller
(1759–1805)

Aufklärung (1720–1785), Empfindsamkeit (1740–1780), Sturm und Drang (1767–1785)
Aufklärung:
Barthold Hinrich Brockes: *Kirschblüte*
Georg Christoph Lichtenbergs Aphorismen; Gotthold Ephraim Lessings Fabeln und Dramen (*Nathan der Weise*)
Empfindsamkeit:
Friedrich Gottlieb Klopstocks Oden
Christian Fürchtegott Gellert: *Leben der schwedischen Gräfin von G...*
Sturm und Drang:
Johann Wolfgang Goethe: *Werther*-Roman; *Faust* (Urfaust)
Friedrich Schiller: *Die Räuber*

Das Zeitalter der Vernunft
Siebenjähriger Krieg (1756–63):
Preußen – Österreich, England – Frankreich;
Friedrich der Große, Voltaire als französ. Aufklärer an dessen Hof;
James Watt erfindet die Dampfmaschine (1768), Beginn der industriellen Revolution;
allmähliche Durchsetzung der allgemeinen Schulpflicht;
1763 hört Goethe in Frankfurt Mozart (1756–1791);
Jean-Jacques Rousseau: „Zurück zur Natur!";
der Philosoph Immanuel Kant als Vollender und Überwinder der Aufklärung: *Kritik der reinen Vernunft* (1781)

1786–1835

J. W. Goethe
(1749–1832)

Klassik (1786–1832) und Romantik (1798–1835)
Klassik:
Johann Wolfgang Goethe: *Früh...*; *Wahlverwandtschaften*
Friedrich Schiller: *Nänie*; *Maria Stuart*
Friedrich Hölderlin: *Hälfte des Lebens*

Französische Revolution (1789), Aufstieg und Fall Napoleons I., Restauration (ab 1815)
Ende des Heiligen Röm. Reiches Deutscher Nation (1806);
Reformen in Preußen (Freiherr vom Stein, Wilhelm von Humboldt);
Wiener Kongress (1815);
Johann G. Fichte, Friedrich W. J. von Schelling und Georg W. F. Hegel formulieren die klass. idealistische deutsche Philosophie;
Karl F. Schinkel als klassischer Baumeister und Maler;

Schöningh

EinFach Deutsch

Geschichte der deutschen Literatur in Beispielen

Von den Anfängen bis zur Gegenwart

Herausgegeben von Johannes Diekhans

Erarbeitet von Rainer Madsen

© 2012 Bildungshaus Schulbuchverlage
Westermann Schroedel Diesterweg Schöningh Winklers GmbH
Braunschweig, Paderborn, Darmstadt

www.schoeningh-schulbuch.de
Schöningh Verlag, Jühenplatz 1–3, 33098 Paderborn

Das Werk und seine Teile sind urheberrechtlich geschützt.
Jede Nutzung in anderen als den gesetzlich zugelassenen Fällen bedarf der
vorherigen schriftlichen Einwilligung des Verlages.
Hinweis zu § 52a UrhG: Weder das Werk noch seine Teile dürfen ohne eine
solche Einwilligung gescannt und in ein Netzwerk gestellt werden.
Das gilt auch für Intranets von Schulen und sonstigen Bildungseinrichtungen.

Auf verschiedenen Seiten dieses Buches befinden sich Verweise (Links) auf
Internet-Adressen. Haftungshinweis: Trotz sorgfältiger inhaltlicher Kontrolle wird
die Haftung für die Inhalte der externen Seiten ausgeschlossen. Für den Inhalt
dieser externen Seiten sind ausschließlich deren Betreiber verantwortlich.
Sollten Sie dabei auf kostenpflichtige, illegale oder anstößige Inhalte treffen, so
bedauern wir dies ausdrücklich und bitten Sie, uns umgehend per E-Mail davon
in Kenntnis zu setzen, damit beim Nachdruck der Verweis gelöscht wird.

Druck 5 4 3 2 1 / Jahr 2016 15 14 13 12
Die letzte Zahl bezeichnet das Jahr dieses Druckes.

Druck und Bindung: westermann druck GmbH, Braunschweig

ISBN 978-3-14-022261-7

Inhalt

Zur Einführung 7

1. Deutsche Literatur von den Anfängen bis zum Ende des frühen Mittelalters (ca. 750–1170) 12
1.1 Unbekannter Verfasser: *Merseburger Zaubersprüche* **14** – Unbekannter Verfasser: *Älteres Hildebrandslied* **16** – Noker (d. i. Notker): *Memento mori* **20**
1.2 Otfried von Weißenburg: *Evangelienharmonie* **24**

2. Hohes Mittelalter (1170–1270) 30
2.1 Unbekannte Verfasserin: *Du bist mîn* **32** – Der von Kürenberg: *Ich zôch mir einen valken* **33** – Walther von der Vogelweide: *Ich saz ûf eime steine* **33** – Walther von der Vogelweide: *Wol mich der stunde* **35**
2.2 Unbekannter Verfasser: *Der Nibelunge Nôt* **37** – Wolfram von Eschenbach: *Parzival* **39**

3. Spätes Mittelalter (1270–1500) 44
3.1 Oswald von Wolkenstein: *Es fügt sich, do ich was von zehen jaren alt* **46** – Unbekannter Verfasser: *Verschneiter Weg* **47**
3.2 Wernher der Gartenaere (d. i. Gärtner): *Helmbrecht* **50**
3.3 Unbekannter Verfasser: *Wiener Passionsspiel: Maria Magdalena* **56** – Unbekannter Verfasser: *Fastnachtsspiel: Vom Tanawäschel* **57**

4. Renaissance, Humanismus, Reformation (1470–1600) 61
4.1 Martin Luther: *Ein feste burg ist vnser Gott* **63**
4.2 Sebastian Brant: *Das Narren schyff* **66** – Hermann Bote: *Ein kurtzweilig lesen von Dyl Vlenspiegel* **68** – Martin Luther: *Vom wolff und lemlin* **69**
4.3 Hans Sachs: *Das Narren schneyden* **72**

5. Barock (1600–1720) 78
5.1 Martin Opitz: *Ach Liebste lass vns eilen* **80** – Andreas Gryphius: *Es ist alles eitell* **80** – Angelus Silesius (d. i. Johann Scheffler): *Cherubinischer Wandersmann* **81** – Johann Christoph Männling: *Todten-Bahre* **81**
5.2 Hans Jakob Christoffel von Grimmelshausen: *Der Abentheuerliche Simplicissimus Teutsch* **83**
5.3 Andreas Gryphius: *Catharina von Georgien. Oder Bewehrete Beständigkeit* **87**

6. Aufklärung (1720–1785) und Empfindsamkeit (1740–1780) 92
6.1 Barthold Hinrich Brockes: *Kirschblüte bei Nacht* **95** – Friedrich Gottlieb Klopstock: *Die Sommernacht* **95**
6.2 Christian Fürchtegott Gellert: *Leben der schwedischen Gräfin von G…* **97** – Gotthold Ephraim Lessing: *Der Wolf und das Schaf* **98** – Georg Christoph Lichtenberg: *Aphorismen aus den „Sudelbüchern"* **98**
6.3 Gotthold Ephraim Lessing: *Nathan der Weise* **101**

7. Sturm und Drang (1767–1785) 111
7.1 Johann Wolfgang Goethe: *Es schlug mein Herz* **112** – Gottfried August Bürger: *Der Bauer An seinen Durchlauchtigen Tyrannen* **113**

7.2 Johann Wolfgang Goethe: *Die Leiden des jungen Werthers* **116**
7.3 Johann Wolfgang Goethe: *Faust* **118** – Friedrich Schiller: *Die Räuber* **120**

8. Klassik (1786–1832) **124**
8.1 Friedrich Schiller: *Nänie* **127** – Friedrich Hölderlin: *Hälfte des Lebens* **128** –
Johann Wolfgang Goethe: *Früh, wenn Tal, Gebirg und Garten* **128**
8.2 Johann Wolfgang Goethe: *Die Wahlverwandtschaften* **132**
8.3 Friedrich Schiller: *Maria Stuart* **135**

9. Romantik (1798–1835) **144**
9.1 Novalis (Friedrich von Hardenberg): *Wenn nicht mehr Zahlen und Figuren* **146** –
Clemens Brentano: *Lore Lay* **146** – Joseph von Eichendorff: *Waldgespräch* **148** –
Heinrich Heine: *Ich weiß nicht, was soll es bedeuten* **148**
9.2 Novalis (Friedrich von Hardenberg): *Heinrich von Ofterdingen* **150** – Karoline von
Günderode: *Ein apokalyptisches Fragment* **151** – Joseph von Eichendorff:
Aus dem Leben eines Taugenichts **153**
9.3 Heinrich von Kleist: *Amphitryon* **156**

10. Biedermeier (1820–1850) **162**
10.1 Annette von Droste-Hülshoff: *Der Knabe im Moor* **163** – Eduard Mörike: *Abreise;
Auf eine Lampe* **165, 166**
10.2 Annette von Droste-Hülshoff: *Die Judenbuche* **168** – Adalbert Stifter:
Der Hochwald **169**
10.3 Franz Grillparzer: *Ein Bruderzwist in Habsburg* **173**

11. Das Junge Deutschland und die politische Dichtung des Vormärz (1830–1850) **176**
11.1 August Heinrich Hoffmann von Fallersleben: *Lied der Deutschen* **178** –
Georg Herwegh: *Wiegenlied* **179**
11.2 Heinrich Heine: *Deutschland. Ein Wintermärchen* **182**
11.3 Georg Büchner: *Woyzeck* **185**

12. Realismus (1850–1890) **192**
12.1 Theodor Storm: *Die Stadt* **194** – Conrad Ferdinand Meyer: *Der römische
Brunnen* **194**
12.2 Theodor Fontane: *Der Karrenschieber von Grisselsbrunn* **197**
12.3 Friedrich Hebbel: *Agnes Bernauer* **200**

13. Naturalismus (1880–1900) **204**
13.1 Arno Holz: *Phantasus* **205**
13.2 Gerhart Hauptmann: *Bahnwärter Thiel* **207**
13.3 Gerhart Hauptmann: *Vor Sonnenaufgang* **208**

14. Literatur der Jahrhundertwende – Impressionismus und Symbolismus (1890–1920) ..**214**
14.1 Max Dauthendey: *Regenduft* **216** – Stefan George: *Mein Garten* **216** –
Rainer Maria Rilke: *Blaue Hortensie* **217**
14.2 Thomas Mann: *Tonio Kröger* **218**
14.3 Hugo von Hofmannsthal: *Der Schwierige* **221**

15. Expressionismus (1910–1925) **230**
15.1 Else Lasker-Schüler: *Versöhnung* **231** – Jakob van Hoddis: *Weltende* **231** –
Georg Trakl: *An die Verstummten* **231** – August Stramm: *Vorfrühling* **232**

15.2 Franz Kafka: *Der Nachbar; Eine alltägliche Verwirrung* **233; 234**
15.3 Georg Kaiser: *Die Bürger von Calais* **236**

16. Literatur der Weimarer Republik – Neue Sachlichkeit (1918–1933) **240**
16.1 Bertolt Brecht: *Die Liebenden* **242** – Erich Kästner: *Sachliche Romanze* **242**
16.2 Alfred Döblin: *Berlin Alexanderplatz* **245**
16.3 Marieluise Fleißer: *Pioniere in Ingolstadt* **250**

**17. Literatur in der Zeit des Nationalsozialismus –
Innere Emigration und Exil (1933–1945)** **253**
17.1 Gottfried Benn: *Einsamer nie* **254** – Reinhold Schneider: *Allein den Betern kann es noch gelingen* **255** – Nelly Sachs: *Qual* **255**
17.2 Heinrich Mann: *Die Jugend des Königs Henri Quatre* **256**
17.3 Bertolt Brecht: *Furcht und Elend des Dritten Reiches* **260**

**18. Literatur der Nachkriegszeit –
Bestandsaufnahme und Vergangenheitsbewältigung (1945–1949)** **266**
18.1 Günter Eich: *Inventur* **269** – Paul Celan: *Todesfuge* **270**
18.2 Elisabeth Langgässer: *Untergetaucht* **272**
18.3 Wolfgang Borchert: *Draußen vor der Tür* **276**

**19. Literatur der Bundesrepublik Deutschland
von der Gründung bis zur Wiedervereinigung (1949–1990)** **282**
19.1 Hans Magnus Enzensberger: *ins lesebuch für die oberstufe* **285** – Marie Luise Kaschnitz: *Hiroshima* **285** – Franz Mon: *man muss was tun* **286** – Yaak Karsunke: *jahrestag* **286** – Wolf Wondratschek: *In den Autos* **287** – Ulla Hahn: *Endlich* **287**
19.2 Heinrich Böll: *An der Brücke* **290** – Günter Grass: *Die Blechtrommel* **292** – Gabriele Wohmann: *Flitterwochen, dritter Tag* **294** – Wolfdietrich Schnurre: *Beste Geschichte meines Lebens* **295**
19.3 Peter Weiss: *Die Ermittlung* **297**

20. Literatur der DDR – Sozialistischer Realismus (1949–1990) **302**
20.1 Peter Huchel: *Der Garten des Theophrast* **304** – Stephan Hermlin: *Die Vögel und der Test* **304** – Volker Braun: *Durchgearbeitete Landschaft* **305** – Reiner Kunze: *Der hochwald erzieht seine bäume* **306** – Wolf Biermann: *Ermutigung* **306**
20.2 Christa Wolf: *Der geteilte Himmel* **308** – Irmtraud Morgner: *Leben und Abenteuer der Trobadora Beatriz nach Zeugnissen ihrer Spielfrau Laura* **309**
20.3 Heiner Müller: *Der Lohndrücker* **311**

21. Österreichische Literatur der Gegenwart **318**
21.1 Ingeborg Bachmann: *Unterrichtet in der Liebe* **319** – Ernst Jandl: *hommage à brancusi (2) „der kuss"* **319** – Rose Ausländer: *Liebe VI* **320** – Erich Fried: *Aber solange ich atme* **320**
21.2 Ilse Aichinger: *Wo ich wohne* **322** – Thomas Bernhard: *Umgekehrt* **324**
21.3 Peter Handke: *Kaspar* **326**

22. Schweizer Literatur der Gegenwart **331**
22.1 Kurt Marti: *vorzug von parlamentswahlen* **331** – Claus Bremer: *Soldat* **332** – Eugen Gomringer: *3 variationen zu „kein fehler im system"* **332**

22.2 Max Frisch: *Homo faber* **335** – Peter Bichsel: *San Salvador* **338**
22.3 Friedrich Dürrenmatt: *Die Physiker* **340**

23. Gegenwartsliteratur in Deutschland – Multikulturelle Akzente **347**
23.1 Said: *Wo ich sterbe, ist meine Fremde* **348** – Zehra Çirak: *Eigentum* **348** – Nevfel A. Cumart: *deine Augen* **349** – Cyrus Atabay: *Das magische Buch* **349**
23.2 Rafik Schami: *Erzähler der Nacht* **350** – Renan Demirkan: *Schwarzer Tee mit drei Stück Zucker* **352**
23.3 Mauricio Kagel: *Die Entstehung des Bühnenbildes als Parabel* **355**

24. Deutschsprachige Literatur der Jahrtausendwende **360**
24.1 Sarah Kirsch: *Aus dem Haiku-Gebiet* **362** – Robert Gernhardt: *Es, es, es und es* **362** – Reiner Kunze: *lied* **362** – Durs Grünbein: *Nachbilder. Sonette* **363** – Klaus Gasseleder: *handy* **363** – Dietrich Homberger: *Krähen stelzen übers Feld* **364**
24.2 Bernhard Schlink: *Der Vorleser* **365** – Uwe Timm: *Am Beispiel meines Bruders* **369** – Herta Müller: *Atemschaukel* **370**
24.3 Elfriede Jelinek: *Die Kontrakte des Kaufmanns. Eine Wirtschaftskomödie* **373**

Kleines Lexikon wichtiger Begriffe zur Literaturbetrachtung **380**

Textquellenverzeichnis **396**

Bildquellenverzeichnis **402**

Zur Einführung

„Es bleibt auch künftig Aufgabe der Schule, Literatur als geschichtliche Erscheinung zu vermitteln, wie eine Elementarpoetik so einen Grundriss, ein elementares Grundgerüst der Literaturgeschichte anzulegen, aufzubauen und stufenspezifisch zu verstärken."

(Albrecht Weber: Literaturgeschichte und Deutschunterricht. In: Fachdidaktik Deutsch. Hg. v. B. Sowinski, Böhlau, Köln/Wien 1980)

Zwar gibt es heute brauchbare Literaturgeschichten für die Schule, aber ein literaturgeschichtlicher Unterricht, der auf Auseinandersetzung mit Werken der Vergangenheit zielt, auf lebendigen Dialog, auf kritische Reflexion und produktive Aneignung der Literatur, kann nicht von Texten *über* diese Literatur gelingen; ein solcher Unterricht muss vielmehr von der Literatur selbst ausgehen.

Deshalb wird in dem vorliegenden Werk eine Geschichte der deutschen Literatur in **Beispielen** angeboten, und zwar angefangen bei den althochdeutschen Denkmälern germanischer Zeit über die in der Schule leider häufig vernachlässigte mittelhochdeutsche und frühneuhochdeutsche Dichtung bis hin zur neuhochdeutschen Literatur der Gegenwart einschließlich der österreichischen und Schweizer Literatur sowie der Migrantenliteratur in der Bundesrepublik Deutschland. Diese Sammlung exemplarischer literarischer Texte ist nach Epochen gegliedert.

„Es gibt in der Geschichte so wenig Epochen, wie es auf dem Erdkörper die Linien des Äquators und der Meridiankreise gibt. Es sind nur Betrachtungsformen, die der denkende Geist dem empirisch Vorhandenen gibt, um es desto gewisser zu fassen. Es sind Hilfskonstruktionen, das verwirrende Bild der Vergangenheit zu ordnen."

(Johann Gustav Droysen: Historik. Vorlesungen über Enzyklopädie und Methodologie der Geschichte. Hg. v. R. Hübner, 2. Aufl. 1977)

Mit den „Hilfskonstruktionen" literaturgeschichtlicher **Epochenbegriffe** fasst man die Vielzahl von kunstvollen Texten mehrerer Jahre oder Jahrzehnte zusammen, ordnet sie chronologisch, um die literarische Entwicklung überblicken und die Dichtung selbst besser verstehen zu können. Die Bezeichnung der einzelnen Epochen und ihre genaue Abgrenzung gegeneinander ist allerdings häufig ebenso subjektiv und problematisch wie die Zuordnung einzelner Werke. *Die Geschichte der deutschen Literatur gibt es deshalb nicht.* Aus didaktischen Gründen sollte man sich jedoch bei der Definition der Epochen im Deutschunterricht zunächst einmal festlegen, weil
- wir zur Analyse und Diskussion ein Beschreibungsinstrumentarium benötigen, das gemeinsame Vorstellungen ermöglicht,
- die traditionellen Epochenbezeichnungen Hilfsbegriffe sind, denen die Schülerinnen und Schüler auch in anderen Zusammenhängen begegnen, z. B. im Kunst-, Musik- oder Geschichtsunterricht,
- ein Gerüst da sein muss, bevor man es in Frage stellen und darüber reflektieren kann.

Deshalb ist *Geschichte der deutschen Literatur in Beispielen* chronologisch nach Epochen gegliedert. Die Epochenbezeichnungen und zeitlichen Abgrenzungen orientieren sich an dem in der Literaturwissenschaft Üblichen (vgl. z. B. Herbert A. Frenzel und Elisabeth Frenzel: Daten deutscher Dichtung. Chronologischer Abriss der deutschen Literaturgeschichte, München, [26]1991). Nach Möglichkeit wird das Gemeinsame einer Gruppe von Werken unter einen Begriff gebracht (z. B. „Barock", Kapitel 5); oft ist das Ordnungssystem nach mehr von außerhalb der Literatur stammenden, politischen Merkmalen gekennzeichnet (z. B. „Literatur der Bundesrepublik Deutschland von der Gründung bis zur Wiedervereinigung", Kapitel 19); wo es sich anbietet, sind verschiedene Möglichkeiten kombiniert (z. B. „Literatur der Nachkriegszeit – Vergangenheitsbewältigung und Neuanfang", Kapitel 18).

Das Ende des Zweiten Weltkriegs bildet historisch eine besonders tiefe Zäsur, die auch eine neue Entwicklung der deutschsprachigen Literatur markiert. In dem vorliegenden Werk wird diese Entwicklung nach räumlichen Gesichtspunkten behandelt, die den Grenzen der Bundesrepublik Deutschland, der DDR, der Schweiz und Österreichs entsprechen (Kapitel 19–22). Die „System"-Verschiedenheit der DDR mit ihrer offiziell geforderten Kunstrichtung des „sozialistischen Realismus" legt ohnehin eine gesonderte Darstellung nahe (Kapitel 10), während die drei „westlichen" Teilliteraturen deutscher Sprache wegen ihrer Gemeinsamkeiten durchaus zusammen betrachtet werden könnten. Wenn ihnen hier jeweils ein eigenes Kapitel eingeräumt wird, so aus Gründen der Übersichtlichkeit, zumal es bislang keine überzeugende Periodisierung der deutschsprachigen Literatur nach 1945 gibt. Ein Vorteil dieser Gliederung liegt außerdem darin, dass sie **Querschnitte** durch diese Teilliteraturen begünstigt, z. B. einen Vergleich lyrischer, epischer und dramatischer Gestaltungsformen in der Literatur der Bundesrepublik Deutschland, Österreichs und der Schweiz.

Die Gegenwartsliteratur in Deutschland ist außerordentlich vielgestaltig. Ein völlig neues und daher besonders auffallendes Phänomen ist das massive Erscheinen deutschsprachiger Literatur von Menschen, die aus dem Ausland nach Deutschland gekommen sind. Die sogenannte **Migrantenliteratur** ist inzwischen so bedeutend, dass ihr ein eigenes Kapitel zusteht (Kapitel 23).

Es empfiehlt sich, den Schülerinnen und Schülern vor der Auseinandersetzung mit der Literatur einen knappen Überblick über die jeweilige Epoche zu geben, um die Verstehensprozesse gezielt anzuregen, u. U. überhaupt erst zu ermöglichen. *Geschichte der deutschen Literatur in Beispielen* vermittelt deshalb zu Beginn eines jeden Kapitels didaktisch reduzierte, grundlegende Informationen zu der jeweiligen Epoche. Diese **Epocheneinführungen** beschränken sich auf das Wesentliche, d. h., sie vermitteln das notwendige Grundwissen für das Erfassen der Texte als epochenspezifische Erscheinungen. Am Ende eines jeden Kapitels werden wichtige Autorinnen, Autoren und Werke der jeweiligen Epochen genannt, außerdem werden **Literaturempfehlungen** für die Weiterarbeit gegeben.

Die aufklappbaren Seiten zu Beginn und am Ende dieses Bandes enthalten einen literaturgeschichtlichen **Gesamtüberblick** (mit Verfassernamen und Kurztiteln der in diesem Buch angebotenen Literatur) und parallel zu den Epochen Stichworte zur allgemeinen Geschichte und Kultur.

„Es ist eine Erfahrung der beiden vergangenen Jahrzehnte, dass nahezu alle literaturhistoriographischen Projekte [...] in ihrer Grundgliederung auch für die Zeitspanne nach 1945 immer wieder die drei ‚klassischen' Gattungsbereiche durchscheinen lassen."
(Wilfried Barner: Geschichte der deutschen Literatur von 1945 bis zur Gegenwart, Beck, München 1994)

Barner, der Herausgeber einer der wichtigsten neuen Literaturgeschichten, begründet die auch heute noch übliche **Orientierung an den Grundformen der Dichtung** Lyrik, Epik und Dramatik damit, dass „solche Orientierungen Realitäten der literarischen Kommunikation sind."

Auch *Geschichte der deutschen Literatur in Beispielen* berücksichtigt deshalb alle drei Grundformen der Dichtung gleichermaßen und rückt solche literarischen Texte in den Mittelpunkt der Betrachtung, die nicht nur für ihre Entstehungszeit, sondern auch für ihre Gattung typisch sind. Darüber hinaus wurde bei der Auswahl darauf geachtet, dass die Texte hinsichtlich ihrer Thematik für die heutige Zeit von Bedeutung sind. Auf diese Weise steht ein recht umfangreicher Modellvorrat an exemplarischen poetischen Texten zur Verfügung. Diese Materialbreite erleichtert Lehrerinnen und Lehrern eine gezielte Auswahl und Kombination von Texten bzw. Sinnzusammenhängen. Statt – der Anlage des Buches folgend – die Kapitel chronologisch zu behandeln, kann man auch nur lyrische oder epische oder dramatische Texte aus verschiedenen Epochen bearbeiten.

Die Gliederung des Buches kommt dem Verlangen nach einem solchen **an Literaturgattungen orientierten literaturgeschichtlichen Längsschnitt** sehr entgegen, da der erste Abschnitt eines jeden Kapitels Gedichte, der zweite epische Texte und der dritte Dramen(-auszüge) enthält. Darüber hinaus ist es sogar möglich, **spezielle Ausprägungen dieser Gattungen** zu thematisieren, z. B.
- die Ballade (Kapitel 9.1, 10.1),
- das Sonett (Kapitel 5.1, 14.1, 17.1, 19.1, 20.1, 24.1),
- Konkrete Poesie (Kapitel [5.1], 19.1, 21.1, 22.1),
- Fabel und Parabel (Kapitel 4.2, 6.2, 6.3, 15.2),
- die Kurzgeschichte (Kapitel 18.2, 19.2, 21.2, 23.2),
- die geschlossene und die offene Form des Dramas (Kapitel 6.3, 8.3, 11.3, 17.3),
- Anfänge des Dramas (Geistliches Spiel: Kapitel 3.3, Fastnachtspiel: Kapitel 3.3, 4.3),
- Formen des modernen Dramas (Episches Theater: Kapitel 17.3, Dokumentarisches Theater: Kapitel 19.3, Sprechstück: Kapitel 21.3, Parabelspiel: Kapitel 23.3).

Eine andere aufschlussreiche und in den meisten Lehrplänen geforderte Möglichkeit eines Längsschnitts ist der **Vergleich thema- und motivverwandter Literatur** verschiedener Autorinnen und Autoren aus mehreren, nicht unbedingt aufeinander folgenden Epochen. Auf diese Möglichkeit wurde bei der Auswahl der Texte besonders geachtet, sodass viele interessante Reihen zusammengestellt werden können. Dazu einige **nach literarischen Gattungen geordnete Beispiele**:

Lyrik:
- Liebeslyrik (Kapitel 2.1, 3.1, 5.1, 7.1, 15.1, 16.1, 21.1, 23.1),
- Naturlyrik (Kapitel 6.1, 10.1, 14.1, 20.1, 24.1),
- Zeitkritik im Gedicht (Kapitel 2.1, 5.1, 7.1, 11.1, 15.1, 17.1, 18.1, 19.1, 20.1, 22.1, 23.1),
- Aspekte der Vergänglichkeit im Gedicht (Kapitel 1.1, 3.1, 5.1, 6.1, 8.1, 10.1, 14.1, 15.1, 16.1, 18.1, 19.1, 20.1, 21.1, 23.1, 24.1);

Epik:
- Darstellung (gestörter) menschlicher Beziehungen in deutschsprachiger Kurzprosa (Kapitel 15.2, 18.2, 19.2, 21.2, 22.2),
- Aspekte der Liebe in erzählender Literatur (Kapitel 2.2, 6.2, 8.2, 19.2, 20.2, 22.2),
- Die Bedeutung der Natur in erzählender Literatur (Kapitel 8.2, 9.2, 10.2, 13.2)

Drama:
- Problematische Partnerbeziehungen im Drama (Kapitel 5.3, 9.3, 11.3, 13.3, 14.3, 16.3, 17.3, 18.3),
- Das Problem der Verantwortung gegenüber den Mitmenschen bzw. der Gesellschaft im Drama (Kapitel 8.3, 10.3, 15.3, 19.3, 20.3, 22.3, 24.3),
- Dramatische Gestaltungen sozialer Konflikte (Kapitel 11.3, 12.3, 13.3, 20.3),

- Formen des Gesprächs im Drama (direkter, indirekter und reaktiver Dialog: Kapitel 11.3, Enthüllungsgespräch: Kapitel 8.3, 9.3, Einschüchterungsgespräch: Kapitel 12.3, Verhör: Kapitel 19.3, Entscheidungsgespräch: Kapitel 22.3).

Die gattungsübergreifenden Möglichkeiten sind natürlich noch vielfältiger. Als Beispiele seien hier nur genannt:
- Die Darstellung des Verbrechens an den Juden in Deutschland in literarischen Texten verschiedener Gattungen (Lyrik: Kapitel 17.1, 18.1, 18.2; Epik: Kapitel 18.2; Drama: 17.3, 19.3),
- Religiöse Zeitzeichen in der Literatur (Lyrik: 1.1, 2.1, 4.1, 5.1, 6.1, 10.1, 17.1; Epik: 1.2, 6.2, 9.2, 10.2; Drama: 3.3, 5.3, 6.3, 8.3, 9.3, 10.3, 11.3, 23.3),
- Literatur und Geschichte: historische Persönlichkeiten und Ereignisse in der Literatur (Lyrik: Kapitel 3.1, 5.1, 17.1, 19.1, 20.1; Epik: 5.2, 11.2, 17.2, 18.2; Drama: 3.3, 5.3, 8.3, 10.3, 12.3, 15.3, 17.3, 18.3, 19.3, 20.3),
- Das Realismusproblem in der Literatur des 19. und 20. Jahrhunderts (Frührealismus: Kapitel 10; politischer Realismus: Kapitel 11; poetischer Realismus: Kapitel 12; Naturalismus: Kapitel 13; Neue Sachlichkeit: Kapitel 16; sozialistischer Realismus: Kapitel 20),
Sprachwandel in der Literatur (Althochdeutsch: Kapitel 1; Mittelhochdeutsch: Kapitel 2; Frühneuhochdeutsch: Kapitel 4; Sprachbarrieren: Kapitel 3.2).

Da Werke von Schriftstellerinnen aus historischen Gründen nicht paritätisch präsentiert werden können, sind in besonderem Maße solche Texte berücksichtigt worden, die **die Rolle der Frau** thematisieren (Lyrik: Kapitel 2.1, 9.1, 16.1, 21.1; Epik: Kapitel 2.2, 6.2, 8.2, 9.2, 19.2, 20.2, 22.2, 23.2; Drama: Kapitel 3.3, 5.3, 8.3, 9.3, 11.3, 12.3, 13.3, 14.3, 16.3, 17.3, 18.3).

„Aber Lesen muss man lernen. Und dazu bedarf es der Anleitung."
(Ulrich Greiner: Bücher für das ganze Leben. Eine ZEIT-Umfrage: Brauchen wir einen neuen Literatur-Kanon? In: DIE ZEIT Nr. 21,1997)

Greiner verbindet mit der Anleitung der Schülerinnen und Schüler zum Lesen vor allem die „Verführung anhand der kanonischen Werke". Daneben ist jedoch die passende Impulsgebung unterrichtspraktisch bedeutsam. *Geschichte der deutschen Literatur in Beispielen* gibt auch in dieser Hinsicht Lehrerinnen und Lehrern vielfältige Anregungen, wie eine solche „Anleitung" konkret gestaltet werden kann – nicht nur in Form von Epocheneinführungen und literarischen Texten, auch Bildern und anderen Materialien, sondern auch von differenzierten **Arbeitshinweisen**, die am Ende eines jeden Abschnitts stehen. Die als Aufgaben formulierten Arbeitshinweise dienen der Erschließung der Texte und schwerpunktmäßig der Erarbeitung epochenspezifischer, manchmal auch epochenübergreifender Aspekte. Oft enthalten sie zusätzliche Informationen, die den Schülerinnen und Schülern unterschiedliche Verstehensansätze vermitteln und ihre Analysekompetenz erweitern sollen. Sie sind für die Textauszüge aus Prosa und Drama nicht so gestellt, wie man an den Ganztext heranginge, sondern zielen in erster Linie auf die methodische Operationalisierung des Exemplarischen.

Die Abfolge der Aufgaben entspricht im Allgemeinen der Forderung nach einer Steigerung des Schwierigkeitsgrads und reicht vom Einfachen zum Komplexen, führt von reorganisierendem zu problemlösendem Denken. Um die Leistungsdifferenzierung zu erleichtern, sind die schwierigeren oder über das (für die Erarbeitung epochenspezifischer Erscheinungen) Notwendige hinausreichenden Aufgaben mit dem Zeichen ❗ versehen, sodass sich in etwa „fundamentum" und „additum" unterscheiden lassen.

Wo es sich anbietet, werden auch Vorschläge zu produktivem und kreativem Arbeiten gemacht. Solche **handlungsorientierten Aufgaben** sind durch das Zeichen 🅿 optisch hervorgehoben. Sie enthalten auch Vorschläge für fachspezifische **Projekte** und für **fächerübergreifendes Arbeiten** im sprachlich-literarisch-künstlerischen Aufgabenfeld, z. B. in Verbindung mit den Fächern Musik (z. B. Kapitel 3.1, 4.1, 9.1) und Kunst (z. B. Kapitel 2.1, 5.1, 5.3, 9.2, 10.1). *Geschichte der deutschen Literatur in Beispielen* ist insgesamt darauf ausgelegt, die allgemeine kulturelle Kompetenz der Lernenden zu fördern. Der Zusammenhang des Literaturunterrichts mit dem Sprachunterricht wird grundsätzlich berücksichtigt, sei es als Reflexion über Sprache – auch im Sinne sprachgeschichtlichen Lernens –, sei es als mündliche und schriftliche Kommunikation. Dass sich literaturgeschichtliches Arbeiten auch in engem Zusammenhang mit dem gesellschaftswissenschaftlichen Aufgabenfeld und Religionslehre vollzieht, liegt auf der Hand; dieser Zusammenhang wird den Schülerinnen und Schülern in den Einführungstexten und im Aufgabenteil immer wieder bewusst gemacht.

Selbstverständlich ist nicht daran gedacht, dass alle Aufgaben bearbeitet werden sollen. Das dürfte schon aus Zeitgründen kaum möglich sein. Vielmehr sind die Arbeitshinweise nur als **Anregungen** zu verstehen, aus denen nach didaktischen Gesichtspunkten eine gezielte Auswahl getroffen wird. Schließlich können auch ganz andere Akzente gesetzt werden, wie die oben angeführten Möglichkeiten literaturgeschichtlicher Längsschnitte zeigen. Wie mit den Texten umgegangen wird, hängt nicht zuletzt von den konkreten Unterrichtsbedingungen ab. In einem schülerorientierten Literaturunterricht ist darüber hinaus zu bedenken, dass literarische Texte an den Jugendlichen oder jungen Erwachsenen auch dazu herangebracht werden, „um bei ihm die Lust am Lesen auszulösen, um ihm die Chance zu geben [...], sich mit einem Text zu identifizieren, sich selbst zu erleben." (Günter Grass: Über die Rolle der Literatur in deutschen Schulen. In: Westfälische Rundschau vom 04.08.1980)

Ein **Kleines Lexikon wichtiger Begriffe zur Literaturbetrachtung** am Ende dieses Buches erleichtert den Benutzern die Bearbeitung der Aufgaben; die Begriffe sind kurz erklärt und gegebenenfalls mit Beispielen aus den in diesem Werk verwendeten Texten versehen. Wenn Schülerinnen und Schüler dort nachschlagen, können sie sich das nötige Grundwissen rasch aneignen.

Geschichte der deutschen Literatur in Beispielen möchte Lehrerinnen und Lehrern, die ihren Deutschunterricht literaturgeschichtlich planen und vorbereiten, somit praktische Dienste erweisen, indem Merkmale eines Lehr-, Arbeits- und Lesebuches kombiniert angeboten werden. Als **Lehrbuch** vermittelt es einen für Schülerinnen und Schüler verständlichen Grundriss der Literaturgeschichte, der Charakter des **Arbeitsbuches** ist durch die Aufgabenstellungen gegeben, als **Lesebuch** enthält es einen umfangreichen Textbestand mit einem Modellvorrat an Grundformen der Dichtung, die jeweils für eine Epoche exemplarisch sind, sowie an Erfahrungen und Grundlösungen menschlichen Verhaltens.

1 Deutsche Literatur von den Anfängen bis zum Ende des frühen Mittelalters (ca. 750 – 1170)

Die Dichtung der vorchristlichen Germanen wurde mündlich überliefert; deshalb wissen wir nur wenig über sie. Wir kennen lediglich eine germanische Verszeile in Urform von der Runeninschrift auf einem Goldhorn von Gallehus (Nordschleswig) aus der Zeit um 400 n. Chr.:

ek	hlewagastiR	holtijaR	horna	tawido
Ich,	Hlewagast, (Leugast)	der Holting, (aus dem Geschlecht Holt)	das Horn	machte.

Bereits in diesem Vers begegnet uns das wichtigste formale Merkmal der germanischen Dichtung: der **Stabreim**. Er ist kein Endreim, sondern ein Anlautreim (= gleicher Anlaut der Stammsilbenbetonung). Ursprünglich in Holz (vgl. „Buchstabe") geschnitzt (vgl. engl. „to write"), dienten die Runen (runa = Geheimnis) zunächst nicht als Verständigungsmittel, sondern zu Zauberzwecken. Zu literarischen Aufzeichnungen wurden sie wohl kaum verwendet. Die alte gemeingermanische Runenreihe, nach ihren sechs ersten Zeichen „Futhark" genannt, besteht aus 24 Runen:

f u th a r k g w h n i j ẹ p z,-R s t b e m l ng d

Die sehr wenigen noch erhaltenen Texte aus germanischer Zeit sind nur deshalb überliefert worden, weil Mönche sie auf noch freien Pergamentseiten großer Handschriften festgehalten haben. Zu ihnen gehören einige Zaubersprüche und ein Bruchstück aus dem „Hildebrandslied".

Als solche mündlich überlieferte Dichtung (in lateinischer Schrift) aufgeschrieben wird, beginnt in Deutschland eine eigenständige nationalsprachige Schriftliteratur. Allerdings wird von der karolingischen Reichsgründung bis zum 11. Jahrhundert verhältnismäßig wenig in der Sprache des Volks („theodisca lingua" – aus „theodisk" entsteht „deutsch"), d. h. in den verschiedenen Mundarten dieser Zeit, abgefasst; denn die offizielle Hauptsprache des frühen (und hohen) Mittelalters ist Latein. Diese Dialekte ordnet man heute dem **Althochdeutschen** (Ahd.) oder dem **Altniederdeutschen** zu; die Unterschiede liegen vor allem auf lautlichem Gebiet. Etwa seit 600 n. Chr. dringt vom deutschen Südosten Richtung Nordwesten eine Lautveränderung im Konsonantensystem vor. Weitgehend durchgeführt wird diese Veränderung, die

1. Deutsche Literatur von den Anfängen bis zum Ende des frühen Mittelalters

man als zweite oder hochdeutsche **Lautverschiebung** bezeichnet, nur im Oberdeutschen, während das Altniederdeutsche nicht daran teilnimmt. Die niederdeutschen Mundarten behalten die stimmlosen Verschlusslaute p, t, k bei, während die übrigen diese Laute „verschieben", z. B. perd → pferd, water → wasser, ik → ich.

Diese Sprache wird zunächst an Übersetzungen geschult; dann wagt man sich allmählich auch an eigenes literarisches Gestalten.

Die Literatur des frühen Mittelalters (750–1170) steht unter dem **Einfluss des Christentums**. Unter der Regierung Karls des Großen (768–814) geht sogar der gesamte Kulturbereich an die Kirche über; Sprache, Formen und Stoffe der Dichtung werden von ihr bestimmt. Die Hauptgattungen der Dichtung, die vom Predigtton geprägt ist, sind Nacherzählungen biblischer und legendärer Stoffe, religiöse Lyrik und Lehrgedichte. Der erste namentlich bekannte deutsche Dichter, Otfried von Weißenburg, verwendet als Erster den (stablosen) **Endreimvers**, wie ihn die Mönche aus der spätlateinischen Dichtung kennen, und alternierende Hebung und Senkung in seiner „Evangelienharmonie".

Mit dem Aussterben der Karolinger (911) und dem Beginn der Ottonenherrschaft bricht die deutschsprachige Literatur vorläufig ab. 150 Jahre lang ist nun allein die lateinische Sprache literaturfähig.

Danach steht die in deutscher Sprache abgefasste Literatur fast bis zum Ende des frühen Mittelalters im Zeichen einer kirchlichen Reformbewegung, die von dem Kloster Cluny im französischen Burgund ausgeht. Die christliche Dichtung, vor allem die weltabgekehrte und selbstbesinnliche Literatur dieser Zeit, bewirkt eine Umgestaltung des gesamten Lebensgefühls und bildet die Voraussetzung für die verfeinerte Kultur der folgenden Epoche (siehe Kapitel 2).

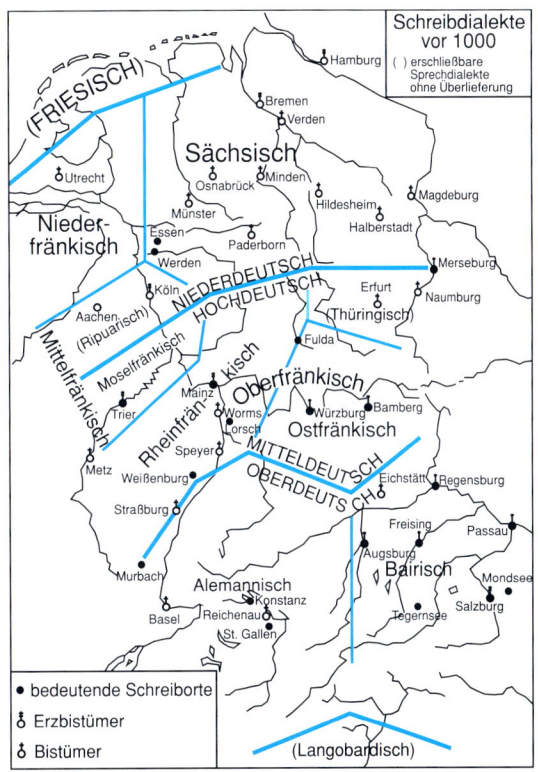

Zwei Schreiber an ihren Pulten, rechts ein Mönch, links ein Laie; Buchmalerei aus dem Kloster Echternach (1039–43)

1. Deutsche Literatur von den Anfängen bis zum Ende des frühen Mittelalters

Im Laufe des 12. Jahrhunderts tritt neben der religiös motivierten Dichtung mehr und mehr eine Literatur hervor, die von weltlichen Abenteuern und ritterlichem Leben erzählt, die sogenannte vorhöfische Dichtung. Im „Alexanderlied" (1140/50) wird zum ersten Mal ein antiker Stoff (das Leben Alexanders des Großen) einer französischen Vorlage nachgebildet. Auch das „Rolandslied" (um 1170), ebenfalls von einem Geistlichen verfasst, hat ein altfranzösisches Epos als Vorlage. Für Jahrhunderte prägt nun die französische Literatur – und nicht mehr wie bisher das lateinische Vorbild – Stil und Stoff der deutschen Dichtung.

Federzeichnung aus dem Rolandslied des Pfaffen (Geistlichen) Konrad (Heidelberger Handschrift, Ende des 12. Jahrhunderts)

1.1 Unbekannter Verfasser
Merseburger Zaubersprüche (vor 750)

Die einzigen deutschen Denkmäler rein heidnischen Gepräges sind in althochdeutscher Sprache auf dem Vorsatzblatt einer geistlichen Handschrift aus dem 10. Jahrhundert überliefert, die man 1841 im Domkapitel zu Merseburg entdeckte. Dabei handelt es sich um Zaubersprüche, mit denen die Germanen versuchten, Götter und mythische Wesen als Helfer gegen Krankheiten, Unheil und Feinde zu gewinnen.

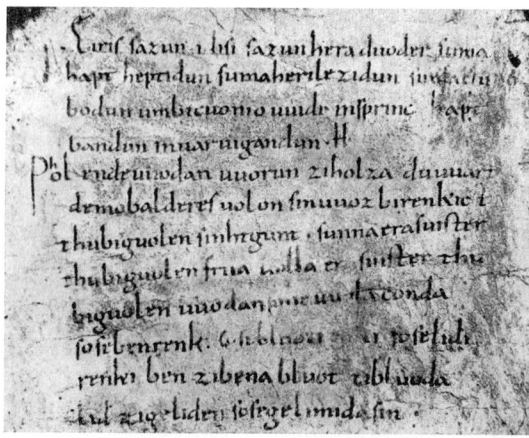

Handschrift mit dem ersten Merseburger Zauberspruch

1. Deutsche Literatur von den Anfängen bis zum Ende des frühen Mittelalters

Eiris sâzun idisi, sâzun hera duoder.
suma hapt heptidun, suma heri lezidun,
suma clûbôdun, umbi cuoniouuidi: (uu = w)
insprinc haptbandun, invar vîgandun!

5 Phol ende Uuodan vuorun zi holza.
dû uuart demo Balderes volon sîn vuoz birenkit.
thû biguol en Sinthgunt, Sunna era suister;
thû biguol en Frîia, Volla era suister;
thû biguol en Uodan, sô hê uuola conda:
10 sôse bênrenkî, sôse bluotrenkî,
sôse lidirenkî:
bên zi bêna, bluot zi bluoda,
lid zi geliden, sôse gelîmida sîn!

Übertragung:

Einst ließen sich Idisen nieder, setzten sich hierhin, dorthin.
Einige banden Fesseln, einige hielten Heere (der Feinde) auf,
einige zerpflückten heilige Fesseln:
Entspring den Haftbanden, entfahr den Feinden!

5 Phol und Wodan ritten in den Wald.
Da wurde dem Balders-Fohlen sein Fuß verrenkt.
Da besprach ihn Sinthgund (und) Sonne, ihre Schwester;
da besprach ihn Freyja (und) Volla, ihre Schwester;
da besprach ihn Wodan, so wie er es gut konnte:
10 So es sei Knochenverrenkung, so es sei Blutstauung,
so es sei Gliederverrenkung:
Knochen zu Knochen, Blut zu Blut,
Glied zu Glied, als ob sie zusammengeleimt wären!

1: eiris: einst; idisi, Plural zu idis: Frau (hier: Schlachtjungfrauen, den Walküren verwandt); hera duoder: hierhin, dorthin; 2: suma, Plural zu sum: einige (vgl. engl. some); hapt heptidun: „Haft hefteten", d.h., sie festigten die Fesseln der feindlichen Gefangenen; heri, Plural: Heere; lezidun: hielten auf; 3: clûbôdun: „klaubten", zerpflückten; cuoniouuidi: (heilige) Fessel (mit Fesseln aus Eichenzweigen umwand man Gefangene, die als Opfer für die Götter bestimmt waren); 4: vîgandun: Plural, „den Feinden"; 5: Phol ist wahrscheinlich der gleiche Gott wie Balder; 6: birenkit: 2. Partizip von birenken = verrenken; 7: biguol: Präteritum von bigalan = besprechen, Zaubergesang singen (vgl. Nachtigall); Sinthgunt; zweiteiliger Name; sinth = Weg, Fahrt (verwandt mit „senden, Gesinde"), gund = Kampf; Sunna: wie Sinthgunt Name einer Walküre; 8: Frîia: wohl gleichzusetzen der nordischen Freyja, german. Göttin; Volla: die Fülle, in der nordischen Götterlehre die Dienerin der Freyja, hier als selbstständige Göttin gedacht. – Der Aufbau ist klar: Zuerst versuchen Walküren die Heilung, dann Göttinnen, endlich Wodan-Odin, der „Raterfürst". Ihm allein gelingt sie. – 9: hê: fränkische Form für „er", entsprechend engl. he; 10: bênrenkî: Knochenverrenkung; bluotrenkî: Blutstauung, -erguss; 13: gelîmida: 2. Partizip von lîmen, zusammenleimen

Unbekannter Verfasser
Älteres Hildebrandslied (810/20)

Das Hildebrandslied ist eine ursprünglich langobardische Dichtung aus dem 7. Jahrhundert, die nach Bayern gelangte und dort Ende des 8. Jahrhunderts umgedichtet wurde. Zu Beginn des 9. Jahrhunderts wurde es in Fulda für das niederdeutsche Missionsgebiet entsprechend sprachlich eingefärbt. Dieses Lied schrieben zwei Mönche des Klosters Fulda abwechselnd auf die inneren Deckblätter eines Gebetbuches, so weit der Platz reichte; es ist unvollständig.

Historisch geht das Hildebrandslied in seinem Kern auf Ereignisse aus der Zeit der Völkerwanderung zurück.

Hildebrandslied
Handschrift des 9. Jahrhunderts
(Landesbibliothek Kassel)

    Ik gihôrta ðat seggen,
    ðat sih urhêttun   ænon muotîn,
    Hiltibrant enti Haðubrant   untar heriun tuêm
    sunufatarungo: iro saro rihtun,
5 garutun se iro gûðhamun,   gurtun sih iro suert ana,
    helidos, ubar hringâ,   dô sie tô dero hiltiu ritun.
    Hiltibrant gimahalta,   her uuas hêrôro man,
    ferahes frôtôro;   her frâgên gistuont
    fôhêm uuortum,   hwer sîn fater wâri
10 fireo in folche, ...
    ...... ,eddo hwelîhhes cnuosles dû sîs.
    ibu dû mî ênan sagês,   ik mî dê ôdre uuêt,

1: ik, altsächsische (as.) Form für ahd. ih, ebenso ðat: daz; seggen: sagên; 2: urhêttun, as. Form: „sie forderten sich heraus": Es stabt die Vorsilbe ur-; ænon muotîn: einmütig; 3: heriun: Heeren; tuêm, as. Form: ahd. zwei, zwêne (vgl. engl. twain = two); 4: sunufatarungo: etwa „Leute von Sohn und Vater"; saro: Rüstungen; 5: garutun: sie machten sich fertig; gûðhamun: Kampfgewänder, gûð: as. Form, ahd. gund, Kampf; 6: hiltiu: Kampf (Nominativ: hiltia); 7: gimahalta: er sprach; her: fränkische Form, obd. er, as. hê, vgl. engl. he; hêrôro: Komparativ von hêr, grau, alt (vgl. hehr); 9: fôhêm: wenige (engl. few); 10: fireo: Menschen; ebenso Z. 8: ferahes, des Lebens; 11: Es spricht natürlich noch Hildebrand; cnuosles: Genitiv zu cnuosal, lat. genus, ahd. kuni, Geschlecht (engl. to know);

1. Deutsche Literatur von den Anfängen bis zum Ende des frühen Mittelalters

    chind, in chunincrîche: chûd ist mir al irmindeot.'
    Hadubrant gimahalta,   Hiltibrantes sunu:
15 ,dat sagêtun mî   ûsere liuti,
    alte anti frôte,   dea êrhina wârun,
    dat Hiltibrant hætti mîn fater: ih heittu Hadubrant.
    forn her ôstar giweit,   flôh her Ôtachres nîd,
    hina miti Theotrîhhe,   enti sînero degano filu.
20 her furlaet in lante   luttila sitten
    prût in bûre,   barn unwahsan,
    arbeo laosa: her raet ôstar hina.
    sîd Dêtrîhhe   darbâ gistuontun

    fateres mînes: dat uuas sô friuntlaos man.
25 her was Ôtachre   ummet tirri,
    degano dechisto   miti Deotrîchhe.
    her was eo folches at ente: imo was eo fehta ti leop:
    chûd was her ...... chônnêm mannum.
    ni wâniu ih iû lîb habbe' ......
30 wêttu irmingot [quad Hiltibrant]   obana ab hevane,
    dat dû neo dana halt mit sus sippan man
    dinc ni gileitôs' ......
    want her dô ar arme   wuntane baugâ,
    cheisuringu gitân,   sô imo se der chuning gap,
35 Hûneo truhtîn: ,dat ih dir it nû bî huldi gibu.'

    Hadubrant gimahalta,   Hiltibrantes sunu:
    ,mit gêru scal man   geba infâhan,
    ort widar orte. ......
    dû bist dir altêr Hûn,   ummet spâhêr,
40 spenis mih mit dînêm wortun,   wili mih dînu speru werpan.
    pist alsô gialtêt man,   sô dû êwîn inwit fuortôs.
    dat sagêtun mî   sêolîdante
    westar ubar wentilsêo,   dat inan wîc furnam:
    tôt ist Hiltibrant,   Heribrantes suno.'

45 Hiltibrant gimahalta,   Heribrantes suno:
    ,wela gisihu ih in dînêm hrustim,

13: chunincrîch, zu kuning-rîhhi; vgl. König, holl. koning, engl. king, verw. mit kuni, Geschlecht. Die Endung -ing bezeichnet den „König" (ahd. kuning) als Abkömmling eines „Geschlechts"; irmindeot: Menschenvolk. Der erste Teil irmin- hat lediglich erweiternde, verallgemeinernde Bedeutung, vgl. Z. 30: irmingot, dann die Irminsul, das Heiligtum der Erminonen). deot gehört zu thiot, thiet, Volk, davon abgeleitet das Eigenschaftswort diutisk in der Bedeutung „dem Volk angehörend."; 16: frôte: verständige (ebenso Z. 8); 18: forn: einst; giweit: er ging; Ôtachres: Odoaker herrschte in Italien, als er von Theoderich dem Großen (Dietrich von Bern) entscheidend besiegt wurde; nîd: Hass; 20: luttila: engl. little, ahd. luzzil, lützel, klein; 21: prût: junge Frau, „Braut"; 22: arbeo laosa: erbelos; 23: darbâ; Mangel (vgl. darben, bedürfen, Notdurft); 25: her: Hildebrand; tirri: as. Form für zirri, zornig, verhasst; 26: dechisto: Superlativ zu dechi, lieb, angenehm; 27: eo: immer; ente: Ende, Spitze; 28: chônnêm: kühn; 29: wâniu ih: ich wähne, vermute; 31: neo dana halt: niemals mehr; sippan: friedlich, blutsverwandt; 32: dinc leiten heißt eigentlich „einen Streit vor Gericht führen". Hier ist natürlich an den Zweikampf gedacht; 33: baugâ: Baugen sind Armringe, Goldspiralen; 34: cheisuringu gitân: als Kaisermünze gemacht. Wahrscheinlich eine byzantinische Goldmünze; 35: Hûneo truhtîn: Atli, Etzel; 37: Ein altgermanisches Sprichwort; 38: ort: Spitze; 39: ummet: unmäßig; spâhêr: flektierte Form von spâhi verschlagen (vgl. „spähen"); 40: spenis: du lockst; 41: inwit: List, Betrug; 42: sêolidante: Seeleute (engl. to lead); 43: wentilsêo: das Wendelmeer – Mittelländisches Meer; wîc: Kampf; 45: Die Zeile steht hier wahrscheinlich falsch; denn 46–48 spricht offenbar Hadubrand; 46: hrustim: Rüstung;

dat dû habês hême   hêrron gôten,
dat dû noh bi desemo rîche   reccheo ni wurti.
welaga nû, waltant got,   wêwurt skihit.
50 ih wallôta sumaro enti wintro   sehstic ur lante,
dâr man mih eo scerita   in folc sceotantero:

sô man mir at burc ênîgerû   banun ni gifasta,
nû scal mih suâsat chind   suertu hauwan,
bretôn mit sînu billiu,   eddo ih imo ti banin werdan.
55 doh maht dû nû aodlîhho,   ibu dir dîn ellen taoc,
in sus hêremo man   hrusti giwinnan,
raubâ birahanen,   ibu dû dâr ênîc reht habês.
der sî doh nû argôsto   ôstarliuto,
der dir nû wîges warne,   nû dih es sô wel lustit,
60 gûdea gimeinûn: niuse dê môtti,
hwerdar sih hiutu   dero hregilo rûmen muotti,
erdo desero brunnôno   bêdero uualtan.'
dô lêttun se ærist   asckim scrîtan,
scarpên scûrim: dat in dêm sciltim stônt.
65 dô stôptun tô samane   staimbortchludun,
heuwun harmlîcco   huitte scilti,
unti im iro lintûn   luttilo wurtun,
giwigan miti   wâbnum ....

48: rîche: eigentlich „Reich", hier „Herrscher"; reccheo: Recke, d. i. Vertriebener; 50: sumaro enti wintro sehstic: also je 30, d. h. 30 Jahre; 51: dâr: wo; scerita: man traf an; in folc sceotantero: im kämpfenden Volk; 52: sô: da; banun: Tod, Verderben, auch Mörder (so Z. 54); 53: suâsat: lieb, traut (engl. sweet); 54: bretôn: niederschlagen; billiu: Schwert; 55: du maht: du darfst (wie engl. you may); aodlîhho: leicht; ellen: Kraft, Mut; taoc: von tugan, taugen, nützen; 57: raubâ: Beute, Raub, hier Rüstung; birahanen: rauben; 58: argôsto: der Feigste. arga, feig, ist die schwerste Beschimpfung, die einem germanischen Helden zugefügt werden konnte. Darüber berichten langobardische Quellen; 60: gûdea: Kampf (gund); niuse: versuche; môtti: von muozzan, müssen, können; 61: hiutu: heute; hregilo: Gewand; 62: erdo: oder; 63: asckim: Esche, Eschenlanze (hier Plural); scrîtan (schreiten): gleiten, sausen; 64: scûrim (Schauer): Unwetter, Kampf; 65: staim bort chludun, diese drei Wörter sind bisher nicht sicher gedeutet: „die mit dem Schilde hallenden"? „die gefärbten Schilde"?; 66: heuwun: sie zerhieben. -eu- ist getrennt zu sprechen als e und u; 67: lintûn: Linde, Lindenschild (hier Plural); 68: giwigan: zerkämpft, zerhauen; wâbnum, as. Form: ahd. wâffan, Waffe (wieder Plural)

Reiterstein von Hornhausen aus dem 7. Jahrhundert

Übertragung:

Ich hörte das sagen,
dass sich herausforderten zum Zweikampf
Hildebrand und Hadubrand zwischen zwei Heeren,
Sohn und Vater: Sie brachten ihre Rüstungen in Ordnung,
5 bereiteten ihre Kampfgewänder, banden sich ihre Schwerter um,
die Helden, über das Kettenhemd, als sie zu diesem Kampf ritten.

Hildebrand sprach (zuerst), (denn) er war der Ältere,
der Lebenserfahrenere; er begann zu fragen
mit wenigen Worten, wer sein Vater gewesen sei
10 von den Männern des Volkes ...
... „oder aus welchem Geschlecht du bist.
Wenn du mir einen nennst, weiß ich die anderen,
junger Mann, im Königreich, bekannt ist mir das ganze Volk."
Hadubrand sprach, der Sohn Hildebrands:
15 „Das sagten mir unsere Leute,
alte und weise, die früher gelebt haben,
dass mein Vater Hildebrand geheißen habe: Ich heiße Hadubrand.
Einst ritt er nach Osten, floh er vor Otachers Hass
fort von hier zusammen mit Dietrich und vielen seiner tapferen Männer.
20 Er ließ im Land zurück elendiglich sitzen
seine junge Frau im Haus, sein unmündiges Kind,
ohne Besitz: er ritt hin nach Osten.
Seither bedurfte Dietrich
meines Vaters: das war (nämlich dort) ein so freundloser Mann!
25 Er (mein Vater) war Otacher gegenüber unmäßig feindlich,
unter den tapferen Männern der treueste im Gefolge Dietrichs.
Immer ritt er dem Kriegsvolk voran, immer war ihm der Kampf am liebsten:
bekannt war er ... (allen) kühnen Männern.
Ich glaube nicht, dass er noch lebt."...

30 „Ich rufe Gott zum Zeugen an (sprach Hildebrand) oben vom Himmel herab,
dass du noch nie mit einem so eng verwandten Mann
eine Verhandlung geführt hast." ...
Da zog er vom Arm gedrehte Reifen,
aus Kaisermünzen gefertigt, wie sie ihm der König gegeben hatte,
35 der Herr der Hunnen: „Dass ich es dir nun als Huldbezeigung gebe!"

Hadubrand sprach, der Sohn Hildebrands:
„Mit dem Speer soll der Mann Geschenke annehmen,
Spitze gegen Spitze ...
Du scheinst mir, alter Hunne, unmäßig schlau,
40 lockst mich mit deinen Worten, willst mich (aber dann) mit deiner Lanze niederwerfen.
Du bist wohl so alt geworden, weil du immer hinterlistig warst.
Das sagten mir Seefahrer,
die westwärts über das Mittelmeer gefahren sind, dass ihn der Kampf dahinnahm:

tot ist Hildebrand, der Sohn Heribrands."
45 Hildebrand sprach, der Sohn Heribrands:
„Wohl ersehe ich an deiner Rüstung,
dass du daheim einen edlen Herrn hast,
dass du bei diesem Herrscher noch nicht zum Vertriebenen wurdest."
„O weh nun, waltender Gott (sprach Hildebrand), das unheilvolle Schicksal geschieht.
50 Sechzig Sommer und Winter zog ich außer Landes umher,
wo man mich immer im kämpfenden Volk antraf:
Während man mir bei keiner Burg den Tod zugefügt hat,
soll mich nun mein liebes Kind mit dem Schwert erschlagen,
niederstrecken mit seiner Klinge, oder ich ihm zum Mörder werden.
55 Doch kannst du nun leicht, wenn deine Tapferkeit ausreicht,
bei einem so alten Mann die Rüstung gewinnen,
die Beute nehmen, wenn du darauf irgendein Recht hast.
Der sei doch nun der Feigste von uns Ostleuten,
der dir nun den Kampf verweigert, nach dem es dich so sehr gelüstet,
60 dem gemeinsamen Kampf: Versuche es, wer da kann,
wer von uns heute seine Gewänder freigeben muss
oder über beide Brünnen verfügen wird."
Da ließen sie zuerst die Eschenlanzen sausen
in scharfem Kampf, sodass sie in den Schilden stehen blieben.
65 Dann ritten sie aufeinander zu, dass die Buntborte splitterten,
hieben grimmig auf die weißen Schilde,
bis ihnen ihre Lindenschilde klein wurden,
zerhauen mit den Waffen ...

Noker (d. i. Notker)
Memento mori (um 1070)

Nû denchent, wîb unde man,   war ir sulint werdan.
ir minnont tisa brôdemi   unde wanint iemer hie sîn.
si ne dunchet iu nie sô minnesam,   eina churza wîla sund ir si hân:
ir ne lebint nie sô gerno manegiu zît,   ir muozent verwandelon disen lîb.

5 Tâ hina ist ein michel menegi;   si wândan iemer hie sîn,
sie minnoton tisa wêncheit,   iz ist in hiuto vil leit.
si ne dûhta sie nie sô minnesam,   si habent si ie doh verlâzen:
ich ne weiz war sie sint gevarn,   got muozze so alle bewarn!

Tisiu werlt ist alsô getân: swer zuo ir beginnet vân,
10 si machot iz imo alse wunderlieb,   von ir chom ne mag er niet.
sô begrîffet er ro gnuoge,   er habeti ir gerno mêra,
taz tuot er unz an sîn ende,   sô ne habit er hie noh tenne.

Ir wânint iemer hie lebin: ir muozt is ze iungest reda ergeben.

ir sulent all ersterben,   ir ne mugent is niewit uber werden.
15 ter man einer stuntwîlo zergât,   alsô skiero sô diu brâwa zesamine geslât.
Tes wil ih mih vermezzen: sô wirt sîn skiero vergezzen.

got gescuof iuh allo,   ir chomint von einimanne.
tô gebôt er iu ze demo lebinne   mit minnon hie ze wesinne,
taz ir wârint als ein man: taz hânt ir ubergangen.
20 habetint ir anders niewit getân,   ir muosint is iemer scaden hân.

Ube ir alle einis rehtin lebitint,   so wurdint ir alle geladet în
ze der êwigun mendin,   dâ ir iemer soltint sîn.
taz eina hânt ir iu selben: von diu sô ne mugen ir drîn gên;
daz ander gebent ir dien armen: ir muozint iemer dervor stên.

25 nechein man ter ne ist sô wîse,   ter sîna vart wizze.
ter tôt ter bezeichint ten tieb,   iuer ne lât er hie niet.
er ist ein ebenâre: necheiman ist sô hêre,
er ne muoze ersterbin: tes ne mag imo der skaz ze guote werden.

Iâ dû vil ubeler mundus,   wie betriugist tû uns sus!
30 dû habist uns gerichin,   des sîn wir allo beswichin.
wir ne verlâzen dih ettelîchiu zît,   wir verliesen sêle unde lîb.
alsô lango sô wir hie lebin,   got habit uns selbwala gegibin.

Trohtin, chunic hêre,   nôbis miserêre!
tû muozist uns gebin ten sin   tie churzun wîla sô wir hie sîn,
35 daz wir die sêla bewarin: wanda wir dur nôt hinnan sulen varn.
frô sô muozint ir wesin iemer: daz machot all ein Noker.

Übertragung:

Memento mori (lat.): Bedenke, dass du sterben musst!

Nun gedenket, Weib und Mann (Frauen und Männer), wohin ihr gelangen sollt (wohin es mit
  euch kommen wird).
Ihr liebt diese Vergänglichkeit (Gebrechlichkeit, das hinfällige Irdische) und wähnt, immer
  hier zu bleiben.
Doch wie lieblich sie euch auch dünkt, eine kurze Zeit nur werdet ihr sie haben:
Ihr mögt noch so gerne lange Zeit leben, ihr müsst doch diesen Leib (dieses Leben) verwandeln.
5 Dahin ist eine große Menge; ⟨auch⟩ sie wähnten, immer hier zu bleiben,
  sie liebten diese Kümmernis (diese jammervolle Welt, dieses Elend), es ist ihnen heute sehr
    leid.
Doch wie lieblich sie ihnen auch dünkte, sie haben sie doch einmal verlassen.
Ich weiß nicht, wohin sie gefahren sind. Gott möge sie alle bewahren (beschützen, in Obhut
  halten)!

Diese Welt ist so beschaffen: wer immer beginnt, sie zu fassen (an sie zu geraten, wer sich
  einmal an sie hält),

10 dem macht sie es so wunderbar lieb, er kann von ihr nicht mehr loskommen.
Dann ergreift er von ihr genug und hätte doch gern noch mehr von ihr,
das tut er bis an sein Ende, dann hat er weder hier noch dann ⟨etwas⟩.
Ihr wähnt, immer hier zu leben: Ihr müsst darüber zuletzt Rechenschaft geben.
Ihr werdet alle sterben, ihr könnt dessen nicht enthoben werden (daraus herauskommen).
15 Der Mensch vergeht in einem Augenblick, so rasch, wie die Braue zusammenschlägt.
Dessen will ich mich vermessen (das behaupte ich kühn): so rasch wird seiner vergessen.

Gott hat euch alle geschaffen, ihr stammt ⟨alle⟩ von einem Menschen.
Damals gebot er euch für dieses ⟨irdische⟩ Leben, in Liebe (Eintracht) hier zu sein,
sodass ihr wie ein Mensch wäret: Das habt ihr übertreten.
20 Hättet ihr nichts anderes begangen, ihr müsstet schon dafür immer Schaden (Strafe) haben.

Wenn ihr alle nach einem (gleichem) Recht lebtet, so würdet ihr alle geladen [hinein]
zu der ewigen Freude, wo ihr immer sein solltet (würdet).
Das eine ⟨Recht⟩ habt ihr für euch selbst: Deswegen könnt ihr nicht hineingehen;
das andere gebt ihr den Armen: Ihr müsst ⟨deshalb⟩ immer davorstehen (oder: Das eine Teil
25   eures Besitzes behaltet ihr für euch selbst, deswegen könnt ...; das andere gebt ihr den
Armen: ⟨sonst⟩ müsst ihr immer davorstehen).

Kein Mensch ist so weise, dass er seinen Hingang wisse.
Der Tod bedeutet den Dieb (ist wie ein Dieb), keinen von euch lässt er hier.
Er ist ein Gleichmacher. Kein Mensch ist so erhaben,
dass er nicht sterben müsste: Dazu kann ihm sein Schatz (sein Geld) nicht zugute kommen.

30 Ja (wahrhaftig), du gar schlimmer Mundus (Welt), wie betrügst du uns so!
Du hast uns beherrscht, dadurch sind wir alle betrogen.
Wenn wir uns nicht beizeiten von dir abwenden, verlieren wir Seele und Leib.
Solange wir hier leben, hat Gott uns die freie Entscheidung (freien Willen) gegeben.

Herr, hoher König, nobis miserere (erbarme dich unser)!
35 Du mögest uns die Einsicht geben, in der kurzen Zeit, die wir hier sind,
dass wir die Seele bewahren: denn wir müssen unbedingt dahinfahren.
Froh dürft ihr immer sein (werden): dies alles dichtete der bekannte Noker.

Arbeitshinweise

1. Welchem Zweck sollten die beiden Zaubersprüche jeweils dienen?
2. Untersuchen Sie, wie die beiden Sprüche aufgebaut sind, und erörtern Sie die Bedeutung dieses Aufbaus.
   - Unterscheiden Sie jeweils epischen Bericht und eigentlichen Zauberspruch.
   - Beachten Sie, dass es sich bei der magischen Handlung, in die diese Sprüche ursprünglich eingebettet sind, um Analogiezauber handelt: Das, was früher (in der Vorbildhandlung) Erfolg verbürgt hat, die magische Kraft, soll jetzt wieder wirksam werden.
3. Durch welche sprachlichen Mittel sollen die Zaubersprüche eindringlich wirken? Berücksichtigen Sie vor allem Wiederholungen, Dreigliedrigkeit und Stabreimbindung (Alliteration: Gleichklang im Anlaut der betonten Wörter).

1. Deutsche Literatur von den Anfängen bis zum Ende des frühen Mittelalters

4. Lesen Sie die beiden Zaubersprüche ihrer magischen Bedeutung entsprechend vor. Dazu müssen Sie wissen, dass im Althochdeutschen uu als englisches w, z als ß, â usw. als langer Vokal gesprochen wird.

5. Skizzieren Sie den Handlungsablauf des Hildebrandslieds. Berücksichtigen Sie, dass die Handlung von folgenden Voraussetzungen ausgeht: Dietrich von Bern (historisch Theoderich der Große) ist vor Otacher (dem historischen Odoaker) zum Hunnenkönig Etzel geflohen, begleitet von seiner Gefolgschaft, als deren bedeutendster Held Hildebrand mit ihm in die Fremde ging; Hildebrand hat Frau und Sohn zurückgelassen. Nach 30 Jahren kehrt Dietrich (nach Italien) zurück, um sein Reich zurückzuerobern. Die Vorhut führt Hildebrand. An der Grenze trifft er auf Sicherungsverbände des Gegners; ihr Anführer ist Hadubrand.

6. Beschreiben Sie Hadubrands Vaterbild.

7. Inwiefern ist der Zweikampf zwischen Vater und Sohn im Hildebrandslied aus der Sicht der Betroffenen unausweichlich?

8. An welcher Stelle des Hildebrandslieds wird deutlich, dass der Dichter zwar ein Christ war, aber den germanisch-heroischen Schicksalsglauben unangetastet ließ?

9. Das Fragment des Hildebrandslieds bricht mitten in der Schilderung des Kampfes ab, der mit Sicherheit tragisch endet. Schreiben Sie den Schlussteil in Form eines epischen Berichts.

10. Untersuchen Sie einige wichtige Gestaltungselemente des Hildebrandslieds.
    - Unterscheiden Sie epischen Bericht und direkte Rede.
    - Schreiben Sie einige besonders eindrucksvolle Stabreimwendungen auf.
    - Beschreiben Sie an einem Textbeispiel, wie in der gegliederten Langzeile (dem epischen Stabreimvers) zwei Kurzzeilen (Anvers und Abvers) zu rhythmischer und klanggebundener Einheit zusammengefasst sind.

11. Analysieren Sie die rhythmische Gliederung des Stabreimverses an selbst ausgewählten Beispielen aus dem Hildebrandslied. Beachten Sie folgende Hinweise: Jede Langzeile ist in vier Viertel- oder Langtakte gegliedert. Das Grundschema kann man folgendermaßen darstellen:

    (x x)| x́ x x̀ x | x́ x x̀ x | x́ x x̀ x | x́ x x̀ x ||

    Beispiel:

    Hadubrant gimahalta Hiltibrantes sunu

    | x́ x x̀ x | x́ x x̀ ∧ | x́ x x̀ x | x́ x ∧ ∧ ||

    Typisch für den Stabreimvers ist die weitgehende Freiheit der Senkungen zwischen den nachdruckstarken Hebungen. Wie in der Musik die schematischen Viertel eines Taktes zusammengefasst und mit halben oder ganzen Noten ausgefüllt oder auch pausiert werden können, so können im Stabreimvers die Senkungen zwischen den Haupt- und Nebenhebungen fehlen. Beispiel für die gepresste Form:

    prut in bure   barn   unwahsan

    | △ x | ∠ x̀ ∧ | △ | ∠ x̀ x ||

12. Die Sprache des Hildebrandslieds ist eine Mischung hochdeutscher und niederdeutscher Elemente; hochdeutsch sind beispielsweise Formen wie *her* (fränkisch), *prut, pist, chint* (betont oberdeutsch). Betont niederdeutsch sind *seggen* und Formen mit doppeltem t wie *luttila, urhettun*. Eigennamen mit dem Bildungsglied -*brand* gelten als spezifisch langobardisch.
    Erklären Sie diese Besonderheiten, indem Sie die Textgeschichte des Liedes mithilfe der Karte zu den Schreibdialekten (S. 13) verfolgen.

1. Deutsche Literatur von den Anfängen bis zum Ende des frühen Mittelalters

13. Tragen Sie den ersten Satz des Hildebrandslieds auswendig vor.

14. Vergleichen Sie das ältere Hildebrandslied mit dem Schluss des jüngeren Hildebrandslieds aus dem Spätmittelalter (siehe Kapitel 3) in Bezug auf die Grundhaltung der beiden Figuren und die Form der Darstellung. Wie sind die entscheidenden Unterschiede zu erklären?

    Er [Hildebrand] erwischt in bei der mitte,
    da er am schwechsten was,
    er schwang in hinderrucke
    wol in das grüne gras:
5   „nun sag mir, du vil junger!
    dein beichtvater wil ich wesen:
    bist du ain junger Wölfing,
    vor mir magst du genesen.

    „Du sagst mir vil von wolfen,
10 die laufen in dem holz;
    ich bin ain edler degen
    auß Kriechenlanden stolz,
    mein mutter haist fraw Ute,
    ain gewaltige herzogin,
15 so ist Hiltebrant der alte
    der liebste vater mein."

    „Haist dein mutter fraw Ute,
    ain gewaltige herzogin,
    so bin ich Hiltebrant der alte,
20 der liebste vater dein."
    er schloss im auf sein güldin helm
    und kust in an sein munt:
    „nun muss es gott gelobet sein!
    wir sint noch baide gesunt."

25 „Ach vater, liebster vater!
    die wunden, die ich dir hab gschlagen,
    die wolt ich dreimal lieber
    in meinem haupte tragen."
    „nun schweig, du lieber sune!
30 der wunden wirt gut rat,
    seit dass uns gott baide
    zusammen gefüget hat."   (14. Jh.)

(Aus: Ludwig Uhland, Alte hoch- und niederdeutsche Volkslieder, 1844)

15. Welche Wirkungsabsicht verfolgt Notker (Mönch in Einsiedeln und Hirsau, seit 1090 Abt von Zwiefalten) mit seinem an die Laienwelt (*wîb und man*) gerichteten Gedicht „Memento mori"?

16. Untersuchen Sie, mit welchen argumentativen und rhetorischen Mitteln Notker seine Absicht zu erreichen versucht, und nehmen Sie dazu Stellung. Berücksichtigen Sie dabei, dass Jesus Christus unerwähnt bleibt.

17. Im Gegensatz zur germanischen Stabreimdichtung liegen in Notkers „Memento mori" lockere binnengereimte Langzeilen vor. Beurteilen Sie, wieweit dem Autor der anscheinend angestrebte Silben- und Vokalgleichklang gelungen ist.

18. Welcher Periode des frühen Mittelalters ordnen Sie Notkers „Memento mori" zu? Beziehen Sie den Einführungstext zu diesem Kapitel in Ihre Überlegungen ein.

1.2 Otfried von Weißenburg

Pater Otfried soll den Tourismus ankurbeln

Weißenburg, französisch Wissembourg, ist aus dem Dornröschenschlaf erwacht und hat es endgültig satt, nur Durchgangsstation zu sein auf dem Weg in das „richtige" Elsass. Nun soll Pater Otfried helfen.
Ganz feines, tiefgrünes Moos hat sich gnädig auf die Tonsur des Paters gelegt. Die meisten Passanten bemerken es gar nicht, so sehr ist ihnen das Relief vom Benediktiner-Mönch zum alltäglichen Begleiter geworden. Das Kunstwerk schmückt ein präch-

tiges Bürgerhaus, das Abt Edelin anno 1288 errichten ließ. Den Gottesmann macht jetzt das Fremdenverkehrsamt bekannt.

Pater Otfried, lesend und unter einem Kruzifix sitzend in Stein gemeißelt, hat im Jahr 869 das Evangelium in Mundart übersetzt und damit nicht nur jedermann den Sinn der heiligen Schrift entschlüsselt, sondern auch die deutschsprachige Literatur überhaupt gegründet, wie es heißt.

Da er das alles in Weißenburg vollbrachte, soll er jetzt, über elfhundert Jahre später, gleich noch den Tourismus ankurbeln in der Stadt, die „outre foret", jenseits des Waldes, jenseits des Hagenauer Forsts liegt.

Er trennt die elsässische Postkarten-Idylle wie Straßburg oder Colmar wie ein Reißverschluss vom äußersten Norden des Landstrichs, der sich an Rhein und Lauter schmiegt.

Inzwischen gibt es das Ferienpaket „Au Pays d'Otfried" (Im Otfriedland), das vom Stadtrundgang bis zum Besuch einer Winzergenossenschaft reicht. Inbegriffen ist auch ein Sprung über die Grenze nach Deutschland, genauer: ins „Kakteenland"

von Steinfeld, und eine Tour mit einem neuen Bimmelbähnchen, das im ersten Monat dreitausend Fahrgäste befördert hat.

Weißenburgs Chancen, dem touristischen Niemandsland jenseits des Tagesausflugs aus dem deutschen Grenzgebiet zu entkommen, stehen in der Tat nicht schlecht. Es ist ein schönes Städtchen, aber nicht so perfekt wie die Fachwerk-Dörfer in seinem Umkreis, die keinen Platz mehr zum Entdecken lassen, die das Auge auf den ersten Blick geradezu übersättigen bei der Suche nach dem vermeintlich typisch Elsässischen, gerahmt in Geranienrot. Da bleibt kein Platz mehr für die Menschen und für die Schattenseiten, die Teil ihres Lebens sind.

In Weißenburg ist das anders. Es erlaubt sich, an der Hauptstraße, der Rue Nationale, mit einer ausgebrannten Patisserie auch mal Verfall zu zeigen, und es ist sich nicht zu schade, auch quadratisch funktionelle Wohnblocks am Ortsrand genehmigt zu haben.

Weißenburg ist ehrlich geblieben, trotz der Schönheiten, die es zweifellos besitzt. Das macht das Herzstück des Landes jen-

seits des Waldes so sympathisch. Hinzu kommt die lukullische Palette, die bunter ist als das übliche mit Fleisch und Wurst garnierte Sauerkraut.

Deftig geht's dennoch meist zu in den Gaststätten, in denen „les Spätzle" ebenso auf der Karte stehen wie „le Dampfnudel" oder „le Waadle", die Schweinshaxe. Der gastronomische Tipp steht nicht im Restaurant-Führer der Stadt: Es ist die „Winstub", das „Stueble" von Claude Froehlich in der hutzeligen Judenstraße mit all ihren kleinen Häuschen. Dort einen „Coq au vin", einen Hahn in Weinsoße, einen kühlen Edelzwicker dazu, und ein weiterer Abend ist gerettet im Herzen von Weißenburg.

Der Verdauungsspaziergang führt die Lauter entlang, in der sich mächtige Patrizierhäuser spiegeln, an der die Boule-Kugeln auf dem Petanque-Platz aneinanderklicken, an die sich das sogenannte Bruch-Viertel kuschelt, in dem die Zeit stehengeblieben zu sein scheint – allen modernen Anfechtungen zum Trotz.

(Thilo Robert Zimmermann, in: WAZ reise Journal v. 4.10.1997, S. 9)

Die gemütliche Innenstadt lädt zum Bummeln ein (links). Das Steinrelief zeigt Pater Otfried bei der Lektüre der Bibel (rechts).

Evangelienharmonie (I,11)

Otfrieds „Evangelienharmonie" ist eine fünf Bücher umfassende poetische Darstellung des Lebens Jesu, die auf einer selbstständigen Auswahl aus den Evangelien unter Hinzuziehung von Kommentaren, Schriften der Kirchenväter und Predigtsammlungen beruht.
Otfried ist Mönch, Priester und Lehrer seines Klosters Weißenburg und will als Theologe seine Leser – Geistliche und Angehörige des gebildeten Adels – in den mehrfachen Sinn der Heiligen Schrift einführen; deshalb fügt er in eigens dafür bestimmten Abschnitten seine Auslegung des Erzählten hinzu. Otfried führt den Endreim und – wenn auch nicht streng durchgeführt – das Alternieren von Hebung und Senkung in die deutsche Literatur ein. In der Vorrede nennt er als Grund, warum er das Evangelienbuch deutsch geschrieben habe, er wolle beweisen, dass die deutsche Sprache der lateinischen in der Verskunst ebenbürtig sei.
Das Werk ist in mehreren Handschriften erhalten, darunter einer von Otfried selbst durchkorrigierten Reinschrift.

◆

Exiit Edictum a Caesare Augusto

Wúntar ward thô máraz joh filu séltsânaz,
 gibót iz ouh zi wáru ther kéisor fona Rúmu.
Sánt er filu wise selbes bóton sîne,
 sô wí to sôsô in wórolti man wári búenti;
5 Thaz sie érdrîchi záltîn, ouh wiht es ío nirdwáltin,
 in bríaf iz al ginámîn int imo es zála irgâbin [...]
Thô fuarun líuti thuruh nót, sô ther kéisor gibôt,
 zi éigenemo lánte filu suórgênte [...]

Ein búrg ist thâr in lánte, thâr wârun ío gináante
10 hús inti wénti zi édilingo hénti.
Bi thiu ward thi ih nu ságêta, thaz Jóseph sih irbúrita;
 zi théru steti fúart er thia drúhtînes múater;
Want ira ánon wârun thánana gotes drútthegana,
 fórdoron alte, zi sálidôn gizálte.
15 Unz síu thô thâr gistúltun, thio zíti sih irvúltun,
 thaz si chínd bâri zi woralti éinmâri.
Sún bar si thô zéizan, ther wás uns io gihéizan;
 sîn wás man allo wórolti zi gote wúnsgenti.
Wár sinan gibádôti joh wár sinan gilégiti –
20 ni wânu thaz si iz wéssi bi theru gástwissi.
Biwánt sinan thoh tháre mit láhonon sáre,
 in thia kríppha sinan légita bi nóte thih nu ságêta [...]

17: zéizan: sprich ['tsaisan]
22: thih → the ich

Mystice

Drúhtîn queman wólta, thô man alla wórolt zalta,
25   thaz wír sîn al gilíche gibriefte in hímilrîche.
In kríppha man nan légita, thâr man thaz fíhu nerita,
    want er wílit unsih scówôn zí then éwînîgên góumôn.
Ni wâri thố thiu giburt, thô wurti wórolti firwúrt;
    sia sátanas ginámi, ób er thô ni quámi.
30 Wir wárun in gibéntin, in wídarwerten héntin;
    thu uns hélpha, druhtîn, dâti ze thero óberôstûn nôti!

(863/71)

Übertragung:

Es ging ein Gebot aus von dem Kaiser Augustus

Ein Wunder geschah da, ein berühmtes und sehr seltsames,
    es gebot fürwahr der Kaiser von Rom.
Er sandte seine sehr kundigen Boten [von ihm selbst],
    so weit wie in der Welt Menschen ansässig waren;
5 Damit sie das Erdreich zählten, auch nichts davon je verzögerten,
    in ein Verzeichnis alles nähmen und ihm davon die Zählung übergäben [...]
Da begaben sich die Leute notwendigerweise, wie der Kaiser gebot,
    zu ihrem eigenen Land sehr sorgend (auf die Erfüllung des Gebots bedacht) [...]
Eine Burg ist dort im Lande, da waren von jeher gerechnet
10   Häuser und Mauern zur Hand (zum Besitz) der Edelleute (eines Adelsgeschlechtes).
Wegen dem, was ich soeben berichtet habe, geschah es, dass Joseph sich aufmachte;
    zu jener Stadt führte er die Mutter des Herrn;
Denn ihre Ahnen waren (stammten) von dort, die Diener Gottes,
    alte Vorfahren, zu den Seligkeiten Gezählte.
15 Als sie nun dort weilten, erfüllten sich die Zeiten,
    sodass sie ein Kind zur Welt gebar einzigartig.
Einen Sohn gebar sie damals, einen anmutigen, der war uns immer verheißen ⟨worden⟩;
    seiner (nach ihm) warten die Menschen in aller Welt zu Gott verlangend.
Wo sie ihn badete und wohin sie ihn legte –
20   ich glaube nicht, dass sie es wusste bei dem Gastaufenthalt (in dem fremden Hause).
Sie umwand ihn dennoch dort mit Laken zugleich,
    in die Krippe legte sie ihn wegen der Notlage, die ich soeben erwähnt habe [...]

Auslegung

Der Herr wollte kommen, als man alle Welt zählte,
    damit wir alle als Gleiche (ohne Ausnahme und Unterschied) seien verzeichnet im
25   Himmelreich.
In eine Krippe legte man ihn, wo man das Vieh fütterte,
    denn er will uns weisen (unsern Blick richten) zu den ewigen Speisungen.

Wäre nicht damals die Geburt ⟨geschehen⟩, so wäre der Welt das Verderben ⟨zuteil⟩ geworden;
30 Satan hätte sie genommen, wenn jener (Christus) damals nicht gekommen wäre.
Wir waren in Banden, in den Händen (in der Gewalt) des Widersachers;
du, Herr, tatest uns Hilfe (du hast uns deine Hilfe gewährt) gegen die äußerste Not.

Codex Aureus aus St. Emmeram in Regensburg, Evangeliar in Goldschrift, mit Miniaturen geschmückt, mit goldenem Einband, in der Mitte eine Reliefdarstellung des thronenden Christus (870)

Arbeitshinweise

1. Welche Bedeutung wird nach dem Zeitungsartikel dem Pater Otfried beigemessen
   - für die Stadt Weißenburg (Wissembourg),
   - für die deutschsprachige Literatur?

2. Untersuchen Sie, wie Otfried die Geburt Jesu darstellt.
   Welche Besonderheiten fallen Ihnen auf?

3. Wie legt der Autor die Geburtsgeschichte unter der Überschrift „Mystice" schwerpunktmäßig aus? Beachten Sie, dass man in der mittelalterlichen Theologie einen vierfachen Schriftsinn unterscheidet:
   - den buchstäblichen (indem man die Aussage wörtlich nimmt),
   - den allegorischen (indem man wichtige Einzelheiten des Erzählten sinnbildlich deutet),
   - den moralischen (indem man dem Text Forderungen für das sittliche Verhalten der Menschen entnimmt),
   - den anagogischen (indem man dem Text einen höheren, vor allem auf die Geheimnisse des Reiches Gottes bezogenen Sinn gibt).

4. Legen Sie den Kern der biblischen Geburtslegende (Geburt Jesu zur Zeit des Kaisers Augustus in ärmlichen Verhältnissen) selbstständig aus.

5. Otfried hat den Endreim in die deutsche Literatur eingeführt, wobei ihm zu Beginn seiner Dichtung noch der Stabreimrhythmus im Ohr zu liegen scheint. Stellen Sie fest, wie er in dem vorliegenden Auszug neben der Alliteration die Möglichkeiten des Endreims genutzt hat:
   - den Gleichklang zweier Verse von der letzten Hebung an,
   - den Gleichklang der betonten oder unbetonten Endsilbe zweier Verse (Endsilbenreim).

6. Vergleichen Sie die Gestaltung der Langzeilen in Otfrieds „Evangelienharmonie" und im „Hildebrandslied" in Bezug auf Gliederung, Rhythmus und Klangbindung.

Wichtige Autoren und Werke:

Noker (d. i. **Notker**, ab 1090 Abt von Zwiefalten)
Werk: *Memento mori* (um 1070), ein Gedicht in lockeren Reimpaarstrophen, ein Bußaufruf zur Abkehr von der Welt im Sinne der kluniazensischen Reform.

Otfried von Weißenburg (9. Jh.)
Mönch aus dem elsässischen Kloster Weißenburg, der erste namentlich bekannte deutsche Dichter
Werk: *Evangelienharmonie* (863/71), eine poetische Darstellung des Lebens Jesu mit „Exegesen" (Auslegungen), Einführung des Endreims und des Alternierens von Hebung und Senkung.

Pfaffe Konrad (12. Jh.)
Werk: *Rolandslied* (um 1170), Heldenepos zum Kreuzzugsthema in Reimpaar-Versen.

Pfaffe Lamprecht (12. Jh.)
Werk: *Alexanderlied* (1140/50), Epos in Reimpaaren ohne überlieferten Schluss.

Unbekannte Verfasser althochdeutscher Stabreimdichtung
Werke aus germanischer Frühzeit: *Hildebrandslied* (810/20), *Zaubersprüche* (vor 750);
Werke aus dem frühen Mittelalter: *Wessobrunner Gebet* (770/90), *Muspilli* (Weltuntergangsdichtung Anfang des 9. Jhs.).

Grundlegende Literatur:

Helmut de Boor: *Die deutsche Literatur von Karl dem Großen bis zum Beginn der höfischen Dichtung 770–1170.* München [6]1964 (= Helmut de Boor/Richard Newald: *Geschichte der deutschen Literatur von Anfängen bis zur Gegenwart*, Bd. 1)

Hilkert Weddige: *Einführung in die Germanistische Mediävistik*: München [3]1997

2 Hohes Mittelalter (1170–1270)

Bis ins 11. Jahrhundert sind überwiegend Geistliche die Autoren deutschsprachiger Literatur und der Inhalt bezieht sich meistens auf religiöse Themen (siehe Kapitel 1). Dies ändert sich im 12. Jahrhundert. Neben den bisher führenden Klöstern und Bischofssitzen entwickeln sich Fürsten- und Adelshöfe zu geistigen Zentren. Das **Rittertum** – und damit zum ersten Mal ein weltlicher Stand – beginnt sich im Lebensstil wie in der Dichtung eine eigene hohe Kulturform zu schaffen.

Die Grundlage für diese Kultur, deren Träger der Adel ist, bildet die Machtentfaltung des **staufischen Kaisertums** (1138–1254). „hovelich" oder „hovisch" („was zum Hof gehört"; in erweiterter Bedeutung: „schön", „edel", „vornehm", „reich", „tugendhaft") wird zum Programmwort eines neuen (ritterlichen) Ideals: Man versucht, in lebensbejahender Einstellung („hohem muot") religiöse und gesellschaftliche Verpflichtungen miteinander zu verbinden. Dieses Ideal wird in Wolfram von Eschenbachs Parzival-Roman exemplarisch formuliert:

Die Doktordiplome der Universität Neapel tragen als Stempel die Nachbildung eines Siegels Friedrichs II.

swes leben sich so verendet
daz got niht wirt gepfendet
der sele durch des libes schulde,
und der doch der werlde hulde
behalten kan mit werdekeit,
daz ist ein nütziu arbeit.

Wer am Ende seines Lebens sagen kann, dass er seine Seele Gott bewahrt und sie nicht durch Sündenschuld verloren hat, und wer es außerdem versteht, sich durch würdiges Verhalten die Gunst der Menschen zu bewahren, der hat seine Mühen nicht vergebens aufgewandt.

Die neuen Kunstformen werden vom französischen Rittertum entwickelt, das damals für ganz Europa tonangebend ist. Die drei wichtigsten Gattungen des Hochmittelalters sind Minnelyrik und Spruchdichtung, höfischer Roman und Heldenepos. Die spezifische lyrische Form der ritterlichen Standeskultur ist der **Minnesang**. Der Begriff „Minne" meint die durch „Zuneigung", „Liebe" gekennzeichnete Beziehung eines Ritters zu einer von ihm verehrten verheirateten adeligen Dame („frouwe": „Herrin"), die für ihn unerreichbar bleibt; d. h., dass jede Aussicht auf eine Erfüllung dieser Liebe ausgeschlossen ist. Minnelyrik ist eine von individuellen Erlebnissen weitgehend freie Dichtung und wird als Lied vor der höfischen Gesellschaft vorgetragen, die aus adeligen Herren mit ihren Frauen besteht; die unverheirateten Töchter haben keinen Zutritt zur Geselligkeit des Hofes. Dem strophisch gegliederten Text ist jeweils eine (einstimmige) Melodie mit begleitendem Saitenspiel zugeordnet und der Dichter ist zugleich Komponist, Sänger und Begleiter. Erhalten ist die Minnelyrik fast ausschließlich in später zusammengestellten Sammelhandschriften wie der kunstvollen, mit den Bildern der Dichter geschmückten „Manessischen Liederhandschrift" (um 1300).

Die **Spruchdichtung** ist aufs Engste mit dem Namen Walther von der Vogelweide verbunden, dem ersten Autor in Deutschland, der seinen Lebensunterhalt als Schriftsteller verdient; er trägt nicht nur Minnelieder vor, sondern übt auch Gesellschaftskritik und erhebt die politische Lyrik zu hohem Rang.

Ab Mitte des 12. Jahrhunderts ist der **höfische Roman** die bedeutendste Gattung im epischen Bereich. Er wird in vierhebigen Reimpaarversen geschrieben. Seine Stoffe stammen im Wesentlichen aus französischer Dichtung, meist nach Sagen keltischen Ursprungs (Artus, Tristan, Gral). Neben dem höfischen Roman, der die spätere Leseliteratur (im Gegensatz zur vorgetragenen Literatur) vorbereitet, steht das **Heldenepos** in meist strophischer Form. Seine Stoffe sind durch die Dichtung von Spielleuten mündlich bewahrt worden und stammen zumeist aus der Tradition der Heldenlieder (vgl. Kapitel 1: „Hildebrandslied").

Die Sprache der Dichter seit etwa 1100 ist das **Mittelhochdeutsche**. Gegenüber dem Althochdeuschen sind die volltönenden Vokale a, i, o, u in Vor- und Ableitungssilben und Endungen zu e abgeschwächt (z. B. ahd. „namo" wird zu „name"). Diese Sprache wirkt weicher, beweglicher und gefälliger als das Althochdeutsche.

Für die Lautlehre und Wortkunde des Mittelhochdeutschen (Mhd.), also die Sprachform des Deutschen in der Zeit vom 12. bis zum 14. Jahrhundert, sind folgende Merkmale hervorzuheben:

Zur Lautlehre

Vokale:
- Abweichend vom Neuhochdeutschen (Nhd.) werden alle Vokale ohne Längenzeichen kurz gesprochen: tac, sagen, edel, sehen, mir, wol, bote, mugen. Das gilt auch für die Umlaute ä, ö, ü (iu): lützel, küniginne, friunt.
- Die mit Zirkumflex (^) gekennzeichneten Vokale werden lang gesprochen: râten, frouwelîn, nît.
- Doppellaute (Diphthonge), ie, ue, uo, sind fallend zu sprechen, d. h., man hört beide Laute, wobei der zweite schwach nachklingt: líeber múeder brúoder.
- Beim Übergang zum Nhd. werden sie zu einem langen i, ü, u. Diesen Vorgang nennt man nhd. Monophthongierung.
- Die langen Vokale î, iu, û (mîn niuwes hûs) werden beim Übergang zum Nhd. zum Doppellaut: ei, eu, au. Diesen Vorgang nennt man nhd. Diphthongierung.

Konsonanten:
- Die Konsonanten haben im Wesentlichen den gleichen Tonwert wie im Nhd.
- c ist wie k zu sprechen: tac, mac, burc.
- h ist im Silbenanlaut Hauchlaut: herzliebes, sehen; im Silbeninlaut und Silbenauslaut entspricht es dem nhd. ch:
- geschiht, ih, sah; im Silbenauslaut erscheint auch schon die Schreibung ch: sich.
- f und v haben denselben Lautwert und wechseln in der Schreibung: frouwe, vrouwe.
- ph ist stets als pf zu sprechen: phlegen.

- z nach Vokal ist gleich dem stimmlosen s: geheizen, daz, grôz; auch in der Verdoppelung: wazzer. Sonst wie nhd. z: zît.
- s ist stimmloses s: sît, sprach.

Zusammenziehungen:
- age –, – ege –, – ede – wird zu ei: maget – meit; getregede – getreide; redete – reite; sagete – seite.

Verschmelzungen:
daz ich – deich; daz ist – deist; er ist – erst; ze ihte – zihte; mir es (Genitiv) – mirs; mir ez – mirz.

Zur Wortkunde

Bedeutungswandel:
- Grundsätzlich muss für das Verständnis mhd. Texte der Bedeutungswandel berücksichtigt werden. Die Ähnlichkeit des Wortkörpers täuscht häufig ein unmittelbares Textverständnis vor.
- Beispiele: arbeit = Mühsal, Not; frouwe = Gebieterin, Herrin, edle Dame; vröude = Genugtuung, Fest; êre = Ansehen in der Gesellschaft.

Der Gebrauch der Vorsilbe ge-:
Die Vorsilbe ge- bedeutet Zusammenfassung, Verstärkung des Wortinhaltes, Vollständigkeit, dann oft Verallgemeinerung. Dabei ergeben sich im Mhd. einige Besonderheiten:
- Verallgemeinerung oder Verstärkung des Sinnes eines Verbs, wo im Nhd. kein ge- mehr steht: er kan iu wol geraten = dringend raten.
- Bezeichnung des Eintritts einer Handlung: stân = stehen, gestân = sich aufstellen, stehen bleiben; swîgen = schweigen, geswîgen = verstummen.
- Bezeichnung des Abschlusses einer Handlung: vil kûme erbeite Sîvrit, daz man dâ gesanc = mit dem Singen zu Ende kam.

2.1 Unbekannte Verfasserin
Du bist mîn

Du bist mîn, ih bin dîn:
des solt dû gewis sîn.
dû bist beslozzen in mînem herzen:
verlorn ist daz slüzzelîn:
5 dû muost immer drinne sîn.

(12. Jh.)

2: solt: darfst; 3: beslozzen: tief eingeschlossen; 4: slüzzelîn: Schlüsselchen; 5: muost: sollst

Der von Kürenberg
Ich zôch mir einen valken

Ich zôch mir einen valken   mêre danne ein jâr.
dô ich in gezamete   als ich in wolte hân
und ich im sîn gevidere   mit golde wol bewant,
er huop sich ûf vil hôhe   und floug in anderiu lant.
5 Sît sach ich den valken   schône fliegen:
er fuorte an sînem fuoze   sîdîne riemen,
und was im sîn gevidere   alrôt guldîn.
got sende si zesamene   die gerne geliep wellen sîn!

(12. Jh.)

Der von Kürenberg
Miniatur aus der Manesse-Liederhandschrift

Walther von der Vogelweide (um 1160 bis um 1230)
Ich saz ûf eime steine

	Übertragung:
Ich saz ûf eime steine,	Ich saß auf einem Stein
und dahte bein mit beine:	und schlug ein Bein über das andere.
dar ûf satzt ich den ellenbogen.	Darauf stützte ich den Ellenbogen.
ich hete in mîne hant gesmogen	Ich hatte in meine Hand geschmiegt
5 daz kinne und ein mîn wange.	5 das Kinn und meine eine Wange.
dô dâhte ich mir vil ange,	So erwog ich in aller Eindringlichkeit,

---

1: mêre: länger; 2: gezamete: gezähmt hatte, zu eigen gewonnen hatte; 3: mit golde wol bewant: mit einem Ring geschmückt hatte;
6: sîdîne riemen: Seidenbänder; 7: alrôt guldîn: über und über mit Gold geschmückt; 8: geliep: gegenseitig in Liebe verbunden

2: dahte: deckte, schlug übereinander; 4: gesmogen: hineingedrückt; 6: ange: eingehend;

wie man zer welte solte leben.
deheinen rât kond ich gegeben,
wie man driu dinc erwurbe,
10 der keines niht verdurbe.
diu zwei sint êre und varnde guot,
daz dicke einander schaden tuot;
daz dritte ist gotes hulde,
der zweier übergulde.
15 die wolte ich gerne in einen schrîn:
jâ leider desn mac niht gesîn,
daz guot und weltlich êre
und gotes hulde mêre
zesamene in ein herze komen.
20 stîg unde wege sint in benommen:
untriuwe ist in der sâze,
gewalt vert ûf der strâze,
fride unde reht sint sêre wunt.
diu driu enhabent geleites niht,
25 diu zwei enwerden ê gesunt.

wie man auf dieser Welt zu leben habe.
Keinen Rat wusste ich zu geben,
wie man drei Dinge erwerben könne,
10 ohne dass eines von ihnen verloren ginge.
Zwei von ihnen sind Ehre und Besitz,
die einander oft Abbruch tun;
das Dritte ist die Gnade Gottes,
weit höher geltend als die beiden andern.
15 Die wünschte ich in ein Gefäß zu tun.
Aber zu unserm Leid kann das nicht sein,
dass Besitz und Ehre in der Welt
und dazu Gottes Gnade
zusammen in ein Herz kommen.
20 Weg und Steg ist ihnen verbaut,
Verrat lauert im Hinterhalt,
Gewalttat zieht auf der Straße,
Friede und Recht sind todwund:
bevor diese beiden nicht gesunden,
25 haben die Drei keine Sicherheit.

(um 1198)

Walther von der Vogelweide
Miniatur aus der Manesse-Handschrift

7: zer welte: auf Erden; 8: deheinen: keinen; 10: der keines niht verdurbe: so dass keins davon verloren ginge; 11: varnde guot: bewegliche Habe, Besitz; 12: dicke: oft; 14: der zweier übergulde: was die beiden (an Geltung) übertrifft; 15: schrîn: Kasten, Schrein; 18: mêre: dazu; 20: benomen: verbaut; 21: sâze: Versteck, Hinterhalt; 24: geleites: Schutz, Sicherheit; 25: ê: vorher

2. Hohes Mittelalter (1170 – 1270)

Walther von der Vogelweide (um 1160 bis um 1230)
Wol mich der stunde

Wol mich der stunde, daz ich sie erkande,
diu mir den lîp und den muot hât betwungen,
sît deich die sinne sô gar an sie wande,
der si mich hât mit ir güete verdrungen.
5 daz ich gescheiden von ir niht enkan,
daz hât ir schœne und ir güete gemachet,
und ir rôter munt, der sô lieplîchen lachet.

Ich hân den muot und die sinne gewendet
an die reinen, die lieben, die guoten.
10 daz müez uns beiden wol werden volendet,
swes ich getar an ihr hulde gemuoten.
swaz ich noch fröiden zer werlde ie gewan,
daz hât ir schœne und ir güete gemachet,
und ir rôter munt, der sô lieplichen lachet.

Übertragung:

Heil mir der Stunde wegen, dass ich sie kennenlernte, die mir Leib und Seele bezwungen hat, seit ich auf sie so ganz meine Gedanken richtete, deren sie mich durch ihre Vollkommenheit beraubt hat. Dass ich von ihr nicht loskommen kann, das hat ihre Schönheit und ihre Vollkommenheit getan und ihr roter Mund, der so freundlich lacht.

Ich habe Seele und Gedanken gerichtet auf die Keusche, die Liebe, die Vollkommene. Was immer ich von ihrer Güte begehren darf, das möge für uns beide zu gutem Ende kommen. Alles, was ich noch je an Freuden auf Erden erlangte, das hat ihre Schönheit und ihre Vollkommenheit getan und ihr roter Mund, der so freundlich lacht.

Der Kreuzgang im Lusamgärtlein des Neumünsters zu Würzburg, in dem Walther vielleicht begraben wurde

3: sît deich: seitdem ich; 4: verdrungen: beraubt; 11: swes ich getar: was ich wage; 11: gemuoten: zu begehren

2. Hohes Mittelalter (1170 – 1270)

Arbeitshinweise

1. Übertragen Sie das Gedicht „Du bist mîn", das am Schluss eines lateinischen Liebesbriefs einer Nonne steht, ins Neuhochdeutsche und untersuchen Sie die Gestaltung der kleinen Strophe. Warum entspricht die Anordnung der dritten Zeile dem inhaltlichen Zentralbild?

2. Der von Kürenberg ist der erste namentlich bekannte deutsche Lyriker (aus Niederösterreich). Übertragen Sie das Gedicht ins Neuhochdeutsche. Wovon handelt der Frauenmonolog?

3. Interpretieren Sie Kürenbergers Falkenlied, indem Sie den Falken als Symbol des Geliebten deuten, das Frauensehnsucht wie männlichen Freiheitsdrang in sich begreift.

4. „Ich zôch mir einen valken" entspricht in der Form der sogenannten Nibelungen-Strophe (siehe Kapitel 2.2). Untersuchen Sie die rhythmischen und klanglichen Mittel des Falkenlieds. Das Grundschema der ersten Strophe lässt sich folgendermaßen darstellen (4 = 4 Hebungen; k = klingende Kadenz; s = stumpfe Kadenz; v = volle Kadenz; aa, bb = Paarreime):

   x | x́ x | x́ x | — | x̀ ∧ || | x́ x | x́ x | — | ∧ ∧ || 4 k || 4 s || a

   | x́ x | x́ x | x́ x | x̀ ∧ || x | x́ x | x́ x | — | ∧ ∧ || 4 k || 4 s || a

   x | x́ x | x́ x | x́ x | x̀ ∧ || x | x́ x | x́ x | x́ ∧ | ∧ ∧ || 4 k || 4 s || b

   x | x́ x | x́ x | — | x̀ ∧ || x | x́ x | — | x̀ x | x́ ∧ || 4 k || 4 v || b

5. Beschreiben Sie die Miniatur zu Walther von der Vogelweide aus der Manessischen Liederhandschrift und deuten Sie die Einzelheiten. In welchem Verhältnis steht das Bild zu Walthers Gedicht „Ich saz ûf eime steine"?

6. Untersuchen Sie die (dreigliedrige) Gedankenführung des Gedichts „Ich saz ûf eime steine".

7. „Ich saz ûf eime steine" ist der erste der sogenannten Reichssprüche Walthers, die den Anfang seiner politischen Dichtung bilden.
   Welche Intention ist diesem Spruch zu entnehmen?

8. Analysieren Sie die Zeitkritik in Walthers Reichsspruch unter Berücksichtigung der historischen Situation, auf die er Bezug nimmt: Das Gedicht ist kurz nach dem frühen Tod Heinrichs VI. (1165–1197) entstanden, als das Reich zwei Könige hatte: Otto IV. von Braunschweig, einen Welfen, und Philipp von Schwaben, einen Staufer.

9. „Wol mich der stunde" ist ein Preislied der „frouwe" in Daktylen mit einem Refrain. Erläutern Sie diese Aussage am Text. Legen Sie dabei den Schwerpunkt auf die von dem Sprecher hervorgehobenen Vorzüge der Dame.

10. Welche Eigenschaften einer jungen Frau bzw. eines jungen Mannes würden Sie glücklich machen?

    Schreiben Sie dazu ein Gedicht nach dem Vorbild des Minneliedes „Wol mich der stunde" oder einen kurzen Prosatext. Setzen Sie dabei voraus, dass Sie die ersehnte Person bereits kennengelernt haben.

11. Lesen Sie eins von den mittelhochdeutschen Gedichten in diesem Kapitel nach Vorbereitung vor. Beachten Sie dabei die Hinweise zur mittelhochdeutschen Sprachform im Einführungstext.

12. Beschreiben und deuten Sie eine Minnesänger-Miniatur aus diesem Kapitel.
    Beachten Sie, dass im Mittelalter Form und Farbe (auch der partielle Verzicht auf Farbgebung) weniger der Nachahmung der äußeren Wirklichkeit dienen als vielmehr repräsentative und symbolische Bedeutung haben. So scheint die auffällige „Leere" des Bildgrundes in dem berühmten Bild Walthers von der Vogelweide etwas von dem nachdenklich-introvertierten Gemütszustand des Dichters wiederzugeben.

2. Hohes Mittelalter (1170 – 1270)

P 13. Die einzige nicht vollendete Miniatur der Manessischen Liederhandschrift gibt eine Vorstellung von den Vorstadien der Bildausführung.
Stellen Sie fest, was vorgezeichnet wurde und welche Einzelheiten erkennbar sind, und malen Sie eine vergrößerte Kopie der Skizze aus. Begründen Sie Ihre Farbwahl.

Unvollendete Miniatur des Manesse-Liederbuches von der Hand des dritten Nachtragsmalers. Dargestellt ist ein Turnier-Lanzenstoß mit akustischer Begleitung.

2.2 Unbekannter Verfasser
Der Nibelunge Nôt.
I. âventiure (gekürzt)

Uns ist in alten mæren   wunders vil geseit
von heleden lobebæren,   von grôzer arebeit,
von fröuden, hôchgezîten,   von weinen und von klagen,
von küener recken strîten   muget ír nu wunder hœren sagen.

1: mære: Bericht, Erzählung; wunders: ist Gen. abh. v. vil = viel Wunderbares; geseit = gesaget, zusammengezogene Form;
2: lobebære: „lobtragend", „rühmenswert"; arebeit: Mühsal, Not, Kampf; 3: hôchgezît: großes Fest; 4: recke: ursprünglich der Verbannte, dann der Berufskrieger, dann allg. Kriegsmann; muget: v. mugen, können. 2.–4.: von heleden usw. bis recken strîten: doppelte Ergänzung, einmal zu geseit (1), dann zu hœren sagen (4)

2. Hohes Mittelalter (1170 – 1270)

5 Ez wuohs in Búrgónden   ein vil édel magedîn,
daz in allen landen   niht schœners mohte sîn,
Kriemhilt geheizen: si wart ein scœne wîp.
dar umbe muosen degene   vil verliesén den lîp.

Ir pflâgen drîe künege   edel unde rîch,
10 Gunther unde Gêrnôt,   di recken lobelîch,
und Gîselher der junge,   ein ûz erwelter degen.
diu frouwe was ir swester,   di fürsten hetens in ir pflegen.

Die herren wâren milte,   von arde hôh erborn,
mit kraft unmâzen küene,   di recken ûz erkorn.
15 dâ zen Búrgónden   sô was ir lant genant.
si frumten starkiu wunder   sît in Étzélen lant.

Ze Wormez bî dem Rîne   si wonten mit ir kraft.
in diente von ir landen   vil stolziu ritterscaft
mit lobelîchen êren   unz an ir endes zît.
20 si sturben sît jæmerlîche   von zweier edelen frouwen nît.

In disen hôhen êren   tróumte Kríemhíldè,
wie si züge einen valken,   starc scœn' und wíldè,
den ir zwêne arn erkrummen,   daz si daz muoste sehen:
ir enkunde in dirre werlde   leider nímmér geschehen.

25 Den troum si dô sagete   ir muoter Úotèn.
sine kúnde's niht besceiden   baz der gúotèn:
„der valke den du ziuhest,   daz ist ein edel man:
in welle got behüeten,   du muost in sciere vloren hân."

„Waz saget ir mir von manne,   vil liebiu muoter mîn?
30 âne recken minne   sô wil ich immer sîn.
sus scœne ich wil belîben   unz an mînen tôt,
daz ich von mannes minne   sol gewinnen nimmer nôt."

Uta; Westchor des Naumburger Doms (um 1250)

5: in Burgonden: Im Mhd. wird häufig der Völkername zur Bezeichnung des Landes gebraucht; meist mit in oder zen verbunden. So auch zen Hiunen, in Sahsen usw.; 7: wart: Prät. v. werden, wurde, wuchs heran zu; scœne: sc steht altertümlich häufig für sch, gesprochen wie dieses; wîp: Frau, ganz allg., dann auch die Ehefrau. frouwe bezeichnet immer die höher stehende Frau: Herrin; 8: muosen: Prät. v. müezen; verliesen: verlieren, einbüßen; lîp: Leib, Leben steht oft nur abgeblasst zur Bezeichnung der Person; so heißt mîn lîp: ich, eins riters lîp: ein Ritter, ir lîp: sie usw; 9: ir: Gen.; pflâgen: Prät. v. pflegen, für jem. sorgen, sich um jem. kümmern; rîch: mächtig, gewaltig; 10: lobelîch: löblich, ruhmvoll; 12: ir: Gen., abh. v. swester – von ihnen; 13: milte: freigebig; von arde: der Abstammung nach; erborn: geboren; 14: unmâzen: ungemein, höchst; 16: frumen: vollbringen; wunder: wunderbare Kampftaten; sît: später; 17: wonten: Prät. v. wonen, leben; kraft: Menge, Fülle – auch den Anhangs: Gefolge; 18: dienen: lehnspflichtig sein; 19: êre: Gesinnung; unz an: bis hin zu; 20: sît: seitdem, später; von: durch; nît: Hass. Diese ganze Zeile fällt aus der stofflichen Einheit heraus. Ihr Inhalt weist auf zukünftiges Geschehen hin; so oft im Nibelungenlied; 21: in disen hôhen êren: während sie in solcher Geborgenheit (= der Gemeinschaft ihrer Sippe) lebte; 22: züge: Konj. Prät. v. ziehen. Der Konjunktiv in abhängigen Sätzen ist im Mhd. weit häufiger als im Nhd.; vgl. das Lat.; valke: der Falke ist im mhd. Minnesang oft Sinnbild des Geliebten. Vgl. „Der von Kürenberg" in Kap. 2.1; 23: arn: Adler (Plur.); erkrummen: Prät. v. erkrimmen, zerhacken, zerfleischen; 24: enkunde = en und kunde (Prät. v. kunnen); dirre: aus disere; leider: Komp. v. leit, Leidvolleres; 26: sine = si ne; kunde's = kunde es; es ist Gen. abh. v. niht; besceiden: erkennen, erläutern, deuten; baz, Komp. v. wol: besser, anders. 28: in welle: Konj. Präs. v. wellen: wenn Gott ihn nicht in seinen Schutz nimmt; sciere: Adv., schnell, sehr bald; vloren = verloren; muost: zur Bezeichnung der Zukunft; 32: daz: so dass; sol: bezeichnet im Mhd. die Zukunft wie engl. shall.

„Nu versprich ez niht ze sêre",   sprach aber ir muoter dô.
„soltu immer herzenlîche   zer werlde werden vrô,
35 daz gesciht von mannes minne.   du wirst ein scœne wîp,
ob dir noch got gefüeget   eins rehte guoten ritters lîp."

„Die rede lât belîben",   sprach si, „frouwe mîn.
ez ist an manegen wîben   vil dicke worden scîn
wie liebé mit leide   ze jungest lônen kan.
40 ich sol si mîden beide: son' kan mir nimmer missegân."

Kriemhilt in ir muote   sich minne gar bewac.
sît lebete diu vil guote   vil manegen lieben tac,
daz sine wesse niemen   den minnen wolde ir lîp.
sît wart si mit êren   eins vil küenen recken wîp.

45 Der was der selbe valke,   den si in ir troume sach,
den ir besciet ir muoter.   wi sêre si daz rach
an ir næhsten mâgen,   die in sluogen sint!
durch sîn eines sterben   starp vil maneger muoter kint.

(um 1200)

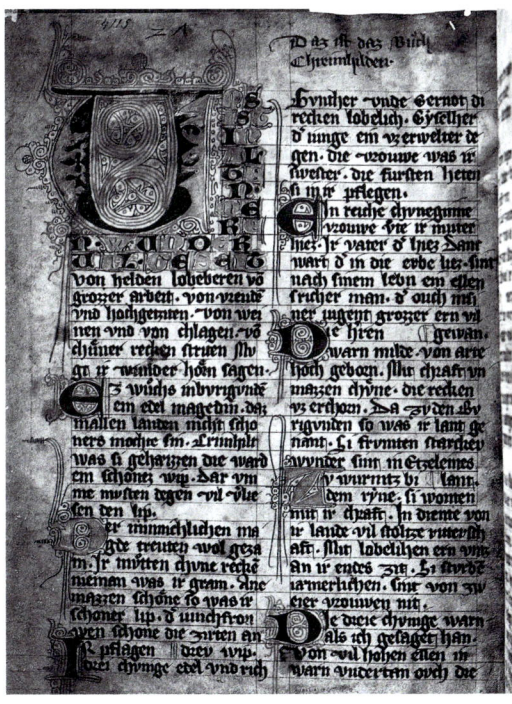

Anfang des Nibelungenliedes. Handschrift der Münchner Staatsbibliothek, 14. Jh.

Wolfram von Eschenbach
(um 1170 bis um 1220)
Parzival

Das höfische Epos „Parzival" stellt die Entfaltung eines Menschen zu seiner vorbestimmten Form als vorbildlichem christlichem Ritter und Gralskönig dar. Im Zustand der „tumbheit" verlässt Parzival seine Mutter und gelangt zur Burg des Grafen Gurnemanz, der ihn in die höfischen Lehren einführt.

Wolfram von Eschenbach. Miniatur aus der Manesse-Handschrift

33: versprechen: ablehnen, in Abrede stellen; aber: dagegen; sprach aber: antwortete; 34: immer: jemals; zer = ze der, zuo der; 35: wîp: Ehefrau, im Gegensatz zu maget, juncvrouwe; 36: ob: wenn; noch: einmal; gefüegen: bescheren, zuführen; 37: lât: Imp. v. lân; frouwe: Herrin; Anrede der Tochter an die Mutter; 38: vil dicke: sehr häufig; ez ist worden scîn: es hat sich erwiesen; liebe: Freude; ze jungest: schließlich, zu allerletzt; lônen mit: umschlagen in. Hier ist das Thema des ganzen Epos angeschlagen; 40: son' = so ne; missegân: schlecht ergehen; 41: muot: Herz, Gemüt, Sinn; gar: ganz und gar; bewac: Prät. v. bewegen, verzichten auf; 42: sît: fortan, seitdem, später; 43: wesse: Konj. Prät. v. wizzen; sine wesse niemen, sie kannte niemanden; 46: besciet: Prät. v. bescheiden; rach: Prät. v. rechen, rächen; 47: mâc: Verwandter; sluogen: Prät v. slahen, erschlagen; sint: später; 48: durch: wegen, um willen; sîn eines sterben: sein, des einen, Einzigen, Tod

2. Hohes Mittelalter (1170–1270)

	Übertragung:
Dô man den tisch hin dane genam,	Die Tafel wurde aufgehoben –
dar nâch wart wilder muot vil zam.	Wildwuchs wurde nun gestutzt!
der wirt sprach zem gaste sîn	Der Burgherr sagte seinem Gast:
„ir redet als ein kindelîn.	„Ihr redet wie ein kleines Kind.
5 wan geswîgt ir iuwer muoter gar	Wann schweigt Ihr endlich von der Mutter
und nemet anderr mære war?	und geht auf andre Themen ein?
habet iuch an mînen rât:	Haltet Euch an meine Lehre,
der scheidet iuch von missetât.	denn so macht Ihr keine Fehler.
sus hebe ich an: lât's iuch gezemen.	Ich fange an, erlaubt es mir:
10 ir sult niemer iuch verschemen.	Verliert nur nie den Sinn für Scham.
verschamter lîp, waz touc der mêr?	Wer sich nicht schämt, was taugt der noch?
der wonet in der mûze rêr,	Das ist wie Mauser, Federfall:
dâ im werdekeit entrîset	Wert und Würde sinken nieder,
unde in gein der helle wîset.	zeigen ihm den Weg zur Hölle.
15 ir tragt geschickede unde schîn,	Mit Eurem Aussehn, Eurer Schönheit
ir muget wol volkes hêrre sîn.	könntet Ihr ein Herrscher werden.
ist hôch und hœht sich iuwer art,	Seid Ihr edel, strebt nach oben,
lât iweren willen des bewart,	so bleibt Euch in dem Punkte treu:
iuch sol erbarmen nôtec her:	Helft den Vielen in der Not,
20 gein des kumber sit ze wer	kämpft gegen ihre Armut an
mit milte und mit güete:	mit Güte, Generosität,
vlîzet iuch dieműete.	gebt niemals Eure Demut auf.
der kumberhafte werde man	Gerät ein edler Mann in Not,
wol mit schame ringen kan	so hat er mit der Scham zu kämpfen
25 (deist éin unsűeze arbeit):	(und das ist ein bitterer Kampf!) –
dem sult ir helfe sîn bereit.	seid bereit, auch ihm zu helfen.
swenne ir dem tuot kumbers buoz,	Er ist noch übler dran als jene,
sô nâhet tu der gotes gruoz.	die vor Fenstern Brot erbetteln.
im ist noch wirs dan den die gênt	Rettet Ihr ihn aus der Not,
30 nâch prôte aldâ diu venster stênt.	kommt Gottes Gnade auf Euch zu.
ir sult bescheidenlîche	Doch ob Ihr arm seid oder reich –
sin arme unde rîche.	zeigt stets das rechte Augenmaß.
wan swâ der hêrre gar vertuot,	Ein Herr, der den Besitz verschleudert,
daz ist niht hêrrenlîcher muot:	benimmt sich gar nicht wie ein Herr;
35 sament ér ab schaz ze sêre,	doch wenn er dauernd Schätze häuft,
daz sint och unêre.	so ist dies auch nicht ehrenvoll.
gebt rehter mâze ir orden.	Haltet immer Maß und Ziel.
ich pin wol innen worden	Ich habe Anlass festzustellen,
daz ir râtes dürftic sît:	dass Ihr Unterweisung braucht.
40 nu lât der unfuoge ir strît.	Seid nicht mehr so ungehobelt!
ir ensult niht vil gevrâgen:	Ihr sollt nicht viele Fragen stellen!
ouch ensol iuch niht betrâgen	Gewöhnt Euch an zu überlegen,
bedâhter gegenrede, diu gê	was Ihr zur Antwort geben wollt;
rehte als enes vrâgen stê,	sie geh auf dessen Frage ein,

2. Hohes Mittelalter (1170–1270)

45 der iuch wil mit worten spehen.	der etwas von Euch hören will.
ir kunnet hœren unde sehen,	Ihr könnt doch hören, sehen,
entseben unde dræhen:	schmecken, riechen – all dies bringe
daz solt' iuch witzen næhen.	Euch so langsam zu Verstand!
lât derbärme bî der vrävele sîn.	Verbindet mit dem Mut das Mitleid –
50 sus tuot mir râtes volge schîn.	so befolgt Ihr meine Lehre.
an swem ir strîtes sicherheit	Wenn einer sich Euch unterwirft,
bezalt, er'n habe iu sölhiu leit	per Ehrenwort, so nehmt es an
getân, diu herze kumber wesen,	und lasst ihn leben – falls er Euch
die nemet, und lâzet in genesen.	nichts antat, was das Herz zerbricht.
55 ir müezet dicke wâpen tragen:	Ihr werdet oft die Rüstung tragen;
so'z von iu kome, daz ir getwagen	sobald die von Euch abgelegt ist,
undr ougen und an handen sît,	wascht Euch Hände und Gesicht –
des ist nâch îsers râme zît.	sobald sich Rost zeigt, wird es Zeit!
sô wert ir minneclîch gevar:	Ihr wirkt dann wieder angenehm –
60 des nement wîbes ougen war.	und das bemerken Frauen gleich!
sît manlîch unde wol gemuot:	Seid mutig und seid hochgestimmt,
daz ist ze werdem prîse guot.	das fördert Euren schönen Ruhm.
und lât iu liep sîn diu wîp:	Und haltet stets die Frauen hoch –
daz tiwert junges mannes lîp.	so steigt ein mutiger Mann im Rang.
65 gewenket niemer tag an in	Bleibt hier fest, an jedem Tag –
deist rehte manlîcher sin.	hier zeigt sich männliche Gesinnung.
welt ir in gerne liegen,	Wenn Ihr sie belügen wollt,
ir muget ir vil betriegen:	da könnt Ihr viele leicht betrügen!
gein werder minne valscher list	Doch Betrug ist nicht von Dauer –
70 hât gein prîse kurze vrist.	anders als der Ruhm, die Liebe.
dâ wirt der slîchǽre klage	Der Mann der Seitensprünge klagt
daz dürre holz ime hage:	das dürre Holz im Walde an,
daz pristet unde krachet:	weil es zerbricht und dabei knackt –
der wǽhtǽre erwachet.	und schon wacht der Wächter auf!
75 ungeverte und hâmît,	Im Versteck und im Verhau
dar gedîhet manec strît:	gerät man häufig aneinander.
diz mezzet gein der minne.	Doch vergleicht dies mit der Liebe:
diu wérdé hât sinne,	ist sie echt, so hat sie Mittel
gein valsche listeclîche kunst:	gegen Finten des Betrugs.
80 swenn' ir bejaget ir úngúnst,	Ist Euch die Liebe nicht mehr hold,
sô müezet ir g'unêret sîn	verliert Ihr unvermeidlich Ehre,
und immer dulten schamenden pîn.	leidet in der Schande Not.
dise lêre sult ir nâhe tragen:	Nehmt Euch diesen Rat zu Herzen.
ich wil iu mêr von wîbes orden sagen.	Ich sag noch etwas zu den Frauen.
85 man und wîp diu sint al ein;	Mann und Frau sind völlig eins –
als diu sunn' diu hiute schein,	wie die Sonne, die heut schien
und ouch der name der heizet tac.	und das, was man als ‚Tag' bezeichnet.
der enwederz sich gescheiden mac:	Hier lässt sich keins vom andren trennen:
sie blüent ûz éime kerne gar.	aus einem Kerne blühn sie auf!
90 des nemet künsteclîche war."	Merkt Euch das, denkt drüber nach."

2. Hohes Mittelalter (1170–1270)

der gast dem wirt durch râten neic.
sîner muoter er gesweic,
mit rede, und in dem herzen niht;
als noch getriuwem man geschiht.
95 Der wirt sprach sîn êre.
„noch sult ir lernen mêre
kunst an rîterlîchen siten. [...]

(Anfang 13. Jh.)

Der Gast verneigte sich, zum Dank.
Und er schwieg von seiner Mutter –
mit dem Mund, doch nicht im Herzen.
Noch heute so, bei wahrer Bindung ...
Der Burgherr sagte, was ihn ehrte:
„Ihr müsst noch vieles, vieles lernen
an Waffenhandwerk, Ritterwesen. [...]"

Arbeitshinweise

1. Übertragen Sie den ersten Erzählabschnitt des Nibelungenlieds ins Neuhochdeutsche.

2. Wie werden Kriemhild und ihr gesellschaftliches Umfeld im Nibelungenlied dargestellt?

3. Vergleichen Sie die Strophen 6–12 des Nibelungenlieds mit dem Falkenlied des Herrn von Kürenberg (Kapitel 2.1). Beachten Sie außer dem Inhalt auch den Strophenbau.

4. Eine Besonderheit des Nibelungenlieds sind die Vorausdeutungen des Erzählers, die meistens in der letzten Strophenzeile zu finden sind. Stellen Sie fest, auf welche Ereignisse jeweils vorausgedeutet wird, und überlegen Sie, welche Funktion dieses epische Mittel hat.

5. Gliedern Sie die Ratschläge des Gurnemanz in Wolframs von Eschenbach „Parzival".

6. Welche Idealvorstellungen vom Ritter, die Gurnemanz in Wolframs „Parzival" entwickelt, halten Sie auch in unserer Zeit noch für wichtig?

7. Auf welchen Teil der Gurnemanz-Lehren in Wolframs „Parzival" bezieht sich der folgende Auszug des Romans „Der Rote Ritter" (1993) von Adolf Muschg? Führen Sie in ähnlicher Weise einen anderen Ratschlag aus, den Gurnemanz in Wolframs Roman gibt.

Aus dem rechten Verkehr mit der Scham, Parzival, folgt alles andere, was zur Ritterschaft gehört. Auch das Mitleid, auch das Erbarmen. Das muss sein. Doch zeigen darf sich's nicht. Auch die Huld gegen Frauen und Pfaffen. Wendet Eure ganze Kraft daran, den Bedürftigen zu zeigen, dass sie's nicht sind. Hebt sie auf, aber ohne Aufhebens. Wer milde sein will, gibt nicht an damit, er ist's.
5 Punktum. Und wenn man ihn fragt, weiß er selbst nichts mehr davon.
Angeben ist eine Schande, und betteln ist auch eine. Warum? das will ich Euch gut sagen. Jeder, der Euch bitten muss, ruft Eure Schande ins Land und tut sie Gott kund. Denn Ihr hättet nicht fehlen dürfen, als noch keine Not war zu bitten. Ihr hättet die Not müssen kommen sehen. Lasst Euch niemals bitten, Roter Ritter! Seid den Bedürftigen eine Hilfe, indem Ihr nicht fehlt. Seid da. Fragt nicht und lasst Euch nicht lange fragen. Sondern habt Augen und Ohren offen. Das reicht. Ihr
10 braucht der Welt nichts zu schenken, aber seid ihr ein Geschenk. Dann hat sie auf Euch gewartet, sonst nicht. Nur das will Ritterschaft heißen.
Ihr versteht das nicht, ich seh's Euch an. Spart auch nicht mit milden Gaben, das ist klar. Das ist okeeh, in Eurer Sprache zu reden. Wenn Ihr's habt, so gebt's und teilt's mit denen, die nichts haben, Parzivâl! Und merk dir, dass ein Ritter immer etwas hat, was die andern nicht haben. Denn er ist
15 etwas. Es gibt heute viele, die vieles haben, auch Geld. Merkt Euch nur gleich: was man zählen kann, zählt nicht. Womit man rechnet, darauf rechnet niemals. Dass andre auf Euch rechnen können, soll Euer ganzer Reichtum sein. Und von dem müsst Ihr immer etwas zu schenken übrig haben.

Ein Ganzer gibt immer ein Ganzes, das ist das ganze Geheimnis. Das versteht Ihr nicht? Soll nicht heißen, dass Ihr verschwenden müsst. Wer verschwendet, zeigt nur an, dass er die Welt glaubt bestechen zu müssen, um in ihr was zu gelten. Seid unbestechlich, aber mit Gefühl.

(Aus: Adolf Muschg, Der Rote Ritter. Eine Geschichte von Parzival, Suhrkamp Verlag, Frankfurt/M. 1993, S. 373 f.)

Wichtige Autoren und Werke:

Gottfried von Straßburg (spätes 12. Jh.–Anfang des 13. Jh.s)
Alemannischer Ministerialer (Dienstmann eines Feudalherrn)
Werk: *Tristan und Isolt* (um 1210), unvollendeter, aber wichtigster Liebesroman des Mittelalters in Reimpaarversen.

Hartmann von Aue (1168–1220)
Gelehrter Dichter aus dem Ritterstand
Werke: *Erec*, der erste deutsche Artusroman in Reimpaarversen, *Gregorius, der arme Sünder* und *Der arme Heinrich*, höfische Verslegenden, sowie *Iwein*, ein Artusroman in Reimpaarversen.

Der von Kürenberg (12. Jh.)
Der erste namentlich bekannte deutschsprachige Lyriker, aus Niederösterreich
Werke: Liebeslieder, z. B. *Ich zôch mir einen valken* (1150/70).

Unbekannter Verfasser (12./13. Jh.)
Werk: *Der Nibelunge Nôt* (um 1200), Nibelungenlied, ein strophisches Heldenepos, das Siegfried- und Burgundensage verbindet. Die „Nibelungenstrophe" besteht aus vier gereimten Langzeilen mit je einem An- und Abvers.

Walther von der Vogelweide (etwa 1170–1230)
Der größte Lyriker des deutschen Minnesangs und der Spruchdichtung
Werke: Zahlreiche Gedichte, z. B. *Ich saz ûf eime steine*, politische Lyrik, Minnelieder, Kreuzzugslieder.

Wolfram von Eschenbach (1170–1220)
Der originellste Dichter des Hochmittelalters
Werke: *Parzival*, großer höfischer Versroman über die Entwicklung Parzivals zum Gralskönig, das Strophengedicht *Titurel*, der unvollendete Versroman *Willehalm* sowie Minnelieder.

Grundlegende Literatur:

Helmut de Boor: *Die höfische Literatur. Vorbereitung, Blüte, Ausklang 1170–1250.* München [7]1966 (= Helmut de Boor/Richard Newald: *Geschichte der deutschen Literatur von Anfängen bis zur Gegenwart*, Bd. 2)

Volker Honemann, Tomas Tomasek (Hg.): Germanistische Mediävistik. Münster 1999 (= Münsteraner Einführungen – Germanistik – Bd. 4)

3 Spätes Mittelalter (1270 – 1500)

Das Spätmittelalter ist eine Zeit des Umbruchs und der Gegensätze. Je nach Sichtweise betont man an dieser Epoche heute mehr den Ausgang des Mittelalters oder den Beginn einer neuen Zeit. Nach dem Zusammenbruch des Stauferreiches verlagert sich der Schwerpunkt des politischen Lebens immer mehr in die Territorialfürstentümer. Der Ritterstand und seine Kultur verlieren an Bedeutung. Während die politische und wirtschaftliche Macht der höfischen Gesellschaft auf Grundbesitz und Naturalwirtschaft beruht, entwickelt sich in den **Städten** ein anderes Wirtschaftssystem: das der Geldwirtschaft durch Handel und Handwerk; es ist den neuen Erfordernissen besser angepasst. Zahlreiche Menschen ziehen in die wehrhaften Städte, deren Aufstieg Kaufleute und Handwerker zu neuen, oft finanzkräftigen und selbstbewussten Ständen heranwachsen lässt. Sie schließen sich in Zünften und Gilden zusammen. Hinter den sicheren Mauern, in einem eigenen Rechtsbezirk, leben die verschiedensten sozialen Gruppen, die Mitbestimmung am gesellschaftlichen Leben fordern und zum Teil auch durchsetzen.

Die Stadt Konstanz, Holzschnitt, 1570. Hier fand ein Konzil statt (1414–1418), das zum größten mittelalterlichen Kongress des Abendlandes wurde, an dem auch Oswald von Wolkenstein (siehe Kapitel 3.1) teilnahm.

Dem Bedürfnis all dieser Menschen nach Unterhaltung, Belehrung und Erbauung kommen die neuen Vervielfältigungsmittel entgegen: das Papier, das billiger ist als Pergament, und die Erfindung der Buchdruckerkunst (um 1440); sie ermöglichen vom Technischen her eine bis dahin unvorstellbare Vermehrung des Literaturgutes. Neben den Klöstern und Höfen werden nun auch die Städte zu Bildungszentren.

Die Literatur des Spätmittelalters trägt die Uneinheitlichkeit der Zeit in sich, lässt aber eine deutliche **Tendenz zum Realen und Lehrhaften** erkennen, die häufig mit Lebensangst und Schwermut verbunden ist. Angesichts von Hungersnöten, Stadtbränden und Pest, als Straftaten Gottes gedeutet, bricht sich zugleich eine vertiefte Frömmigkeit Bahn.

Während der Bürger versucht, ein wenig an der ritterlichen Idealwelt teilzuhaben, gleicht sich der Ritter mehr und mehr der härteren Realwelt an. Es werden auch weiterhin **Minnelieder** gedichtet (siehe Kapitel 2). Oswald von Wolkenstein führt die ritterliche Lyrik sogar eigenschöp-

3. Spätes Mittelalter (1270–1500)

ferisch weiter und verwendet die Minnesangformen für biografisch gefärbte Erlebnis- und Bekenntnisdichtung. Dem Bürger liegt es jedoch näher, von den Rittern nur die Kunstform zu übernehmen und sie mit bürgerlichem Lebensgehalt zu erfüllen. Dies geschieht im **Meistersang**, der seit dem 15. Jahrhundert historisch fassbar ist. „Meister" nennen sich bürgerliche fahrende Sänger, um ihr handwerklich-formales Können in der Dichtkunst zu betonen. Auch das **Volkslied** lässt sich auf den Minnesang zurückführen. Es bringt das Allgemeine des durchschnittlichen Lebens zum Ausdruck, die Grundstimmungen (wie Freude und Trauer) und deren Anlass in den Grundtatsachen des Lebens (z. B. dem Tod) und ersetzt die ritterliche durch die bürgerliche Welt.

Im Bereich der Epik entstehen **Ritter- und Minneromane** in Versform von ungeheurer Stofffülle. Sie gleiten zumeist in die Unterhaltung ab, werden später ebenso wie die höfischen Epen (siehe Kapitel 2) in Prosa aufgelöst und gehen in die sogenannten **Volksbücher** ein. Unter den kürzeren **Verserzählungen** ragt „Helmbrecht" als einziges mittelalterliches Werk von weltliterarischem Rang hervor. Die nur unterhaltenden Verserzählungen gehen in die **Schwänke** über, die sich im späten Mittelalter einen wichtigen Platz in der volkssprachigen Literatur erobern.

In dieser Epoche treten zum ersten Mal in Deutschland neben Lyrik und Epik Vorformen einer weiteren Literaturgattung deutlich hervor, nämlich des Dramas in Gestalt des geistlichen und weltlichen Spiels. **Das geistliche Spiel** (Mysterienspiel), neben der Predigt das zweite wirksame Massenmedium des Mittelalters, soll eine überzeitliche Wahrheit – die Erlösungsbedürftigkeit des Menschen und die Gnade Gottes – veranschaulichen (deshalb gibt es nichts Tragisches in diesem Drama). Es entsteht aus der Liturgie hoher kirchlicher Festtage, wie Weihnachten und Ostern. Im 13. Jahrhundert verlegt man das Spiel von der Kirche auf den Markt- oder Kirchplatz, wo man ein Holzgerüst als Mysterienbühne aufbaut. Der neue Schauplatz bietet nun die Möglichkeit, einzelne Szenen, wie den Wettlauf der Jünger zum Grab Christi oder die Magdalenenszene, mit neuen Spielelementen anzureichern, sodass die geistlichen Spiele immer umfangreicher werden; oft dauern die Aufführungen, besonders die Passionsspiele, mehrere Tage. Unabhängig von diesem geistlichen Spiel entwickelt sich ein weltliches Drama aus Festbräuchen und Jahreszeitenfeiern, insbesondere den Fastnachtszügen. Durch Einführung von Rede und Gegenrede entsteht daraus das **Fastnachtspiel**, das auf den Geschmack der Masse zugeschnitten ist und erst später zu einem literarischen Kunstwerk geformt wird (siehe Kapitel 4). Für die Zeit des Spiels befreien sich die Städter im Wirtshaus, wo es meistens aufgeführt wird, von ihren Ängsten und den Zwängen der Gesellschaft.

Ich bin geschicket mit der preß
So ich aufftrag den Firniß reß/
So bald mein dienr den bengel zuckt/
So ist ein bogn papyrs gedruckt.
Da durch kombt manche Kunst an tag/
Die man leichtlich bekommen mag.

Der Buchdrucker, Holzschnitt von Jost Amman, 1568

Eine Mysterienbühne aus dem Spätmittelalter: Seitdem die Handlung von der Kirche auf den Marktplatz verlegt worden ist, dient ein Holzgerüst als Bühne, auf der alle Handlungsorte (Himmel, Erde, Hölle) gleichzeitig aufgebaut sind (Simultanbühne). Die Bühne symbolisiert die Ordnung der Welt. Ein Spielleiter eröffnet die Aufführung und beschließt sie mit mahnenden Worten.

3.1 Oswald von Wolkenstein (um 1377 – 1445)
Es fügt sich, do ich was von zehen jaren alt

Es fügt sich, do ich was von zehen jaren alt,
ich wolt besehen, wie die werlt wer gestalt.
mit ellend, armüt mangen winkel, haiss und kalt,
hab ich gebawt bei cristen, Kriechen, haiden.
5 Drei pfenning in dem peutel und ain stücklin brot,
das was von haim mein zerung, do ich loff in not.
von fremden freunden so hab ich manchen tropfen rot
gelassen seider, das ich wand verschaiden.
Ich loff ze füss mit swerer büss, bis das mir starb
10 mein vater zwar, wol vierzen jar, nie ross erwarb,
wann aines roupt, stal ich halbs zu mal mit valber varb
und des geleich schied ich da von mit laide.
Zwar renner, koch so was ich doch und marstaller,
auch an dem rüder zoch ich zu mir, das was swër,
15 in Kandia und anderswo, ouch widerhar,
vil manchen kittel was mein bestes klaide.
[...]
Ich han gelebt wol vierzig jar leicht minner zwai
mit toben, wüten, tichten, singen mangerlai;
es wër wol zeit, das ich meins aigen kindes geschrai
20 elichen hort in ainer wiegen gellen.
So kan ich der vergessen nimmer ewiklich,
die mir hat geben mut uff disem ertereich;
in aller werlt kund ich nicht finden iren gleich,
auch fürcht ich ser elicher weibe bellen.
25 In urtail, rat vil weiser hat geschätzet mich,
dem ich gevallen han mit schallen liederlich.
ich, Wolkenstein, leb sicher klain vernünftiklich,
das ich der werlt also lang beginn zu hellen.
Und wol bekenn, ich wais nicht, wenn ich sterben sol,
30 das mir nicht scheiner volgt wann meiner berche zol.
het ich dann got zu seim gebott gedienet wol,
so forcht ich klain dort haisser flamme wellen.

(um 1416)

Oswald von Wolkenstein, ein Südtiroler Ritter, hat dieses Brustbild einer Prachthandschrift seiner Lieder vorangestellt. Es ist das älteste authentische Porträt eines deutschsprachigen Dichters. Es zeigt den einäugigen, selbstbewusst mit Orden geschmückten Liedermacher im Alter von 56 Jahren.

3: ellend: in der Fremde, in Not; winkel: kleiner Flecken; 4: gebawt: gewohnt, gelebt; 5: Drei pfenning: d. h. so viel wie nichts; 6: loff: lief; 8: seider: seither; wand: wähnte (zu); 10: zwar: wahrlich; 11: wann: außer; mit valber varb: Falbe (vornehmste Pferdefarbe); 13: renner: Laufbote; marstaller: Pferdemeister; 14: rüder: Ruder; 15: Kandia: Kreta (entweder die ganze Insel oder nur die Stadt Iraklion); widerhar: zurück; 17: minner: weniger; 20: elichen: ehelich; 24: bellen: Schelten, Keifen; 26: schallen liederlich: leichtfertigen Liedern; 27: klain vernünftiklich: wenig vernünftig; 28: hellen: einhellig sein, folgen; 30: nicht scheiner: kein (anderer) Glanz; wann meiner berche zol: als meiner Werke Lohn.

Übertragung:

Es kam dazu, dass ich, an die zehn Jahre alt,
mir ansehn wollte, wie die Welt beschaffen ist.
In Not und Armut, manchem heißen, kalten Land
hab ich gehaust bei Christen, Heiden, Orthodoxen.
5 Drei Pfennig in dem Beutel und ein Stückchen Brot,
das nahm ich mit daheim, auf meinem Weg ins Elend.
Bei Fremden, Freunden ließ ich manchen Tropfen Blut,
ich glaubte mich zuweilen schon dem Tode nah.
Ich lief zu Fuß, als sei's zur Buße. Dann verstarb
10 mein Vater. Vierzehn Jahre, immer noch kein Pferd.
Nur eins mal halb gestohlen, halb geraubt – ein Falber.
Auf gleiche Weise wurd ichs leider wieder los!
War Laufbursch, war sogar mal Koch und Pferdeknecht,
und auch am Ruder zog ich, es war reichlich schwer,
15 bei Kreta und auch anderswo, und dann zurück.
So mancher Kittel war mein bestes Kleid. [...]
Ich habe vierzig Jahre (minus zwei) gelebt
mit wüstem Treiben, Dichten, vielem Singen;
es wär jetzt an der Zeit, dass ich als Ehemann
20 aus einer Wiege Kinderschreien hörte.
Doch niemals werde ich die Frau vergessen können,
die mir den frohen Sinn fürs Leben gab.
Ich fand auf dieser Welt noch keine, die ihr gleicht.
Auch fürcht ich ziemlich das Gekeif von Ehefrauen.
25 Gericht und Rat – was ich dort sagte, schätzte mancher Weise,
dem ich gefiel, wenn ich ihm hübsche Lieder sang.
Ich, Wolkenstein, ich leb gewiss nicht sehr vernünftig –
mir liegt zu sehr daran, dass ich der Welt gefalle
und seh doch wohl: Ich weiß nicht, wann ich sterben muss.
30 Und: dass mir dann nur gute Taten Wert verleihn.
Wär ich bloß dem Gebot des Herrn gefolgt –
ich bräucht die Höllenflammen kaum zu fürchten.

Unbekannter Verfasser
Verschneiter Weg

Es ist ein schne gefallen
und ist es doch nit zeit,
man wirft mich mit den pallen,
der weg ist mir verschneit.

5 Mein haus hat keinen gibel,
es ist mir worden alt,
zerbrochen sind die rigel,
mein stüblein ist mir kalt.

Ach, lieb, lass dichs erparmen
10 dass ich so elend pin,
und schleuß mich in dein arme!
so vert der winter hin.

(um 1467)

3: pallen: Schneebällen; 10: elend: unglücklich

Arbeitshinweise

1. Analysieren Sie die Selbstdarstellung des Sprechers in der hier abgedruckten ersten und der letzten Strophe eines siebenstrophigen Gedichts von Oswald von Wolkenstein. Stellen Sie dazu einige wichtige biografische Angaben geordnet zusammen.

2. „Eine große Unruhe, nur mühsam verhalten, scheint den Sprachstil zu beherrschen, eine ungebändigte Fülle von Bildern und Assoziationen den Dichter zu überfallen, der sie nicht mehr klar zu gliedern vermag, sondern sie ungeformt bedenkenlos nebeneinandersetzt." (Kurt Bona: Die Althochdeutsche Dichtung im Unterricht. Methodische und sachliche Handreichung in Verbindung mit dem Altdeutschen Lesebuch, Frankfurt a. M., Berlin, Bonn: o. J., S. 352) Nennen Sie einige Beispiele für die Besonderheit des Sprachstils in Oswalds Gedicht.

3. Beschreiben Sie, wie Oswald von Wolkenstein die inhaltliche Fülle der Darstellung durch einen klaren Aufbau der Strophen und durch bewusst eingesetzte klangliche Mittel (insbesondere Endreime) strukturiert hat. Beachten Sie, dass er für sein Gedicht die dreigliedrige Minnesängerstrophe benutzt hat, der die Form des Meistersangs entspricht: auf zwei gleichgebaute (hier vierzeilige) „Stollen" (= Aufgesang) folgt der (achtzeilige) „Abgesang".

4.

3. Spätes Mittelalter (1270 – 1500)

(Oswald von Wolkenstein. Lieder aus dem Mittelalter. Texte und Noten ausgewählt, übertragen und erprobt von Johannes Heimrath und Michael Korth, erläutert von Ulrich Müller und Lambertus Okken. Mit Illustrationen; Heimeran Verlag, München 1975; © Aktive Musik Verlagsgesellschaft mbH, Dortmund)

Oswald von Wolkenstein war zugleich Dichter, Komponist und Sänger. Versuchen Sie (vielleicht in Zusammenarbeit mit dem Fach Musik), sein Lied zu singen.

5. Untersuchen Sie das Volkslied „Verschneiter Weg", zu dem es übrigens auch bekannte Vertonungen gibt. (Ziehen Sie Ihren Musiklehrer oder Ihre Musiklehrerin zu Rate.)
   - Geben Sie zunächst nur den Inhalt mit eigenen Worten wieder.
   - Deuten Sie das Winterbild als Ausdruck der inneren Situation des Sprechers.
   - Beschreiben Sie die (für das Volkslied typische) Strophenform.

6. Zeichnen oder malen Sie ein Bild oder eine Bilderfolge zu dem Volkslied „Verschneiter Weg".

7. „Das ‚Zersingen' (der höfischen Lieder, R.M) schenkte uns eine der wertvollsten dichterischen Schöpfungen des ausgehenden Mittelalters: das **Volkslied**. Leute aus dem Volk, etwa ein Reiter, ein Landsknecht, ein Schreiber, ein Mönch, ein Student, nahmen frühere Formen auf und sangen danach in der Schenke, unter der Dorflinde, im Lager, was sie und die anderen eben fühlten: Liebe, Frühling, Abschied (‚ich hört ein Sichelein rauschen', ‚Ich stand an einem Morgen', ‚Ach Gott, wie weh tut scheiden', ‚Es steht eine Lind' in jenem Tal'). Indem sie erzählende Stoffe hereinnahmen, näherten sich diese Lieder dann der Balladenform (vom Danhauser, von der schönen Bernauerin, von Epple von Gailingen, von Sickingens Tod, von der Braut des Wassermanns, von den zwei Königskindern). Aus religiösem Erleben entstanden die uns allen so lieb gewordenen geistlichen Lieder (‚Christ ist erstanden', ‚Es ist ein Reis entsprungen', ‚In Gottes Namen fahren wir'). Diese Lieder blieben jahrhundertelang, z.T. bis heute, im deutschen Volk lebendig (vgl. ‚Zupfgeigenhansl', ‚Tandaradei', ‚Der Spielmann')."

(Georg Ried: Wesen und Werden der deutschen Dichtung. Von den Anfängen bis zur Gegenwart. München, 22. Auflage, 1972, S. 53)

Wählen Sie eines der genannten Volkslieder aus, untersuchen Sie es genauer und singen Sie es vor oder gemeinsam in der Gruppe.

3.2 Wernher der Gartenaere (d. i. Gärtner) Helmbrecht

Die Verserzählung, deren Geschehen im Innviertel (im österreichisch-bayerischen Grenzgebiet) spielt, handelt von dem Leben eines begüterten Bauernsohnes, der Ritter werden will. Die Familie missbilligt zwar sein Vorhaben, weil er sich damit über seinen von Gott zugewiesenen Stand erhebe, stattet ihn jedoch angemessen (mit Kleidung und Pferd) aus. Helmbrecht verlässt den elterlichen Hof, begibt sich zu einem Burgherrn, der ständig in Fehde liegt, und führt ein Jahr lang das Leben eines Raubritters. Dann kehrt er für eine Woche nach Hause zurück.

Übertragung:

Hie hebet sich ein mære,
daz vil müelîch wære
ze verswîgen den liuten.
kunde ich ez bediuten,
5 wie man in dâ heime enphie!

ob man iht gegen im gie?
nein, ez wart geloufen,
alle mit einem houfen,
einez für daz ander dranc;
10 vater unde muoter spranc,
als in nie kalp ersturbe.

wer daz botenbrôt erwurbe?

dem knehte gap man âne fluoch
beide hemde unde bruoch.

15 Sprach daz vrîwîp und der kneht:
‚bis willekomen, Helmbreht!'?
nein, si entâten,
ez wart in widerrâten.

si sprâchen: ‚juncherre mîn,
20 ir sult got willekomen sîn!'
er sprach: ‚vil liebe sœte kindekîn,
got lâte iuch immer sælec sîn!'
diu swester engegen im lief,

Hier beginnt nun eine Geschichte,
die man den Zuhörern unter keinen Umständen verschweigen darf.
Wenn ich es nur recht anschaulich darzustellen verstünde,
was man ihm zu Hause für einen Empfang bereitete!

Ob man ihm etwa entgegenging?
O nein, man rannte,
alle zusammen,
und einer drängte sich vor den andern.
Sogar Vater und Mutter sputeten sich
so, wie noch nie, selbst wenn ihnen ein Kalb verenden wollte.

Wer mag wohl den Botenlohn bekommen haben?

Aus Freude wurden dem Knecht
ein neues Hemd und neue Hosen geschenkt.
Sagten die Großmagd und der Knecht vielleicht:
„Herzlich willkommen, Helmbrecht!"?
Nein, das ließen sie wohlweislich sein;
denn es sträubte sich in ihnen etwas dagegen.

Sie sagten vielmehr: „Herr Junker,
grüß Sie Gott!"
Er antwortete: „Leiwe seute Kinderkens,
Gott late ju ümmer glücklich sin!"
Die Schwester lief ihm entgegen

1: hebet sich: fängt an; 2: müelîch: mühsam, beschwerlich; 4: bediuten: darstellen, erzählen; 6: iht: etwa; 8: mit: in; 9: für: vor; dranc: drängte sich; 11: als: als ob; ersturbe: gestorben wäre; 12: botenbrôt: Belohnung für das Überbringen einer Nachricht; 13: âne fluoch: ohne zu murren; 14: bruoch: Hose; 15: vrîwîp: freie, nicht leibeigene Magd; 17: entâten: taten es nicht; 18: widerrâten: verboten; 21: soete kindekîn (ndd.): liebe Kinder; 22: sælec: glücklich;

3. Spätes Mittelalter (1270 – 1500)

Ständebild aus Lichtenbergers „Prognosticatio", Mainz 1492. Beten – kämpfen – arbeiten: Das sind die Aufgaben, die Gott den drei Ständen zuweist. Das Bürgertum kommt noch nicht als eigener Stand in den Blick.

mit den armen si in umbeswief.	und umarmte ihn stürmisch.
25 dô sprach er zuo der swester:	Da sagte er zur Schwester:
‚gratia vester!'	„Gratia vestra!"
hin für was den jungen gâch,	Die Jungen stürmten vorneweg,
die alten zugen hinden nâch;	die Alten folgten langsamer hinterdrein;
si enphiengen in beide âne zal.	die Begrüßung nahm überhaupt kein Ende.
30 zem vater sprach er: ‚dê ûs sal!'	Zum Vater sagte er: „Dieu vous salue!"
zuo der muoter sprach er sâ	Zur Mutter sagte er sogleich
bêheimisch: ‚dobra ytra!'	auf tschechisch: „Dobrí jitro!"
si sâhen beide einander an,	Verdutzt sahen sich die beiden an,
beide daz wîp und der man.	Mann und Frau.
35 diu hûsfrou sprach: ‚herre wirt,	Die Bäuerin sagte: „Vater,
wir sîn der sinne gar verirt.	wir können nicht mehr bei Sinnen sein.
er ist niht unser beider kint:	Er ist gar nicht unser Sohn;
er ist ein Bêheim oder ein Wint.'	er ist vielmehr ein Tscheche oder ein Slowene."

24: umbeswief: Prät. v. umbesweifen, heftig umarmen; 26: gratia vester: Grußformel: euch zu Dank!; 27: hin für: voraus; was ... gâch: eilten; 29: âne zal: überschwänglich; 30: dê ûs sal (frz.): Gott segne euch; 31: sâ: sobald; 32: dobra ytra (tschechisch): guten Tag; 35: hûsfrou: Bäuerin; 36: der sinne verirt: nicht ganz bei Sinnen; 38: Wint: Wende, Slawe; vgl. Windischgrätz;

3. Spätes Mittelalter (1270–1500)

der vater sprach: ‚er ist ein Walh.	Der Vater sagte: „Er ist ein Franzose.
40 mîn sun, den ich got bevalh,	Mein Sohn, den ich Gott befohlen hatte,
der ist ez niht sicherlîche	der ist es sicherlich nicht,
und ist im doch gelîche.'	wenn er ihm auch aufs Haar gleicht."
dô sprach sîn swester Gotelint:	Darauf sagte seine Schwester Gotelint:
‚er ist niht iuwer beider kint.	„Euer Sohn ist er bestimmt nicht,
45 er antwurt mir in der latîn:	denn er begrüßte mich auf lateinisch:
er mac wol ein phaffe sîn.'	er kann nur ein Geistlicher sein."
‚entriuwen', sprach der vrîman,	„Wahrhaftig", sagte der Großknecht,
‚als ich von im vernomen hân,	„wie ich ihn habe reden hören,
sô ist er ze Sahsen	so ist er in Niedersachsen
50 oder ze Brâbant gewahsen.	oder in Brabant groß geworden.
er sprach „liebe sœte kindekîn":	Er sagte: ‚Leiwe seute Kinderkens':
er mac wol ein Sahse sîn.'	er kann nur ein Niedersachse sein."
Der wirt sprach mit rede sleht:	Der Bauer sagte schlicht und einfach:
‚bist dûz mîn sun Helmbreht,	„Bist du wirklich mein Sohn Helmbrecht,
55 dû hâst gewunnen mich dâ mite,	dann überzeugst du mich davon dadurch,
sprich ein wort nâch unserm site,	dass du nur ein einziges Wort nach unserer Weise sagst,
als unser vordern tâten,	so, wie unsere Vorfahren geredet haben,
sô daz ichz müge errâten.	sodass ich's verstehen kann.
dû sprichest immer „dê ûs sal",	Du sagst immer: ‚Dieu vous salue',
60 daz ich enweiz zwiu ez sal.	sodass ich nicht weiß, was es bedeuten soll.
êre dîne muoter und mich,	Ehre deine Mutter und mich,
daz diene wir immer umbe dich:	das haben wir seit eh und je um dich verdient:
sprich ein wort tiutischen.	sage nur ein einziges deutsches Wort.
ich wil dir dînen hengest wischen,	Dann werde ich dir deinen Hengst putzen,
65 ich selbe unde niht mîn kneht,	und zwar ich selber und nicht mein Knecht,
lieber sun Helmbreht,	liebster Junge Helmbrecht;
daz dû immer sælec müezest sîn.'	möchtest du nur immer glücklich sein!"
‚Ei wat snacket ir gebûrekîn	(Der Sohn:) „Ei, wat snackt ju för Takeltüg
und jenez gunêrte wîf?	und dit ole Schandwif dor?
70 mîn parit, mînen klâren lîf	Min Pird und minen klaren Lif
sol dehein gebûric man	soll mindag keen Bur
zewâre nimmer gegrîpen an.'	mit sine Poten angrapschen."
Des erschrac der wirt vil sêre.	Darüber erschrak der Bauer zutiefst.
dô sprach er aber mêre:	Trotzdem fuhr er fort:
75 ‚bistuz Helmbreht, mîn sun,	„Bist du wirklich mein Sohn Helmbrecht,
ich siude dir noch hînte ein huon	so koche ich dir gleich heute Abend ein Huhn,

39: Walh: Welscher; 40: bevalh: Prät. v. bevelhen, (zum Schutz) empfehlen; 47: entriuwen: meiner Treu; vrîman: Knecht; 49: Sahsen: Niedersachsen; -franke; 50: gewahsen: aufgewachsen; 53: mit rede sleht: in schlichten Worten; 55: hâst gewunnen: wirst überzeugt haben; 56: site: Art, Gewohnheit; 58: müge errâten: verstehen kann; 60: zwiu: wozu; 62: diene wir umbe dich: werden wir dir vergelten; 64: wischen: putzen; 68: snacket (ndd.): schwätzt ihr da; gebûrekîn: Bäuerlein; 69: gunêrte: ehrlose; 70: parit (ndd.): Pferd; lîf – ebenso wie vorher wîf – sind ndd. Formen; mhd. wîp, lîp; 71: gebûric man: Bauernlümmel; 72: gegrîpen (ndd.): greifen; 76: siude: v. sieden, kochen; hînte: heute Abend

und brâte dir aber einez:	und außerdem brate ich dir noch eins –
daz rede ich niht meinez.	das rede ich nicht nur so dahin!
und bistuz niht Helmbreht, mîn kint,	Wenn du aber nicht mein Sohn Helmbrecht bist,
80 sît ir ein Bêheim oder ein Wint,	wenn Sie ein Tscheche oder ein Slowene sind,
sô vart hin zuo den Winden!	so scheren Sie sich gefälligst nach Slowenien!
ich hân mit mînen kinden	Ich habe mit meinen eigenen Kindern
weizgot vil ze schaffen.	weiß Gott genug zu tun.
ich gibe ouch keinem phaffen	Selbst den Geistlichen gebe ich nur,
85 niht wan sîn barez reht.	was ihnen von Rechts wegen zusteht.
sît irz niht Helmbreht,	Wenn Sie also nicht Helmbrecht sein sollten,
hêt ich danne alle vische,	so würden Sie,
irn twaht bî mînem tische	selbst wenn mir alle Fische der Welt gehörten,
durch ezzen nimmer iuwer hant.	an meinem Tisch nichts zu essen bekommen.
90 sît ir ein Sahse oder ein Brâbant	Wenn Sie ein Niedersachse oder ein Flame
oder sît ir von Walhen,	oder aus Frankreich oder Italien sein sollten,
ir müeset iuwer malhen	so müssten Sie Ihren Mantelsack
mit iu hân gefüeret:	gleich mitbringen:
von iu wirt gerüeret	denn von dem, was mir gehört,
95 des mînen niht zewâre,	sollen Sie auch nicht das Mindeste anrühren,
und wær diu naht ein jâre.	und wenn diese Nacht ein Jahr dauern sollte.
ich enhân den mete noch den wîn:	Ich habe weder Bier noch Wein:
juncherre, ir sult bî herren sîn!'	Junker, Sie gehören offensichtlich zu vornehmen Herren!"

Als der junge Helmbrecht fürchten muss, kein Unterkommen für die Nacht zu finden, gibt er sich zu erkennen. Der Vater verliert seine letzten Zweifel erst, als der Ritter ihm die Namen der vier Ochsen im Stall nennen kann. Die Eltern nehmen den heimgekehrten Sohn herzlich auf. Beim Abendessen erzählt er von seinem Ritterleben und erläutert die neuen Sitten:

daz sint nû hovelîchiu dinc:	„Das ist jetzt Mode auf einer Burg:
100 „trinkâ, herre, trinkâ trinc!	‚Prost, Ritter, prost! Sauf! Ex!
trinc daz ûz, sô trink ich daz!	Trink du das aus, so trink ich das!
wie möhte uns immer werden baz?"	Wie könnten wir je besser leben?'
vernim waz ich bediute:	Höre, was ich dir erklären muss.
ê vant man werde liute	Früher saßen die vornehmen Ritter
105 bî den schœnen frouwen,	bei den schönen Edelfrauen.
nû muoz man si schouwen	Heute sieht man sie

77: aber: noch; 78: meinez: falsch, betrügerisch; vgl. Meineid, Meintat; 85: nur was ihm zukommt; 88: irn twaht: ihr wascht nicht; 89: durch ezzen: um zu essen; 92: malhe: Ledertasche, Mantelsack; 94: gerüeret: angefasst; 103: bediute: mitteile; 104: werde: angesehene, vornehme;

bî dem veilen wîne.
[...]
swer liegen kan der ist gemeit,
110 triegen daz ist höveschheit.
er ist gefüege, swer den man

mit guoter rede versnîden kan.

swer schiltet schalclîche,
der ist nû tugentrîche.
115 der alten leben, geloubet mir,
die dâ lebent alsam ir,
die sint nû in dem banne
und sint wîbe und manne
ze genôze alsô mære
120 als ein hâhære.
âht und ban daz ist ein spot.'
Der alte sprach: ,daz erbarme got
und sî im immer gekleit,
daz diu unreht sint sô breit.
125 die alten turnei sint verslagen

und sint die niuwen für getragen.
wîlen hôrt man kroyieren sô:
„heiâ ritter, wis et frô!"
nû kroyiert man durch den tac:
130 „jagâ ritter, jagâ jac!
stichâ stich! slahâ slach!
stümbel den der ê gesach!
slach mir disem abe den fuoz!
tuo mir dem der hende buoz!
135 dû solt mir disen hâhen
und enen rîchen vâhen:
der gît uns wol hundert phunt."'

(1250/80)

in einer Weinstube sitzen.
[...]
Wer zu lügen versteht, der ist obenauf,
und betrügen gilt als vornehm.
Als hochanständig gilt, wer einem Menschen

mit scheinheiligen Worten die Ehre abzu-
schneiden versteht,
und wer hinterrücks verleumdet,
der gilt heute als rechtschaffen.
Das Leben der alten Leute, glaubt mir,
die so leben wie ihr,
die sind jetzt wie geächtet
und bei Männern und Frauen
geradeso beliebt
wie der Henker.
Acht und Bann sind zum Spott geworden."
Der Alte sagte: „Das möge Gott erbarmen,
und es sei ihm immerfort geklagt,
dass das Unrecht sich so breit macht.
Die Turniere, wie sie früher waren, werden
verachtet;
dafür sind die heutigen aufgekommen.
Früher hörte man den Herold rufen:
,Heißa, Ritter, sei doch fröhlich!'
Jetzt ruft man den lieben langen Tag:
,Los, jage, Ritter, los, jage, jag!
Stich zu, stich! Schlag drein, schlag zu!
Blende den, der vorher sehen konnte!
Hau mir dem den Fuß ab;
schlag mir diesem die Hand ab!
Diesen sollst du mir aufhängen
und jenen Reichen fangen:
der zahlt uns bestimmt hundert Pfund Sil-
ber!'"

107: veilen: käuflich; 108: swer: wer; liegen: lügen; gemeit: tüchtig; 109: triegen: betrügen; höveschheit: höfisches (fein gebildetes und gesittetes) Wesen und Handeln; 110: gefüege: wohlanständig; 111: versnîden: betrügen; 112: schiltet: schmäht; schalclîche: hinterlistig; 115: alsam: ebenso wie; 118: ze genôze: gleich an Wesen, Stand; alsô: wie; mære: lieb, von Wert; 119: hâhaere: Henker; 122: gekleit: geklaget; 124: verslagen: verachtet; 126: wîlen: ehemals; kroyieren: schreien, den Schlachtruf erheben; 127: wis et frô: sei frohen Mutes!; 131: stümbel: verstümmle; 133: buoz: Abhilfe; 134: hâhen: aufhängen; 135: vâhen: fangen; 136: gît: gibt, zahlt (Lösegeld)

Arbeitshinweise

1. Worin sehen Sie die Besonderheit der Heimkehrsituation in der Verserzählung „Helmbrecht"?
2. Wie verdeutlicht der Erzähler die Entfremdung zwischen dem jungen Helmbrecht und seiner Familie?
3. Untersuchen Sie die Begrüßungsszene (Z. 15–52) mithilfe der folgenden Übersicht genauer:
   - Nach welchem Prinzip ist die Szene aufgebaut?
   - In welcher Reihenfolge erfolgt die Begrüßung und was hat das zu bedeuten?
   - Welche Anredeformen werden verwendet und was wollen die Sprechenden jeweils damit ausdrücken? Beachten Sie den Wechsel in der Anredeform beim Vater und beim Sohn.

	Der Aufbau der Begrüßungsszene		
Ia	8 Z.: 15–22	zum Großknecht (Gesinde) flämisch	
IIa	4 Z.: 23–26	zur Schwester lateinisch	
IIIa	4 Z.: 27–30	zum Vater französisch	18 Z.
IVa	2 Z.: 31–32	zur Mutter tschechisch	
	2 Z.: 33–34	sprachlose Verblüffung der Angeredeten	2 Z.
		ausgefüllte Symmetrieachse	
IVb	4 Z.: 35–38	die Mutter: ein Tscheche oder Slowene	
IIIb	4 Z.: 39–42	der Vater: ein Welscher	18 Z.
IIb	4 Z.: 43–46	die Schwester: ein Geistlicher	
Ib	6 Z.: 47–52	der Knecht: ein Flame oder Sachse	

4. Was bedeutet der Gruß und das Grüßen im Mittelalter im Vergleich zu heute?
Beziehen Sie auch den folgenden Auszug aus dem Schluss der Geschichte „Helmbrecht" (der zweiten Heimkehr nach Helmbrechts Verurteilung als Dieb) in Ihre Überlegungen ein.

got dem vil selten übersiht,	Gott hat noch niemals den ungestraft gelassen,
der tuot des er niht tuon sol.	der etwas tut, was er nicht tun darf.
daz schein an Helmbrehte wol.	Das zeigte sich an Helmbrechts Schicksal ganz deutlich:
an dem man den vater rach:	An ihm wurde der Vater gerächt:
5 der scherge im ûz diu ougen stach.	Der Büttel stach ihm die Augen aus.
dannoch der râche was niht genuoc:	Doch reichte diese Vergeltung noch nicht hin:
man rach die muoter, daz man im sluoc	Auch die Mutter wurde an ihm gerächt, indem ihm
abe die hant und einen fuoz.	die Hand und ein Fuß abgehackt wurden.
dar umbe daz er swachen gruoz	Weil er Vater und Mutter
10 vater unde muoter bôt,	so schändlich begrüßt hatte,
des leit er schande unde nôt.	deshalb erlitt er nun Schmach und Leid.

5. Erläutern Sie die Gesellschaftskritik in der Verserzählung „Helmbrecht" unter besonderer Berücksichtigung der „neuen Sitten" (99–136).
6. Vergleichen Sie die „neuen Sitten" in der Darstellung der Verserzählung „Helmbrecht" mit den Lehren des Gurnemanz in Wolframs von Eschenbach „Parzival" (Kapitel 2.2) und geben Sie eine zeitgeschichtliche Erklärung für die Unterschiede. Einige Hinweise finden Sie in den Einführungstexten zu den Kapiteln 2 und 3.

3.3 Unbekannter Verfasser
Wiener Passionsspiel: Maria Magdalena

Das mischsprachige Wiener Passionsspiel ist ein Beispiel für den Übergang vom lateinischen zum deutschsprachigen Drama. Der folgende Auszug dieses umfänglichen, aber nur in Bruchstücken überlieferten Spiels beschränkt sich auf einen Teil der Magdalenenhandlung. Den lateinischen Regieanweisungen ist zu entnehmen, dass Maria Magdalena sich Schminke gekauft hat und nun mit einem jungen Mann, den sie immer wieder umarmt, spazieren geht; dabei singt oder spricht sie:

        Werltlich vreude diu ist gůt,
        diu ist mir worden sůze,
        sie hât gehôet mir den můot,
        swie och ich si gebůze!

5 Et subiungat:

        Ich liez mînen mantel in der ouwe,
        dô begonde vrâgen mîn vrouwe,
        wô ich gewesen wêre.   waz wolte sie mîn?
        sol ich mînez lîbes   niht gewaltig sîn?

10 Iuvenis respondeat:

        Iâ dû, iâ dû, iâ dû, schůnez frůwelîn!

Maria cantat:

        Der welt ich vil gedienet hân
        mit triuwen âne mâze:
15   ich hân gehabt vil mangen man
        unt wil der noch nit lâze!

Ut supra:

        Ich liez mînen mantel ...

Iterum dicat:

20   Ich wil immer vrůlich sin
        mit disem iungelinge!
        gein dem fröut sich daz herze mîn,
        swie ich mit got gedinge.

Unus diabolorum accedit dicens:

25   Hůr, Maria, waz ich dir sage:
        dû solt an vrůden nit verzage,
        dû solt mit mir tanzen
        unt hubeschlîchen swanzen!

Alter dyabolus:

30   Maria, sich in den spigel clâr
        unt tů dîner schône war!

3: gehôet: erhöht; 16: und will von ihnen noch nicht lassen; 23: wie ich auch mit Gott mich ausgleiche; 28: und auf höfische Weise dich wiegen; 31: tů war: beachte, betrachte
Übersetzung der Regieanweisungen: 5: Et subiungat: Und sie fügt hinzu; 10: Iuvenis respondeat: Der junge Mann soll antworten; 12: Maria cantat: Maria singt; 17: Ut supra: Wie oben; 19: Iterum dicat: Wiederum sagt sie; 29: Unus diabolorum accedit dicens: Einer von den Teufeln tritt hinzu und sagt:; 29: Alter dyabolus: Der andere Teufel

	lâ dich niht verdriezen,
	dû zierest dich mit vlîze!

Maria iterum ut prius:

        Ich wil immer vrôlich sîn
        unt wil in vreuden sterben,
        want diu grôsse vreude mîn
        lêt mich nit verderben!

Martha vocat sororem:

        Maria, liebe swester mîn,
        bekêr dich von den sunden dîn!
        genk hin zů dem heilant,
        der dô ist kumen in diu lant:
        in bat Simon mit vlîze,
        daz er mit im enbîze;
        der benimt dir alle dîne missetât:
        sô mag dîner sêle werden rât!

Maria dicit:

        Ich ahte dîner rede niht,
        wan man mich hie in vröuden siht!
        diu welt stât wol mit êren:
        ich wil mich nit bekêren!

                [...]

(Österreichisch nach mitteldeutscher Vorlage des späten 13. Jh.)

45: enbîze: speise; 47: rât: Hilfe
Übersetzung der Regieanweisungen: 34: Maria iterum ut prius: Maria wiederum wie vorher; 39: Martha vocat sororem: Martha ruft ihrer Schwester zu; 48: Maria dicit: Maria sagt

Unbekannter Verfasser
Fastnachtsspiel: Vom Tanawäschel

Der folgende Text ist der Anfang eines frühen weltlichen Spiels in deutscher Sprache, das an vorchristlich-kultische Bezüge erinnert (Dämonenabwehr) und in der Fastnachtzeit aufgeführt wurde.

Hie hebt sich ain guot vasnachtspil von aim siechtung, den hies man den Tanaweschel, der was uberall in allen teutschen landen. Nu sicht man her nach, wie er vertriben ward. Der siechtag was in dem monat februario. Anno domini etc. quadringentesimo quarto decimo. Diss sind die personen, die zu dem spil gehörend: ain vorläufer, ain marschalk und sein knecht, ain varender schuoler, ain ritter, ain junkfrau, ain kaufman, ain klosterfrau, ain paur, der Tanawäschel in ains siechen gestalt, ain kunig, vier ratgeben, ain henker.

Des ersten spricht der vorläufer zu dem volk:

        Hört, ir herren, über all,
        Schweigt und merkt an allen schal!
        Ir solt gar eben verstan,

	Was heut hie will ergan.
	Hie kumpt in großem adel
	der landmarschalk an allen tadel.
	Dem ist neulich kund getan,
15	Wie Tanawäschel der pöse man
	Hab gekre[n]cht gar vil leut,
	Als er auch thuot noch heut,
	Ain mensch ist siech, das ander tod.
	Das ist gar ain große not,
20	Darumb er doch gefangen ist.
	Das sag ich heut zu diser frist.
	Wer nun sein freund well rechen,
	Der sol im heut zu sprechen.
	Der marschalk sicht das recht an;
25	Es sei junkfrau, frau oder man,
	dem will er richten an alles gefärt.
	Wer klagen well, der kumpt her.

Der varend schuoler spricht zu dem marschalk:
    Herr marschalk, seit wilkomen!
30   Eur zukunft hab wir gern vernomen,
    Baidu frauen und auch man.
    Der Tanawäschel hat uns vil zu laid getan.
    Sitzt und richtent uns gar eben!
    Er mues verließen sein leben.
35 Der marschalk spricht zu dem volk:
    Ich dank euch allen geleich,
    Ir seit arm oder reich.
    Ich will auch pei dem rechten han,
    Ir seit frauen oder man.
          [...]
(1. Hälfte 15. Jh.)

1: siechtung: Krankheit; 3: siechtag: Krankheit; 4: im Jahre 1414; 6: ain kunig: Schreib- (bzw. Hör-)fehler für ain munich; 9: an allen schal: ohne jeglichen Lärm; 10: verstan: verstehen; 11: ergan: geschehen; 16: gekre[n]kt: krank gemacht; 23: zu sprechen: anklagen; 26: an alles gefärt: ohne jegliche böse Absicht, in rechter Art; 30: zukunft: Kommen; 34: verließen: verlieren; 38: auch = euch (?); pei dem rechten han: dem Recht gemäß urteilen

Arbeitshinweise

1. Untersuchen Sie die Darstellung der Rollenträger in dem Passionsspiel:
   - Welche Lebenshaltung verkörpert Maria Magdalena?
   - Welche Funktionen übernehmen die anderen Figuren (junger Mann, Teufel, Martha)?

2. Skizzieren Sie den möglichen Fortgang der Magdalenenhandlung im „Wiener Passionsspiel".
   - Informieren Sie sich über die biblische Frauengestalt Maria Magdalena. Ziehen Sie gegebenenfalls Ihre Religionslehrerin oder Ihren Religionslehrer zu Rate.

- Bedenken Sie, dass als Handlungsziel im geistlichen Drama nur die Bekehrung Marias bzw. die Sündenvergebung durch Jesus Christus in Frage kommt. Vergleichen Sie dazu folgende Worte Marias aus dem Schlussteil des Passionsspiel-Bruchstücks:

> Mit sunden waz mîn armer lîp   alsô sêre besezzen,
> daz ich sundebêrez wîp   het mîns gotes vergessen.
> die hât mir sîn goteheit   alsô gar verlâzen,
> dâ von [so] wil ich vurbaz   sunden mich erlâzen.

4: mich erlâzen: mich enthalten von

Maria Magdalena verkündet den Jüngern die Auferstehung. Albanipsalter, 12. Jahrhundert, Hildesheim

3. Erläutern Sie die Erklärung für die abrupte Umkehr Maria Magdalenas mit eigenen Worten.

Die Bekehrung selbst erfolgt in allen Spielen ganz plötzlich, ohne psychologische Vorbereitung, durch unvermitteltes Umschlagen der Lebensstimmung Magdalenas. Urplötzlich ist Weltlust auch für sie eine Torheit, bedrückt sie ihre leichtlebige Vergangenheit als Sündenlast, ist sie zu Reue, Buße und Weltentsagung bereit. Die psychologische Möglichkeit zu einer derart abrupten Umkehr
5 erklärt sich vermutlich daraus, dass der spätmittelalterliche Zuschauer seine eigene Seelenverfassung – seinen inneren Zwiespalt zwischen sinnenfreudiger Diesseitsbejahung und asketischer Weltabkehr – ohne weiteres auf die Bühnenfigur übertrug und eben deswegen einer psychologischen Motivation ihrer plötzlichen Wandlung entraten konnte.

(Ingeborg Glier [Hg.]: Die deutsche Literatur im späten Mittelalter: 1250–1370. Teil 2; München 1987, S. 194)

4. Welche Wirkungsabsicht ist anscheinend mit dem Passionsspiel verbunden? Beziehen Sie die entsprechenden Informationen aus dem Einführungstext zu diesem Kapitel in Ihre Überlegungen ein.

5. Untersuchen Sie den abgedruckten Anfang des Fastnachtsspiels „Vom Tanawäschel".
   - Was kann man dem Text über die (früheste) Entstehungszeit und den Zweck des Spiels entnehmen?
   - Wie wird der Tanawäschel in der Vorbemerkung und im Spiel gekennzeichnet?
   - Welche Informationen erhält man über den Handlungsverlauf des Spiels?
   - Inwiefern verbindet dieses frühe Spiel Revueform und Gerichtsverhandlung?

6. Verfassen Sie (arbeitsteilig) den Rollentext für einige der im Fastnachtsspiel auftretenden Figuren und tragen Sie ihn vor.
   - Welche Anklagen erheben die einzelnen Personen (der fahrende Schüler, der Ritter, der Kaufmann, die Klosterfrau, der Bauer)?
   - Mit welchen Argumenten verteidigt sich der Tanawäschel?
   - Welche Empfehlungen geben die Ratgeber des Richters?
   - Zu welchem Urteil gelangt der Richter und wie begründet er es?
   - Welcher Dialog könnte sich zwischen dem Tanawäschel und dem Henker entwickeln? Vergleichen Sie dazu den Schlussteil des überlieferten Fastnachtsspiels:

Der henker spricht zu dem Tanawäschel:
Es thue dir wol oder we,
Kain frist gib ich dir me.
Ich slach dir ab dein kragen,
Das dir felt der gumpast aus dem magen.

5: gumpast: Kompost

Wichtige Autoren und Werke:

Oswald von Wolkenstein (um 1377–1445)
   Der letzte ritterliche Minnesänger, aus Tirol stammend
   Werke: Lieder, z. B. *Es fügt sich, do ich was von zehen jaren alt.*

Wernher der Gartenaere (Ende des 13. Jh.s)
   Werk: *Helmbrecht* (1250/80), Verserzählung über das Raubrittertum.

Grundlegende Literatur:

Helmut de Boor: *Die deutsche Literatur im späten Mittelalter. Zerfall und Neubeginn. Erster Teil: 1250–1350.* München ⁶1964 (= Helmut de Boor/Richard Newald: *Geschichte der deutschen Literatur von Anfängen bis zur Gegenwart*, Bd. 3.1)

Thomas Cramer: *Geschichte der deutschen Literatur im späten Mittelalter.* München ²1995

Ingeborg Glier (Hg.): *Die deutsche Literatur im späten Mittelalter 1250–1370. Zweiter Teil: Reimpaargedichte, Drama, Prosa.* München 1987 (= *Geschichte der deutschen Literatur von Anfängen bis zur Gegenwart*, begr. von Helmut de Boor u. Richard Newald, Bd. 3.2)

4 Renaissance, Humanismus, Reformation (1470 – 1600)

Das 15. und 16. Jahrhundert sind durch umstürzende Ereignisse auf allen Gebieten gekennzeichnet: Kolumbus entdeckt Amerika, Vasco da Gama den Seeweg nach Ostindien, Magellan bringt den Beweis für die Kugelform der Erde; Kopernikus stürzt das ptolemäische Weltbild des Mittelalters, indem er die Sonne als Fixpunkt darstellt, um den die Erde und andere Planeten kreisen.

Holzstich aus: Camille Flammarion, „L'atmosphère" (1888)

Mit der Entdeckung der Welt ist die Entdeckung des Menschen verbunden: Zum Mittelpunkt des Denkens werden die Welt und der Mensch in ihr. Der Wille zu geistiger Erneuerung wird zuerst in Italien sichtbar. Dort beginnt im 14. Jahrhundert – nach dem Zusammenbruch der Stauferherrschaft und des päpstlichen Weltherrschaftsanspruchs – im Zuge eines erwachenden Nationalbewusstseins die **Renaissance**, eine „Wiedergeburt" im Sinne der Wiederentdeckung der römischen Antike. In der Auseinandersetzung mit der antiken Kultur, deren Mittelpunkt angeblich der Mensch ist, glaubt man ein neues Selbstverständnis finden zu können.

Die italienische Renaissance hat großen Einfluss auf ganz Europa, in Deutschland vor allem auf Wissenschaft, Kunst und Literatur. Eine besondere Ausprägung der Renaissance ist der **Humanismus** (von lat. humanitas: Menschlichkeit, Bildung), der sich mit dem menschlichen Selbstverständnis und der universellen Bildung befasst. Die Humanisten beschäftigen sich vorzugsweise mit römischen und griechischen Schriftstellern, auch mit der biblischen Überlieferung in hebräischer, griechischer und lateinischer Sprache, weil diese Kenntnisse als Hauptmerkmal gebildeten Menschentums geschätzt werden. Zentren dieses an den alten Sprachen geschulten Denkens werden neben den Höfen die neu gegründeten **Universitäten**, die nun die klösterlichen Hochschulen ablösen. Ihr Standort in den Städten wertet die Bedeutung des städtischen Bürgertums auf. Häufig als Schreiber und Diplomaten im Dienste der Patrizier

4. Renaissance, Humanismus, Reformation (1470–1600)

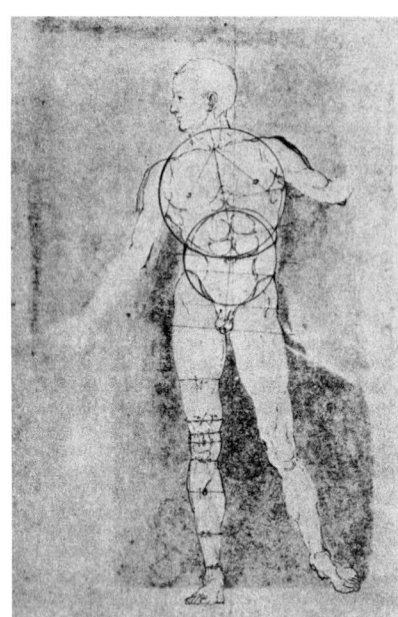

Albrecht Dürer, Skizze zu „Adam". Seit Dürers Italienreisen 1494–95 und 1505–07 wird der Einfluss der italienischen Renaissancekunst auf die deutsche Kunst sichtbar.

und Stadtherren, behaupten sich die Humanisten als erste Intellektuelle Europas gegen Adel und Geistlichkeit.

Während sich der Humanismus in Europa weiter ausbreitet, wird die Bewegung in Deutschland teils unterbrochen, teils geht sie in die **Reformation** Martin Luthers über; in ihr äußert sich der Erneuerungswille dieser Zeit besonders nachdrücklich. Begünstigt wird die Ausbreitung der Reformation durch die politische Situation in Deutschland: Die Macht der Reichsfürsten wächst; sie können den jungen Kaiser Karl V. sogar auf eine verfassungsmäßige Regierung im Reich verpflichten. Hinzu tritt eine explosive soziale Situation: Die wirtschaftliche Lage der Bauern wird unhaltbar; in den Städten kommt es zu sozialen Konflikten und die Reichsritterschaft befindet sich in einer tiefen Krise. Aus diesen drei Gruppen – Bauern, Städtern und Rittern – gewinnt die neue Lehre zunächst ihre Anhänger, zumal die von Rom aus gesteuerte Kirche in dieser Situation versagt und nicht einmal ihre eigenen Missstände beheben kann.

Im Mittelpunkt der Lehre Luthers steht der Glaube an einen gnädigen Gott, der den zum Guten unfähigen Menschen um Jesu Christi willen „rechtfertigt", d. h. von seinen Sünden freispricht. Um dieses Evangelium (= frohe Botschaft) jedem zugänglich und verständlich zu machen, übersetzt Luther die Bibel nach dem hebräischen und griechischen Urtext, und zwar so, dass sie dem volkstümlichen Sprachempfinden entspricht. Den Weg dazu hat ihm die Sprachforschung der Humanisten gebahnt.

Luthers sprachschöpferische Leistung verhilft einer **neuhochdeutschen, allen verständlichen Gemeinsprache** zum Durchbruch. Die durch die Buchdruckerkunst ermöglichte weite Verbreitung seiner Bibelübersetzung fördert die Vereinheitlichung der deutschen Sprache in Lautstand, Wortschatz und Satzbau und lässt die Bibel zu einem überständischen Werk der deutschsprachigen Literatur werden. Um die Gemeinde an der Gestaltung des Gottesdienstes zu beteiligen, fördert Luther das deutsche **Kirchenlied**, eine Neuschöpfung, die in der folgenden Zeit für die deutsche Lyrik bestimmend wird. Auf der Grundlage einer griechischen Fabelsammlung, die unter dem Namen Äsop überliefert ist, schreibt Luther einige Fabeln, deren kritische Belehrung er auf moralische und religiöse Nutzanwendung beschränkt. Tier- und Fabeldichtung liest man gerne in dieser Epoche, die Unterhaltung möglichst mit Belehrung, Vergnügen mit dem Nutzen verbindet. Darüber hinaus ist jede Form von **Kleindichtung** beliebt, etwa in der Form von Flugblättern oder Flugschriften, manchmal mit aussagekräftigen Bildern (für das nicht lesekundige Publikum) versehen, oder in der Form des im 16. Jahrhundert hochgeschätzten Volksbuches, in dem loses, oft unzusammenhängendes Erzählgut gesam-

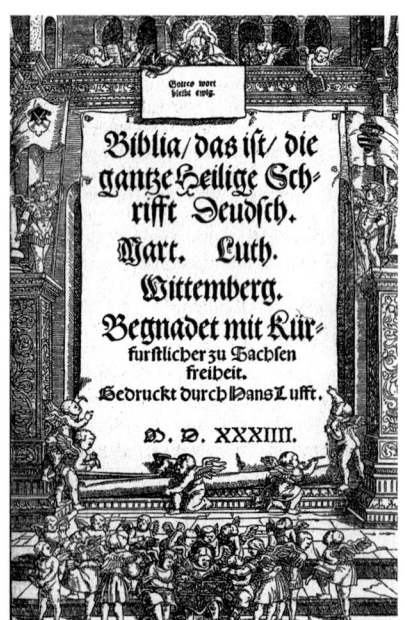

Titelblatt des Erstdrucks von Luthers vollständiger Bibelübersetzung, 1534

melt ist: Fabeln, Legenden, Sagen, Schwänke (Darstellungen komischer Vorgänge, bei denen z. B. jemand seinen Gegenspieler lächerlich macht) oder auch Umarbeitungen mittelalterlicher Epen.

In dieser streitlustigen Epoche wird die **Satire**, die sich mit allen literarischen Formen verbinden kann, zum beherrschenden Mittel der Auseinandersetzung. Ziel dieser Spottdichtung ist die Besserung menschlicher Verhaltensweisen durch deren Bloßstellung. Man findet die Satire in derben Schwänken und Schwankgruppen, die sich auch um eine bestimmte Gestalt wie den (historischen) „Eulenspiegel" sammeln können, ebenso wie in Fastnachtspielen (siehe Kapitel 3).

Um 1500 bereichert eine neue Figur die Satire: der **Narr**. Sein Vorläufer ist vielleicht der Hofnarr des Mittelalters, der den Herrscher an seine Gefährdungen durch Hochmut und Unglauben erinnert. Die neue Narrenfigur verkörpert oft selbst die Torheit des Menschen, der den christlichen Bezugspunkt verloren hat, und hat die Aufgabe, die Menschen zur Selbstprüfung anzuregen. Der Narr wird so zum negativen Zeitsymbol: zum Symbol einer problematisch gewordenen Welt.

4.1 Martin Luther (1483–1546)
Ein feste burg ist vnser Gott

Ein feste burg ist vnser Gott
Ein gute wehr vnd waffen /
Er hilfft vns frey aus aller not /
die vns jtzt hat betroffen /
5 Der alt böse feind /
mit ernst ers jtzt meint /
gros macht vnd viel list /
sein grausam rüstung ist /
auff erd ist nicht seins gleichen.

10 Mit vnser macht ist nichts gethan /
wir sind gar bald verloren /
Es streit für vns der rechte man /
den Gott hat selbs erkoren /
Fragstu wer der ist?
15 Er heist Jhesus Christ /
der Herr Zebaoth /
Vnd ist kein ander Gott /
das felt mus er behalten.

Vnd wenn die welt vol Teuffel wer /
20 vnd wolt vns gar verschlingen /
So fürchten wir vns nicht so sehr /
Es sol vns doch gelingen /
Der Fürst dieser welt /
wie sawr er sich stellt /
25 thut er vns doch nicht /
das macht / er ist gericht /
Ein wörtlein kan jn fellen.

Das wort sie sollen lassen stahn /
vnd kein danck da zu haben /
30 Er ist bey vns wol auff dem plan /
mit seinem Geist vnd gaben /
Nemen sie den leib /
gut / ehr / kind vnd weib /
las faren dahin /
35 sie habens kein gewin /
das Reich mus vns doch bleiben.

(1526/28)

1ff.: Zugrunde liegt Psalm 46,2: „Gott ist unsre Zuversicht und Stärke, eine Hilfe in den großen Nöten, die uns getroffen haben."; 3: frey: frei zu werden; 5: d.i. der Erbfeind, der Teufel (vgl. Die Offenbarung des Johannes 12,9); vgl. Vers 23 ; 6: d. h., er macht jetzt Ernst; 8: grausam: grauenhaft, Schrecken erregend; 16: Zebaoth: (hebräisch: „Heerscharen") die himmlischen Scharen Gottes; vgl. 2. Samuel 5,10; 18: felt: Kampfplatz; behalten: behaupten, d. h. siegreich bleiben; 23: der Antichrist, den Luther oft mit dem Papst, zeitweilig auch mit den Türken gleichsetzt (vgl. die 1529 drohende Türkengefahr); 24: wie grimmig er auftreten mag; 26: gericht: gerichtet; sein Urteil ist gesprochen; 27: vgl. z. B. 2. Brief des Paulus an die Thessalonicher 2,8: „Ihn wird der Herr Jesus umbringen mit dem Hauch seines Mundes"; 28: Das wort: das Gotteswort, die Bibel (für Luther die alleinige Autorität); sollen: müssen; 29: (das müssen sie außerdem) wider ihren Willen; 30: Er: Christus (vgl. Vers 12); plan: Kampfplatz; 35: habens: haben davon; 36: das Reich: das Reich Gottes

4. Renaissance, Humanismus, Reformation (1470–1600)

Titelblatt der Reformationssatire „Von dem großen Lutherischen Narren" (1522) des konservativen Thomas Murner

Das Blatt zeigt den Autor als katzenköpfigen Franziskaner (als Murr-Narr) bei der Arbeit: Er zieht Luther (mit der Narrenkappe) eine Unterhose (als Zeichen der Triebhaftigkeit) und Narrenkobolde aus dem Mund. Das lateinische Spruchband „Interdum simulare stultitiam prudentia summa" (Bisweilen ist es höchste Klugheit, Torheit vorzutäuschen) erläutert Murners satirische Taktik.

Holzschnitt-Flugblatt von Hans Sachs (1523), eines überzeugten Parteigängers der Reformation

Eine Nachtigall (Luther) verkündet den Aufgang der Sonne (Evangelium), der Mond (Menschenlehre) nimmt ab. Unter dem Baum lauern Wölfe (Bischöfe und Äbte), Schlangen (Mönche), ein Löwe (Papst Leo X.) und anderes Getier. Sie alle bedrohen die Schafe (gläubige Gemeinde), die dem Ruf der Nachtigall folgen. Andere Schafe versammeln sich im Hintergrund um das Gotteslamm. Rechts über dem Wald flatternde Gänse (lutherfeindliche Laien).

4. Renaissance, Humanismus, Reformation (1470–1600)

Arbeitshinweise

1. Schauen Sie sich die beiden Holzschnitte genauer an.
   - Wie werden Person und Situation Martin Luthers (und die Situation seiner Anhänger) dargestellt?
   - Welche Absicht könnte damit verbunden sein?

2. Untersuchen Sie „Ein feste burg ist vnser Gott", das bekannteste Lutherlied, in Bezug auf rhythmische, klangliche und bildhafte Gestaltungsmittel. Stellen Sie dazu fest, welche sprachlichen Bilder im Zusammenhang mit dem Bild der Belagerung einer Burg und des Kampfes stehen und was sie bedeuten.

3. Ordnen Sie die Wörter, die in diesem Lied für die gegnerischen Parteien verwendet werden, tabellarisch ein:

wir	sie
(…)	(…)

4. Erschließen Sie die zentrale Intention des Lutherliedes. Greifen Sie dabei auf Ihre Ergebnisse aus der Bearbeitung der Aufgaben 1–3 zurück.

5. „Ein feste burg ist vnser Gott" steht heute noch im Evangelischen Kirchengesangbuch. Halten Sie das für sinnvoll? Begründen Sie Ihre Ansicht.

6. Singen Sie gemeinsam das Lied „Ein feste burg ist vnser Gott".

Frontispiz (Verzierung eines Buchtitelblatts) des Straßburger Gesangbuches aus dem Jahr 1899 in Rot-Schwarz-Druck. Die dargestellte Wartburg war nicht nur Aufenthaltsort Luthers (1521), sondern wurde im 19. Jh. durch das Wartburgfest (1817 zum 300-jährigen Reformationsjubiläum und zum vierten Jahrestag der Leipziger Völkerschlacht) ein nationales Symbol.

4.2 Sebastian Brant (1457 – 1521)
Das Narren schyff

Ein vorred in das narren schyff.

Zů nutz vnd heylsamer ler, vermanung vnd ervolgung der wyszheit, vernunfft vnd gůter sytten: Ouch zů verachtung vnd straff der narheyt, blintheyt yrrsal vnd dorheit, aller
5 stått, vnd geschlecht der menschen: mit besunderem flysz ernst vnd arbeyt, gesamlet zů Basell: durch Sebastianum Brant. in beyden rechten doctor.

Holzschnitt der Erstausgabe (1494)

    All land syndt yetz voll heylger geschrifft
10 Vnd was der selen heyl antrifft,
    Bibel, der heylgen våtter ler
    Vnd ander der glich bůcher mer,
    In masz, das ich ser wunder hab
    Das nyemant bessert sich dar ab,
15 Ja würt all gschrifft vnd ler veracht
    Die gantz welt lebt in vinstrer nacht
    Vnd důt in sünden blint verharren
    All strassen, gassen, sindt voll narren
    Die nüt dann mit dorheit umbgan
20 Wellen doch nit den namen han
    Des hab ich gdacht zů diser frůst
    Wie ich der narren schiff vff rüst
    Galleen, füst, kragk, nawen, parck
    Kiel, weydling, hornach, rennschiff starck
25 Schlytt, karrhen, stoszbåren, rollwagen
    Ein schiff mỏcht die nit all getragen
    Die yetz sindt jn der narren zal
    Ein teil kein fůr hant überal
    Die stieben zůher wie die ymmen
30 Vil vnderstont zů dem schiff schwymmen
    Ein yeder der wil vorman syn
    Vil narren, doren kumen dryn
    Der bildnisz jch hab har gemacht

14: dar ab: davon; 19: nüt dann: nichts als; umbgan: umgehen; 20: wollen es doch nicht zugestehen; 22: vff rüst: ausrüste; 23: Galleen: Galeere; füst: leichtes Schiff; kragk: Lastschiff; nawen: Nauen, Nachen; parck: Barke; 24: weydling: Fischerkahn; hornach: ‚Schmutznachen' (Baggerprahm); 25: stoszbaeren: Schubkarren; rollwagen: Reisewagen; 26: Ein: d. h. ein einziges; 28: für: Fuhre, Gelegenheit zu fahren; hant: hat; 29: zůher: herbei; 30: vnderstont: unternehmen, auf sich nehmen; 31: vorman: der Erste; 33: Der: deren; har: hier

4. Renaissance, Humanismus, Reformation (1470–1600)

Wer yeman der die gschrifft veracht
35 Oder villicht die nit künd lesen
Der siecht jm molen wol syn wesen
Vnd fyndet dar jnn, wer er ist
Wem er glich sy, was jm gebrist,
Den narren spiegel ich disz nenn
40 In dem ein yeder narr sich kenn
[...]

Den vordantz hat man mir gelan
Dann jch on nutz vil bůcher han
Die jch nit lysz, vnd nyt verstan

    [I.] Von vnnutzen buchern

45 Das jch sytz vornan jn dem schyff
Das hat worlich eyn sundren gryff
On vrsach ist das nit gethan
Vff myn libry ich mych verlan
Von bůchern hab ich grossen hort
50 Verstand doch drynn gar wenig wort
Vnd halt sie dennacht jn den eren
Das ich jnn wil der fliegen weren
Wo man von künsten reden důt
Sprich ich, do heym hab jchs fast gůt
55 Do mit losz ich benůgen mich
Das ich vil bůcher vor mir sych,
Der künig Ptolomeus bstelt
Das er all buecher het der welt
Vnd helt das für eyn grossen schatz
60 Doch hat er nit das recht gesatz
Noch kund dar vsz berichten sich
Ich hab vil bůcher ouch des glich
Vnd lys doch gantz wenig dar jnn
Worvmb wolt ich brechen myn synn
65 Vnd mit der ler mich bkümbren fast
Wer vil studiert, würt ein fantast
Ich mag doch sunst wol sin eyn here

Illustration zur Vorrede: Der Narr in der Bibliothek

Vnd lonen eym der für mich ler
Ob ich schon hab eyn groben synn
70 Doch so ich by gelerten bin
So kan ich jta sprechen jo
Des tütschen orden bin ich fro
Dann jch gar wenig kan latin
Ich weysz das vinum heysset win
75 Gucklus ein gouch, stultus eyn dor
Vnd das ich heysz domne doctor
Die oren sint verborgen mir
Man såh sunst bald eins mullers thier

(1494)

34: Wer: wäre; yeman: jemand; 36: siecht: sieht; jm molen: im Bilde, d.h. in den künstlerisch hochwertigen (z. T. vom jungen Dürer stammenden) Holzschnitten, die jedem Kapitel vorangestellt sind und wesentlich zur Popularität des Narrenschiffes beigetragen haben; 41: gelan: gelassen; 42: han: haben; 46: sundren: besonderen; gryff: Kunstgriff, Kniff, Absicht; 48: libry: Bibliothek; verlan: verlasse; 52: der fliegen weren: die Fliegen abwehren, d.h. bei einer Sache kein Amt haben, nichts dabei zu schaffen haben (sprichwörtliche Redensart); 53: von künsten reden: wissenschaftliche Gespräche führen; 54: fast: sehr, völlig; 57: Ptolomeus: König Ptolemäus II. Philadelphus (285–247), der Hauptförderer der berühmten Alexandrinischen Bibliothek; bstelt: sorgte, richtete es ein; 60: das recht gesatz: d.h. das Gesetz Gottes, die hl. Schrift; 64: brechen myn synn: mir den Kopf zerbrechen; 67: eyn here: ein Herr (als Standesbezeichnung des Gelehrten); 68: lonen: entlohnen, zahlen; ler: lerne; 71: jta: so (ita); 72: Des tütschen orden: d. h. der Gemeinschaft, deren einziger Zweck ist, lediglich die deutsche Sprache zu verstehen; 75: Gucklus: d.i. cuculus (eigentlich Kuckuck); 76: domne doctor: d.i. domine doctor, mein Herr Doktor (in der Anrede)

Hermann Bote (um 1467 – um 1520)
Ein kurtzweilig lesen von Dyl Vlenspiegel

Illustration zur 17. Geschichte

Die XVII histori sagt wie Ulenspiegel alle krancken in einem spital vff einen tag on artznei gesund macht Vf ein zeit kam Vlnspiegel gen Nürnberg, vnd schlůg groß brieff an die kirch thüren vnd an dz rathuß vnd gab sich vß für ein gůten artzet zů aller krankheit vnd da was ein grosse zal krancker menschen in dem nüwen spital Da selbst da das hochwirdig heilig
5 sper Cristi mit anderen merckliche stücken rasten ist Vnd der selben krancken menschen der wer der spitel meister eins teils gern ledig gewesen Vnd het in gesuntheit wol gegund. Also gieng er hin zů Vlenspiegel dem artzet, vnd fragt in nach laut seiner brieff die er an geschlagen het, ob er den krancken also helfen kunt es solt im wol gelont werden vlenspiegel der sprach er wolt im seiner krancken vil gerad machen wan er wolt zwei hundert gulden
10 anlegen, vnd im die zů sagen wolt, der spitelmeister sagt im dz gelt zů, so fer er den krancken hülff. Also verwilliget sich Vlenspiegel wa er die krancken nit grad macht so solt er im nit ein pfennig geben dz gefiel dem spitel meister wol vnd gab im .xx. guldin daruff. Also gieng vlenspiegel in spital vnd nam zwen knecht mit im, vnd fragt die krancken, ein ietlichen wz im gebrest, vnd zů letsch wan er von eim krancken gieng so beschwur er in vnd sprach wz ich dir
15 offenbaren wurt das soltu bei dir heimlich bleiben lassen vnd nieman offenbaren das sagten dan die siechen vlenspiegel bei grossem glouben zů daruff sagt er dan eim ietlichen bsunder, sol ich nun vch krancken zů gesuntheit helffen vnd vff die füß bringen das ist mir vnmöglich ich verbren dan euwer einen zů puluer, vnd gib dz den andern in den leib zetrincken, dz můß

2: brieff: Bekanntmachung; 3: dz = daz; 8: was: war; 4: nüwen spital: Heilig-Geist-Spital (zum Unterschied vom ‚alten' St.-Elisabeth-Spital); 5: sper: Lanze; mercklichen: bemerkenswerten; rasten: niedergelegt; 6: wer: wäre; in: ihnen; gegund: gegönnt; 8: kunt: könnte; 9: gerad: gesund (so dass sie aufstehen können); 10: so fer: sofern; 11: verwilliget: verpflichtet; wa: wenn; 13: wz = waz; 14 f.: gebrest: gebricht, woran er leide; letsch: letzt; 16: bei grossem glouben: Schwurformel; 17: vch: euch;

ich thůn. Darumb welcher der krenckst vnder euch allen ist vnd nit gon mag, den wil ich zů puluer verbrennen, vff dz ich den andern helffen mŏg damit, euch all vff zebringen, so würde ich den spytalmeister nemen, vnd in der thür des spitals ston vnd mit luter stym rüffen, welcher da nit kranck ist, der kum heruß, dz verschlaff du nit. So sprach er zů ieglichem allein dann der letst můß die ürten bezalen. Solcher sag nam yeglicher acht, vnd vff den gemelten tag ylten sie sich mit krucken vnd lammen beinen, als keiner der letst wolt sein. Da nun Vlenspiegel nach seinem anlaß růffte, da begunden sie von stat lauffen, etlich die in .x. iaren nit von bet kumen warn vnd da der spital nun gantz ler wz, da begert er seines lons von dem spittelmeister, vnd sagt er müst an ein ander end ylens, da gab er im das gelt zů grossem danck, da reit er hinweg. Aber in dreien tagen, da kamen die krancken all herwider vnd beclagten sich irer kranckheit. Da fragt der spittelmeister. Wie gat das zu, ich hett in doch den grossen meister zů bracht, der in doch geholffen het, das sie all selber dauon gangen waren. Da sagten sie dem spitalmeister, wie dz er in getrouwt het. Welcher der letste wer zů der thür hinuß wen er der zeit růfft den wolt er verbrennen zů puluer. Da mercket der spittelmeister das es Vlenspiegels betrug wase Aber er was hinweg vnd er kund im nüt angewinnen. Also bliben die krancken wider im spital wie vor, vnd was das gelt verlorn.

(1515)

Martin Luther (1483–1546)
Vom wolff und lemlin

Ein wolff und lemlin kamen on geferd / beide an einen bach zu trincken / Der wolff tranck oben am bach / Das lemlin aber / fern unden Da der wolff des lemlins gewar ward / lieff er zu yhm / und sprach / Warumb truebestu mir das wasser das ich nicht trincken kan / Das lemlin antwortet wie kan ich dirs wasser truben / trinckestu doch ober mir / und mochtest es mir wol truben Der wolff sprach / Wie? fluchestu mir noch dazu? Das lemlin antwortet / Ich fluche dir nicht. Der wolff sprach / Ja Dein Vater thet mir fur sechs monden auch ein solchs / du wilt dich Vetern Das lemblin antwortet / Bin ich (doch) dazu mal nicht geborn gewest / wie sol ich meins Vaters entgelten? Der Wolff sprach / So hastu mir aber / meine wisen und ecker abgenaget und verderbet / Das lemlin antwortet / Wie ist (das) muglich / hab ich doch noch keine zeene? Ey sprach der wolff / Und wenn du gleich viel aüsreden und schwetzen kanst / wil ich dennoch heint nicht ungefressen bleiben Und wurget also das unschuldige lemlin und fras es
Lere
Der wellt lauff ist / Wer frum sein wil / der mus leiden / solt man eine sache vom alten zaun brechen / Denn Gewalt gehet fur Recht / Wenn man dem hunde zu wil / so hat er das ledder gefressen / Wenn der wolff wil / so ist das lamb unrecht

(1530)

19: gon mag: gehen kann; 23: ürten: Zeche; sag: Rede; 24: ylten: (be)eilten; 25: von stat: von der Bettstelle, auf der Stelle; 31: getrouwt: gedroht; 33: wase: war; 33: nüt: nichts; angewinnen: antun, zufügen; 34: vor: vordem, früher

1: lemlin: Lämmlein; on geferd: von ungefähr; 7: du wilt dich Vetern: dem Vater nacheifern; 11: heint: heute; nicht ungefressen bleiben: nicht ohne Fressen bleiben; 15 f.: wenn man dem hunde zu wil: wenn man dem Hunde zu Leibe will

4. Renaissance, Humanismus, Reformation (1470–1600)

Arbeitshinweise

1. Beschreiben und deuten Sie den Holzschnitt der Erstausgabe von Sebastian Brants Hauptwerk „Das Narren schyff". Beachten Sie dabei folgende Hinweise:
   - Das Schiff symbolisiert traditionell die Kirche.
   - Das Loch für das Steuerruder ist leer.
   - Anstelle des Mastes hält ein Narr eine Fahne.
   - Zwei Gestalten halten Marotten (Narrenkeulen), Symbole der Selbstgefälligkeit.
   - Das Spruchband in der rechten, oberen Ecke zeigt das Reiseziel Narragonien.
   - Das einmontierte Zitat „Gaudeamus omnes" ist eine Gesangsformel (ein Tropus) im Allerheiligenfest-Gottesdienst.

2. Welche Aussagen macht Sebastian Brant zu Anfang seiner Moralsatire über
   - sich selbst als Autor,
   - das Ziel des „Narrenkatalogs",
   - die Funktion der Holzschnitte, die jedem Kapitel vorangestellt sind,
   - den Büchernarren?

3. Sebastian Brants nach alter Weise noch in Reimpaaren abgefasstes Werk ist der erste deutsche „Bestseller" aus vorreformatorischer Zeit: Es erlebte in einhundert Jahren ca. 25 Ausgaben sowie zahlreiche Bearbeitungen und Übersetzungen.
   Wie erklären Sie diesen Erfolg? Beziehen Sie die Informationen aus dem Einführungstext zu diesem Kapitel in Ihre Überlegungen ein.

4. Schreiben Sie ein weiteres Kapitel zum „Narrenschiff", indem Sie Schwächen und Laster (Narrheiten) Ihrer Zeit aufs Korn nehmen.

5. Erzählen Sie die Eulenspiegelgeschichte von Hermann Bote (dessen Verfasserschaft erst 1971 entdeckt wurde) zur Unterhaltung Ihrer Zuhörer nach.

6. „Till Eulenspiegel" ist das bis in die Gegenwart am weitesten verbreitete Volksbuch; es wurde vielfach bearbeitet und in fast alle Kultursprachen übersetzt. Versuchen Sie, diese ungeheure Wirkung am Beispiel des ausgewählten Schwanks zu erklären.

7. Erfinden Sie eine moderne Eulenspiegelgeschichte.

8. Analysieren Sie die Luther-Fabel „Vom wolff und lemlin".
   - Gliedern Sie den Text. Unterscheiden Sie: Situation, Aktion, Reaktion, Ergebnis, nachgestellte Lehre (Epimythion).
   - Beschreiben Sie die dialogische und bipolare Struktur des Textes, die aus dem Gegeneinander von Groß und Klein, Stark und Schwach entspringt. Gehen Sie dabei näher auf die Kennzeichnung der beiden Rollenträger ein.
   - Untersuchen Sie Luthers Epimythion, das hier auf der Ebene des bildhaften (parabolischen) Sprechens (Sprichwörter!) bleibt, und setzen Sie sich kritisch mit Luthers Deutung auseinander.
   - Worin sehen Sie die Intention („Lehre") der Fabel?

9. Übersetzen Sie die Luther-Fabel in unsere Sprache (mit entsprechender Zeichensetzung) und erläutern Sie an einigen Beispielen Unterschiede zwischen dem Frühneuhochdeutschen und unserem heutigen Hochdeutsch.

10. Stellen Sie fest, welche Funktion Martin Luther in der Vorrede zu seinen Fabeln dieser Literaturgattung beimisst.

„Nicht allein aber die Kinder / sondern auch die grossen Fuersten und Herrn / kan man nicht bas betriegen / zur Warheit / und zu jrem nutz / denn das man jnen lasse die Narren die Warheit sagen / dieselbigen koennen sie leiden und hoeren / sonst woellen oder koennen sie / von keinem Weisen die Warheit leiden / Ja alle Welt hasset die Warheit / wenn sie einen trifft.

Darumb haben solche weise hohe Leute die Fabeln ertichtet / und lassen ein Thier mit dem andern reden / Als solten sie sagen / Wolan / es wil niemand die Warheit hoeren noch leiden und man kan doch der Warheit nicht emberen / So woellen wir sie schmuecken / und unter einer luestigen Luegenfarbe und lieblichen Fabeln kleiden / Und weil man sie nicht wil hoeren / durch Menschen mund / das man sie doch hoere / durch Thierer und Bestien mund. So geschichts denn / wenn man die Fabeln lieset / das ein Thier dem andern / ein Wolff dem andern / die Warheit sagt / Ja zuweilen / der gemalete Wolff oder Beer / oder Lewe im Buch / dem rechten zweifuessigen Wolff und Lewe einen guten Text heimlich lieset / den jm sonst kein Prediger / Freund noch Feind lesen duerffte."

(Aus: Martin Luthers Fabeln, hg. von Willi Steinberg, Niemeyer, Halle/Saale 1961, S. 84)

11. Vergleichen Sie Martin Luthers Fabel mit der von Phädrus aus dem 1. Jahrhundert n. Chr.: Was hat Luther übernommen, was hat er geändert?

Phädrus (1. Jh. n. Chr.)
Wolf und Lamm

Der Durst trieb einmal Wolf und Lamm zum selben Bach.
Der Wolf stand höher und weiter unterhalb das Lamm.
Da reizte gleich den Wolf des Rachens wilde Gier,
Und darum brach der Räuber einen Streit vom Zaun.
5 „Du hast das Wasser, das ich trinken will, getrübt!"
Verschüchtert warf das wollig weiche Lämmchen ein:
„Mein lieber Wolf, ich bitte dich, wie kann ich das?
Das Wasser fließt doch erst von dir zu mir herab."
Die Macht der Wahrheit war selbst für den Wolf zu stark.
10 „Du schmähtest", rief er, „mich vor einem halben Jahr!"
„Da war ich", sprach das Lamm, „noch gar nicht auf der Welt!"
„Dann war's dein Vater eben, ja, beim Herakles!",
Schrie jener und zerriss es wider Fug und Recht.
Die Fabel geht auf den, der Menschen ohne Schuld
15 Durch falsche Unterstellung ins Verderben zieht.

(Schöne Fabeln des Altertums, Äsop, Phädrus, Babrios. Ausgewählt und übertragen von Horst Gasse, Dieterich, Leipzig o. J., S. 90. Dort unter dem Titel: Ein Grund findet sich schon.)

4.3 Hans Sachs (1494 – 1576)
Das Narren schneyden

Die Praxis der Bader und Chirurgen des 16. Jahrhunderts bildet die Handlungsgrundlage für das „Faßnacht Spiel mit dreyen Personen: Das Narren schneyden" von Hans Sachs, ein kurzes moralisierendes Lehrstück in Form eines Schwanks. Zu einem marktschreierisch seine Kunst anpreisenden Arzt und seinem Gehilfen kommt als Patient ein dickbäuchiger Kranker an zwei Krücken und bittet um eine Diagnose. Die Harnbeschau ergibt, dass hier ein Fall von „Narrensucht" vorliegt. Nach anfänglicher Weigerung ist der Patient zu einem chirurgischen Eingriff bereit. Nacheinander entnimmt der Arzt dem Bauch des Kranken die personifizierten „Narrheiten" des Hochmuts, Geizes, Neides, der Unkeuschheit, Völlerei, des Zornes und der Faulheit (die sieben mittelalterlichen Todsünden). Aber der Kranke fühlt sich immer noch nicht völlig geheilt.

Der Kranck greifft sich vnd spricht:
  Kein Narr mich in dem pauch mehr kerrt.
  Doch ist mein pauch noch groß vnd herrt.
  Was das bedeut, ist mir verborgen.
5 Der Artzt greifft den Bauch vnnd spricht:
  Sey guter ding vnnd laß mich sorgen!
  Inn dir steckt noch das Narren nest.
  Sey keck vnd halt dich an gar fest!
  Du must noch ein walckwasser leyden.
10 Ich will das nest auch von dir schneyden.
Der Kranck:
  O langt mir her ein reben safft!
  Mir ist entgangen all mein krafft.
  Ich sitz da in eym kalten schweyß!
15 Zu halten ich gar nit meer weiß.
  O last mir nur das nest zu fried!
Der Knecht:
  Mein freund, du versteht warlich nit,
  Schnitt man das nest dir nit herauß,
20 So prütest du jung Narren auß.
  So würd dein sach denn wieder böß.
Der Kranck spricht:
  So schneyt mich nur nit in das krös!
  So will ich gleich die Marter leyden,
25 Das nest auch von mir lassen schneyden.
Der Artzt greifft mit der zangen nein vnnd spricht:
  Halt fest, halt fest, lieber! halt fest!

2: kerrt: peinigt; 9: walckwasser leyden: Lohbrühe (in der die Gerber die Felle walken) ertragen, d. h. eine Operation; 15: Zu halten: standzuhalten; 23: kröß: Gekröse, Eingeweide

                    Es ist so groß vnd vngelachsen
                    Vnd ist im leib dir angewachsen.
30   Schaw! yetzund kumbt der groß vnfurm.
                    Schaw wie ein wilder wůster wurm!
                    Schaw, wie thut es vol Narren wimeln,
                    Oben vnd vnden als von krimmeln!
                    Die hetst du alle noch geborn.
35 Der Kranck:
                    Was weren das für Narren worn?
   Der Knecht:
                    Allerley gattung, als falsch Juristen,
                    Schwartzkůnstner vnd die Alchamisten,
40   Finantzer, alifantzer vnd trůgner,
                    Schmaichler, spotfeler vnd lůgner,
                    Wundrer, Egelmayr vnnd lewnisch,
                    Grob, ölprer, vnzuechtig vnd hewnisch,
                    Vndanckpar, stocknarrn vnnd gech,
45   Fůrwitzig, leichtfertig vnnd frech,
                    Gronet vnd gremisch, die alzeit sorgen,
                    Böß zaler, die doch geren porgen,
                    Eyfrer, so huten jrer Frawen,
                    Die on not rechten und on nutz pawen,
50   Spiler, bögschůtzen und waidleut,
                    Die viel verthun nach kleyner pewt,
                    Summa summarum, wie sie nant
                    Doctor Sebastianus Brandt,
                    Inn seinem Narren schiff zu faren.
55 Der Artzet spricht:
                    Vor solchen narrn vns zu bewaren,
                    Mein knecht, so wůrffe das vnzifer
                    Inn die Pegnitz hin nein, ye tieffer,
                    Ye bessers ist, vnd laß sie baden!
60 Der Kranck spricht:
                    Mein Herr, hefft mir zu meinen schaden!
                    Mich důnckt: yetz hab ich gute rhu.
   Der Artzet hefft jn zu vnd spricht:
                    So halt! ich will dich hefften zu.
65   Nun magst du wol frölich auffstehn.
                    Schaw! kanst du an dein krucken gen?

28: vngelachsen: ungestalt; 30: vnfurm: Ungestalt; 33: als von krimmeln: alles davon (von ihnen) wimmelt; 36: worn: geworden; 40: Finantzer: Wucherer; alifantzer: listige Betrüger; truegner: Betrüger; 41: spotfeler: Spötter (über die Fehler anderer); 42: Wundrer: Sonderlinge; Egelmayr: Grillenfänger; lewnisch: Launenhafte; 43: ölprer: Tollpatsche, Alberne; hewnisch: Ungeschlachte; 44: stocknarrn: Erznarren; gech: Jähzornige; 46: gremisch: Grämliche; 48: Eyfrer: Eifersüchtige, 49: rechten: prozessieren (‚Prozessnarr'); pawen: bauen (‚Baunarr'); 50: waidleut: Jäger; 51: pewt: Beute; 52 f.: s. Kap. 4.2; 57: wůrffe: wirf; vnzifer: Ungeziefer; 58: Pegnitz: Fluss (durchfließt Nürnberg); 66: an: ohne

Der Kranck steht auff vnd spricht:
    Mein herr, ich bin gar gsund vnd ring,
    Vor frewden ich gleich hupff vnd spring.
70   Wie hetten mich die Narren bsessen?
    Sagt! het ichs truncken oder gessen?
    Fort wolt ich meyden solche speiß.

Der Artzt:
    Waist nit? man spricht nach alter weiß,
75   Das yedem gfelt sein weiß so wol,
    Des ist das land der Narren vol.
    Von dem kamen die Narren dein,
    Das dir gefiel dein sinn allein
    Vnd ließt deym aygen willen raum.
80   Hieltst dich selbert gar nit im zaum.
    Was dir gefil, das thetst du gleich.

Der Kranck:
    O Herr Doctor gar künstenreich,
    Ich merck: ewr kunst die ist subtil.
85   Ich thet ye als, was mir gefiel,
    Es brecht mir gleich nutz oder schaden.
    Nun ich der Narren bin entladen,
    So will ich fürbaß weißlich handeln,
    Fürsichtigklich leben vnd wandeln
90   Vnd folgen guter leer vnnd rath.
    O wie an zal inn dieser Stat
    Waiß ich armer vnd reicher knaben,
    Die auch mein schwere kranckheit haben,
    Die doch selber entpfinden nicht,
95   Noch wissen, was jn doch gebricht.
    Die will ich all zu euch bescheyden,
    Das jr jn müst den Narren schneyden.
    Da werd jr Gelts gnug vberkummen.
    Weil jr von mir nichts habt genummen,
100   Sag ich euch danck ewer milten gab.
    Alde! ich schaid mit wissen ab.

Er geet ab. Der Knecht schreyt auß:
    Nun hört! ob jndert einer wer,
    Der dieser Artzeney beger,
105   Der such vns inn der Herberg hie
    Bey eym, der haist, ich waiß nit wie.
    Dem wöll wir vnser kunst mit thailn
    Vnd an der Narren sucht jn hayln.

68: ring: leicht; 76: Des: deshalb; 83: künstenreich: gelehrt; 84: subtil: scharfsinnig; 88: fürbass: weiterhin, in Zukunft; 91: an zal: unzählig; 92: knaben: Männer; 95: jn: ihnen; 98: vberkummen: erhalten; 101: Alde: adieu; mit wissen: belehrt; 103: jndert: irgendwo

Der Artzet beschleust:

₁₁₀ Ir Herrn, weil jr yetz habt vernummen
Viel Narren von dem Krancken kummen,
Die bey jm wuchsen vor viel Jaren,
Vor solcher Kranckheit zu bewaren,
Las ich zu letzt ein gut Recept:
₁₁₅ Ein yegklicher, dieweil er lebt,
Las er sein vernunfft Mayster sein
Vnd reytt sich selb im zaum gar fein
Vnd thu sich fleissigklich umbschawen
Bey reich vnd Arm, Mann vnde Frawen,
₁₂₀ Vnd wem ein ding vbel ansteh,
Das er des selben můssig geh,
Richt sein gedancken, wort vnd that
Nach weyser lewte leer vnnd rat!
Zu pfand setz ich jm trew vnd ehr,
₁₂₅ Das als denn bey jm nimmer mehr
Gemelter Narren keiner wachs.
Wůnscht euch mit guter Nacht H. Sachs.

Die Person in das Spiel:

Der Artzet   j
₁₃₀ Der Knecht   ij
Der Kranck   iij

Anno Salutis M. D. LVII, Am III. Tag Octobris.
(1557)

₁₁₁: Viel Narren: dass viele Narren; kummen: gekommen sind; 121: mŭssig geh: frei sei; 132: Anno Salutis: im Jahre des Heils

Aufführung eines Fastnachtspiels von Hans Sachs im Heilbronner Hof zu Nürnberg im 16. Jahrhundert

Arbeitshinweise

1. Welche Wirkungsabsicht verfolgt Hans Sachs vermutlich mit seinem Fastnachtspiel?
2. Untersuchen Sie die Mittel, die der Autor verwendet, um seine Absicht zu erreichen.
   - Welche Funktion hat der dramaturgische Kunstgriff, eine ärztliche Handlung als Spektakel auf die Bühne zu bringen?
   - Warum lässt er die Handlung nicht mit der Herausnahme der personifizierten Narrheiten enden, sondern noch ein ganzes Nest voll wurmartiger Jungnarren folgen?
   - Welche Bedeutung hat in diesem Zusammenhang die Anspielung auf Sebastian Brants „Narrenschiff" (siehe Kapitel 4.2)?
   - Weshalb benutzt der Autor den Knittelvers? Beachten Sie, dass der Knittel- oder Knüttelvers ein vierhebiger, paarweise gereimter deutscher Vers mit unterschiedlicher Füllung der Senkungen ist, der seinen Namen wegen der an das Geräusch fallender Hiebe erinnernden Holprigkeit erhielt.
3. Vergleichen Sie die Rolle des „Arztes" in dem Fastnachtspiel von Hans Sachs und Hermann Botes Eulenspiegelschwank (Kapitel 4.2).
4. **Projektvorschlag:** Der Narr als negatives Zeitsymbol – Untersuchen Sie die Funktion des Narren (und der Narrheiten) in der Literatur des 15. und 16. Jahrhunderts. Berücksichtigen Sie außer dem grotesk-allegorischen Fastnachtspiel von Hans Sachs die Moralsatire „Das Narren schyff" von Sebastian Brant (Kapitel 4.2), Hermann Botes Schwank „Dyl Vlenspiegel" (Eulenspiegel als Schalksnarr!) und die entsprechenden Holzschnitte in Kapitel 4.1 und 4.2. Beziehen Sie die Informationen des Einführungstextes zu diesem Kapitel in Ihre Überlegungen ein.
Stellen Sie Ihre Ergebnisse auf einer Plakatwand aus.

Narrenspiegel am Rathaus von Nördlingen

Wichtige Autoren und Werke:

Hermann Bote (um 1467 – um 1520)
Braunschweiger Zollschreiber
Werke: *Ein kurtzweilig lesen von Dyl Vlenspiegel*, Eulenspiegel-Schwankbuch, in fast alle europäische Sprachen übersetzt.

Sebastian Brant (1458–1521)
Jurist und Dichter, ein Gegner Martin Luthers
Werk: *Das Narren schyff*, das am meisten verbreitete moralisch-satirische Lehrgedicht der Zeit, sowie Gedichte und Flugschriften.

Martin Luther (1483–1546)
Der deutsche Reformator, dessen Bibelübersetzung einen entscheidenden Beitrag zur Schaffung einer einheitlichen neuhochdeutschen Sprache darstellt.
Werke: Neben der Bibelübersetzung (erste Gesamtausgabe 1534) und Streitschriften deutsche Kirchenlieder, z. B. *Ein feste burg ist vnser Gott*, und *Etliche Fabeln aus dem Esopo verdeutscht*.

Hans Sachs (1494–1576)
Bedeutendster Vertreter des Meistersanges und produktivster Verfasser dramatischer Werke in seiner Zeit, darunter allein 85 Fastnachtsspiele mit häufiger Verwendung des Narrenmotivs
Werke: Dramatische Texte, z. B. *Das Narren schneyden* und *Der fahrende Schüler im Paradeis*, Meistersänge und Erzählungen.

Grundlegende Literatur:

Barbara Könneker: *Die deutsche Literatur der Reformationszeit. Kommentar zu einer Epoche.* München 1975

Hans Rupprich: *Vom späten Mittelalter bis zum Barock.* 2 Bde. München 1970/72 (= *Geschichte der deutschen Literatur von Anfängen bis zur Gegenwart*, begr. von Helmut de Boor u. Richard Newald, Bd. 4.1/2)

5 Barock (1600–1720)

Das 17. Jahrhundert ist die Epoche des **Barock** (von portug. barocco: schiefrunde Perle). Diese Epochenbezeichnung wird auch als Stilbegriff für die Literatur, Architektur, Malerei und Musik dieser Zeit verwendet, die als Einheit von Gegensätzen erscheint. Prägende Erfahrung dieses Jahrhunderts ist **der Dreißigjährige Krieg** (1618–1648), der durch die Auseinandersetzungen zwischen Protestantismus (Reformation) und Katholizismus (Gegenreformation) entsteht. Ein Drittel der deutschen Bevölkerung kommt in diesen Jahren ums Leben, weite Landstriche sind verwüstet.

Die Grauen des Krieges, Mord, Zerstörungen, Hunger und Seuchen, rufen den verunsicherten Menschen die Vergänglichkeit des Irdischen ins Bewusstsein und bewirken ein besonderes Verhältnis zum Tod. Kennzeichnend für den Barockmenschen ist eine **antithetische Grundstimmung** aus Todesangst und Lebensgenuss, tiefer Frömmigkeit und Leidenschaft.

Trotz der großen Kriegsschäden gelingt den Fürstenhöfen ein rascher Wiederaufbau. Nach dem Vorbild Frankreichs, wo Ludwig XIV., der „Sonnenkönig", als absoluter Herrscher regiert, werden die **Fürstenhöfe** zu Mittelpunkten des politischen und kulturellen Lebens; sie ziehen Adlige und bürgerliche Gelehrte als Hofbeamte an, die zu Hauptträgern der Kultur werden.

Kupferstich aus der „Simplicissimus"-Ausgabe von 1684 (siehe Kapitel 5.2)

Durch ihre höfischen Zentren und Auftraggeber erhält die Dichtung öffentlichen, repräsentativen Charakter. Es ist das Verdienst von Martin Opitz, mit seinem „Buch von der Deutschen Poeterey" (1624) für klare Regeln, vor allem in Hinblick auf die Sprache und Versform der Dichtung, gesorgt zu haben. Die Dichter dieser Zeit verwenden die sprachlichen Mittel nicht, um ein einmaliges Erlebnis zu gestalten, sondern um etwas Allgemeines im Besonderen auszudrücken (allegorisches Verfahren). Die **Allegorie** (Verbildlichung von Abstraktem) wird zur wichtigsten Aussageform der Barockdichtung. Als besondere Spielart der Allegorie wird die **Emblematik** (Sinnbildlichkeit) bevorzugt. Ein Emblem besteht aus einem Bild (pictura), das mehr bedeutet, als es darstellt, einer Überschrift oder einem Motto (inscriptio) und einem unter das Bild gesetzten, den Bild-

5. Barock (1600–1720)

Karlsruhe: Schloss Favorite und Stadt. Übersicht der Planung. Stich von 1739.

inhalt deutenden Sinnspruch (subscriptio). Der Sinnspruch bildet als **Epigramm** auch eine selbstständige literarische Gattung und erlebt im Barock eine Blütezeit.

Als neue, streng gegliederte Gedichtform wird das **Sonett** aus Italien übernommen. Es besteht aus 14 Versen, die in zwei vierzeilige (Quartette) und zwei dreizeilige Strophen (Terzette) gegliedert sind. Das beherrschende Versmaß des Epigramms und des Sonetts (auch des Dramas) im Barock ist der Alexandriner, ein sechshebiger Vers mit regelmäßigem Wechsel von Senkung und Hebung (Jambus) und einem Sinneinschnitt (einer Zäsur) nach der dritten Hebung.

In der **Epik** des Barock gibt es – auch wenn man in dieser Zeit noch nicht von der Gattung „Roman" spricht – den Schäferroman, der auf antike Hirtendichtung zurückgeht und meistens eine Liebesgeschichte erzählt, den Staatsroman (auch höfischen oder heroischen Roman), der historische Stoffe um bedeutende Persönlichkeiten gestaltet, und den Abenteuer- oder Schelmenroman, der unter Menschen aus besitzlosen Schichten spielt; er hat seine Wurzeln im spanischen Picaro-Roman und in der deutschen Schwankliteratur des 15./16. Jahrhunderts (siehe Kapitel 3 und 4).

Freude am Leben und das Wissen um die Vergänglichkeit, diese beiden gegensätzlichen Komponenten des barocken Lebensgefühls, sind in dem Glauben verbunden, dass sich der Mensch auf der Erde in Hinblick auf die Ewigkeit bewähren muss. Das menschliche Leben wird deshalb in der Barockzeit gerne mit einem Spiel auf der Bühne der Welt verglichen. Dieser Auffassung kommt die Gattung des **Dramas** entgegen, als Lustspiel oder als Tragödie.

EX MAXIMO MINIMVM.

HAE Sunt Relliquiae Sacrarij, in quo
Fertur viua Dei fuiße imago.
Haec est illius, et domus ruina,
In qua olim Ratio tenebat arcem.
At nunc horribilis figura Mortis.
Ventosum caput, haud habens cerebrum.

Die Abbildung zeigt ein Emblem (mit Motto, Bild und Epigramm). Der lateinische Text lautet übersetzt: Aus dem Höchsten das Geringste.
Dies sind die Überreste des Tempels, in dem das lebendige Bild Gottes gewesen sein soll. Dies ist auch die Ruine jenes Hauses, in dem die Vernunft einst residierte. Und nun ist es das schreckliche Bild des Todes, ein luftiges Haupt ohne Hirn.

5. Barock (1600 – 1720)

5.1 Martin Opitz (1597 – 1639)
Ach Liebste lass vns eilen

Ach Liebste lass vns eilen
    Es schadet das verweilen
Der schönen Schönheit gaben
    Dass alles / was wir haben /
5 Der Wangen zier verbleichet /
    Der äuglein feuer weichet /
Das Mündlein von Corallen
    Die Händ / alß Schnee verfallen /
Drumb lass vns jetz geniessen
10   Eh dann wir folgen müssen
Wo du dich selber liebest /
    Gib mir / dass wann du gibest /

Wir haben Zeit:
Uns beider seit.
Fliehn fuß für fuß
Verschwinden muss /
Das Haar wird greiß /
Die flamm wird Eiß.
Wird vngestallt.
Und du wirst Alt.
Der Jugent frucht /
Der Jahre flucht.
So liebe mich /
Verlier auch ich.

(1624)

1: Zeit: geeigneter Zeitpunkt; 5: Der Wangen zier: Wangenröte; greiß: grau; 8: alß: wie; 11: Wo: falls

Andreas Gryphius (1616 – 1664)
Es ist alles eitell

Du sihst / wohin du sihst nur eitelkeit auff erden.
    Was dieser heute bawt / reist jener morgen ein:
    Wo itzund städte stehn / wird eine wiesen sein
Auff der ein schäffers kind wird spilen mitt den heerden.
5 Was itzund prächtig blüht sol bald zutretten werden.
    Was itzt so pocht vndt trotzt ist morgen asch vnd bein.
    Nichts ist das ewig sey / kein ertz kein marmorstein.
Itz lacht das gluck vns an / bald donnern die beschwerden.
    Der hohen thaten ruhm mus wie ein traum vergehn.
10   Soll den das spiell der zeit / der leichte mensch bestehn.
Ach! was ist alles dis was wir für köstlich achten /
    Als schlechte nichtikeitt / als schaten staub vnd windt.
    Als eine wiesen blum / die man nicht wiederfindt.
Noch wil was ewig ist kein einig mensch betrachten.

(1643)

Erstdruck 1637 unter dem Titel „Vanitas, vanitatum, et omnia vanitas./Es ist alles gantz eytel. Eccl. 1. v. 2." (Der Prediger Salomo, auch Ekklesiastes oder Buch Koheleth genannt, 1. Kapitel, Vers 2: „Es ist alles ganz eitel, sprach der Prediger, es ist alles ganz eitel", wörtlich: „O Eitelkeit der Eitelkeiten, spricht der Prediger, o Eitelkeit der Eitelkeiten, alles ist eitel."); 8: gluck: die Glücksgöttin Fortuna; 13: wiesen blum: Die Blume als Sinnbild der Vergänglichkeit findet sich mehrfach in der Bibel: Der Mensch „geht auf wie eine Blume und fällt ab, flieht wie ein Schatten und bleibt nicht" (Hiob 14,2); „und der da reich ist, rühme sich seiner Niedrigkeit, denn wie eine Blume des Grases wird er vergehen" (Jakobusbrief 1,10).

Angelus Silesius (d. i. Johann Scheffler) (1624 – 1677)
Cherubinischer Wandersmann

                Ohne warumb.
    Die Ros' ist ohn warumb / sie blůhet weil sie blůhet /
    Sie achtt nicht jhrer selbst / fragt nicht ob man sie sihet.
              Erheb dich über dich.
5 Der Mensch der seinen Geist nicht über sich erhebt /
    Der ist nicht wehrt dass er im Menschenstande lebt.
              Im Mittelpunct sicht man alles.
    Wer jhm den Mittelpunct zum wohnhauß hat erkiest /
    Der siht mit einem Blik was in dem Umbschweif ist.
10   Zufall und Wesen.
    Mensch werde wesentlich: denn wann die Welt vergeht /
    So fällt der Zufall weg / das wesen das besteht.

                                              (1667)

Johann Christoph Männling (1658 – 1723)
Todten-Bahre

        Mein Wanderer steh still allhier /
        Es liegt der Tugend-glantz und Zier /
        Auf dieser schwartzen Todten-Baare /
        Das Leich-Tuch deckt die muntren Jahre /
5   Jedoch der Nach-Klang / rufft noch aus:
      Hier ist der Ruh ihr sichres Hauß /
        Dahin der Seelige den matten Leib verstecket /
        Biß einsten Sand und Grauß /
    Wird durch den Lebens-Geist des Höchsten stehn erwecket
10 Da wird der Tod /   Gleich Phoenix Bruth /
    Und sein Geboth /   In frischem Muth /
    Wie Eyß zergehn /   Jtzt bleibt der Ruhm /
    Er aber stehn /   Sein Eigen-Thum /

                                              (1704)

5. Barock (1600–1720)

Arbeitshinweise

1. Untersuchen Sie, wie in dem Gedicht von Martin Opitz das Wissen um die Vergänglichkeit alles Irdischen zum Ausdruck kommt und welche Folgerung aus diesem Wissen gezogen wird. Deuten Sie dabei die Geliebte nicht nur als eine Person, sondern auch als Sinnbild für den Lebensstil an den Fürstenhöfen der Barockzeit und damit für alles, was den Glanz des Daseins, der Freude an der Gegenwart ausmacht.

2. Welche Bedeutung haben „eitell" und „Eitelkeit" in dem Gedicht von Andreas Gryphius im Vergleich zu unserem heutigen Sprachgebrauch?

3. Analysieren Sie das Sonett „Es ist alles eitell" in Hinblick auf die Beziehungen zwischen Gedichtform und Gedichtinhalt. Berücksichtigen Sie die Informationen zum Sonett im Einführungstext zu diesem Kapitel.

4. Wie verstehen Sie den Schlussvers in dem Sonett „Es ist alles eitell"? Bedenken Sie, dass das Gedicht im Dreißigjährigen Krieg verfasst worden ist.

5. Vergleichen Sie die Lebensauffassungen in den Gedichten von Martin Opitz und Andreas Gryphius. Die beiden Autoren verkörpern die Grundhaltungen, wie sich der Mensch der barocken höfischen Welt dem Leben stellen kann.

6. Erläutern Sie ein Epigramm aus dem „Cherubinischen Wandersmann" von Angelus Silesius.

7. Verfassen Sie selbst ein Epigramm in der Form eines zweizeiligen Alexandrinergedichts.

8. Beschreiben Sie das Verhältnis von Form und Inhalt in dem Gedicht „Todten-Bahre". Inwiefern ähnelt es einem Emblem? Berücksichtigen Sie die Informationen über die Emblematik im Einführungstext zu diesem Kapitel.

9. Vergleichen Sie Johann Christoph Männlings Figurengedicht mit konkreten Gedichten des 20. Jahrhunderts (siehe Kapitel 21.1 und 22.1). Was hat es mit den modernen Texten gemeinsam, und in welcher Hinsicht unterscheidet es sich von ihnen?

10. **Projektvorschlag:** Besorgen Sie sich den Film „Das siebente Siegel" („Det sjunde inseglet", 1956) des schwedischen Filmregisseurs und Drehbuchautors Ingmar Bergman. Untersuchen Sie, in welcher Weise Lebensgefühl und Geisteshaltung des 15. und 16. Jahrhunderts in diesem Film deutlich werden.

5.2 Hans Jakob Christoffel von Grimmelshausen (um 1622 – 1676)
Der Abentheuerliche Simplicissimus Teutsch

das ist: Die Beschreibung deß Lebens eines seltzamen Vaganten genant Melchior Sternfels von Fuchshaim wo und welcher gestalt Er nemlich in diese Welt kommen und was er darinn gesehen gelernet erfahren und außgestanden auch warumb er solche wieder freywillig quittirt.

Unter dem Pseudonym German Schleifheim von Sulsfort veröffentlicht Hans Jakob Christoffel von Grimmelshausen 20 Jahre nach Kriegsende die Lebensgeschichte eines Bauernjungen, den er Simplicius Simplicissimus nennt, den „Einfältigen", „Allereinfältigsten". Der Autor präsentiert sein Werk als autobiografische Ich-Erzählung seines Helden, dessen Lebenslauf er in den Wirren des Dreißigjährigen Krieges von etwa 1632 bis 1645 ansiedelt; am Ende lässt er Simplicissimus als weltabgekehrten Einsiedler zur Ruhe kommen. In dem folgenden Text aus dem Anfangsteil des Romans wird erzählt, wie plündernde Soldaten, Kürassiere, den väterlichen Bauernhof des damals 10-jährigen Erzählers im Spessart überfallen.

◆

Simplicii Residenz
wird erobert, geplündert und zerstört,
darin die Krieger jämmerlich hausen

Wiewohl ich nicht bin gesinnet gewesen, den friedliebenden Leser mit diesen Reutern in
5 meines Knans[1] Haus und Hof zu führen, weil es schlimm genug darin hergehen wird: So erfordert jedoch die Folge meiner Histori, dass ich der lieben Posterität[2] hinterlasse, was für Grausamkeiten in diesem unserm Teutschen Krieg hin und wieder verübet worden, zumalen mit meinem eigenen Exempel zu bezeugen, dass alle solche Übel von der Güte des Allerhöchsten, zu unserm Nutz, oft notwendig haben verhängt werden müssen: Denn lieber Le-
10 ser, wer hätte mir gesagt, dass ein Gott im Himmel wäre, wenn keine Krieger meines Knans Haus zernichtet, und mich durch solche Fahung[3] unter die Leut gezwungen hätten, von denen ich genugsamen Bericht empfangen? Kurz zuvor konnte ich nichts anderes wissen noch mir einbilden, als dass mein Knan, Meuder, ich und das übrige Hausgesind allein auf Erden sei, weil mir sonst kein Mensch noch einzige andere menschliche Wohnung bekannt war, als
15 diejenige, darin ich täglich aus- und einging: Aber bald hernach erfuhr ich die Herkunft der Menschen in diese Welt, und dass sie wieder daraus müssten: ich war nur mit der Gestalt ein Mensch, und mit dem Namen ein Christenkind, im Übrigen aber nur eine Bestia! Aber der Allerhöchste sah meine Unschuld mit barmherzigen Augen an, und wollte mich beides zu seiner und meiner Erkenntnis bringen: Und wiewohl er tausenderlei Weg hierzu hatte, wollte
20 er sich doch ohn Zweifel nur desjenigen bedienen, in welchem mein Knan und Meuder, andern zum Exempel, wegen ihrer liederlichen Auferziehung gestraft würden.
Das Erste, das diese Reuter taten, war, dass sie ihre Pferd einstelleten, hernach hatte jeglicher seine sonderbare Arbeit zu verrichten, deren jede lauter Untergang und Verderben anzeigte, denn obzwar etliche anfingen zu metzgen, zu sieden und zu braten, dass es sah, als sollte ein
25 lustig Bankett gehalten werden, so waren hingegen andere, die durchstürmten das Haus unten und oben, ja das heimlich Gemach war nicht sicher, gleichsam ob wäre das gülden Fell

von Kolchis⁴ darinnen verborgen: Andere machten von Tuch, Kleidungen und allerlei Hausrat große Päck zusammen, als ob sie irgends ein Krempelmarkt anrichten wollten, was sie aber nicht mitzunehmen gedachten, wurde zerschlagen, etliche durchstachen Heu und Stroh mit ihren Degen, als ob sie nicht Schaf und Schwein genug zu stechen gehabt hätten, etliche schütteten die Federn aus den Betten, und fülleten hingegen Speck, andere dürr Fleisch und sonst Gerät hinein, als ob alsdann besser darauf zu schlafen gewesen wäre; Andere schlugen Ofen und Fenster ein, gleichsam als hätten sie ein ewigen Sommer zu verkündigen. Kupfer und Zinnengeschirr schlugen sie zusammen, und packten die gebogenen und verderbten Stück ein. Bettladen, Tisch, Stühl und Bänk verbrannten sie, da doch viel Klafter dürr Holz im Hof lag, Hafen⁵ und Schüsseln musste endlich alles entzwei, entweder weil sie lieber Gebraten aßen, oder weil sie bedacht waren, nur ein einzige Mahlzeit allda zu halten: unser Magd ward im Stall dermaßen traktiert, dass sie nicht mehr daraus gehen konnte, welches zwar eine Schand ist zu melden! den Knecht legten sie gebunden auf die Erd, stecketen ihm ein Sperrholz ins Maul, und schütteten ihm einen Melkkübel voll garstig Mistlachenwasser in Leib, das nannten sie ein Schwedischen Trunk, wodurch sie ihn zwangen, eine Partei anderwärts⁶ zu führen, allda sie Menschen und Vieh hinwegnahmen, und in unsern Hof brachten, unter welchen mein Knan, mein Meuder und unser Ursele auch waren.

Da fing man erst an, die Stein⁷ von den Pistolen, und hingegen an deren Statt der Bauren Daumen aufzuschrauben, und die armen Schelmen so zu foltern, als wenn man hätt Hexen brennen wollen, maßen sie auch einen von den gefangenen Bauren bereits in Backofen steckten, und mit Feuer hinter ihm her waren, ohnangesehen er noch nichts bekannt hatte; einem andern machten sie ein Seil um den Kopf, und reitelten⁸ es mit einem Bengel⁹ zusammen, dass ihm das Blut zu Mund, Nas und Ohren heraussprang. In Summa, es hatte jeder seine eigene Invention, die Bauren zu peinigen, und also auch jeder Bauer seine sonderbare Marter: Allein mein Knan war meinem damaligen Bedünken nach der Glückseligste, weil er mit lachendem Mund bekannte, was andere mit Schmerzen und jämmerlicher Weheklag sagen mussten, und solche Ehre widerfuhr ihm ohne Zweifel darum, weil er der Hausvater war, denn sie setzten ihn zu einem Feuer, banden ihn, dass er weder Händ noch Füß regen konnte, und rieben seine Fußsohlen mit angefeuchtem Salz, welches ihm unser alte Geiß wieder ablecken, und dadurch also kitzeln musste, dass er vor Lachen hätte zerbersten mögen; das kam so artlich, dass ich Gesellschaft halber, oder weil ichs nicht besser verstand, von Herzen mitlachen musste: In solchem Gelichter bekannte er seine Schuldigkeit, und öffnet' den verborgenen Schatz, welcher von Gold, Perlen und Kleinodien viel reicher war, als man hinter Bauren hätte suchen mögen. Von den gefangenen Weibern, Mägden und Töchtern weiß ich sonderlich nichts zu sagen, weil mich die Krieger nicht zusehen ließen, wie sie mit ihnen umgingen: Das weiß ich noch wohl, dass man teils hin und wider in den Winkeln erbärmlich schreien hörte, schätze wohl, es sei meiner Meuder und unserm Ursele nit besser gangen als den andern. Mitten in diesem Elend wendet' ich Braten, und half nachmittag die Pferd tränken, durch welches Mittel ich zu unserer Magd in Stall kam, welche wunderwerklich zerstrobelt aussah, ich kannte sie nicht, sie aber sprang zu mir mit kränklicher Stimm: „O Bub lauf weg, sonst werden dich die Reuter mitnehmen, guck dass du davonkommst, du siehst wohl, wie es so übel": mehrers konnte sie nicht sagen.

(1669/70)

¹Knan: Vater; ²Posterität: Nachwelt; ³Fahung: Gefangennahme; ⁴das Goldene Vlies, das in der griech. Sage die Argonauten aus Kolchis holen; ⁵Hafen: Behälter, Töpfe; ⁶eine Gruppe anderswohin zu führen; ⁷Steine: [hier] Feuersteine; ⁸reiteln: drehen; ⁹Bengel: Stock

5. Barock (1600 – 1720)

Das Titelkupfer der Erstausgabe des Simplicius Simplicissimus von 1669 stammt vom Autor selbst.

5. Barock (1600–1720)

Arbeitshinweise

1. Analysieren Sie das Titelkupfer (den in das Titelblatt eingedruckten Kupferstich) der Erstausgabe des „Simplicissimus Teutsch".
   - Beschreiben Sie die emblematische Struktur. Machen Sie sich dazu mithilfe der Informationen im Einführungstext zu diesem Kapitel über die Emblematik sachkundig.
   - Deuten Sie das Bild mit der Montagefigur. Beachten Sie dabei, dass man im Barock die Satire von „Satyr" ableitet, einem mischgestaltigen Naturdämon.
   - Schließen Sie aus dem Emblem auf die leitende Idee des Romans. Gehen Sie dabei näher auf das Epigramm ein. Es lautet in einer anderen Fassung:

   Ich wurde durchs Fewer wie Phoenix geborn.
   Ich flog durch die Lüffte! wurd doch nit verlorn.
   Ich wandert durchs Wasser, Ich raißt über Landt,
   5 in solchem Umbschwermen macht ich mir bekandt,
   was mich offt betrüebet und selten ergetzt,
   was war das? Ich habs in diß Buche gesetzt,
   damit sich der Leser gleich wie ich itzt thue,
   entferne der Thorheit und lebe in Rhue.

2. Weisen Sie am Text des Simplicissimus-Romans nach, dass das erzählende Ich zugleich das erlebende Ich ist, der Erzähler also selber als agierende Romanfigur auftritt.

3. An welchen Textstellen erkennen Sie, dass das Geschehen aus der Sicht des Kindes dargestellt wird, das immer wieder versucht, in den Grausamkeiten einen Sinn zu finden? (Achten Sie auf die Vergleiche, z. B. „als wollten sie …", „als ob …", „gleichsam als …")

4. „Indem der Dichter den Narren erzählen lässt, macht er es möglich, über das zu sprechen, was sonst in seinem furchtbaren Ernst kaum sagbar wäre. Das ist die Methode der Satire. Simplizius sieht das Komische, das Sonderbare, das Groteske, aber in seinem unbefangenen Bericht ist die Wirklichkeit enthalten, die der Dichter kennzeichnen möchte."

   (Annemarie und Wolfgang van Rinsum: Dichtung und Deutung. Eine Geschichte der deutschen Literatur in Beispielen, München 11)1990, S. 76)

   Erläutern Sie, welche Funktion die „Narrenperspektive" im Simplicissimus-Roman hat.

5. Deuten Sie die Szene aus dem Anfang des Romans als Sinnbild für das, was den Einzelnen in der Welt erwartet. Nehmen Sie dabei auch Bezug auf Ihre Deutung des Titelkupfers (Aufgabe 1).

6. Vergleichen Sie die Funktion des Narren im Simplicissimus-Roman und in der Literatur des 15. und 16. Jahrhunderts (siehe Kapitel 4).

5.3 Andreas Gryphius (1616 – 1664)
Catharina von Georgien.
Oder Bewehrete Beständigkeit. Trauerspiel (Schluss)

Catharina, Königin von Georgien, starb 1624 als Gefangene des persischen Schahs Abas einen qualvollen Tod. Dieses Ereignis aus der zeitgenössischen Geschichte liegt der (1647 oder 1649/50 entstandenen) Tragödie von Andreas Gryphius zugrunde; das Werk ist jedoch kein Geschichtsdrama, sondern eher – wie der Titel andeutet – ein „Lehrstück" für Beständigkeit aus Liebe zum Ewigen.

Die Bühnenhandlung beschränkt sich auf Catharinas letzten Lebenstag: Die christliche Königin ist von dem islamischen Schah Abas seit acht Jahren gefangen gehalten und soll nun, nach standhaft ertragener Haft, bei lebendigem Leib verbrannt werden; denn sie weigert sich, den Schah, der sie leidenschaftlich liebt, zu ehelichen. Sie wählt lieber den Märtyrertod, als ihrem ermordeten Mann untreu zu werden, ihr Volk und vor allem ihren christlichen Glauben zu verraten. Als Abas seinen Hinrichtungsbefehl bereut und widerruft, ist es zu spät: Catharina ist tot.

Andreas Gryphius, „Catharina von Georgien". Szenenkupfer von Joh. Using, 1655

Chach Abas. Catharina.

Der Schau Platz verändert sich in den Koenigl. Saal.

C h a c h . Ist Catharina Tod vnd Chach ist noch bey Leben!
Vnd wil der Himmel nicht /
5 Gewaffnet mit der Glut von Schwefel-hellem Licht
Feuer nach dem Kopffe geben?
Hat Chach / Princessin! sich / hat Chach sich so vergriffen?
Vnd sein selbst eigen Hertz durch deine Qual zurissen?
Was hilffts dass Thränen vns von disen Wangen flissen
10 Als die gefärbten Ström' auß deinen Wunden liffen!
Princessin räche dich! entzünde diß Gemütte
Mit jmmer-neuer Rew vnd Schmertzen!
Trägt Abas Marmer in dem Hertzen?
O Zarte! kónte nicht deine mit Thränen gesellete Bitte /
15 Die rasend tolle Flamm deß Eyfers zwingen?
Warumb doch können wir nicht durch den Abgrund dringen.
Vnd dich auß dem harten Kercker deß ergrimmten Todes reissen /
Ach wir selbst! wir sinds! Princessin! die den Tod dich kerckern heissen.
Du Wunder der Natur! du Ehre deiner Zeit!
20 Ward dein freundlich Angesichte
In der heissen Glut zu nichte!
Verging im Rauch die schöne Libligkeit?
Princessin / nicht die grimme Glut /
Hat deiner Glider Schnee so vngeheuer auffgezehret;
25 Nur dise Flamme die den Mutt
Mit ewig-heisser Rew beschweret.
Der süssen Liebe Fackel hat nie dises harte Hertz berühret!
Die Rach in jhrem Schein hat vns verführet /
Auch Rache nicht / die Scharen auß der Hellen
30 Geháret mit Schlangen / gerüstet mit Plagen /
Die haben Holtz zu diser Glut getragen /
Vnd vns gesucht ins Grab durch deinen Tod zu fällen!
O Gräuel! O! was trit vns für Gesichte!
Bist du es / vorhin dises Hertzens Lust?
35 Wie schrecklich hängt die abgezwickte Brust!
Tagen deine bluttige Thränen den Himmel auff vns zu Gerichte!
Rauff doch! rauff doch nicht ab
Die versengten Hare
Wir wündtschen vnser Grab /
40 Vnd lauffen nach der Bare /
Schauet wie sie die entblößten Arme zu dem gestrengen Richter streck' /
Höret doch wie sie die schlaffende Rache mit vnablößlichem ruffen erweck'.
Schauet! schaut! der Himmel bricht!
Die Wolckenfeste reist entzwey /
45 Das rechte Recht steht jhrer Sachen bey!

Das Recht ists selbst das vns das endlich Vrtheil spricht.
Princessin Ach! wir sehn sie vor vns stehn!
Nicht mehr mit eigner Röt deß keuschen Bluts gefårbet /
Sie hat ein höher Reich ererbet /
50 Als dises das mit vns muss vntergehn.
Ihr liblich-zornig Antlitz wird verkehrt in eine lichte Sonne /
Ihr Hertz vergist der rauen Schmertzen vnd wundert sich ob neuer Wonne
Sie ist mit schönerm Fleisch vmbgeben /
Der zarten Glider edles Leben
55 Trotzt alle Schönheit die die grosse Welt /
In jhren Schrancken helt.
Sie prangt in Kleidern / darfür Schnee kein Schnee!
Ihr wird ein Thron gesetzt in der besternten Höh.
Sagt ferner nichts von Schütternden Gesteinen /
60 Die Cron / die Vnschuld jhr auff die beperlten Hare setzet /
Geht allem vor was Phrat vnd Tagus schätzet.
Princessin Ach! wer wil dein Glück beweynen?
Als Chach! auff welchen sich dein Grimm erhitzt /
Der vmb vnd vmb mit lichten Flammen blitzt /
65 Princessin Ach! Princessin! Ach wir brennen!
Feuer! Feuer! Feuer! Feuer! Feuer kracht in disem Hertzen!
Wir verlodern / wir verschmeltzen angesteckt durch Schwefel-Kertzen!
Princessin schau! Princessin wir bekennen
Entzeptert! auff dem Kny! vnd mit gewundnen Händen /
70 Dass wir ynrechtmåssig dich betrübet /
Dass wir ein Stück an dir verübet /
Welches aller zeiten Zeit wird grausam nennen.
Princessin heische Rach!
Ach! Ach! Ach!
75 Laufft! bringt die Mörder vmb / die Hand an sie geleget!
Weg Zepter weg! Chach hat hir selber Schuld!
Vnd trägt der Himmel noch mit vns Geduld!
Start dise Faust die West vnd Ost beweget?
Komm komm mein Schwerdt! wir haben Macht vns selbst zu straffen!
80 Was hir! geht Schiras ein! wo knirschen dise Waffen?
Was für gerase der Trompeten?
Wer zückt die Sebel vns zu tödten?
Der Erden Grund brüllt vnd erzittert!
Was ist das hinter vns sich wüttert
85 Wie? oder schreckt vns eitle Fantasy!
Princessin! Ach wir sincken auff die Kny
Wir vor dem sich gantz Osten niderbeuget!
Vergib dem welcher seine Rew mit ewig-bitterm Kummer zeiget!
C a t h . Tyrann! der Himmel ists! der dein Verterben sucht /
90 Gott låst vnschuldig Blut nicht ruffen sonder Frucht.
Dein Lorberkrantz verwelckt! dein sigen hat ein Ende.

Dein hoher Ruhm verschwindt! der Tod streckt schon die Hände
Nach dem verdamten Kopff. Doch eh'r du wirst vergehn;
Must du dein Persen sehn in Kriges Flammen stehn /
95 Dein Hauß durch schwartze Gifft der Zweytracht angestecket /
Biß du durch Kinder-Mord vnd Nächstes Blut beflecket
Feind / Freunden vnd dir selbst vnträglich / wirst das Leben
Nach grauser Seuchen Angst dem Richter vbergeben.
C h a c h . Recht so! Princessin! recht! greif vnsern Sigkrantz an.
100 Bekrige Persens Ruh! reiß was vns schützen kan /
Mit starcker Faust hinweg. Lass nun du schon erblichen
Den wackern Hohmut auß / dem Abas offt gewichen.
Lass auff dem Brand Altar / dem Schauplatz deiner Pein
Zu lindern deinen Grimm vns selbst ein Opffer seyn /
105 Doch ist wol herber Rach' vnd die mehr kan betrüben
Als dass Wir / Feindin / dich auch Tod stets müssen liben.
ENDE.

(1655)

Arbeitshinweise

1. Analysieren Sie Chachs Monolog in Bezug auf die seelische Situation des Sprechers und deren sprachliche Gestaltung.

2. Warum lässt der Autor Catharina am Ende noch einmal erscheinen? Versuchen Sie dazu festzustellen, ob es sich bei der Erscheinung Catharinas um eine Vision Chachs oder um „Wirklichkeit" handelt.

3. „Anstatt Reinigung (Katharsis) durch Furcht und Mitleid wird ‚consolatio', Trost, vermittelt. Der nachhaltigste Trostgrund, meinen wir, liegt im Catharina-Drama in der Verschmelzung menschlicher und göttlicher Dramaturgie. Darin, dass göttliches Heilshandeln an der Welt für menschliches Handeln insgesamt relevant wird (in der ‚imitatio passionis') [Nachahmung des Leidens Jesu
5 Christi, R. M.], ergibt sich der unbestreitbar überzeugendste konsolatorische Effekt. Der Märtyrer will und kann ja nichts anderes vorführen als ausschließlich die Möglichkeit einer Anpassung menschlichen Tuns an das Handeln Christi."

(Alois M. Haas, Nachwort. In: Andreas Gryphius: Catharina von Georgien. Trauerspiel, hg. v. Alois M. Haas, Stuttgart 1981, S. 155)

Erläutern Sie diese Aussagen eines Literaturwissenschaftlers zur Intention des Dramas.

4. Vergleichen Sie die Intention des Trauerspiels „Catharina von Georgien" (Demonstration der „Beständigkeit" aus Liebe zum Ewigen, Überwindung der Sinnlosigkeit des Lebens aus Glaubenskraft, Trost) und des Sonetts „Es ist alles eitell" in Kapitel 5.1.

Wichtige Autoren und Werke:

Angelus Silesius (d. i. Johann Scheffler, 1624–1677)
Vertreter der schlesischen Gegenreformation
Werke: *Cherubinischer Wandersmann*, Sinnsprüche in der Form epigrammatischer Alexandriner, und *Sinnliche Beschreibung Der Vier Letzten Dinge*.

5. Barock (1600–1720)

Hans Jakob Christoffel von Grimmelshausen (um 1622–1676)
    Autor des ersten deutschen Prosaromans
    Werk: *Der Abentheuerliche Simplicissimus Teutsch*, Abenteuer- oder Schelmenroman; eine Besonderheit ist der Realismus der Kriegsdarstellung.

Andreas Gryphius (1616–1664)
    Der bedeutendste Lyriker und Dramatiker des Barock
    Werke: Sonette, z. B. *Es ist alles eitell*, und Dramen, z. B. das Trauerspiel *Catharina von Georgien* und das Lustspiel *Peter Squentz*.

Martin Opitz (1597–1639)
    „Gesetzgeber" frühbarocker Literatur, dessen Formvorschriften bis zum Ende des 18. Jh.s wirkten.
    Werke: *Buch von der Deutschen Poeterey. In welchem alle jhre eigenschafft und zuegehör gründtlich erzehlet, und mit exempeln außgeführet wird*, das erste Regelwerk für die deutschsprachige Literatur, außerdem Gedichte, z. B. *Ach Liebste lass vns eilen*, sowie der Prosatext *Schäferei von der Nymphen Hercynie*.

Grundlegende Literatur:

Volker Meid: *Barocklyrik*. Stuttgart ²2008

Marian Szyrocki: *Die deutsche Literatur des Barock*. Eine Einführung. Stuttgart 1997

6 Aufklärung (1720–1785) und Empfindsamkeit (1740–1780)

Im 18. Jahrhundert herrscht eine Geistesbewegung vor, in der die **Vernunft** das Verhältnis des Menschen zu Gott, zur Welt und zum Mitmenschen bestimmt. Diese von Westeuropa ausgehende Bewegung bezeichnet man als **„Aufklärung"**; ihr Symbol ist die aufgehende Sonne.
Mit dieser Lichtmetapher verbindet man nicht nur die Vorstellung von Vernunft und Verstand, Denken und Sinneserkenntnis, sondern auch von Vorurteilslosigkeit und Freiheit.
„Enlightenment" oder „Age of Reason" wird die Bewegung in England genannt, und in Frankreich steht „Lumières" für Einsicht, Wissen und Klarheit des Geistes.

D. Chodowiecki, „Aufklärung". Dieser Stich erscheint unter dem Titel „Sechs grosse Begebenheiten des vorletzten Decenniums 1791" im Göttinger Taschenkalender für das Jahr 1792.

6. Aufklärung (1720–1785) und Empfindsamkeit (1740–1780)

Auf dem Höhepunkt dieser Epoche gibt der Philosoph Immanuel Kant (1724–1804) in der „Berlinischen Monatsschrift" vom Dezember 1783 auf die Frage „Was ist Aufklärung?" die später berühmt gewordene Antwort:

„*Aufklärung ist der Ausgang des Menschen aus seiner selbstverschuldeten Unmündigkeit. Unmündigkeit ist das Unvermögen, sich seines Verstandes ohne Leitung eines anderen zu bedienen. Selbstverschuldet ist diese Unmündigkeit, wenn die Ursache derselben nicht am Mangel des Verstandes, sondern der Entschließung und des Mutes liegt, sich seiner ohne Leitung eines anderen zu bedienen. Sapere aude! Habe Mut, dich deines eigenen Verstandes zu bedienen! ist also der Wahlspruch der Aufklärung.*"

Dabei denkt Kant durchaus nicht nur an den Bereich der Philosophie, sondern an alle Bereiche des Lebens; er ruft z. B. auch dazu auf, sich aus der Vormundschaft der Herrschenden zu befreien, die ihren Untertanen das Denken abnehmen oder gar verbieten wollen. Denn der inneren Struktur nach hat sich in der deutschen Staatenwelt seit dem Westfälischen Frieden (1648) wenig geändert: Die meisten Menschen sind immer noch weitgehend abhängig von den Landesherren, den Höfen und Residenzen der 355 reichsunmittelbaren Herrschaften (siehe Kapitel 5).

Die tragende Schicht der deutschen Aufklärungsbewegung ist das **Bürgertum**, vor allem das akademisch gebildete. Darunter sind viele Pastorensöhne, die als Hofmeister (Hauslehrer) und als Professoren eine bürgerliche Existenz gründen oder – was im 18. Jahrhundert ohne wohlhabende Gönner besonders schwierig ist – als „freie" Schriftsteller zu leben versuchen wie Gotthold Ephraim Lessing (1729–1781). Sie verbindet die Vorstellung, dass es eine angeborene **Humanität** gebe, die allen Menschen gemeinsam sei und sich im Verständnis für die Mitmenschen und in Toleranz äußert, ein optimistischer Glaube an die Wirksamkeit der Belehrung und des Lernens und an den Fortschritt der Menschheit.

Die Literatur der Aufklärung ist stark gedanklich orientiert, lehrhaft (didaktisch) und kritisch. Das gilt für die Lyrik ebenso wie für die Epik mit ihren damals beliebten Kleinformen, z. B. dem **Aphorismus** (das heißt eigentlich „Gedankensplitter"), der erst jetzt als Literaturform bekannt gemacht wird, und der **Fabel**, die in dieser Epoche ihre Hochblüte erlebt.

Als wichtigste literarische Form der Aufklärung wird das **bürgerliche Drama** angesehen, in dem allgemein menschliche Themen und Verhaltensweisen die Handlung bestimmen und auch der Adel sich an die allgemein gültigen Normen zu halten hat. Das sogenannte Bürgerliche Trauerspiel durchbricht sogar die bis dahin geltende Tragödienregel, wonach nur Angehörige eines hohen Standes als Handlungsträger in Frage kommen.

Gegen die rationale Einseitigkeit der frühen Aufklärung wendet sich eine mehr **gefühlsbetonte Dichtung**, die so deutlich hervortritt, dass man sie einer besonderen Epoche zuordnen kann: der **Empfindsamkeit** (1740–1780). „Empfindsam" (die Übersetzung des englischen „sentimental") wird in der zweiten Hälfte des 18. Jahrhunderts zum Modewort. Das wichtigste Organ der Empfindsamen ist das Herz; es steht für Seele, Gemüt, Stimmung, Sensibilität.

Die empfindsame Literatur ist eng mit dem **Pietismus** (von lat. „pietas": Frömmigkeit) verbunden, einer um 1700 entstehenden Strömung innerhalb des deutschen Protestantismus, die auf Erneuerung und Intensivierung des religiösen Lebens gerichtet ist. Der Pietismus bringt ganz persönliche Gefühle in die Literatur ein, in deren Mittelpunkt das religiöse Erleben und das Erlebnis der Natur stehen.

In der Empfindsamkeit werden solche Themen aufgegriffen und vor allem durch **lyrisches Sprechen** gestaltet, aber auch durch die erzählende Ich-Form im Roman, z. B. im **Briefroman**.

6. Aufklärung (1720–1785) und Empfindsamkeit (1740–1780)

Neben der Aufklärung und der Empfindsamkeit gibt es im 18. Jahrhundert die Bewegung des **Sturm und Drang** (siehe Kapitel 7), die in mancher Hinsicht ähnliche Kennzeichen aufweist. Die genaue Abgrenzung der einzelnen Epochen ist ebenso problematisch wie die Zuordnung einzelner Werke, da „Empfindsamkeit" wie „Sturm und Drang" in die umfassende Geistesbewegung der Aufklärung eingelagert sind.

Manche Literaturgeschichten heben in diesem Epochenumbruch zusätzlich das **Rokoko** – in der darstellenden Kunst die Stilphase zwischen Barock und Klassik – als eigene Stilrichtung hervor. Das literarische Rokoko enthält zwar ebenfalls Züge der Aufklärung und der Empfindsamkeit, setzt aber als obers-tes Prinzip „Grazie" (Anmut, Liebreiz) als das moralisch Schöne und erschafft eine spielerisch-heitere, sinnenfrohe, „galante" Poesie.

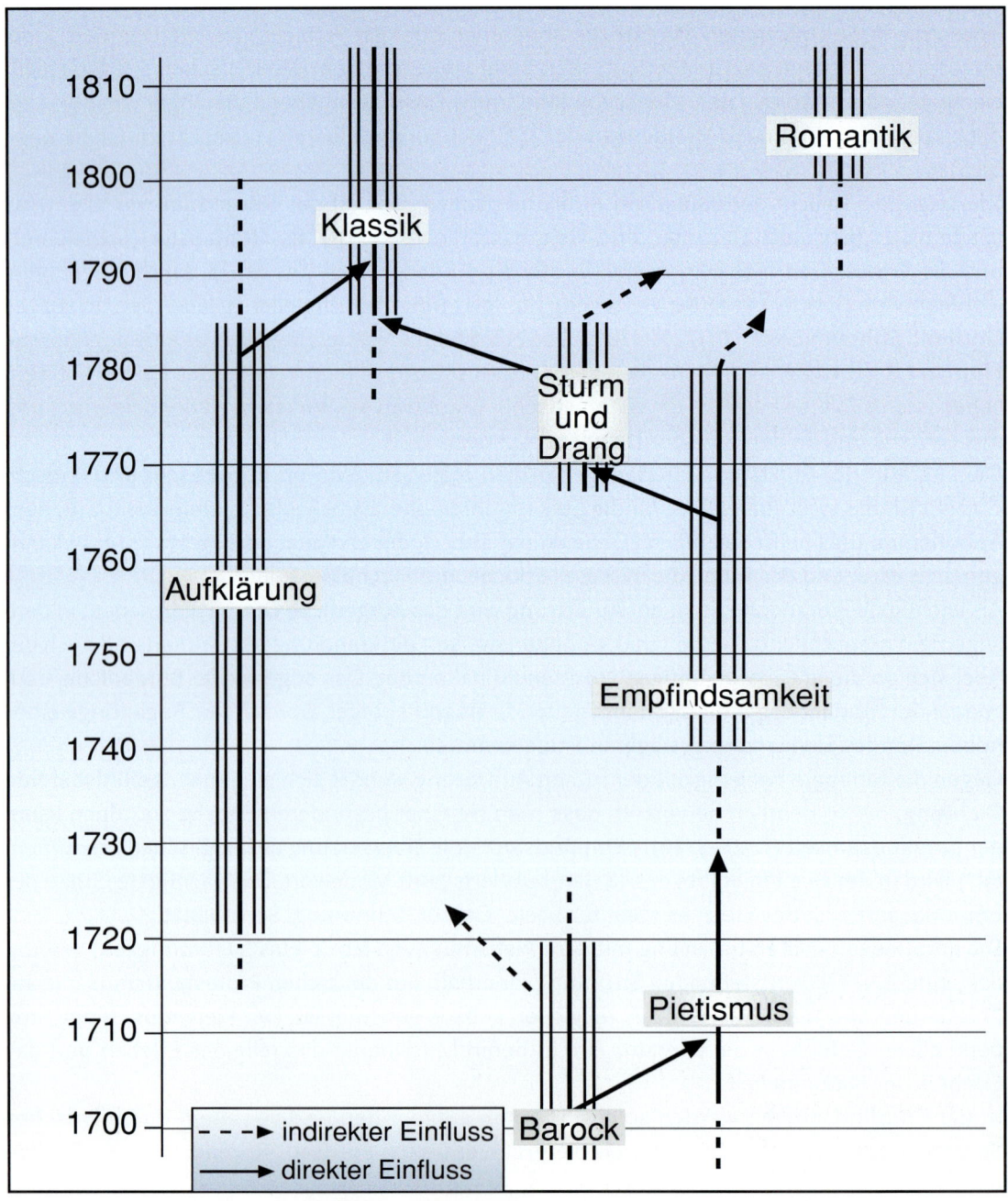

6.1 Barthold Hinrich Brockes (1680 – 1747)
Kirschblüte bei Nacht

Ich sahe mit betrachtendem Gemüte
Jüngst einen Kirschbaum, welcher blühte,
In kühler Nacht beim Mondenschein;
Ich glaubt, es könne nichts von größrer Weiße sein.
5 Es schien, ob[1] wär ein Schnee gefallen.
Ein jeder, auch der kleinste Ast
Trug gleichsam eine rechte Last
Von zierlich-weißen runden Ballen.
Es ist kein Schwan so weiß, da nämlich jedes Blatt,
10 Indem daselbst des Mondes sanftes Licht
Selbst durch die zarten Blätter bricht,
Sogar den Schatten weiß und sonder Schwärze hat.
Unmöglich, dacht ich, kann auf Erden
Was Weißers angetroffen werden.
15 Indem ich nun bald hin, bald her
Im Schatten dieses Baumes gehe,
Sah ich von ungefähr
Durch alle Blumen in die Höhe
Und ward noch einen weißern Schein,
20 Der tausendmal so weiß, der tausendmal so klar,
Fast halb darob erstaunt, gewahr.
Der Blüte Schnee schien schwarz zu sein
Bei diesem weißen Glanz. Es fiel mir ins Gesicht
Von einem hellen Stern ein weißes Licht,
25 Das mir recht in die Seele strahlte.

Wie sehr ich mich am Irdischen ergetze,
Dacht ich, hat Er dennoch weit größere Schätze.
Die größte Schönheit dieser Erden
Kann mit der himmlischen doch nicht verglichen werden.

(1727)

[1] als

Friedrich Gottlieb Klopstock (1724 – 1803)
Die Sommernacht

Wenn der Schimmer von dem Monde nun herab
In die Wälder sich ergießt, und Gerüche
Mit den Düften von der Linde
In den Kühlungen wehn:

5 So umschatten mich Gedanken an das Grab
Der Geliebten, und ich seh in dem Walde
Nur es dämmern, und es weht mir
Von der Blüte nicht her.

Ich genoss einst, o ihr Toten, es mit euch!
10 Wie umwehten uns der Duft und die Kühlung,
Wie verschönt warst von dem Monde
Du, o schöne Natur! (1766/71)

Arbeitshinweise

1. Kennzeichnen Sie den Aufbau des Gedichts von Barthold Hinrich Brockes. Zu welchen Gedanken gelangt der Sprecher aufgrund seiner Betrachtung der Kirschblüte bei Nacht?

2. Vergleichen Sie das Verhältnis des Sprechers zur Natur in Barthold Hinrich Brockes' „Kirschblüte bei Nacht" und Friedrich Gottlieb Klopstocks Ode „Die Sommernacht".

3. Welches Gedicht ordnen Sie eher der Aufklärung zu, welches der Empfindsamkeit? Begründen Sie Ihre Zuordnung. Berücksichtigen Sie dabei die Informationen im Einführungstext zu diesem Kapitel.

Gründung des Göttinger Hainbundes 1772, Holzstich.
Friedrich Gottlieb Klopstock ist das literarische Vorbild dieses Freundeskreises von empfindsamen jungen (rund 20 Jahre alten) Dichtern, meist Studenten.

6.2 Christian Fürchtegott Gellert (1715 – 1769)
Leben der schwedischen Gräfin von G...

In diesem 1747/48 anonym veröffentlichten ersten bürgerlichen Familienroman der deutschen Literatur lässt der Autor eine Witwe als Erzählerin Rückschau auf ihr Leben halten. Sie erzählt, wie sie als Fünfzehnjährige ihren Mann, einen schwedischen Grafen, kennenlernte, und zitiert den Brief, den er ihr vor ihrer Heirat schrieb:

Mein Fräulein.

Ich liebe Sie. Erschrecken Sie nicht über dieses Bekenntnis, oder wenn Sie ja über die Dreistigkeit, mit der ich's Ihnen tue, erschrecken müssen, so bedenken Sie, ob dieser Fehler nicht eine Wirkung meiner Aufrichtigkeit sein kann. Lassen Sie mich ausreden, liebstes Fräulein.
5 Doch was soll ich sagen? Ich liebe Sie: dies ist es alles. Und ich habe Sie von dem ersten Augenblicke an geliebet, da ich Sie vor einem Jahre gesehen und gesprochen habe. Ich gestehe Ihnen aufrichtig, dass ich mich bemüht habe, Sie zu vergessen, weil es die Umstände in meinem Vaterlande verlangten, aber alle meine Mühe ist vergebens gewesen und hat zu nichts gedienet, als mich von der Gewissheit meiner Liebe und von Ihren Verdiensten voll-
10 kommen zu überzeugen. Ist es möglich, werden Sie durch meine Zärtlichkeit beleidiget? Nein, warum sollte Ihnen die Liebe eines Menschen zuwider sein, dessen Freundschaft Sie sich haben gefallen lassen. Aber werden Sie es auch gelassen anhören, wenn ich Ihnen mein Herz noch deutlicher entdecke? Darf ich wohl fragen, ob Sie mir Ihre Liebe schenken, ob Sie mir als meine Gemahlin nach Schweden folgen wollen? Sie sind zu großmütig, als dass Sie
15 eine Frage unbeantwortet lassen sollten, von deren Entscheidung meine ganze Zufriedenheit abhängt. Ach, liebste Freundin, warum kann ich nicht den Augenblick erfahren, ob ich Ihrer Gewogenheit würdig bin, ob ich hoffen darf? Überlegen Sie, was Sie, ohne den geringsten Zwang sich anzutun, einem Liebhaber antworten können, der in der Zärtlichkeit und Hochachtung gegen Sie seine größten Verdienste sucht. Ich will Ihr Herz nicht übereilen. Ich
20 lasse Ihnen zu Ihrem Entschlusse so viel Zeit, als Sie verlangen. Doch sage ich Ihnen zugleich, dass mir jeder Augenblick zu lang werden wird, bis ich mein Schicksal erfahre. Wie inständig müsste ich Sie nicht um Ihre Liebe bitten, wenn ich bloß meiner Empfindung und meinen Wünschen folgen wollte! Aber nein, es liegt mir gar zu viel an Ihrer Liebe, als dass ich sie einem andern Bewegungsgrunde als Ihrer freien Einwilligung zu danken haben
25 wollte. So entsetzlich mir eine unglückliche Nachricht sein wird, so wenig wird sie doch meine Hochachtung und Liebe gegen Sie verringern. Sollte ich deswegen ein liebenswürdiges Fräulein hassen können, weil sie nicht Ursachen genug findet, mir ihr Herz auf ewig zu schenken? Nein, ich werde nichts tun als fortfahren, Sie, meine Freundin, hochzuschätzen, und mich über mich selbst beklagen. Wie sauer wird es mir, diesen Brief zu schließen! wie
30 gern sagte ich Ihnen noch hundertmal, dass ich Sie liebe, dass ich Sie unaufhörlich liebe, dass ich in Gedanken auf Ihre geringste Miene bei meinem Bekenntnisse Achtung gebe, aus Begierde, etwas Vorteilhaftes für mich darin zu finden. Leben Sie wohl. Ach, liebstes Fräulein, wenn wollen Sie mir antworten?

(1747/48)

Gotthold Ephraim Lessing (1729 – 1781)
Der Wolf und das Schaf

Der Durst trieb ein Schaf an den Fluss; eine gleiche Ursache führte auf der andern Seite einen Wolf herzu. Durch die Trennung des Wassers gesichert und durch die Sicherheit höhnisch gemacht, rief das Schaf dem Räuber hinüber: „Ich mache dir doch das Wasser nicht trübe, Herr Wolf? Sieh mich recht an; habe ich dir nicht etwa vor sechs Wochen nachgeschimpft? Wenigstens wird es mein Vater gewesen sein." Der Wolf verstand die Spötterei; er betrachtete die Breite des Flusses und knirschte mit den Zähnen. „Es ist dein Glück", antwortete er, „dass wir Wölfe gewohnt sind, mit euch Schafen Geduld zu haben"; und ging mit stolzen Schritten weiter.

(1759)

Georg Christoph Lichtenberg (1742 – 1799)
Aphorismen aus den „Sudelbüchern"

Georg Christoph Lichtenberg wird nach seinem Studium der Mathematik und der Naturwissenschaften in Göttingen Professor der Experimentalphysik (1770) und der Naturwissenschaften (1775). Von 1765 an schreibt er elf Tagebücher, die er „Sudelbücher" nennt; sie werden erst nach seinem Tod veröffentlicht.

- Es tun mir viele Sachen weh, die anderen nur Leid tun.
- Gott schuf den Menschen nach seinem Bilde, das heißt vermutlich, der Mensch schuf Gott nach dem seinigen.
- Wenn die Menschen plötzlich alle tugendhaft würden, so müssten viele Tausende verhungern.
- Es ist fast unmöglich, die Fackel der Wahrheit durch ein Gedränge zu tragen, ohne jemandem den Bart zu sengen.
- Die gefährlichsten Unwahrheiten sind Wahrheiten mäßig entstellt.

(1765 – 1799)

6. Aufklärung (1720 – 1785) und Empfindsamkeit (1740 – 1780)

Arbeitshinweise

1. Lesen Sie den Brief aus Christian Fürchtegott Gellerts Roman „Leben der schwedischen Gräfin von G...".
   - Was ist der Inhalt des Briefes, was die Absicht des (fiktiven) Absenders?
   - Welche Rückschlüsse können Sie aus Inhalt und Sprachstil auf den (fiktiven) Verfasser des Briefes ziehen?
   - Woran erkennen Sie, dass der Verfasser als ein „empfindsamer" Mann im Sinne der Epoche gelten kann? Beziehen Sie die Informationen des Einführungstextes in Ihre Überlegungen ein.

2. Die Gräfin in Christian Fürchtegott Gellerts Roman beschreibt die Wirkung des Briefes folgendermaßen: „Nunmehr aber fing mein Herz auf einmal an zu empfinden." Würden Sie sich als Empfängerin von einem solchen Brief heute angesprochen fühlen? Begründen Sie Ihre Meinung.

3. Verändern Sie Inhalt und Sprachstil des Briefes aus dem Roman „Leben der schwedischen Gräfin von G..." so, dass Sie ihn für heutige Verhältnisse als angemessen betrachten.

4. Untersuchen Sie Gotthold Ephraim Lessings Fabel „Der Wolf und das Schaf" in Hinblick auf die Intentionalität des Textes:
   - Von welcher Situation geht die Handlung aus?
   - Wie kennzeichnet der Erzähler die beiden Gesprächspartner? Achten Sie auf ihre Haltung und Redeweise.
   - Meint der Wolf wirklich, was er am Schluss sagt? Stellen Sie dazu eine Vermutung an, wie lange seine „Geduld" wohl reichen wird.
   - Welche typischen menschlichen Verhaltensweisen werden durch die Rollenträger Wolf und Schaf veranschaulicht?

5. „Wenn wir einen allgemeinen moralischen Satz auf einen besonderen Fall zurückführen, diesem besondern Falle die Wirklichkeit erteilen und eine Geschichte daraus dichten, in welcher man den allgemeinen Satz anschauend erkennt: so heißt diese Erdichtung eine Fabel."
   (Gotthold Ephraim Lessing)
   - Erläutern Sie Lessings Fabeldefinition.
   - Mit welchem Recht wird die Fabel im Sinne Lessings der didaktischen (lehrhaften) Literatur zugeordnet?
   - Beziehen Sie Lessings Definition auf seine Fabel „Der Wolf und das Schaf": Welcher „allgemeine moralische Satz" könnte ihr zugrunde liegen?
   - Warum ist die Fabel eine für die Aufklärung typische Literaturgattung? Lesen Sie dazu den Einführungstext zu diesem Kapitel.

6. Vergleichen Sie Gotthold Ephraim Lessings Fabel „Der Wolf und das Schaf" mit Martin Luthers „Vom wolff und lemlin" (in Kapitel 4.2). Beziehen Sie auch die Fabeltheorien der beiden Autoren in Ihre Überlegungen ein.
   - Stellen Sie die wichtigsten Gemeinsamkeiten und Unterschiede fest.
   - In Lessings Fabel ist der Schwache dem Starken nicht mehr ohne Weiteres ausgeliefert. Erklären Sie diese Veränderung vor dem Hintergrund der Aufklärung.

7. Erläutern Sie die Besonderheiten der epischen Kleinform „Aphorismus" an einem Beispiel von Georg Christoph Lichtenberg.

8. Analysieren und erörtern Sie einen selbst gewählten Aphorismus von Georg Christoph Lichtenberg.
   - Beschreiben Sie die sprachliche Form und erklären Sie den Inhalt zentraler Wörter.

- Prüfen Sie, welchen Sinn Sie dem Text entnehmen, indem Sie ihn in eine mögliche Kommunikationssituation stellen.
- Diskutieren Sie, inwieweit die Aussage des Aphorismus Ihrer Erfahrung und Meinung nach zutrifft – für menschliche Beziehungen in der Familie, unter Freundinnen und Freunden, in der Schule, in der Gesellschaft.

9. „Aufgrund der pietistischen Ausgangsposition und der Hinwendung zu innerseelischen Vorgängen" sind die Aphorismen von Georg Christoph Lichtenberg „der Empfindsamkeit zuzurechnen."

(H. A. und E. Frenzel, Daten deutscher Dichtung. Chronologischer Abriss der deutschen Literaturgeschichte. Band 1. Von den Anfängen bis zum Jungen Deutschland, München 1962, S. 200)

Schließen Sie sich dieser Zuordnung der von Ihnen bearbeiteten Aphorismen von Georg Christoph Lichtenberg an? Beziehen Sie auch den Einführungstext zu diesem Kapitel in Ihre Überlegungen ein.

Formulieren Sie eine eigene Erfahrung oder Meinung in Form eines Aphorismus.

Illustration von Rolf Hannes zum Thema Aphorismus

6.3 Gotthold Ephraim Lessing (1729 – 1781)
Nathan der Weise. Dramatisches Gedicht in fünf Aufzügen (III, 6,7)

Gotthold Ephraim Lessings Versdrama „Nathan der Weise" spielt zur Zeit der Kreuzzüge in Jerusalem, der Stadt der Weltreligionen Judentum, Christentum und Islam.
Nathan, ein reicher jüdischer Kaufmann, wird zu dem islamischen Herrscher Jerusalems, Saladin, bestellt. Dieser ist in finanziellen Schwierigkeiten, verlangt jedoch kein Geld von Nathan, sondern fordert ihn auf, ihm zu sagen und zu begründen, welcher Glaube ihm „am meisten einleuchtet". Die Antwort kann gefährlich sein. Nathan erhält Bedenkzeit.

Gotthold Ephraim Lessing

DRITTER AUFZUG

Sechster Auftritt

Nathan allein

    Hm! hm! – wunderlich! – Wie ist
Mir denn? – Was will der Sultan? was? – Ich bin
Auf Geld gefasst; und er will – Wahrheit. Wahrheit!
Und will sie so, – so bar, so blank, – als ob
⁵ Die Wahrheit Münze wäre! – ja, wenn noch
Uralte Münze, die gewogen ward! –
Das ginge noch! Allein so neue Münze,
Die nur der Stempel macht, die man aufs Brett
Nur zählen darf, das ist sie doch nun nicht!
¹⁰ Wie Geld in Sack, so striche man in Kopf
Auch Wahrheit ein? Wer ist denn hier der Jude?
Ich oder er? – Doch wie? Sollt er auch wohl
Die Wahrheit nicht in Wahrheit fordern? – Zwar,
Zwar der Verdacht, dass er die Wahrheit nur
¹⁵ Als Falle brauche, wär auch gar zu klein! –
Zu klein? – Was ist für einen Großen denn
Zu klein? – Gewiss, gewiss: er stürzte mit
Der Türe so ins Haus! Man pocht doch, hört
Doch erst, wenn man als Freund sich naht. – Ich muss
²⁰ Behutsam gehn! – Und wie? wie das? – So ganz
Stockjude sein zu wollen, geht schon nicht. –
Und ganz und gar nicht Jude, geht noch minder.
Denn, wenn kein Jude, dürft er mich nur fragen,
Warum kein Muselmann? – Das wars! Das kann
²⁵ Mich retten! – Nicht die Kinder bloß, speist man
Mit Märchen ab. – Er kömmt. Er komme nur!

Siebenter Auftritt

Saladin und Nathan

SALADIN: (So ist das Feld hier rein!) – Ich komm dir doch
30 Nicht zu geschwind zurück? Du bist zu Rande
Mit deiner Überlegung. – Nun so rede!
Es hört uns keine Seele.
NATHAN: Möcht auch doch
Die ganze Welt uns hören.
35 SALADIN: So gewiss
Ist Nathan seiner Sache? Ha! das nenn
Ich einen Weisen! Nie die Wahrheit zu
Verhehlen! für sie alles auf das Spiel
Zu setzen! Leib und Leben! Gut und Blut!
40 NATHAN: Ja! ja! wenns nötig ist und nutzt.
SALADIN: Von nun
An darf ich hoffen, einen meiner Titel,
Verbesserer der Welt und des Gesetzes,
Mit Recht zu führen.
45 NATHAN: Traun, ein schöner Titel!
Doch, Sultan, eh ich mich dir ganz vertraue,
Erlaubst du wohl, dir ein Geschichtchen zu
Erzählen?
SALADIN: Warum das nicht? Ich bin stets
50 Ein Freund gewesen von Geschichtchen, gut
Erzählt.
NATHAN: Ja, gut erzählen, das ist nun
Wohl eben meine Sache nicht.
SALADIN: Schon wieder
55 So stolz bescheiden? – Mach! erzähl, erzähle!
NATHAN: Vor grauen Jahren lebt ein Mann in Osten,
Der einen Ring von unschätzbarem Wert
Aus lieber Hand besaß. Der Stein war ein
Opal, der hundert schöne Farben spielte,
60 Und hatte die geheime Kraft, vor Gott
Und Menschen angenehm zu machen, wer
In dieser Zuversicht ihn trug. Was Wunder,
Dass ihn der Mann in Osten darum nie
Vom Finger ließ; und die Verfügung traf,
65 Auf ewig ihn bei seinem Hause zu
Erhalten? Nämlich so. Er ließ den Ring
Von seinen Söhnen dem geliebtesten;
Und setzte fest, dass dieser wiederum
Den Ring von seinen Söhnen dem vermache,
70 der ihm der liebste sei; und stets der liebste,
Ohn Ansehn der Geburt, in Kraft allein

Des Rings, das Haupt, der Fürst des Hauses werde. –
Versteh mich, Sultan.
SALADIN: Ich versteh dich. Weiter!
75 NATHAN: So kam nun dieser Ring, von Sohn zu Sohn,
Auf einen Vater endlich von drei Söhnen;
Die alle drei ihm gleich gehorsam waren,
Die alle drei er folglich gleich zu lieben
Sich nicht entbrechen konnte. Nur von Zeit
80 Zu Zeit schien ihm bald der, bald dieser, bald
Der dritte, – sowie jeder sich mit ihm
Allein befand, und sein ergießend Herz
Die andern zwei nicht teilten, – würdiger
Des Ringes; den er denn auch einem jeden
85 Die fromme Schwachheit hatte, zu versprechen.
Das ging nun so, solang es ging. – Allein
Es kam zum Sterben, und der gute Vater
Kömmt in Verlegenheit. Es schmerzt ihn, zwei
Von seinen Söhnen, die sich auf sein Wort
90 Verlassen, so zu kränken. – Was zu tun? –
Er sendet in geheim zu einem Künstler,
Bei dem er, nach dem Muster seines Ringes,
Zwei andere bestellt, und weder Kosten
Noch Mühe sparen heißt, sie jenem gleich,
95 Vollkommen gleich zu machen. Das gelingt
Dem Künstler. Da er ihm die Ringe bringt,
Kann selbst der Vater seinen Musterring
Nicht unterscheiden. Froh und freudig ruft
Er seine Söhne, jeden insbesondre;
100 Gibt jedem insbesondre seinen Segen, –
Und seinen Ring, – und stirbt. – Du hörst doch, Sultan?

August Wilhelm Iffland als Nathan (1811)

SALADIN, *der sich betroffen von ihm gewandt:*
Ich hör', ich höre! – Komm mit deinem Märchen
Nur bald zu Ende. – Wirds?
105 NATHAN: Ich bin zu Ende.
Denn was noch folgt, versteht sich ja von selbst. –
Kaum war der Vater tot, so kömmt ein jeder
Mit seinem Ring, und jeder will der Fürst
Des Hauses sein. Man untersucht, man zankt,
110 Man klagt. Umsonst: der rechte Ring war nicht
Erweislich; –
   nach einer Pause, in welcher er des Sultans Antwort erwartet
            Fast so unerweislich, als
Uns itzt – der rechte Glaube.
115 SALADIN: Wie? das soll
Die Antwort sein auf meine Frage? ...
NATHAN: Soll

>   Mich bloß entschuldigen, wenn ich die Ringe
>   Mir nicht getrau zu unterscheiden, die
> 120 Der Vater in der Absicht machen ließ,
>   Damit sie nicht zu unterscheiden wären.
>   Saladin: Die Ringe! – Spiele nicht mit mir! – Ich dächte,
>   Dass die Religionen, die ich dir
>   Genannt, doch wohl zu unterscheiden wären.
> 125 Bis auf die Kleidung, bis auf Speis und Trank!
>   Nathan: Und nur von seiten ihrer Gründe nicht. –
>   Denn gründen alle sich nicht auf Geschichte?
>   Geschrieben oder überliefert! – Und
>   Geschichte muss doch wohl allein auf Treu
> 130 Und Glauben angenommen werden? – Nicht? –
>   Nun wessen Treu und Glauben zieht man denn
>   Am wenigsten in Zweifel? Doch der Seinen?
>   Doch deren Blut wir sind? doch deren, die
>   Von Kindheit an uns Proben ihrer Liebe
> 135 Gegeben? die uns nie getäuscht, als wo
>   Getäuscht zu werden uns heilsamer war? –
>   Wie kann ich meinen Vätern weniger
>   Als du den deinen glauben? Oder umgekehrt.
>   Kann ich von dir verlangen, dass du deine
> 140 Vorfahren Lügen strafst, um meinen nicht
>   Zu widersprechen? Oder umgekehrt.
>   Das Nämliche gilt von den Christen. Nicht? –
>   Saladin: (Bei dem Lebendigen! Der Mann hat Recht.
>   Ich muss verstummen.)
> 145 Nathan: Lass auf unsre Ring
>   Uns wieder kommen. Wie gesagt: die Söhne
>   Verklagten sich; und jeder schwur dem Richter,
>   Unmittelbar aus seines Vaters Hand
>   Den Ring zu haben. – Wie auch wahr! – Nachdem
> 150 Er von ihm lange das Versprechen schon
>   Gehabt, des Ringes Vorrecht einmal zu
>   Genießen. – Wie nicht minder wahr! – Der Vater,
>   Beteurte jeder, könne gegen ihn
>   Nicht falsch gewesen sein; und eh er dieses
> 155 Von ihm, von einem solchen lieben Vater,
>   Argwohnen lass: eh müss er seine Brüder,
>   So gern er sonst von ihnen nur das Beste
>   Bereit zu glauben sei, des falschen Spiels
>   Bezeihen; und er wolle die Verräter
> 160 Schon auszufinden wissen; sich schon rächen.
>   Saladin: Und nun, der Richter? – Mich verlangt zu hören,
>   Was du den Richter sagen lässest. Sprich!
>   Nathan: Der Richter sprach: Wenn ihr mir nun den Vater

Nicht bald zur Stelle schafft, so weis ich euch
von meinem Stuhle. Denkt ihr, dass ich Rätsel
Zu lösen da bin? Oder harret ihr,
Bis dass der rechte Ring den Mund eröffne? –
Doch halt! Ich höre ja, der rechte Ring
Besitzt die Wunderkraft beliebt zu machen;
Vor Gott und Menschen angenehm. Das muss
Entscheiden! Denn die falschen Ringe werden
Doch das nicht können! – Nun; wen lieben zwei
Von Euch am meisten? – Macht, sagt an! Ihr schweigt?
Die Ringe wirken nur zurück? und nicht
Nach außen? Jeder liebt sich selber nur
Am meisten? – O, so seid ihr alle drei
Betrogene Betrüger! Eure Ringe
Sind alle drei nicht echt. Der echte Ring
Vermutlich ging verloren. Den Verlust
Zu bergen, zu ersetzen, ließ der Vater
Die drei für einen machen.

SALADIN: Herrlich! herrlich!

NATHAN: Und also, fuhr der Richter fort, wenn ihr
Nicht meinen Rat, statt meines Spruches, wollt:
Geht nur! – Mein Rat ist aber der: ihr nehmt
Die Sache völlig wie sie liegt. Hat von
Euch jeder seinen Ring von seinem Vater:
So glaube jeder sich seinen Ring
Den echten. – Möglich; dass der Vater nun
Die Tyrannei des einen Rings nicht länger
In seinem Hause dulden wollen! – Und gewiss;
Dass er euch alle drei geliebt und gleich
Geliebt: indem er zwei nicht drücken mögen,
Um einen zu begünstigen. – Wohlan!
Es eifre jeder seiner unbestochnen
Von Vorurteilen freien Liebe nach!
Es strebe von euch jeder um die Wette,
Die Kraft des Steins in seinem Ring an Tag
Zu legen! komme dieser Kraft mit Sanftmut,
Mit herzlicher Verträglichkeit, mit Wohltun,
Mit innigster Ergebenheit in Gott
Zu Hilf! Und wenn sich dann der Steine Kräfte
Bei euern Kindes-Kindeskindern äußern:
So lad ich über tausend tausend Jahre
Sie wiederum vor diesen Stuhl. Da wird
Ein weisrer Mann auf diesem Stuhle sitzen
Als ich; und sprechen. Geht! – So sagte der
Bescheidne Richter.

SALADIN: Gott! Gott!

Ernst Deutsch als Nathan.
Schiller-Theater Berlin (1955)

NATHAN: Saladin,
    Wenn du dich fühlest, dieser weisere
    Versprochene Mann zu sein ...
SALADIN, *der auf ihn zustürzt und seine Hand ergreift,
    die er bis zu Ende nicht wieder fahren lässt:*
                        Ich Staub? Ich Nichts?
    O Gott!
NATHAN: Was ist dir, Sultan?
SALADIN: Nathan, lieber Nathan! –
    Die tausend tausend Jahre deines Richters
    Sind noch nicht um. – Sein Richterstuhl ist nicht
    Der meine. – Geh! – Geh! – Aber sei mein Freund. [...]

(1779)

Nathan der Weise. Inszenierung von Johannes Schaaf (DVD Arthaus Musik)

Arbeitshinweise

1. Welchem Zweck dient der Monolog (das Selbstgespräch) Nathans im sechsten Auftritt?

2. Zu welcher Erkenntnis will Nathan den Sultan (im siebten Auftritt) führen, und wie versucht er, sein Ziel zu erreichen?

3. Deuten Sie die sogenannte Ringparabel. Beachten Sie dabei die Besonderheiten dieser Literaturgattung.

    Parabel [von griechisch parabolḗ „Gleichnis", eigentlich „das Nebeneinanderwerfen"]: ein zu einer selbstständigen Erzählung erweiterter Vergleich, der durch Analogieschluss auf den gemeinten Sachverhalt (von der Bildebene auf die Gedankenebene) zu übertragen ist. Der Begriff wird oft synonym mit Gleichnis verwendet. Doch im Gegensatz zum Gleichnis enthält die Parabel keine direkte Verknüpfung (verdeutlicht durch so – wie) mit dem zu erläuternden Sachverhalt. Auch wird im Gleichnis meist ein allgemein gültiger Regelfall gestaltet (Erzählzeit: Präsens), in der Parabel jedoch meist ein prägnanter Einzelfall (Erzählzeit: Präteritum). Wesentlich ist die lehrhafte Tendenz der Parabel.
    (Schülerduden: Die Literatur. Hg. von der Redaktion Duden, Mannheim, Wien, Zürich 1980, S. 310)

4. Fassen Sie das Ergebnis des Dialogs zwischen Saladin und Nathan mit eignen Worten zusammen.

5. Die alltagsferne Verssprache, der sogenannte Blankvers („blank" = reimlos), ein reimloser jambischer Vers mit fünf Hebungen, soll die Dramenhandlung als etwas Festlich-Besonderes erscheinen lassen. Prüfen Sie an einem selbst gewählten Dialogbeispiel nach, wie diese Versform verwendet wird.

6. Der Handlungsverlauf vollzieht sich in der sogenannten geschlossenen Dramenform in Szenen (oder Auftritten) und in Akten (oder Aufzügen):

    Beschreiben Sie mithilfe des Schaubildes auf S. 107, wie die Ringparabel-Szene (3. Aufzug, 7. Auftritt) in den Gesamtaufbau des Dramas „Nathan der Weise" eingefügt ist, und erklären Sie, welche Bedeutung ihr damit zukommt.

6. Aufklärung (1720–1785) und Empfindsamkeit (1740–1780)

7. Stellen Sie fest, wie Gotthold Ephraim Lessing die drei großen Religionen wertet. Inwiefern entspricht er damit den Vorstellungen und Zielen der Aufklärung? Beziehen Sie den Einführungstext in Ihre Überlegungen ein.

8. Beziehen Sie das von Gotthold Ephraim Lessing angesprochene Problem auf ein Problem der Gegenwart. Gibt es für Sie Grenzen der Toleranz?

9. Gotthold Ephraim Lessing hat die Ringparabel in Giovanni Boccaccios Novellensammlung „Il Decamerone" kennengelernt (entstanden 1348–1353, deutsch 1472/73; 1843 unter dem Titel „Das Dekameron"):

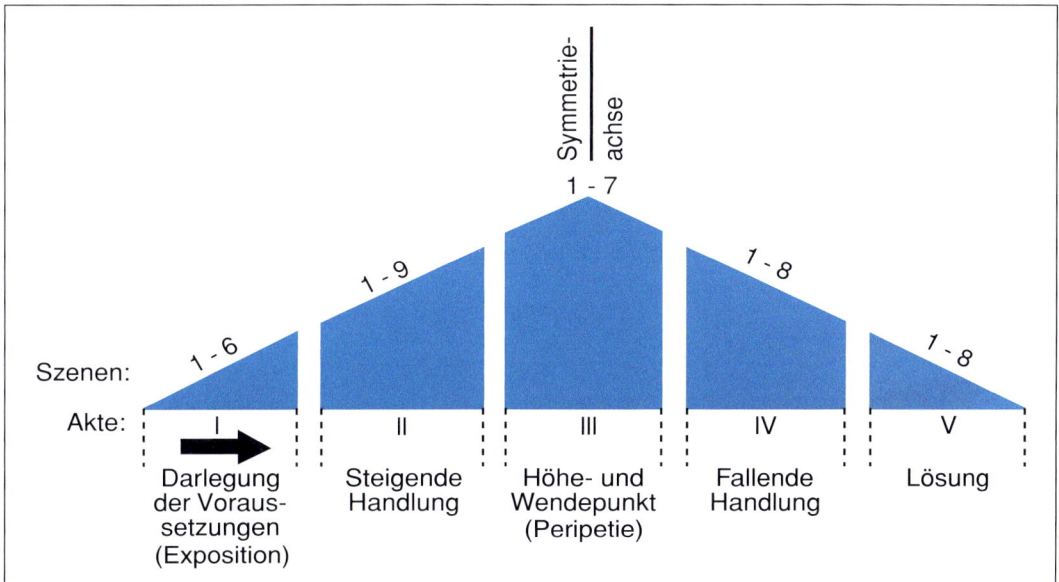

Melchisedech wendet mit einer Erzählung von drei Ringen eine große von Saladin ihm zugedachte Gefahr ab.

Ihr werdet alle wissen, dass Torheit uns oft vom höchsten Glück ins größte Elend stürzt, Verstand hingegen den Klugen aus den größten Gefahren reißt und in die vollkommenste und zufriedenste Sicherheit versetzt. Die Wahrheit des erstern sehn wir in vielen Beispielen. Saladin hatte sich durch seine vorzügliche Tapferkeit von einem geringen Manne bis zum Sultan von Babylon emporge-
5 schwungen und manchen Sieg über sarazenische und christliche Könige erfochten. Aber seine vielen Kriege und große Pracht hatten auch seinen ganzen Schatz erschöpft, und als ein plötzlicher Zufall eine ansehnliche Summe Geldes erforderte, wusste er nicht, wo er so geschwind es hernehmen sollte.
Endlich besann er sich auf einen reichen Juden, namens Melchisedech, der in Alexandrien Geld auf
10 Zinsen lieh. Dieser, glaubte er, könnte ihm aushelfen, wenn er nur wollte; aber er war so geizig, dass er es gutwillig nie würde getan haben, und Gewalt wollte er nicht brauchen. In der Not sann er auf ein Mittel, wie ihm der Jude dienen müsste, und entschloss sich, endlich zwar Gewalt anzuwenden, sie aber doch mit einigem Schein zu bemänteln.
Er ließ ihn rufen, empfing ihn sehr freundlich und befahl, sich neben ihm niederzulassen. „Braver
15 Mann", sprach er, „ich habe dich von vielen Leuten für weise und erfahren in göttlichen Dingen rühmen hören. Ich wünschte von dir zu wissen, welche von den drei Religionen du für die wahre hältst, die jüdische, die sarazenische oder die christliche."
Der Jude, welcher wirklich ein gescheiter Mann war, merkte wohl, dass Saladin die Absicht hatte, seine Worte zu benutzen, um ihm einen verdrießlichen Handel auf den Hals zu ziehen. Er glaubte
20 also, wenn er sein Spiel nicht gleich verloren geben wolle, keine von diesen drei Religionen mehr

Aus der italienischen Ausgabe von 1492

loben zu dürfen als die andere, und bekümmert um eine unverfängliche Antwort, besann er sich endlich auf folgende Ausflucht:

„Mein Beherrscher", erwiderte er, „die Frage, die ihr mir vorlegt, ist schön. Um mein Urteil darüber zu fällen, muss ich folgende Geschichte erzählen. Ich besinne mich, sofern ich nicht irre, gehört zu
25 haben, dass ehedem ein großer und reicher Mann unter andern raren Edelsteinen in seinem Schatz auch einen vorzüglich schönen und kostbaren Ring besessen hat. Er schätzte ihn seines Werts und seiner Schönheit wegen so sehr, dass er wünschte, er möge beständig in seiner Familie bleiben, und befahl daher, dass dasjenige von seinen Kindern, bei dem sich dieser Ring fände und dem er ihn hinterließe, für seinen Erben angesehn und von den Übrigen als der Vornehmste geachtet und ge-
30 schätzt werden solle. Sein Erbe beobachtete bei seinen Nachkommen ebendiese von seinem Vorfahren festgesetzte Ordnung, und so ging der Ring von einer Hand in die andre.

Endlich kam er an einen Vater von drei Söhnen, die gleich schön, tugendhaft und ihrem Vater äußerst gehorsam waren. Er liebte sie folglich alle drei gleich stark. Die Söhne kannten die Bedeutung des Ringes, und jeder war begierig, der Erbe zu sein. Jeder bat also den alten Vater, ihm beim Ster-
35 ben den Ring zu hinterlassen. Der ehrliche Mann, der gleiche Liebe für sie hatte, war wirklich im Zweifel, welchen er zum Besitzer des Ringes machen sollte. Er hatte ihn allen versprochen und war also darauf bedacht, wie er allen dreien sein Versprechen halten wollte. Er ließ daher bei einem guten Künstler insgeheim noch zwei andre Ringe fertigen. Diese waren dem ersten so ähnlich, dass er selbst kaum den rechten unterscheiden konnte, und als er zum Sterben kam, gab er jedem seiner
40 Söhne heimlich einen davon.

Nach dem Tode des Vaters verlangte jeder die Erbschaft nebst der Ehre. Da einer dem andern dieselbe verweigerte, brachte jeder seinen Ring hervor zum Beweis, dass er ein Recht darauf habe. Man

fand die Ringe einander so ähnlich, dass der rechte nicht zu unterscheiden war. Die Frage, welcher von ihnen der rechtmäßige Erbe des Vaters sei, blieb daher unentschieden und soll auch heute noch
45 unausgemacht sein.

Dies ist, mein Beherrscher, meine Meinung von den drei Religionen, welche Gott der Vater den drei Nationen gegeben hat und worüber ihr die Frage aufwarft. Jede hält ihre Gesetze für wahr und glaubt, ihre Gebote unmittelbar von ihm zu haben. Die Frage, wer Recht hat, ist ebenso unentschieden wie die von den drei Ringen."

50 Als Saladin sah, dass der Jude sich sehr gut aus der ihm gelegten Schlinge zu ziehen wusste, entschloss er sich, ihm sein Anliegen vorzutragen, ob er ihm helfen wolle. Er verhehlte ihm auch die Absicht nicht, die er gehabt, wenn er nicht so bescheiden geantwortet hätte. Der Jude ließ sich willig finden, die verlangte Summe vorzustrecken. Saladin zahlte sie ihm nachher völlig zurück und verehrte ihm überdies noch ansehnliche Geschenke.

(Giovanni Boccaccio, Das Decameron, hg. v. Johannes von Guenther, W. Goldmann Verlag, München 1957, S. 29)

Vergleichen Sie Lessings Fassung mit Giovanni Boccaccios Parabel in Bezug auf
- den Wert des Ringes,
- die Bedingung für die Versetzung des Ringes,
- die Beilegung des Streites um den Besitz des echten Ringes.

Worauf kam es Lessing anscheinend an?

Wichtige Autorinnen, Autoren und Werke:

Barthold Hinrich Brockes (1680–1747)
Hymnischer Dichter der Schönheit der Schöpfung im Großen und Kleinen,
Herausgeber der Moralischen Wochenschrift *Der Patriot*.
Werk: *Irdisches Vergnügen in Gott*, eine Gedichtsammlung mit eigenen Gedichten und Übersetzungen.

Matthias Claudius (1740–1815)
Herausgeber des *Wandsbecker Boten*, der ersten deutschen Volkszeitung mit politischen, wissenschaftlichen und literarischen Beiträgen, die von Claudius selbst unter dem Pseudonym Asmus verfasst sind.
Werke: *Asmus omnia sua secum portans oder Sämmtliche Werke des Wandsbecker Bothen*, darin das berühmte *Abendlied*.

Christian Fürchtegott Gellert (1715–1769)
Der volkstümlichste Dichter der Aufklärung
Werke: Fabeln und Erzählungen mit volkserzieherischer Tendenz; Roman: *Leben der schwedischen Gräfin von G...*, – der erste bürgerliche Familienroman der deutschen Literatur (anonym herausgegeben).

Friedrich Gottlieb Klopstock (1724–1803)
Hauptvertreter pietistischer Literatur, Schöpfer des Odenstils
Werke: Oden, z. B. *Die Sommernacht*, und *Der Messias. Ein Heldengedicht*, ein biblisches Epos in Hexametern, das erste Epos seit dem Mittelalter.

Sophie von La Roche (1731–1807)
Die erste deutsche Unterhaltungsschriftstellerin
Werk: *Geschichte des Fräuleins von Sternheim* (Briefroman).

6. Aufklärung (1720–1785) und Empfindsamkeit (1740–1780)

Gotthold Ephraim Lessing (1729–1781)
Der überragende Schriftsteller der aufklärerischen Dichtung, als deren Höhepunkt und Überwindung sein Werk gilt.
Werke: *Minna von Barnhelm oder Das Soldatenglück*, ein Lustspiel, in dem es um den Konflikt zwischen Liebe und Ehre geht, *Emilia Galotti*, ein bürgerliches Trauerspiel, dessen Thema die Auseinandersetzung zwischen bürgerlicher Ehre und absolutistischer Willkür ist, *Nathan der Weise*, ein dramatisches Gedicht im Blankvers, der in der Folgezeit das Dramenmetrum bestimmt. Außerdem Gedichte, Fabeln, Erzählungen und theoretische Schriften.

Georg Christoph Lichtenberg (1742–1799)
Professor der Naturwissenschaften, vor allem durch seine ironisch-satirischen Aphorismen bekannt.
Werk: *Bemerkungen vermischten Inhalts* (als *Aphorismen* 1902).

Christoph Martin Wieland (1733–1813)
Der repräsentativste Dichter „zwischen" Barock und Aufklärung, Herausgeber der deutschen Literaturzeitschrift *Der Teutsche Merkur* (1773–1810)
Werke: *Geschichte des Agathon*, Roman, *Oberon*, Versepos.

Grundlegende Literatur:

Peter-André Alt: *Aufklärung.* Lehrbuch Germanistik. Stuttgart/Weimar ²2001

Gerhard Kaiser: *Aufklärung, Empfindsamkeit, Sturm und Drang.* Tübingen ⁶2007

Rainer Ehrt: Schule der Aufklärung

7 Sturm und Drang (1767 – 1785)

In der Mitte des 18. Jahrhunderts vollzieht sich in Deutschland ein Umbruch: Ein Teil der Jugend wehrt sich gegen eine Lebensform, die nur von Zweckmäßigkeit bestimmt ist, und stellt der Verstandeskultur der Aufklärung (siehe Kapitel 6) das Recht des Gefühls, des Triebs und der Spontaneität gegenüber; dabei lässt sie sich von Pietismus und Empfindsamkeit (siehe Kapitel 6) anregen. In dieser Jugendbewegung werden zwar Vernunft und klares Denken nicht als unwichtig angesehen, man will aber gegen deren einseitige Vorherrschaft vorgehen und betont deshalb das Schöpferische, Fantasie- und Gefühlvolle, das man mit dem **Geniebegriff** verbindet: Das Genie ist der Inbegriff der schöpferischen Kraft, die Vollendung des naturhaften Individuums. Diese jungen Menschen fordern Freiheit für den produktiven Geist und dessen Recht auf Produktivität. Obwohl sie keine konkreten politischen Ziele verfolgen, ist ihr **Freiheitsbegriff** durchaus politisch geprägt: Er richtet sich nämlich auch gegen soziale Unterdrückung, die Willkür des absolutistischen Herrschers und bürgerlich-christliche Moralvorstellungen und enthält die Forderungen nach freier Entwicklung der eigenen Anlagen, nach Menschenrecht und sozialer Gerechtigkeit.

Gleichzeitig bildet sich ein neues **Verständnis für die Natur**: So wie der Mensch aus seiner Natur heraus frei leben soll, um seine Individualität zu entwickeln, misst man der Natur selbst einen Wert bei – auch ohne menschliche Einwirkung und Gestaltung. Es kommt nun für den Menschen darauf an, die Natur nicht mehr nach seinen Vorstellungen zu bearbeiten und zurechtzustutzen, sondern eine angemessene Einstellung zu ihr, ein unmittelbares Empfinden für die Natur zu gewinnen. Die Vertreter der Geniezeit oder des **Sturm und Drang**, wie die Epoche nach einem zeitgenössischen Schauspiel von Friedrich Maximilian Klinger genannt wird, drücken ihre neue Haltung auch in einer veränderten **Sprache** aus. Begriffe, die das Gefühl kennzeichnen, stehen im Mittelpunkt. Häufig verwendet man Verben, um Gedankengänge lebendig zu gestalten; und diese Gedankengänge müssen nicht immer logisch sein und in der überkommenen grammatischen Form ausgedrückt werden, sie sollen vielmehr die innere Aufgewühltheit widerspiegeln. In der epischen Dichtung, vor allem aber in der Lyrik

Titelkupfer zu Friedrich Maximilian Klingers Sturm-und-Drang-Drama „Die Zwillinge" (1777)

7. Sturm und Drang (1767 – 1785)

werden vorzugsweise **persönliche Erlebnisse** verarbeitet, so dass die Dichtung autobiografische Züge annimmt. Neben der Lyrik schätzt die junge Generation das Drama als ihrer Gefühlshaltung gemäß. In dem englischen Dichter William Shakespeare (1564–1616) findet man die Kultfigur, deren Naturgewalt alle einengenden Kunstregeln sprengt.

Goethe im Wertherkostüm. Zeitgenössische Darstellung

7.1 Johann Wolfgang Goethe (1749 – 1832)
Es schlug mein Herz. Geschwind, zu Pferde!

Es schlug mein Herz. Geschwind, zu Pferde!
Und fort, wild wie ein Held zur Schlacht.
Der Abend wiegte schon die Erde,
Und an den Bergen hing die Nacht.
5 Schon stund im Nebelkleid die Eiche
Wie ein getürmter Riese da,
Wo Finsternis aus dem Gesträuche
Mit hundert schwarzen Augen sah.

Der Mond von einem Wolkenhügel
10 Sah schläfrig aus dem Duft[1] hervor,
Die Winde schwangen leise Flügel,
Umsausten schauerlich mein Ohr.
Die Nacht schuf tausend Ungeheuer,
Doch tausendfacher war mein Mut,
15 Mein Geist war ein verzehrend Feuer,
Mein ganzes Herz zerfloss in Glut.

Ich sah dich, und die milde Freude
Floss aus dem süßen Blick auf mich.
Ganz war mein Herz an deiner Seite,
20 Und jeder Atemzug für dich.

Ein rosenfarbes Frühlingswetter
Lag auf dem lieblichen Gesicht
Und Zärtlichkeit für mich, ihr Götter,
Ich hofft' es, ich verdient' es nicht.

25 Der Abschied, wie bedrängt, wie trübe!
Aus deinen Blicken sprach dein Herz.
In deinen Küssen welche Liebe,
O welche Wonne, welcher Schmerz!
Du gingst, ich stund und sah zur Erden
30 Und sah dir nach mit nassem Blick.
Und doch, welch Glück, geliebt zu werden,
Und lieben, Götter, welch ein Glück!

(e 1771)

[1] leichter, dünner Nebel

Gottfried August Bürger (1747 – 1794)
Der Bauer
An seinen Durchlauchtigen[1] Tyrannen

Wer bist du, Fürst, dass ohne Scheu
Zerrollen mich dein Wagenrad,
Zerschlagen darf dein Ross?

Wer bist du, Fürst, dass in mein Fleisch
5 Dein Freund, dein Jagdhund, ungebläut
Darf Klau und Rachen haun?

Wer bist du, dass durch Saat und Forst
Das Hurra deiner Jagd mich treibt,
Entatmet wie das Wild? –

10 Die Saat, so deine Jagd zertritt,
Was Ross und Hund und du verschlingst,
Das Brot, du Fürst, ist mein.

Du Fürst hast nicht bei Egg und Pflug,
Hast nicht den Erntetag durchschwitzt.
15 Mein, mein ist Fleiß und Brot! –

Ha! du wärst Obrigkeit von Gott?
Gott spendet Segen aus; du raubst!
Du nicht von Gott, Tyrann!

(1778)

[1] Das damals übliche fürstliche Attribut „durchlauchtig" (eigentlich: „durchstrahlend", „durchleuchtend") bedeutet „mit außergewöhnlichen Eigenschaften ausgestattet".

Arbeitshinweise

1. "Es schlug mein Herz. Geschwind, zu Pferde!" ist die erste Fassung eines Gedichts, das Johann Wolfgang Goethe später überarbeitete und 1789 mit dem Titel „Willkommen und Abschied" versah. Was für einen Titel würden Sie wählen? Begründen Sie Ihre Entscheidung.

2. Untersuchen Sie das Gedicht „Es schlug mein Herz" in Bezug auf
   - die innere Befindlichkeit und das Handeln des lyrischen Ichs,
   - die Bedeutung der Natur,
   - die Darstellung der Geliebten und
   - das Verständnis von Liebe; achten Sie dazu vor allem auf die Verbindung von Aktiv und Passiv in den letzten beiden Zeilen.

3. Goethe hat wie wenige vermocht, den Versen den Rhythmus seines inneren Erlebens mitzuteilen. Äußerlich betrachtet ist „Willkommen und Abschied" durchweg im vierfüßigen
5 jambischen Versmaß geschrieben. Dabei kreuzen sich die Reime und *weibliche* [...] und *männliche Reime* [...] wechseln in gleichmäßiger Folge ab. Doch in dieser starren Ordnung kann man es unmöglich lesen. Jede Zei-
10 le hat ihr eigenes Zeitmaß, das sich dem Leser unwillkürlich mitteilt; man kann sie nicht beliebig schnell oder langsam lesen. Zugleich gleitet die Betonung entsprechend dem Empfindungsgehalt hin und her. In den ersten bei-
15 den Zeilen etwa drückt sich das Drängen des Aufbruchs darin aus, dass die sinntragenden Wörter am Ende der Halbzeilen stehen; die folgende Zeile wiegt sich in einem gleichmäßigen Auf und Ab; die sechste Zeile türmt ei-
20 ne Hebung auf die andere, bis sie in dem Wort Riese gipfelt. Dieser Betonungswandel geht so weit, dass in der dritten Strophe das erste Wort, weil es einen hohen Gefühlswert besitzt, den stärksten Akzent bekommt, obwohl
25 es nach dem Versmaß in einer Senkung steht.

Friederike Brion. Lithografie nach einer Zeichnung von Georg Engelbach (undat.)

So ist im Auf- und Abschwellen, im Hin und Her des Rhythmus eine eigenwillige Melodie entstanden, die sich keinem starren Schema unterordnet, sondern aus dem impulsiven Schwung erwächst; denn die seelische Bewegung lässt sich nicht durch verstandesmäßige Formen einengen.
Auch die Sprache ist durch die Gefühlsregungen bestimmt. Sie kehrt zu ihrer natürlichen Form
30 zurück: zum gesprochenen Wort, das aus dem übervollen Herzen quillt und deswegen nicht künstlich fein gedrechselt ist. Ausrufe und abgebrochene Sätze sind ein Kennzeichen dafür.

(Annemarie und Wolfgang van Rinsum: Dichtung und Deutung. Eine Geschichte der deutschen Literatur in Beispielen, bsv, München 1990, S. 100)

Überprüfen Sie diese Aussagen an Goethes Gedicht und lesen Sie es entsprechend vor.

4. In seinem Spätwerk „Dichtung und Wahrheit" (1811/14) schreibt Goethe rückblickend über sein Gedicht:

7. Sturm und Drang (1767–1785)

„Ich glaubte eine Stimme vom Himmel zu hören, und eilte was ich konnte, ein Pferd zu bestellen und mich sauber herauszuputzen. [...] So stark ich auch ritt, überfiel mich doch die Nacht. Der Weg war nicht zu verfehlen, und der Mond beleuchtete mein leidenschaftliches Unternehmen. Die Nacht war windig und schauerlich, ich sprengte zu, um nicht bis morgen früh auf ihren Anblick warten zu müssen."

Bei dem Mädchen handelt es sich um die Pfarrerstochter Friederike Brion (1752–1813) aus Sesenheim im Elsass.

Inwiefern ist Goethes Gedicht ein Beispiel für Erlebnisdichtung? Geben Sie dazu die wesentlichen Erlebnisinhalte mit eigenen Worten wieder.

Goethe, Pfarrhaus von Sesenheim (Rötelzeichnung), 1770/71

5. Schildern Sie die in Goethes Gedicht dargestellte Begegnung und den Abschied der Liebenden möglichst distanzlos aus der Sicht des Mädchens.
6. Beschreiben Sie Goethes Gedicht als typischen Text des Sturm und Drang. Beziehen Sie den Einführungstext zu diesem Kapitel in Ihre Überlegungen ein.
7. Untersuchen Sie in Gottfried August Bürgers Rollengedicht die Beziehungen zwischen den Fragen und den übrigen Teilen des Textes.
8. Stellen Sie fest, welche Mittel inhaltlicher, formaler und rhetorischer Art Bürger einsetzt, um das Publikum für die Intention seines Gedichts zu gewinnen.
9. Welche Bedeutung messen Sie der Tatsache bei, dass Bürger einen Bauern zum Sprecher seiner eigenen Sache macht?
   Bedenken Sie, dass zur Zeit des Sturm und Drang, in der sich Deutschland zu einem großen Teil aus absolutistisch regierten Kleinstaaten zusammensetzte, fast jeder in einem unmittelbaren Verhältnis zu seinem Herrscher stand.

7.2 Johann Wolfgang Goethe (1749 – 1832)
Die Leiden des jungen Werthers

Mit seinem Briefroman „Die Leiden des jungen Werthers", der auch persönliche Erlebnisse verarbeitet, wird Goethe zum meistgelesenen Autor seiner Zeit. Der Roman stellt das Schicksal eines jungen Mannes aus dem gebildeten Bürgertum dar, der durch Selbstmord endet. Er hatte sich in Lotte, die Braut seines Freundes Albert, verliebt und vermochte sein Gefühlsleben nicht in die von der Gesellschaft geforderten Grenzen einzuengen.

Am 22. Mai.

Dass das Leben des Menschen nur ein Traum sei, ist manchem schon so vorgekommen, und auch mit mir zieht dieses Gefühl immer herum. Wenn ich die Einschränkung ansehe, in welcher die tätigen und forschenden Kräfte des Menschen eingesperrt sind; wenn ich sehe,
5 wie alle Wirksamkeit dahinaus läuft, sich die Befriedigung von Bedürfnissen zu verschaffen, die wieder keinen Zweck haben, als unsere arme Existenz zu verlängern, und dann, dass alle Beruhigung über gewisse Punkte des Nachforschens nur eine träumende Resignation ist, da man sich die Wände, zwischen denen man gefangen sitzt, mit bunten Gestalten und lichten Aussichten bemalt – Das alles, Wilhelm, macht mich stumm. Ich kehre in mich selbst zu-
10 rück, und finde eine Welt! Wieder mehr in Ahnung und dunkler Begier als in Darstellung und lebendiger Kraft. Und da schwimmt alles vor meinen Sinnen, und ich lächle dann so träumend weiter in die Welt.

Dass die Kinder nicht wissen, warum sie wollen, darin sind alle hochgelehrten Schul- und Hofmeister einig, dass aber auch Erwachsene gleich Kindern auf diesem Erdboden herum-
15 taumeln und wie jene nicht wissen, woher sie kommen und wohin sie gehen, ebenso wenig nach wahren Zwecken handeln, ebenso durch Biskuit und Kuchen und Birkenreiser regiert werden: das will niemand gern glauben, und mich dünkt, man kann es mit Händen greifen. Ich gestehe dir gern, denn ich weiß, was du mir hierauf sagen möchtest, dass diejenigen die Glücklichsten sind, die gleich den Kindern in den Tag hinein leben, ihre Puppen herum-
20 schleppen, aus- und anziehen und mit großem Respekt um die Schublade umherschleichen, wo Mama das Zuckerbrot hineingeschlossen hat, und, wenn sie das Gewünschte endlich erhaschen, es mit vollen Backen verzehren und rufen: „Mehr!" – Das sind glückliche Geschöpfe. Auch denen ist's wohl, die ihren Lumpenbeschäftigungen oder wohl gar ihren Leidenschaften prächtige Titel geben und sie dem Menschengeschlechte als Riesenoperationen zu des-
25 sen Heil und Wohlfahrt anschreiben. – Wohl dem, der so sein kann! Wer aber in seiner Demut erkennt, wo das alles hinausläuft, wer da sieht, wie artig jeder Bürger, dem es wohl ist, sein Gärtchen zum Paradiese zuzustutzen weiß, und wie unverdrossen auch der Unglückliche unter der Bürde seinen Weg fortkeucht, und alle gleich interessiert sind, das Licht dieser Sonne noch eine Minute länger zu sehn, ja, der ist still und bildet auch seine Welt aus sich
30 selbst und ist auch glücklich, weil er ein Mensch ist. Und dann, so eingeschränkt er ist, hält er doch immer im Herzen das süße Gefühl der Freiheit, und dass er diesen Kerker verlassen kann, wann er will.

(1774)

Arbeitshinweise

1. Johann Wolfgang Goethes „Werther"-Roman besteht im Wesentlichen aus Briefen, die Werther an seinen Freund Wilhelm schreibt:

   Goethe ⇒ | Werther → Brief → Wilhelm | ⇔ realer Leser
   (realer Autor) | (fiktiver Autor) (Medium) (fiktiver Adressat) |

   - Woran erkennen Sie, dass der abgedruckte Text ein Brief ist? Stellen Sie dazu fest, wie Werther auf seinen Adressaten Bezug nimmt.
   - Welche Leserrolle wird dem (realen) Leser durch die Briefform nahegelegt?

2. Beschreiben Sie den Eindruck von der Person des Werther, den dieser Romanauszug vermittelt. Gehen Sie dabei vor allem auf seine Lebensauffassung ein.

3. Stellen Sie sprachliche Auffälligkeiten des Textes heraus. Untersuchen Sie dazu den zweiten Satz („Wenn ich die Einschränkung ansehe …"), ein typisches Beispiel der „Wertherperiode", genauer. Was ist dem Verfasser hier anscheinend wichtiger – der unmittelbare Gefühlsausdruck oder die grammatisch-logische Form?

4. Am Ende des Briefes macht Werther eine erste Andeutung der Möglichkeit, mit dem Freitod alle einengenden Grenzen des menschlichen Daseins zu überschreiten. Setzen Sie sich kritisch mit dem Problem des Selbstmords auseinander. Oder verfassen Sie Wilhelms Antwortbrief an Werther.

5. Welche der im Einführungstext zu diesem Kapitel genannten Merkmale der Sturm-und-Drang-Epoche finden Sie in diesem Prosatext wieder?

6. Schreiben Sie einen fiktiven Brief an einen Freund oder eine Freundin, in dem Sie Gefühle, Erfahrungen und Probleme im Wertherstil darlegen.

Die Leiden des jungen Werthers. Titelseite der Erstausgabe

7.3 Johann Wolfgang Goethe (1749 – 1832)
Faust (Fausts Eingangsmonolog)

Die „Faust"-Dichtung ist Goethes Lebenswerk. Er hat 60 Jahre lang immer wieder daran gearbeitet und bis kurz vor seinem Tod noch Änderungen nachgetragen. Lange bevor er 1790 „Faust, ein Fragment" zum Druck gab, hatte er bereits Teile des Dramas fertiggestellt und in seinem ersten Winter in Weimar (1775/76) vorgelesen. Eine Hofdame lieh sich die Handschrift aus und schrieb sie ab. Dieser sogenannte „Urfaust" enthielt auch Fausts Eingangsmonolog.

NACHT

◆

In einem hochgewölbten engen gotischen Zimmer

Faust unruhig auf seinem Sessel am Pulten

FAUST. Hab nun, ach, die Philosophie,
    Medizin und Juristerei,
    Und leider auch die Theologie
    Durchaus studiert mit heißer Müh.
5   Da steh ich nun, ich armer Tor,
    Und bin so klug, als wie zuvor.
    Heiße Doktor und Professor gar,
    Und ziehe schon an die zehen Jahr'
    Herauf, herab und quer und krumm
10 Meine Schüler an der Nas' herum
    Und seh, dass wir nichts wissen können,
    Das will mir schier das Herz verbrennen.
    Zwar bin ich gescheuter als alle die Laffen,
    Doktors, Professors, Schreiber und Pfaffen,
15 Mich plagen keine Skrupel noch Zweifel,
    Fürcht mich weder vor Höll noch Teufel.
    Dafür ist mir auch all Freud entrissen,
    Bild mir nicht ein, was Rechts zu wissen,
    Bild mir nicht ein, ich könnt was lehren,
20 Die Menschen zu bessern und zu bekehren;
    Auch hab ich weder Gut noch Geld,
    Noch Ehr und Herrlichkeit der Welt.
    Es möcht kein Hund so länger leben!
    Drum hab ich mich der Magie ergeben,
25 Ob mir durch Geistes Kraft und Mund
    Nicht manch Geheimnis werde kund.
    Dass ich nicht mehr mit saurem Schweiß
    Rede von dem, was ich nicht weiß.

    Dass ich erkenne, was die Welt
30 Im Innersten zusammenhält,

Schau alle Würkungskraft und Samen
Und tu nicht mehr in Worten kramen.

O sähst du, voller Mondenschein,
Zum letzten Mal auf meine Pein,
Den ich so manche Mitternacht
An diesem Pult herangewacht!
Dann über Bücher und Papier,
Trübselger Freund, erschienst du mir.
Ach könnt ich doch auf Bergeshöhn
In deinem lieben Lichte gehn,
Um Bergeshöhl' mit Geistern schweben,
Auf Wiesen in deinem Dämmer weben,
Von all dem Wissensqualm entladen
In deinem Tau gesund mich baden!

Weh! steck ich in dem Kerker noch?
Verfluchtes dumpfes Mauerloch,
Wo selbst das liebe Himmelslicht
Trüb durch gemalte Scheiben bricht!
Beschränkt von all dem Bücherhauf,
Den Würme nagen, Staub bedeckt,
Und bis ans hohe Gewölb hinauf
Mit angeraucht Papier besteckt,
Mit Gläsern, Büchsen rings bestellt,
Mit Instrumenten vollgepfropft,
Urväter Hausrat dreingestopft –
Das ist deine Welt, das heißt eine Welt!

Und fragst du noch, warum dein Herz
Sich inn in deinem Busen klemmt?
Warum ein unerklärter Schmerz
Dir alle Lebensregung hemmt?
Statt all der lebenden Natur,
Da Gott die Menschen schuf hinein,
Umgibt in Rauch und Moder nur
Dich Tiergeripp und Totenbein.

Flieh! Auf! hinaus ins weite Land!
[...]

(1775)

Friedrich Schiller (1759 – 1805)
Die Räuber.
Ein Schauspiel (I,2)

Karl von Moor ist während seiner Studienzeit in Leipzig, die von Schulden und provozierenden Streichen gekennzeichnet ist, in schlechte Gesellschaft geraten.

Schenke an den Gränzen von Sachsen.
KARL V. MOOR *in ein Buch vertieft.* SPIEGELBERG *trinkend am Tisch.*

Karl v. Moor *legt das Buch weg.* Mir ekelt vor diesem Tintengleksenden Sekulum, wenn ich in meinem Plutarch[1] lese von grossen Menschen.

5 SPIEGELBERG *stellt ihm ein Glas hin, und trinkt.* Den Josephus[2] must du lesen.

MOOR Der lohe Lichtfunke Prometheus ist ausgebrannt, dafür nimmt man izt die Flamme von Berlappenmeel[3] – Theaterfeuer, das keine Pfeiffe Tabak anzündet. Da krabbeln sie nun wie die Ratten auf der Keule des Herkules, und studieren sich das Mark aus dem Schädel, was das für ein Ding sey, das er in seinen Hoden geführt hat? Ein französischer Abbe do-
10 zirt, Alexander sei ein Haasenfuß gewesen, ein schwindsüchtiger Professor hält sich bey jedem Wort ein Fläschgen Salmiakgeist vor die Nase, und ließt ein Kollegium über die Kraft. Kerls, die in Ohnmacht fallen wenn sie einen Buben gemacht haben, kritteln über die Taktik des Hannibals – feuchtohrige Buben fischen Phrases[4] aus der Schlacht bey Kan-nä, und greinen über die Siege des Scipio, weil sie sie exponiren[5] müssen.

15 SPIEGELBERG Das ist ja recht Alexandrinisch geflännt[6].

MOOR Schöner Preiß für euren Schweiß in der Feldschlacht, dass ihr jetzt in Gymnasien le-bet, und eure Unsterblichkeit in einem Bücherriemen mühsam fortgeschleppt wird. Kost-barer Ersatz eures verprassten Blutes, von einem Nürnberger Krämer um Lebkuchen ge-wickelt – oder, wenns glüklich geht, von einem französischen Tragödienschreiber auf
20 Stelzen geschraubt, und mit Drahtfäden gezogen zu werden. Hahaha!

SPIEGELBERG *trinkt.* Lies den Josephus, ich bitte dich drum.

MOOR Pfui! Pfui über das schlappe Kastraten-Jahrhundert, zu nichts nüze, als die Thaten der Vorzeit wiederzukäuen, und die Helden des Alterthums mit Kommentationen zu schin-den, und zu verhunzen mit Trauerspielen. Da verrammeln sie sich die gesunde Natur mit
25 abgeschmakten Konventionen, haben das Herz nicht ein Glas zu leeren, weil sie Gesund-heit dazu trinken müssen – belecken den Schuhpuzer, dass er sie vertrete bei Ihro Gnaden, und hudeln[7] den armen Schelm, den sie nicht fürchten. – Verdammen den Sadduzäer[8], der nicht fleißig genug in die Kirche kommt, und berechnen ihren Judenzins am Altare – Fal-len in Ohnmacht, wenn sie eine Gans bluten sehen, und klatschen in die Hände, wenn ihr
30 Nebenbuler die Haare ausrauft über dem Brandschutt seines Hauses – So warm ich ihnen

---

[1] griechischer Schriftsteller (50–125 n. Chr.); sein Hauptwerk sind 46 Lebensbeschreibungen und Charakterbilder bedeutender Persönlichkeiten des Altertums
[2] Flavius Josephus (37/38–etwa 100 n. Chr.), jüdischer Geschichtsschreiber
[3] Das aus dem Samen dieses Farnkrautes gewonnene Mehl diente als Pulver für Bühnenblitze.
[4] (gr./lat.) Sätze; gemeint sind die Übungssätze im Lateinunterricht
[5] (lat.) übersetzen
[6] Der Einwurf bezieht sich spöttisch auf die Gleichförmigkeit und Länge des Alexandrinerverses (12,13 Silben).
[7] einen Menschen quälen
[8] Anhänger einer aus dem Neuen Testament bekannten jüdischen Religionspartei

Friedrich Schiller: „Die Räuber". Inszenierung am Landestheater Altenburg, 2008

die Hand drükte – „nur noch einen Tag" – Umsonst! – Ins Loch mit dem Hund! – Bitten! Schwüre! Thränen *auf den Boden stampfend.* Hölle und Teufel!
SPIEGELBERG Und um so ein paar tausend lausige Dukaten –
MOOR Nein ich mag nicht daran denken. Ich soll meinen Leib pressen in eine Schnürbrust,
35 und meinen Willen schnüren in Geseze. Das Gesez hat zum Schneckengang verdorben, was Adlerflug geworden wäre. Das Gesez hat noch keinen grossen Mann gebildet, aber die Freyheit brütet Kolosse und Extremitäten[1] aus. Sie verpallisadiren sich ins Bauchfell eines Tyrannen, hofiren der Laune seines Magens, und lassen sich klemmen von seinen Winden. – Ah! dass der Geist Hermanns[2] noch in der Asche glimmte! – Stelle mich vor ein
40 Heer Kerls wie ich, und aus Deutschland soll eine Republik werden, gegen die Rom und Sparta Nonnenklöster seyn sollen. *Er wirft den Degen auf den Tisch und steht auf.*

(1781)

[1] (lat.) hier: ungeheuerliche Ausgeburten, extreme Menschen
[2] Hermann (Arminius) der Cherusker, der 9 n. Chr. die Römer im Teutoburger Wald schlug

Arbeitshinweise

1. Beschreiben Sie die Situation, in der sich der Gelehrte in Johann Wolfgang Goethes „Faust" befindet.

2. Die Bühnenanweisung zu der „Nacht"-Szene aus Goethes „Faust" spricht von einem „hochgewölbten, engen Zimmer".
   Inwiefern hat dieses Bild nicht nur realistische, sondern auch symbolische Züge?

3. Woran zeigt sich die geistige Unersättlichkeit Fausts?

5. Barock (160 7. Sturm und Drang (1767 – 1785) 0 – 1720)

4. Weisen Sie nach, dass Goethe in Fausts Eingangsmonolog den Knittelvers benutzt, der in der frühneuhochdeutschen Literatur vorherrschte, z. B. in der dramatischen Dichtung von Hans Sachs (siehe Kapitel 4.3). Welche Funktion hat er hier?

5. Formulieren Sie Ihr Vorverständnis von der Szene aus Friedrich Schillers „Räubern".
   - Welchen Eindruck vermittelt Ihnen dieser Ausschnitt (der ersten Szene, in der Karl von Moor auftritt) von dem Dramenhelden?
   - Die Szene wird häufig als Beleg für die Einschätzung des Sturm und Drang als Jugendrevolte angeführt. Halten Sie diese Einschätzung für zutreffend?

6. Untersuchen Sie den Gebrauch einiger wichtiger Bildfelder innerhalb der dramatisch-rhetorischen Anlage der „Räuber"-Szene, z. B. Bilder kraftstrotzender Natürlichkeit und Bilder aus der Natur.

7. In welchem Sinne verweist Karl von Moor auf „Helden" aus Mythos und Geschichte (Prometheus, Herkules, Alexander, Hannibal, Hermann)?

8. Finden Sie Beispiele für den rhetorisch-expressiven Redestil Karls in der „Räuber"-Szene, insbesondere Anakoluth, Antithese, Ironie, Metonymie, Paradox, Steigerung.

9. Durch die Intrigen seines verbrecherischen Bruders Franz wird Karl von seinem Vater verstoßen und enterbt. Er stellt sich an die Spitze einer Räuberbande, um den Armen und Rechtlosen gegen ihre Unterdrücker zu helfen, kann aber nicht verhindern, dass es zu Gräueltaten kommt. Schließlich übergibt er sich freiwillig dem Gericht in der Einsicht, dass Gewalt nicht der richtige Weg ist, um den Idealen von Freiheit und Gleichheit aller Menschen zum Sieg zu verhelfen.
Bringen Sie den vorliegenden Szenenausschnitt in Zusammenhang mit der Handlung des Dramas „Die Räuber" und den Zielen Karls.

10. Das Theater glich einem Irrenhause, rollende Augen, geballte Fäuste, stampfende Füße, heisere Aufschreie im Zuschauerraum! Fremde Menschen fielen einander schluchzend in die Arme, Frauen wankten, einer Ohnmacht nahe, zur Türe. Es war eine allgemeine Auflösung wie im Chaos, aus dessen Nebeln eine neue Schöpfung hervorbricht!

(Aussage eines Augenzeugen nach der Premiere, v 1782)

Versuchen Sie, die ungeheure Wirkung von Schillers Erstlingswerk bei der Uraufführung zu erklären.

11. Leitfiguren des Sturm und Drang – Stellen Sie Werther (Kapitel. 7.2), Faust und Karl von Moor (Kapitel 7.3) als Leitfiguren des Sturm und Drang dar. Warum haben sie Bedeutung über die Epoche hinaus?

7. Sturm und Drang (1767–1785)

Schiller trägt seinen Freunden „Die Räuber" vor.
Skizze von Viktor Heideloff, um 1778

Wichtige Autoren und Werke:

Gottfried August Bürger (1747–1794)
Wirkungsvoller Schriftsteller des Sturm und Drangs
Werke: volkstümliche Kunstballaden (z. B. *Lenore*), politische Lyrik (*Der Bauer* ...), Münchhausen-Geschichten.

Johann Wolfgang Goethe (1749–1832)
Dichter, Staatsmann, Naturforscher; seine Werke zählen zur Weltliteratur, – auch schon die zum Sturm und Drang gehörenden Werke des jungen Goethe (s. auch Klassik, Kapitel 8).
Werke: Gedichte aus der Straßburger und Frankfurter Zeit, Erlebnislyrik, z. B. *Es schlug mein Herz* ..., Hymnen (*Prometheus*); der außerordentlich wirkungsvolle Briefroman *Die Leiden des jungen Werthers* und Dramen wie *Götz von Berlichingen mit der eisernen Hand* und der sog. *Urfaust*.

Jakob Michael Reinhold Lenz (1751–1792)
Komödiendichter des Sturm und Drangs, lernt in Straßburg u. a. Goethe kennen, in dessen Schatten er zeitlebens zu stehen glaubt.
Werke: Die Dramen *Der Hofmeister* und *Die Soldaten*

Friedrich Schiller (1759–1805)
Der bedeutendste deutsche Dramatiker des Sturm und Drangs und der Klassik (s. auch Kapitel 8) von Weltliteraturrang
Werke: Erster großer Erfolg mit dem Schauspiel *Die Räuber*; es folgen *Die Verschwörung des Fiesco zu Genua. Ein republikanisches Trauerspiel* und *Kabale und Liebe*, ein bürgerliches Trauerspiel.

Grundlegende Literatur:

Gerhard Kaiser: *Aufklärung, Empfindsamkeit, Sturm und Drang.* Tübingen ⁶2007

Matthias Luserke: *Sturm und Drang. Autoren – Texte – Themen.* Stuttgart 1997

Hendrik Madsen: *Johann Wolfgang Goethe: Die Leiden des jungen Werthers (EinFach Deutsch ... verstehen).* Paderborn 2010

8 Klassik (1786–1832)

Das von lateinisch classicus („ein zur ersten Steuerklasse Gehöriger"; übertragen: „ersten Ranges", „mustergültig", „vollendet") abgeleitete deutsche Adjektiv **klassisch** bezeichnet eine geistesgeschichtliche Epoche, die von nachfolgenden Zeiten als vorbildlich anerkannt wird. Im 18. Jahrhundert verstand man unter „Klassik" vor allem die griechische und römische Antike, die durch den Einfluss der Renaissance auch in Deutschland wiederentdeckt worden war (siehe Kapitel 4). Die Epoche der **Klassik** in der deutschen Literatur wird im Wesentlichen von zwei (in den Adelsstand erhobenen) Dichtern repräsentiert: Johann Wolfgang Goethe und Friedrich Schiller. Örtlicher Mittelpunkt der Klassik ist **Weimar**, ein „Mittelding zwischen Dorf und Stadt" (Johann Gottfried Herder), das damals wenig mehr als 6 000 Einwohner hat.

Das Doppel-Standbild der beiden deutschen Klassiker von Ernst Rietschel (1857) in Weimar gibt die Auffassung des 19. Jahrhunderts wieder. Die in Erz gegossenen Figuren stehen auf einem hohen Denkmalsockel. Die bürgerlichen Schriftsteller Goethe und Schiller sind zu Dichterfürsten aufgestiegen, die wie Regenten von ihren Betrachtern (bzw. Lesern) eine Unterwerfungsgeste zu fordern scheinen.

Weimar (1798)

8. Klassik (1786–1832)

Man kann die **Zeit der Klassik** mit Daten aus der Biografie beider Dichter eingrenzen. Die Klassik in engerem Sinn, die Hochklassik, beginnt mit Goethes Italienreise (1786–1788), während der er – angeregt durch die Begegnung mit der antiken Kultur – die neuen Ideen entwickelt, und endet mit Schillers Tod (1805). Die Klassik in weiterem Sinn reicht bis zu Goethes Tod (1832), fast parallel mit der literarischen Romantik (siehe Kapitel 9), die gegen Ende des 18. Jahrhunderts beginnt und bis über das erste Drittel des 19. Jahrhunderts wirkt.

J. H. W. Tischbein: Goethe in der Campagna (1786/87)

Das **Ideal der Klassik** ist die harmonische Einheit des Guten, Wahren und Schönen im Sinne der Formung und Normung aller menschlichen Anlagen und Fähigkeiten. Weder zu viel Verstand noch zu viel Gefühl (siehe Kapitel 6) gelten als vorbildlich, sondern eine maßvolle, in der Vernunft begründete reine Menschlichkeit im Dienst der gesamten Menschheit (Humanität). Dabei beruft man sich vor allem auf die Philosophie Immanuel Kants (1774–1804), der den sogenannten kategorischen Imperativ u. a. folgendermaßen formuliert: „Handle so, dass die Maxime deines Willens jederzeit zugleich als Prinzip einer allgemeinen Gesetzgebung gelten könne." Im Gegensatz zum Sturm und Drang (siehe Kapitel 7) bekennt man sich in der Klassik zu einer idealen Seins- und Wertordnung.

Der **politische Hintergrund** für die Zeit vor und kurz nach der Jahrhundertwende ist durch die Französische Revolution und ihre Wirkung auf das übrige Europa geprägt, dann durch den Aufstieg und die Persönlichkeit Napoleon Bonapartes (1769–1821) sowie den Rückgang der Macht Preußens.

Wenn diese Ereignisse kaum in der Literatur der Klassik verarbeitet werden, so liegt das im Wesentlichen daran, dass die Geisteshaltung der Zeit mehr von philosophischen als von politischen Gedankengängen bestimmt ist. Allerdings erwartet man von der Kunst, dass sie auch die Voraussetzung für politische Verbesserungen schafft.

8. Klassik (1786–1832)

Der klassische **Kunststil** ist in erster Linie darauf gerichtet, zeitlose Sinnbilder zu schaffen und menschliches Handeln harmonisch zu gestalten. Nach der Epoche des Sturm und Drang, die absolute künstlerische Freiheit forderte, ist nun das Bedürfnis nach Gesetz und Regel gewachsen. Gegenüber der Romantik folgt die Klassik einer besonders auf „Vollendung" bedachten Kunstkonzeption, der die geschlossene Form entspricht, so z. B. im Drama. Die Sprache des klassischen Dramas ist an den Vers (vorherrschend Jambus) gebunden und sucht allgemein gültige Formulierungen. Der klassische Roman ist durch eine ideelle Orientierung gekennzeichnet, vor allem in der Form des Bildungsromans. Auch in der Lyrik strebt man nach Idealisierung und Klärung des Individuellen zum allgemein Gültigen, z. B. mithilfe der Symbolik.

Die schulmäßige Nachahmung klassischer Muster und Regeln in vermeintlicher Orientierung an der Antike bezeichnet man im Allgemeinen als **Klassizismus**. Auch wenn die Begriffe Klassizismus und klassizistisch oft ohne jedes Werturteil als Stilbegriff zur Bezeichnung einer formbetonten, regelhaften Gestaltungsweise verwendet werden, empfiehlt es sich, sie von den Begriffen Klassik und klassisch zu unterscheiden.

Sturm auf die Bastille in Paris am 14. Juli 1789

8. Klassik (1786 – 1832)

8.1 Friedrich Schiller (1759 – 1805)
Nänie[1]

Auch das Schöne muss sterben! Das Menschen und Götter bezwinget,
    Nicht die eherne Brust rührt es des stygischen Zeus[2].
Einmal nur erweichte die Liebe den Schattenbeherrscher[3],
    Und an der Schwelle noch, streng, rief er zurück sein Geschenk.
Nicht stillt Aphrodite dem schönen Knaben[4] die Wunde,
    Die in den zierlichen Leib grausam der Eber geritzt.
Nicht errettet den göttlichen Held die unsterbliche Mutter[5],
    Wann er, am skäischen Tor fallend, sein Schicksal erfüllt.
Aber sie steigt aus dem Meer[6] mit allen Töchtern des Nereus,
    Und die Klage hebt an um den verherrlichten Sohn.
Siehe! Da weinen die Götter, es weinen die Göttinnen alle,
    Dass das Schöne vergeht, dass das Vollkommene stirbt.
Auch ein Klaglied zu sein im Mund der Geliebten, ist herrlich,
    Denn das Gemeine geht klanglos zum Orkus[7] hinab.

(1800)

---

[1] Nänie: Unter einer Nänie (lat. naenia oder nenia: Totenlied, Klagegesang bei der Leiche) verstand man in der Antike das bei der Totenfeier gesungene Lied mit Flötenbegleitung.
[2] des stygischen Zeus: Hades, in der griechischen Mythologie Bruder des Zeus, als Herrscher der Unterwelt; später mit Pluton, dem Gott der Reichtum spendenden Erdentiefe, gleichgesetzt. Vergil nennt ihn Jupiter Stygius („Aeneis" IV. 638).
[3] Einmal nur erweichte die Liebe den Schattenbeherrscher: Anspielung auf den Orpheus-Mythos.
[4] dem schönen Knaben: Adonis, Sohn des Königs von Kypros, wurde durch einen Eber, den der eifersüchtige Ares gesandt hatte, getötet, weil dessen Gattin Aphrodite sich in den Jüngling verliebt hatte.
[5] Nicht errettet den göttlichen Held die unsterbliche Mutter ...: Achilleus, dem Sohn der Meergöttin Thetis, wird von Hektor geweissagt („Ilias" XXII, 359f.), er werde durch Paris und Phoibos Apollon am skäischen Tore getötet werden.
[6] Aber sie steigt aus dem Meer ...: In der Beschreibung der Klage der Thetis und der anderen Töchter des Meergottes Nereus folgt Schiller dem 24. Gesang der „Odyssee", 47ff..
[7] Orkus: lat. Bezeichnung für griech. Hades

Orpheus, um 440 v. Chr.

Friedrich Hölderlin (1770 – 1843)
Hälfte des Lebens

    Mit gelben Birnen hänget
    Und voll mit wilden Rosen
    Das Land in den See,
    Ihr holden Schwäne,
5 Und trunken von Küssen
    Tunkt ihr das Haupt
    Ins heilignüchterne Wasser.

    Weh mir, wo nehm ich, wenn
    Es Winter ist, die Blumen, und wo
10 Den Sonnenschein
    Und Schatten der Erde?
    Die Mauern stehn
    Sprachlos und kalt, im Winde
    Klirren die Fahnen.

(e 1800, v 1805)

Johann Wolfgang Goethe (1749 – 1832)
Früh, wenn Tal, Gebirg und Garten

Dornburg, September 1828

    Früh, wenn Tal, Gebirg und Garten
    Nebelschleiern sich enthüllen,
    Und dem sehnlichsten Erwarten
    Blumenkelche bunt sich füllen;

5 Wenn der Äther, Wolken tragend,
    Mit dem klaren Tage streitet,
    Und ein Ostwind, sie verjagend,
    Blaue Sonnenbahn bereitet,

    Dankst du dann, am Blick dich weidend,
10 Reiner Brust der Großen, Holden,
    Wird die Sonne, rötlich scheidend,
    Rings den Horizont vergolden.

(1828)

Arbeitshinweise

1. Erschließen Sie die Aussagen über das Schöne in Friedrich Schillers „Nänie". Beachten Sie besonders die Beispiele und die Wortwahl sowie den Gegensatz zum Gemeinen.

2. Schillers Gedicht „Nänie" ist eine Elegie, die aus Distichen besteht. Stellen Sie fest, inwieweit Form und Inhalt des Gedichts in einer Beziehung zueinander stehen.

> **Elegie**, die: (gr.) in der Antike allgemein Gedicht in Distichen; später (Klage-)Gedicht in wehmütigem Ton als Ausdruck von Trauer über Tod, Verlust, Trennung.
>
> **Distichon**, das: (gr. Doppelvers) Verspaar, meist aus Hexameter und Pentameter bestehende Einheit.
>
> **Hexameter**, der: (gr. sechs + Maß) antiker Vers aus sechs Daktylen (– u u), deren letzter um eine Silbe gekürzt ist; mit Ausnahme der beiden Kürzungen im 5. Fuß können die beiden kurzen Silben durch eine lange ersetzt werden, wobei der Daktylus sich in einen Spondeus (– –) verwandelt.
>
> **Pentameter**, der: (gr. fünf + Maß) aus der Antike stammender Vers, trotz seines Namens aus sechs Daktylen bestehend, wobei der dritte und sechste Daktylus nur mit seiner Länge bzw. Hebung wirksam ist.

3. Friedrich Hölderlins Gedicht „Hälfte des Lebens" zählt zu den berühmtesten Gedichten der deutschen Literatur. Wie finden Sie es? Notieren Sie Ihren ersten Eindruck.

4. Überprüfen Sie Ihren ersten Eindruck von dem Hölderlin-Gedicht, indem Sie die äußere und innere Situation des lyrischen Ichs erschließen. Welches Thema wird hier gestaltet?

5. Analysieren Sie die auffällige Entgegensetzung der beiden (siebenzeiligen) Strophen des Gedichts „Hälfte des Lebens"
   - in der Stellung und Haltung des Ichs,
   - im inhaltlichen Aufbau, in der Entfaltung des Landschafts-Bildes,
   - in der metrischen und syntaktisch-rhythmischen Struktur,
   - in der Fügung der einzelnen Bilder und ihrer Bedeutungen. Beachten Sie, dass Hölderlins Bilder Chiffren sind, die sich aus dem Text und der individuellen Erfahrungs- und Vorstellungswelt des Autors erschließen – und nicht aus einem allgemein verbindlichen Bedeutungshorizont wie Goethes Symbolsprache (siehe Aufgabe 9).

6. **Friedrich Christian Delius (1989)**

   Sich wichtig machen
   vor den Telefonhörern.
   Hälfte des Lebens,
   und wenig gesagt. Voll die
   5 Speicher und die Container.

   (Aus: F. Ch. Delius, Japanische Rolltreppe. Tanka-Gedichte, Rowohlt, Reinbek 1989, S. 26)

   Rolf Haufs: Birnen (1992)
   „wo nehm ich …/Den Sonnenschein". Hölderlin

   Teile sie in zwei Hälften
   Doch halt: zuerst wasche sie gründlich
   Entferne den Schorf
   Besser du schälst sie
   Jetzt erkennst du kranke Stellen
   Das Gehäuse mit Schimmel bedeckt
   Weh uns, ein einziger Schatten der Erde
   Kein Wind. Keine Fahne. Winter
   Für immer

   (Aus: Theo Elm [Hg.], Kristallisationen. Deutsche Gedichte der sechziger Jahre, Reclam, Stuttgart 1992, S. 56)

Verfassen Sie ein modernes Gedicht, indem Sie in ähnlicher Weise Teile aus Hölderlins „Hälfte des Lebens" in Ihren Text montieren.

7. Versuchen Sie, den Inhalt der drei Strophen des Gedichts „Früh, wenn Tal, Gebirg und Garten" in einem Satz wiederzugeben und das Thema des Gedichts zu bestimmen. Formulieren Sie Ihre Schwierigkeiten als Fragen.

8. Klären Sie die Verstehensschwierigkeiten, indem Sie Johann Wolfgang Goethes Dornburger Gedicht analysieren.
   - Welche Haltung nimmt das lyrische Ich zu dem dargestellten Naturvorgang ein?
   - Inwiefern entspricht der Satzbau dem Blick des lyrischen Ichs bzw. dem Lauf der Sonne?
   - Woran zeigt sich, dass das Gedicht nicht das sinnliche Erlebnis eines Morgens wiedergibt, sondern eine geistige Erfahrung, die über die Dimensionen von Raum und Zeit hinausgeht?

9. Erschließen Sie mithilfe folgender Materialien zu dem Gedicht „Früh, wenn Tal, Gebirg und Garten" Goethes Arbeitsweise und seinen Symbolbegriff. Beziehen Sie die so gewonnenen Ergebnisse zurück auf das Dornburger Gedicht.

Aus Goethes Dornburger Tagebüchern:

„8.7. Früh in der Morgendämmerung das Thal und dessen aufsteigende Nebel gesehen ... Ganz reiner Himmel, schon zeitig steigende Wärme ... Abends vollkommen klar. Heftiger Ostwind.

12.7. Gegen fünf Uhr allgemeiner dichter, hoch in die Atmosphäre verbreiteter Nebel. (Er war, wie ich hörte, seit zwei Uhr aus der Saale aufgestiegen.) Erst gegen sieben Uhr ward die untere Straße, der Fluss und die nächsten Wiesen, sodann, als der Nebel weiter sank, die gegenüber sich hinziehenden Bergrücken sichtbar. Nach und nach hatte er sich ganz nieder gesenkt, doch schwebte noch ein merklicher Duft ausgebreitet über dem Thale. Der Himmel war ganz heiter geworden, schön blau, besonders an der Abendseite.

18.8. Vor Sonnenaufgang aufgestanden. Vollkommene Klarheit des Thales. Der Ausdruck des Dichters: heilige Frühe ward empfunden. Nun fing das Nebelspiel im Thale seine Bewegung an, welches mit Südwestwind wohl eine Stunde dauerte, und sich außer wenigen Streifwolken in völlige Klarheit auflöste ...

5.9. Starker Nebel schwankend zwischen Niedergehen und Aufsteigen, sich gegen Ersteres hinneigend. Der ober Himmel mit Cirrus besäet, die untere Atmosphäre besonders gegen Osten mit Cumulus besetzt, welche nach und nach ihren Character verloren und in Regen drohende Wolken übergingen. Barometer 27" 7½"'; Nordwind, der die Atmosphäre nicht aufzuklären vermochte.

7.9. Starker Nebel; als er sich vertheilte, ging ich auf die Terrasse.

8.9. Diktirte einiges Meteorologische für Zelter. Abends auf der Terrasse. Hoher Barometerstand, schöner Tag."

(Zitiert nach: Walther Killy, Wandlungen des lyrischen Bildes, Göttingen 1958, S. 11 f.)

Äußerungen Goethes:

1. „Höchste Lyrik ist entschieden historisch."[1]

2. „Was von meinen Arbeiten durchaus uns so auch von den kleineren Gedichten gilt, ist, dass sie alle, durch mehr oder minder bedeutende Gelegenheit aufgeregt, im unmittelbaren Anschauen irgendeines Gegenstandes verfasst worden, deshalb sie sich nicht gleichen, darin jedoch übereinkommen, dass bei besonderen äußeren, oft gewöhnlichen Umständen ein Allgemeines, Inneres, Höheres dem Dichter vorschwebte."[2]

3. „Das Wahre, mit dem Göttlichen identisch, lässt sich niemals von uns direkt erkennen, wir schauen es nur im Abglanz, im Beispiel, Symbol, in einzelnen und verwandten Erscheinungen; wir werden es gewahr als unbegreifliches Leben und können dem Wunsch nicht entsagen, es dennoch zu begreifen. Dies gilt von allen Phänomenen der fasslichen Welt ..."[3]

4. „Die Symbolik verwandelt die Erscheinung in Idee, die Idee in ein Bild, und so, dass die Idee im Bild immer unendlich wirksam und unerreichbar bleibt und, selbst in allen Sprachen ausgesprochen, doch unaussprechlich bliebe. – Das ist die wahre Symbolik, wo das Besondere das Allgemeine repräsentiert, nicht als Traum und Schatten, sondern als lebendig-augenblickliche Erfahrung des Unerforschlichen."[4]

(Zitiert nach: [1] Walther Killy, Wandlungen des lyrischen Bildes, Göttingen 1958, S. 10; [2] s. o., S. 18; [3] Goethe, Werke, Hbg. Ausgabe, München 1962, Band 13, S. 305; [4] Goethe, Werke, Hbg. Ausgabe, München 1963, Band 12, S. 470 f.)

10. Die drei Gedichte von Schiller, Hölderlin und Goethe wurden in der Epoche der Klassik verfasst.
   - Was ist an den Gedichten klassisch? Beziehen Sie die Informationen des Einführungstextes zu diesem Kapitel in Ihre Überlegungen ein.
   - Welche Aspekte weisen über die Klassik hinaus? Bedenken Sie, dass manche Literaturgeschichten Hölderlins Werk nicht dieser Epoche zuordnen.

Südliches Schloss der Dornburger Schlösser an der Saale

8.2 Johann Wolfgang Goethe (1749 – 1832) Die Wahlverwandtschaften. Ein Roman (1. Teil, 12. Kapitel: Schluss)

Goethe beschäftigte sich – neben seiner künstlerischen Tätigkeit – als Minister mit Staatsgeschäften im Herzogtum Sachsen-Weimar-Eisenach sowie mit naturwissenschaftlichen Studien. Von diesen Studien angeregt, übertrug er einen Begriff – den der Wahlverwandtschaften – aus der Chemie auf menschliche Beziehungen, um damit das Problem von Freiheit und Notwendigkeit im sittlichen Bereich darzustellen. Bestimmte Elemente können nämlich bei der Annäherung anderer Stoffe plötzlich ihre bestehenden Verbindungen lösen und sich mit den neu hinzutretenden Elementen gleichsam wahlverwandtschaftlich vereinigen.

Das aristokratische Ehepaar Charlotte und Eduard, Charlottes Nichte Ottilie und ein in Not geratener Hauptmann gelangen in das Kräftefeld der „Wahlverwandtschaften". Während einer nächtlichen Liebesumarmung begehen Eduard und Charlotte in der Fantasie Ehebruch: „Eduard hielt nur Ottilien in seinen Armen; Charlotten schwebte der Hauptmann näher oder ferner vor der Seele, und so verwebten, wundersam genug, sich Abwesendes und Gegenwärtiges reizend und wonnevoll durcheinander." Zwischen den beiden einander wahlverwandtschaftlich zugeordneten Paaren kommt es zum Liebesgeständnis.

[...]

Charlotte suchte bald in ihr Schlafzimmer zu gelangen, um sich der Erinnerung dessen zu überlassen, was diesen Abend zwischen ihr und dem Hauptmann vorgegangen war.

Als Eduard ans Ufer springend den Kahn vom Lande stieß, Gattin und Freund dem schwan-
5 kenden Element selbst überantwortete, sah nunmehr Charlotte den Mann, um den sie im Stillen schon so viel gelitten hatte, in der Dämmerung vor sich sitzen und durch die Führung zweier Ruder das Fahrzeug in beliebiger Richtung fortbewegen. Sie empfand eine tiefe, selten gefühlte Traurigkeit. Das Kreisen des Kahns, das Plätschern der Ruder, der über den Wasserspiegel hinschauernde Windhauch, das Säuseln der Rohre, das letzte Schweben der
10 Vögel, das Blinken und Widerblinken der ersten Sterne: alles hatte etwas Geisterhaftes in dieser allgemeinen Stille. Es schien ihr, der Freund führe sie weit weg, um sie auszusetzen, sie allein zu lassen. Eine wunderbare Bewegung war in ihrem Innern, und sie konnte nicht weinen.

Der Hauptmann beschrieb ihr unterdessen, wie nach seiner Absicht die Anlagen werden
15 sollten. Er rühmte die guten Eigenschaften des Kahns, dass er sich leicht mit zwei Rudern von *einer* Person bewegen und regieren lasse. Sie werde das selbst lernen, es sei eine angenehme Empfindung, manchmal allein auf dem Wasser hinzuschwimmen und sein eigner Fähr- und Steuermann zu sein.

Bei diesen Worten fiel der Freundin die bevorstehende Trennung aufs Herz. ‚Sagt er das mit
20 Vorsatz?', dachte sie bei sich selbst. ‚Weiß er schon davon? vermutet er's? oder sagt er es zufällig, so dass er mir bewusstlos mein Schicksal vorausverkündigt?' Es ergriff sie eine große Wehmut, eine Ungeduld; sie bat ihn, baldmöglichst zu landen und mit ihr nach dem Schlosse zurückzukehren.

Es war das erste Mal, dass der Hauptmann die Teiche befuhr, und ob er gleich im Allgemei-
25 nen ihre Tiefe untersucht hatte, so waren ihm doch die einzelnen Stellen unbekannt. Dunkel fing es an zu werden; er richtete seinen Lauf dahin, wo er einen bequemen Ort zum Austei-

gen vermutete und den Fußpfad nicht entfernt wusste, der nach dem Schlosse führte. Aber auch von dieser Bahn wurde er einigermaßen abgelenkt, als Charlotte mit einer Art von Ängstlichkeit den Wunsch wiederholte, bald am Lande zu sein. Er näherte sich mit erneuten Anstrengungen dem Ufer, aber leider fühlte er sich in einiger Entfernung davon angehalten; er hatte sich festgefahren, und seine Bemühungen, wieder loszukommen, waren vergebens. Was war zu tun? Ihm blieb nichts übrig, als in das Wasser zu steigen, das seicht genug war, und die Freundin an das Land zu tragen. Glücklich brachte er die liebe Bürde hinüber, stark genug, um nicht zu schwanken oder ihr einige Sorge zu geben; aber doch hatte sie ängstlich ihre Arme um seinen Hals geschlungen. Er hielt sie fest und drückte sie an sich. Erst auf einem Rasenabhang ließ er sie nieder, nicht ohne Bewegung und Verwirrung. Sie lag noch an seinem Halse; er schloss sie aufs Neue in seine Arme und drückte einen lebhaften Kuss auf ihre Lippen; aber auch im Augenblick lag er zu ihren Füßen, drückte seinen Mund auf ihre Hand und rief: „Charlotte, werden Sie mir vergeben?"

Der Kuss, den der Freund gewagt, den sie ihm beinahe zurückgegeben, brachte Charlotten wieder zu sich selbst. Sie drückte seine Hand, aber sie hob ihn nicht auf. Doch indem sie sich zu ihm hinunterneigte und eine Hand auf seine Schultern legte, rief sie aus: „Dass dieser Augenblick in unserm Leben Epoche mache, können wir nicht verhindern; aber dass sie unser wert sei, hängt von uns ab. Sie müssen scheiden, lieber Freund, und Sie werden scheiden. Der Graf macht Anstalt, Ihr Schicksal zu verbessern; es freut und schmerzt mich. Ich wollte es verschweigen, bis es gewiss wäre; der Augenblick nötigt mich, dies Geheimnis zu entdecken. Nur insofern kann ich Ihnen, kann ich mir verzeihen, wenn wir den Mut haben, unsre Lage zu ändern, da es von uns nicht abhängt, unsre Gesinnung zu ändern." Sie hub ihn auf und ergriff seinen Arm, um sich darauf zu stützen, und so kamen sie stillschweigend nach dem Schlosse.

Nun aber stand sie in ihrem Schlafzimmer, wo sie sich als Gattin Eduards empfinden und betrachten musste. Ihr kam bei diesen Widersprüchen ihr tüchtiger und durchs Leben mannigfaltig geübter Charakter zu Hülfe. Immer gewohnt, sich ihrer selbst bewusst zu sein, sich selbst zu gebieten, ward es ihr auch jetzt nicht schwer, durch ernste Betrachtung sich dem erwünschten Gleichgewichte zu nähern; ja sie musste über sich selbst lächeln, indem sie des wunderlichen Nachtbesuches gedachte. Doch schnell ergriff sie eine seltsame Ahnung, ein freudig bängliches Erzittern, das in fromme Wünsche und Hoffnungen sich auflöste. Gerührt kniete sie nieder, sie wiederholte den Schwur, den sie Eduarden vor dem Altar getan. Freundschaft, Neigung, Entsagen gingen vor ihr in heitern Bildern vorüber. Sie fühlte sich innerlich wiederhergestellt. Bald ergreift sie eine süße Müdigkeit, und ruhig schläft sie ein.

(1809)

Arbeitshinweise

1. Untersuchen Sie den Romanauszug unter Berücksichtigung des Erzählverhaltens und der Erzählhaltung. Aus welcher Perspektive wird die Episode zwischen Charlotte und dem Hauptmann überwiegend dargestellt?

2. Die Liebesszene spielt am Abend auf dem See und am Seeufer. Welche zeichenhafte Bedeutung gewinnt hier die Umgebung, der sogenannte semantische Raum?

3. Der Textauszug ist eine der Schlüsselstellen des Romans, da er von einer Entscheidungssituation des Paars erzählt. Zu welcher Entscheidung kommt es?

4. Beziehen Sie das Ergebnis Ihrer Untersuchung auf die Intention, die Johann Wolfgang Goethe mit seinem Roman verfolgt. Greifen Sie dazu die Informationen im Einführungstext zu diesem Romanauszug auf.

5. Das wahlverwandtschaftlich verbundene Paar Charlotte und der Hauptmann wird sich zwar der gegenseitigen Liebe bewusst, aber auch der verhängnisvoll zerstörerischen Leidenschaft, so dass es zu einer vernunft- und moralbestimmten Entsagung kommt. Entwerfen Sie „Ihre" Romanhandlung für das andere Paar, Eduard und Ottilie.

6. Informieren Sie sich über zwei wichtige Frauengestalten der Klassik, Charlotte von Stein und Christiane Vulpius, und referieren Sie über Johann Wolfgang Goethes Beziehungen zu diesen Frauen.

Charlotte von Stein. Selbstbildnis

Friedrich Bury: Christiane Vulpius (1800)

8.3 Friedrich Schiller (1759 – 1805)
Maria Stuart
Trauerspiel in fünf Aufzügen (III, 4)

Die Bühnenhandlung setzt in dem Augenblick ein, als Maria Stuart aufgrund zweifelhafter Zeugenaussagen vom englischen Staatsgerichtshof zum Tode verurteilt wird. Doch muss Königin Elisabeth das Dokument noch unterschreiben. In dieser Situation gelingt es dem Grafen von Leicester, Elisabeth und Maria zusammenzuführen, um die englische Königin zu einem Gnadenakt zu bewegen.

Das Drama beruht auf geschichtlichen Vorgängen: Die katholische Königin von Schottland, Maria Stuart, floh vor den Aufständischen in ihrem Land nach England, wurde dort jedoch nach neunzehnjähriger Gefangenschaft im Jahre 1587 als Thronrivalin der anglikanischen Königin Elisabeth I. hingerichtet.

Schiller ist allerdings sehr freizügig mit den geschichtlichen Fakten umgegangen und hat wichtige Figuren und Handlungselemente erfunden, auch die Begegnung der beiden Königinnen im Park von Fotheringhay.

Die Vorigen.[1] Elisabeth. Graf Leicester. Gefolge.

ELISABETH *(zu Leicester).* Wie heißt der Landsitz?

LEICESTER Fotheringhayschloss.

ELISABETH *(zu Shrewsbury).*

5 Schickt unser Jagdgefolg' voraus nach London,
   Das Volk drängt allzuheftig in den Straßen,
   Wir suchen Schutz in diesem stillen Park.
   (Talbot entfernt das Gefolge. Sie fixiert mit den Augen die Maria, indem sie zu Paulet[2] weiterspricht.)
10 Mein gutes Volk liebt mich zu sehr. Unmäßig,
   Abgöttisch sind die Zeichen seiner Freude,
   so ehrt man einen Gott, nicht einen Menschen.

MARIA *(welche diese Zeit über halb ohnmächtig auf die Amme[3] gelehnt war, erhebt sich jetzt, und ihr Auge begegnet dem gespannten Blick der Elisabeth. Sie schaudert zusammen und wirft sich*
15 *wieder an der Amme Brust).*
   O Gott, aus diesen Zügen spricht kein Herz!

ELISABETH Wer ist die Lady?
   (Ein allgemeines Schweigen.)

LEICESTER – Du bist zu Fotheringhay, Königin.

20 ELISABETH *(stellt sich überrascht und erstaunt, einen finstern Blick auf Leicestern richtend).*
   Wer hat mir das getan? Lord Leicester!

LEICESTER
   Es ist geschehen, Königin – Und nun

---

[1] Bereits anwesend sind: Maria Stuart, ihre Amme Hanna Kennedy, Marias Kerkermeister Amias Paulet und George Talbot, der Graf von Shrewsbury, ein besonnener und gewissenhafter Mann, der der Königin jahrelang treu gedient hat; er ist das Gegenbild des heuchlerischen Robert Dudley, des Grafen von Leicester.
[2] Fehler der Erstausgabe: Es muss ‚Leicester' heißen.
[3] Hanna Kennedy, Marias Amme, teilt mit mütterlicher Liebe Marias Leid in der Gefangenschaft.

Der Himmel deinen Schritt hiehergelenkt,
25 So lass die Großmut und das Mitleid siegen.
SHREWSBURY
Lass dich erbitten, königliche Frau,
Dein Aug' auf die Unglückliche zu richten,
Die hier vergeht vor deinem Anblick.
30 *(Maria rafft sich zusammen und will auf die Elisabeth zugehen, steht aber auf halbem Weg schaudernd still, ihre Gebärden drücken den heftigsten Kampf aus.)*
ELISABETH   Wie, Mylords?
Wer war es denn, der eine Tiefgebeugte
Mir angekündigt? Eine Stolze find ich,
35 Vom Unglück keineswegs geschmeidigt.
MARIA   Sei's!
Ich will mich auch noch diesem unterwerfen.
Fahr hin, ohnmächt'ger Stolz der edeln Seele!
Ich will vergessen, wer ich bin, und was
40 Ich litt; ich will vor ihr mich niederwerfen,
Die mich in diese Schmach hinunterstieß.
(Sie wendet sich gegen die Königin.)
Der Himmel hat für Euch entschieden, Schwester![1]
Gekrönt vom Sieg ist Euer glücklich Haupt,
45 Die Gottheit bet ich an, die Euch erhöhte!
(Sie fällt vor ihr nieder.)
Doch seid auch Ihr nun edelmütig, Schwester!
Lasst mich nicht schmachvoll liegen, Eure Hand
Streckt aus, reicht mir die königliche Rechte,
50 Mich zu erheben von dem tiefen Fall.
ELISABETH *(zurücktretend).*
Ihr seid an Eurem Platz, Lady Maria!
Und dankend preis ich meines Gottes Gnade,
Der nicht gewollt, dass ich zu Euren Füßen
55 So liegen sollte, wie Ihr jetzt zu meinen.
MARIA *(mit steigendem Affekt).*[2]
Denkt an den Wechsel alles Menschlichen!
Es leben Götter, die den Hochmut rächen!
Verehrt, fürchtet sie, die schrecklichen,
60 Die mich zu Euren Füßen niederstürzen –
Um dieser fremden Zeugen willen, ehrt
In mir Euch selbst, entweiht, schändet nicht
Das Blut der Tudor, das in meinen Adern
Wie in den Euren fließt – O Gott im Himmel!
65 Steht nicht da, schroff und unzugänglich, wie

Maria und Elisabeth
(Inszenierung am Residenztheater München, 2006)

---

[1] Margarete Tudor, die Tochter Heinrichs VII. und älteste Schwester Heinrichs VIII., dessen Tochter Elisabeth I. war, war Marias Großmutter väterlicherseits.
[2] Affekt: Gemütsstimmung, intensiv erlebtes Gefühl

Die Felsenklippe, die der Strandende
Vergeblich ringend zu erfassen strebt.
Mein Alles hängt, mein Leben, mein Geschick
An meiner Worte, meiner Tränen Kraft:
70 Löst mir das Herz, dass ich das Eure rühre!
Wenn Ihr mich anschaut mit dem Eisesblick,
Schließt sich das Herz mir schaudernd zu, der Strom
Der Tränen stockt, und kaltes Grausen fesselt
Die Flehensworte mir im Busen an.

75 ELISABETH *(kalt und streng).*
Was habt Ihr mir zu sagen, Lady Stuart?
Ihr habt mich sprechen wollen. Ich vergesse
Die Königin, die schwer beleidigte,
Die fromme Pflicht der Schwester zu erfüllen,
80 Und meines Anblicks Trost gewähr ich Euch.
Dem Trieb der Großmut folg ich, setze mich
Gerechtem Tadel aus, dass ich so weit
Heruntersteige – denn Ihr wisst,
Dass Ihr mich habt ermorden lassen wollen.

85 MARIA
Womit soll ich den Anfang machen, wie
Die Worte klüglich stellen, dass sie Euch
Das Herz ergreifen, aber nicht verletzen!
O Gott, gib meiner Rede Kraft und nimm
90 Ihr jeden Stachel, der verwunden könnte!
Kann ich doch für mich selbst nicht sprechen, ohne Euch
Schwer zu verklagen, und das will ich nicht.
– Ihr habt an mir gehandelt, wie nicht recht ist,
Denn ich bin eine Königin wie Ihr,
95 Und Ihr habt als Gefangne mich gehalten;
Ich kam zu Euch als eine Bittende,
Und Ihr, des Gastrechts heilige Gesetze,
Der Völker heilig Recht in mir verhöhnend,
Schlosst mich in Kerkermauern ein, die Freunde,
100 Die Diener werden grausam mir entrissen,
Unwürd'gem Mangel werd ich preisgegeben,
Man stellt mich vor ein schimpfliches Gericht –
Nichts mehr davon! Ein ewiges Vergessen
Bedecke, was ich Grausames erlitt.
105 – Seht! Ich will alles eine Schickung nennen:
Ihr seid nicht schuldig, *ich* bin auch nicht schuldig,
Ein böser Geist stieg aus dem Abgrund auf,
Den Hass in unsern Herzen zu entzünden,
Der unsre zarte Jugend schon entzweit.
110 Er wuchs mit uns, und böse Menschen fachten
Der unglücksel'gen Flamme Atem zu.

Wahnsinn'ge Eiferer bewaffneten
Mit Schwert und Dolch die unberufne Hand –
Das ist das Fluchgeschick der Könige,
115 Dass sie, entzweit, die Welt in Hass zerreißen
Und jeder Zwietracht Furien[1] entfesseln.
– Jetzt ist kein fremder Mund mehr zwischen uns,
(nähert sich ihr zutraulich und mit schmeichelndem Ton)
Wir stehn einander selbst nun gegenüber.
120 Jetzt, Schwester, redet! Nennt mir meine Schuld,
Ich will Euch völliges Genügen leisten.
Ach, dass Ihr damals mir Gehör geschenkt,
Als ich so dringend Euer Auge suchte!
Es wäre nie so weit gekommen, nicht
125 An diesem traur'gen Ort geschähe jetzt
Die unglückselig traurige Begegnung.

ELISABETH Mein guter Stern bewahrte mich davor,
Die Natter an den Busen mir zu legen.[2]
– Nicht die Geschicke, Euer schwarzes Herz
130 Klagt an, die wilde Ehrsucht Eures Hauses.
Nichts Feindliches war zwischen uns geschehn,
Da kündigte mir Euer Ohm,[3] der stolze,
Herrschwüt'ge Priester, der die freche Hand
Nach allen Kronen streckt, die Fehde an,
135 Betörte Euch, mein Wappen anzunehmen,
Euch meine Königstitel zuzueignen,
Auf Tod und Leben in den Kampf mit mir
Zu gehn – Wen rief er gegen mich nicht auf?
Der Priester Zungen und der Völker Schwert,
140 Des frommen Wahnsinns fürchterliche Waffen;
Hier selbst, im Friedenssitze meines Reichs,
Blies er mir der Empörung Flammen an –
Doch Gott ist mit mir, und der stolze Priester
Behält das Feld nicht – Meinem Haupte war
145 Der Streich gedrohet, und das Eure fällt!

MARIA Ich steh in Gottes Hand. Ihr werdet Euch
So blutig Eurer Macht nicht überheben –

ELISABETH Wer soll mich hindern? Euer Oheim gab
Das Beispiel allen Königen der Welt,
150 *Wie* man mit seinen Feinden Frieden macht:
Die Sankt Barthelemi[4] sei meine Schule!

---

[1] Furien: antike Rachegöttinnen
[2] ... jemandem helfen, der sich später gegen einen wendet
[3] Da nach katholischer Auffassung Maria Stuart die einzige rechtmäßige Erbin des englischen Thrones war, nahm Maria, besonders auf das Drängen des Kardinals von Lothringen, Charles de Lorraine, hin den Titel „Königin von Schottland, England und Irland" an.
[4] Sankt Barthelemi: Die „Pariser Bluthochzeit" oder „Bartholomäusnacht" (1572), als auf Anstiftung Katharinas von Medici hin anlässlich der Hochzeit Heinrichs IV. mit Margarete von Valois ein Massenmorden der in Paris versammelten Hugenotten (Protestanten) stattfand.

Was ist mir Blutsverwandtschaft, Völkerrecht?
Die Kirche trennet aller Pflichten Band,
Den Treubruch heiligt sie, den Königsmord,
Ich übe nur, was Eure Priester lehren.
Sagt! Welches Pfand gewährte mir für Euch,
Wenn ich großmütig Eure Bande löste?
Mit welchem Schloss verwahr ich Eure Treue,
Das nicht Sankt Peters Schlüssel[1] öffnen kann?
Gewalt nur ist die einz'ge Sicherheit,
Kein Bündnis ist mit dem Gezücht der Schlangen.

MARIA Oh, das ist Euer traurig finstrer Argwohn!
Ihr habt mich stets als eine Feindin nur
Und Fremdlingin betrachtet. Hättet Ihr
Zu Eurer Erbin mich erklärt, wie mir
Gebührt, so hätten Dankbarkeit und Liebe
Euch eine treue Freundin und Verwandte
In mir erhalten.

ELISABETH   Draußen, Lady Stuart,
Ist Eure Freundschaft, Euer Haus das Papsttum,
Der Mönch ist Euer Bruder – Euch! zur Erbin
Erklären! Der verräterische Fallstrick!
Dass Ihr bei meinem Leben noch mein Volk
Verführtet, eine listige Armida,[2]
Die edle Jugend meines Königreichs
In Eurem Buhlernetze[3] schlau verstecktet –
Dass alles sich der neu aufgehnden Sonne
Zuwendete, und ich –

MARIA   Regiert in Frieden!
Jedwedem Anspruch auf dies Reich entsag ich.
Ach, meines Geistes Schwingen sind gelähmt,
Nicht Größe lockt mich mehr – Ihr habt's erreicht,
Ich bin nur noch der Schatten der Maria.
Gebrochen ist in langer Kerkerschmach
Der edle Mut – Ihr habt das Äußerste an mir
Getan, habt mich zerstört in meiner Blüte!
– Jetzt macht ein Ende, Schwester. Sprecht es aus,
Das Wort, um dessentwillen Ihr gekommen,
Denn nimmer will ich glauben, dass Ihr kamt,
Um Euer Opfer grausam zu verhöhnen.
Sprecht dieses Wort aus. Sagt mir: „Ihr seid frei,
Maria! Meine Macht habt Ihr gefühlt,
Jetzt lernet meinen Edelmut verehren."

---

[1] Sankt Peters Schlüssel: Die „Schlüsselgewalt", mit der die römische Geistlichkeit den Mitgliedern der Kirche in der Beichte Absolution erteilen kann
[2] Armida: Eine verführerische Frau in Tassos „Befreitem Jerusalem"
[3] Buhle: Geliebte

Sagt's, und ich will mein Leben, meine Freiheit
195 Als ein Geschenk aus Eurer Hand empfangen.
– Ein Wort macht alles ungeschehn. Ich warte
Darauf. O lasst mich's nicht zu lang erharren!
Weh Euch, wenn Ihr mit diesem Wort nicht endet!
Denn wenn Ihr jetzt nicht segenbringend, herrlich,
200 Wie eine Gottheit von mir scheidet – Schwester!
Nicht um dies ganze reiche Eiland,[1] nicht
Um alle Länder, die das Meer umfasst,
Möcht' ich vor Euch so stehn, wie Ihr vor mir!
Elisabeth Bekennt Ihr endlich Euch für überwunden?
205 Ist's aus mit Euren Ränken? Ist kein Mörder
Mehr unterweges? Will kein Abenteurer
Für Euch die traur'ge Ritterschaft mehr wagen?
– Ja, es ist aus, Lady Maria. Ihr verführt
Mir keinen mehr. Die Welt hat andre Sorgen.
210 Es lüstet keinen, Euer – vierter Mann[2]
Zu werden, denn Ihr tötet Eure Freier,
Wie Eure Männer!

MARIA *(auffahrend).* Schwester! Schwester!
O Gott! Gott! Gib mir Mäßigung!

215 ELISABETH *(sieht sie lange mit einem Blick stolzer Verachtung an).*
Das also sind die Reizungen, Lord Leicester,
Die ungestraft kein Mann erblickt, daneben
Kein andres Weib sich wagen darf zu stellen!
Fürwahr! Der Ruhm war wohlfeil zu erlangen:
220 Es kostet nichts, die allgemeine Schönheit
Zu sein, als die gemeine sein für alle![3]

MARIA Das ist zu viel!

ELISABETH *(höhnisch lachend).*
Jetzt zeigt Ihr Euer wahres Gesicht, bis jetzt war's nur die Larve.

225 MARIA *(von Zorn glühend, doch mit einer edlen Würde).*
Ich habe menschlich, jugendlich gefehlt,
Die Macht verführte mich, ich hab es nicht
Verheimlicht und verborgen, falschen Schein
Hab ich verschmäht mit königlichem Freimut.
230 Das Ärgste weiß die Welt von mir, und ich
Kann sagen, ich bin besser als mein Ruf.
Weh Euch, wenn sie von Euren Taten einst
Den Ehrenmantel zieht, womit Ihr gleißend
Die wilde Glut verstohlner Lüste deckt.
235 Nicht Ehrbarkeit habt Ihr von Eurer Mutter

---

[1] Eiland: Insel
[2] Marias Gatten waren Franz II. von Frankreich, Darnley und Bothwell, der an der Ermordung von Marias zweitem Gatten beteiligt war.
[3] Das Wortspiel ergibt sich aus der Doppelbedeutung von ‚gemein': ‚allgemein' und ‚gewöhnlich, vulgär'.

Geerbt: man weiß, um welcher Tugend willen
Anna von Boleyn das Schafott bestiegen.[1]

SHREWSBURY *(tritt zwischen beide Königinnen).*
O Gott des Himmels! Muss es dahin kommen!
240 Ist das die Mäßigung, die Unterwerfung,
Lady Maria?

MARIA Mäßigung! Ich habe
Ertragen, was ein Mensch ertragen kann.
Fahr hin, lammherzige Gelassenheit,
245 Zum Himmel fliehe, leidende Geduld,
Spreng endlich deine Bande, tritt hervor
Aus deiner Höhle, langverhaltner Groll –
Und du, der dem gereizten Basilisk[2]
Den Mordblick gab, leg auf die Zunge mir
250 Den gift'gen Pfeil –

SHREWSBURY O sie ist außer sich!
Verzeih der Rasenden, der schwer Gereizten!
(Elisabeth, für Zorn sprachlos, schießt wütende Blicke auf Marien.)
LEICESTER *(in der heftigsten Unruhe, sucht die Elisabeth hinwegzuführen).*
255 Höre die Wütende nicht an! Hinweg, hinweg
Von diesem unglücksel'gen Ort!

Maria Der Thron von England ist durch einen Bastard[3]
Entweiht, der Briten edelherzig Volk
Durch eine list'ge Gauklerin betrogen.
260 – Regierte Recht, so läget Ihr vor mir
Im Staube jetzt, denn ich bin Euer König.
(Elisabeth geht schnell ab, die Lords folgen ihr in der höchsten Bestürzung.)

(1800)

---

[1] Elisabeths Mutter, Anna Boleyn, wurde von ihrem Mann, Heinrich VIII., des Ehebruchs beschuldigt und im Tower hingerichtet (1536).
[2] Basilisk: ein Fabelwesen (geflügelte Schlange), dessen Blick angeblich tödlich wirkt
[3] Bastard: uneheliches Kind. Elisabeth war nach katholischer Überzeugung illegitimer Geburt, da die Scheidung Heinrichs von seiner ersten Frau, Katharina von Aragonien, von der Kirche nie anerkannt worden war.

Arbeitshinweise

1. Lesen Sie den Text mit verteilten Rollen vor. Welchen Eindruck haben Sie von den beiden Frauen?

2. Arbeiten Sie die wichtigsten Argumente und sprachlichen Mittel der Kontrahentinnen heraus.
   - Wie begründet Maria ihren Anspruch auf Begnadigung?
   - Welche Vorwürfe erhebt Elisabeth gegen Maria?

3. Beschreiben Sie den Gesprächsverlauf. Berücksichtigen Sie dabei auch Regieanweisungen und indirekte Regiehinweise. Orientieren Sie sich an folgendem Gliederungsgerüst:
   I. Marias Versuche, die Begnadigung zu erreichen
      1. Versuch
      2. Versuch

                Ergebnis: Das Verhalten Elisabeths
    II. Marias Angriffe
        1. Angriff auf Elisabeth als Frau
        2. Angriff auf Elisabeth als Königin
            Ergebnis: Das Verhalten Elisabeths

4. Vergleichen Sie die Absichten, mit denen die Beteiligten das Gespräch anfangen, sowie ihre Macht- und Rangpositionen zu Anfang mit dem Ergebnis der Zusammenkunft.

5. Welche Besonderheiten der sprachlichen Form sollen die dargestellte Wirklichkeit zum Edlen, Erhabenen, Schönen überhöhen? Achten Sie auch auf die Gestaltung des Blankverses.

6. Welche Bedeutung hat diese Szene (3. Aufzug, 4. Auftritt) im Gesamtaufbau dieses Dramas? Bedenken Sie, dass ein Kennzeichen des klassischen Dramas, dessen Handlungsverlauf sich in fünf Akten oder Aufzügen vollzieht, seine geschlossene Form ist (vgl. Kapitel 6.3, Aufgabe 6).

7. **Würde**

    So wie die Anmut der Ausdruck einer schönen Seele ist, so ist *Würde* der Ausdruck einer erhabenen Gesinnung.
    Es ist dem Menschen zwar aufgegeben, eine innige Übereinstimmung zwischen seinen beiden Naturen zu stiften, immer ein harmonierendes Ganze zu sein und mit seiner vollstimmigen ganzen
5   Menschheit zu handeln. Aber diese Charakterschönheit, die reifste Frucht seiner Humanität, ist bloß eine Idee, welcher gemäß zu werden er mit anhaltender Wachsamkeit streben, aber die er bei aller Anstrengung nie ganz erreichen kann.[...] Die *schöne* Seele muss sich also im Affekt in eine *erhabene* verwandeln, und das ist der untrügliche Probierstein, wodurch man sie von dem *guten Herzen* oder der *Temperamentstugend* unterscheiden kann. Ist bei einem Menschen die Neigung nur
10 darum aufseiten der Gerechtigkeit, weil die Gerechtigkeit sich glücklicherweise aufseiten der Neigung befindet, so wird der Naturtrieb im Affekt eine vollkommene Zwangsgewalt über den Willen ausüben, und wo ein Opfer nötig ist, so wird es die Sittlichkeit und nicht die Sinnlichkeit bringen. War es hingegen die Vernunft selbst, die, wie bei einem schönen Charakter der Fall ist, die Neigungen *in Pflicht nahm* und der Sinnlichkeit das Steuer *nur anvertraute*, so wird sie es in demselben
15 Moment zurücknehmen, als der Trieb seine Vollmacht missbrauchen will. Die Temperamentstugend sinkt also im Affekt zum bloßen Naturprodukt herab; die schöne Seele geht ins Heroische über und erhebt sich zur reinen Intelligenz. Beherrschung der Triebe durch die moralische Kraft ist *Geistesfreiheit*, und *Würde* heißt ihr Ausdruck in der Erscheinung.

    (Friedrich Schiller, Über Anmut und Würde, e 1793, zit. nach: Werke. Nationalausgabe, Böhlaus Nachfolger, Weimar 1953, S. 166 f.)

    Machen Sie Vorschläge, wie Sie diese Szene umgestalten könnten, wenn Maria dem Schiller'schen Anspruch auf Würde entsprechen soll.

Wichtige Autoren und Werke:

Johann Wolfgang Goethe (1749–1832)
Inbegriff des deutschen Klassikers von Weltrang, Dichter, Staatsmann und Naturforscher (s. auch Kapitel 7)
Werke: Dramen, *Iphigenie, Egmont, Torquato Tasso, Faust I und Faust II*;
Gedichte, *Römische Elegien, Balladen, Sonette*; das Epos *Hermann und Dorothea*;
Romane, *Wilhelm Meisters Lehrjahre* und *Die Wahlverwandtschaften*;
die Selbstdarstellung *Dichtung und Wahrheit*.

8. Klassik (1786 – 1832)

Johann Gottfried Schadow: Kronprinzessin Luise von Preußen und ihre Schwester Friederike (1795 – 97) Klassizistisch sind die antikisierenden Gewänder sowie die leicht idealisierten eleganten Schwünge des Faltenwurfs und der Körperhaltungen.

Friedrich Hölderlin (1770 – 1843)

Ein Dichter „zwischen" Klassik und Romantik

Werke: *Gedichte* (Oden, Hymnen, Elegien); *Hyperion oder Der Eremit in Griechenland* (Roman); *Der Tod des Empedokles* (Tragödienfragment).

Friedrich Schiller (1759 – 1805)

Neben Goethe der bedeutendste deutsche Klassiker (s. auch Kapitel 7)

Werke: Gedichte, z. B. die Hymne *An die Freude,* Elegien wie *Nänie* und Balladen, z. B. *Die Kraniche des Ibykus*; Erzählungen, insbes. *Der Verbrecher aus verlorener Ehre*; große Tragödien, in denen Held und Weltpolitik in tragischem Konflikt stehen, *Dom Karlos, Infant von Spanien, Wallenstein*-Trilogie, *Maria Stuart, Wilhelm Tell.*

Grundlegende Literatur:

Dieter Borchmeyer: *Weimarer Klassik. Portrait einer Epoche.* Weinheim 1994

Volker C. Dörr: *Weimarer Klassik.* Paderborn 2007 (= UTB Literaturwissenschaft elementar)

Gerhard Schulz: *Deutsche Literatur zwischen Französischer Revolution und Restauration 1789 – 1830.* Bd. 2. *Das Zeitalter der napoleonischen Kriege und der Restauration 1806 – 1830* (= *Geschichte der deutschen Literatur von Anfängen bis zur Gegenwart*, begr. von Helmut de Boor u. Richard Newald, Bd. 7.2). München 1989

9 Romantik (1798–1835)

Um 1797 kommt der Begriff „romantische Poesie" auf, aus dem später der Name für diese Epoche abgeleitet wird. **„Romantisch"** bedeutet in dieser Zeit so viel wie „im ‚Roman' vorkommend", „fantasievoll", „wunderbar", „unwirklich" – alles, was sich dem nüchternen Verstand entzieht. Als Epochenbegriff bezeichnet **Romantik** die Zeit zwischen 1798 und 1835. Dies ist eine politisch außerordentlich bewegte Zeit: Sie steht unter dem Zeichen von Napoleons Aufstieg und Sturz, den Befreiungskriegen, der Neuordnung Europas auf dem Wiener Kongress, der Restauration sowie der demokratisch-liberalen und nationalen Unabhängigkeitsbewegungen.

Die Romantik entwickelt sich größtenteils parallel zur Klassik (siehe Kapitel 8) und zum Teil zeitgleich zum Biedermeier (siehe Kapitel 10) und zum „Jungen Deutschland" (siehe Kapitel 11). Hinsichtlich ihrer Opposition gegen einen engen Vernunftbegriff, der nur das rational Erfassbare und Nützliche gelten lässt, und ihrer Hochschätzung des Gefühls kann die Romantik als Weiterführung der Empfindsamkeit (siehe Kapitel 6) und des Sturm und Drang (siehe Kapitel 7) betrachtet werden. Neben dem Bewusstsein und der Reflexion hält man nun auch die Abgründe des Seelischen, Träume, Geheimnisvolles, Dämonisches für wesentlich.

Die Grenzen zwischen Fantasie und Wirklichkeit verschwimmen. Die Autoren setzen sich sogar zum Ziel, die Welt zu „romantisieren", damit sie ihren „ursprünglichen Sinn" wieder finde: „Indem ich dem Gemeinen einen hohen Sinn, dem Gewöhnlichen ein geheimnisvolles Ansehn, dem Bekannten die Würde des Unbekannten, dem Endlichen einen unendlichen Schein gebe so romantisire ich es" (Novalis, „Fragmente").

Anders als die Klassik hat die Romantik verschiedene **Zentren** (Jena, Berlin, Heidelberg, Stuttgart) und entwickelt sich in mehreren **Phasen** (Früh-, Hoch- und Spätromantik). Erstmals spielen auch Frauen eine aktive Rolle im kulturellen Leben.

Das Märchen wird wieder entdeckt, ebenso das Volkslied und die Sage. Außerdem wendet man sich der Geschichte zu und begeistert sich für das christliche Mittelalter als den nationalen Ursprung Deutschlands. Die Brüder Grimm, die „Kinder- und Hausmärchen" sowie „Deutsche Sagen" sammeln, aufschreiben und herausgeben, arbeiten an einem „Deutschen Wörterbuch", das die Sprachentwicklung dokumentiert. Aus der Erforschung der deutschen Sprache und Literatur entsteht eine Wissenschaft, die Germanistik.

Am bedeutendsten ist die romantische **Lyrik** mit ihrer raffinierten Mischung aus volksliedhafter Schlichtheit und bewusster Kunstfertigkeit. Daneben ist der **Roman**, zu dessen Bestandteilen oft auch Gedichte, Märchen, Erzählungen und philosophische Reflexionen gehören, eine wichtige Form romantischer Dichtung. Der Roman bleibt – vor allem in der Frühromantik – häufig unvollendet, Fragment. Das Fragmentarische, die Wertschätzung des Unbewussten, die Vermischung der Gattungen, die Hinwendung zur Volkspoesie und zum Mittelalter sind **Merkmale romantischer Dichtung**.

9. Romantik (1798 – 1835)

Caspar David Friedrich: „Der Wanderer über dem Nebelmeer" (1818). Mit dem Wanderer schaut der Bildbetrachter in eine unkonkrete Landschaft, die aus den Nebelschwaden hervortritt.

9.1 Novalis (Friedrich von Hardenberg) (1772 – 1801)
Wenn nicht mehr Zahlen und Figuren

Wenn nicht mehr Zahlen und Figuren
Sind Schlüssel aller Kreaturen,
Wenn die, so singen oder küssen,
Mehr als die Tiefgelehrten wissen,
5 Wenn sich die Welt ins freie Leben,
Und in die Welt wird zurück begeben,
Wenn dann sich wieder Licht und Schatten
Zu echter Klarheit werden gatten,
Und man in Märchen und Gedichten
10 Erkennt die ew'gen Weltgeschichten,
Dann fliegt vor Einem geheimen Wort
Das ganze verkehrte Wesen sofort.

(1800)

Clemens Brentano (1778 – 1842)
Lore Lay

Zu Bacharach am Rheine
Wohnt eine Zauberin,
Sie war so schön und feine
Und riss viel Herzen hin.

5 Und machte viel zu schanden
Der Männer ringsumher,
Aus ihren Liebesbanden
War keine Rettung mehr!

Der Bischof ließ sie laden
10 Vor geistliche Gewalt,
Und musste sie begnaden,
So schön war ihr' Gestalt!

Er sprach zu ihr gerühret:
„Du arme Lore Lay!
15 Wer hat dich denn verführet
Zu böser Zauberei?" –

„Herr Bischof, lasst mich sterben,
Ich bin des Lebens müd',
Weil jeder muss verderben,
20 Der meine Augen sieht!

„Die Augen sind zwei Flammen,
Mein Arm ein Zauberstab –
O legt mich in die Flammen,
O brechet mir den Stab!" –

25 „Ich kann dich nicht verdammen,
Bis du mir erst bekennt,
Warum in diesen Flammen
Mein eigen Herz schon brennt! –

„Den Stab kann ich nicht brechen,
30 Du schöne Lore Lay,
Ich müsste dann zerbrechen
Mein eigen Herz entzwei!"

„Herr Bischof, mit mir Armen
Treibt nicht so bösen Spott
35 Und bittet um Erbarmen
Für mich den lieben Gott!

„Ich darf nicht länger leben,
Ich liebe keinen mehr,
Den Tod sollt Ihr mir geben,
40 Drum kam ich zu Euch her!

„Mein Schatz hat mich betrogen,
Hat sich von mir gewandt,
Ist fort von hier gezogen,
Fort in ein fremdes Land!

45 „Die Augen sanft und wilde,
Die Wangen rot und weiß,
Die Worte still und milde,
Die sind mein Zauberkreis!

„Ich selbst muss drin verderben,
50 Das Herz thut mir so weh,
Vor Schmerzen möcht' ich sterben,
Wenn ich mein Bildnis seh'.

„Drum lasst mein Recht mich finden,
Mich sterben wie ein Christ,
55 Denn alles muss verschwinden,
Weil er nicht bei mir ist!"

Drei Ritter lässt er holen:
„Bringt sie ins Kloster hin!
Geh, Lore! Gott befohlen
60 Sei dein berückter Sinn!

„Du sollst ein Nönnchen werden,
Ein Nönnchen schwarz und weiß,
Bereite dich auf Erden
Zu deines Todes Reis'!"

65 Zum Kloster sie nun ritten
Die Ritter alle drei,
Und traurig in der Mitten
Die schöne Lore Lay.

„O Ritter, lasst mich gehen
70 Auf diesen Felsen groß,
Ich will noch einmal sehen
Nach meines Lieben Schloss!

„Ich will noch einmal sehen
Wohl in den tiefen Rhein
75 Und dann ins Kloster gehen
Und Gottes Jungfrau sein!"

Der Felsen ist so jähe,
So steil ist seine Wand,
Doch klimmt sie in die Höhe,
80 Bis dass sie oben stand.

Es binden die drei Reiter
Die Rosse unten an
Und klettern immer weiter
Zum Felsen auch hinan.

85 Die Jungfrau sprach: „Da gehet
Ein Schifflein auf dem Rhein,
Der in dem Schifflein stehet
Der soll mein Liebster sein!

„Mein Herz wird mir so munter,
90 Er muss mein Liebster sein!" –
Da lehnt sie sich hinunter
Und stürzet in den Rhein.

Die Ritter mussten sterben,
Sie konnten nicht hinab,
95 Sie mussten all' verderben
Ohn' Priester und ohn' Grab.

Wer hat dies Lied gesungen?
Ein Schiffer auf dem Rhein,
Und immer hat's geklungen
100 Von dem drei Ritterstein:
    Lore Lay!
    Lore Lay!
    Lore Lay!
Als wären es meiner Drei.

(1801)

„Lore Lay": Zum ersten Mal im zweiten Teil des Romans „Godwi" ohne Überschrift gedruckt. Die Sage selbst ist eine freie Erfindung Brentanos, die dann ins Volk übergegangen ist. Lore Lay, Lurlei bedeutet soviel wie Elbenfels, Zwergfels.
Drei Ritterstein: Bei Bacharach steht dieser Felsen, Lore Lay genannt. Man sagt, dass er ein dreifaches Echo wirft.

Joseph von Eichendorff (1788 – 1857)
Waldgespräch

Es ist schon spät, es wird schon kalt,
Was reit'st du einsam durch den Wald?
Der Wald ist lang, du bist allein,
Du schöne Braut! ich führ dich heim!

5 „Groß ist der Männer Trug und List,
Vor Schmerz mein Herz gebrochen ist,
Wohl irrt das Waldhorn her und hin,
O flieh! du weißt nicht, wer ich bin."

So reich geschmückt ist Ross und Weib,
10 So wunderschön der junge Leib,
Jetzt kenn ich dich – Gott steh mir bei!
Du bist die Hexe Lorelei.

„Du kennst mich wohl – von hohem Stein
Schaut still mein Schloss tief in den Rhein.
15 Es ist schon spät, es wird schon kalt,
Kommst nimmermehr aus diesem Wald!"

(1815)

Heinrich Heine (1797 – 1856)
Ich weiß nicht, was soll es bedeuten

Ich weiß nicht, was soll es bedeuten,
Dass ich so traurig bin;
Ein Mährchen aus alten Zeiten.
Das kommt mir nicht aus dem Sinn.

5 Die Luft ist kühl und es dunkelt,
Und ruhig fließt der Rhein;
Der Gipfel des Berges funkelt
Im Abendsonnenschein.

Die schönste Jungfrau sitzet
10 Dort oben wunderbar,
Ihr gold'nes Geschmeide blitzet,
Sie kämmt ihr gold'nes Haar.

Sie kämmt es mit gold'nem Kamme,
Und singt ein Lied dabei;
15 Das hat eine wundersame,
Gewaltige Melodei.

Den Schiffer, im kleinen Schiffe,
Ergreift es mit wildem Weh;
Er schaut nicht die Felsenriffe,
20 Er schaut nur hinauf in die Höh'.

Ich glaube, die Wellen verschlingen
Am Ende Schiffer und Kahn;
Und das hat mit ihrem Singen
Die Lore-Ley gethan.

(1823/24)

Diese Bildpostkarte zeigt um 1905 eine Illustration des Gedichtes von Heinrich Heine.

Arbeitshinweise

1. Erläutern Sie die Aussage des Gedichts „Wenn nicht mehr Zahlen und Figuren" von Novalis. Gehen Sie dabei vor allem auf das Bild der „Schlüssel" ein und berücksichtigen Sie die syntaktische Struktur des Textes („Wenn ...", „Dann ...").

2. Lesen Sie sich in die „Lore Lay"-Ballade von Clemens Brentano ein und tragen Sie diese sinnerschließend vor.

3. Vieles in Brentanos Ballade bleibt rätselhaft und ungeklärt. Untersuchen Sie das an der Gestaltung der Geschehens- und Handlungsträger: der Lore Lay, ihres Liebsten, des Bischofs, der drei Ritter, des Schiffers auf dem Rhein und des erzählenden Ichs.

4. Wodurch erweckt Brentano den Eindruck, als ob es sich um ein uraltes Liedgut handle? Beachten Sie auch den Volksliedcharakter der Strophenform (siehe Kapitel 3.1) und vergleichen Sie die ersten beiden Strophen der Ballade mit der zweiten des Nibelungenlieds (in Kapitel 2.2).

5. Die Ballade ist nach Johann Wolfgang Goethe eine Gattungsform, die episch, lyrisch und dramatisch zugleich ist, in der „die Elemente noch nicht getrennt, sondern wie in einem lebendigen Ur-Ei zusammen sind." Prüfen Sie Brentanos „Lore Lay" in Bezug auf diese Gattungsbestimmung.

6. Analysieren Sie die Gedichte „Waldgespräch" von Joseph von Eichendorff und „Ich weiß nicht, was soll es bedeuten" von Heinrich Heine und vergleichen Sie sie mit Brentanos „Lore Lay". Achten Sie besonders auf die Gestaltung des Frauenbildes.

7. Welche Elemente in den vorliegenden Gedichten sind typisch für die Romantik? Beziehen Sie die Informationen des Einführungstextes in Ihre Überlegungen ein.

8. Über Heinrich Heine (siehe auch Kapitel 11.2) heißt es in einer Literaturgeschichte:

   „Er war ein Nachfahre der Romantik [...]. Das Volkslied, das die Romantiker gepflegt und gesammelt hatten, hat er in seinen Liedern nachgestaltet. Aus romantischer Quelle stammt auch die geistige Haltung, mit der er die eigenen Schöpfungen ironisch in Frage stellte. Aber hier setzte auch die Abkehr von der Romantik ein."

   (Helmut Nürnberger, Geschichte der deutschen Literatur, 25., völlig neu bearbeitete Auflage 2006, S. 210)

   - Können Sie diesen Aussagen in Bezug auf das Gedicht „Ich weiß nicht, was soll es bedeuten" zustimmen?
   - Welches Verständnis des Gedichts wird in der Bildpostkarte (um 1905) vermittelt?

9. Das Gedicht „Waldgespräch" wurde von Robert Schumann, Heinrich Heines „Ich weiß nicht, was soll es bedeuten" von Philipp Friedrich Silcher vertont. Hören Sie sich diese Vertonungen an und singen Sie die Lieder mit. Für eine intensivere Beschäftigung mit der musikalischen Gestaltung bietet sich eine Zusammenarbeit mit dem Fach Musik an.

9.2 Novalis (Friedrich von Hardenberg) (1772–1801) Heinrich von Ofterdingen (1. Teil, 6. Kapitel: Schluss)

Die Hauptfigur dieses (unvollendeten, nach dem frühen Tod des Dichters erschienenen) Romans ist Heinrich von Ofterdingen, der nach mittelalterlicher Sage als Dichter am Sängerkrieg auf der Wartburg beteiligt war.

Im ersten Teil des im christlich verklärten Hochmittelalter spielenden Romans, „Die Erwartung", beschreibt der auktoriale Erzähler die aus erster Berührung mit fremden Lebensbereichen gewonnenen „Welterfahrungen" des Helden, die den jungen Gelehrten zum Dichter reifen lassen.

Zusammen mit seiner Mutter begibt sich der zwanzigjährige Heinrich in der Gesellschaft von Kaufleuten zu seinem Großvater nach Augsburg. Dort geraten sie in ein Fest, das sein Großvater gerade veranstaltet. Auf diesem Fest lernt Heinrich den Dichter Klingsohr kennen und verliebt sich sogleich in dessen Tochter Mathilde.

Er trat ans Fenster. Das Chor der Gestirne stand am dunkeln Himmel, und im Morgen kündigte ein weißer Schein den kommenden Tag an.

Mit vollem Entzücken rief Heinrich aus: Euch, ihr ewigen Gestirne, ihr stillen Wandrer, Euch rufe ich zu Zeugen meines heiligen Schwurs an. Für Mathilden will ich leben, und ewige
5 Treue soll mein Herz an das ihrige knüpfen. Auch mir bricht der Morgen eines ewigen Tages an. Die Nacht ist vorüber. Ich zünde der aufgehenden Sonne mich selbst zum nieverglühenden Opfer an.

Heinrich war erhitzt, und nur spät gegen Morgen schlief er ein. In wunderliche Träume flossen die Gedanken seiner Seele zusammen. Ein tiefer blauer Strom schimmerte aus der grü-
10 nen Ebene herauf. Auf der glatten Fläche schwamm ein Kahn. Mathilde saß und ruderte. Sie war mit Kränzen geschmückt, sang ein einfaches Lied, und sah nach ihm mit süßer Wehmut herüber. Seine Brust war beklommen. Er wusste nicht warum. Der Himmel war heiter, die Flut ruhig. Ihr himmlisches Gesicht spiegelte sich in den Wellen. Auf einmal fing der Kahn an sich umzudrehen. Er rief ihr ängstlich zu. Sie lächelte und legte das Ruder in den Kahn,
15 der sich immerwährend drehte. Eine ungeheure Bangigkeit ergriff ihn. Er stürzte sich in den Strom; aber er konnte nicht fort, das Wasser trug ihn. Sie winkte, sie schien ihm etwas sagen zu wollen, der Kahn schöpfte schon Wasser; doch lächelte sie mit einer unsäglichen Innigkeit und sah heiter in den Wirbel hinein. Auf einmal zog es sie hinunter. Eine leise Luft strich über den Strom, der ebenso ruhig und glänzend floss, wie vorher. Die entsetzliche Angst
20 raubte ihm das Bewusstsein. Das Herz schlug nicht mehr. Er kam erst zu sich, als er sich auf trocknem Boden fühlte. Er mochte weit geschwommen sein. Es war eine fremde Gegend. Er wusste nicht, wie ihm geschehen war. Sein Gemüt war verschwunden. Gedankenlos ging er tiefer ins Land. Entsetzlich matt fühlte er sich. Eine kleine Quelle kam aus einem Hügel, sie tönte wie lauter Glocken. Mit der Hand schöpfte er einige Tropfen und netzte seine dürren
25 Lippen. Wie ein banger Traum lag die schreckliche Begebenheit hinter ihm. Immer weiter und weiter ging er, Blumen und Bäume redeten ihn an. Ihm wurde so wohl und heimatlich zu Sinne. Da hörte er jenes einfache Lied wieder. Er lief den Tönen nach. Auf einmal hielt ihn jemand am Gewande zurück. Lieber Heinrich, rief eine bekannte Stimme. Er sah sich um, und Mathilde schloss ihn in ihre Arme. Warum liefst du vor mir, liebes Herz, sagte sie tief
30 atmend. Kaum konnte ich dich einholen. Heinrich weinte. Er drückte sie an sich. – Wo ist der Strom?, rief er mit Tränen. Siehst du nicht seine blauen Wellen über uns? Er sah hinauf, und

der blaue Strom floss leise über ihrem Haupte. Wo sind wir, liebe Mathilde? Bei unsern Eltern. Bleiben wir zusammen? Ewig, versetzte sie, indem sie ihre Lippen an die seinigen drückte und ihn so umschloss, dass sie nicht wieder von ihm konnte. Sie sagte ihm ein wunderbares geheimes Wort in den Mund, was sein ganzes Wesen durchklang. Er wollte es wiederholen, als sein Großvater rief und er aufwachte. Er hätte sein Leben darum geben mögen, das Wort noch zu wissen.

(1802)

Karoline von Günderode (1780 – 1806)
Ein apokalyptisches Fragment

Karoline von Günderode veröffentlichte unter einem Decknamen „Gedichte und Phantasien" sowie „Poetische Fragmente".

Ich stand auf einem hohen Fels im Mittelmeer, und vor mir war der Ost, und hinter mir der West, und der Wind ruhte auf der See.

Da sank die Sonne, und kaum war sie verhüllt im Niedergang, so stieg im Aufgang das Morgenrot wieder empor, und Morgen, Mittag, Abend und Nacht jagten sich, in schwindelnder Eile, um den Bogen des Himmels.

Erstaunt sah ich sie sich drehen in wilden Kreisen; mein Puls floh nicht schneller, meine Gedanken bewegten sich nicht rascher, und die Zeit in mir ging den gewohnten Gang, indes sie außer mir, sich nach neuem Gesetz bewegte.

Ich wollte mich hinstürzen in das Morgenrot, oder mich tauchen in die Schatten der Nacht, um mit in ihre Eile gezogen zu werden, und nicht so langsam zu leben; da ich sie aber immer betrachtete, ward ich sehr müde und entschlief.

Da sah ich ein weites Meer vor mir, das von keinem Ufer umgeben war, weder im Ost noch Süd noch West, noch Nord: kein Windstoß bewegte die Wellen, aber die unermessliche See bewegte sich doch in ihren Tiefen, wie von innern Gärungen bewegt.

Und mancherlei Gestalten stiegen herauf, aus dem Schoß des tiefen Meeres, und Nebel stiegen empor und wurden Wolken, und die Wolken senkten sich, und berührten in zuckenden Blitzen die gebärenden Wogen.

Und immer mannigfaltigere Gestalten entstiegen der Tiefe, aber mich ergriffen Schwindel und eine sonderbare Bangigkeit, meine Gedanken wurden hierhin und dorthin getrieben, wie eine Fackel vom Sturmwind, bis meine Erinnerung erlosch. Da ich aber wieder erwachte und von mir zu wissen anfing, wusste ich nicht, wie lange ich geschlafen hatte, ob es Jahrhunderte oder Minuten waren: denn ob ich gleich dumpfe und verworrene Träume gehabt hatte, so war mir doch nichts begegnet, was mich an die Zeit erinnert hätte. Aber es war ein dunkles Gefühl in mir, als habe ich geruht im Schoße dieses Meeres und sei ihm entstiegen, wie die andern Gestalten. Und ich schien mir ein Tropfen Tau, und bewegte mich lustig hin und wider in der Luft, und freute mich, dass die Sonne sich in mir spiegle, und die Sterne mich beschauten.

Ich ließ mich von den Lüften in raschen Zügen dahintragen. Ich gesellte mich zum Abendrot, und zu des Regenbogens siebenfarbigen Tropfen, ich reihte mich mit meinen Gespielen um den Mond, wenn er sich bergen wollte, und begleitete seine Bahn. Die Vergangenheit war mir dahin! Ich gehörte nur der Gegenwart. Aber eine Sehnsucht war in mir, die ihren Gegenstand nicht kannte, ich suchte immer, aber jedes Gefundene war nicht das Gesuchte, und sehnend trieb ich mich umher im Unendlichen.

Einst ward ich gewahr, dass alle die Wesen, die aus dem Meere gestiegen waren, wieder zu ihm zurückkehrten und sich in wechselnden Formen wieder erzeugten. Mich befremdete diese Erscheinung: denn ich hatte von keinem Ende gewusst. Da dachte ich, meine Sehnsucht sei auch, zurückzukehren, zu der Quelle des Lebens.

Und da ich dies dachte, und fast lebendiger fühlte, als all mein Bewusstsein, ward plötzlich mein Gemüt wie mit betäubenden Nebeln umgeben. Aber sie schwanden bald. Ich schien mir nicht mehr ich, und doch mehr als sonst ich, meine Grenzen konnte ich nicht mehr finden, mein Bewusstsein hatte sie überschritten, es war größer, anders, und doch fühlte ich mich in ihm.

Erlöset war ich von den engen Schranken meines Wesens, und kein einzelner Tropfen mehr, ich war allem wiedergegeben, und alles gehörte mir an, ich dachte, und fühlte, wogte im Meer, glänzte in der Sonne, kreiste mit den Sternen. Ich fühlte mich in allem, und genoss alles in mir.

Drum, wer Ohren hat zu hören, der höre! Es ist nicht zwei, nicht drei, nicht tausende, es ist Eins und alles; es ist nicht Körper und Geist geschieden, dass das eine der Zeit, das andere der Ewigkeit angehöre, es ist Eins, gehört sich selbst, und ist Zeit und Ewigkeit zugleich, und sichtbar, und unsichtbar, bleibend im Wandel, ein unendliches Leben.

(1804)

Caspar David Friedrich: Mönch am Meer (1808/10)

Joseph von Eichendorff (1788 – 1857)
Aus dem Leben eines Taugenichts

ERSTES KAPITEL

Das Rad an meines Vaters Mühle brauste und rauschte schon wieder recht lustig, der Schnee tröpfelte emsig vom Dache, die Sperlinge zwitscherten und tummelten sich dazwischen; ich saß auf der Türschwelle und wischte mir den Schlaf aus den Augen; mir war so recht wohl in dem warmen Sonnenscheine. Da trat der Vater aus dem Hause; er hatte schon seit Tagesan-
5 bruch in der Mühle rumort und die Schlafmütze schief auf dem Kopfe, der sagte zu mir: „Du Taugenichts! Da sonnst du dich schon wieder und dehnst und reckst dir die Knochen müde und lässt mich alle Arbeit allein tun. Ich kann dich hier nicht länger füttern. Der Frühling ist vor der Tür, geh auch einmal hinaus in die Welt und erwirb dir selber dein Brot." – „Nun", sagte ich, „wenn ich ein Taugenichts bin, so ist's gut, so will ich in die Welt gehen und mein
10 Glück machen." Und eigentlich war mir das recht lieb, denn es war mir kurz vorher selber eingefallen, auf Reisen zu gehen, da ich die Goldammer, welche im Herbst und Winter immer betrübt an unserm Fenster sang: „Bauer, miet mich, Bauer miet mich!" nun in der schönen Frühlingszeit wieder ganz stolz und lustig vom Baume rufen hörte: „Bauer, behalt deinen Dienst!" – Ich ging also in das Haus hinein und holte meine Geige, die ich recht artig
15 spielte, von der Wand, mein Vater gab mir noch einige Groschen Geld mit auf den Weg und so schlenderte ich durch das lange Dorf hinaus. Ich hatte recht meine heimliche Freude, als ich da alle meine alten Bekannten und Kameraden rechts und links, wie gestern und vorgestern und immerdar, zur Arbeit hinausziehen, graben und pflügen sah, während ich so in die freie Welt hinausstrich. Ich rief den armen Leuten nach allen Seiten recht stolz und zufrieden
20 Adjes zu, aber es kümmerte sich eben keiner sehr darum. Mir war es wie ein ewiger Sonntag im Gemüte. Und als ich endlich ins freie Feld hinauskam, da nahm ich meine liebe Geige vor und spielte und sang, auf der Landstraße fortgehend:

„Wem Gott will rechte Gunst erweisen,
Den schickt er in die weite Welt,
25 Dem will er seine Wunder weisen
In Berg und Wald und Strom und Feld.

Die Bächlein von den Bergen springen,
Die Lerchen schwirren hoch vor Lust,
Was sollt ich nicht mit ihnen singen
30 Aus voller Kehl und frischer Brust?

Die Trägen, die zu Hause liegen,
Erquicket nicht das Morgenrot,
Sie wissen nur vom Kinderwiegen
Von Sorgen, Last und Not um Brot.

Den lieben Gott lass ich nur walten;
Der Bächlein, Lerchen, Wald und Feld
Und Erd und Himmel will erhalten,
Hat auch mein' Sach' aufs best bestellt!"

Indem, wie ich mich so umsehe, kömmt ein köstlicher Reisewagen ganz nahe an mich heran, der mochte wohl schon einige Zeit hinter mir dreingefahren sein, ohne dass ich es merkte, weil mein Herz so voller Klang war, denn es ging ganz langsam, und zwei vornehme Damen steckten die Köpfe aus dem Wagen und hörten mir zu. Die eine war besonders schön und jünger als
35 die andere, aber eigentlich gefielen sie mir alle beide. Als ich nun aufhörte zu singen, ließ die ältere stillhalten und redete mich holdselig an: „Ei, lustiger Gesell, Er weiß ja recht hübsche Lieder zu singen." Ich nicht zu faul dagegen: „Ew. Gnaden aufzuwarten, wüsst ich noch viel schönere." Darauf fragte sie mich wieder: „Wohin wandert Er denn schon so am frühen Morgen?" Da schämte ich mich, dass ich das selber nicht wusste, und sagte dreist: „Nach Wien";

nun sprachen beide miteinander in einer fremden Sprache, die ich nicht verstand. Die Jüngere schüttelte einigemal mit dem Kopfe, die andere lachte aber in einem fort und rief mir endlich zu: „Spring Er nur hinten mit auf, wir fahren auch nach Wien." Wer war froher als ich! Ich machte eine Reverenz und war mit einem Sprunge hinter dem Wagen, der Kutscher knallte und wir flogen über die glänzende Straße fort, dass mir der Wind am Hut pfiff.

Hinter mir gingen nun Dorf, Gärten und Kirchtürme unter, vor mir neue Dörfer, Schlösser und Berge auf; unter mir Saaten, Büsche und Wiesen bunt vorüberfliegend, über mir unzählige Lerchen in der klaren blauen Luft – ich schämte mich, laut zu schreien, aber innerlichst jauchzte ich und strampelte und tanzte auf dem Wagentritt herum, dass ich bald meine Geige verloren hätte, die ich unterm Arme hielt. Wie aber denn die Sonne immer höher stieg, rings am Horizont schwere weiße Mittagswolken aufstiegen und alles in der Luft und auf der weiten Fläche so leer und schwül und still wurde über den leise wogenden Kornfeldern, da fiel mir erst wieder mein Dorf ein und mein Vater und unsere Mühle, wie es da so heimlich kühl war an dem schattigen Weiher, und dass nun alles so weit, weit hinter mir lag. Mir war dabei so kurios zumute, als müsste ich wieder umkehren; ich steckte meine Geige zwischen Rock und Weste, setzte mich voller Gedanken auf den Wagentritt hin und schlief ein. […]

(1826)

Arbeitshinweise

1. Analysieren Sie die Textstelle aus dem „Ofterdingen"-Roman von Novalis unter besonderer Berücksichtigung der Darbietungsweise. Wie werden die Umstände, die zum Verlust der Geliebten führen, und die Wiedervereinigung der Liebenden erzählerisch gestaltet?

2. Deuten Sie Heinrichs Traum aus dem „Ofterdingen"-Roman als erzählerische Vorausdeutung.
   - Welche Vorausdeutung auf das Schicksal von Heinrich und Mathilde enthält er?
   - Wodurch wird die Liebe als das Bindeglied zur Ewigkeit dargestellt?
   - Welche Bedeutung hat die Poesie in den beiden „Welten"? Berücksichtigen Sie das „einfache Lied", das Sprechen der „Blumen und Bäume", Mathildes „geheimes Wort".

3. Skizzieren Sie die weitere (von Novalis nicht mehr ausgeführte) Handlung des Romans, indem Sie von der Vorausdeutung der Textstelle ausgehen.

4. Versuchen Sie, den Inhalt des „apokalyptischen Fragments" von Karoline von Günderode wiederzugeben.

5. „Karoline von Günderode (1780–1806), eine romantische Dichterin, nahm sich aus unglücklicher Liebe das Leben. Ihre Texte spiegeln den Gefühlsüberschwang der romantischen Welterfahrung ebenso wie den Verlust der Realität. Die Welt entsteht nur noch aus dem Ich des Dichters; wahr ist nur die geträumte Welt, die in einer ‚Seelenlandschaft' zum Ausdruck des absoluten Gefühls wird."
   (Dieter Krywalski, Andreas Margraf, Christian Roedig: „Kennwort 12. Ein literaturgeschichtliches Arbeitsbuch", Hannover 1992, S. 115)
   - Trifft diese Beschreibung ihrer Dichtung auch auf das „apokalyptische Fragment" der Günderode zu?
   - Inwiefern findet Johann Gottlob Fichtes Lehre vom „Ich" in dem Text der Günderode Ausdruck und Gestaltung? Dieser Philosoph hat 1804 in seiner „Wissenschaftslehre" erklärt, dass das „Ich" die Welt als „Nicht-Ich" produziere, und mit dieser Lehre starken Einfluss auf die Zeitgenossen gewonnen.

6. Vergleichen Sie den Ausschnitt aus dem „Ofterdingen"-Roman und das „apokalyptische Fragment" in Bezug auf die romantische Wirklichkeitserfahrung. Beachten Sie die Unterschiedlichkeit der Erzähl-

formen (Er-/Ich-Form). Beziehen Sie die Informationen des Einführungstextes zu diesem Kapitel in Ihre Überlegungen ein.

7. Caspar David Friedrich (1774–1840) ist einer der bedeutendsten Maler der Romantik.
   - Deuten Sie das Bild „Mönch am Meer".
   - Vergleichen Sie Ihre Deutung mit den Empfindungen Clemens Brentanos:

Herrlich ist es, in einer unendlichen Einsamkeit am Meeresufer, unter trübem Himmel, auf eine unbegrenzte Wasserwüste hinauszuschauen. Dazu gehört gleichwohl, dass man dahin gegangen sei, dass man zurück muss, dass man hinüber möchte, dass man es nicht kann, dass man alles zum Leben vermisst und die Stimme des Lebens dennoch im Rauschen der Flut, im Wehen der Luft, im
5 Ziehen der Wolken, in dem einsamen Geschrei der Vögel vernimmt. Dazu gehört ein Anspruch, den das Herz macht, und ein Abbruch, um mich so auszudrücken, den einem die Natur tut. Dies aber ist vor dem Bilde unmöglich, und das, was ich in dem Bilde selbst finden sollte, fand ich erst zwischen mir und dem Bilde, nämlich einen Anspruch, den mein Herz an das Bild machte, und einen Abbruch, den mir das Bild tat; und so ward ich selbst der Kapuziner, das Bild war die Düne,
10 das aber, wohinaus ich mit Sehnsucht blicken sollte, die See, fehlte ganz. Nichts kann trauriger und unbehaglicher sein als diese Stellung in der Welt: der einzige Lebensfunke im weiten Reiche des Todes, der einsame Mittelpunkt im einsamen Kreis. Das Bild liegt, mit seinen zwei oder drei geheimnisvollen Gegenständen, wie die Apokalypse da, als ob es Youngs Nachtgedanken hätte, und da es, in seiner Einförmigkeit und Uferlosigkeit, nichts als den Rahmen zum Vordergrund hat, so ist
15 es, wenn man es betrachtet, als ob einem die Augenlider weggeschnitten wären. Gleichwohl hat der Maler zweifelsohne eine ganz neue Bahn im Felde seiner Kunst gebrochen; und ich bin überzeugt, dass sich, mit seinem Geiste, eine Quadratmeile märkischen Sandes darstellen ließe, mit einem Berberitzenstrauch, worauf sich eine Krähe einsam plustert, und dass dies Bild eine wahrhaft Ossian'sche oder Kosegarten'sche Wirkung tun müsste. Ja, wenn man diese Landschaft mit ihrer
20 eignen Kreide und mit ihrem eigenen Wasser malte; so, glaube ich, man könnte die Füchse und Wölfe damit zum Heulen bringen: das Stärkste, was man, ohne allen Zweifel, zum Lobe für diese Art von Landschaftsmalerei beibringen kann. – Doch meine eigenen Empfindungen über dies wunderbare Gemälde sind zu verworren; daher habe ich mir, ehe ich sie ganz aus-
25 zusprechen wage, vorgenommen, mich durch die Äußerungen derer, die paarweise von Morgen bis Abend daran vorübergehen, zu belehren.   C[lemens] b[rentano].

(Bearbeitet durch Heinrich von Kleist [Berliner Abendblätter Nr. 12 vom 13.10.1810, S. 47 f.])

Bringen Sie das Bild in eine vergleichende Beziehung mit Karoline von Günderodes „apokalyptischem Fragment".

8. Die Novelle „Aus dem Leben eines Taugenichts" ist eines der am meisten gelesenen und wirkungsvollsten Werke der Romantik. Erschließen Sie die Darstellung des Helden und seiner Lebenseinstellung sowie Raum und Zeit der Erzählung.

9. Thomas Mann sah im „Taugenichts" die „Essenz der Romantik". Welche Besonderheiten des Textes könnten Thomas Mann zu diesem Urteil veranlasst haben? Beziehen Sie auch den Einführungstext in Ihre Überlegungen ein.

Ludwig Richter (1803–1884): Wanderschaft

9.3 Heinrich von Kleist (1777 – 1811)
Amphitryon.
Ein Lustspiel nach Molière (II,2)

Nach einem antiken Mythos besucht Jupiter, der römische Hauptgott, Alkmene in Gestalt ihres Ehemannes Amphitryon und zeugt mit ihr den Sohn Herakles.

Der Stoff dieses ersten mit Heinrich von Kleists Namen erschienenen Werks war bereits von mehreren Dichtern bearbeitet worden. Kleist gestaltete seine unmittelbare Vorlage, die Verwechslungskomödie „Amphitryon" (1608) des französischen Dichters Molière, so um, dass in den Mittelpunkt der Handlung nicht das galante Abenteuer eines Gottes tritt, sondern das Gefühlsleben der betrogenen Frau. Jupiter spielt mit Hermes, der die Rolle des Dieners Sosias übernimmt, die Rückkehr des Feldherrn Amphitryon aus der Schlacht, erscheint Alkmene also in Gestalt ihres Mannes und schläft mit ihr. Nach dem morgendlichen Abschied Jupiters/Amphitryons will sie mit ihrer Dienerin Charis den Göttern ein Opfer darbringen, als der wirkliche Amphitryon mit Sosias eintrifft.

Alkmene. Charis. Die Vorigen.

ALKMENE Komm, meine Charis! Lass den Göttern uns
Ein Opfer dankbar auf den Altar legen.
Lass ihren großen, heilgen Schutz noch ferner
Mich auf den besten Gatten niederflehn.
5 *Da sie den Amphitryon erblickt*
O Gott! Amphitryon!
AMPHITRYON   Der Himmel gebe,
Dass meine Gattin nicht vor mir erschrickt!
Nicht fürcht ich, dass nach dieser flüchtgen Trennung
10 Alkmene minder zärtlich mich empfängt,
Als ihr Amphitryon zurückekehrt.
ALKMENE So früh zurück –?
AMPHITRYON   Was! Dieser Ausruf,
Fürwahr, scheint ein zweideutig Zeichen mir,
15 Ob auch die Götter jenen Wunsch erhört.
Dies: „Schon so früh zurück!" ist der Empfang
– Beim Himmel, nein! – der heißen Liebe nicht.
Ich Törichter! Ich stand im Wahn, dass mich
Der Krieg zu lange schon von hier entfernt;
20 Zu spät, war meine Rechnung, kehrt ich wieder.
Doch du belehrst mich, dass ich mich geirrt,
Und mit Befremden nehm ich wahr, dass ich
Ein Überlästger aus den Wolken falle.
ALKMENE Ich weiß nicht ...
25 AMPHITRYON   Nein, Alkmene,
Verzeih! Mit diesem Worte hast du Wasser
Zu meiner Liebe Flammen hingetragen.
Du hast, seit ich dir fern, die Sonnenuhr

		Nicht eines flüchtgen Blicks gewürdigt.
30		Hier ward kein Flügelschlag der Zeit vernommen,
		Und unter rauschenden Vergnügen sind
		In diesem Schloss fünf abgezählte Monden
		Wie so viel Augenblicke hingeflohn.
	ALKMENE	Ich habe Müh, mein teurer Freund, zu fassen,
35		Worauf du diesen Vorwurf gründen magst.
		Beklagst du über meine Kälte dich,
		So siehst du mich verlegen, wie ich dich
		Befriedgen soll. Ich denke, gestern, als
		Du um die Abenddämmrung mir erschienst,
40		Trug ich die Schuld, an welche du mich mahnst,
		Aus meinem warmen Busen reichlich ab.
		Kannst du noch mehr dir wünschen, mehr begehren,
		So muss ich meine Dürftigkeit gestehn:
		Ich gab dir wirklich alles, was ich hatte.
45	AMPHITRYON	Wie?
	ALKMENE	Und du fragst noch! Flog ich gestern nicht,
		Als du mich heimlich auf den Nacken küsstest,
		– Ich spann, ins Zimmer warst du eingeschlichen –
		Wie aus der Welt entrückt, dir an die Brust?
50		Kann man sich inniger des Geliebten freun?
	AMPHITRYON	Was sagst du mir?
	ALKMENE	Was das für Fragen sind!
		Du selber warst unmäßger Freude voll,
		Dich so geliebt zu sehn; und als ich lachte,
55		Inzwischen mir die Träne floss, schwurst du
		Mit seltsam schauerlichem Schwur mir zu,
		Dass nie die Here so den Jupiter beglückt.
	AMPHITRYON	Ihr ewgen Götter!
	ALKMENE	Drauf als der Tag erglühte,
60		Hielt länger dich kein Flehn bei mir zurück.
		Auch nicht die Sonne wolltest du erwarten.
		Du gehst, ich werfe mich aufs Lager nieder,
		Heiß ist der Morgen, schlummern kann ich nicht,
		Ich bin bewegt, den Göttern will ich opfern,
65		Und auf des Hauses Vorplatz treff ich dich!
		Ich denke, Auskunft, traun, bist du mir schuldig,
		Wenn deine Wiederkehr mich überrascht,
		Bestürzt auch, wenn du willst; nicht aber ist
		Ein Grund hier, mich zu schelten, mir zu zürnen.
70	AMPHITRYON	Hat mich etwan ein Traum bei dir verkündet,
		Alkmene? Hast du mich vielleicht im Schlaf
		Empfangen, dass du wähnst, du habest mir
		Die Forderung der Liebe schon entrichtet?
	ALKMENE	Hat dir ein böser Dämon das Gedächtnis

75	Geraubt, Amphitryon, hat dir vielleicht
	Ein Gott den heitern Sinn verwirrt, dass du
	Die keusche Liebe deiner Gattin, höhnend,
	Von allem Sittlichen entkleiden willst?
AMPHITRYON	Was? Mir wagst du zu sagen, dass ich gestern
80	Hier um die Dämmrung eingeschlichen bin?
	Dass ich dir scherzend auf den Nacken – Teufel!
ALKMENE	Was? Mir wagst du zu leugnen, dass du gestern
	Hier um die Dämmrung eingeschlichen bist?
	Dass du dir jede Freiheit hast erlaubt,
85	Die dem Gemahl mag zustehn über mich?
AMPHITRYON	– Du scherzest. Lass zum Ernst uns wiederkehren,
	Denn nicht an seinem Platz ist dieser Scherz.
ALKMENE	Du scherzest. Lass zum Ernst uns wiederkehren,
	Denn roh ist und empfindlich dieser Scherz.
90 AMPHITRYON	– Ich hätte jede Freiheit mir erlaubt,
	Die dem Gemahl mag zustehn über dich? –
	Wars nicht so? –
ALKMENE	Geh, Unedelmütiger!
AMPHITRYON	O Himmel! Welch ein Schlag trifft mich! Sosias!
95	Mein Freund!
SOSIAS	Sie braucht fünf Grane Niesewurz;
	In ihrem Oberstübchen ists nicht richtig.
AMPHITRYON	Alkmene! Bei den Göttern! Du bedenkst nicht,
	Was dies Gespräch für Folgen haben kann.
100	Besinne dich! Versammle deine Geister!
	Fortan werd ich dir glauben, was du sagst.
ALKMENE	Was auch daraus erfolgt, Amphitryon,
	Ich wills, dass du mir glaubst, du sollst mich nicht
	So unanständgen Scherzes fähig wähnen.
105	Sehr ruhig siehst du um den Ausgang mich.
	Kannst du im Ernst ins Angesicht mir leugnen,
	Dass du im Schlosse gestern dich gezeigt,
	Falls nicht die Götter fürchterlich dich strafen,
	Gilt jeder andre schnöde Grund mir gleich.
110	Den innern Frieden kannst du mir nicht stören,
	Und auch die Meinung, hoff ich, nicht der Welt:
	Den Riss bloß werd ich in der Brust empfinden,
	Dass mich der Liebste grausam kränken will.
AMPHITRYON	Unglückliche! Welch eine Sprach! – Und auch
115	Schon die Beweise hast du dir gefunden?
ALKMENE	Ist es erhört? Die ganze Dienerschaft
	Ist, dieses Schlosses, Zeuge mir; es würden
	Die Steine mir, die du betratst, die Bäume,
	Die Hunde, die deine Knie umwedelten,
120	Von dir mir Zeugnis reden, wenn sie könnten.

AMPHITRYON	Die ganze Dienerschaft? Es ist nicht möglich!
ALKMENE	Soll ich, du Unbegreiflicher, dir den
	Beweis jetzt geben, den entscheidenden?
	Von wem empfing ich diesen Gürtel hier?
125 AMPHITRYON	Was, einen Gürtel? Du? Bereits? Von mir?
ALKMENE	Das Diadem, sprachst du, des Labdakus,
	Den du gefällt hast in der letzten Schlacht.
AMPHITRYON	Verräter dort! Was soll ich davon denken?
SOSIAS	Lasst mich gewähren! Das sind schlechte Kniffe,
130	Das Diadem halt ich mit meinen Händen.
AMPHITRYON	Wo?
SOSIAS	Hier. *Er zieht ein Kästchen aus der Tasche.*
AMPHITRYON	Das Siegel ist noch unverletzt!
	Er betrachtet den Gürtel an Alkmenes Brust.
135	Und gleichwohl – trügen mich nicht alle Sinne –
	Zu Sosias
	Schnell, öffne mir das Schloss!
SOSIAS	Mein Seel, der Platz ist leer!
	Der Teufel hat es wegstipitzt, es ist
140	Kein Diadem des Labdakus zu finden.
AMPHITRYON	O ihr allmächtgen Götter, die die Welt
	Regiern! Was habt ihr über mich verhängt?
SOSIAS	Was über Euch verhängt ist? Ihr seid doppelt,
	Amphitryon vom Stock ist hier gewesen,
145	Und glücklich schätz ich Euch, bei Gott ...
AMPHITRYON	Schweig, Schlingel!
ALKMENE	*zu Charis*
	Was kann in aller Welt ihn so bewegen?
	Warum ergreift Bestürzung ihn, Entgeisterung,
150	Bei dieses Steines Anblick, den er kennt?
AMPHITRYON	Ich habe sonst von Wundern schon gehört,
	Von unnatürlichen Erscheinungen, die sich
	Aus einer andern Welt hieher verlieren,
	Doch heute knüpft der Faden sich von jenseits
155	An meine Ehre und erdrosselt sie.
	[...]

(1807)

9. Romantik (1798–1835)

Arbeitshinweise

1. Erschließen Sie die innere Situation der Ehepartner Amphitryon und Alkmene in dem Ausschnitt aus Heinrich von Kleists Lustspiel.

2. Um welches Problem geht es in dem Szenenausschnitt?

3.
Berlin, den 22. März 1801

[...]
Vor Kurzem ward ich mit der neueren sogenannten Kantischen Philosophie bekannt – und Dir muss ich jetzt daraus einen Gedanken mitteilen, indem ich nicht fürchten darf, dass er Dich so tief, so schmerzhaft erschüttern wird, als mich. Auch kennst Du das Ganze nicht hinlänglich, um sein
5 Interesse vollständig zu begreifen. Ich will indessen so deutlich sprechen, als möglich.
Wenn alle Menschen statt der Augen grüne Gläser hätten, so würden sie urteilen müssen, die Gegenstände, welche sie dadurch erblicken, *sind* grün – und nie würden sie entscheiden können, ob ihr Auge ihnen die Dinge zeigt, wie sie sind, oder ob es nicht etwas zu ihnen hinzutut, was nicht ihnen, sondern dem Auge gehört. So ist es mit dem Verstande. Wir können nicht entscheiden, ob
10 das, was wir Wahrheit nennen, wahrhaft Wahrheit ist, oder ob es uns nur so scheint. Ist das Letzte, so ist die Wahrheit, die wir hier sammeln, nach dem Tode nicht mehr – und alles Bestreben, ein Eigentum sich zu erwerben, das uns auch in das Grab folgt, ist vergeblich –
Ach, Wilhelmine, wenn die Spitze dieses Gedankens Dein Herz nicht trifft, so lächle nicht über einen Andern, der sich tief in seinem heiligsten Innern davon verwundet fühlt. Mein einziges, mein
15 höchstes Ziel ist gesunken, und ich habe nun keines mehr –

(Heinrich von Kleist, Brief an Wilhelmine von Zenge, aus: Sämtliche Werke und Briefe, hg. v. Helmut Sembdner, Hanser, München 1961; Bd. 1, S. 504)

Stellen Sie einen Zusammenhang zwischen dem in der Lustspielszene gestalteten Problem und dem Gedanken her, der Heinrich von Kleist erschüttert und den er Wilhelmine zu verdeutlichen versucht.

4. Manche Literaturgeschichten ordnen Heinrich von Kleists Werk nicht der Romantik zu, sondern einer Epoche zwischen Klassik (siehe Kapitel 8) und Romantik. Diskutieren Sie die Zuordnungsfrage.

Wichtige Autorinnen, Autoren und Werke:

Clemens von Brentano (1778–1842)
Der bedeutendste Lyriker der Spätromantik
Werke: Gedichte, z. B. die Ballade *Lore Lay*; *Des Knaben Wunderhorn* (Liedersammlung, zusammen mit Achim von Arnim); *Godwi*, ein Roman, *Italienische Märchen*, *Rheinmärchen*; *Geschichte vom braven Kasperl und dem schönen Annerl*, eine Novelle.

Joseph von Eichendorff (1788–1857)
Populärster Dichter der Romantik
Werke: Gedichte, z. B. *Mondnacht*, Romane, *Ahnung und Gegenwart*, und Erzählungen bzw. Novellen, z. B. *Aus dem Leben eines Taugenichts*, *Das Marmorbild*.

Jacob Grimm (1785–1863) und **Wilhelm Grimm** (1786–1859)
Als „Die Brüder Grimm" nicht nur wegen ihrer Volksmärchensammlung bekannt, sondern auch wegen ihrer wegweisenden Beiträge zur Deutschen Philologie.
Werke: *Kinder- und Haus-Märchen*, nach Luthers Bibel das meistgedruckte deutsche Buch; ihr 1852 begonnenes *Deutsches Wörterbuch* wurde erst 1961 vollendet. (Vgl. dazu die literarische Darstellung von Günter Grass, *Grimms Wörter. Eine Liebeserklärung.* Göttingen 2010.)

Karoline von Günderode (1780–1806)
   Als romantische Lyrikerin berühmt geworden, nachdem sie aus Liebeskummer den Freitod gewählt hatte.
   Werke: *Gedichte und Phantasien* und *Poetische Fragmente*.

Ernst Theodor Amadeus Hoffmann (1776–1822)
   Romantiker mit starker europäischer Wirkung
   Werke: *Fantasiestücke in Callot's Manier. Blätter aus dem Tagebuche eines reisenden Enthusiasten* (4 Bände, darin u. a. das Märchen *Der goldne Topf*), *Die Elixiere des Teufels*, ein Roman, *Die Serapions-Brüder* (Erzählungen und Märchen, darin u. a. *Nussknacker und Mausekönig* und *Das Fräulein von Scuderi*); Realismus in der Erzählung *Des Vetters Eckfenster*.

Heinrich von Kleist (1777–1811)
   Der bedeutendste deutsche Dramatiker nach Friedrich Schiller
   Werke: *Die Familie Schroffenstein* (Trauerspiel), *Amphitryon* (Lustspiel), *Der zerbrochene Krug* (Lustspiel), *Das Käthchen von Heilbronn oder Die Feuerprobe*, ein großes historisches Ritterschauspiel, *Prinz Friedrich von Homburg* (Schauspiel); *Das Erdbeben in Chili* (Novelle, 1807 unter dem Titel *Jeronimo und Josephe*), Erzählungen, darin u. a. *Die Marquise von O., Michael Kohlhaas*.

Novalis (Friedrich von Hardenberg, 1772–1801)
   Inbegriff des frühromantischen Dichters
   Werke: Gedichte, insbes. *Hymnen an die Nacht*, die Fragmentensammlung *Blüthenstaub* und der nachgelassene Roman *Heinrich von Ofterdingen*.

Grundlegende Literatur:

Detlef Kremer: *Romantik.* Stuttgart und Weimar 2003

Gerhard Schulz: *Deutsche Literatur zwischen Französischer Revolution und Restauration 1789–1830.* Bd. 2. *Das Zeitalter der napoleonischen Kriege und der Restauration 1806–1830* (= *Geschichte der deutschen Literatur von Anfängen bis zur Gegenwart*, begr. von Helmut de Boor u. Richard Newald, Bd. 7.2). München 1989

Theodore Ziolkowski: *Das Amt des Poeten. Die deutsche Romantik und ihre Institutionen.* München 1994

10 Biedermeier (1820–1850)

Die Epoche des Biedermeier umfasst politisch im Wesentlichen die Zeit der Metternich'schen **Restauration** nach der Neuordnung Europas auf dem Wiener Kongress (1815). Dabei geht es um den Versuch, die Verhältnisse des 18. Jahrhunderts vor der Französischen Revolution (1789) so weit wie möglich wiederherzustellen. Zur Bekämpfung der revolutionären bürgerlichen Kräfte (der Republikaner und Liberalen) und Ideen geht man mit Zensurschikanen, Hausdurchsuchungen und Haftstrafen gegen sie vor; „aufrührerische" Bühnenstücke wie z. B. „Die Räuber" (siehe Kapitel 7.3) werden verboten. Dieser restaurative Druck führt vielfach zur Resignation, aber auch zu einer Betonung des Privaten und der persönlichen Bildung. Besonders gern beschäftigt man sich mit der Literatur. Almanache (Kalender und Jahrbücher) und Taschenbücher finden eine Verbreitung wie nie zuvor. Der Bildungsdrang des Bürgertums ist auch an der Gründung der heute noch bedeutenden Enzyklopädien (Nachschlagewerke) von Brockhaus und Meyer erkennbar.

Es kommt jedoch auch zu kämpferischer Kritik an den sozialen und politischen Zuständen in Deutschland und der Forderung nach Reformen, insbesondere im „Jungen Deutschland" und „Vormärz" (siehe Kapitel 11). Für die Werke solcher Autoren, die das politische Geschehen weitgehend ausklammern und sich auf traditionelle Wertordnungen (Familie, Volk, Heimat), auf Religion und Geschichte zurückziehen, hat sich der Begriff **„Biedermeier"** durchgesetzt; seine ursprünglich negative, herabsetzende und ironisierende Bedeutung (des Spießigen) hat er seit Anfang des 20. Jahrhunderts verloren.

Einerseits knüpfen diese Autoren, die im Schatten der Klassik (siehe Kapitel 8) stehen, an deren Idealen an; ihre Werke weisen auch insofern eine **Tendenz des Bewahrens** auf. Andererseits nehmen sie ihre Umwelt sehr genau wahr, was sich in einer realistischen Tendenz äußert: in der Liebe zu den kleinen Dingen, zum Detail. Wegen ihrer **Wirklichkeitsnähe** werden manch-

Carl Spitzweg: Der arme Poet (1839)

mal die Werke des Biedermeier sogar dem „Frührealismus" zugeordnet, während man das Junge Deutschland und die Dichtung des Vormärz als „politischen Realismus" und die folgende Epoche als „bürgerlichen" oder „poetischen Realismus" (siehe Kapitel 12) bezeichnet. Neben der Vorliebe für das Überschaubare und der Betonung des Geborgenen zeigen die meist vereinzelt und zurückgezogen lebenden Schriftstellerinnen und Schriftsteller des Biedermeier auch Verständnis für das Abgründige dieser Zeit. Sie erkennen durchaus den **Zwiespalt** zwischen ihren Idealen und den Einschränkungen durch die reale Alltagswelt, insbesondere ihre politische Unmündigkeit, und leiden an ihrer Situation. Die Forschung sieht „in der Entsagung, die sich aus dem Zwiespalt von Ideal und Leben ergibt, einen Grundbegriff des Biedermeiers" (Friedrich Sengle: „Biedermeierzeit").

Eduard Mörikes „Gebet" (1832) ist ein Ausdruck dieser **Selbstbescheidung**:

> Wollest mit Freuden
> Und wollest mit Leiden
> Mich nicht überschütten!
> Doch in der Mitten
> Liegt holdes Bescheiden.
> (Aus: Werke, hg. von Hannsludwig Geiger, Der Tempel-Verlag, Berlin und Darmstadt 1963, S. 83f.)

Mit dieser Geisteshaltung ist allerdings die Gefahr verbunden, dass man Problemen ausweicht, in die Erinnerung flieht und zu Passivität neigt.

10.1 Annette von Droste-Hülshoff (1797–1848)
Der Knabe im Moor

I   O schaurig ists übers Moor zu gehn,
    Wenn es wimmelt vom Heiderauche,
    Sich wie Phantome die Dünste drehn
    Und die Ranke häkelt am Strauche,
    Unter jedem Tritte ein Quellchen springt,
    Wenn aus der Spalte es zischt und singt,
    O schaurig ists übers Moor zu gehn,
    Wenn das Röhricht knistert im Hauche!

II Fest hält die Fibel das zitternde Kind
    Und rennt, als ob man es jage;
    Hohl über die Fläche sauset der Wind –
    Was raschelt drüben am Hage?
    Das ist der gespenstische Gräberknecht,
    Der dem Meister die besten Torfe verzecht;
    Hu, hu, es bricht wie ein irres Rind!
    Hinducket das Knäblein zage.

III Vom Ufer starret Gestumpf hervor,
　　Unheimlich nicket die Föhre,
　　Der Knabe rennt, gespannt das Ohr,
　　Durch Riesenhalme wie Speere;
　　Und wie es rieselt und knittert darin!
　　Das ist die unselige Spinnerin,
　　Das ist die gebannte Spinnlenor',
　　Die den Haspel dreht im Geröhre!

IV Voran, voran! nur immer im Lauf,
　　Voran, als woll es ihn holen!
　　Vor seinem Fuße brodelt es auf,
　　Es pfeift ihm unter den Sohlen
　　Wie eine gespenstige Melodei;
　　Das ist der Geigemann ungetreu,
　　Das ist der diebische Fiedler Knauf,
　　Der den Hochzeitheller gestohlen!

V Da birst das Moor, ein Seufzer geht
　　Hervor aus der klaffenden Höhle;
　　Weh, weh, da ruft die verdammte Margret:
　　„Ho, ho, meine arme Seele!"
　　Der Knabe springt wie ein wundes Reh;
　　Wär nicht Schutzengel in seiner Näh,
　　Seine bleichenden Knöchelchen fände spät
　　Ein Gräber im Moorgeschwele.

VI Da mählich gründet der Boden sich,
　　Und drüben, neben der Weide,
　　Die Lampe flimmert so heimatlich,
　　Der Knabe steht an der Scheide.
　　Tief atmet er auf, zum Moor zurück
　　Noch immer wirft er den scheuen Blick:
　　Ja, im Geröhre wars fürchterlich,
　　O schaurig wars in der Heide!

(e 1841/42; v 1844)

Moorlandschaft

Eduard Mörike (1804–1875)
Abreise

Fertig schon zur Abfahrt steht der Wagen,
Und das Posthorn bläst zum letzten Male.
Sagt, wo bleibt der vierte Mann so lange?
Ruft ihn, soll er nicht dahinten bleiben!
5 – Indes fällt ein rascher Sommerregen;
Eh man hundert zählt, ist er vorüber;
Fast zu kurz, den heißen Staub zu löschen;
Doch auch diese Letzung ist willkommen.
Kühlung füllt und Wohlgeruch den weiten
10 Platz, und an den Häusern ringsum öffnet
Sich ein Blumenfenster um das andre.
Endlich kommt der junge Mann. Geschwinde!
Eingestiegen! – Und fort rollt der Wagen.
Aber sehet, auf dem nassen Pflaster
15 Vor dem Posthaus, wo er stillgehalten,
Lässt er einen trocknen Fleck zurücke.
Lang und breit, sogar die Räder sieht man
Angezeigt und wo die Pferde standen.
Aber dort in jenem hübschen Hause,
20 Drin der Jüngling sich so lang' verweilte,
Steht ein Mädchen hinterm Fensterladen,
Blicket auf die weiß gelassne Stelle,v
Hält ihr Tüchlein vors Gesicht und weinet.
Mag es ihr so ernst sein? Ohne Zweifel;
25 Doch der Jammer wird nicht lange währen:
Mädchenaugen, wisst ihr, trocknen hurtig,
Und eh' auf dem Markt die Steine wieder
Alle hell geworden von der Sonne,
Könntet ihr den Wildfang[1] lachen hören.

(1846)

[1] ausgelassenes Kind

Moritz von Schwind:
Die Hochzeitsreise (um 1855)

10. Biedermeier (1820–1850)

Eduard Mörike (1804–1875)
Auf eine Lampe

Noch unverrückt, oh schöne Lampe, schmückest du,
An leichten Ketten zierlich aufgehangen hier,
Die Decke des nun fast vergessnen Lustgemachs.
Auf deiner weißen Marmorschale, deren Rand
5 Der Efeukranz von goldengrünem Erz umflicht,
Schlingt fröhlich eine Kinderschar den Ringelreihn.
Wie reizend alles! lachend, und ein sanfter Geist
Des Ernstes doch ergossen um die ganze Form –
Ein Kunstgebild der echten Art. Wer achtet sein?
10 Was aber schön ist, selig scheint es in ihm[1] selbst.

(1846)

[1] Nach heutigem Sprachgebrauch: „sich"

Arbeitshinweise

1. Lesen Sie sich in die Ballade „Der Knabe im Moor" ein und tragen Sie diese sinnerschließend vor.

2. Untersuchen Sie den Aufbau der Ballade „Der Knabe im Moor".
   - Welche Aufgaben haben die erste und die letzte Strophe?
   - Welche Gestalten stehen im Mittelpunkt der Strophen II bis V und wie werden diese Verkörperungen des Außenseitertums im Einzelnen dargestellt?
   - Wodurch kommt die Rettung des Knaben zustande?

3. Analysieren Sie die sprachlichen Gestaltungsmittel in der Ballade „Der Knabe im Moor".
   - Welche Wortart wird besonders häufig verwendet? Was soll damit bewirkt werden?
   - Welche Sinneseindrücke herrschen vor?
   - Welche Aufgaben haben Adjektive und Partizipien?

4. Deuten Sie die Ballade von Annette von Droste-Hülshoff unter besonderer Berücksichtigung der „Weg"-Metapher (der Weg des Knaben führt durch das Unheimliche zum Heimatlichen) vor dem Hintergrund des „Biedermeier". Beziehen Sie die Informationen des Einführungstextes zu diesem Kapitel in Ihre Überlegungen ein.

5. „‚Die Lampe flimmert so heimatlich' – diese Zeile artikuliert das herbeigesehnte Ziel eines von der Isolationsangst gekennzeichneten Alleingangs des Individuums und gleichzeitig die Startbasis für eine neue soziale Orientierung. An die Stelle romantisch-halluzinativer Fiktionen, die die gegenüberliegende Welt zum Substrat eigener Erlebnisinhalte machten, tritt die Lampe als realistisches Eigenwertsymbol. Nicht mehr das Irrlicht der fantastischen Existenz der Romantik, sondern das reale Licht, das den Rahmen gesellschaftlichen Daseins ausleuchtet, ist das Ziel des nachromantischen Menschen".

(Winfried Freund: Die deutsche Ballade. Theorie, Analysen, Didaktik, Paderborn 1978, S. 86)

   - Erläutern Sie Winfried Freunds Deutung; ziehen Sie dazu den Einführungstext zu Kapitel 9 heran.
   - Vergleichen Sie Ihre Deutung der Ballade „Der Knabe im Moor" mit der sozialgeschichtlichen Deutung des Literaturwissenschaftlers.

10. Biedermeier (1820–1850)

6. Analysieren Sie Eduard Mörikes Gedicht „Abreise". Gehen Sie dabei von der Perspektive des Sprechers aus; sie ergibt sich aus der Rolle, die er in dem Gedicht spielt, dem Standort, von dem aus er spricht, und der Haltung, die er der von ihm dargestellten Wirklichkeit gegenüber einnimmt. Wie ist hier der Aspekt der Vergänglichkeit gestaltet?

7. „Dem Aufbruch wird [...] nur zugesehen, vom Fenster aus, und diese Weise des Anteilnehmens an kleinstädtischer Welt bestimmt die Atmosphäre des Gedichtes. Denn trotz Abschied und Tränen ist sie voller Behagen – an den hübschen Häusern, an den Blumenfenstern, am Wechsel von Hitze und Kühle, am Kommen und Gehen der Menschen: Hinter dem genau gesehenen Augenblicksbild steht Zuversicht, vielleicht nur flüchtig, eben mit dem Augenblick verbunden, der eingibt, es sei mit dem Leben in dieser Welt so bös doch wohl nicht gemeint."

(Gerhard Storz: Eduard Mörike, Stuttgart 1967, S. 326)

- Sind Sie mit dieser Deutung des Gedichts „Abreise" einverstanden?
- Vergleichen Sie die „Atmosphäre" des Mörike-Gedichts „Abreise" und des Gemäldes „Die Hochzeitsreise" von Moritz von Schwind.

8. Schreiben Sie zu Mörikes Gedicht „Abreise" einen Monolog des Mädchens, das weinend „hinterm Fensterladen" steht und auf den „trocknen Fleck" blickt.

9. Welche biedermeierlichen Züge weisen die Gedichte „Der Knabe im Moor" und „Abreise" auf? Beziehen Sie die Informationen des Einführungstextes in Ihre Überlegungen ein.

10. Zeichnen Sie die Lampe in dem verödeten Gartensälchen („Lustgemach") aufgrund der Beschreibung in Eduard Mörikes Gedicht „Auf eine Lampe".

11. Welches Kunstverständnis lässt das Gedicht „Auf eine Lampe" erkennen?

12. Vergleichen Sie
    a) die Bedeutung der Lampe in der Ballade „Der Knabe im Moor" und in dem Mörike-Gedicht,
    b) das Verständnis des „Schönen" in den Gedichten „Auf eine Lampe" von Eduard Mörike und „Nänie" von Friedrich Schiller (Kapitel 8.1).

13. Untersuchen Sie Aspekte der Klassik (siehe Kapitel 8), des Biedermeier und des Realismus (siehe Kapitel 12) in Mörikes Gedicht „Auf eine Lampe". Halten Sie die in diesem Kapitel vorgenommene Zuordnung des Gedichts zum Biedermeier für vertretbar?

10.2 Annette von Droste-Hülshoff (1797–1848)
Die Judenbuche

Die Erzählung spielt um die Mitte des 18. Jahrhunderts in Westfalen. Friedrich Mergel hat mit neun Jahren seinen Vater, einen chronischen Trinker, verloren. Sein Onkel Simon Semmler will den nun zwölfjährigen Jungen adoptieren und holt ihn abends von seiner Mutter ab.

[...] Jetzt nahten die beiden sich der Stelle des Teutoburger Waldes, wo das Brederholz den Abhang des Gebirges niedersteigt und einen sehr dunklen Grund ausfüllt. Bis jetzt war wenig gesprochen worden. Simon schien nachdenkend, der Knabe zerstreut, und beide keuchten unter ihren Säcken. Plötzlich fragte Simon: „Trinkst du gern Branntwein?" – Der Knabe
5 antwortete nicht. „Ich frage, trinkst du gern Branntwein? Gibt dir die Mutter zuweilen welchen?" – „Die Mutter hat selbst keinen", sagte Friedrich. – „So, so, desto besser! – Kennst du das Holz da vor uns?" – „Das ist das Brederholz." – „Weißt du auch, was darin vorgefallen ist?" – Friedrich schwieg. Indessen kamen sie der düstern Schlucht immer näher. „Betet die Mutter noch so viel?", hob Simon wieder an. – „Ja, jeden Abend zwei Rosenkränze." – „So? Und
10 du betest mit?" – Der Knabe lachte halb verlegen mit einem durchtriebenen Seitenblick. – „Die Mutter betet in der Dämmerung vor dem Essen den einen Rosenkranz, dann bin ich meist noch nicht wieder da mit den Kühen, und den andern im Bette, dann schlaf ich gewöhnlich ein." – „So, so, Geselle!"
Diese letzten Worte wurden unter dem Schirme einer weiten Buche gesprochen, die den
15 Eingang der Schlucht überwölbte. Es war jetzt ganz finster; das erste Mondviertel stand am Himmel, aber seine schwachen Schimmer dienten nur dazu, den Gegenständen, die sie zuweilen durch eine Lücke der Zweige berührten, ein fremdartiges Ansehen zu geben. Friedrich hielt sich dicht hinter seinem Ohm; sein Odem ging schnell, und wer seine Züge hätte unterscheiden können, würde den Ausdruck einer ungeheuren, doch mehr fantastischen als
20 furchtsamen Spannung darin wahrgenommen haben. So schritten beide rüstig voran, Simon mit dem festen Schritt des abgehärteten Wanderers, Friedrich schwankend und wie im Traum. Es kam ihm vor, als ob alles sich bewegte und die Bäume in den einzelnen Mondstrahlen bald zusammen, bald voneinander schwankten.
Baumwurzeln und schlüpfrige Stellen, wo sich das Wegwasser gesammelt, machten seinen
25 Schritt unsicher; er war einige Male nahe daran, zu fallen. Jetzt schien sich in einiger Entfernung das Dunkel zu brechen, und bald traten beide in eine ziemlich große Lichtung. Der Mond schien klar hinein und zeigte, dass hier noch vor kurzem die Axt unbarmherzig gewütet hatte. Überall ragten Baumstümpfe hervor, manche mehrere Fuß über der Erde, wie sie gerade in der Eile am bequemsten zu durchschneiden gewesen waren; die verpönte[1] Arbeit
30 musste unversehens unterbrochen worden sein, denn eine Buche lag quer über dem Pfad, in vollem Laube, ihre Zweige hoch über sich streckend und im Nachtwinde mit den noch frischen Blättern zitternd. Simon blieb einen Augenblick stehen und betrachtete den gefällten Stamm mit Aufmerksamkeit. In der Mitte der Lichtung stand eine alte Eiche, mehr breit als hoch; ein blasser Strahl, der durch die Zweige auf ihren Stamm fiel, zeigte, dass er hohl sei,
35 was ihn wahrscheinlich vor der allgemeinen Zerstörung geschützt hatte. Hier ergriff Simon plötzlich des Knaben Arm.

---

[1] mit Strafe bedroht, bei Strafe verboten

„Friedrich, kennst du den Baum? Das ist die breite Eiche." – Friedrich fuhr zusammen und klammerte sich mit kalten Händen an seinen Ohm. – „Sieh", fuhr Simon fort, „hier haben Ohm Franz und der Hülsmeyer deinen Vater gefunden, als er in der Betrunkenheit ohne Buße und Ölung zum Teufel gefahren war." – „Ohm, Ohm!", keuchte Friedrich. – „Was fällt dir ein? Du wirst dich doch nicht fürchten? Satan von einem Jungen, du kneipst mir den Arm! Lass los, los!" – Er suchte den Knaben abzuschütteln. – „Dein Vater war übrigens eine gute Seele; Gott wird's nicht so genau mit ihm nehmen. Ich hatt' ihn so lieb wie meinen eigenen Bruder." – Friedrich ließ den Arm seines Ohms los; beide legten schweigend den übrigen Teil des Waldes zurück, und das Dorf Brede lag vor ihnen, mit seinen Lehmhütten und den einzelnen besseren Wohnungen von Ziegelsteinen, zu denen auch Simons Haus gehörte. [...]

(1842)

Adalbert Stifter (1805–1868)
Der Hochwald (Waldwanderung)

Als Feinde seine Burg bedrohen, bringt der Freiherr von Wittinghausen seine beiden Töchter Johanna und Clarissa in die Einsamkeit des Hochwaldes an einen verborgenen Bergsee. Dort sollen die Mädchen unter Obhut eines Jägers, des alten Dieners Gregor, bleiben, damit sie vor den Wirren des Dreißigjährigen Krieges (siehe Kapitel 5.2) geschützt sind.

[...] Der Bach, an dem man jetzt entlang- und ihm entgegenstieg, war nicht das klare Waldwasser aus dem Tale der Hirschberge, sondern ein wild einherstürzender, schäumender Bergbach mit goldbraunem, durchsichtigem Wasser. Man ging immer an seinen Ufern, und die Männer mit der Sänfte stiegen rüstig von Stein auf Stein, wie sie so weiß auf dem schwarzmoorigen Grunde umherlagen, von dem Wasser geschlemmt und gebleicht. Das Land hob sich sanft der blauen Waldwand entgegen, auf die Gregor gezeigt hatte. Man eilte sichtlich; denn am Rande der Wand, die, wie man ihr näher kam, immer größer und kühler emporstieg, spielten schon die Strahlen der Abendsonne in breiten Strömen herein und legten einen mattroten Goldschein weithin auf die gegenüberliegenden Waldlehnen. Am kühlblauen Osthimmel wartete schon der Halbmond. Der Boden fing an, sehr merklich emporzusteigen und wilder und wilder zu werden. Manch zerrissner Baumstamm stand an ihrem Wege – mancher Klotz war in das Wirrsal der Ranken und Schlingkräuter geschleudert, um dort zu vermodern, oder auch öfters kamen sie zwischen manneshohen Farrenkräutern durch, oder Himbeergesträuchen, die oft mit Beeren bedeckt waren, von ferne zu sehen, als hätte man ein rotes Tuch über sie gebreitet.

Da sie gelegentlich wieder an einer Espe vorüberkamen, deren Blätter, obwohl sich kein Hauch im ganzen Walde rührte, dennoch alle unaufhörlich zitterten, so sagte Clarissa zu dem Alten, wenn er die Zeichen und die Sprache der Wälder kenne und erforsche, so wisse er vielleicht auch, warum denn gerade dieser Baum nie zu einer Ruhe gelangen könne und seine Blätter immer taumeln und baumeln müssen.

„Es sind da zwei Meinungen", entgegnete er, „ich will sie euch beide sagen. Meine Großmutter, als ich noch ein kleiner Knabe war, erzählte mir, dass, als noch der Herr auf Erden wandelte, sich alle Bäume vor ihm beugten, nur die Espe nicht, darum wurde sie gestraft mit ewiger Unruhe, dass sie bei jedem Windhauche erschrickt und zittert, wie jener ewige Jude,

10. Biedermeier (1820–1850)

Adalbert Stifter:
Ruine Wittinghausen

der nie rasten kann, sodass die Enkel und Urenkel jenes übermütigen Baumes in alle Welt gestreut sind, ein zaghaft Geschlecht, ewig bebend und flüsternd in der übrigen Ruhe und Einsamkeit der Wälder. Darum schaute ich als Knabe jenen gestraften Baum immer mit einer Art Scheu an, und seine ewige Unruhe war mir wie Pein. Aber einmal, es war Pfingstsonntagnachmittag vor einem Gewitter, sah ich (ich war schon ein erwachsener Mann) einen ungemein großen Baum dieser Art auf einer sonnigen Waldblöße stehen, und alle seine Blätter standen stille; sie waren so ruhig, so grauenhaft unbeweglich, als wären sie in die Luft eingemauert und sie selber zu festem Glase erstarrt – es war auch im ganzen Walde kein Lüftchen zu spüren und keine Vogelstimme zu hören, nur das Gesumme der Waldfliegen ging um die sonnenheißen Baumstämme herum. Da sah ich mir denn verwundert den Baum an, und wie er mir seine glatten Blätter wie Herzen entgegenstreckte auf den dünnen, langen, schwanken Stielen, so kam mir mit eins ein anderer Gedanke: wenn alle Bäume, dacht ich, sich vor dem Herrn geneigt haben, so tat es gewiss auch dieser und seine Brüder; denn alle sind seine Geschöpfe, und in den Gewächsen der Erde ist kein Trotz und Laster wie in dem Menschen, sondern sie folgen einfältig den Gesetzen des Herrn und gedeihen nach ihnen zu Blüte und Frucht – darum ist nicht Strafe und Lohn für sie, sondern sie sind von ihm alle geliebt – und das Zittern der Espe kommt gewiss nur von den gar langen und feinen Stielen, auf die sie ihre Blätter wie Täfelchen stellt, dass sie jeder Hauch lüftet und wendet, worauf sie ausweichen und sich drehen, um die alte Stellung wiederzugewinnen. Und so ist es auch; denn oft habe ich nachher noch ganz ruhige Espen an windstillen Tagen angetroffen und darum an andern, wo sie zitterten, ihrem Geplauder mit Vorliebe zugehört, weil ich es gutzumachen hatte, dass ich einstens so schlecht von ihnen gedacht. Darum ist es auch ein sehr feierlicher Augenblick, wenn selbst sie, die so leichtfertige, schweigt; es geschieht meistens vor einem Gewitter, wenn der Wald schon harret auf die Stimme Gottes, welche kommen und ihnen Nahrung herabschütten wird. – Sehet nur, liebe Jungfrauen, wie schmal der Fuß ist, womit der Stiel am Holze und das Blatt am Stiele steht, und wie zäh und drehbar dieser ist – – sonst ist es ein sehr schönes Blatt."

Bei diesen letzten Worten hatte er einen Zweig von einer der Espen gerissen und ihn Clarissen hingereicht.

„Es ist ein Zeichen, dass wir eine schöne Nacht bekommen", fuhr er fort, „da diese Zweige so munter sind; vor dem Nachtregen werden sie gern ruhiger."

„Kommen wir denn in die Nacht?", fragte Johanna.

„Wenn es auch geschähe", antwortete der Jäger, „so steht ja schon dort am Himmel der aufnehmende Mond, der so viel Licht gibt, dass gute und achtsame Augen genug haben. Aber ich denke, dass wir ihn gar nicht mehr brauchen werden."

Das Laubholz wurde seltener, und die ernste Tanne und Fichte zog ständeweis gegen die Bergbreiten – der rote Sterbeglanz des Tages auf dem jenseitigen Joche ging langsam gegen die Bergscheide empor, und aus dem Tale hoben sich die blauen Abendschatten – der Halbmond wurde jede Minute sichtlich glänzender an einem bereits stahlblauen Osthimmel. Der Freiherr drängte sich durch Farrenkraut und Schlinggewächse, um an der Seite der Sänfte zu bleiben.

Felix war mit dem Ritter in tiefem Gespräche begriffen und ziemlich weit hinten geblieben. Der Bach war stellenweise gar nicht mehr sichtbar und hörbar, weil er unter übergewälzten Felsenstücken hinfloss.

So mochte die Wanderung noch eine halbe Stunde gedauert haben, und eine dichtere Finsternis blickte schon aus den Tiefen der Fichtenzweige, die sich so nahe drängten, dass sie häufig die Sänfte streiften – da blitzte es sie mit einem Male durch die Bäume wie glänzendes Silber an. Sie stiegen einen ganz kleinen Hang nieder und standen an der weit gedehnten Fläche eines flimmernden Wassers, in dessen Schoße bereits das zarte Nachtbild des Mondes wie ein blödes Wölklein schwamm. Ein leises Ach des Erstaunens entfuhr den Mädchen, als sie den schönen See erblickten, da sie derlei in dieser Höhe, die sie erstiegen zu haben meinten, gar nicht vermuteten – ein flüchtig Schauern rieselte durch Johannas Glieder, da dies ohne Zweifel jener Zaubersee sei, von dem sie gehört hatte. – Die hohen Tannen, die dem Ufer entlangschritten, schienen ihr ordentlich immer größer zu werden, da sie gemach und feierlich den einfärbigen Talar der Abenddämmerung angetan und von ihren Häuptern fallen ließen, wodurch sie massenhafter und somit größer wurden. –

Die jenseitige Felsenwand zeichnete sich schwach silbergrau, wie ein zartes Fantasiebild, in die Luft, zweifelhaft, ob sie nicht selbst aus Luft gewoben sei; denn sie schien zu schwanken und sich nach dem Takte zu neigen, aber es waren nur die Wasser, die sich abendlich bewegten.

Der Vater hieß die Mädchen aussteigen, und mit Freuden verließen sie das enge tragbare Gefängnis. Ein Floß lag am Gestade und trug ein erhobenes Gerüste mit Sitzen für die Gesellschaft. Man bestieg ihn, und die zwei Sänftenträger und noch zwei andere Männer, die man bei dem Floße stehend vorgefunden, lenkten das Fahrzeug in den See hinaus, gerade auf die Felsenwand zu. Die Waldmassen traten zurück und verschränkten sich dem Auge nach und nach zu einer hohen, dichten, schwarzgrünen Mauer, die das Wasser umfängt – die Felsenwand trat näher und stieg so mauerrecht aus dem See empor, dass man nicht absah, wie zu landen sein werde, da wohl kein handgroß Steinchen dort liegen möge, um darauf stehen zu können: allein zur größten Überraschung in diesem Lande der Wunder tat sich den Mädchen auch hier wieder eines auf. Wie man der Wand sich näherte, wich sie zurück und legte ein liebliches Rasenland zwischen sich und den See, und auf dem schönen Grün desselben sahen die Mädchen nun auch ein geräumiges hölzernes Haus stehen, nach Art der Gebirgshäuser gebaut – und alle seine Fenster schimmerten sie gastlich silbern an, schwach erglänzend von dem Scheine der weißen aufblühenden Rosenknospe des Mondes.

Das Reiseziel war erreicht. [...]

(1842)

Arbeitshinweise

1. Wie ist der Gang durch das Brederholz in Annette von Droste-Hülshoffs Novelle „Die Judenbuche" erzählerisch gestaltet?

2. Welchen Eindruck von der Natur vermittelt der Auszug aus der „Judenbuche"? Begründen Sie Ihren Eindruck durch Beobachtungen am Text.

3. Vergleichen Sie die Naturdarstellung in der „Judenbuche" von Annette von Droste-Hülshoff und Adalbert Stifters „Hochwald".

4. Analysieren Sie die „zwei Meinungen" über das Zittern des Espenlaubes, die Adalbert Stifter den alten Jäger in der Erzählung „Der Hochwald" darlegen lässt.

   Unterscheiden Sie die Erklärungen aufgrund einer Legende und genauer Naturbeobachtung.

5. […] Weil wir aber schon einmal von dem Großen und Kleinen reden, so will ich meine Ansichten darlegen, die wahrscheinlich von denen vieler anderer Menschen abweichen. Das Wehen der Luft, das Rieseln des Wassers, das Wachsen der Getreide, das Wogen des Meeres, das Grünen der Erde, das Glänzen des Himmels, das Schimmern der Gestirne halte ich für groß: das prächtig einherzie-
5 hende Gewitter, den Blitz, welcher Häuser spaltet, den Sturm, der die Brandung treibt, den feuerspeienden Berg, das Erdbeben, welches Länder verschüttet, halte ich nicht für größer als obige Erscheinungen, ja ich halte sie für kleiner, weil sie nur Wirkungen viel höherer Gesetze sind. Sie kommen auf einzelnen Stellen vor und sind die Ergebnisse einseitiger Ursachen. Die Kraft, welche die Milch im Töpfchen der armen Frau emporschwellen und übergehen macht, ist es auch, die die
10 Lava in dem feuerspeienden Berge emportreibt und auf den Flächen der Berge hinabgleiten lässt. Nur augenfälliger sind diese Erscheinungen und reißen den Blick des Unkundigen und Unaufmerksamen mehr an sich, während der Geisteszug des Forschers vorzüglich auf das Ganze und Allgemeine geht und nur in ihm allein Großartigkeit zu erkennen vermag, weil es allein das Welterhaltende ist. […]
15 So wie es in der äußeren Natur ist, so ist es auch in der inneren, in der des menschlichen Geschlechtes. Ein ganzes Leben voll Gerechtigkeit, Einfachheit, Bezwingung seiner selbst, Verstandesgemäßheit, Wirksamkeit in seinem Kreise, Bewunderung des Schönen, verbunden mit einem heiteren gelassenen Sterben, halte ich für groß: mächtige Bewegungen des Gemütes, furchtbar einherrollenden Zorn, die Begier nach Rache, den entzündeten Geist, der nach Tätigkeit strebt, umreißt,
20 ändert, zerstört und in der Erregung oft das eigene Leben hinwirft, halte ich nicht für größer, sondern für kleiner, da diese Dinge so gut nur Hervorbringungen einzelner und einseitiger Kräfte sind, wie Stürme, feuerspeiende Berge, Erdbeben. Wir wollen das sanfte Gesetz zu erblicken suchen, wodurch das menschliche Geschlecht geleitet wird. […]

(Adalbert Stifter: Bunte Steine. Vorrede, 1853, zit. nach: Bunte Steine und Erzählungen, hg. v. K. Pörnbacher, Winkler, München 1990, S. 7 ff.)

- Erläutern Sie Stifters Ausführungen über die „Gesetze" bzw. „das sanfte Gesetz".
- Finden Sie diese Grundthese der Stifter'schen Epik auch in der Textstelle aus seiner Erzählung „Der Hochwald" wieder?

6. Welche realistischen Tendenzen (siehe auch Kapitel 12) weisen die beiden epischen Texte aus dem Biedermeier auf?

10.3 Franz Grillparzer (1791 – 1872) Ein Bruderzwist in Habsburg. Trauerspiel in fünf Aufzügen (III)

Aufgrund intensiver Quellenstudien stellt Grillparzer in diesem Drama die Zeitsituation unmittelbar vor Ausbruch des Dreißigjährigen Krieges dar (siehe Kapitel 5).
In Prag residiert der Habsburger Kaiser Rudolf II. (1576 – 1612), ein aus Einsicht in die moralische Fragwürdigkeit politischer Aktivität willensschwacher Herrscher, der sich jedoch seiner kaiserlichen Würde stets bewusst ist; sie allein soll das für göttlich gehaltene Gefüge des Reiches zusammenhalten.
In den vielfältigen Spannungen vor dem Krieg, in dem Streit selbstsüchtiger Interessen, der zur Anarchie führen muss, hat Rudolf sich einen Friedensritter-Orden erdacht. Diesen will er Männern verleihen, „die nicht dienstbar ihrem Selbst" sind, deren Wahlspruch lautet: „Nicht ich, nur Gott". Herzog Julius von Braunschweig, ein Protestant, ist der Erste, dem er die Insignien dieses heimlichen Ordens verleiht.

[...]

JULIUS *der aufgestanden ist.*
O Herr, wenn ihr dem Anders-Meinenden,
Ihr mir die Huld verleiht, die mich beglückt,
Warum versöhnt ihr nicht den Streit der Meinung
5 Und gebt dem Glauben seinen Wert: die Freiheit,
Euch selbst befreiend so zu voller Macht?
RUDOLF. Zu voller Macht? Die Macht ist's, was sie wollen.
Mag sein, dass diese Spaltung[1] im Beginn
Nur missverstandne Satzungen des Glaubens,
10 Jetzt hat sie gierig in sich eingesogen,
Was Unerlaubtes sonst die Welt bewegt.
Der Reichsfürst will sich lösen von dem Reich,
Dann kommt der Adel und bekämpft die Fürsten;
Den gibt die Not, die Tochter der Verschwendung
15 Drauf in des Bürgers Hand, des Krämers, Mäklers,
Der allen Wert abwägt nach Goldgewicht.
Der dehnt sich breit und hört mit Spotteslächeln
Von Toren reden, die man Helden nennt,
Von Weisen, die nicht klug für eignen Säckel,
20 Von allem, was nicht nützt und Zinsen trägt.
Bis endlich aus der untersten der Tiefen
Ein Scheusal aufsteht, grässlich anzusehn,
Mit breiten Schultern, weit gespaltnem Mund,
Nach allem lüstern und durch nichts zu füllen.
25 Das ist die Hefe, die den Tag gewinnt,
Nur um den Tag am Abend zu verlieren,

---

[1] Gemeint ist das Auseinanderbrechen der Glaubensgemeinschaft während der Reformation.

Angrenzend an das Geist- und Willenlose.
Der ruft: Auch mir mein Teil, vielmehr das Ganze!
Sind wir die Mehrzahl doch, die Stärkern doch,
30 Sind Menschen so wie ihr, uns unser Recht!
Des Menschen Recht heißt *hungern*, Freund, und *leiden*.
Eh noch ein Acker war, der frommer Pflege
Die Frucht vereint, den Vorrat für das Jahr;
Als noch das wilde Tier, ein Brudermörder,
35 Den Menschen schlachtete, der waffenlos,
Als noch der Winter und des Hungers Zahn
Alljährlich Ernte hielt von Menschenleben.
Begehrst ein Recht du als ursprünglich Erstes,
So kehr zum Zustand wieder, der der Erste.
40 Gott aber hat die *Ordnung* eingesetzt,
Von da an ward es licht, das Tier wird Mensch.
Ich sage dir: nicht Skythen und Chazaren[1],
Die einst den Glanz getilgt der alten Welt,
Bedrohen unsre Zeit, nicht fremde Völker:
45 Aus eignem Schoß ringt los sich der Barbar,
Der, wenn erst ohne Zügel, alles Große,
Die Kunst, die Wissenschaft, den Staat, die Kirche
Herabstürzt von der Höhe, die sie schützt,
Zur Oberfläche eigener Gemeinheit,
50 Bis alles gleich, ei ja, weil alles niedrig.
Er setzt sich.
JULIUS. Ihr schätzt die Zukunft richtig ab, das Ganze,
Doch drängt das Einzelne, die Gegenwart.
RUDOLF. Mein Haus wird bleiben, immerdar, ich weiß.
55 Weil es mit eitler Menschenklugheit nicht
Dem Neuen vorgeht oder es begleitet,
Nein, weil es einig mit dem Geist des All,
Durch Klug und scheinbar Unklug, rasch und zögernd,
Den Gang nachahmt der ewigen Natur,
60 Und in dem Mittelpunkt der eignen Schwerkraft
Der Rückkehr harrt der Geister, welche schweifen.
[...]

(e 1824–48, v 1872)

---

[1] Sinn hier: barbarische Volksstämme

Arbeitshinweise

1. Beschreiben Sie Rudolfs Analyse der Zeitsituation in Franz Grillparzers Drama „Ein Bruderzwist in Habsburg". Grenzen Sie dabei den Zustand der Ordnung von dem der Unordnung ab.

2. Wie beurteilen Sie diese Analyse?
Beachten Sie auch die (indirekte) Kritik des Herzogs am Verhalten des Kaisers.

3. Weisen Sie nach, dass die sprachliche Gestaltung des Grillparzer-Textes am klassischen Drama orientiert ist (siehe Kapitel 8.3). Beachten Sie dabei auch das Versmaß.

4. Vergleichen Sie Rudolfs Auffassung vom „Gang [...] der ewigen Natur" mit Adalbert Stifters Darstellung des „Gesetzes" in der Erzählung „Der Hochwald" und seiner „Vorrede" zu den „Bunten Steinen" (Kapitel 10.2, Aufgaben 4 und 5).

5. Grillparzer gestaltet in Kaiser Rudolf II. den Konflikt zwischen „nachdenklicher" Innerlichkeit und schuldhaftem Verhalten, der auf der Voraussetzung beruht, dass entschlossenes Handeln zumeist nur Gewissenlosigkeit bedeute. (Rudolfs Festhalten an überkommenen Wertvorstellungen und sein Abscheu vor jeder Art von Aufruhr und Revolution entsprechen Grillparzers eigenen politischen Überzeugungen.) Ist dieser Konflikt Ihrer Meinung nach nur typisch für das Biedermeier oder hat er überzeitliche Bedeutung?

Wichtige Autorinnen, Autoren und Werke:

Annette von Droste-Hülshoff (1797–1848)
Die bedeutendste deutsche Schriftstellerin des 19. Jh.s.
Werke: Lyrik, z. B. *Am Turme*, und Balladen wie *Der Knabe im Moor* sowie das Gesellschaftsbild *Die Judenbuche. Ein Sittengemälde aus dem gebirgichten Westfalen*

Franz Grillparzer (1791–1872)
Österreichischer Dramatiker
Werke: *König Ottokars Glück und Ende, Des Meeres und der Liebe Wellen, Ein Bruderzwist in Habsburg*

Eduard Mörike (1804–1875)
Einer der besten Lyriker nach Goethe
Werke: Gedichte, z. B. *Er ist's, Septembermorgen, Auf eine Lampe*, die Novelle *Mozart auf der Reise nach Prag*, der Roman *Maler Nolten*.

Adalbert Stifter (1805–1868)
Bedeutendster österreichischer Erzähler des 19. Jahrhunderts
Werke: *Die Mappe meines Urgroßvaters, Bunte Steine*; der Bildungsroman *Der Nachsommer*.

Grundlegende Literatur:

Friedrich Sengle: *Biedermeierzeit. Deutsche Literatur zwischen Restauration und Revolution. 1815–1848.* Bd. 1: *Allgemeine Voraussetzungen, Richtungen, Darstellungsmittel*; Bd. 2: *Formenwelt*; Bd. 3: *Die Dichter*. Stuttgart 1971–1980.

11 Das Junge Deutschland und die politische Dichtung des Vormärz (1830 – 1850)

In keiner anderen Epoche der deutschen Literaturgeschichte ist der Zusammenhang von **Literatur und Demokratie** so deutlich wie in der des Jungen Deutschland und des Vormärz (so heißt die Zeit vor der Märzrevolution im Jahr 1848). Diese Literatur ist eng mit den politischen Ereignissen der Zeit verbunden, eine Literatur der jungen Generation, die sich für ein demokratisches Deutschland einsetzt, aber erleben muss, wie ihre Ideale in der Öffentlichkeit verfolgt werden. Eingeleitet wird diese Epoche durch die Julirevolution in Frankreich. Dort erzwingen Studenten 1830 den Sturz des Königs, ein Ereignis, das für ganz Europa von Bedeutung ist. Am 27. Mai 1832, dem Todesjahr Johann Wolfgang Goethes, folgen rund 30 000 Menschen aus allen Teilen Deutschlands einem Aufruf, an einer politischen Kundgebung auf dem Hambacher Schloss teilzunehmen, einer Kundgebung des Willens zu „Deutschlands Wiedergeburt in Einheit und Freiheit". Nicht nur Delegationen aus Deutschland treten unter den neuen schwarz-rot-goldenen Nationalfahnen in Erscheinung und fordern politische Veränderungen, auch Abordnungen aus Frankreich und Polen kommen und unterbreiten eine weitere Forderung: die nach einem „conföderierten republikanischen Europa". Die Regierungen versuchen daraufhin sofort, die junge **freiheitliche Bewegung** zu unterdrücken. Der Frankfurter Bundestag verbietet

Der Zug zum Hambacher Schloss (zeitgenöss. Holzschnitt)

11. Das Junge Deutschland und die politische Dichtung des Vormärz (1830–1850)

politische Vereinigungen und Volksversammlungen. In diesem „Beschluss des Deutschen Bundestages" (1835) werden bestimmte Schriftsteller als eine gefährliche Gruppe abgestempelt; an erster Stelle steht der Name Heinrich Heine.

CXXVI. Beschluß,

das sogenannte „junge Deutschland" oder „die junge Literatur", insbesondere das Verbot ihrer Schriften betreffend, vom 10. Dezember 1835, XXXI. Sitzung §. 515.

Nachdem sich in Deutschland in neuerer Zeit, und zuletzt unter der Benennung „das junge Deutschland" oder „die junge Literatur", eine literarische Schule gebildet hat, deren Bemühungen unverholen dahin gehen, in belletristischen, für alle Classen von Lesern zugänglichen Schriften die christliche Religion auf die frechste Weise anzugreifen, die bestehenden socialen Verhältnisse herabzuwürdigen und alle Zucht und Sittlichkeit zu zerstören: so hat die deutsche Bundesversammlung – in Erwägung, daß es dringend nothwendig sei, diesen verderblichen, die Grundpfeiler aller gesetzlichen Ordnung untergrabenden Bestrebungen durch Zusammenwirken aller Bundesregierungen sofort Einhalt zu thun, und unbeschadet weiterer vom Bunde oder von den einzelnen Regierungen zur Erreichung des Zwecks nach Umständen zu ergreifenden Maßregeln – sich zu nachstehenden Bestimmungen vereinigt:

1) Sämmtliche deutsche Regierungen übernehmen die Verpflichtung, gegen die Verfasser, Verleger, Drucker und Verbreiter der Schriften aus der unter der Bezeichnung „das junge Deutschland" oder „die junge Literatur" bekannten literarischen Schule, zu welcher namentlich Heinr. Heine, Carl Gutzkow, Heinr. Laube, Ludolph Wienbarg und Theodor Mundt gehören, die Straf- und Polizei-Gesetze ihres Landes, so wie die gegen den Mißbrauch der Presse bestehenden Vorschriften, nach ihrer vollen Strenge in Anwendung zu bringen, auch die Verbreitung dieser Schriften, sei es durch den Buchhandel, durch Leihbibliotheken oder auf sonstige Weise, mit allen ihnen gesetzlich zu Gebot stehenden Mitteln zu verhindern.

2) Die Buchhändler werden hinsichtlich des Verlags und Vertriebs der oben erwähnten Schriften durch die Regierungen in angemessener Weise verwarnt und es wird ihnen gegenwärtig gehalten werden, wie sehr es in ihrem wohlverstandenen eigenen Interesse liege, die Maßregeln der Regierungen gegen die zerstörende Tendenz jener literarischen Erzeugnisse auch ihrer Seits, mit Rücksicht auf den von ihnen in Anspruch genommenen Schutz des Bundes, wirksam zu unterstützen.

3) Die Regierung der freien Stadt Hamburg wird aufgefordert, in dieser Beziehung insbesondere der Hoffmann- und Camp'schen Buchhandlung zu Hamburg, welche vorzugsweise Schriften obiger Art in Verlag und Vertrieb hat, die geeignete Verwarnung zugehen zu lassen.

Es handelt sich dabei um junge Leute (als Teil einer europäischen Jugendbewegung), die zumeist journalistisch tätig sind, aber keine Gruppe im eigentlichen Sinn bilden.
Als Liberale fordern sie vor allem Freiheit, z. B. Presse- und Meinungsfreiheit, Emanzipation des Bürgertums und der Frau; sie lehnen den Absolutismus ab und kritisieren soziale Ungerechtigkeiten und nationale Schranken. Die Vertreter des sogenannten **Jungen Deutschland** treten mit dem Anspruch auf, eine neue Epoche einzuleiten und in ihrem Schaffen den „Zeitgeist" zu repräsentieren. Ihre bevorzugten literarischen Formen sind **(politische) Lyrik, Reisebilder und journalistische Prosa**, vor allem der Essay. Damit gewinnt die **Presse** für die schriftstellerischen Ausdrucksmöglichkeiten im 19. Jahrhundert besondere Bedeutung.
Ab 1840 verschärft sich bei den Autoren, die sich in ihren Werken – im Gegensatz zu den Autoren des Biedermeier (siehe Kapitel 10) – für eine politische und gesellschaftliche Veränderung einsetzen, der Ton: **Satire, politische Anklage** oder sogar **Agitation** treten in den Vordergrund.

1848 veröffentlichen Karl Marx (1818–1883) und Friedrich Engels (1820–1895) das „Manifest der Kommunistischen Partei", in dem die besitzlose Bevölkerungsschicht, das Proletariat, zur historisch bestimmenden Kraft erklärt wird. Die radikalere politische und sozialkritische Dichtung des Jahrzehnts vor der Revolution von 1848 bezeichnet man als **Dichtung des Vormärz**. Die Autoren des Jungen Deutschland und des Vormärz teilen die Auffassung, dass die Dichtung in lebendiger Verbindung mit der politischen, weltanschaulichen und sozialen Gegenwart stehen soll.

Nie zuvor und nie danach verbreiteten sich Revolutionen in mehr europäischen Staaten als in den Jahren 1848/49. Der Einmarsch von 40 000 Soldaten in Berlin am 10. November 1848 bedeutet das Ende der Revolution in Preußen und den Anfang vom Ende in den übrigen deutschen Staaten. Die einzige erfolgreiche Revolution vollzieht sich im Windschatten der Ereignisse in den großen europäischen Zentren: In der Schweiz siegen Liberale und Demokraten in einem kurzen Bürgerkrieg („Sonderbundskrieg") über die katholischen und konservativen Kantone und erreichen eine liberal-demokratische Verfassungsreform (siehe auch Kapitel 22).

11.1 August Heinrich Hoffmann von Fallersleben (1798–1874) Lied der Deutschen

Deutschland, Deutschland über alles,
Über alles in der Welt,
Wenn es stets zu Schutz und Trutze
Brüderlich zusammenhält.
5 Von der Maas[1] bis zu der Memel[2],
Von der Etsch[3] bis zu dem Belt[4],
Deutschland, Deutschland über alles,
Über alles in der Welt!

Deutsche Frauen, deutsche Treue,
10 Deutscher Wein und deutscher Sang
Sollen in der Welt behalten
Ihren alten, schönen Klang,
Uns zu edler Tat begeistern
Unser ganzes Leben lang –
15 Deutsche Frauen, deutsche Treue,
Deutscher Wein und deutscher Sang!

Einigkeit und Recht und Freiheit
Für das deutsche Vaterland!
Danach lasst uns alle streben
20 Brüderlich mit Herz und Hand.
Einigkeit und Recht und Freiheit
Sind des Glückes Unterpfand –
Blüh im Glanze dieses Glückes,
Blühe, deutsches Vaterland!

(1841)

---

[1] Fluss in Westeuropa (französ.: Meuse)
[2] Flachlandfluss Osteuropas
[3] Hauptfluss Südtirols und zweitgrößter Fluss Italiens (italien.: Adige)
[4] Flaches, buchtenreiches Übergangsgebiet zwischen Ostsee und Kattegat

Georg Herwegh (1817–1875)
Wiegenlied

Deutschland – auf weichem Pfühle[1]
Mach' dir den Kopf nicht schwer!
Im irdischen Gewühle
Schlafe, was willst du mehr?

5 Lass jede Freiheit dir rauben,
Setze dich nicht zur Wehr,
Du behältst ja den christlichen Glauben:
Schlafe, was willst du mehr?

Und ob man dir alles verböte,
10 Doch gräme dich nicht zu sehr,
Du hast ja Schiller und Goethe:
Schlafe, was willst du mehr?

Dein König beschützt die Kamele
Und macht sie pensionär,[2]
15 Dreihundert Taler die Seele:
Schlafe, was willst du mehr?

Es fechten dreihundert Blätter
Im Schatten, ein Sparterheer[3];
Und täglich erfährst du das Wetter:
20 Schlafe, was willst du mehr?

Kein Kind läuft ohne Höschen
Am Rhein, dem freien, umher:
Mein Deutschland, mein Dornröschen,
Schlafe, was willst du mehr?

(1843)

[1] (veraltet für) Kissen
[2] ruheständlerisch
[3] Spartanerheer, das in der Antike wegen seiner Kampfkraft berühmt war

Arbeitshinweise

1. Wegen der unterschiedlichen Deutungen, die „Das Lied der Deutschen" seit seiner Entstehung bis in die Gegenwart hinein erfahren hat, ist zunächst eine genaue textimmanente Analyse empfehlenswert.
   - Welche rhythmischen, klanglichen und bildhaften Mittel der Sprache treten besonders hervor und was sollen sie leisten?
   - Welche Aussageinhalte sind im Einzelnen festzustellen und wie sind sie sprachlich strukturiert?
   - Was erfährt man über den Sprecher und den (intendierten) Adressaten?
   - Welches ist die zentrale Textaussage?

2. Deuten Sie die Intention des Gedichts von August Heinrich Hoffmann von Fallersleben in Bezug auf die Ziele des Jungen Deutschland. Beziehen Sie dazu den Einführungstext zu diesem Kapitel in Ihre Überlegungen ein.

3. Referieren Sie anhand des Artikels „Blick in die Geschichte" aus einer Tageszeitung über Leben und Werk Hoffmanns.
   Berücksichtigen Sie den biografischen Kontext des Gedichts „Das Lied der Deutschen" und dessen Wirkungsgeschichte.

Blick in die Geschichte:

Das Lied der Deutschen

Dem jungen August Heinrich Hoffmann aus dem Dorf Fallersleben bei Wolfsburg rät sein Vater, Pfarrer zu werden. Sein Onkel, selbst Pfarrer, rät ihm ebenso dringend davon ab. Er folgt dem Onkel.

Er möchte alte Sprachen studieren. Der Professor Jakob Grimm, der mit seinem Bruder Wilhelm Märchen sammelt, rät ihm 1818, seine Zeit nicht an „antiken Plunder" zu verschwenden: „Liegt Ihnen Ihr Vaterland nicht näher?" So wird Hoff-

Hoffmann von Fallersleben (1798–1874)

mann Germanist. Er studiert an der neuen Bonner Universität wie Heinrich Heine. Doch er hat kaum Kontakt zu ihm. Heine schwärmt für Paris, Hoffmann hat Napoleons Besatzung erlebt.
Die Niederlande sind ihm sympathischer. Mehrfach reist er dorthin, wird Mitglied niederländischer wissenschaftlicher Gesellschaften. Auf eine Anstellung in Antwerpen oder Amsterdam allerdings hofft er vergeblich.
Noch Student nennt er sich Privatgelehrter. Er lebt auf Kosten von Freunden. Ihm wird eine Anstellung in Breslau angeboten. Er ist 25, als er sich dort niederlässt. Er sieht sich als Professor, ist „unerhört fleißig" und veröffentlicht „Unpolitische Lieder".
Die „Zwecklose Gesellschaft", die er gründet, pflegt den kritischen Geist. Deshalb wird sie von der Polizei überwacht. Sein Bruder steht in Berlin in preußischem Staatsdienst; seine Beziehungen zu einem Minister führen dazu, dass dieser Hoffmann gegen den Willen der Fakultät als Professor anstellt.
Der Polizei gilt er weiter als verdächtig. Das verstärkt sich noch, als es 1830 nach dem Umsturz in Paris auch in Preußen zu Unruhen kommt. Er nimmt für längere Zeit Urlaub und bereist erneut die Niederlande.

Seine Vorlesungen werden kaum besucht. Der Konflikt mit der Fakultät wird zum Dauerzustand. Auf Vorwürfe reagiert er mit Spott. Seine „Unpolitischen Lieder" wirken politisch. Sein Gönner, der Minister in Berlin, geht in Pension. Hoffmann wird entlassen, die Pension gestrichen. Ein Gutsherr in Mecklenburg gibt ihm Heimatrecht. Er schreibt seine Gedichte so, dass sie gesungen werden können. Bei einer Kur auf Helgoland, das noch britisch ist, hat er das Lied der Deutschen verfasst. Sein Verleger Campe zahlt ihm dafür vier Louisdor, doppelt so viel wie für andere Gedichte. Haydns Hymne „Gott erhalte Franz den Kaiser" hat er sich dazu als Melodie gedacht.
Bei den Veteranen der Befreiungskriege, den Burschenschaften, den Liberalen, die 1848 für Einheit und Verfassung kämpfen, findet das Lied Anklang. Als Bismarck 1871 das Reich einigt, singt Preußen „Heil Dir im Siegerkranz". Hoffmanns Lied wird erst in der Weimarer Zeit aktuell. Unter Reichspräsident Ebert wird es 1922 Nationalhymne.
Hoffmann wird Mecklenburger, Hannover und Preußen verstoßen ihn. Von der Polizei gesucht, geht er auf Reisen. Er schreibt Kinderlieder: „Kuckuck, ruft's aus dem Wald", „Maikäfer flieg", „Alle Vögel sind schon da", „Ein Männlein steht im Walde".
Er ist 51, als er seine 33 Jahre jüngere Nichte Ida heiratet. Franz Liszt besorgt ihm eine Anstellung in Weimar und später in Schloss Corvey, wo er seine Erinnerungen schreibt. Ida stirbt mit 29. Er vergräbt sich in seine Arbeit, fühlt sich verkannt, wirkt schrullig.
Die Kriege gegen Dänemark, Österreich und Frankreich bewegen ihn kaum noch. Er trauert der politischen Romantik nach, stirbt nach zwei Schlaganfällen und wird in Corvey beigesetzt.

(Achim Melchers, in: WAZ v. 28.3.1998)

4. Erörtern Sie unter Berücksichtigung der jeweiligen politischen Situation, was an dem Text „Das Lied der Deutschen" dazu beigetragen haben könnte,
- dass es 1914 als nationales Bekenntnislied gesungen wurde,
- dass es 1922 zur Nationalhymne der Weimarer Republik erhoben wurde,
- dass in der Bundesrepublik Deutschland nur die dritte Strophe als Nationalhymne verwendet wird.

5. Analysieren Sie Georg Herweghs „Wiegenlied" und vergleichen Sie es mit dem „Lied der Deutschen" in Bezug auf die Einstellung des Sprechers zu Deutschland.

11. Das Junge Deutschland und die politische Dichtung des Vormärz (1830–1850)

6. Erörtern Sie die Rolle der Parodie in der politischen Dichtung des Vormärz, indem Sie von einem Vergleich von Johann Wolfgang Goethes „Nachtgesang" und Georg Herweghs „Wiegenlied" ausgehen.

Johann Wolfgang Goethe (1749–1832)
Nachtgesang

O gib vom weichen Pfühle,
Träumend, ein halb Gehör!
Bei meinem Saitenspiele
Schlafe! Was willst du mehr?

Bei meinem Saitenspiele
Segnet der Sterne Heer
Die ewigen Gefühle;
Schlafe! Was willst du mehr?

Die ewigen Gefühle
Heben mich, hoch und hehr,
Aus irdischem Gewühle;
Schlafe! Was willst du mehr?

Vom irdischen Gewühle
Trennst Du mich nur zu sehr,
Bannst mich in diese Kühle;
Schlafe! Was willst du mehr?

Bannst mich in diese Kühle,
Gibst nur im Traum Gehör,
Ach auf dem weichen Pfühle
Schlafe! Was willst du mehr?

(1804)

(Aus: Werke. Hamburger Ausgabe, hg. v. Erich Trunz, Beck, München 1981, Bd. 1)

7. Schreiben Sie im Stil von Georg Herweghs parodistischem „Wiegenlied" eine Strophe, die einen kritischen Aspekt Ihres Deutschlandbildes enthält.

Das Ende der Revolution. Aus der Holzschnittfolge „Totentanz 1848" von A. Rethel

11.2 Heinrich Heine (1797–1856)
Deutschland. Ein Wintermärchen

Heinrich Heine stellt in seinem Versepos „Deutschland. Ein Wintermärchen"[1] Eindrücke und Gedanken bei seiner Reise durch Deutschland (1.10.–7.12.1843) nach 13-jähriger Abwesenheit dar. Der Erzähler tritt (inkognito) über die Grenze zwischen Frankreich und Deutschland und hört einem „Harfenmädchen" zu, das ein Lied in deutscher Sprache singt.

Caput[2] II

Während die Kleine von Himmelslust
Getrillert und musizieret,
Ward[3] von den preußischen Douaniers[4]
Mein Koffer visitieret[5].

5 Beschnüffelten alles, kramten herum
In Hemden, Hosen, Schnupftüchern:
Sie suchten nach Spitzen[6], nach Bijouterien[7],
Auch nach verbotenen Büchern.

Ihr Toren, die ihr im Koffer sucht!
10 Hier werdet ihr nichts entdecken!
Die Konterbande[8], die mit mir reist,
Die hab ich im Kopfe stecken.

Hier hab ich Spitzen, die feiner sind
Als die von Brüssel und Mecheln,
15 Und pack ich einst meine Spitzen aus,
Sie werden euch sticheln und hecheln[9].

Im Kopfe trage ich Bijouterien,
Der Zukunft Krondiamanten,
Die Tempelkleinodien[10] des neuen Gotts,
20 Des großen Unbekannten[11].

Und viele Bücher trag ich im Kopf!
Ich darf es euch versichern,
Mein Kopf ist ein zwitscherndes Vogelnest
Von konfiszierlichen[12] Büchern.

---

[1] Anspielung auf Shakespeares Romanze „The Winter's Tale"
[2] lat., hier: „Kapitel". Das „Wintermärchen" ist in 27 „Capita" (Plural von „Caput") gegliedert.
[3] veraltete Form (gehobener Stil) für „wurde"
[4] Zollbeamte, Grenzaufseher
[5] durch-, untersucht
[6] durchbrochen gemusterte textile Erzeugnisse, wie die Klöppelspitzen aus Flandern (vgl. Strophe 4)
[7] (billigen) Schmuckstücken
[8] veraltet für „Schmuggelware"
[9] (in der Spinnerei) Bastfasern teilen, ordnen und reinigen; auch in übertragenem Sinne gebraucht (vgl. „durchhecheln")
[10] Kleinodien: Schmuckstücke
[11] Wohl eine Anspielung auf Apostelgesch. 17,22 (Paulus in Athen)
[12] humoristische Wortbildung aus „konfiszieren" (beschlagnahmen) und „zierlich"

11. Das Junge Deutschland und die politische Dichtung des Vormärz (1830–1850)

25 Glaubt mir, in Satans Bibliothek
Kann es nicht schlimmere geben:
Sie sind gefährlicher noch, als die
Von Hoffmann von Fallersleben[1]!

Ein Passagier, der neben mir stand,
30 Bemerkte mir, ich hätte
Jetzt vor mir den preußischen Zollverein[2],
Die große Douanenkette[3].

„Der Zollverein" – bemerkte er –
„Wird unser Volkstum begründen,
35 Er wird das zersplitterte Vaterland
Zu einem Ganzen verbinden.

Er gibt die äußere Einheit uns,
Die sogenannt materielle;
Die geistige Einheit gibt uns die Zensur[4],
40 Die wahrhaft ideelle –

Sie gibt die innere Einheit uns,
Die Einheit im Denken und Sinnen:
Ein einiges Deutschland tut uns not,
Einig nach außen und innen."

(1844)

---

[1] Vgl. Kapitel 11.1.
[2] Die handelspolitische Einigung deutscher Bundesstaaten zur Herstellung einer deutschen Wirtschaftseinheit trat (nach verschiedenen Teillösungen, z. B. dem Zollvertrag zwischen Preußen und Hessen-Darmstadt 1828) am 1.1.1834 in Kraft. Der Deutsche Zollverein baute überholte Handelsstrukturen ab, verminderte die tatsächliche Zolllast und wirkte mittelbar und unmittelbar auf die (klein-) deutsche Einheit hin.
[3] Douane: veraltet für „Zoll", „Zollamt"
[4] Die staatliche Überwachung und Unterdrückung von Veröffentlichungen, um unerwünschte Verlautbarungen auszuschalten.

Arbeitshinweise

1. Charakterisieren Sie die Erzählerfigur. Berücksichtigen Sie dabei vor allem ihre Selbsteinschätzung und ihr Verhältnis zu der dargestellten Wirklichkeit in Deutschland.

2. Wie andere jungdeutsche Autoren hatte Heinrich Heine das Reisebild als Form der politischen Prosa gepflegt. Mit seinem „Wintermärchen" entwickelte er jedoch ein neues Genre, indem er das Reisebild mit volkstümlicher Lyrik verband.

   Zeigen Sie am Beispiel von Caput II auf, wie hier Erzählung (Reisebild) und Lyrik verknüpft sind.

3. Untersuchen Sie die humoristisch-satirische Wirklichkeitsverarbeitung in dem vorliegenden Text.

4. Vergleichen Sie die Darstellung der Zensur in Heinrich Heines „Wintermärchen" (Caput II) und der Lithographie „Der Denker-Club".

11. Das Junge Deutschland und die politische Dichtung des Vormärz (1830–1850)

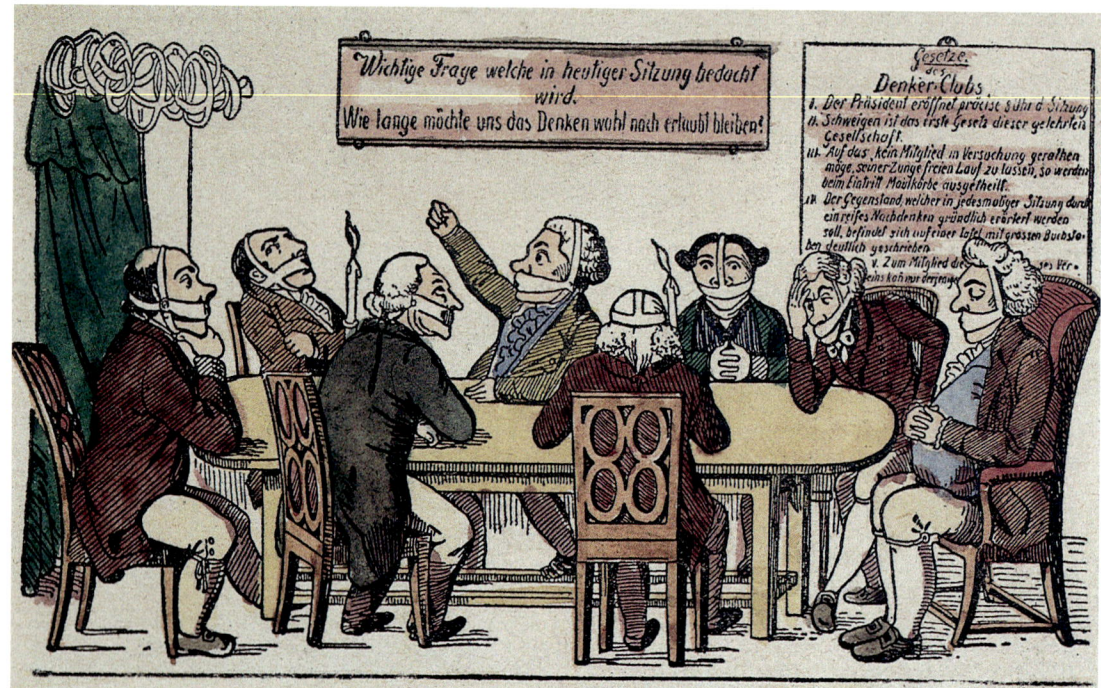

Wichtige Frage, welche an heutiger Sitzung bedacht wird. Wie lange möchte uns das Denken wohl noch erlaubt bleiben?

Die anonyme Lithografie (entstanden um 1835) ist eine Karikatur auf die Karlsbader Beschlüsse. An der Wand hängen die Gesetze des „Denker-Clubs": „Schweigen ist das erste Gesetz dieser gelehrten Gesellschaft. – Auf dass kein Mitglied in Versuchung geraten möge, seiner Zunge freien Lauf zu lassen, so werden beim Eintritt Maulkörbe ausgeteilt. – Der Gegenstand, welcher in jeweiliger Sitzung durch ein reifes Nachdenken gründlich erörtert werden soll, befindet sich auf einer Tafel mit großen Buchstaben deutlich geschrieben."

 5. Gibt es in Ihrem Lebensbereich noch Formen von „Zensur" im Sinne der Unterdrückung unerwünschter Äußerungen? Prangern Sie sie gegebenenfalls im Stile Heinrich Heines oder einer Karikatur an!

 6. Vergleichen Sie das Deutschlandbild im „Wintermärchen" (Caput II) und im „Lied der Deutschen" (Kap. 11.1).

11.3 Georg Büchner (1813–1837) Woyzeck

Büchner beteiligte sich maßgeblich an revolutionären Bestrebungen in Gießen und floh vor seiner Verhaftung nach Straßburg ins französische Ausland. Sein unvollendetes Drama „Woyzeck" gilt als das erste soziale Drama in der deutschen Literatur, das den bis dahin unbeachteten Menschen des vierten Standes ins Rampenlicht stellt. Hinsichtlich der Struktur ist dieses Stück das erste deutsche Drama mit „offener Form". In Büchners Nachlass fanden sich vier voneinander abweichende Handschriften. Im Folgenden sind vier (von 17) Szenen (die Szenen 1, 2, 4 und 5) der letzten Entwurfsstufe abgedruckt.

Steckbrief gegen Georg Büchner (Darmstadt 1835)

⟨1⟩   FREIES FELD. DIE STADT IN DER FERNE

Woyzeck und Andres schneiden Stöcke im Gebüsch.

WOYZECK. Ja Andres; den Streif da über das Gras hin, da rollt Abends der Kopf, es hob ihn einmal einer auf, er meint es wär ein Igel. Drei Tag und drei Nächt und er lag auf den Hobelspänen[1] *(leise)* Andres, das waren die Freimaurer[2], ich hab's, die Freimaurer, still!
ANDRES *(Singt).*   Saßen dort zwei Hasen
            Fraßen ab das grüne, grüne Gras
WOYZECK. Still! Es geht! was!
ANDRES.   Fraßen ab das grüne, grüne Gras
            Bis auf den Rasen.
WOYZECK. Es geht hinter mir, unter mir *(stampft auf den Boden)* hohl, hörst du? Alles hohl da unten. Die Freimaurer!
ANDRES. Ich fürcht mich.
WOYZECK. 's ist so kurios[3] still. Man möcht den Atem halten. Andres!
ANDRES. Was?
WOYZECK. Red was! *(starrt in die Gegend.)* Andres! Wie hell!
    Ein Feuer fährt um den Himmel und ein Getös herunter wie Posaunen[4]. Wie's heraufzieht! Fort. Sieh nicht hinter dich. *(reißt ihn in's Gebüsch.)*
ANDRES *(nach einer Pause).* Woyzeck! Hörst du's noch?
WOYZECK. Still, Alles still, als wär die Welt tot.
ANDRES. Hörst du? Sie trommeln[5] drin. Wir müssen fort.

---

[1] Metapher für Sarg, Sterben
[2] Mitglieder einer weltbürgerlichen Bewegung mit dem Ziel, das Ideal „edlen Menschentums" zu verwirklichen. Ihre Riten wurden geheim gehalten.
[3] seltsam, sonderbar
[4] Die aus der Bibel stammenden Bilder verweisen auf Vorstellungen vom Weltuntergang.
[5] Abendsignal für die Soldaten zur Rückkehr in die Unterkunft

⟨2⟩ MARIE MIT IHREM KIND AM FENSTER. MARGRETH

Der Zapfenstreich geht vorbei, der Tambourmajor[1] voran.

MARIE *(das Kind wippend auf dem Arm)*. He Bub! Sa ra ra ra! Hörst? Da komme sie.
MARGRETH. Was ein Mann, wie ein Baum.
MARIE. Er steht auf seinen Füßen wie ein Löw.
(Tambourmajor grüßt.)
MARGRETH. Ei, was freundliche Auge, Frau Nachbarin, so was is man an ihr nit gewöhnt.

MARIE *(singt)*. Soldaten das sind schöne Bursch
MARGRETH. Ihre Auge glänze ja noch.
MARIE. Und wenn! Trag sie ihr Auge zum Jud und lass sie sie putze, vielleicht glänze sie noch, dass man sie für zwei Knöpf verkaufe könnt.
MARGRETH. Was Sie? Sie? Frau Jungfer, ich bin eine honette[2] Person, aber sie, sie guckt 7 Paar lederne Hose durch.
MARIE. Luder! *(Schlägt das Fenster ⟨zu⟩.)* Komm mein Bub. Was die Leut wollen. Bist doch nur en arm Hurenkind und machst deiner Mutter Freud mit deim unehrliche Gesicht. Sa! Sa! (singt.)

    Mädel, was fangst du jetzt an
    Hast ein klein Kind und kein Mann.
    Ei was frag ich danach
    Sing ich die ganze Nacht
    Heio popeio mein Bu. Juchhe!
    Gibt mir kein Mensch nix dazu.

    Hansel spann deine sechs Schimmel an
    Gib ihn zu fresse auf's neu.
    Kein Haber fresse sie
    Kein Wasser saufe sie
    Lauter kühle Wein muss es sein. Juchhe!
    Lauter kühle Wein muss es sein.

    (es klopft am Fenster.)

MARIE. Wer da? Bist du's Franz? Komm herein!
WOYZECK. Kann nit. Muss zum Verles[3].
MARIE. Was hast du Franz?
WOYZECK *(geheimnisvoll)*. Marie, es war wieder was, viel, kunlesbarl steht nicht geschrieben, und sieh da ging ein Rauch vom Land[4], wie der Rauch vom Ofen?

---

[1] Führer einer Militärmusik im Unteroffiziersrang
[2] anständig, ehrlich
[3] Zapfenstreich, Appell
[4] Zitat aus 1. Mose 19,28

MARIE. Mann!
WOYZECK. Es ist hinter mir gegangen bis vor die Stadt. Was soll das werden?
MARIE. Franz!
WOYZECK. Ich muss fort *(er geht.)*
60 MARIE. Der Mann! So vergeistert[1]. Er hat sein Kind nicht angesehn. Er schnappt noch über mit den Gedanken. Was bist so still, Bub? Furchst dich? Es wird so dunkel, man meint, man wär blind. Sonst scheint als d. Latern herein. Ich halt's nicht aus. Es schauert mich. *(geht ab.)*

⟨4⟩ MARIE

65 *sitzt, ihr Kind auf dem Schoß, ein Stückchen Spiegel in der Hand*

⟨MARIE⟩ *(bespiegelt sich)*. Was die Steine glänze! Was sind's für? Was hat er gesagt? – Schlaf Bub! Drück die Auge zu, fest, *(das Kind versteckt die Augen hinter den Händen)* noch fester, bleib so, still oder er holt dich *(singt.)*
    Mädel mach's Ladel zu
70   's kommt e Zigeunerbu
    Führt dich an deiner Hand
    Fort in's Zigeunerland.
(spiegelt sich wieder.) 's ist gewiss Gold! Unsereins hat nur ein Eckchen in der Welt und ein Stückchen Spiegel und doch hab ich einen so roten Mund als die großen Madamen mit
75 ihren Spiegeln von oben bis unten und ihren schönen Herrn, die ihnen die Händ küssen; ich bin nur ein arm Weibsbild. – *(Das Kind richtet sich auf.)* Still Bub, die Auge zu, das Schlafengelchen![2] wie's an der Wand läuft, *(sie blinkt mit dem Glas)* die Auge zu, oder es sieht dir hinein, dass du blind wirst.

Woyzeck tritt herein, hinter sie.
80 *Sie fährt auf mit den Händen nach den Ohren.*

WOYZECK. Was hast du?
MARIE. Nix.
WOYZECK. Unter deinen Fingern glänzt's ja.
MARIE. Ein Ohrringlein; hab's gefunden.
85 WOYZECK. Ich hab so noch nix gefunden, Zwei auf einmal.
MARIE. Bin ich ein Mensch?[3]
WOYZECK. 's ist gut, Marie. – Was der Bub schläft. Greif' ihm unter's Ärmchen, der Stuhl drückt ihn. Die hellen Tropfen steh'n ihm auf der Stirn; Alles Arbeit unter d. Sonn, sogar Schweiß im Schlaf. Wir arme Leut! Das is wieder Geld Marie, d. Löhnung und was von
90 mein'm Hauptmann.

---

[1] verstört, erschreckt
[2] Eine ähnliche Figur wie der Sandmann
[3] Hier im Sinne von „Dirne" zu verstehen.

Marie. Gott vergelt's Franz.

Woyzeck. Ich muss fort. Heut Abend, Marie. Adies.

Marie. *(allein, nach einer Pause)*. Ich bin doch ein schlecht Mensch. Ich könnt' mich erstechen. – Ach! Was Welt? Geht doch Alles zum Teufel, Mann u. Weib.

⟨5⟩   der Hauptmann. Woyzeck

Hauptmann auf einem Stuhl. Woyzeck rasiert ihn.

Hauptmann. Langsam, Woyzeck, langsam; eins nach d. andern; er macht mir ganz schwindlig. Was soll ich dann mit den zehn Minuten anfangen, die er heut zu früh fertig wird. Woyzeck, bedenk' er, er hat noch seine schöne dreißig Jahr zu leben, dreißig Jahr! macht 360 Monate, und Tage, Stunden, Minuten! Was will er denn mit der ungeheuren Zeit all anfangen? Teil er sich ein, Woyzeck.

Woyzeck. Ja wohl, Herr Hauptmann.

Hauptmann. Es wird mir ganz angst um die Welt, wenn ich an die Ewigkeit denke. Beschäftigung, Woyzeck, Beschäftigung! Ewig das ist ewig, das ist ewig, das siehst du ein; nun ist es aber wieder nicht ewig und das ist ein Augenblick, ja, ein Augenblick. – Woyzeck, es schaudert mich, wenn ich denk, dass sich die Welt in einem Tag herumdreht, was' Zeitverschwendung, wo soll das hinaus? Woyzeck, ich kann kein Mühlrad mehr sehn, oder ich werd' melancholisch.

Woyzeck. Ja wohl, Herr Hauptmann.

Hauptmann. Woyzeck er sieht immer so verhetzt aus. Ein guter Mensch tut das nicht, ein guter Mensch, der sein gutes Gewissen hat. – Red' er doch was Woyzeck. Was ist heut für Wetter?

Woyzeck. Schlimm, Herr Hauptmann, schlimm; Wind.

Hauptmann. Ich spür's schon, 's ist so was Geschwindes draußen; so ein Wind macht mir den Effekt wie eine Maus. *(pfiffig.)* Ich glaub' wir haben so was aus Süd-Nord.

Woyzeck. Ja wohl, Herr Hauptmann.

Hauptmann. Ha! ha! ha! Süd-Nord! Ha! Ha! Ha! O er ist dumm, ganz abscheulich dumm. *(gerührt.)* Woyzeck, er ist ein guter Mensch, ein guter Mensch – aber *(mit Würde)* Woyzeck, er hat keine Moral! Moral, das ist wenn man moralisch ist, versteht er. Es ist ein gutes Wort. Er hat ein Kind, ohne den Segen der Kirche, wie unser hochehrwürdiger Herr Garnisonsprediger sagt, ohne den Segen d. Kirche, es ist nicht von mir.

Woyzeck. Herr Hauptmann, der liebe Gott wird den armen Wurm nicht drum ansehn, ob das Amen drüber gesagt ist, eh' er gemacht wurde. Der Herr sprach: Lasset die Kindlein zu mir kommen[1].

Hauptmann. Was sagt er da? Was ist das für n'e kuriose[2] Antwort? Er macht mich ganz konfus[3] mit seiner Antwort. Wenn ich sag: er, so mein ich ihn, ihn.

Woyzeck. Wir arme Leut. Sehn sie, Herr Hauptmann, Geld, Geld. Wer kein Geld hat. Da setz eimal einer seinsgleichen auf die Moral in die Welt. Man hat auch sein Fleisch und Blut. Unseins ist doch eimal unselig in der und der andern Welt, ich glaub' wenn wir in Himmel kämen, so müssten wir donnern helfen.

Hauptmann. Woyzeck er hat keine Tugend, er ist kein tugendhafter Mensch. Fleisch und Blut? Wenn ich am Fenster lieg, wenn es geregnet hat und den weißen Strümpfen so nach-

---

[1] Bibelzitat aus Markus 10,14 oder Lukas 18,18 oder Matthäus 19,14
[2] seltsame, sonderbare
[3] verwirrt

sehe, wie sie über die Gassen springen, – verdammt Woyzeck, – da kommt mir die Liebe! Ich hab auch Fleisch und Blut. Aber Woyzeck, die Tugend, die Tugend! Wie sollte ich dann die Zeit herumbringen? Ich sag' mir immer du bist ein tugendhafter Mensch, (gerührt) ein guter Mensch, ein guter Mensch.

WOYZECK. Ja Herr Hauptmann, die Tugend! Ich hab's noch nicht so aus. Sehn Sie, wir gemeinen Leut, das hat keine Tugend, es kommt einem nur so die Natur, aber wenn ich ein Herr wär und hätt ein Hut und eine Uhr[1] und eine anglaise[2], und könnt vornehm reden ich wollt schon tugendhaft sein. Es muss was Schönes sein um die Tugend, Herr Hauptmann. Aber ich bin ein armer Kerl.

HAUPTMANN. Gut Woyzeck. Du bist ein guter Mensch, ein guter Mensch. Aber du denkst zu viel, das zehrt, du siehst immer so verhetzt aus. Der Diskurs[3] hat mich ganz angegriffen. Geh' jetzt und renn nicht so; langsam hübsch langsam die Straße hinunter.

(v 1879)

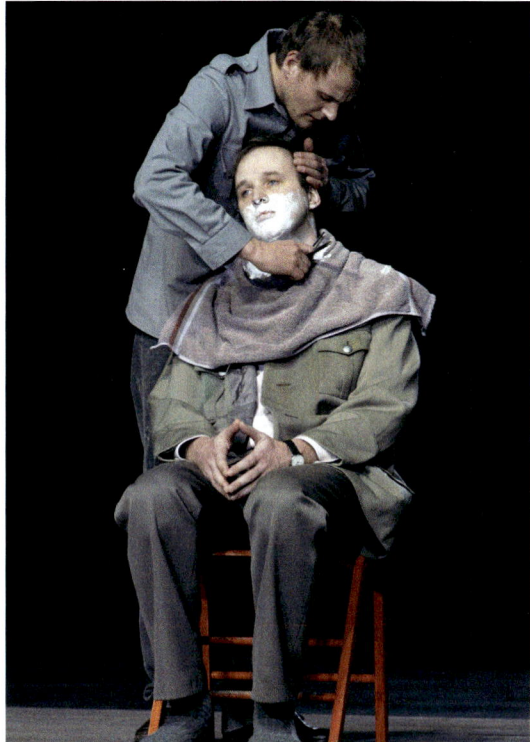

Szene aus „Woyzeck", Hamburg 2005

---

[1] Statussymbole der gehobenen Gesellschaftsschichten
[2] eine Art Gehrock, vor allem von kleineren Beamten getragen
[3] Gespräch, Unterhaltung

Arbeitshinweise

1. Analysieren Sie die vier Szenen aus Georg Büchners „Woyzeck". Beachten Sie dabei vor allem Figurengestaltung, Handlungsführung und sprachliche Ausdrucksmittel.

2. Welche Personen lässt Büchner unter ihrem Namen, welche unter anderen Bezeichnungen auftreten? Deutet sich in diesem Verfahren eine sozialkritische Tendenz an?

3. Untersuchen Sie die letzte Szene genauer.
   - Lesen Sie den Text (nach entsprechender Vorbereitung) mit verteilten Rollen. Welchen Eindruck haben Sie von den beiden Figuren und ihrem Gespräch gewonnen?
   - Stellen Sie fest, worüber in dieser Szene gesprochen wird. Klären Sie dazu die Kommunikationssituation, in der sich die beiden Gesprächspartner befinden.
   - Beschreiben Sie das Verhältnis zwischen dem Hauptmann und Woyzeck, wie es sich in ihrem sprachlichen Handeln äußert. Achten Sie dabei auf die soziale Stellung, die Selbst- und Fremdeinschätzung.

4. Untersuchen Sie, wie in diesem Dialog aktives und reaktives Verhalten zusammenwirken und welche Kommentarformen verwendet werden.
Beziehen Sie die folgende Kennzeichnung von Dialogtypen in Ihre Überlegungen ein.

Aktiver Dialog
Eine Gesprächskonstellation, in der beide Gesprächspartner in Stellungnahmen *nur indirekte Kommentare* verwenden, nennen wir „aktiven Dialog". [...]
Sie erlauben es dem Kommentator, dem Gespräch durch die Stellungnahme eine neue Wendung zu
5 geben und dabei trotzdem an eine Information anzuknüpfen, die der Vorredner erwähnt hat.

Reaktiver Dialog
Beschränkt sich jemand im Gespräch dagegen auf die *direkte Kommentierung* der Äußerungen des Gesprächspartners, so ordnet er sich dem fremden Informationsfluss bedingungslos unter. [...]
Seine Äußerungen sind von vornherein als bloße Reaktionen gemeint. Dadurch wird auch ihr In-
10 halt nebensächlich, d. h. sie dokumentieren für den Informanten wenig mehr als das anhaltende Interesse des Hörers und ermuntern ihn damit zum Fortfahren.
Eine Gesprächskonstellation, in der der eine Gesprächspartner die Informationen liefert und der andere Gesprächspartner sich auf die Äußerung direkter Kommentare beschränkt, nennen wir „reaktiven Dialog".

15 *Direkter Dialog*
In ihm nimmt jeder der beiden Kommunikationspartner Bezug auf den Beitrag seines Vorgängers. Er integriert ihn unverändert in den Inhalt der eigenen Äußerungen. Direkte Stellungnahmen werden nicht mehr als bloße Akklamationen [Zustimmungen] verstanden, sondern ihr Inhalt wird ernst genommen und zum Gegenstand neuer direkter Stellungnahmen gemacht. [...]

(Roland Posner: Redekommentierung. In: Lehrgang Sprache. Einführung in die moderne Linguistik. Bearbeitete Neuausgabe der Studienbegleitbriefe zum Funkkolleg Sprache. Hg. vom Deutschen Institut für Fernstudien an der Universität Tübingen, Lieferung 3, Weinheim und Basel 1974, S. 846 ff.)

5. Erläutern Sie mithilfe der folgenden Übersicht, inwiefern die Szenen aus Büchners „Woyzeck" der „offenen Dramaturgie" im Sinne von Volker Klotz entsprechen.

Geschlossenes Drama	**Offenes Drama**
Ausschnitt als Ganzes	Das Ganze in Ausschnitten
Repräsentativer Ausschnitt, der in sich als ein geschlossenes Ganzes, Abgerundetes erscheint	Fragmentarisch (Fortsetzbarkeit möglich)
Einheit von Handlung, Raum und Zeit	Vielfalt von Handlung, Raum und Zeit
Einheitliches Konstruktionsschema, einer Entwicklung folgend	Gleichwertiges reihend
Ausgewogenheit von Spiel und Gegenspiel, schlüssig geführte Handlung, zielstrebiger Dialog, ungebrochene Richtungsbewegung	Unausgewogenheit; Gegenspieler des Helden keine Person, sondern die Welt in der Fülle ihrer Einzelerscheinungen. Handlungsführung: afinale Kreisbewegung; unerlöste Spannung; intensiv erlebte Augenblicke
Unselbstständigkeit der Teile, Vorrang des Allgemeinen vor dem Zufälligen: Hierarchie	Selbstständigkeit der Teile, Verschwinden eines Allgemeinen hinter dem Einzelnen: Nebenordnung, Reihung

(Volker Klotz: Geschlossene und offene Form im Drama, München ⁷1975)

6. Vergleichen Sie Georg Büchners „Woyzeck" mit Friedrich Schillers „Maria Stuart" (Kapitel 8.3) in Bezug auf die Offenheit bzw. Geschlossenheit der Dramenform.

7. Erörtern Sie am Beispiel der vorliegenden Szenen, ob Georg Büchners „Woyzeck" der Epoche „Das Junge Deutschland/Vormärz" oder „Realismus" (siehe Kapitel 12) zuzuordnen ist.

Wichtige Autoren und Werke:

Georg Büchner (1813–1837)
Sozialkritischer und politischer Schriftsteller
Werke: *Dantons Tod*, das erste deutsche Revolutionsdrama, *Woyzeck*, das (als Fragment überlieferte) erste soziale Drama in der deutschen Literatur, die Komödie *Leonce und Lena*; die Novelle *Lenz* in der Art einer psychologischen Studie; *Der Hessische Landbote*, die erste sozialrevolutionäre Kampfschrift.

Georg Herwegh (1817–1875)
Der verwegenste politisch-revolutionäre Lyriker Deutschlands in den Jahren 1840–1860
Werk: *Gedichte eines Lebendigen*

August Heinrich Hoffmann von Fallersleben (1798–1874)
Dichter des Deutschland-Liedes
Werk: *Unpolitische Lieder*

Christian Dietrich Grabbe (1801–1836)
Dramatiker, dessen historische Dramen bereits den Realismus ankündigen
Werke: *Napoleon oder Die hundert Tage* (Drama), *Die Hermannschlacht* (Geschichtsdrama in Prosa); *Scherz, Satire, Ironie und tiefere Bedeutung* (Lustspiel).

Heinrich Heine (1797–1856)
Einer der (auch im Ausland) bekanntesten deutschen Lyriker
Werke: *Buch der Lieder* – ein Welterfolg seiner Gedichte; *Deutschland. Ein Wintermärchen*, ein kulturkritisches Versepos, *Romanzero*, ein Gedichtzyklus.

Grundlegende Literatur:

Norbert Otto Eke: *Einführung in die Literatur des Vormärz* (= Einführungen Germanistik). Darmstadt 2005

Claudia Müller-Völkl, Michael Völkl: *Georg Büchner: Woyzeck* (EinFach Deutsch ... verstehen). Paderborn 2010

Peter Stein: *Epochenproblem „Vormärz"* (1815–1848). Stuttgart 1977

12 Realismus (1850 – 1890)

Die Revolution von 1848 ist zwar nicht ergebnislos, die entscheidenden Ziele können jedoch nicht verwirklicht werden: weder der Sturz der Adelsherrschaft und die Errichtung einer bürgerlich-demokratischen Ordnung noch die nationalstaatliche Einigung. Mit der **Konstituierung des deutschen Kaiserreichs** 1871 wird das zuletzt genannte Ziel zugunsten einer „kleindeutschen", preußischen Lösung entschieden. Der Ausschluss Österreichs aus dem „Reich" beschleunigt die Entwicklung einer österreichischen Nation und die Ausprägung der deutschsprachigen Literatur in Österreich zu einer österreichischen Nationalliteratur (siehe Kapitel 21).

Das Fehlschlagen der Revolution von 1848 bewirkt einen Einschnitt in der geistigen – und damit auch der literarischen – Entwicklung des 19. Jahrhunderts. Mit geschärftem Wirklichkeitssinn stehen viele Schriftsteller von nun an ihrer Umwelt gegenüber. Diese ist geprägt von zunehmender Technisierung und Industrialisierung, aber auch der wachsenden Bedeutung sozialer Probleme, vom Aufschwung der Naturwissenschaften und dem Verlust religiöser Orientierung.

Die Literatur dieser Zeit ist durch **Realismus** im Sinne der Wortherkunft (lat. res = Sache, Ding) als **„Sachgebundenheit"** gekennzeichnet; ihn sehen die Autoren dieser Zeit selbst als Ziel und Merkmal ihres Schaffens an, ohne allerdings das literarische Erbe aus Klassik (siehe Kapitel 8) und Romantik (siehe Kapitel 9) ganz aufzugeben.

Schon in früheren Zeiten hat es immer wieder Versuche einer wirklichkeitsnahen Kunst, verstanden als „Nachahmung der Natur" (Mimesis), gegeben. Um den Realismus als Epochenbezeichnung von einer solchen Kunstrichtung abzugrenzen, nennt man heute den Realismus der Jahre nach der gescheiterten Revolution von 1848 bis zur Entlassung des Reichskanzlers Otto von Bismarck (1890), in manchen Literaturgeschichten auch bis 1898, dem Todesjahr Theodor Fontanes und Conrad Ferdinand Meyers, je nach Akzentsetzung **„poetischen", „psychologischen" oder „bürgerlichen" Realismus** (siehe auch Kapitel 10).

Den meisten deutschen Dichtern dieser Zeit ist gemeinsam, dass sie die ihnen fassbare Welt möglichst unparteiisch beobachten und ausschnitthaft schildern, sich aber zugleich bemühen, einen größeren Zusammenhang wenigstens erahnen zu lassen. Häufig greift man auch auf geschichtliche Themen zurück. „Realismus" heißt für die Autoren dieser Epoche also nicht „wirklichkeitsgetreue", „präzise" Abbildung der den Menschen umgebenden Wirklichkeit (Natur, Umwelt, Gesellschaft), wie sie die in dieser Zeit zu den Vervielfältigungstechniken aufsteigende Fotografie leistet, nicht „das nackte Wiedergeben alltäglichen Lebens, am wenigsten seines Elends und seiner Schattenseiten" (Theodor Fontane), sondern die Darstellung dieser Wirklichkeit unter spezifisch poetischer Stoffauswahl und in dichterischer Gestaltung. Nach Theodor Fontane erstrebt der so verstandene Realismus „Widerspiegelung alles wirklichen Lebens [...] im Elemente der Kunst", und „ohne diese Verklärung gibt es [...] keine eigentliche Kunst" („Unsere lyrische und epische Poesie seit 1848").

Dadurch unterscheiden sich die Werke dieser Literaturepoche von denen des Naturalismus (siehe Kapitel 13).

In der Lyrik neigt man dazu, Subjekt und Objekt (z. B. Ich und Natur) zu trennen, sodass sich die Welt der Dinge verselbstständigen kann; als ein Mittel indirekter Aussage wird dann die Symbolisierung der Außenwelt genutzt.

Der Realismus bevorzugt die Gattung der Epik und dabei Darstellungsmittel, die der Objektivierung dienen, z. B. die Rahmenerzählung.

Gustave Courbet: Die Steinklopfer (1849). Der französische Maler Courbet beansprucht, der Begründer des Realismus in der Malerei zu sein. Als für die Weltausstellung vom Jahre 1855 die meisten seiner Bilder abgelehnt werden, macht er sie in einer eigenen Baracke öffentlich zugänglich, die er „Pavillon du Réalisme" nennt.

12.1 Theodor Storm (1817–1888)
Die Stadt

Am grauen Strand, am grauen Meer
Und seitab liegt die Stadt;
Der Nebel drückt die Dächer schwer,
Und durch die Stille braust das Meer
5 Eintönig um die Stadt.

Es rauscht kein Wald, es schlägt im Mai
Kein Vogel ohn Unterlass;
Die Wandergans mit hartem Schrei
Nur fliegt in Herbstesnacht vorbei,
10 Am Strande weht das Gras.

Doch hängt mein ganzes Herz an dir,
Du graue Stadt am Meer;
Der Jugend Zauber für und für
Ruht lächelnd doch auf dir, auf dir,
15 Du graue Stadt am Meer.

(1852)

Conrad Ferdinand Meyer (1825–1898)
Der römische Brunnen

Aufsteigt der Strahl und fallend gießt
Er voll der Marmorschale Rund,
Die, sich verschleiernd, überfließt
In einer zweiten Schale Grund;
5 Die Zweite gibt, sie wird zu reich,
Der Dritten wallend ihre Flut,
Und jede nimmt und gibt zugleich
Und strömt und ruht.

(1882)

„Der römische Brunnen", frühe Fassung. Handschrift Conrad Ferdinand Meyers, um 1862

Arbeitshinweise

1. Analysieren Sie die Haltung des lyrischen Ichs zu der dargestellten Stadt in Theodor Storms Gedicht.

2. Weisen Sie unter besonderer Berücksichtigung der Wortwahl auf, inwiefern der Sprecher in Theodor Storms Gedicht seine Heimatstadt – trotz seiner Liebe zu ihr – nicht verklärend, sondern „realistisch" darstellt.

3. Theodor Storm bezieht sich in seinem Gedicht auf seine Heimatstadt Husum. Arbeiten Sie die Besonderheiten dieses Gedichts als eines poetischen Textes im Vergleich zu dem zeitgenössischen Lexikonartikel heraus.

> Husum, Kreisstadt in der preuß. Provinz Schleswig-Holstein, in fruchtbarer Gegend, an der kanalisierten Husumer Au, 4 km von der Nordsee und an der Linie Jübek-Tönning, der Preußischen Staatsbahn, hat ein Amtsgericht, ein Gymnasium mit Realprogymnasium, öffentliche Legate und Vermächtnisse im Gesamtbetrag von 2 Mill. Mk., das alleinige Depot der schleswig-holsteinischen
> 5 Austern, sehr bedeutende wöchentliche Viehmärkte, starken Viehexport nach England, Eisengießerei, Dampfschiffverbindungen mit den nordfriesischen Inseln (Nordstrand, Pellworm, Föhr, Sylt), einen kleinen Hafen, eine Reede vor der Mündung der Husumer Au und (1885) 6267 meist evang. Einwohner. – Husum, 1252 zuerst genannt, nahm 1522 die Reformation an und erhielt 1603 Stadtrechte. Durch Sturmfluten litt es namentlich 1634 und 1717.
>
> (Meyers Konversationslexikon, 4. Auflage, Leipzig, Wien 1890)

4. Stellen Sie Ihre Heimatstadt in Form eines kurzen Lexikonartikels oder eines Gedichts vor.

5. Beschreiben Sie den dargestellten Brunnen in Conrad Ferdinand Meyers Gedicht „Der römische Brunnen" in Form eines Sachtextes oder fertigen Sie eine Skizze an. (Die Struktur des Brunnens ist aus dem Weg des Wassers erschließbar.)

6. Conrad Ferdinand Meyer hat häufig über lange Zeiträume hinweg immer wieder an einem lyrischen Motiv gearbeitet, bis er zu einer Fassung gelangte, die seinen Ansprüchen gerecht wurde. Das folgende Gedicht ist nur eine von mehreren Fassungen des Brunnenmotivs:

Der Brunnen

In einem römischen Garten
Verborgen ist ein Bronne,
Behütet von dem harten
Geleucht' der Mittagssonne,
5 Er steigt in schlankem Strahle
In dunkle Laubesnacht
Und sinkt in eine Schale
Und übergießt sie sacht.

Die Wasser steigen nieder
10 In zweiter Schale Mitte,
Und voll ist diese wieder,
Sie fluten in die Dritte:
Ein Nehmen und ein Geben,
Und alle bleiben reich,
15 Und alle Fluten leben
Und ruhen doch zugleich.

(1865)

(Aus: Gedichte Conrad Ferdinand Meyers. Wege ihrer Vollendung. Hg. v. H. Henel, Niemeyer, Tübingen 1962, S. 21)

- Vergleichen Sie die Endfassung „Der römische Brunnen" mit der früheren Fassung in Bezug auf die inhaltlichen und sprachlichen Veränderungen zwischen 1865 und 1882.
- Das dingliche Bild der Endfassung „Der römische Brunnen" wird in seiner sprachlichen Intensität und in seiner Isoliertheit zum Symbol. Zeigen Sie, worin sich die Symbolik ausdrückt, und versuchen Sie eine Deutung.

7. Vergleichen Sie die Gedichte „Die Stadt" von Theodor Storm und „Der römische Brunnen" von Conrad Ferdinand Meyer in Bezug auf die Möglichkeiten der „realistischen" Darstellung im Sinne des

Epochenbegriffs. Beziehen Sie die Informationen des Einführungstextes zu diesem Kapitel in Ihre Überlegungen ein.

8. Nehmen Sie dieses Foto zum Anlass, um einen eigenen „realistischen" Text (es muss kein Gedicht sein) zu verfassen.

Überlegen Sie vorher, welchem Element Sie eine symbolische Bedeutung beimessen könnten (dem Weg, dem Haus bzw. der Tür, den geschlossenen Fenstern, der Bank im Hintergrund).

Husum, Wasserreihe 31. Hier wohnte Storm von 1866 bis 1880.

12.2 Theodor Fontane (1819 – 1898)
Der Karrenschieber von Grisselsbrunn

Der Sommer hatte mich nach Norderney geführt, nicht um zu baden, sondern lediglich um mal wieder die See zu sehen und bei der Gelegenheit ein Rendezvous mit ein paar alten Freunden zu haben, die regelmäßig ihre Ferien auf der, ohne schön zu sein, doch so reizvollen Nordseeinsel zubrachten. Diese Regelmäßigkeit des Besuchs hatte auch zur Herrichtung eines Stammtisches geführt, in einem ziemlich abgelegenen Lokal, unmittelbar am Strande. Wir hätten, von seiner Höhe her, unseren Becher mit Leichtigkeit ins Meer werfen können, ganz wie der König von Thule. Statt dessen zogen wir es aber vor, über Altes und Neues zu plaudern, ja, verstiegen uns eines Abends bis zu dem Vorschlag, jeder solle, der Reihe nach, eine Geschichte zum Besten geben, aber es müsse Selbsterlebtes sein. Das war Bedingung. Der Letzte, der das Wort nahm, war Baurat Oldermann.

„Ich möchte", hob dieser an, „eine Geschichte von einem Karrenschieber erzählen, und zwar, damit das Kind vom Anfang an einen Namen hat, die Geschichte vom Karrenschieber von Grisselsbrunn.

Nun Grisselsbrunn, vordem eine nicht unberühmte Heilquelle, war seit Anfang dieses Jahrhunderts nebenher auch noch ein großer Kaffeegarten geworden, unmittelbar vor der Stadt L., und als diese, wie Sie wissen, im Laufe der Siebzigerjahre sich auszudehnen und alle Vororter und Nachbardörfer in sich aufzunehmen begann, kam auch Grisselsbrunn an die Reihe. Kaum, dass man die immer noch in Ehren gehaltene Quelle respektierte. Die ringsherum stehenden Pavillons und Buden aber fielen sofort und die Plantanen und Ahornbäume schließlich auch, – alles, um einem großen Hotelbau, samt einem Basar im Erdgeschoss, Platz zu machen. Ich wurde, nach Gutheißung meiner Pläne, mit der Oberleitung des Ganzen betraut und überzeugte mich gleich beim ersten Spatenstich, dass bei der meist sumpfigen Terrainbeschaffenheit vor allem ein fester Untergrund geschaffen werden müsse. Damit ging ich denn auch vor und gab einem Bauführer und einem alten Polier, der uns als Ortsangehöriger gute Dienste leistete, die nötigen Weisungen. Lange Bretterreihen wurden gelegt und ein paar Dutzend Karrenschieber in Dienst gestellt, um den nötigen Kies und Sand, ganze Berge, heranzuschaffen und von oben her in die Baugrube hinabzuschütten. Zweimal des Tages sprach ich vor, um nach dem Rechten zu sehen, denn mir sowohl wie den Unternehmern lag daran, den Bau noch vor dem Herbst unter Dach zu bringen. Alles war ruhig, fleißig, geschickt, am geschicktesten aber ein rotblonder, schlanker, beinahe schöner Mann von Mitte dreißig, der sich, ohne dass er sich abgesondert oder den Aparten und Schweigsamen gespielt hätte, doch ganz ersichtlich von dem Rest der Mannschaft unterschied. Er war größer und stärker, Vollbart, die Augenlider gerötet, aber nur wenig. Statt der Jacke trug er ein enges Röckchen, dazu eine Militärmütze und dicksohlige Schnürschuhe,

Theodor Fontane. Kreidezeichnung von Max Liebermann

die mal einem Alpenreisenden gehört und gedient haben mochten. Alles war in desolatester Verfassung und überall von eigener Hand geflickt und zusammengenäht, aber der Schnitt dieser ramponierten Kleidung und vor allem die Haltung dessen, der darin steckte, machten es unmöglich, über ihn hinzusehen. In jeder seiner Bewegungen sprach sich, um das Modewort zu gebrauchen, ein besonderer „Schick" aus, am meisten aber in der Art, wie er mit der Karre hantierte. Die Schiebebäume fest in der Hand haltend, hielt er mit dem Karrenrade genau die Mitte der Bretterlage, nicht viel anders, als ob es sich um ein Balancierkunststück im Zirkus gehandelt hätte, der eigentlichste Triumph seiner Geschicklichkeit aber war immer der Umkippungsmoment, wo er mit einem raschen und kräftigen Ruck den Inhalt der Karre von oben her in die Baugrube stürzte.

Das ging so tagelang, und als anderthalb Wochen um waren, nahm ich Veranlassung, mit dem Polier zu sprechen und mich nach dem Manne, der in allem so sehr von seiner Umgebung abwich, zu erkundigen. Aber der Polier war außerstande, meine Neugier zu befriedigen, und wusste nichts, als dass sich der Betreffende vor etwa zehn oder zwölf Tagen zur Arbeit gemeldet habe. ‚Und da nahm ich ihn. Denn karren kann jeder. Freilich, dass er nicht von uns ist, ist leicht zu sehen. Sehen Sie bloß seine Hände. Verbrannt, aber doch keine Arbeitshände.' Dies war alles, was ich erfuhr. Wenig genug und half mir nicht weiter. Da nahm ich denn eines Tages Veranlassung, an den Gegenstand meiner Neugier, oder richtiger meiner Teilnahme, selber heranzutreten und ihm zu sagen, ich bäte ihn, mich nächsten Sonntag in meiner Wohnung zu besuchen; von neun bis elf werd' er mich sicherlich treffen.

Und er kam auch. Sein Anzug, was auf einen Zustand höchster Not deutete, war derselbe wie alltags: dasselbe Röckchen, dieselben Schnürschuhe, nur alles sehr geputzt und gebürstet, so dass ich den Eindruck einer herabgekommenen Existenz, eines Mannes von ursprünglich guter Erziehung und besten Manieren im verstärkten Maße hatte. Er blieb in der Tür stehen, verbeugte sich und sagte, ich hätte befohlen. Dann bat ich ihn, Platz zu nehmen. Er rührte sich aber nicht und sah mich nur an und wartete, bis ich ihn anreden würde. Das tat ich denn auch. ‚Sie werden erraten haben, weshalb ich Sie gebeten habe, zu mir zu kommen. Sie gehören einer anderen Gesellschaftsschicht an und ‚die Karre zu schieben' ist Ihnen nicht an der Wiege gesungen worden. Sie sind aus einem guten Hause, haben Schulen besucht und sind dann früher oder später gescheitert, mit Schuld oder ohne Schuld, sagen wir mit, das ist das Wahrscheinlichere. Spiel, Weiber, Wechsel, vielleicht falsche. Und dann war es vorbei und die Geduld erschöpft und Sie hatten keine Familie mehr. Und so kam es, wie's kam...'

Jeden meiner Sätze hatte er mit einem leisen Kopfnicken begleitet, und als ich abschließend und fragend hinzusetzte: ‚Ist es so?' sagte er: ‚Ja. Es ist so. Wir waren unserer neun; davon sechs auf Schulen und in der Armee. Der Vater konnte nicht mehr ...'

‚Gut, ich versteh. Ich weiß genug und will nicht in Geheimnisse eindringen. Und nun hören Sie. Ich bin nicht reich, aber ich habe Verbindungen und denke, dass ich ihnen helfen kann, wenn Sie Hilfe wollen.'

Er schwieg.

‚Ich werde', fuhr ich fort, ‚mit dem Polier oder besser mit dem Bauführer sprechen; er wird Ihnen eine andere Stellung auf dem Bau geben, und ich werde für Ihre Kleidung sorgen. Wo ein Wille ist, ist auch ein Weg. Sie sind groß und stark (ich hoffe auch innerlich), und Sie werden sich herausretten. Hier ist meine Hand. Alles wird davon abhängen, ob Sie die Kraft haben, diese Hand zu fassen und zu halten.'

Er kam auf mich zu, und ich sah, dass sich sein Auge mehr und mehr gerötet hatte. Dann sprach er mir kurz und knapp seinen Dank aus, und ich fühlte, dass eine Träne auf meine

Hand fiel. Dabei war ich bewegt, wie er selbst, und unter wiederholtem Zuspruche meinerseits schieden wir.

Noch denselben Tag sprach ich mit dem Bauführer, der, wie gewöhnlich, so auch an diesem Sonntage mein Tischgast war. Er ging auf alles ein und versprach, das Seine zu tun, aber freilich, bis vor Ende der Woche werde sich schwerlich was tun oder auch nur Rat schaffen lassen. Ich war einverstanden und trat an demselben Abend noch eine kleine Reise nach Dresden an, die mich drei Tage von meinem Bau fern hielt. Als ich zurückkam, war das Erste, dass ich nach meinem Karrenschieber aufsah. Er war aber nicht da.

‚Sagen Sie, Polier, wo ist der ... Nun Sie wissen schon, wen ich meine.'

‚Weiß. Er ist nicht wieder gekommen.'

Ich war erschüttert und ließ Nachforschungen anstellen, wobei mich die Behörden aufs Bereitwilligste unterstützten. Aber umsonst. Es war keine Spur von ihm zu finden. Wohin war er? In die neue Welt – oder weiter? ..."

(1885)

Arbeitshinweise

1. Untersuchen Sie Theodor Fontanes Erzähltext unter besonderer Berücksichtigung der perspektivischen Struktur.
   - Welche Rolle nehmen die Erzähler in der Erzählung ein? (Sind sie z. B. an dem Geschehen beteiligt?)
   - Von welchem Standort (z. B. Nähe oder Distanz – auch in zeitlicher Hinsicht) aus wird die erzählte Wirklichkeit dargestellt?
   - Welche Haltung nehmen die Erzähler gegenüber der dargestellten Wirklichkeit (vor allem der Person des Karrenschiebers) ein?

2. Welche Elemente realistischen Erzählens weist „Der Karrenschieber von Grisselsbrunn" auf? Berücksichtigen Sie neben der Raum-, Zeit- und Figurendarstellung den Einführungstext zu diesem Kapitel.

3. Der vorliegende Text von Theodor Fontane wurde einer Sammlung von „Meisternovellen neuerer Erzähler" (1916) entnommen. Halten Sie die Zuordnung des Textes zur Gattung Novelle für gerechtfertigt? Begründen Sie Ihre Meinung.
   Beziehen Sie auch die Informationen über die moderne Kurzgeschichte (Kapitel 18.2, Aufg. 5) in Ihre Überlegungen ein.

4. Schreiben Sie die Geschichte weiter, indem Sie deren Voraussetzungen beibehalten:
   - Baurat Oldermann hatte schließlich doch noch Erfolg mit seinen „Nachforschungen" oder traf den ehemaligen Karrenschieber zufällig wieder ...
   - Es stellte sich heraus, dass der ehemalige Karrenschieber ein Bekannter des Ich-Erzählers war oder ist ...

12.3 Friedrich Hebbel (1813 – 1863)
Agnes Bernauer.
Ein deutsches Trauerspiel in fünf Aufzügen (V,2)

Friedrich Hebbels Quelle für diese Tragödie ist die historische Begebenheit von der schönen Augsburger Baderstochter, die 1342 die Ehe mit dem Sohn des Herzogs von Bayern einging und später aus Gründen der Staatsräson in der Donau ertränkt wurde.– Albrecht von Bayern hat Agnes Bernauer heimlich geheiratet und sich damit von der Thronfolge ausgeschlossen. Sein Vater, Herzog Ernst, befürchtet, dass diese unebenbürtige Ehe Unruhe unter den bayerischen Adel bringe und zu einer kriegerischen Auseinandersetzung führe, unter der die Menschen seines Staates zu leiden hätten; deshalb lässt er ein Todesurteil für Agnes ausschreiben, das er jahrelang verbirgt. Als nach dem Tod des kränklichen Neffen, den er als Thronfolger eingesetzt hat, im Streit um die Thronfolge ein Bürgerkrieg auszubrechen droht, lässt er Agnes während der Abwesenheit Albrechts gefangen nehmen. Sein Kanzler Preising sucht sie im Gefängnis in Straubing auf.

ZWEITE SZENE

PREISING *tritt ein.*

AGNES *ihm entgegen.* Was bringt Ihr mir?

PREISING. Was Ihr selbst wollt!

AGNES. Was ich selbst will? O, spottet meiner nicht! Ihr werdet mir die düstre Pforte nicht
5 wieder öffnen, die man so fest hinter mir verriegelt hat!

PREISING. Ich werde, wenn Ihr Euch fügt!

AGNES. Und was verlangt Ihr von mir?

PREISING. Ich stehe hier für den Herzog von Bayern.

AGNES *macht eine zurückweichende Bewegung.*

10 PREISING. Aber ich meine es redlich mit Euch, und auch mein erlauchter Gebieter ist nicht Euer Feind!

AGNES. Nicht mein Feind? Wie komm ich denn hieher?

PREISING. Ihr wisst, wie's steht! Herzog Ernst ist alt, und sein Thron bleibt unbesetzt, wenn Gott ihn abruft, oder sein einziger Sohn muss ihn besteigen. Nun, Albrecht kann Euch nim-
15 mermehr mit hinaufnehmen, und da er sich von Euch nicht trennen will, so müsst Ihr Euch von ihm trennen!

AGNES. Ich mich von ihm! Eher von mir selbst!

PREISING. Ihr müsst! Glaubt's mir, glaubt's einem Mann, der Euer Schicksal schon kennt, wie Gott, und es gern noch wenden möchte! Ihr könnt kein Misstrauen in mich setzen; warum
20 wär ich gekommen, wenn Euer Los mir nicht am Herzen läge? Meines Arms bedurfte es doch gewiss nicht; Ihr habt's ja gesehen, wie überflüssig ich war, und welchen Gebrauch ich von meinem Schwerte machte. Ich zog mit, weil Ihr mich erbarmtet; ich suche Euch im Kerker, im Vorhof des Todes, auf, weil ich allein noch helfen kann, doch ich wiederhol's Euch: Ihr müsst!

25 AGNES. Ihr habt den armen Menschen gerettet, der vorhin sein Leben für mich wagte, ich muss glauben, dass Ihr's aufrichtig meint, aber Ihr seid ein Mann und wisst nicht, was Ihr fordert! Nein, nein! Das in Ewigkeit nicht!

PREISING. Nicht zu rasch, ich beschwör Euch! Wohl mag's ein schweres Opfer für Euch sein, doch wenn Ihr's verweigert, so wird man – könnt Ihr noch zweifeln nach allem, was heute

geschah? – aus Euch selbst ein Opfer machen! Ja, ich gehe vielleicht schon weiter als ich darf, indem ich Euch überhaupt noch eine Bedingung stelle, und tu's auf meine eigne Gefahr!
AGNES. Ihr wollt mich erschrecken, aber es wird Euch nicht gelingen! *Sie hält sich an einem Tisch.* So leicht fürchte ich mich nicht, dies Zittern meiner Knie kommt noch von dem Überfall! Mein Gott, erst die Trompeten, dann die blutigen Schwerter und die Toten! Aber für mich besorg ich nichts, ich bin ja nicht in Räuberhänden, und Herzog Ernst ist ebenso gerecht als streng! *Sie setzt sich.* Seht mich nicht so an, mir ward jetzt so wunderlich, weil der tote Törring mir auf einmal vor die Seele trat, es ist schon wieder vorüber. *Sie erhebt sich wieder.* Was könnte mir auch wohl widerfahren! Ist doch selbst ein Missetäter, solange der Richter ihn noch nicht verurteilt hat, in seinem Kerker so sicher, als ob die Engel Gottes ihn bewachten, und ich habe den meinigen noch nicht einmal erblickt! Nein, nein, so hat mein Gemahl nicht von seinem Vater gesprochen, dass ich dies glauben dürfe! Doch wenn's auch so wäre, wenn der Tod – es ist unmöglich, ich weiß es, ganz unmöglich –, aber wenn er wirklich schon vor der Tür stände und meine Worte zählte: ich könnte nimmermehr anders!
PREISING. Der Tod steht vor der Tür, er kommt, wenn ich gehe, ja er wird anklopfen, wenn ich zu lange säume! Schaut einmal durchs Gitter zur Brücke hinüber! Was seht Ihr?
AGNES. Das Volk drängt sich, einige heben die Hände zum Himmel empor, andere starren in die Donau hinab, es liegt doch keiner darin?
PREISING *mit einem Blick auf sie.* Noch nicht!
AGNES. Allmächtiger Gott! Versteh ich Euch?
PREISING *nickt.*
AGNES. Und was hab ich verbrochen?
PREISING *hebt das Todesurteil in die Höhe.* Die Ordnung der Welt gestört, Vater und Sohn entzweit, dem Volk seinen Fürsten entfremdet, einen Zustand herbeigeführt, in dem nicht mehr nach Schuld und Unschuld, nur noch nach Ursach und Wirkung gefragt werden kann! So sprechen Eure Richter, denn das Schicksal, das Euch bevorsteht, wurde schon vor Jahren von Männern ohne Furcht und ohne Tadel über Euch verhängt, und Gott selbst hat den harten Spruch bestätigt, da er den jungen Prinzen zu sich rief, der die Vollziehung allein aufhielt. Ihr schaudert, sucht Euch nicht länger zu täuschen, so ist's! Und wenn's einen Edelstein gäbe, kostbarer wie sie alle zusammen, die in den Kronen der Könige funkeln und in den Schachten der Berge ruhen, aber eben darum auch ringsum die wildesten Leidenschaften entzündend und Gute wie Böse zu Raub, Mord und Totschlag verlockend: dürfte der Einzige, der noch ungeblendet blieb, ihn nicht mit fester Hand ergreifen und ins Meer hinunterschleudern, um den allgemeinen Untergang abzuwenden? Das ist Euer Fall, erwägts und bedenkt Euch, ich frage zum letzten Mal!
AGNES. Erwägt auch Ihr, ob Ihr nicht verlangt, was mehr als Tod ist! Ich entsage meinem Gemahl nicht, ich kann's und darf's nicht. Bin ich denn selbst noch, die ich war? Hab ich bloß empfangen? Hab ich nicht auch gegeben? Sind wir nicht eins, unzertrennlich eins durch Geben und Nehmen, wie Leib und Seele? Aber ich verbürge mich für ihn, dass er dem Thron entsagt! Fürchtet nicht, dass ich verspreche, was er nicht halten wird! Ich hab's aus seinem eignen Munde, wie ein Zauberwort für die höchste Gefahr! Zwar glaubte ich längst nicht mehr, dass ich's noch brauchen würde, aber diese Stunde hat's mir entrissen, und nun brauchts, wie Ihr wollt!
PREISING. Das rettet Euch nicht mehr! Herzog Albrecht kann die angestammte Majestät so wenig ablegen, als Euch damit bekleiden, sie ist unzertrennlich mit ihm verbunden, wie die Schönheit, die ihn fesselt, mit Euch. Will er's nicht seinen Segen nennen, so nenne ers sei-

nen Fluch, aber er gehört seinem Volk und muss auf den Thron steigen wie Ihr ins Grab. Euch rettet's nur noch, wenn Ihr Eure Ehe für eine sündliche erklärt und augenblicklich den Schleier nehmt.

AGNES. Wie mild ist Herzog Ernst! Der will doch nur mein Leben! Ihr wollt mehr! Ja, ja, das brauchte ich bloß zu tun, so wär ich für ihn wie nie dagewesen; ich selbst hätte mein Andenken in seiner Seele ausgelöscht, und er müsste erröten, mich je geliebt zu haben! Mein Albrecht, deine Agnes dich abschwören! O Gott, wie reich komm ich mir in meiner Armut jetzt auf einmal wieder vor, wie stark in meiner Ohnmacht! Diesen Schmerz kann ich doch noch von ihm abwenden! Das kann mir doch kein Herzog gebieten! Nun zittre ich wirklich nicht mehr!

PREISING. O, dass Euer alter Vater neben mir stände und mich unterstützte! Dass er spräche: Mein Kind, warum willst du einen Platz nicht freiwillig wieder aufgeben, den du doch nur gezwungen einnahmst? Denn ich weiß ja, dass dies Euer Fall war!

AGNES. Gezwungen? So also wird meine Angst, mein Zittern und Zagen ausgelegt? O, wenn Ihr mir Euer Mitleid geschenkt habt, weil Ihr das glaubt, so nehmt's zurück, und quält mich nicht länger, ich habe keinen Anspruch darauf. Nein, nein, ich wurde nicht gezwungen! So gewiss ich ihn eher erblickt habe als er mich, so gewiss habe ich ihn auch eher geliebt, und das war gleich, als obs immer gewesen wäre und in alle Ewigkeit nicht wieder aufhören könne. Darum keine Anklage gegen ihn, ich war früher schuldig als er! Nie zwar hätt ich's verraten, ich hätt vielleicht nicht zum zweiten Mal zu ihm hinübergeschaut, sondern im Stillen mein Herz zerdrückt und unter Lachen und Weinen ein Gelübde getan. Ach, ich schämte mich vor Gott und vor mir selbst, mir war, als ob mein eignes Blut mir über den Kopf liefe, ich erwiderte ein Lächeln des armen Theobald, um mir recht weh zu tun. Doch als er nun am Abend zu mir herantrat, da wandte ich mich zuerst freilich auch noch ab, aber nur wie ein Mensch, der in den Himmel eintreten soll und weiß, dass er dem Tode die Schuld noch nicht bezahlt hat! Wenn ein Engel den mit sanfter Gewalt über die Schwelle nötigt: hat er ihn gezwungen?

PREISING. So ist es Euer letztes Wort?

(1851)

Arbeitshinweise

1. Untersuchen Sie die äußere und innere Handlung der Szene.
   - In welcher Situation befindet sich Agnes Bernauer?
   - In welcher Absicht und mit welchem Erfolg sucht der Kanzler die Gefangene auf?

2. Welche Bedeutung hat die Liebe zu ihrem Mann für Agnes? Berücksichtigen Sie, dass Preising aus ihrer Sicht „verlangt, was mehr als Tod ist", wenn er von ihr den Verzicht auf die Ehe mit Albrecht fordert.

3. Skizzieren Sie den Fortgang der Dramenhandlung, wie sie Ihren Vorstellungen entspricht. Behalten Sie die Ihnen bekannten Voraussetzungen der bisherigen Handlung bei.

4. Informieren Sie sich über den Schluss der Tragödie „Agnes Bernauer" von Friedrich Hebbel (z. B. in Form eines Referats). Vergleichen Sie gegebenenfalls den von Hebbel gewählten Fortgang des Dramas mit Ihren Vorstellungen (s. Aufg. 3).

5. „Nie habe ich das Verhältnis, worin das Individuum zum Staat steht, so deutlich erkannt" (Friedrich Hebbel). Erörtern Sie ansatzweise das Verhältnis von Individuum und Staat in „Agnes Bernauer" am Beispiel des Dramenauszugs.

Wichtige Autoren und Werke:

Theodor Fontane (1819–1898)
Erst seit etwa 1870 schriftstellerisch tätig wird er in Deutschland der bedeutendste Verfasser von Gesellschaftsromanen seiner Zeit
Werke: Romane, *Vor dem Sturm, Irrungen Wirrungen, Effi Briest, Der Stechlin*; Erzählungen sowie Balladen, u. a. *John Maynard*.

Friedrich Hebbel (1813–1863)
Der einzige bedeutende Dramatiker des Bürgerlichen Realismus
Werke: *Maria Magdalene* (bürgerliches Trauerspiel), *Agnes Bernauer* (Trauerspiel), *Die Nibelungen* (Dramentrilogie).

Gottfried Keller (1819–1890)
Schweizer Erzähler
Werke: *Der grüne Heinrich*, ein autobiografischer Entwicklungsroman, *Die Leute von Seldwyla*, Novellenzyklus, darin *Romeo und Julia auf dem Dorfe* und *Kleider machen Leute*; *Züricher Novellen* und *Das Sinngedicht* (Novellenzyklus).

Conrad Ferdinand Meyer (1825–1898)
Schweizer Dichter
Werke: Novellen, u. a. *Das Amulett, Der Schuss von der Kanzel, Die Hochzeit des Mönchs*, und Gedichte, z. B. *Der römische Brunnen*

Wilhelm Raabe (1831–1910)
Romanschriftsteller
Werke: Romane mit oft pessimistischer Grundstimmung, *Die Chronik der Sperlingsgasse, Der Hungerpastor, Stopfkuchen. Eine See- und Mordgeschichte*.

Theodor Storm (1817–1888)
Erzähler und Lyriker, geprägt von der nordfriesischen Landschaft
Werke: Gedichte, z. B. *Die Stadt*, Erzählungen, insbes. Chroniknovellen wie *Immensee, Pole Poppenspäler, Der Schimmelreiter*

Grundlegende Literatur:

Hugo Aust: *Realismus.* Stuttgart und Weimar 2006

Edward MacInnes, Gerhard Plumpe (Hg.): *Bürgerlicher Realismus und Gründerzeit.* (= Hansers Sozialgeschichte der deutschen Literatur vom 16. Jahrhundert bis zur Gegenwart Bd. 6). München 199

13 Naturalismus (1880 – 1900)

In der noch von der Ära Otto von Bismarcks (1815 – 1898) und den ersten Regierungsjahren Kaiser Wilhelms II. geprägten deutschen Politik dieser Epoche wird die sogenannte **soziale Frage** zu einem Hauptproblem. Vorangegangen sind zahlreiche Erfindungen auf naturwissenschaftlich-technischem Gebiet. Die dadurch enorm wachsende Industrialisierung und Technisierung – vor allem in den Großstädten – bewirkt meist eine Verschlechterung der Lebensbedingungen der Arbeiter im Boom der Gründerjahre. **Berlin**, neben **München** eines der kulturellen Zentren dieser Zeit, ist innerhalb von 40 Jahren aus einer preußischen Residenzstadt mit 400 000 Einwohnern zu einer Metropole von anderthalb Millionen Einwohnern angewachsen.

Ausgehend vom **Positivismus**, d. h. von einem Denken, das nur als existent gelten lässt, was man mit naturwissenschaftlichen Methoden unzweifelhaft feststellen kann, unternimmt eine junge Literatengeneration zwischen 1880 und 1900 einen künstlerischen Neubeginn und versteht sich selbst als „literarische Moderne". Für sie ist der Realismus (siehe Kapitel 12) nur eine Verklärung der Wirklichkeit, ihr geht es dagegen um die **Abbildung des „wirklichen" Lebens in der Kunst** oder sogar um eine Naturnachschöpfung in der Literatur. „Die Kunst hat die Tendenz, wieder die Natur zu sein" (Arno Holz). Mit „Natur" ist die gesamte fassbare Wirklichkeit gemeint. Deshalb bezeichnen die Zeitgenossen selbst ihre Kunstrichtung als **Naturalismus**. In der Überzeugung, dass der Mensch von genetischen Faktoren (dem Erbgut), von der Umwelt (dem Milieu) und den historischen Bedingungen bestimmt wird, stellt man nun die Wirklich-

Berliner Wohnungselend
(Zeitgenössische Darstellung)

keit vorzugsweise mit ihren negativen Erscheinungen dar, dem aus gutbürgerlicher Sicht Hässlichen, Krankhaften und Niedrigen: vor allem das Leben im Schatten der Großstädte, in den Elendsvierteln, Mietskasernen, Hinterhöfen mit Dirnen, ausgebeuteten Fabrikarbeitern, Alkoholismus und Geisteskrankheit. Das gilt als antibürgerlich und revolutionär, weil gegen die herrschende Ordnung gerichtet. Aber die Naturalisten besitzen „den Mut und den Wahrheitswillen, die Verkommenheit und Entwürdigung des Menschen aufzudecken." (Friedrich G. Hoffmann und Herbert Rösch: Grundlagen, Stile, Gestalten der deutschen Literatur)

Dabei geben die Künstler Einzelheiten möglichst exakt wieder, mischen Hochsprache und Umgangssprache und streben Übereinstimmung zwischen Erzählzeit und erzählter Zeit an, eine Gestaltungsweise, die als „Sekundenstil" bezeichnet wird.

13.1 Arno Holz (1863–1929)
Phantasus

(1898)

Ueberm Bett, eingerahmt, hängt der Myrthenkranz.
Vor Jahren
stand am Fenster mal die Nähmaschine;
ein Kanarienvogel sang.

Jetzt
ist das alles anders!

Abends,
wenn die rote Lampe brennt,
kommen fremde Herren in das Stübchen;
alte, junge, wies grad trifft.

Du lieber Gott — das Leben!

Nur manchmal,
wenn der Regen draussen auf die Dächer peitscht,
nachts,
kein Mensch ist mehr wach,
sitzt das Weib und weint ...

Der tote Mann! Die armen Kinder!

Arno Holz: Phantasus
Titelblatt der Erstausgabe (1898) mit einer Jugendstilvignette (siehe Kapitel 14)

13. Naturalismus (1880–1900)

Arbeitshinweise

1. Der vorliegende Text ist einem Zyklus von fünfzig Gedichten entnommen, der den Titel „Phantasus" trägt. Was ist aus Ihrer Sicht das Besondere an diesem Gedicht? Verfassen Sie dazu eine genaue Textbeschreibung.

2. „Als formal Letztes in jeder Lyrik, das überhaupt uneliminierbar [nicht zu beseitigen] ist, bleibt für alle Ewigkeit der Rhythmus." (Arno Holz)
   - Lesen Sie das Gedicht der Textanordnung entsprechend vor.
   - Was leistet der Verzicht auf die herkömmlichen Mittel der Lyrik bzw. die Konzentration auf den Rhythmus? Bedenken Sie, dass der Rhythmus auch der natürlichen Sprache innewohnt.

3. Was an diesem Gedicht erscheint Ihnen für den Naturalismus kennzeichnend? Beziehen Sie den Einführungstext in Ihre Überlegungen ein.

4. Kunst ist für Arno Holz, den bedeutendsten Theoretiker des Naturalismus, ihrem Wesen nach Reproduktion der Natur:

   „Die Kunst hat die Tendenz, wieder die Natur zu sein. Sie wird sie nach Maßgabe ihrer jeweiligen Reproduktionsbedingungen und deren Handhabung."

Arno Holz

   Dasselbe drückt er mit der berühmt gewordenen Formel „Kunst = Natur – x" aus, wobei x die Beschränkungen umfasst, die einer getreuen Wiedergabe der Natur aufgrund der Unvollkommenheiten des Menschen und seiner Kunstmittel entgegenstehen.

   Erläutern Sie das Kunstverständnis des Autors am Beispiel seines „Phantasus"-Gedichts und nehmen Sie kritisch Stellung.

5. Verfassen Sie selbst ein Gedicht, das dem naturalistischen Kunstverständnis (vgl. Aufg. 4) entspricht. Mit einem Computer können Sie die verschieden langen Zeilen besonders einfach um eine Mittelachse gruppieren.

13.2 Gerhart Hauptmann (1862–1946)
Bahnwärter Thiel. Novellistische Studie

In seiner „novellistischen Studie" schildert der 26-jährige Autor den Weg des gewissenhaften, bei seiner Arbeit einsamen Bahnwärters zum rächenden Mörder seiner Familie. Diese Tat wird ausgelöst durch den von seiner Frau Lene verschuldeten Tod seines Kindes aus erster Ehe; es wird beim Spielen vom Zug erfasst und getötet.

Der schlesische Schnellzug war gemeldet und Thiel musste auf seinen Posten. Kaum stand er dienstfertig an der Barriere, so hörte er ihn auch schon heranbrausen.

Der Zug wurde sichtbar – er kam näher – in unzählbaren, sich überhastenden Stößen fauchte der Dampf aus dem schwarzen Maschinenschlote. Da: ein – zwei – drei milchweiße Dampf-
5 strahlen quollen kerzengerade empor, und gleich darauf brachte die Luft den Pfiff der Maschine getragen. Dreimal hintereinander, kurz, grell, beängstigend. Sie bremsen, dachte Thiel, warum nur? Und wieder gellten die Notpfiffe schreiend, den Widerhall weckend, diesmal in langer, ununterbrochener Reihe.

Thiel trat vor, um die Strecke überschauen zu können. Mechanisch zog er die rote Fahne aus
10 dem Futteral und hielt sie gerade vor sich hin über die Geleise. – Jesus Christus – war er blind gewesen? Jesus Christus – o Jesus, Jesus, Jesus Christus! was war das? Dort! – dort zwischen
15 den Schienen ... „Ha-alt!", schrie der Wärter aus Leibeskräften. Zu spät. Eine dunkle Masse war unter den Zug geraten und wurde zwischen den Rädern wie ein Gummiball hin und her gewor-
20 fen. Noch einige Augenblicke, und man hörte das Knarren und Quietschen der Bremsen. Der Zug stand.

Die einsame Strecke belebte sich. Zugführer und Schaffner rannten über den
25 Kies nach dem Ende des Zuges. Aus jedem Fenster blickten neugierige Gesichter, und jetzt – die Menge knäulte sich und kam nach vorn.

Thiel keuchte; er musste sich festhal-
30 ten, um nicht umzusinken wie ein gefällter Stier. Wahrhaftig, man winkt ihm – „Nein!" Ein Aufschrei zerreißt die Luft von der Unglücksstelle her, ein Geheul folgt, wie aus der Kehle eines
35 Tieres kommend. Wer war das?! Lene?! Es war nicht ihre Stimme, und doch ...

Umschlagentwurf von Hans Baluschek zu der ersten Buchausgabe von 1892

Ein Mann kommt in Eile die Strecke herauf. „Wärter!" „Was gibt's?" „Ein Unglück!" ... Der Bote schrickt zurück, denn des Wärters Augen spielen seltsam. Die Mütze sitzt schief, die roten Haare scheinen sich aufzubäumen. „Er lebt noch, vielleicht ist noch Hilfe." Ein Röcheln ist die einzige Antwort. „Kommen Sie schnell, schnell!" Thiel reißt sich auf mit gewaltiger Anstrengung. Seine schlaffen Muskeln spannen sich; er richtet sich hoch auf, sein Gesicht ist blöd und tot.

(1888)

Arbeitshinweise

1. Welchen Eindruck macht die Schilderung des Unfalls auf Sie?
2. Stellen Sie fest, wodurch dieser Eindruck erzeugt wird, indem Sie vor allem das Erzählverhalten, die Darbietungsweisen und die Zeitgestaltung beachten.
3. Untersuchen Sie das Verhältnis von Erzählzeit und erzählter Zeit in dem vorliegenden Textauszug genauer. Können Sie erklären, warum die hier angewandte Erzähltechnik als „Sekundenstil" bezeichnet wird?
4. Zeigen Sie am Beispiel des Auszugs der „novellistischen Studie" von Gerhart Hauptmann für den Naturalismus typische Elemente auf. Beachten Sie, dass es die moderne Technik (Eisenbahn) ist, die hier zur Bedrohung wird und Thiels Leben zerstört. Beziehen Sie den Einführungstext zu diesem Kapitel in Ihre Überlegungen ein.
5. Gestalten Sie einen (einfachen) Vorgang im „Sekundenstil".

13.3 Gerhart Hauptmann (1862 – 1946) Vor Sonnenaufgang. Soziales Drama (Auszug)

Gerhart Hauptmann stellt in seinem ersten Drama „Vor Sonnenaufgang" die Verhältnisse der neureichen oberschlesischen Bauernfamilie Krause dar, die in Alkoholismus, Schiebertum und Sittenlosigkeit verkommt. Helene, religiös erzogene Tochter dieser Familie, leidet unter diesen Verhältnissen, vor allem unter der Trunksucht ihres Vaters. Die einzige Möglichkeit, sich ihnen zu entziehen, bietet sich ihr in der Zuneigung zu dem Journalisten Loth, die auch von ihm erwidert wird. Alfred Loth ist ein Jugendfreund ihres Schwagers, des Ingenieurs Hoffmann, der durch die Einheirat in die Familie des Bauerngutsbesitzers Krause ein reicher Mann geworden ist. Von dem Arzt der Familie, Doktor Schimmelpfennig, wird Loth darüber aufgeklärt, dass diese durch Alkoholmissbrauch tief gesunken ist, und verlässt fluchtartig das Haus. Als Helene erfährt, dass ihr Verlobter sie im Stich gelassen hat, begeht sie Selbstmord.
In dem hier auszugsweise abgedruckten letzten Akt erreicht das dramatische Geschehen seinen Höhepunkt. Doktor Schimmelpfennig, der nachts in das Haus der Familie Krause gerufen wird, stellt den Tod des neugeborenen Kindes der alkoholsüchtigen Ehefrau Hoffmanns fest und unterhält sich danach mit seinem ehemaligen Studienkollegen Loth.

DOKTOR SCHIMMELPFENNIG. [...] Ehrlich, du! – Ist das wirklich dein Ernst? – die Geschichte mit der Krause?
LOTH. Na, selbstverständlich! – Zweifelst du daran? Du wirst mich doch nicht etwa für einen Schuft ...
DOKTOR SCHIMMELPFENNIG. Schon gut! Ereifere dich nur nicht. Hätt'st dich ja verändert haben können während der langen Zeit. Warum nicht? Wär auch gar kein Nachteil! 'n bissel Humor könnte dir gar nicht schaden! Ich seh' nicht ein, warum man alles so verflucht ernsthaft nehmen sollte.
LOTH. Ernst ist es mir mehr als je. *Er erhebt sich und geht, immer ein wenig zurück, neben Schimmelpfennig her.* Du kannst es ja nicht wissen, auch sagen kann ich dir's nicht mal, was dieses Verhältnis für mich bedeutet.
DOKTOR SCHIMMELPFENNIG. Hm!
LOTH. Kerl, du hast keine Idee, was das für ein Zustand ist. Man kennt ihn nicht, wenn man sich danach sehnt. Kennte man ihn, dann, dann müsste man geradezu unsinnig werden vor Sehnsucht.
DOKTOR SCHIMMELPFENNIG. Das begreife der Teufel, wie ihr zu dieser unsinnigen Sehnsucht kommt.
LOTH. Du bist auch noch nicht sicher davor.
DOKTOR SCHIMMELPFENNIG. Das möcht' ich mal sehen.
LOTH. Du red'st wie der Blinde von der Farbe.
DOKTOR SCHIMMELPFENNIG. Was ich mir für das bisschen Rausch koofe! Lächerlich. Darauf eine lebenslängliche Ehe zu bauen ... da baut man noch nicht mal so sicher als auf 'n Sandhaufen.
LOTH. Rausch – Rausch – wer von einem Rausch redet, – na! der kennt die Sache eben nicht. 'n Rausch ist flüchtig. Solche Räusche hab' ich schon gehabt, ich geb's zu. Aber das ist was ganz anderes.
DOKTOR SCHIMMELPFENNIG. Hm!
LOTH. Ich bin dabei vollständig nüchtern. Denkst du, dass ich meine Liebste so – na, wie soll ich sagen?! so mit 'ner – na, wie soll ich sagen?! mit 'ner großen Glorie sehe? Gar nicht! – Sie hat Fehler, ist auch nicht besonders schön, wenigstens – na, hässlich ist sie auch gerade nicht. Ganz objektiv geurteilt, ich – das ist ja schließlich Geschmackssache – ich hab' so'n hübsches Mädel noch nicht gesehen. Also, Rausch – Unsinn! Ich bin ja so nüchtern wie nur möglich. Aber siehst du! das ist eben das Merkwürdige! ich kann mich gar nicht mehr ohne sie denken – das kommt mir so vor wie 'ne Legierung, weißt du, wie wenn zwei Metalle so recht innig legiert sind, dass man gar nicht mehr sagen kann, das ist das, das ist das. Und alles so furchtbar selbstverständlich – kurzum, ich quatsche vielleicht Unsinn – oder was ich sage, ist vielleicht in deinen Augen Unsinn, aber so viel steht fest: wer das nicht kennt, ist 'n erbärmlicher Frosch. Und so 'n Frosch war ich bisher – und so 'n Jammerfrosch bist du noch.
DOKTOR SCHIMMELPFENNIG. Das ist ja richtig der ganze Symptomen-Komplex.– Dass ihr Kerls doch immer bis über die Ohren in Dinge hineingeratet, die ihr theoretisch längst verworfen habt, wie zum Beispiel du die Ehe. Solange ich dich kenne, laborierst du an dieser unglücklichen Ehemanie.
LOTH. Es ist Trieb bei mir, geradezu Trieb. Weiß Gott! mag ich mich wenden, wie ich will.
DOKTOR SCHIMMELPFENNIG. Man kann schließlich auch einen Trieb niederkämpfen.
LOTH. Ja, wenn's 'n Zweck hat, warum nicht?

DOKTOR SCHIMMELPFENNIG. Hat 's Heiraten etwa Zweck?

LOTH. Das will ich meinen. Das hat Zweck! Bei mir hat es Zweck. Du weißt nicht, wie ich mich durchgefressen hab' bis hierher. Ich mag nicht sentimental werden. Ich hab's auch vielleicht nicht so gefühlt, es ist mir vielleicht nicht ganz so klar bewusst geworden wie jetzt, dass ich in meinem Streben etwas entsetzlich Ödes, gleichsam Maschinenmäßiges angenommen hatte. Kein Geist, kein Temperament, kein Leben, ja wer weiß, war noch Glauben in mir? Das alles kommt seit ... seit heut wieder in mich gezogen. So merkwürdig voll, so ursprünglich, so fröhlich ... Unsinn, du kapierst's ja doch nicht.

DOKTOR SCHIMMELPFENNIG. Was ihr da alles nötig habt, um flott zu bleiben, Glaube, Liebe, Hoffnung. Für mich ist das Kram. Es ist eine ganz simple Sache: die Menschheit liegt in der Agonie, und unsereiner macht ihr mit Narkoticis die Sache so erträglich als möglich.

LOTH. Dein neuester Standpunkt?

DOKTOR SCHIMMELPFENNIG. Schon fünf bis sechs Jahre alt und immer derselbe.

LOTH. Gratuliere!

DOKTOR SCHIMMELPFENNIG. Danke!

Eine lange Pause.

DOKTOR SCHIMMELPFENNIG, *nach einigen unruhigen Anläufen.* Die Geschichte ist leider die: ich halte mich für verpflichtet ... ich schulde dir unbedingt eine Aufklärung. Du wirst Helene Krause, glaub' ich, nicht heiraten können.

LOTH, *kalt.* So, glaubst du?

DOKTOR SCHIMMELPFENNIG. Ja, ich bin der Meinung. Es sind da Hindernisse vorhanden, die gerade dir ...

LOTH. Hör mal, du! mach dir darüber um Gottes willen keine Skrupel. Die Verhältnisse liegen auch gar nicht mal so kompliziert, sind im Grunde sogar furchtbar einfach.

DOKTOR SCHIMMELPFENNIG. Einfach furchtbar solltest du eher sagen.

LOTH. Ich meine, was die Hindernisse anbetrifft.

DOKTOR SCHIMMELPFENNIG. Ich auch zum Teil. Aber auch überhaupt! Ich kann mir nicht denken, dass du diese Verhältnisse hier kennen solltest.

LOTH. Ich kenne sie aber doch ziemlich genau.

DOKTOR SCHIMMELPFENNIG. Dann musst du notwendigerweise deine Grundsätze geändert haben.

LOTH. Bitte, Schimmel, drück dich etwas deutlicher aus!

DOKTOR SCHIMMELPFENNIG. Du musst unbedingt deine Hauptforderung in Bezug auf die Ehe fallen gelassen haben, obgleich du vorhin durchblicken ließt, es käme dir nach wie vor darauf an, ein an Leib und Seele gesundes Geschlecht in die Welt zu setzen.

LOTH. Fallen gelassen ... fallen gelassen? Wie sollte ich denn das ...

DOKTOR SCHIMMELPFENNIG. Dann bleibt nichts übrig ... dann kennst du eben doch die Verhältnisse nicht. Dann weißt du zum Beispiel nicht, dass Hoffmann einen Sohn hatte, der mit drei Jahren bereits am Alkoholismus zugrunde ging.

LOTH. Wa ... was – sagst du?

DOKTOR SCHIMMELPFENNIG. 's tut mir leid, Loth, aber sagen muss ich dir's doch, du kannst ja dann noch machen, was du willst. Die Sache war kein Spaß. Sie waren gerade wie jetzt zum Besuch hier. Sie ließen mich holen, eine halbe Stunde zu spät. Der kleine Kerl hatte längst verblutet. – *Loth mit den Zeichen tiefer, furchtbarer Erschütterung an des Doktors Munde hängend. –* Doktor Schimmelpfennig. Nach der Essigflasche hatte das dumme Kerlchen gelangt in der Meinung, sein geliebter Fusel sei darin. Die Flasche war herunter- und das Kind in die Scherben gefallen. Hier unten, siehst du, die Vena saphena, die hatte es sich vollständig durchschnitten.

LOTH. W ... w ... essen Kind, sagst du ...?

DOKTOR SCHIMMELPFENNIG. Hoffmanns und ebenderselben Frau Kind, die da oben wieder ... und auch die trinkt, trinkt bis zur Besinnungslosigkeit, trinkt, soviel sie bekommen kann.

LOTH. Also von Hoffmann ... Hoffmann geht es nicht aus?!

DOKTOR SCHIMMELPFENNIG. Bewahre! Das ist tragisch an dem Menschen, er leidet darunter, soviel er überhaupt leiden kann. Im Übrigen hat er's gewusst, dass er in eine Potatorenfamilie hineinkam. Der Bauer nämlich kommt überhaupt gar nicht mehr aus dem Wirtshaus.

LOTH. Dann freilich – begreife ich manches – nein! Alles begreife ich – alles. *Nach einem dumpfen Schweigen.* Dann ist ihr Leben hier ... Helenens Leben – ein ... ein – wie soll ich sagen?! mir fehlt der Ausdruck dafür – ... nicht?

DOKTOR SCHIMMELPFENNIG. Horrend geradezu! Das kann ich beurteilen. Dass du bei ihr hängen bliebst, war mir auch von Anfang an sehr begreiflich. Aber wie ges ...

LOTH. Schon gut! – verstehe ... Tut denn ...? könnte man nicht vielleicht ... vielleicht könnte man Hoffmann bewegen, etwas ... etwas zu tun? Könntest du nicht vielleicht – ihn zu etwas bewegen? Man müsste sie fortbringen aus dieser Sumpfluft.

DOKTOR SCHIMMELPFENNIG. Hoffmann?

LOTH. Ja, Hoffmann.

DOKTOR SCHIMMELPFENNIG. Du kennst ihn schlecht ... Ich glaube zwar nicht, dass er sie schon verdorben hat. Aber ihren Ruf hat er sicherlich jetzt schon verdorben.

LOTH. *aufbrausend.* Wenn das ist: ich schlag' ihn ... Glaubst du wirklich ...? hältst du Hoffmann wirklich für fähig ...?

DOKTOR SCHIMMELPFENNIG. Zu allem, zu allem halte ich ihn fähig, wenn für ihn ein Vergnügen dabei herausspringt.

LOTH. Dann ist sie – das keuscheste Geschöpf, was es gibt ... *Loth nimmt langsam Hut und Stock und hängt sich ein Täschchen um.*

DOKTOR SCHIMMELPFENNIG. Was gedenkst du zu tun, Loth?

LOTH. Nicht begegnen ... !

DOKTOR SCHIMMELPFENNIG. Du bist also entschlossen?

LOTH. Wozu entschlossen?

DOKTOR SCHIMMELPFENNIG. Euer Verhältnis aufzulösen.

LOTH. Wie sollt' ich wohl dazu nicht entschlossen sein?

(1889)

Arbeitshinweise

1. Worum geht es in diesem Dialog? Formulieren Sie das Problem in Form einer Entscheidungsfrage.

2. Beschreiben Sie den inneren dramatischen Aufbau der Szene und seine sprachliche Gestaltung, indem Sie sich an der Einstellungsänderung Loths orientieren.

3. Stellen Sie die Argumente des Arztes gegen eine Verbindung Alfred Loths mit Helene Krause zusammen und beurteilen Sie sie.

4. „Hier werden viele Themen des Naturalismus angesprochen: das Milieu einer durch Kohleabbau auf dem eigenen Landbesitz reich gewordenen Familie, der Dialekt, Vererbungstheorien, die Determiniertheit der Menschen."
   (Barbara Baumann, Birgitta Oberle: Deutsche Literatur in Epochen, Ismaning, 2. überarb. Aufl. 1996, S. 170)

   Welche von den in dem sozialen Drama „Vor Sonnenaufgang" angesprochenen „Themen des Naturalismus" spielen in dem vorliegenden Textauszug eine Rolle?

5. „Mit dem Paukenschlag eines Theaterskandals ist Gerhart Hauptmann in die Geschichte der deutschen Literatur eingetreten."
   (Kurt Lothar Tank: Nachwort. In: Gerhart Hauptmann: Vor Sonnenaufgang. Soziales Drama, Frankfurt/M., Berlin, Wien 1959, S. 95)

   Sprechen Sie darüber, warum Ihrer Meinung nach die Aufführung des Dramas „Vor Sonnenaufgang" im Berliner Lessingtheater am 20.10.1889 bei den Zuschauern, den Mitgliedern des Vereins „Freie Bühne", einen Skandal ausgelöst haben könnte. Beziehen Sie auch die Karikatur aus der Zeitschrift „Kladderadatsch" in Ihre Überlegungen ein.

6. „Herr Hauptmann, Sie sind Nobelpreisträger für Literatur des Jahres 1912 und blicken auf ein umfangreiches Werk zurück. Welcher Erfolg war für Ihr Werden als Autor entscheidend?"
   Informieren Sie sich über Leben und Werk des Autors und gestalten Sie ein fiktives Interview mit dem fünfzigjährigen Nobelpreisträger, das Informationen über die Wirkung des Dramas „Vor Sonnenaufgang" enthält.

Karikatur aus dem Kladderadatsch (Zeichnung von Ernst Retemeyer, 1890)

Wichtige Autoren und Werke:

Gerhart Hauptmann (1862–1946)

Der bedeutendste schlesische Dichter, dessen literarisches Schaffen weit über den Naturalismus hinausreicht; 1912 mit dem Nobelpreis für Literatur ausgezeichnet.

Werke: Soziale Dramen wie *Vor Sonnenaufgang*, *Die Weber*, *Der Biberpelz* („Diebskomödie"), *Die Ratten*; die „novellistische Studie" *Bahnwärter Thiel*.

Arno Holz (1863–1929)

Gemeinsam mit seinem Freund Johannes Schlaf schreibt er Musterbeispiele naturalistischer Dichtung.

Werke: *Papa Hamlet* (Skizzen), *Die Familie Selicke* (Drama), *Das Buch der Zeit. Lieder eines Modernen* (Gedichtsammlung) und *Phantasus* (Gedichte).

Johannes Schlaf (1862–1941)

Gemeinsam mit Arno Holz (s. o.) verfasst er Skizzen und Dramen in konsequentem naturalistischem Stil (*Papa Hamlet*, *Die Familie Selicke*).

Grundlegende Literatur:

Günther Mahal: *Naturalismus*. München ³1996

York-Gothart Mix (Hg.): *Naturalismus, Fin de siècle, Expressionismus*. (= Hansers Sozialgeschichte der deutschen Literatur vom 16. Jahrhundert bis zur Gegenwart Bd. 7). München 2000

14 Literatur der Jahrhundertwende – Impressionismus und Symbolismus (1890 – 1920)

Das Ende des alten und der Beginn des neuen Jahrhunderts ist literarisch durch eine Fülle unterschiedlicher Bestrebungen und Stilrichtungen gekennzeichnet. Ihr gemeinsames Merkmal besteht darin, dass sie als **Gegenströmungen zum Naturalismus** auftreten, einer Richtung der europäischen Literatur zwischen 1880 und 1900, die die objektive und naturgetreue Wiedergabe der Wirklichkeit fordert (siehe Kapitel 13). Zwar sind auch sie auf dem Boden des zweiten Kaiserreiches im Zeitalter des Imperialismus mit seinem politischen und wirtschaftlichen Herrschaftsstreben entstanden; ihre Anhänger wollen jedoch mit dem Zeitgeschehen, der Alltagswirklichkeit und der Weltanschauung des Materialismus nichts zu tun haben.

Die sogenannten **Neuklassiker** besinnen sich auf Werte und Formen der klassischen Überlieferung, die sie als Ausdruck vornehmen (aristokratischen) Lebensgefühls pflegen; die Vertreter der **„Neuromantik"** finden wieder Gefallen am Nichtalltäglichen, am Geheimnisvollen und

Claude Monet: Eindruck bei Sonnenaufgang (1872). Von dem französischen Originaltitel dieses Bildes (Impression – soleil levant) wurde der Begriff Impressionismus „abgeleitet".

14. Literatur der Jahrhundertwende – Impressionismus und Symbolismus (1890–1920)

Zeitgenössischer Buchschmuck von Bruno Paul (1874–1968)

Wunderbaren. Größere Wirkungen üben in der Jahrhundertwende jedoch zwei andere Kunstrichtungen aus: Impressionismus und Symbolismus. Mit dem Begriff **Impressionismus** (lat. „impressio": Eindruck), den man von der zeitgenössischen französischen Malerei übernimmt, wird ein neues Kunstideal bezeichnet: Nicht Erscheinungsformen einer vermeintlich objektiven Wirklichkeit sind ihm wichtig, sondern subjektive Eindrücke, die von Augenblick zu Augenblick wechseln und feinste Halbtöne, Schattierungen, Stimmungen erfassen. Ihre gesteigerte Empfindungskraft richten die Impressionisten nicht nur auf die Außenwelt, sondern auch auf seelische Regungen, die nun psychologisch genau wiedergegeben werden.

Während der Impressionismus mit der Darstellung subjektiver Eindrücke stärker sensualistisch orientiert ist, d. h. sich im Wesentlichen auf Sinneswahrnehmung bezieht, ist der **Symbolismus** eine eher spiritualistische Kunstrichtung, die das Wirkliche als geistig oder Erscheinungsweise des Geistigen deutet. Diesen hintergründigen Zusammenhang in allen Dingen gestaltet der Symbolist in konzentrierter Form mithilfe des Symbols oder Sinnbildes. Einige Künstler, die sich dem Symbolismus zugehörig fühlen, vertreten die Forderung nach einer Kunst um der Kunst willen („l'art pour l'art"), die nur von einem erlesenen Kreis eingeweihter Kunstverehrer angemessen aufgenommen werden kann.

Diesen verschiedenen Strömungen liegt die Erfahrung sozialer Entfremdung und Isolierung zugrunde, ein **Krisenbewusstsein**, das sich sowohl mit dem Bewusstsein von Niedergang, Weltmüdigkeit und Verfall („Décadence") und dem Ende des bürgerlichen Zeitalters („Fin de siècle") verbinden kann als auch mit Erneuerungsstreben und Aufbruchsbegeisterung. Das optimistische Stilbemühen der Zeit findet seinen deutlichsten Niederschlag im sogenannten **Jugendstil** der bildenden Kunst; dessen Tendenz zur Erlesenheit und Stilisierung beeinflusst auch die Literatur, sodass von einem literarischen Jugendstil gesprochen werden kann. Im Sinne des Jugendstils wurden Bücher mit dekorativen Drucktypen, Illustrationen, Titelseiten und Einbänden ausgestattet.

Die bedeutendsten Leistungen der Epoche liegen auf lyrischem Gebiet. Bevorzugt wird eine durch Metrum, Reim und Strophenform gehobene Sprache, wobei der Symbolismus zu strengeren Formen neigt. Die literarischen Zentren der Zeit sind **Wien, Berlin** und **München**.

14.1 Max Dauthendey (1867–1918)
Regenduft

Schreie. Ein Pfau.
Gelb schwankt das Rohr.
Glimmendes Schweigen von faulem Holz.

Flüstergrün der Mimosen.
5 Schlummerndes Gold nackter Rosen
Auf braunem Moor.

Weiße Dämmerung rauscht in den Muscheln.
Granit blank, eisengrau.
Matt im Silberflug Kranichheere
10 Über die Schaumsaat stahlkühler Meere.

(1893)

Stefan George (1868–1933)
Mein Garten

Mein garten bedarf nicht luft und nicht wärme,
Der garten den ich mir selber erbaut
Und seiner vögel leblose schwärme
Haben noch nie einen frühling geschaut.

5 Von kohle die stämme, von kohle die äste
Und düstere felder am düsteren rain,
Der früchte nimmer gebrochene läste
Glänzen wie lava im pinien-hain.

Ein grauer schein aus verborgener höhle
10 Verrät nicht wann morgen wann abend naht
Und staubige dünste der mandel-öle
Schweben auf beeten und anger und saat.

Wie zeug ich dich aber im heiligtume
– So fragt ich wenn ich es sinnend durchmass
15 In kühnen gespinsten der sorge vergass –
Dunkle grosse schwarze blume?

(1894)

Rainer Maria Rilke (1875–1926)
Blaue Hortensie

So wie das letzte Grün in Farbentiegeln
sind diese Blätter, trocken, stumpf und rau,
hinter den Blütendolden, die ein Blau
nicht auf sich tragen, nur von ferne spiegeln.

Sie spiegeln es verweint und ungenau,
als wollten sie es wiederum verlieren,
und wie in alten blauen Briefpapieren
ist Gelb in ihnen, Violett und Grau;

Verwaschnes wie an einer Küchenschürze,
Nichtmehrgetragnes, dem nichts mehr geschieht:
wie fühlt man eines kleinen Lebens Kürze.

Doch plötzlich scheint das Blau sich zu verneuen
in einer von den Dolden, und man sieht
ein rührend Blaues sich vor Grünem freuen.

(1906)

Dieser für den Jugendstil typische Umschlagentwurf des im Jahre 1905 im Insel-Verlag, Leipzig, erschienenen „Stundenbuches" von Rainer Maria Rilke stammt von Walter Tiemann (1876–1951), einem der Pioniere der neuen Buch- und Schriftkunst.

Arbeitshinweise

1. Welches von diesen Gedichten der Jahrhundertwende gefällt Ihnen am besten? Versuchen Sie, Ihre Wahl zu begründen.
2. Welche rhythmischen, klanglichen und bildhaften Mittel der Sprache fallen Ihnen auf? Beachten Sie, dass Rainer Maria Rilkes Gedicht ein Sonett ist.
3. In welchen Gedichten sind vor allem subjektive Eindrücke gestaltet? Untersuchen Sie, welcher Art diese Eindrücke sind und mit welchen Mitteln sie gestaltet sind; achten Sie dabei auch auf die Verwendung von Farbadjektiven.
4. In welchem Gedicht ist in kunstvoll abgestimmten Symbolen eine in sich abgeschlossene Sprachwelt gestaltet? Versuchen Sie, diese Welt zu beschreiben.
5. Analysieren und vergleichen Sie, wie die Dichter jeweils Naturmotive verarbeitet haben.
6. Stellen Sie epochenspezifische Merkmale der Gedichte dar, indem Sie auf den Einführungstext zu diesem Kapitel Bezug nehmen.
7. Verfassen Sie selbst ein impressionistisches oder symbolistisches Gedicht zu einem Thema aus dem Bereich der Natur.

14.2 Thomas Mann (1875–1955)
Tonio Kröger (3)

Die Erzählung „Tonio Kröger" (1903) könnte man die novellistische Skizze zu einem Entwicklungs- und Bildungsroman nennen, dessen Held die Titelfigur ist. Der Erzählhintergrund ist das Lübecker Ambiente wie schon in dem Roman „Buddenbrooks" (1901), für den Thomas Mann 1929 mit dem Nobelpreis ausgezeichnet wurde.

Er ging den Weg, den er gehen musste, ein wenig nachlässig und ungleichmäßig, vor sich hin pfeifend, mit seitwärts geneigtem Kopfe ins Weite blickend, und wenn er irreging, so geschah es, weil es für etliche einen richtigen Weg überhaupt nicht gibt. Fragte man ihn, was in aller Welt er zu werden gedachte, so erteilte er wechselnde Auskunft, denn er pflegte zu
5 sagen (und hatte es auch bereits aufgeschrieben), dass er die Möglichkeiten zu tausend Daseinsformen in sich trage, zusammen mit dem heimlichen Bewusstsein, dass es im Grunde lauter Unmöglichkeiten seien ...
Schon bevor er von der engen Vaterstadt schied, hatten sich leise die Klammern und Fäden gelöst, mit denen sie ihn hielt. Die alte Familie der Kröger war nach und nach in einen Zu-
10 stand des Abbröckelns und der Zersetzung geraten, und die Leute hatten Grund, Tonio Krögers eigenes Sein und Wesen ebenfalls zu den Merkmalen dieses Zustandes zu rechnen. Seines Vaters Mutter war gestorben, das Haupt des Geschlechts, und nicht lange darauf, so folgte sein Vater, der lange, sinnende, sorgfältig gekleidete Herr mit der Feldblume im Knopfloch, ihr im Tode nach. Das große Kröger'sche Haus stand mitsamt seiner würdi-
15 gen Geschichte zum Verkaufe, und die Firma ward ausgelöscht. Tonios Mutter jedoch, seine schöne, feurige Mutter, die so wunderbar den Flügel und die Mandoline spielte und der alles ganz einerlei war, vermählte sich nach Jahresfrist aufs Neue, und zwar mit einem Musiker, einem Virtuosen mit italienischem Namen, dem sie in blaue Fernen folgte. Tonio Krö-
20 ger fand dies ein wenig liederlich; aber war er berufen, es ihr zu wehren? Er schrieb Verse und konnte nicht einmal beantworten, was in aller Welt er zu werden gedachte ...
Und er verließ die winklige Heimatstadt, um deren Giebel der feuchte Wind pfiff, verließ den Springbrunnen und den alten
25 Walnussbaum im Garten, die Vertrauten seiner Jugend, verließ auch das Meer, das er so sehr liebte, und empfand keinen Schmerz dabei. Denn er war groß und klug geworden, hatte begriffen, was für eine Bewandtnis es mit ihm hatte, und war voller Spott für das plumpe und niedrige Dasein, das ihn so lan-
30 ge in seiner Mitte gehalten hatte.
Er ergab sich ganz der Macht, die ihm als die erhabenste auf Erden erschien, zu deren Dienst er sich berufen fühlte und die ihm Hoheit und Ehren versprach, der Macht des Geistes und Wortes, die lächelnd über dem unbewussten und stummen Le-
35 ben thront. Mit seiner jungen Leidenschaft ergab er sich ihr, und sie lohnte ihm mit allem, was sie zu schenken hat, und nahm ihm unerbittlich all das, was sie als Entgelt dafür zu nehmen pflegt.

Das „Buddenbrookhaus" in Lübeck

Sie schärfte seinen Blick und ließ ihn die großen Wörter durchschauen, die der Menschen Busen blähen, sie erschloss ihm der Menschen Seelen und seine eigene, machte ihn hellsehend und zeigte ihm das Innere der Welt und alles Letzte, was hinter den Worten und Taten ist. Was er aber sah, war dies: Komik und Elend – Komik und Elend.

Da kam, mit der Qual und dem Hochmut der Erkenntnis, die Einsamkeit, weil es ihn im Kreise der Harmlosen mit dem fröhlich dunklen Sinn nicht litt und das Mal an seiner Stirn sie verstörte. Aber mehr und mehr versüßte sich ihm auch die Lust am Worte und der Form, denn er pflegte zu sagen (und hatte es auch bereits aufgeschrieben), dass die Kenntnis der Seele allein unfehlbar trübsinnig machen würde, wenn nicht die Vergnügungen des Ausdrucks uns wach und munter erhielten ...

Er lebte in großen Städten und im Süden, von dessen Sonne er sich ein üppigeres Reifen seiner Kunst versprach; und vielleicht war es das Blut seiner Mutter, welches ihn dorthin zog. Aber da sein Herz tot und ohne Liebe war, so geriet er in Abenteuer des Fleisches, stieg tief hinab in Wollust und heiße Schuld und litt unsäglich dabei. Vielleicht war es das Erbteil seines Vaters in ihm, des langen, sinnenden, reinlich gekleideten Mannes mit der Feldblume im Knopfloch, das ihn dort unten so leiden machte und manchmal eine schwache, sehnsüchtige Erinnerung in ihm sich regen ließ an eine Lust der Seele, die einstmals sein eigen gewesen war, und die er in allen Lüsten nicht wiederfand.

Ein Ekel und Hass gegen die Sinne erfasste ihn und ein Lechzen nach Reinheit und wohlanständigem Frieden, während er doch die Luft der Kunst atmete, die laue und süße, duftgeschwängerte Luft eines beständigen Frühlings, in der es treibt und braut und keimt in heimlicher Zeugungswonne. So kam es nur dahin, dass er, haltlos zwischen krassen Extremen, zwischen eisiger Geistigkeit und verzehrender Sinnenglut hin und her geworfen, unter Gewissensnöten ein erschöpfendes Leben führte, ein ausbündiges, ausschweifendes und außerordentliches Leben, das er, Tonio Kröger, im Grunde verabscheute. Welch Irrgang!, dachte er zuweilen. Wie war es nur möglich, dass ich in alle diese exzentrischen Abenteuer geriet? Ich bin doch kein Zigeuner im grünen Wagen, von Hause aus ...

Aber in dem Maße, wie seine Gesundheit geschwächt ward, verschärfte sich seine Künstlerschaft, ward wählerisch, erlesen, kostbar, fein, reizbar gegen das Banale und aufs Höchste empfindlich in Fragen des Taktes und Geschmacks. Als er zum ersten Male hervortrat, wurde unter denen, die es anging, viel Beifall und Freude laut, denn es war ein wertvoll gearbeitetes Ding, was er geliefert hatte, voll Humor und Kenntnis des Leidens. Und schnell ward sein Name, derselbe, mit dem ihn einst seine Lehrer scheltend gerufen hatten, derselbe, mit dem er seine ersten Reime an den Walnussbaum, den Springbrunnen und das Meer unterzeichnet hatte, dieser aus Süd und Nord zusammengesetzte Klang, dieser exotisch angehauchte Bürgersname zu einer Formel, die Vortreffliches bezeichnete; denn der schmerzlichen

Gründlichkeit seiner Erfahrungen gesellte sich ein seltener, zäh ausharrender und ehrsüchtiger Fleiß, der im Kampf mit der wählerischen Reizbarkeit seines Geschmacks unter heftigen Qualen ungewöhnliche Werke entstehen ließ.

Er arbeitete nicht wie jemand, der arbeitet, um zu leben, sondern wie einer, der nichts will als arbeiten, weil er sich als lebendigen Menschen für nichts achtet, nur als Schaffender in Betracht zu kommen wünscht und im Übrigen grau und unauffällig umhergeht, wie ein abgeschminkter Schauspieler, der nichts ist, solange er nichts darzustellen hat. Er arbeitete stumm, abgeschlossen, unsichtbar und voller Verachtung für jene Kleinen, denen das Talent ein geselliger Schmuck war, die, ob sie nun arm oder reich waren, wild und abgerissen einhergingen oder mit persönlichen Krawatten Luxus trieben, in erster Linie glücklich, liebenswürdig und künstlerisch zu leben bedacht waren, unwissend darüber, dass gute Werke nur unter dem Druck eines schlimmen Lebens entstehen, dass, wer lebt, nicht arbeitet, und dass man gestorben sein muss, um ganz ein Schaffender zu sein.

(1903)

Arbeitshinweise

1. Welchen Eindruck haben Sie von dem Titelhelden gewonnen?

2. Überprüfen Sie Ihren ersten Eindruck, indem Sie die Hauptfigur und ihr Verhältnis zur Umwelt beschreiben.

3. Thema der Erzählung „Tonio Kröger" ist die Bedeutung des Künstlertums, dessen Wesen in einer tiefen Zwiespältigkeit gesehen wird.
   Geben und erläutern Sie Textbeispiele für diese Zwiespältigkeit in Bezug auf
   - den Namen des Titelhelden,
   - die Darstellung der Eltern,
   - die rationale und emotionale Weise, in der Tonio Kröger die Welt erlebt.

4. Deuten Sie die Schlussaussage, „dass man gestorben sein muss, um ganz ein Schaffender zu sein".

5. „Diese Auffassung vom Künstlertum ist zu verstehen aus dem Bewusstsein, einer Kultur anzugehören, die sich immer mehr verfeinert, aber im gleichen Maße vom natürlichen Dasein entfernt ist. Das ist *Rousseaus* Kritik an der Kultur in einer neuen, hoffnungslosen Form, denn das ‚Zurück zur Natur' ist nicht mehr möglich, und die Kultur ist wegen ihrer Überfeinerung einem unaufhaltsamen Niedergang (= *Dekadenz*) ausgesetzt."
   (Annemarie und Wolfgang van Rinsum: Dichtung und Deutung. Eine Geschichte der deutschen Literatur in Beispielen bsv, München [11]1990, S. 253)

   Erläutern Sie diese Auffassung vom Künstlertum. Inwiefern ist das Problem der Dekadenz auch in der Familiengeschichte Tonio Krögers dargestellt?

6. Thomas Mann, Literatur-Nobelpreisträger des Jahres 1929, hat in „Tonio Kröger" vieles von seinem eigenen Leben einfließen lassen, sodass Autor, Erzähler und Hauptgestalt einander sehr nah sind. Wie drückt sich diese Nähe in der Erzählweise aus? Berücksichtigen Sie das Erzählverhalten, die Erzählperspektive und besondere Darbietungsweisen wie die erlebte Rede.

7. Untersuchen Sie, wie erzähltechnisch – im Verhalten und in den Gedanken Tonio Krögers – seelische Zustände und persönliche Wesenszüge angedeutet werden. Beachten Sie beispielsweise die (im ersten Satz beschriebene) Körperhaltung Tonio Krögers und die Wiederholung einzelner Sätze und Bilder, an die er sich erinnert.

14.3 Hugo von Hofmannsthal (1874 – 1929) Der Schwierige. Lustspiel in drei Akten (III,8)

Die seit 1908 geplante, 1918 fertiggestellte Komödie „Der Schwierige" spielt nach dem Ersten Weltkrieg, also in der Gegenwart des Dichters. Der Titelheld Graf Hans Karl Bühl, Mitglied des österreichischen Hochadels, scheut sich vor jeder neuen Beziehung, sei sie nur gesellschaftlich oder gar tiefer gehend, so sehr, dass er „schwirig" geworden ist; mit seinem Charme, durch den er die Menschen anzieht, weist er sie zugleich taktvoll zurück. Für seinen Neffen soll er um Helene Altenwyl werben, für die sich auch ein Baron interessiert. Als Graf Bühl ihr für immer „Adieu sagen" will, damit sie seinen Neffen heiraten kann, erzählt er ihr von der Vision, die er während seiner Verschüttung im Krieg hatte: An der Grenze des Todes „sah" er ein Leben, in dem Helene Altenwyl seine Frau war. Das Geständnis seiner Vision nutzt Helene dazu, Karl sich selbst verstehen zu lassen.

Helene ist durch die unsichtbare Tür links herausgetreten, im Mantel wie zum Fortgehen. Sie wartet, bis Crescence und Stani sie nicht mehr sehen können. Gleichzeitig ist Karl durch die Glastür rechts sichtbar geworden; er legt Hut, Stock und Mantel ab und erscheint. Helene hat Karl gesehen, bevor er sie erblickt hat. Ihr Gesicht verändert sich in einem Augenblick vollständig. Sie lässt ihren Abendman-
5 *tel von den Schultern fallen, und dieser bleibt hinter der Treppe liegen, dann tritt sie Karl entgegen.*

HANS KARL *betroffen*
 Helen, Sie sind noch hier?

HELENE *hier und weiter in einer ganz festen, entschiedenen Haltung und in einem*
10 *leichten, fast überlegenen Ton*
 Ich bin hier zu Haus.

HANS KARL
 Sie sehen anders aus als sonst. Es ist etwas geschehen!

15 HELENE
 Ja, es ist etwas geschehen.

HANS KARL
 Wann, so plötzlich?

HELENE
20 Vor einer Stunde, glaub ich.

HANS KARL *unsicher*
 Etwas Unangenehmes?

HELENE
 Wie?

25 HANS KARL
 Etwas Aufregendes?

Der Schwierige. Burgtheater Wien 1960

HELENE
Ah ja, das schon.

HANS KARL
Etwas Irreparables?¹

HELENE
Das wird sich zeigen. Schauen Sie, was dort liegt.

HANS KARL
Dort? Ein Pelz. Ein Damenmantel, scheint mir.

HELENE
Ja, mein Mantel liegt da. Ich hab ausgehen wollen.

HANS KARL
Ausgehen?

HELENE
Ja, den Grund davon werd ich Ihnen auch dann sagen. Aber zuerst werden Sie mir sagen, warum Sie zurückgekommen sind. Das ist keine ganz gewöhnliche Manier².

HANS KARL *zögernd*
Es macht mich immer ein bisserl verlegen, wenn man mich so direkt was fragt.

HELENE
Ja, ich frag Sie direkt.

HANS KARL
Ich kann's gar nicht leicht explizieren³.

HELENE
Wir können uns setzen.
Sie setzen sich.

HANS KARL
Ich hab früher in unserer Konversation⁴ – da oben, in dem kleinen Salon –

HELENE
Ah, da oben in dem kleinen Salon.

HANS KARL *unsicher durch ihren Ton*
Ja, freilich, in dem kleinen Salon. Ich hab da einen großen Fehler gemacht, einen sehr großen.

HELENE
Ah?

HANS KARL
Ich hab etwas Vergangenes zitiert.

---

¹ irreparabel: nicht wiederherstellbar; unersetzbar; unheilbar
² Art und Weise
³ erklären
⁴ Gespräch, Plauderei

HELENE
Etwas Vergangenes?

HANS KARL
Gewisse ungereimte, rein persönliche Sachen, die in mir vorgegangen sind, wie ich im Feld draußen war, und später im Spital. Rein persönliche Einbildungen, Halluzinationen sozusagen. Lauter Dinge, die absolut nicht dazu gehört haben.

HELENE
Ja, ich versteh Sie. Und?

HANS KARL
Da hab ich Unrecht getan.

HELENE
Inwiefern?

HANS KARL
Man kann das Vergangene nicht herzitieren, wie die Polizei einen vor das Kommissariat zitiert. Das Vergangene ist vergangen. Niemand hat das Recht, es in eine Konversation, die sich auf die Gegenwart bezieht, einzuflechten. Ich drück mich elend aus, aber meine Gedanken darüber sind mir ganz klar.

HELENE
Das hoff ich.

HANS KARL
Es hat mich höchst unangenehm berührt in der Erinnerung, sobald ich allein mit mir selbst war, dass ich in meinem Alter mich so wenig in der Hand hab – und ich bin wiedergekommen, um Ihnen Ihre volle Freiheit, pardon, das Wort ist mir ganz ungeschickt über die Lippen gekommen – um Ihnen Ihre volle Unbefangenheit zurückzugeben.

HELENE
Meine Unbefangenheit – mir wiedergeben?
Hans Karl, unsicher, will aufstehen.

HELENE *bleibt sitzen*
Also das haben Sie mir sagen wollen – über Ihr Fortgehen früher?

HANS KARL
Ja, über mein Fortgehen und natürlich auch über mein Wiederkommen. Eines motiviert ja das andere.

HELENE
Aha. Ich dank Ihnen sehr. Und jetzt werd ich Ihnen sagen, warum Sie wiedergekommen sind.

HANS KARL
Sie mir?

HELENE *mit einem vollen Blick auf ihn*
Sie sind wiedergekommen, weil – ja! es gibt das! gelobt sei Gott im Himmel!

Sie lacht
Aber es ist vielleicht schade, dass Sie wiedergekommen sind. Denn hier ist vielleicht nicht der rechte Ort, das zu sagen, was gesagt werden muss – vielleicht hätte das – aber jetzt muss es halt hier gesagt werden.

HANS KARL
O mein Gott, Sie finden mich unbegreiflich. Sagen Sie es heraus!

HELENE
Ich verstehe alles sehr gut. Ich versteh, was Sie fortgetrieben hat, und was Sie wieder zurückgebracht hat.

HANS KARL
Sie verstehen alles? Ich versteh ja selbst nicht.

HELENE
Wir können noch leiser reden, wenn's Ihnen recht ist. Was Sie hier hinausgetrieben hat, das war Ihr Misstrauen, Ihre Furcht vor Ihrem eigenen Selbst – sind Sie bös?

HANS KARL
Vor meinem Selbst?

HELENE
Vor Ihrem eigentlichen tieferen Willen. Ja, der ist unbequem, der führt einen nicht den angenehmsten Weg. Er hat Sie eben hierher zurückgeführt.

HANS KARL
Ich versteh Sie nicht, Helen!

HELENE *ohne ihn anzusehen*
Hart sind nicht solche Abschiede für Sie, aber hart ist manchmal, was dann in Ihnen vorgeht, wenn Sie mit sich allein sind.

HANS KARL
Sie wissen das alles?

HELENE
Weil ich das alles weiß, darum hätt ich ja die Kraft gehabt und hätte für Sie das Unmögliche getan.

HANS KARL
Was hätten Sie Unmögliches für mich getan?

HELENE
Ich wär Ihnen nachgegangen.

HANS KARL
Wie denn „nachgegangen"? Wie meinen Sie das?

HELENE
Hier bei der Tür auf die Gasse hinaus. Ich hab Ihnen doch meinen Mantel gezeigt, der dort hinten liegt.

Hans Karl
Sie wären mir –? Ja, wohin?

Helene
Ins Kasino oder anderswo – was weiß ich, bis ich Sie halt gefunden hätte.

Hans Karl
Sie wären mir, Helen –? Sie hätten mich gesucht? Ohne zu denken, ob –?

Helene
Ja, ohne an irgendetwas sonst zu denken. Ich geh dir nach – Ich will, dass du mich –

Hans Karl *mit unsicherer Stimme*
Sie, du, du willst?
Für sich
Da sind wieder diese unmöglichen Tränen!
Zu ihr
Ich hör Sie schlecht. Sie sprechen so leise.

Helene
Sie hören mich ganz gut. Und da sind auch Tränen – aber die helfen mir sogar eher, um das zu sagen –

Hans Karl
Du – Sie haben etwas gesagt?

Helene
Dein Wille, dein Selbst; versteh mich. Er hat dich umgedreht, wie du allein warst, und dich zu mir zurückgeführt. Und jetzt –

Hans Karl
Jetzt?

Helene
Jetzt weiß ich zwar nicht, ob du jemand wahrhaft liebhaben kannst – aber ich bin in dich verliebt, und ich will – aber das ist doch eine Enormität[1], dass Sie mich das sagen lassen!

Hans Karl *zitternd*
Sie wollen von mir –

Helene *mit keinem festeren Ton als er*
Von deinem Leben, von deiner Seele, von allem – meinen Teil!
Eine kleine Pause.

Hans Karl
Helen, alles, was Sie da sagen, perturbiert[2] mich in der maßlosesten Weise um Ihretwillen, Helen, natürlich um Ihretwillen! Sie irren sich in Bezug auf mich, ich hab einen unmöglichen Charakter.

---

[1] Ungeheuerlichkeit
[2] verwirrt

HELENE
Sie sind, wie Sie sind, und ich will kennen, wie Sie sind.

HANS KARL
Es ist so eine namenlose Gefahr für Sie.

Helene schüttelt den Kopf.

HANS KARL
Ich bin ein Mensch, der nichts als Missverständnisse auf dem Gewissen hat.

HELENE *lächelnd*
Ja, das scheint.

HANS KARL
Ich hab so vielen Frauen wehgetan.

HELENE
Die Liebe ist nicht süßlich.

HANS KARL
Ich bin ein maßloser Egoist.

HELENE *lächelnd*
Ja? Ich glaub nicht.

HANS KARL
Ich bin so unstet, nichts kann mich fesseln.

HELENE
Ja, Sie können – wie sagt man das? – verführt werden und verführen. Alle haben Sie sie wahrhaft geliebt und alle wieder im Stich lassen. Die armen Frauen! Sie haben halt nicht die Kraft gehabt für euch beide.

HANS KARL
Wie?

HELENE
Begehren ist Ihre Natur. Aber nicht: das – oder das – sondern von einem Wesen – alles – für immer! Es hätte eine die Kraft haben müssen, Sie zu zwingen, dass Sie von ihr immer mehr und mehr begehrt hätten. Bei der wären Sie dann geblieben.

HANS KARL
Wie du mich kennst!

HELENE
Nach einer ganz kurzen Zeit waren sie dir alle gleichgültig, und du hast ein rasendes Mitleid gehabt, aber keine große Freundschaft für keine; das war mein Trost.

HANS KARL
Wie du alles weißt!

HELENE
Nur darin hab ich existiert. Das allein hab ich verstanden.

HANS KARL
215 Da muss ich mich ja vor dir schämen.

HELENE
Schäm ich mich denn vor dir? Ah nein. Die Liebe schneidet ins lebendige Fleisch.

HANS KARL
Alles hast du gewusst und ertragen –

220 HELENE
Ich hätt nicht den kleinen Finger gerührt, um eine solche Frau von dir wegzubringen. Es wär mir nicht dafür gestanden.

HANS KARL
Was ist das für ein Zauber, der in dir ist. Gar nicht wie die andern Frauen. Du machst
225 einen so ruhig in einem selber.

HELENE
Du kannst freilich die Freundschaft nicht fassen, die ich für dich hab. Dazu wird eine lange Zeit nötig sein – wenn du mir die geben kannst.

HANS KARL
230 Wie du das sagst!

HELENE
Jetzt geh, damit dich niemand sieht. Und komm bald wieder. Komm morgen, am frühen Nachmittag. Die Leut geht's nichts an, aber der Papa soll's schnell wissen. – Der Papa soll's wissen, – der schon! Oder nicht, wie?

235 HANS KARL *verlegen*
Es ist das – mein guter Freund Poldo Altenwyl hat seit Tagen eine Angelegenheit, einen Wunsch – den er mir oktroyieren¹ will: er wünscht, dass ich, sehr überflüssigerweise, im Herrenhaus das Wort ergreife –

HELENE
240 Aha –

HANS KARL
Und da geh ich ihm seit Wochen mit der größten Vorsicht aus dem Weg – vermeide, mit ihm allein zu sein – im Kasino, auf der Gasse, wo immer –

HELENE
245 Sei ruhig – es wird nur von der Hauptsache die Rede sein – dafür garantier ich. – Es kommt schon jemand: ich muss fort.

HANS KARL
Helen!

HELENE *schon im Gehen, bleibt nochmals stehen*
250 Du! Leb wohl!
Nimmt den Mantel auf und verschwindet durch die kleine Tür links. (1920)

¹ aufdrängen, aufzwingen

Arbeitshinweise

1. In der Literaturwissenschaft wird mit Bezug auf diesen Dramenauszug vom „wohl zärtlichsten Liebes-Dialog deutscher Sprache" (Georg Hensel) gesprochen. Inwiefern ist dies überhaupt ein „Liebes-Dialog"? Und was empfindet man daran wohl als „zärtlich"?

2. Untersuchen Sie, wie sich die Gesprächspartner anreden. Achten Sie vor allem auf die Verwendung der Personalpronomen.

3. Charakterisieren Sie Helene, eine der bedeutenden Frauengestalten der deutschen Literatur. Berücksichtigen Sie dabei, wie sie mit dem geliebten Mann umgeht und wie es ihr gelingt, eine reale Zukunft für beide zu ermöglichen.

4. „Die Liebe schneidet ins lebendige Fleisch." Erläutern Sie Helenes Liebesverständnis und nehmen Sie dazu Stellung.

5. Die Gesellschaft des „Schwierigen" ist nicht als Konterfei [Abbild, R.M.] des sterbenden österreichischen Adels gezeichnet – sie ist Bild jeder Gesellschaft zu jeder Zeit, wo der einzelne, der wesentliche Mensch das Du erst finden kann, wenn er sich und jenes Du aus der Gesellschaft gelöst hat, wenn die sprachliche Konvention [Übereinkunft, Förmlichkeit, R.M.] gebrochen wird. Das geschieht im „Schwierigen", wenn Helene dem Helden ihre Liebe zögernd, in gebrochenen Worten, wechselnd zwischen dem Sie und Du der Anrede, gesteht.
(Albert Soergel, Curt Hohoff: Dichtung und Dichter der Zeit. Vom Naturalismus bis zur Gegenwart. Erster Band, Bagel Buch, Düsseldorf 1961, S. 488)

Stimmen Sie diesen Aussagen – auch aufgrund Ihrer Analyseergebnisse (Aufg. 1–4) – zu? Begründen Sie Ihre Meinung.

Hugo von Hofmannsthal im Salon des Rodauner Hauses

6. Versuchen Sie diese Szene umzugestalten, indem Sie sie sprachlich unserer Zeit anpassen.

Wichtige Autoren und Werke:

Max Dauthendey (1867–1918)
Verfasser zahlreicher zumeist impressionistischer, teilweise neuromantischer Gedichte
Werke: Die Gedichtsammlung *Ultraviolett*, Novellen und Dramen.

Stefan George (1868–1933)
Deutscher Erneuerer der Form in der Lyrik im Sinne des l'art pour l'art und gegen den Naturalismus gerichtet.
Werke: *Hymnen – Pilgerfahrten – Algabal* (Gedichtsammlungen in einem Band), *Das Jahr der Seele* (Gedichte), *Der Teppich des Lebens und die Lieder von Traum und Tod* (Gedichtzyklus), *Der siebente Ring* (Gedichtzyklus).

Hermann Hesse (1877–1962)
Ab 1923 Schweizer Staatsbürger, 1946 erhält er den Nobelpreis für Literatur.
Werke: Die Romane *Per Camenzind, Unterm Rad* und *Demian. Die Geschichte von Emil Sinclairs Jugend, Der Steppenwolf*; die Erzählung *Narziß und Goldmund* und *Die Gedichte*.

14. Literatur der Jahrhundertwende – Impressionismus und Symbolismus (1890–1920)

Hugo von Hofmannsthal (1874–1929)
Bedeutender Lyriker des österreichischen Kulturraums bis zu einer Schaffenskrise um die Jahrhundertwende, danach Neubeginn mit Bühnenstücken.
Ausgewählte Gedichte, darin *Vorfrühling, Ballade des äußeren Lebens, Terzinen über die Vergänglichkeit;* Dramen, z. B. *Der Thor und der Tod* (lyrisches Drama), *Der Rosenkavalier* (als Operntext), *Jedermann. Das Spiel vom Sterben des reichen Mannes, Der Schwierige; Reitergeschichte* (Erzählung); *Brief des Lord Chandos.*

Heinrich Mann (1871–1950)
Satirischer Romanschriftsteller, Thomas Manns älterer Bruder (s. auch Kap. 17)
Werke: Die Romane *Professor Unrat oder Das Ende eines Tyrannen* (Filmtitel: *Der blaue Engel*), *Der Untertan.*

Thomas Mann (1875–1955)
Heinrich Manns jüngerer Bruder, der repräsentative deutsche Erzähler dieser Epoche, die er allerdings weit überragt; 1929 erhält er für seinen Buddenbrooks-Roman den Nobelpreis.
Werke: *Buddenbrooks. Verfall einer Familie* (Roman), *Tristan* (6 Novellen, darin Tonio Kröger), *Der Tod in Venedig* (Erzählung), *Der Zauberberg* (Roman).

Robert Musil (1880–1942)
Ab 1922 freier Schriftsteller in Berlin und Wien, 1938 Emigration in die Schweiz
Werke: *Die Verwirrungen des Zöglings Törleß* (Roman), *Vereinigungen* (zwei Erzählungen), *Die Schwärmer* (Drama), *Drei Frauen* (Novellen), *Der Mann ohne Eigenschaften* (Romanfragment, entstanden 1921–42).

Rainer Maria Rilke (1875–1926)
Neben Stefan George der bedeutendste Lyriker dieser Epoche
Werke: *Das Buch der Lieder, Das Stundenbuch, Neue Gedichte, Duineser Elegien* (Gedichtzyklus), *Die Sonette an Orpheus* (Gedichtzyklus); außerdem die Prosadichtung *Die Weise von Liebe und Tod des Cornets Christoph Rilke* sowie der Tagebuchroman *Die Aufzeichnungen des Malte Laurids Brigge.*

Arthur Schnitzler (1862–1931)
Wiener Arzt und Schriftsteller, vor dem Ersten Weltkrieg einer der meistgespielten deutschsprachigen Dramatiker
Werke: Dramen, z. B. *Anatol, Liebelei, Reigen. Zehn Dialoge;* außerdem bedeutende Prosa, *Lieutenant Gustl* und *Traumnovelle.*

Grundlegende Literatur:

Ulrich Karthaus (Hg.): *Impressionismus, Symbolismus und Jugendstil.* Stuttgart 1979 (= *Die deutsche Literatur* Bd. 13)

Victor Žmegac (Hg.): *Geschichte der deutschen Literatur vom 18. Jahrhundert bis zur Gegenwart.* Bd. II/2. Weinheim ⁴1995

15 Expressionismus (1910–1925)

Der **Expressionismus** (lat. „expressio": Ausdruck), zunächst als **Ausdruckskunst** Bezeichnung für die europäische bildende Kunst zu Anfang des Jahrhunderts, seit 1911 auch für die Literatur, ist die einzige noch deutlich nach Stilmerkmalen abgrenzbare literarische Epoche des 20. Jahrhunderts. Statt „Expressionismus" wird häufig der Begriff **Moderne** verwendet. Die Werke dieser Epoche werden vor allem von der Generation der zwischen 1875 und 1895 geborenen Schriftsteller verfasst, denen der **Ausdruck inneren Erlebens und innerlich „geschauter" Wahrheit** entscheidend wichtig ist. Diese junge Künstlergeneration ist geprägt durch
- die Auseinandersetzung mit den Vätern der Gründerzeitgeneration: einem neureichen, scheinbar selbstzufriedenen, Kapitalismus und Militarismus unterstützenden Bürgertum;
- enormen wirtschaftlichen Aufschwung, Expansion von Industrie und Technik: um 1910 ist Deutschland der zweitgrößte Industriestaat der Welt;
- das Erlebnis der Großstadt: die Gesellschaft dieser Zeit ist vor allem durch die explosionsartige Verstädterung gekennzeichnet, mit der die Ballung sozialer Probleme verbunden ist;
- die Erfahrung des Krieges als „Vision des Grauens": das Erschrecken angesichts des sinnlosen Massensterbens führt zur Infragestellung aller bisheriger Wertvorstellungen, zur Ablehnung von Tradition, herkömmlichen Denk- und Sprachmustern.

Expressionistische Literatur ist jedoch nicht nur Ausdruck von **Entfremdungserfahrungen** und **Zivilisationskritik**; sie äußert sich auch in der **Sehnsucht nach dem neuen Menschen** und dem radikalen Versuch zum „Wesentlichen" der Wirklichkeit vorzustoßen; Wirklichkeit wird vieldimensional gedeutet.

Stilistische Kennzeichen des Expressionismus sind
- Ausdrucksformen extremer Subjektivität wie Pathos und Ekstase,
- visionäre Bilder als neue Ausdrucksmöglichkeiten in überkommenen Formen,
- Verfremdungsmittel, die das Bedrohliche hinter den Erscheinungen zur Geltung bringen,
- „Befreiung" der Sprache aus grammatischen Normen,
- die Nähe zur Montagetechnik des neuen Mediums Film, die in Zeilenstil und Simultantechnik expressionistischer Texte erkennbar ist.

Zu Beginn der expressionistischen Literaturepoche herrscht die Lyrik vor; deren Stellung wird gegen Ende des Weltkrieges durch das Drama eingenommen.

Ab 1916 geht von Zürich unter dem Namen „Dada" (was in der französischen Kindersprache „Holzpferdchen" bedeutet) eine zwar nur bis zum Beginn der Zwanzigerjahre reichende, aber wirkmächtige Avantgardebewegung aus: Der **Dadaismus** proklamiert – noch radikaler als der Expressionismus – die Freiheit der Kunst, versucht die traditionelle Abtrennung der Kunst vom Leben aufzuheben und betreibt sein „Narrenspiel aus dem Nichts" (Hugo Ball) mit Aktionen und Experimenten, Collagen, Lautgedichten und szenischen Kompositionen von „Geräuschkonzerten".

15.1 Else Lasker-Schüler (1869 – 1945)
Versöhnung

Es wird ein großer Stern
  in meinen Schoß fallen …
Wir wollen wachen die Nacht,

In den Sprachen beten,
5 Die wie Harfen eingeschnitten sind.

Wir wollen uns versöhnen die Nacht –
So viel Gott strömt über.

Kinder sind unsere Herzen,
Die möchten ruhen müdesüß.

10 Und unsere Lippen wollen sich küssen,
Was zagst du?

Grenzt nicht mein Herz an deins –
Immer färbt dein Blut meine Wangen rot.

Wir wollen uns versöhnen die Nacht.
15 Wenn wir uns herzen, sterben wir nicht.

Es wird ein großer Stern
  in meinen Schoß fallen. (1912)

Franz Marc: Versöhnung
(Titelblatt der Wochenschrift
„Der Sturm", Nr. 125/126,
1912)

Jakob van Hoddis (1887 – 1942)
Weltende

Dem Bürger fliegt vom spitzen Kopf der Hut,
in allen Lüften hallt es wie Geschrei,
Dachdecker stürzen ab und gehn entzwei
und an den Küsten – liest man – steigt die Flut.

5 Der Sturm ist da, die wilden Meere hupfen
an Land, um dicke Dämme zu zerdrücken.
Die meisten Menschen haben einen Schnupfen.
Die Eisenbahnen fallen von den Brücken.

(1911)

Georg Trakl (1887 – 1914)
An die Verstummten

O, der Wahnsinn der großen Stadt, da am Abend
An schwarzer Mauer verkrüppelte Bäume starren,
Aus silberner Maske der Geist des Bösen schaut;
Licht mit magnetischer Geißel die steinerne Nacht verdrängt.
5 O, das versunkene Läuten der Abendglocken.

Hure, die in eisigen Schauern ein totes Kindlein gebärt.
Rasend peitscht Gottes Zorn die Stirne der Besessenen,
Purpurne Seuche, Hunger, der grüne Augen zerbricht.
O, das grässliche Lachen des Golds.

10 Aber stille blutet in dunkler Höhle stummere Menschheit,
Fügt aus harten Metallen das erlösende Haupt. (1914)

August Stramm (1874 – 1915)
Vorfrühling

Pralle Wolken jagen sich in Pfützen
Aus frischen Leibesbrüchen schreien Halme
   Ströme
Die Schatten stehn erschöpft.
5 Auf kreischt die Luft
Im Kreisen, weht und heult und wälzt sich
Und Risse schlitzen jählings sich
Und narben
Am grauen Leib.

10 Das Schweigen tappet schwer herab
Und lastet!
Da rollt das Licht sich auf
Jäh gelb und springt
Und Flecken spritzen –
15 Verbleicht
Und
Pralle Wolken tummeln sich in Pfützen.

(1914)

Ludwig Meidner: Apokalyptische Stadt (1913). In seinen „Anleitungen zum Malen von Großstadtbildern" (1914) spiegelt sich die Befindlichkeit des Künstlers am Vorabend des Ersten Weltkriegs: „Eine Straße besteht nicht aus Tonwerten, sondern ist ein Bombardement von zischenden Fensterreihen, sausenden Lichtkegeln zwischen Fuhrwerken aller Art und tausend hüpfenden Kugeln, Menschenfetzen, Reklameschildern und dröhnenden, gestaltlosen Farbmassen ..."

Arbeitshinweise

1. Deuten Sie den Holzschnitt „Versöhnung" von Franz Marc (1880 – 1916), dem Mitbegründer der Gruppe „Der Blaue Reiter" in München, die neben der Gruppe „Die Brücke" in Dresden für die deutsche bildende Kunst von besonderer Bedeutung ist. Gehen Sie dabei von einer Beschreibung der Dinge aus, die miteinander „versöhnt" werden.

2. Wie nimmt Else Lasker-Schülers Gedicht Bezug auf Franz Marcs Holzschnitt?

3. Analysieren Sie das in Else Lasker-Schülers Text ausgedrückte Verständnis von „Versöhnung" sowie dessen sprachliche und formale Gestaltung.
Finden Sie Bezüge zum Versöhnungsfest (Jom Kippur), dem wichtigsten Fest des jüdischen Jahres? Dieses Fest dient der Erneuerung des religiös-sittlichen Lebens. Jeder Gläubige ist verpflichtet, sich um Aussöhnung mit seinen Mitmenschen zu bemühen. Gleichzeitig bittet er Gott um die Vergebung der Sünden, die er begangen hat.

4. Das nach Strophenform und Reim konventionelle Gedicht „Weltende" von Jakob van Hoddis (eigentlich Hans Davidsohn) übte sofort nach der Veröffentlichung (1911) auf die jungen Zeitgenossen eine außerordentliche Wirkung aus:

"Diese zwei Strophen, o diese acht Zeilen schienen uns in andere Menschen verwandelt zu haben aus einer Welt stumpfer Bürgerlichkeit, die wir verachteten und von der wir nicht wussten, wie wir sie verlassen sollten …"

(Johannes R. Becher, zitiert nach Paul Raabe: Expressionismus, Olten und Freiburg, 1965, S. 51 f.)

Stellen Sie fest, durch welche Besonderheiten des Textes diese Wirkung hervorgerufen worden sein könnte. Beachten Sie,
- wie der Text aufgebaut ist („Zeilenstil", „Simultantechnik"),
- welche Ausdrucksfunktion die einzelnen Bilder haben,
- welche Haltung der Sprecher gegenüber dem Katastrophengeschehen einnimmt.

5. Analysieren Sie die dargestellte Großstadterfahrung in Georg Trakls Gedicht „An die Verstummten" nach Inhalt und sprachlicher Gestaltung und versuchen Sie, die Schlussstrophe, auf die der Titel verweist, zu interpretieren.

6. Deuten Sie das Gedicht „Vorfrühling" von August Stramm.
   - Gehen Sie zunächst davon aus, dass es sich um ein Naturgedicht handelt, und beschreiben Sie, wie der Dichter die Vorfrühlingslandschaft über die Grenzen des nach Satzbau und Wortwahl Geläufigen hinaus gestaltet.
   - Beziehen Sie dann den Hinweis in Ihre Überlegungen ein, dass August Stramm, der 1915 als Hauptmann an der Ostfront fiel, (Vor-) Kriegserfahrungen in seine Darstellung einbezogen hat.

7. Stellen Sie zusammenhängend dar, inwiefern die vorliegenden Gedichte in Bezug auf Thematik und Gestaltung typisch für den Expressionismus sind. Berücksichtigen Sie dabei die Informationen des Einführungstextes.

8. Schreiben Sie ein expressionistisches Gedicht in Anlehnung an Franz Marcs Holzschnitt „Versöhnung" oder Ludwig Meidners „Apokalyptische Stadt".

15.2 Franz Kafka (1883 – 1924)
Der Nachbar

Mein Geschäft ruht ganz auf meinen Schultern. Zwei Fräulein mit Schreibmaschinen und Geschäftsbüchern im Vorzimmer, mein Zimmer mit Schreibtisch, Kasse, Beratungstisch, Klubsessel und Telefon, das ist mein ganzer Arbeitsapparat. So einfach zu überblicken, so leicht zu führen. Ich bin ganz jung und die Geschäfte rollen vor mir her. Ich klage nicht, ich klage nicht.

Seit Neujahr hat ein junger Mann die kleine, leerstehende Nebenwohnung, die ich ungeschickterweise so lange zu mieten gezögert habe, frischweg gemietet. Auch ein Zimmer mit Vorzimmer, außerdem aber noch eine Küche. – Zimmer und Vorzimmer hätte ich wohl brauchen können – meine zwei Fräulein fühlten sich schon manchmal überlastet –, aber wozu hätte mir die Küche gedient? Dieses kleinliche Bedenken war daran schuld, dass ich mir die Wohnung habe nehmen lassen. Nun sitzt dort dieser junge Mann. Harras heißt er. Was er dort eigentlich macht, weiß ich nicht. Auf der Tür steht: „Harras, Bureau". Ich habe Erkundigungen eingezogen, man hat mir mitgeteilt, es sei ein Geschäft ähnlich dem meinigen. Vor Kreditgewährung könne man nicht geradezu warnen, denn es handle sich doch um einen jungen, aufstrebenden Mann, dessen Sache vielleicht Zukunft habe, doch könne man zum Kredit nicht geradezu raten, denn gegenwärtig sei allem Anschein nach kein Vermögen vorhanden. Die übliche Auskunft, die man gibt, wenn man nichts weiß.

Manchmal treffe ich Harras auf der Treppe, er muss es immer außerordentlich eilig haben, er huscht förmlich an mir vorüber. Genau gesehen habe ich ihn noch gar nicht, den Büroschlüssel hat er schon vorbereitet in der Hand. Im Augenblick hat er die Tür geöffnet. Wie der Schwanz einer Ratte ist er hineingeglitten und ich stehe wieder vor der Tafel „Harras, Bureau", die ich schon viel öfter gelesen habe, als sie es verdient.

Die elend dünnen Wände, die den ehrlich tätigen Mann verraten, den Unehrlichen aber decken. Mein Telefon ist an der Zimmerwand angebracht, die mich von meinem Nachbar trennt. Doch hebe ich das bloß als besonders ironische Tatsache hervor. Selbst wenn es an der entgegengesetzten Wand hinge, würde man in der Nebenwohnung alles hören. Ich habe mir abgewöhnt, den Namen der Kunden beim Telefon zu nennen. Aber es gehört natürlich nicht viel Schlauheit dazu, aus charakteristischen, aber unvermeidlichen Wendungen des Gesprächs die Namen zu erraten. – Manchmal umtanze ich, die Hörmuschel am Ohr, von Unruhe gestachelt, auf den Fußspitzen den Apparat und kann es doch nicht verhüten, dass Geheimnisse preisgegeben werden.

Natürlich werden dadurch meine geschäftlichen Entscheidungen unsicher, meine Stimme zittrig. Was macht Harras, während ich telefoniere? Wollte ich sehr übertreiben – aber das muss man oft, um sich Klarheit zu verschaffen –, so könnte ich sagen: Harras braucht kein Telefon, er benutzt meines, er hat sein Kanapee an die Wand gerückt und horcht, ich dagegen muss, wenn geläutet wird, zum Telefon laufen, die Wünsche des Kunden entgegennehmen, schwerwiegende Entschlüsse fassen, groß angelegte Überredungen ausführen – vor allem aber während des Ganzen unwillkürlich durch die Zimmerwand Harras Bericht erstatten.

Vielleicht wartet er gar nicht das Ende des Gespräches ab, sondern erhebt sich nach der Gesprächsstelle, die ihn über den Fall genügend aufgeklärt hat, huscht nach seiner Gewohnheit durch die Stadt und, ehe ich die Hörmuschel aufgehängt habe, ist er vielleicht schon daran, mir entgegenzuarbeiten.

(1917)

Franz Kafka (1883 – 1924)
Eine alltägliche Verwirrung

Ein alltäglicher Vorfall: sein Ertragen eine alltägliche Verwirrung. A hat mit B aus H ein wichtiges Geschäft abzuschließen. Er geht zur Vorbesprechung nach H, legt den Hin- und Herweg in je zehn Minuten zurück und rühmt sich zu Hause dieser besonderen Schnelligkeit. Am nächsten Tag geht er wieder nach H, diesmal zum endgültigen Geschäftsabschluss. Da dieser voraussichtlich mehrere Stunden erfordern wird, geht A sehr früh morgens fort. Obwohl aber alle Nebenumstände, wenigstens nach A's Meinung, völlig die gleichen sind wie am Vortag, braucht er diesmal zum Weg nach H zehn Stunden. Als er dort ermüdet abends ankommt, sagt man ihm, dass B, ärgerlich wegen A's Ausbleiben, vor einer halben Stunde zu A in sein Dorf gegangen sei und sie sich eigentlich unterwegs hätten treffen müssen. Man rät A zu warten. A aber, in Angst wegen des Geschäftes, macht sich sofort auf und eilt nach Hause.

Diesmal legt er den Weg, ohne besonders darauf zu achten, geradezu in einem Augenblick zurück. Zu Hause erfährt er, B sei doch schon gleich früh gekommen – gleich nach dem Weggang A's; ja, er habe A im Haustor getroffen, ihn an das Geschäft erinnert, aber A habe gesagt, er hätte jetzt keine Zeit, er müsse jetzt eilig fort.

15. Expressionismus (1910–1925)

Trotz diesem unverständlichen Verhalten A's sei aber B doch hier geblieben, um auf A zu warten. Er habe zwar schon oft gefragt, ob A nicht schon wieder zurück sei, befinde sich aber noch oben in A's Zimmer. Glücklich darüber, B jetzt noch zu sprechen und ihm alles erklären zu können, läuft A die Treppe hinauf. Schon ist er fast oben, da stolpert er, erleidet eine Sehnenzerrung und fast ohnmächtig vor Schmerz, unfähig sogar zu schreien, nur winselnd im Dunkel hört er, wie B – undeutlich ob in großer Ferne oder knapp neben ihm – wütend die Treppe hinunterstampft und endgültig verschwindet.

(1917)

Zeichnungen von Franz Kafka

Arbeitshinweise

1. Analysieren und interpretieren Sie den Text „Der Nachbar" von Franz Kafka. Beachten Sie dabei, dass die Geschichte aus der Perspektive eines Ich-Erzählers dargestellt wird.
2. Schreiben Sie – analog zu Franz Kafkas „Der Nachbar" – eine Geschichte in der Ich-Form mit unvermitteltem Beginn und ohne „Ausgang" aus der Perspektive von „Harras".
3. Was kommt Ihnen an der Geschichte „Eine alltägliche Verwirrung" von Franz Kafka seltsam vor?
4. Versuchen Sie, die dargestellte Wirklichkeit des Textes „Eine alltägliche Verwirrung" zu deuten. Berücksichtigen Sie dabei Zeit, Ort, äußere und innere Situation.
5. Wie lässt sich das Verhalten A's in der „alltäglichen Verwirrung" erklären?
6. Wie verstehen und beurteilen Sie den einleitenden Erzähler-Kommentar „Ein alltäglicher Vorfall …"?

7. Die scheinbare Genauigkeit der Erzählung trügt; wichtige Unstimmigkeiten werden nicht erklärt oder aufgelöst. Dementsprechend unterschiedlich kann man die Geschichte deuten: als Modell scheiternder Kommunikationsversuche oder falscher Einschätzungen von Informationen und Erfahrungen; als Einbruch des Irrationalen in die Rationalität; als Beispiel für Fehlleistungen oder auch für die finstere Komik des Pechvogels. Ebenso verwirrend ist die Erzählperspektive. Im Stil eher auktorial, ist die Geschichte doch in der Perspektive A.s eingerichtet – die aber wird ständig widerlegt.

(Ulrich Müller: Vom Naturalismus zum Expressionismus. Literatur des Kaiserreichs. Klett Leipzig/Stuttgart/Düsseldorf 2002, S. 174)

- Erläutern Sie die unterschiedlichen Deutungsmöglichkeiten des Kafka-Textes „Eine alltägliche Verwirrung".
- Welche Gründe für die Vieldeutigkeit der „alltäglichen Verwirrung" werden in diesem Zitat aus einer Literaturgeschichte angegeben?

8. Vergleichen Sie die Darstellung der Geschäftswelt in den beiden Prosatexten von Franz Kafka.

9. Prosaparabeln der Moderne machen neue Intentionen und Leistungen der Form deutlich: bei Franz Kafka wird die Ambiguität [Doppelbödigkeit, R. M.], ja prinzipielle Unabschließbarkeit des Parabel-Sinnes selbst zum Ausdruck des Verblendungszusammenhanges einer entfremdeten Gesellschaft.

(Heinz Ludwig Arnold, Volker Sinemus: Grundzüge der Literatur- und Sprachwissenschaft, Bd. 1: Literaturwissenschaft, München 1973, S. 290)

Erläutern Sie diese Aussage an einem der beiden Texte von Kafka.

10. Vergleichen Sie einen der beiden Prosatexte von Franz Kafka mit Giovanni Boccaccios Erzählung von den drei Ringen aus dem „Decamerone" (Kapitel 6.3, Aufg. 9) in Bezug auf die Veränderungen, die die Parabel im Laufe ihrer literarischen Tradition erfahren hat.

11. Lassen Sie sich von Franz Kafkas Zeichnungen zu einem eigenen Prosatext im Kafka-Stil anregen.

15.3 Georg Kaiser (1878 – 1945)
Die Bürger von Calais (II, Schluss)

Zur Bearbeitung des historischen Stoffes über die Belagerung der Stadt Calais (1347) wurde Georg Kaiser, der sein Drama 1914 veröffentlichte, durch Auguste Rodins Denkmal „Die Bürger von Calais" angeregt.

Der König von England fordert als Eroberer der Stadt Calais sechs Gewählte Bürger (Ratsherren), die zur Strafe für den langen Widerstand der Stadt getötet werden sollen. Der Bürgermeister Jean de Vienne trägt die Forderung vor. Es melden sich aber sieben Freiwillige für den Opfergang; einer soll durch Losentscheid wieder zurücktreten. Eustache de Saint-Pierre legt jedoch nur blaue Kugeln in die Urne; denn er will die Entscheidung noch hinauszögern.

[...]

EUSTACHE DE SAINT-PIERRE *stärker*. Heute sucht ihr die Entscheidung – heute betäubt ihr euern Entschluss – heute überwältigt ihr mit Fieber euren Willen. Ein schweler Rauch trübt um euch von Stirn zu Sohlen und verhüllt den Weg vor euch. Seid ihr würdig, ihn zu gehen? Zu diesem Ziel zu wallen? Diese Tat zu tun – die ein Frevel ist – ohne verwandelte Täter? Seid ihr reif – für eure neue Tat? – Die an allem Bestand lockert – die alten Ruhm verhaucht – die langen Mut knickt – was klang, dämpft – was glänzte, schwärzt – was galt, verwirft! – Seid ihr die neuen Täter? – Ist eure Hand kühl – euer Blut ohne Fieber – eure Begierde ohne Wut? Steht ihr bei eurer Tat – hoch wie diese? Ein halbes ist die Tat – ein halbes der Täter – eins zerstört ohne das andere – sind wir nur Frevler? –

Die anderen blicken hingenommen nach ihm über den Tisch.

EUSTACHE DE SAINT-PIERRE. Ihr buhlt um diese Tat – vor ihr streift ihr eure Schuhe und Gewänder ab. Sie fordert euch nackt und neu. Um sie klirrt kein Streit – schwillt kein Brand – gellt kein Schrei. An eurer Brunst und wütenden Begierde entzündet ihr sie nicht. Eine klare Flamme ohne Rauch brennt sie – kalt in ihrer Hitze – milde in ihrem Blenden. So ragt sie hinaus – so geht ihr den Gang – so nimmt sie euch an: – ohne Halt und ohne Hast – kühl und hell in euch – ihr froh ohne Rausch – ihr kühn ohne Taumel – ihr willig ohne Wut – ihr neue Täter der neuen Tat! – – Tat und Täter schon verschmolzen – wie heute in morgen! Wie wollt ihr heute und morgen noch trennen, wenn euer Wille sich nicht mehr von eurer Tat scheidet? Wenn ihr sie leicht und lang bis an das Ende rollt, in dem ihr überliefert seid oder entlassen? Was versucht euch noch? Was bemüht euch noch? Ist eure Ungeduld nicht verblasen – und tönt als böser Schall vor diesem Saal? –

Auguste Rodin: Die Bürger von Calais (1884 ff., 1895 in Calais aufgestellt)

Er erhob seine Stimme gegen den außen anwachsenden Lärm, der rasch vordringt. Die Tür rechts vorne wird aufgerissen: Jean de Vienne an der Spitze vieler Gewählter Bürger überstürzt herein.

JEAN DE VIENNE *schreiend.* Eustache de Saint-Pierre, die Wachen sind von dem Eingang getrieben – wir haben die Türen geschlossen – sie halten noch Widerstand!

Dauernde Stöße gegen die Tür hallen herein.

EIN GEWÄHLTER BÜRGER. Sie stürmen die Tür!

Ein krachender Schlag dicht draußen – dem jubelndes Geschrei folgt.

EIN ANDERER GEWÄHLTER BÜRGER. Die Treppe ist frei vor ihnen!

EIN ANDERER GEWÄHLTER BÜRGER. Sie laufen die Treppe hoch!

EIN ANDERER GEWÄHLTER BÜRGER. Sie kommen in den Saal!

EIN ANDERER GEWÄHLTER BÜRGER. Sie wollen sich eines von euch mit Gewalt bemächtigen!

JEAN DE VIENNE. Eustache de Saint-Pierre, wen hat das Los befreit?

EUSTACHE DE SAINT-PIERRE *hat sich aufgerichtet, laut.* Ein Irrtum ist unterlaufen – die Kugeln wurden in der Schüssel vertauscht. Wir haben uns redlich gequält – jetzt mangelt uns die Kraft, das Spiel zu wiederholen! – *Noch stärker.* Wir wollen uns ruhen bis an den Morgen – *Auch an die um den Tisch.* – mit der ersten Glocke soll jeder von seinem Hause aufbrechen – und wer zuletzt in der Mitte des Marktes ankommt – ist los!

Alle schweigen betroffen.

Jacques de Wissant und PIERRE DE WISSANT *um den Tisch vor ihn laufend.* Eustache de Saint-Pierre –

PIERRE DE WISSANT *allein fortfahrend.* Wir beide gehen morgen von demselben Haus – sollen wir wieder das Spiel verwirren, wenn wir zusammen auf dem Markt ankommen?

EUSTACHE DE SAINT-PIERRE. Sorgt ihr doch um den Morgen? Könnt ihr nicht mit euren jungen Füßen vor den anderen laufen und die ersten im Ziel werden? – *Er steht auf.*

JEAN DE VIENNE. Eustache de Saint-Pierre, willst du vor den wütenden Sturm draußen treten?

EUSTACHE DE SAINT-PIERRE *denen am Tisch zuwinkend.* Nicht ich – wir sind sieben: – soll es sie nicht besänftigen, dass einer noch zu viel ist? Kann nicht einen von uns über Nacht seine Erregung ohnmächtig machen? Ist es nicht klug, den Überfluss zu bewahren? – Wir wollen es ihnen deutlich sagen!

Die Sieben steigen von der erhöhten Schwelle und gehen an Jean de Vienne und den Gewählten Bürgern vorüber, deren sie mit keinem Zeichen mehr achten, aus der Tür und in den Lärm hinein, der schnell verebbt und verstummt. Jean de Vienne und die Gewählten Bürger sehen sich staunend an.

(1914)

Arbeitshinweise

1. In welcher Situation stellt die Skulptur des französischen Bildhauers Auguste Rodin die Ratsherren dar?

2. Beschreiben Sie die Situation, in der sich die in Georg Kaisers Dramenausschnitt auftretenden Personen befinden. Klären Sie dazu die Voraussetzungen, die der Handlung zugrunde liegen.

3. Welche Gründe könnte Eustache de Saint-Pierre haben, die Entscheidung auf den nächsten Tag zu verschieben? Erläutern Sie dazu das neue Auswahlverfahren, insbesondere den Begriff der Tat.

4. Welche Besonderheiten der sprachlichen Gestaltung fallen Ihnen auf? Stellen Sie einen Zusammenhang her zwischen diesen Besonderheiten und dem moralischen Problem, um das es hier geht.

5. Wie könnte die Handlung fortgeführt werden? Machen Sie einen eigenen Entwurf, der den Voraussetzungen des Bühnenspiels entspricht.

6. Vergleichen Sie Ihren Entwurf (siehe Aufgabe 5) mit dem tatsächlichen Handlungsverlauf des Dramas: Am nächsten Tag fehlt Eustache; er hat sich selbst getötet. Da dem englischen König in der Nacht vor der letzten Entscheidung ein Sohn geboren wird, begnadigt er die sechs Bürger; er will an diesem Morgen um des neuen Lebens willen kein Leben vernichten. Die Bürger sind frei, Stadt und Hafen gerettet.

7. An der Bahre seines Sohnes sagt Eustaches blinder Vater: „– ich habe den neuen Menschen gesehen – in dieser Nacht ist er geboren!" Erläutern Sie, was hier mit dem „neuen Menschen" gemeint ist.

8. Der Dreiakter „Die Bürger von Calais" gilt als dramatisches Hauptwerk des Expressionismus. Stellen Sie unter Berücksichtigung Ihrer Ergebnisse aus den Aufgaben 1–7 und des Einführungstextes zu diesem Kapitel die epochenspezifischen Merkmale dieses Dramas zusammenhängend dar.

15. Expressionismus (1910–1925)

Wichtige Autorinnen, Autoren und Werke:

Gottfried Benn (1886–1956)
Arzt und Schriftsteller, dessen Wirkung weit über den Expressionismus hinausreicht (s. auch Kap. 17).
Werke: Die epochenspezifischen Werke *Morgue und andere Gedichte* (Gedichtzyklus), *Fleisch* (Gedichte); *Gehirne* (Prosa).

Georg Heym (1887–1912)
Expressionistischer Lyriker vor dem ersten Weltkrieg
Werke: *Der ewige Tag* (Gedichte), *Umbrae Vitae* (nachgelassene Gedichte).

Jakob van Hoddis (d. i. Hans Davidsohn, 1887–1942)
Frühexpressionistischer Lyriker; mit seinem Gedicht „Weltende" beginnt die 1920 auf den Expressionismus zurückblickende Anthologie *Menschheitsdämmerung* von Kurt Pinthus.
Werk: *Weltende* (Gesammelte Dichtungen, 1958).

Franz Kafka (1883–1924)
Aus Prag stammender bedeutendster Erzähler seiner Zeit mit Einfluss bis in die Gegenwart
Werke: Kürzere epische Texte wie *Der Nachbar*, Erzählungen, z. B. *Das Urteil*, *Die Verwandlung*, und Romane, *Der Prozess*, *Das Schloss*, *Amerika*.

Georg Kaiser (1878–1945)
Mit mehr als 60 Dramen der produktivste Dramatiker des Expressionismus
Werke: Die Dramen *Die Bürger von Calais*, *Von Morgens bis Mitternachts*, *Gas I/Gas II*.

Else Lasker-Schüler (1869–1945)
„Der schwarze Schwan Israels" in deutscher Lyrik
Werke: Gedichte, *Der siebente Tag*, *Hebräische Balladen*, *Mein blaues Klavier*, das Schauspiel *Die Wupper*.

August Stramm (1874–1915)
Frühexpressionistischer Dichter
Werke: Gedichte, u. a. *Patrouille*, *Vorfrühling*, und Dramen, z. B. *Kräfte* (vertont von P. Hindemith, 1922).

Georg Trakl (1887–1914)
Aus Salzburg stammender frühexpressionistischer Lyriker
Werke: (etwa 100) Gedichte, z. B. *Grodek*, *In den Nachmittag geflüstert*, *De Profundis*, *Sebastian im Traum*.

Grundlegende Literatur:

Thomas Anz: *Literatur des Expressionismus*. Stuttgart 2002

Ralf Georg Bogner: *Einführung in die Literatur des Expressionismus*. Darmstadt 2005

Hugo Ball im Cabaret Voltaire

16 Literatur der Weimarer Republik – Neue Sachlichkeit (1918 – 1933)

Die Zeit zwischen den Kaiserreichen und der Diktatur ist die **Zeit der Weimarer und österreichischen Republik**. Die neue Staatsform mit ihrer demokratischen Verfassung findet jedoch außerhalb der regierenden Parteien wenig Unterstützung. Die konservativen Schriftsteller verhalten sich ihr gegenüber sogar ablehnend, den radikalen Linken sind die Veränderungen nicht weit genug gegangen.

Es bilden sich verschiedene Schriftstellerverbände, die die Interessen ihrer Mitglieder vertreten, u. a. der PEN-Club (Abkürzung von „Poets, Essayists, Novelists"), der die internationalen Beziehungen zwischen den Schriftstellern fördern will. Als literarische Epoche lässt sich die Zeit zwischen 1918 und 1933 nicht so bestimmt abgrenzen wie die politische. Das gilt vor allem für den Beginn: Zwar bildet die Ablösung der monarchischen Staatsform durch die republikanische historisch einen deutlichen Einschnitt, im literarischen Bereich bleiben die Übergänge zum Expressionismus (siehe Kapitel 15) jedoch fließend.

„Sie tragen die Buchstaben der Firma – aber wer trägt den Geist?" Karikatur von Th. Th. Heine, Simplicissimus v. 21.3.1927

Seit dem Ende des Ersten Weltkrieges und den politischen und wirtschaftlichen Belastungen, die dem Zusammenbruch der alten Ordnung folgen, besonders nach der Inflation (1923), bezeugen allerdings viele der nun hervortretenden Dichtungen in immer stärkerem Maße ein **desillusioniertes, nüchternes oder gar skeptisches Verhältnis der Autoren zur Wirklichkeit**. Der oft pathetisch übersteigerten Ausdrucksweise des Expressionismus setzt man eine sachliche, um Genauigkeit bemühte Sprache entgegen. Der aus der Malerei übernommene, 1923 geprägte Begriff **Neue Sachlichkeit** wird für die Folgezeit stilbestimmend. Die neusachliche Richtung ist jedoch nicht einheitlich, vor allem nicht in ihrem Kunstverständnis und ihren Absichten.

Mit dem neuen Wirklichkeitsbewusstsein mag es zusammenhängen, dass nicht-fiktionale Prosa an Bedeutung gewinnt und solche literarischen Formen einen Aufschwung erleben, die von sich aus der realistischen Schreibweise nahestehen; vielen Lesern gelten nun z. B. Reportage und Essay als „kunstfähig".

Zur beherrschenden Form dieser Epoche wird jedoch der **Roman**. Seine Inhalte werden offensichtlich von einem breiten Publikum aus unterschiedlichen sozialen Schichten – denn das traditionelle Bürgertum als einheitliche Lesergruppe gibt es nicht mehr – als neu und aktuell empfunden. Der moderne deutsche Roman, der sich in dieser Zeit auszubilden beginnt, weist kein einheitlich strukturiertes Wirklichkeitsmodell auf. An die Stelle der Welteinheit tritt allenfalls noch der Erzähler als einheitliche Person.

Die chaotische Welt der „Großstadt" sieht man in **Berlin** verkörpert, das in den „Goldenen Zwanzigerjahren" eine kulturelle Blüte erlebt. Nachhaltiger als die überkommenen Gattungen der Dichtung verändern **die neuen Medien** Film, Rundfunk und Schallplatte das kulturelle Leben. Viele Schriftsteller passen sich der Situation an und nutzen diese Medien: Sie schreiben Hörspiele, lesen im Rundfunk und verarbeiten ihre Werke im Film.

Carl Grossberg: Brücke über die Schwarzbachstraße in Wuppertal, 1927

16. Literatur der Weimarer Republik – Neue Sachlichkeit (1918 – 1933)

16.1 Bertolt Brecht (1898 – 1956)
Die Liebenden

Sieh jene Kraniche in großem Bogen!
Die Wolken, welche ihnen beigegeben
Zogen mit ihnen schon, als sie entflogen
Aus einem Leben in ein andres Leben.
5 In gleicher Höhe und mit gleicher Eile
Scheinen sie alle beide nur daneben.
Daß so der Kranich mit der Wolke teile
Den schönen Himmel, den sie kurz befliegen
Daß also keines länger hier verweile
10 Und keines andres sehe als das Wiegen
Des andern in dem Wind, den beide spüren
Die jetzt im Fluge beieinander liegen
So mag der Wind sie in das Nichts entführen
Wenn sie nur nicht vergehen und sich bleiben
15 Solange kann sie beide nichts berühren
Solange kann man sie von jedem Ort vertreiben
Wo Regen drohen oder Schüsse schallen.
So unter Sonn und Monds wenig verschiedenen Scheiben
Fliegen sie hin, einander ganz verfallen.
20 Wohin ihr? – Nirgendhin. – Von wem davon? – Von allen.
Ihr fragt, wie lange sind sie schon beisammen?
Seit kurzem. – Und wann werden sie sich trennen? – Bald.
So scheint die Liebe Liebenden ein Halt.

(1928 / 29)*

Erich Kästner (1899 – 1974)
Sachliche Romanze

Als sie einander acht Jahre kannten
(und man darf sagen: sie kannten sich gut),
kam ihre Liebe plötzlich abhanden.
Wie andern Leuten ein Stock oder Hut.

5 Sie waren traurig, betrugen sich heiter,
versuchten Küsse, als ob nichts sei,
und sahen sich an und wussten nicht weiter.
Da weinte sie schließlich. Und er stand dabei.

Max Kaus: Paar am Tisch (1920)

Vom Fenster aus konnte man Schiffen winken.
10 Er sagte, es wäre schon Viertel nach Vier
und Zeit, irgendwo Kaffee zu trinken.
Nebenan übte ein Mensch Klavier.

Sie gingen ins kleinste Café am Ort
und rührten in ihren Tassen.
15 Am Abend saßen sie immer noch dort.
Sie saßen allein, und sie sprachen kein Wort
und konnten es einfach nicht fassen. (1929)

Arbeitshinweise

1. Vor Ihnen liegt Bertolt Brechts wohl bekanntestes Liebesgedicht. Wie finden Sie es? Begründen Sie Ihre vorläufige Wertung.

2. Das Gedicht „Die Liebenden" ist in Terzinen verfasst (einer dreizeiligen Strophenform mit durchgehender Reimverkettung nach dem Schema aba bcb usw.) und durch einen Paarreim abgeschlossen. Beschreiben Sie den klanglichen und rhythmischen Aufbau genauer und klären Sie ansatzweise seine Funktion. In welchem Zusammenhang stehen beispielsweise die Regelmäßigkeit des Metrums und die kunstvolle Verschränkung der Reime mit dem Kranichpaar?

3. Deuten Sie das dargestellte Verständnis von „Liebe" in Bertolt Brechts Gedicht, indem Sie zunächst nur von den Zeilen 1–20 ausgehen, dann auch die Zeilen 21–22 berücksichtigen und zuletzt den Schlussvers (Zeile 23) in Ihre Überlegungen einbeziehen.

4. Zwar hat Bertolt Brecht das Gedicht „Die Liebenden" auch separat veröffentlicht, zuerst steht es aber im Kontext der Oper „Aufstieg und Fall der Stadt Mahagonny" (Bild 14) als Duett von Jenny, einem Freudenmädchen, und Paul Ackermann, einem Holzfäller. Nur den Schlussvers, die „Belehrung" des Publikums, singen sie zusammen. Zuvor hatte die Chefin des Vergnügungsetablissements den „Männern" elementare Verhaltensregeln beigebracht, da „Geld allein nicht sinnlich" mache. Die Antwort der „Männer" auf den Gesang von Jenny und Paul lautet:

„Erstens, vergeßt nicht, kommt das Fressen
Zweitens kommt der Liebesakt
Drittens das Boxen nicht vergessen
Viertens Saufen, laut Kontrakt.
Vor allem achtet scharf
Daß man hier alles dürfen darf.
(Wenn man Geld hat.)"*

Wie würden Sie das Gedicht im Zusammenhang von „Mahagonny" (der „kapitalistischen" Modell-Welt) deuten?

5. Gestalten Sie das Brecht-Gedicht als Duett (siehe Aufgabe 4), indem Sie es mit verteilten Rollen vortragen. Entscheiden Sie vorher, wie Sie den Text für die beiden Sprecher aufteilen wollen.

Bertolt Brecht
(Gemälde von
Rudolf Schlichter, 1926)

* Aus lizenzrechtlichen Gründen nicht in reformierter Schreibung

6. „Die einen Interpreten sehen in Brecht den heimlichen, versteckt mit dem kenntnisreichen Leser kommunizierenden Romantiker, die anderen den desillusionierenden Skeptiker, jedermann aber versucht, Brechts Aufbau und Abbau von Illusionen ins politisch Eindeutige zu übersetzen."
(Margret und Karlheinz Fingerhut: Liebeslyrik. Ein Arbeitsbuch. Begleitheft für den Lehrer, Frankfurt/M., Berlin, München 1983, S. 92)

Konkretisieren Sie die angedeuteten Verstehensvarianten in Bezug auf das Gedicht „Die Liebenden": die romantische, die desillusionierend-skeptische und die politische Deutung. Welche finden Sie überzeugender?

7. Wie wird das Ende der Liebesbeziehung in Erich Kästners Gedicht dargestellt? Untersuchen Sie dazu das Verhalten und die Haltung der Partner sowie den Kommentar des Sprechers.

8. Welche Vorstellungen von „Liebe" liegen dem Text von Erich Kästner zugrunde?

9. Interpretieren Sie den Titel des Gedichts „Sachliche Romanze". Berücksichtigen Sie neben Inhalt und Sprachgestalt auch epochenspezifische Aspekte, indem Sie den Einführungstext zu diesem Kapitel hinzuziehen.

10. **Bertolt Brecht**
    Erinnerung an die Marie A.

1   An jenem Tag, im blauen Mond September
    Still unter einem jungen Pflaumenbaum
    Da hielt ich sie, die stille bleiche Liebe
    In meinem Arm wie einen holden Traum.
    Und über uns im schönen Sommerhimmel
    War eine Wolke, die ich lange sah
    Sie war sehr weiß und ungeheuer oben
    Und als ich aufsah, war sie nimmer da.

2   Seit jenem Tag sind viele, viele Monde
    Geschwommen still hinunter und vorbei.
    Die Pflaumenbäume sind wohl abgehauen
    Und fragst du mich, was mit der Liebe sei?
    So sag ich dir: ich kann mich nicht erinnern
    Und doch, gewiß, ich weiß schon, was du meinst.
    Doch ihr Gesicht, das weiß ich wirklich nimmer
    Ich weiß nur mehr: Ich küßte es dereinst.

3   Und auch den Kuß, ich hätt' ihn längst vergessen
    Wenn nicht die Wolke dagewesen wär
    Die weiß ich noch und werd ich immer wissen
    Sie war sehr weiß und kam von oben her.
    Die Pflaumenbäume blühn vielleicht noch immer
    Und jene Frau hat jetzt vielleicht das siebte Kind
    Doch jene Wolke blühte nur Minuten
    Und als ich aufsah, schwand sie schon im Wind.   (1920)

(Aus: Gesammelte Werke 8, Gedichte 1, werkausgabe edition suhrkamp, Frankfurt a. M. 1967. S. 232, aus lizenzrechtlichen Gründen nicht in reformierter Schreibung)

Vergleichen Sie Erich Kästners Gedicht „Sachliche Romanze" und Bertolt Brechts „Erinnerung an die Marie A." in Bezug auf das Liebesverständnis.
- Stellen Sie die inhaltlichen Gemeinsamkeiten und Unterschiede heraus.
- Erläutern Sie in Korrespondenz zu inhaltlichen Aspekten jeweils die Funktion der entsprechenden Form.
- Deuten Sie die Gedichte vor dem epochenspezifischen Hintergrund der Neuen Sachlichkeit.

16.2 Alfred Döblin (1878–1957)
Berlin Alexanderplatz
Die Geschichte vom Franz Biberkopf
(5. Buch, Anfang)

Rumm rumm wuchtet vor Aschinger auf dem Alex die Dampframme. Sie ist ein Stock hoch, und die Schienen haut sie wie nichts in den Boden. Eisige Luft. Februar. Die Menschen gehen in Mänteln. Wer einen Pelz hat, trägt ihn, wer keinen hat, trägt keinen. Die Weiber haben dünne Strümpfe und müssen frieren, aber es sieht hübsch aus. Die Penner haben sich vor der Kälte verkrochen. Wenn es warm ist, stecken sie wieder ihre Nasen raus. Inzwischen süffeln sie doppelte Ration Schnaps, aber was für welchen, man möchte nicht als Leiche drin schwimmen.

Rumm rumm haut die Dampframme auf dem Alexanderplatz.

Viele Menschen haben Zeit und gucken sich an, wie die Ramme haut. Ein Mann oben zieht immer eine Kette, dann pafft es oben, und ratz hat die Stange eins auf den Kopf. Da stehen die Männer und Frauen und besonders die Jungens und freuen sich, wie das geschmiert geht: ratz kriegt die Stange eins auf den Kopf. Nachher ist sie klein wie eine Fingerspitze, dann kriegt sie aber noch immer eins, da kann sie machen, was sie will. Zuletzt ist sie weg, Donnerwetter, die haben sie fein eingepökelt, man zieht befriedigt ab.

Alles ist mit Brettern belegt. Die Berolina[1] stand vor Tietz[2], eine Hand ausgestreckt, war ein kolossales Weib, die haben sie weggeschleppt. Vielleicht schmelzen sie sie ein und machen Medaillen draus.

Wie die Bienen sind sie über den Boden her. Die basteln und murksen zu Hunderten rum den ganzen Tag und die Nacht.

Ruller ruller fahren die Elektrischen, gelbe mit Anhängern, über den holzbelegten Alexanderplatz, Abspringen ist gefährlich. Der Bahnhof ist breit freigelegt, Einbahnstraße nach der Königstraße an Wertheim vorbei. Wer nach dem Osten will, muss hintenrum am Präsidium vorbei durch die Klosterstraße. Die Züge rummeln vom Bahnhof nach der Jannowitzbrücke, die Lokomotive bläst oben Dampf ab, grade über dem Prälaten steht sie, Schlossbräu, Eingang eine Ecke weiter.

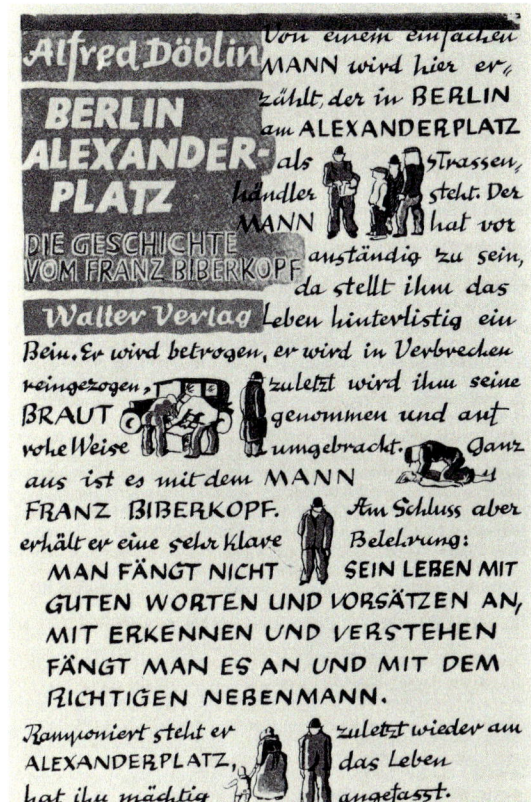

Umschlag von Georg Salter, 1929

---

[1] Denkmal: personifizierte Darstellung der Stadt Berlin
[2] Warenhaus

Über den Damm, sie legen alles hin, die ganzen Häuser an der Stadtbahn legen sie hin, woher sie das Geld haben, die Stadt Berlin ist reich, und wir bezahlen die Steuern. Loeser & Wolff mit dem Mosaikschild haben sie abgerissen, 20 Meter weiter steht er schon wieder auf, und drüben vor dem Bahnhof steht er nochmal. Loeser & Wolff, Berlin-Elbing, erstklassige Qualitäten in allen Geschmacksrichtungen, Brasil, Havanna, Mexiko, Kleine Trösterin, Liliput, Zigarre Nr. 8, das Stück 25 Pfennig, Winterballade, Packung mit 25 Stück, 20 Pfennig, Zigarillos Nr. 10, unsortiert, Sumatradecke, eine Spezialleistung in dieser Preislage, in Kisten zu 100 Stück, 10 Pfennig. Ich schlage alles, du schlägst alles, er schlägt alles mit Kisten zu 50 Stück und Kartonpackung zu 10 Stück, Versand nach allen Ländern der Erde, Boyero 25 Pfennig, diese Neuigkeit brachte uns viele Freunde, ich schlage alles, du schlägst lang hin.

Neben dem Prälaten ist Platz, da stehen die Wagen mit Bananen. Gebt euren Kindern Bananen. Die Banane ist die sauberste Frucht, da sie durch ihre Schale vor Insekten, Würmern sowie Bazillen geschützt ist. Ausgenommen sind solche Insekten, Würmer und Bazillen, die durch die Schale kommen. Geheimrat Czerny[1] hat mit Nachdruck darauf hingewiesen, dass selbst Kinder in den ersten Lebensjahren. Ich zerschlage alles, du zerschlägst alles, er zerschlägt alles.

Wind gibt es massenhaft am Alex, an der Ecke von Tietz zieht es lausig. Es gibt Wind, der pustet zwischen die Häuser rein und auf die Baugruben. Man möchte sich in die Kneipen verstecken, aber wer kann das, das bläst durch die Hosentaschen, da merkst du, es geht was vor, es wird nicht gefackelt, man muss lustig sein bei dem Wetter. Frühmorgens kommen die Arbeiter angegondelt, von Reinickendorf, Neukölln, Weißensee. Kalt oder nicht kalt, Wind oder nicht Wind, Kaffeekanne her, pack die Stullen[2] ein, wir müssen schuften, oben sitzen die Drohnen, die schlafen in ihre Federbetten und saugen uns aus.

Aschinger hat ein großes Café und Restaurant. Wer keinen Bauch hat, kann einen kriegen, wer einen hat, kann ihn beliebig vergrößern. Die Natur lässt sich nicht betrügen! Wer glaubt, aus entwertetem Weißmehl hergestellte Brote und Backwaren durch künstliche Zusätze verbessern zu können, der täuscht sich und die Verbraucher. Die Natur hat ihre Lebensgesetze und rächt jeden Missbrauch. Der erschütterte Gesundheitszustand fast aller Kulturvölker der Gegenwart hat seine Ursache im Genuss entwerteter und künstlich verfeinerter Nahrung. Feine Wurstwaren auch außer dem Haus, Leberwurst und Blutwurst billig.

Das hochinteressante „Magazin" statt 1 Mark bloß 20 Pfennig, die „Ehe" hochinteressant und pikant bloß 20 Pfennig. Der Ausrufer pafft Zigaretten, hat eine Schiffermütze auf, ich schlage alles.

Von Osten her, Weißensee, Lichtenberg, Friedrichshain, Frankfurter Allee, türmen die gelben Elektrischen auf den Platz durch die Landsberger Straße. Die 65 kommt vom Zentralviehhof, der Große Ring Weddingplatz, Luisenplatz, die 76 Hundekehle über Hubertusallee. An der Ecke Landsberger Straße haben sie Friedrich Hahn, ehemals Kaufhaus, ausverkauft, leer gemacht und werden es zu den Vätern versammeln. Da halten die Elektrischen und der Autobus 19 Turmstraße. Wo Jürgens war, das Papiergeschäft, haben sie das Haus abgerissen und dafür einen Bauzaun hingesetzt. Da sitzt ein alter Mann mit einer Arztwaage: Kontrollieren Sie Ihr Gewicht, 5 Pfennig. O liebe Brüder und Schwestern, die ihr über den Alex wimmelt, gönnt euch diesen Augenblick, seht durch die Lücke neben der Arztwaage auf

---

[1] Chirurg (1842–1916)
[2] belegte Brotschnitten

diesen Schuttplatz, wo einmal Jürgens florierte, und da steht noch das Kaufhaus Hahn, leer gemacht, ausgeräumt und ausgeweidet, dass nur die roten Fetzen noch an den Schaufenstern kleben. Ein Müllhaufen liegt vor uns. Von Erde bist du gekommen, zu Erde sollst du wieder werden, wir haben gebauet ein herrliches Haus, nun geht hier kein Mensch weder
85 rein noch raus. So ist kaputt Rom, Babylon, Ninive, Hannibal, Cäsar, alles kaputt, oh, denkt daran. Erstens habe ich dazu zu bemerken, dass man diese Städte jetzt wieder ausgräbt, wie die Abbildungen in der letzten Sonntagsausgabe zeigen, und zweitens haben diese Städte ihren Zweck erfüllt, und man kann nun wieder neue Städte bauen. Du jammerst doch nicht über deine alten Hosen, wenn sie morsch und kaputt sind, du kaufst neue, davon lebt die
90 Welt.

Die Schupo[1] beherrscht gewaltig den Platz. Sie steht in mehreren Exemplaren auf dem Platz. Jedes Exemplar wirft Kennerblicke nach zwei Seiten und weiß die Verkehrsregeln auswendig. Es hat Wickelgamaschen an den Beinen, ein Gummiknüppel hängt ihm an der rechten Seite, die Arme schwenkt es horizontal von Westen nach Osten, da kann Norden,
95 Süden nicht weiter, und der Osten ergießt sich nach Westen, der Westen nach Osten. Dann schaltet sich das Exemplar selbsttätig um: Der Norden ergießt sich nach Süden, der Süden nach Norden. Scharf ist der Schupo auf Taille gearbeitet. Auf seinen erfolgten Ruck laufen über den Platz in Richtung Königstraße etwa 30 private Personen, sie halten zum Teil auf der Schutzinsel, ein Teil erreicht glatt die Gegenseite und wandert auf Holz weiter. Ebenso
100 viele haben sich nach Osten aufgemacht, sie sind den andern entgegengeschwommen, es ist ihnen ebenso gegangen, aber keinem ist was passiert. Es sind Männer, Frauen und Kinder, die Letzteren meist an der Hand von Frauen. Sie alle aufzuzählen und ihr Schicksal zu beschreiben ist schwer möglich, es könnte nur bei einigen gelingen. Der Wind wirft gleichmäßig Häcksel über alle. Das Gesicht der Ostwanderer ist in nichts unterschieden von dem der
105 West-, Süd- und Nordwanderer, sie vertauschen auch ihre Rollen, und die jetzt über den Platz zu Aschinger gehen, kann man nach einer Stunde vor dem leeren Kaufhaus Hahn finden. Und ebenso mischen sich die, die von der Brunnenstraße kommen und zur Jannowitzbrücke wollen, mit den umgekehrt Gerichteten, ja, viele biegen auch seitlich um, von Süden nach Osten, von Süden nach Westen, von Norden nach Osten. Sie sind so gleichmä-
110 ßig wie die, die im Autobus, in den Elektrischen sitzen. Die sitzen alle in verschiedenen Haltungen da und machen so das außen angeschriebene Gewicht des Wagens schwerer. Was in ihnen vorgeht, wer kann das ermitteln, ein ungeheures Kapitel. Und wenn man es täte, wem diente es? Neue Bücher? Schon die alten gehen nicht, und im Jahre 27 ist der Buchabsatz gegen 26 um soundso viel Prozent zurückgegangen. Man nehme die Leute ein-
115 fach als Privatpersonen, die 20 Pfennig bezahlt haben, mit Ausnahme der Besitzer von Monatskarten und der Schüler, die nur 10 Pfennig zahlen, und da fahren sie nun mit ihrem Gewicht von einem Zentner bis zwei Zentner, in ihren Kleidern, mit Taschen, Paketen, Schlüsseln, Hüten, künstlichen Gebissen, Bruchbändern über den Alexanderplatz und bewahren die geheimnisvollen langen Zettel auf, auf denen steht: Linie 12 Siemensstraße D A,
120 Gotzkowskistraße C, B, Oranienburger Tor C, C, Kottbuser Tor A, geheimnisvolle Zeichen, wer kann es raten, wer kann es nennen und wer bekennen, drei Worte nenn ich dir inhaltschwer, und die Zettel sind viermal an bestimmten Stellen gelocht, und auf den Zetteln steht in demselben Deutsch, mit dem die Bibel geschrieben ist und das Bürgerliche Gesetzbuch: Gültig zur Erreichung des Reiseziels auf kürzestem Wege, keine Gewähr für die Anschluss-

---

[1] Kurzwort für Schutzpolizei bzw. -polizist

125 bahn. Sie lesen Zeitungen verschiedener Richtungen, bewahren vermittels ihres Ohrlabyrinths das Gleichgewicht, nehmen Sauerstoff auf, dösen sich an, haben Schmerzen, haben keine Schmerzen, denken, denken nicht, sind glücklich, sind unglücklich, sind weder glücklich noch unglücklich.

Rumm rumm ratscht die Ramme nieder, ich schlage alles, noch eine Schiene. Es surrt über
130 den Platz vom Präsidium her, da nieten sie, da schmeißt eine Zementmaschine ihre Ladung um. Herr Adolf Kraun, Hausdiener, sieht zu, das Umkippen der Wagen fesselt ihn enorm, du schlägst alles, er schlägt alles. Er lauert immer gespannt, wie die Lore mit Sand auf der einen Seite hochgeht, da kommt die Höhe, bums, und nun dreht sie sich. Man möchte nicht so aus dem Bett geschmissen sein. Beine hoch, runter mit dem Kopf, da liegst du, kann einem was passieren, aber die machen das egalweg.

(1929)

George Grosz: Friedrichstraße (1918)

Arbeitshinweise

1. Welchen Eindruck vermittelt der Romanauszug vom Leben auf dem Großstadtplatz?

2. Wodurch wird dieser Eindruck hervorgerufen? Begründen Sie Ihre Meinung.

3. Kommen die in dem Zeitungsartikel vom 26.6.1997 genannten Elemente des „Sprachgerüstes" auch in dem Romanauszug vor?

16. Literatur der Weimarer Republik – Neue Sachlichkeit (1918–1933)

Seele im Dickicht

Neu gelesen: Döblins Berlinroman

Neben dem „Ulysses" des James Joyce und „Manhattan Transfer" von John Dos Passos zählt Alfred Döblins „Berlin Alexanderplatz" zu den bedeutenden Großstadtromanen dieses Jahrhunderts. „Die Geschichte vom Franz Biberkopf", so der Untertitel, machte den Autor mit einem Schlag berühmt.

Als Wiedergeburt epischer Kunst hat man den Roman bezeichnet – nicht weil er klassische Erzählmuster neu belebt hätte, sondern weil er im Stilmittel der dem Film entlehnten Montage Glanz und Elend, Hektik und Depression der deutschen Metropole in den 20er-Jahren souverän einfängt.

Innere Monologe und Zeitungsmeldungen, Werbeslogans und Bibelzitate bilden das Sprachgerüst für den Moloch Großstadt, in dem der im Grunde seines Herzens gutmütige ehemalige Sträfling Biberkopf zerrieben wird: eine Seele von einem Mann, der rückfällig wird, weil er dem Druck des Lebens nicht gewachsen ist.

Der große Heinrich George hat die Gestalt in einem frühen Film anrührend sentimentalisiert; Rainer Werner Fassbinder gab ihr durch Günter Lamprecht in seiner umstrittenen Fernsehfassung das treffende Doppelgesicht aus wunder Verletzlichkeit und dumpfer Gewaltbereitschaft. Liest man den Roman heute wieder, so erschüttert vor allem die tiefe Menschlichkeit, durch die der Berliner Armenarzt Alfred Döblin, der heute vor 40 Jahren starb, den sozial Entwurzelten Würde verlieh.

(Hans Jansen, in: WAZ Nr. 148 v. 26.6.1997)

Alfred Döblin

4. Untersuchen Sie die Montage verschiedener Erzählelemente bzw. den häufigen Wechsel der Erzählperspektive genauer:
   - Geben Sie Textbeispiele für epischen Bericht, inneren Monolog, Tatsachenreportage (z. B. Reklame) und Lyrismen (Zitate aus der Bibel, den Klassikern, Lieder).
   - Zeigen Sie an einer selbst gewählten Textpassage, wie mit der Montage verschiedener Erzählelemente ein Wechsel der Erzählperspektive verbunden ist (indem z. B. der Erzähler berichtet oder die Personen selbst ihr Inneres darstellen lässt).

5. Untersuchen Sie das durchgehende Motiv der Dampframme (zu dem auch alles gehört, was mit dem Schlagen verbunden ist) und deuten Sie es als ein Symbol (für das, was hier mit Dingen und Menschen geschieht).

6. Analysieren Sie die Darstellung des Menschen in dem Romanauszug.

7. „Tatsachenfantasie" und „Objektivismus des Erzählens" – das waren die Zielsetzungen, nach denen Alfred Döblin seine literarische Arbeit ausrichtete. Überprüfen Sie, inwieweit dieser Romanauszug den Zielsetzungen des Autors entspricht.

8. In manchen Literaturgeschichten findet man Alfred Döblins Roman „Berlin Alexanderplatz" dem Expressionismus (siehe Kapitel 15) zugeordnet. Was spricht aufgrund Ihrer bisherigen Kenntnisse für, was gegen eine solche Zuordnung? Beziehen Sie die Informationen der Einführungstexte zu den Kapiteln 15 und 16 in Ihre Überlegungen ein.

16.3 Marieluise Fleißer (1901–1974) Pioniere in Ingolstadt. Komödie in zwölf Bildern (2. Bild)

„Pioniere in Ingolstadt" gehört zu den sozialkritischen Volksstücken, mit denen Marieluise Fleißer in Berlin Aufsehen erregte. Das Drama handelt von der Unfähigkeit zu lieben. Das Dienstmädchen Berta lernt während eines Manövers Karl kennen, der zu den Pionieren gehört (einer Truppe, der vorwiegend technische Aufgaben zufallen). Im Gegensatz zu Karl möchte Berta, dass das Verhältnis mehr sei als nur eine Episode.

[...] *Auftreten Karl, Berta.*
BERTA: Ich bin auch schon verraten worden. *Vorn auf die Bank zeigend.*
KARL: So, da ist unsere, auf die haben wir gewartet.
BERTA: Die gehört gar nicht da her. Die hat wer vertragen.
5 KARL: Schaun wir, ob sie sauber ist. *Leuchtet mit einem Streichholz ab.*
BERTA: Ich hab nämlich mein helles Gewand an.
KARL: Ich leg mein Taschentuch hin. *Beide setzen sich.*
BERTA: Gell, weil's keine Lehne hat, drum ist sie nicht besetzt.
KARL: Das ist doch nicht, wie wenn ich nicht dabei bin.
10 BERTA: Jetzt hab ich eine Lehne und weiß nicht, wie sie heißt.
KARL: Karl.
BERTA: Karl heißt sie.
KARL: Da bist schon öfter gesessen.
BERTA: So nicht.
15 KARL: Das mach dem nächsten weis, aber mir nicht. So, dann bist du auch schon verraten worden. *Pause.* Auf einmal weißt du nichts.
BERTA: Ich muß denken, wie ich's sage. Von keinem Herrn rede ich nicht. Von einem Mädel rede ich.
KARL: Wie soll sie denn heißen?
20 BERTA: Alma. Weil sie mich verraten hat. Zuerst hat sie mich brauchen können und jetzt schaut sie mich nicht mehr an.
KARL: Mir kannst noch viel vorsagen. Das geht ohne das auch, daß was wahr ist. Die Mädel meinen immer, sie können einen gleich zu was haben.
BERTA: Ich bin nicht wie die anderen.
25 KARL: Das meinst du. Ich bin wie alle anderen.
BERTA: Das glaube ich nicht.
KARL: Wie soll ich denn sein?
BERTA: Ich weiß immer nicht, wie die Ausdrücke sind.
KARL: Dann kann ich mich aber nicht danach richten. Ich täte es schon nicht.
30 BERTA: Magst ein Zündhölzel aufzünden, daß ich dich sehe?
Karl hält das Zündholz neben das Gesicht.
Daß du dich fein nicht am Finger brennst.
KARL: Da ist schon was dabei. Weil das ein Pionier nimmer spürt. Lang her auf die Haut, was das für eine ist.
35 *Berta freut sich.*

Hast einen Namen auch?
BERTA: Eine BERTA bin i worden.
KARL: BERTA.
BERTA: Hast schon eine gehabt?
40 KARL: Pfeilgrad nein.
BERTA: Das wär mir nicht recht, wenn du schon eine gehabt hast.
KARL: Das tät ich dir nicht sagen. Muß man denn immer alles wissen vom andern.
BERTA: Ja, mach dich nur schlecht.
KARL: Da mach ich mich nicht lang schlecht, weil ich sage, das kann dir gleich sein.
45 BERTA: Mir ist es aber nicht gleich.
KARL: Sag, daß es dir gleich ist.
BERTA: Du tust mir weh.
KARL: Das weiß ich.
BERTA: Ich steh auf.
50 KARL: Wenn ich dich nicht laß.
BERTA: Nicht, das tut man nicht.
KARL: Warum nicht, das gewöhnt sich.
BERTA: Ich habe es nie getan. Ich geh sonst nicht mit die Herren. Wenn ein Herr so ist, zeig ich ihn an.
55 KARL: Du kommst schon noch.
BERTA: Auf die Bank setz ich mich nicht noch einmal hin. Die merk ich mir.
KARL: Nein, bloß auf die nächste. Da kann sie schaun wie eine Ziege.
BERTA: Ich muß immer was begreifen.
KARL: Warum, meinst du, bin ich mit dir gegangen?
60 BERTA: Ich hör nicht hin, was er sagt, weil er das nicht so meint.
KARL: Von dir laß ich mich verklären mit der Verklärung.
BERTA: Dem Gesicht nach kannst du nicht so sein.
KARL: Laß mich aus mit meinem Gesicht. Entweder es geht was zusammen oder es geht nicht zusammen. Wenn ein Mädel nicht zieht, tu ich nicht lang um.
65 BERTA: Geh nicht weg, denn ich will nicht mit dir streiten und ich weiß auch nicht, wie das gekommen ist.
KARL: Was is jetzt? Stellen wir uns her oder stellen wir uns nicht her?
BERTA: Das kann ich auf einmal nicht sagen.
KARL: Aber ich will dir's aufs erste Mal sagen, daß du nicht viel Zeit hast. Morgen kennen wir
70 uns nicht mehr. *Geht ab.*
BERTA *ruft ihm nach:* Karl.
Zwischenvorhang.

(1929)*

Arbeitshinweise

1. Lesen Sie den Text mit verteilten Rollen vor.

2. Was können Sie dem Gesprächsinhalt und dem Sprachverhalten über die beiden Personen entnehmen?

3. Welche Auffassung von einer Liebesbeziehung hat das Dienstmädchen Berta, welche der Pionier Karl? Soll die Beziehung beispielsweise auf menschliche Zuwendung, Ehrlichkeit, Gegenseitigkeit und Dauer angelegt sein?

4. Bei der – von Bertolt Brecht unterstützten – Uraufführung des Stücks im Theater am Schiffbauerdamm in Berlin 1929 kam es zu einem Theaterskandal; nach dem Urteil eines Kritikers ist das Stück Vorbote für „den Kulturbankerott des Theaters". Inwiefern könnte die vorliegende Szene mit ein Grund für die Empörung des Publikums gewesen sein?

5. Könnte sich eine ähnliche Szene in der heutigen Zeit abspielen? Gestalten Sie den Text gegebenenfalls Ihren Vorstellungen entsprechend um.

6. Vergleichen Sie die Liebesvorstellungen in dieser Szene aus Marieluise Fleißers Stück mit denen in den Gedichten von Bertolt Brecht und Erich Kästner (16.1) aus derselben Zeit.

Wichtige Autorinnen, Autoren und Werke:

Bertolt Brecht (1898–1956)
Überragender Künstler im Deutschland der Weimarer Republik und im Exil (s. auch Kap. 17) sowie – ab 1949 mit seinem „Berliner Ensemble" – in der frühen DDR
Werke: Epochentypische „Stücke" wie *Die Dreigroschenoper, Die heilige Johanna der Schlachthöfe, Aufstieg und Fall der Stadt Mahagonny* („Oper"), Gedichte, insbes. *Bertolt Brechts Hauspostille*, sowie Kurzprosa, *Geschichten vom Herrn Keuner*.

Alfred Döblin (1878–1957)
Autor des bedeutendsten deutschen Großstadtromans
Werke: *Berlin Alexanderplatz. Die Geschichte vom Franz Biberkopf* (Roman), *Die Ermordung einer Butterblume* und andere Erzählungen.

Marieluise Fleißer (1901–1974)
Autorin von Milieustücken aus dem bayerischen Volksleben, von B. Brecht beeinflusst.
Werke: *Fegefeuer in Ingolstadt* und *Pioniere in Ingolstadt*.

Ödön von Horváth (1901–1938)
Schriftsteller
Werke: Die „Volksstücke" *Geschichten aus dem Wienerwald, Italienische Nacht, Kasimir und Karoline* und Romane, *Jugend ohne Gott, Ein Kind unserer Zeit*.

Erich Kästner (1899–1974)
Schriftsteller, dessen internationaler Erfolg im Wesentlichen auf Kinder- und Jugendbüchern beruht.
Werke: *Herz auf Taille* (Gedichte), *Fabian. Die Geschichte eines Moralisten* (Roman), *Emil und die Detektive* (Kinderbuch), *Das fliegende Klassenzimmer* (Kinderbuch).

Grundlegende Literatur:

Bernd Weyergraf (Hg.): *Literatur der Weimarer Republik.* (= Hansers Sozialgeschichte der deutschen Literatur vom 16. Jahrhundert bis zur Gegenwart, Bd. 8). München 1995

17 Literatur in der Zeit des Nationalsozialismus – Innere Emigration und Exil (1933 – 1945)

Diese Epoche wird durch den Beginn der nationalsozialistischen Herrschaft und deren Ende mit der Kapitulation Deutschlands begrenzt. Nach der „Machtergreifung" Adolf Hitlers 1933 beginnen die Nationalsozialisten das gesamte öffentliche Leben im Sinne einer zentralistischen Gleichschaltung zu verändern. Hitler macht sich und seine Partei zum Alleinherrscher in Deutschland. Seine antisemitische Politik führt zur systematischen Verfolgung und Vernichtung des europäischen Judentums.

In der von Joseph Goebbels geführten Reichskulturkammer werden alle Kulturschaffenden erfasst und überwacht. Die Mitgliedschaft ist Pflicht, der Ausschluss bedeutet Berufsverbot. Die Programme der Verlage sind der **Zensur der Reichsschrifttumskammer** unterstellt, durch die man „unerwünschte" Autoren auszuschalten versucht; dazu gehören vor allem Vertreter des Expressionismus (siehe Kapitel 15) und der Neuen Sachlichkeit (siehe Kapitel 16). Aus der deutschen Literaturgeschichte sollen z. B. Bertolt Brecht, Alfred Döblin, Marieluise Fleißer, Erich Kästner, Franz Kafka, Georg Kaiser, Else Lasker-Schüler, Heinrich Mann, Thomas Mann, Nelly Sachs und viele andere verschwinden. Die öffentlichen Bücherverbrennungen in Berlin und anderen Universitätsstädten am Abend des 10. Mai 1933 werden zum Symbol des Kampfes gegen die „entartete Literatur" erklärt.

Ein großer Teil der geistigen Elite verlässt das Deutsche Reich und Österreich, das 1938 „eingegliedert" wird, und nimmt die **Emigration** bzw. das **Exil** auf sich. Weit über 2000 deutsche Schriftstellerinnen und Schriftsteller versuchen im Ausland – auch literarisch – zu überleben. Gemeinsam ist ihnen nur die Gegnerschaft zum Nationalsozialismus, vielleicht auch das Bewusstsein, allein durch ihre Existenz das andere, bessere Deutschland zu vertreten. Viele sind ständig auf der Flucht oder müssen nach Übersee ausweichen; denn im Zweiten Weltkrieg (1939 – 1945) überfallen und besetzen deutsche Truppen fast alle europäischen Länder.

Wer in Deutschland bleibt, obwohl er den Nationalsozialismus ablehnt, muss einen Weg **„zwischen Anpassung und Widerstand"** suchen; diese Schriftstellerinnen und Schriftsteller der sogenannten **Inneren Emigration** können nur heimlich

Buchanzeige 1932; Illustration von A. Paul Weber

Nationalsozialistische Bücherverbrennung, 10. Mai 1933

publizieren oder müssen ihre Ansichten verschleiern. Wegen der scharfen Kontrollmaßnahmen ist eine oppositionelle oder ganz neuartige Literatur in Deutschland damals völlig ausgeschlossen. Die wichtigste Literatur nach 1933 wird denn auch außerhalb Deutschlands geschrieben.

Die Anhänger des Nationalsozialismus bringen keine Literatur zustande, die erwähnenswert wäre. Es handelt sich dabei zumeist um „Führer" und Krieg verherrlichende Literatur sowie um Bauern- und Heimatdichtung, die von den Nationalsozialisten als Blut-und-Boden-Dichtung gefördert wird; diese soll das Volkhafte und Bodenständige hochwerten und das Bauerntum als Träger altgermanischen Bluterbes und Schicksalsglaubens erscheinen lassen.

17.1 Gottfried Benn (1886 – 1956)
Einsamer nie –

Einsamer nie als im August:
Erfüllungsstunde –, im Gelände
die roten und die goldenen Brände,
doch wo ist deiner Gärten Lust?

5 Die Seen hell, die Himmel weich,
die Äcker rein und glänzen leise,
doch wo sind Sieg und Siegsbeweise
aus dem von dir vertretenen Reich?

Wo alles sich durch Glück beweist
10 und tauscht den Blick und tauscht die Ringe
im Weingeruch, im Rausch der Dinge –:
dienst du dem Gegenglück, dem Geist.

(1936)

Reinhold Schneider (1903 – 1958)
Allein den Betern kann es noch gelingen

Allein den Betern kann es noch gelingen,
Das Schwert ob unsern Häuptern aufzuhalten
Und diese Welt den richtenden Gewalten
Durch ein geheiligt Leben abzuringen.

5 Denn Täter werden nie den Himmel zwingen:
Was sie vereinen, wird sich wieder spalten,
Was sie erneuern, über Nacht veralten,
Und was sie stiften, Not und Unheil bringen.

Jetzt ist die Zeit, da sich das Heil verbirgt,
10 Und Menschenhochmut auf dem Markte feiert,
Indes im Dom die Beter sich verhüllen.

Bis Gott aus unsern Opfern Segen wirkt
Und in den Tiefen, die kein Aug entschleiert,
Die trocknen Brunnen sich mit Leben füllen.

(e 1936)

Nelly Sachs (1891 – 1970)
Qual

„Die Gewänder des Morgens sind nicht die Gewänder des Abends"
Buch Sohar[1]

QUAL, Zeitmesser eines fremden Sterns,
Jede Minute mit anderem Dunkel färbend –
5 Qual deiner erbrochenen Tür,
Deines erbrochenen Schlafes,
Deiner fortgehenden Schritte,
Die das letzte Leben hinzählten,
Deiner zertretenen Schritte,
10 Deiner schleifenden Schritte,
Bis sie aufhörten Schritte zu sein für mein Ohr.
Qual um das Ende deiner Schritte
Vor einem Gitter,
Dahinter die Flut unserer Sehnsucht zu wogen begann –
O Zeit, die nur nach Sterben rechnet,
Wie leicht wird Tod nach dieser langen Übung sein.

(e 1943 / 44)

Nelly Sachs, geleitet von König Gustav VI. Adolf von Schweden bei der Verleihung des Literatur-Nobelpreises 1966

[1] Hauptwerk der Kabbala (hebr.: Überlieferung), das Ende des 13. Jahrhunderts verfasst wurde

Literatur in der Zeit des Nationalsozialismus – Innere Emigration und Exil (1933–1945)

Arbeitshinweise

1. Untersuchen Sie die Situation und die Rolle des lyrischen Ichs in Gottfried Benns Gedicht. Auf welchem Gegensatz beruht die antithetische Struktur des Textes?

2. Gottfried Benn hatte sich 1933 der nationalsozialistischen Bewegung zugewandt, weil er glaubte, dass sie die Lebensverhältnisse erneuern könnte, sah jedoch bald seinen Irrtum ein. 1938 wurde er aus der Reichsschrifttumskammer ausgeschlossen und mit Schreibverbot belegt. Welche Haltung gegenüber der ihn umgebenden Wirklichkeit kommt in seinem Gedicht „Einsamer nie" indirekt zum Ausdruck?

3. Untersuchen Sie die Situation und die Rolle des Sprechers in Reinhold Schneiders Sonett. Welche Haltung nimmt der Sprecher gegenüber seiner Zeit ein?

4. Reinhold Schneiders Gedichte wurden in zahllosen Abschriften heimlich weitergereicht und erst nach dem Ende der Diktatur in Buchform veröffentlicht. 1937 kehrte der Autor, der sich lange von der katholischen Kirche distanziert hatte, zu ihr zurück. Vielen Christen galt er als moralische Instanz. Was werden die zeitgenössischen Leser an dem vorliegenden Gedicht so geschätzt haben, dass sie es unter der Hand verbreiteten?

5. Untersuchen Sie die Situation und die Rolle des lyrischen Ichs in Nelly Sachs' reimlosem Gedicht. In welchen besonders auffälligen Stilmerkmalen drückt das lyrische Ich seine Befindlichkeit aus?

6. Nelly Sachs, als Jüdin verfemt und verfolgt, konnte 1940 mithilfe der schwedischen Dichterin Selma Lagerlöf nach Schweden fliehen. Dort entstand aus der Erinnerung an die Leiden der Juden unter dem Eindruck weiterer Verfolgung ihre Lyrik, für die sie 1966 den Nobelpreis erhielt. Deuten Sie das „Qual"-Gedicht vor dem Hintergrund der Judenverfolgung.

7. Vergleichen Sie die Gedichte in Bezug auf die Haltungen, die die in Deutschland gebliebenen Dichter und die Exilautorin gegenüber ihrer Zeitgeschichte einnehmen.

17.2 Heinrich Mann (1871–1950)
Die Jugend des Königs Henri Quatre. Roman
(Die Blässe des Gedankens, Auszug)

Dieser Roman ist der erste von zwei Bänden über den König Heinrich IV. von Frankreich (1553–1610). Nach seiner Heirat mit Marguerite de Valois und dem Blutbad unter den Hugenotten (so hießen die französischen Protestanten) in der „Bartholomäusnacht" (1572) wird Henri gezwungen, zum Katholizismus überzutreten und als Gefangener am Hof zu bleiben. Mit seinem Hauptgegner, dem Herzog Henri von Guise, der 1576 „die (Heilige) Liga" zur völligen Ausrottung der Hugenotten gründet, freundet sich Henri zum Schein an. Der Herzog lädt ihn ein, mit ihm zu der Predigt des Pfarrers Boucher zu kommen.

[...]
Desselben Tages ritten sie dorthin, der Herzog von Guise wie gewöhnlich mit reichem Gefolge, Navarra[1] ganz allein. Noch immer kannte er Paris nicht sehr genau und horchte umsonst nach dem Namen der Kirche. Wo sie vorbeikamen, gab das Volk sich von Mund zu Mund ein Wort weiter. Das hieß: „Der König von Paris! Heil!" Dieser König wurde gegrüßt mit der er-

---

[1] Gemeint ist Henri; er erbte 1562 das Königreich Navarra.

hobenen rechten Hand. Die Frauen machten es wie die Männer, nur dass sie sich oft vergaßen und mit beiden Händen hinauflangten nach dem blonden Helden ihrer Träume. Der strahlte hinab auf Gerechte und Ungerechte wie die Sonne selbst, hochgemut und seiner Sache gewiss. So langten sie an, und als das viele Eisen der Kriegsleute zur Ruhe gekommen war, bestieg Pfarrer Boucher die Kanzel.

Dies war ein Redner von neuer Art. Er schäumte beim ersten Wort, und seine rohe Stimme überschlug sich zum weibischen Gekreisch. Er predigte den Hass gegen die Gemäßigten. Nicht nur die Protestanten sollten verabscheut werden bis zur Vernichtung. In einer Nacht der langen Messer und der rollenden Köpfe wollte Boucher besonders abrechnen mit den Duldsamen, auch wenn sie sich katholisch nannten. Die Schlimmsten waren ihm in beiden Religionen die Nachgiebigen, die sich bereit fanden zur Verständigung und dem Land den Frieden wünschten. Den sollte das Land nicht haben, und Boucher behauptete tobend, dass es ihn gar nicht aushalten würde, weil er gegen seine Ehre wäre. Der Schmachfriede und aufgezwungene Vertrag mit den Ketzern würde hiermit zerrissen. Laut schrien der Boden und das Blut nach Gewalt, Gewalt, Gewalt, nach einer kraftvollen Reinigung von allem, was ihnen fremd wäre, von einer faulen Gesittung, einer zersetzenden Freiheit.

Die gedrängte Masse bis hinter den Altar und in die entferntesten Kapellen bestätigte durch wildes Stöhnen, dass sie weder Gesittung noch besonders Freiheit zu dulden gewillt war. Die Leute drückten einander tot, um bis unter die Kanzel zu gelangen und den Redner zu erblicken. [...] Boucher machte ihnen klar, das ganze System des Staates wäre zwar verbrecherisch, aber Gott hätte ihnen einen Führer gesandt! Dort steht er! Alle knieten denn auch hin, besonders die im Verdacht der Mäßigung standen. Kühn über sie fort und dreist zu Gott hinan blickte Guise – in silberner Rüstung, als sollte der Sturm auf die Macht gleich losgehen, und seine Bewaffneten rasselten mit Eisen. Natürlich hatte die Königinmutter[1] ihre Spione hier, und die gingen jetzt gewiss hin und übertrieben ihr die Furchtbarkeit Lothringens[2]. Man musste dagegen aus nahem Umgang wissen, dass er ein eitler Schlagetot und Goliath war, gehörnt überdies. Man musste sein Freund sein, dann führte man ihn auf das richtige Maß zurück und freute sich sogar an ihm. Den hass ich? Ja doch. Aber was ist das: Hass?

Nun geschah es, dass nach Schluss der Predigt das gemeine Volk von Hellebardieren hinausgetrieben wurde; zurück blieb, wer Ansehn und Einfluss hatte, Schöffen der Stadt Paris, ihre reichsten Bürger, volkstümlichsten Priester samt dem Herrn Erzbischof. Dieser verbürgte sich dafür, dass aus Boucher der Zorn des Himmels gesprochen habe. Die Sitten des Hofes überstiegen nachgerade jeden Begriff – und der Erzbischof beschrieb eine öffentliche, schamlose Vorführung, die der König in seinem Schloss Louvre veranstaltet hätte mit seinen Lustknaben; christliche Frauen aber wären gezwungen worden, zuzusehen. Die Mitteilung erregte ein Murren der Entrüstung. Unter dem Schutz des Geräusches aber sagte jemand nahe bei Henri, der weit hinten stand: „Der Erzbischof aber schläft mit seiner Schwester." Darüber musste Henri lachen – nicht eigentlich wegen der einzelnen Tatsache, sondern in Anbetracht dieser ganzen Veranstaltung.

Sie nahm alsbald eine ernste Wendung, denn einer der wichtigsten Bürger, der Präsident der Rechnungskammer, enthüllte den Zustand der Finanzen des Königreiches. Er war trostlos; da aber niemand ihn sich viel anders vorgestellt hatte, erlaubte er allen umso mehr Entrüs-

---

[1] Katharina von Medici (1519–1589)
[2] Henri von Guise entstammte einer Nebenlinie des Hauses Lothringen.

tung. Erst zu mehreren ist man richtig entrüstet, und nur über Tatsachen, die vorher bekannt waren. Neuigkeiten erregen nur schwer die Geister, weit eher das Aussprechen des lange Zurückgehaltenen. Hunderttausend Taler jährlich kosteten den König seine Hunde, Affen und Papageien; und das war billig im Vergleich zu den Unsummen, die der Tross seiner Lieblinge verschlang, einer von ihnen war mit der Leitung der Finanzen betraut! Laut äußerte es der Sprecher, und er setzte hinzu: „Alles ist in diesen Zeiten erlaubt, nur nicht auszusprechen, was ist." Da er aber gerade dies hier wagte, bekam die Versammlung von sich selbst einen großen Begriff, als vollzöge sich in diesem Augenblick ein Umschwung und im Mittelpunkt stände sie selbst.

Der Präsident der Rechnungskammer zählte noch viele verschwendete Millionen auf, er beklagte die Höhe der Steuern, ihre ungerechte Verteilung, die Bestechlichkeit aller derer, die sie einzogen, voran der königliche Liebling, Herr von O, einfach O. Dagegen versäumte der Sprecher es, mehrere andere zu nennen, obwohl auch sie gewisse Steuern gepachtet hatten und das Volk auspressten. Unter ihnen nämlich hätten sich Mitglieder des Hauses Guise befunden, und ihre Erwähnung wäre besonders unpassend gewesen in Anbetracht dessen, was jetzt folgen sollte. Denn herbeigeschleppt wurden große Säckel, daraus rann Gold von spanischer Prägung und hörte nicht auf zu rinnen. Der Säckelmeister verteilte es, gemäß den Befehlen des Herzogs von Guise, unter die Schöffen, Pfarrer, einflussreichen Bürger, Beamten und Kriegsmänner. Dafür schrieb jeder seinen Namen auf die Liste, Lothringen obenan, und jeder rief auch noch das Wort: „Freiheit" aus.

Dies war der Anfang der „Liga". Hiermit war, nach Ausschüttung der Säckel mit spanischen Pistolen[1], der Bund begründet zu dem Ende, einer Partei die Macht und Gewalt auszuliefern. Die bekam sie dann auch gerade genug, um in vielen Jahren des Schreckens und der Misserfolge das Land seiner Zerreißung nahe zu bringen, den König in einen letzten Winkel zu drängen und alles Menschliche zurückzuwerfen um die Dauer ganzer Geschlechter. Hier geschah der Anfang; und während das fremde Geld schnell weggesteckt wurde, ohne dass die Empfänger auf die Prägung sahen, drangen von der Straße herein die Rufe „Heil!" und „Freiheit!". [...]

(1938)

John Heartfield: Durch Licht zur Nacht (Fotomontage in der „Arbeiter-Illustrierten Zeitung", 1933)

---

[1] Hier: Bezeichnung für die von Philipp II. von Spanien eingeführten doppelten Goldescudos oder Dublonen, Goldmünzen.

17. Literatur in der Zeit des Nationalsozialismus – Innere Emigration und Exil (1933–1945)

Arbeitshinweise

1. Welchen Eindruck von Henri, dem Volk und den Vertretern der Liga, insbesondere von Boucher, vermittelt der Romanauszug?

2. Untersuchen Sie, mit welchen Mitteln es dem Erzähler gelingt, diesen Eindruck zu erwecken, insbesondere Boucher als Demagogen erscheinen zu lassen.

3. Heinrich Mann, der ältere Bruder von Thomas Mann (siehe Kapitel 14.2), vollendete das zweibändige Meisterwerk historischer Romanliteratur über Heinrich IV. 1937 im Exil; das Werk erschien 1938 in Amsterdam. Inwiefern ist in diesem Romanausschnitt auch die Situation im nationalsozialistischen Deutschland gespiegelt?

4. Stellen Sie fest, wie Heinrich Mann die Darstellung der Vergangenheit aktualisiert, indem Sie die Anspielungen u. a. auf folgende Sachverhalte berücksichtigen:
   - Joseph Goebbels, seit 1929 Propagandaleiter der NSDAP, seit 1933 Reichsminister für Volksaufklärung und Propaganda, trat als demagogischer Redner auf;
   - Adolf Hitler ließ sich als gepanzerter Ritter darstellen;
   - in Parolen der Nationalsozialisten ist von der „Nacht der langen Messer und der rollenden Köpfe" die Rede;
   - die Nationalsozialisten lehnten den Versailler Friedensvertrag ab und bezeichneten die demokratischen Parteien der Weimarer Republik als „Systemparteien";
   - der Nationalsozialismus war u. a. durch die Blut- und Boden-Ideologie (siehe Einführungstext zu diesem Kapitel) sowie Antiliberalismus geprägt.

5. Versuchen Sie, die mit den Anspielungen auf die Situation in Deutschland verbundene Intention des Exilautors zu formulieren.

6. Vergleichen Sie, wie Heinrich Mann in seinem Roman und John Heartfield mit seiner Fotomontage auf die politische Wirklichkeit ihrer Zeit Bezug nehmen. John Heartfield, eigentlich Helmut Herzfeld (1891–1968), entwickelte die Fotomontage zum Mittel der politischen Karikatur.

17.3 Bertolt Brecht (1898–1956)
Furcht und Elend des Dritten Reiches. 24 Szenen

9 Die Jüdische Frau

Und dort sehn wir jene kommen
Denen er ihre Weiber genommen
Jetzt werden sie arisch gepaart.[1]
Da hilft kein Fluchen und Klagen
5 Sie sind aus der Art geschlagen
Er schlägt sie zurück in die Art.

Frankfurt, 1935. Es ist Abend. Eine Frau packt Koffer. Sie wählt aus, was sie mitnehmen will. Mitunter nimmt sie wieder etwas aus dem Koffer und gibt es an seinen Platz im Zimmer zurück, um etwas anderes einpacken zu können. Lange schwankt sie, ob sie eine große Photographie ihres
10 *Mannes, die auf der Kommode steht, mitnehmen soll. Dann läßt sie das Bild stehen. Sie wird müde vom Packen und sitzt eine Weile auf einem Koffer, den Kopf in die Hand gestützt. Dann steht sie auf und telefoniert.*

DIE FRAU: Hier Judith Keith. Doktor, sind Sie es? – Guten Abend. Ich wollte nur eben mal anrufen und sagen, daß ihr euch jetzt doch nach einem neuen Bridgepartner umsehen müßt,
15 ich verreise nämlich. Nein, nicht für so sehr lange, aber ein paar Wochen werden es schon werden. – Ich will nach Amsterdam. – Ja, das Frühjahr soll dort ganz schön sein. – Ich habe Freunde dort. – Nein, im Plural, wenn Sie
20 es auch nicht glauben. – Wie ihr da Bridge spielen sollt? – Aber wir spielen doch schon seit zwei Wochen nicht. – Natürlich, Fritz war auch erkältet. Wenn es so kalt ist, kann man eben nicht mehr Bridge spielen, das
25 sagte ich auch! – Aber nein, Doktor, wie sollte ich? – Thekla hatte doch auch ihre Mutter zu Besuch. – Ich weiß. – Warum sollte ich so was denken? – Nein, so plötzlich kam es gar nicht, ich habe nur immer verschoben, aber
30 jetzt muß ich ... Ja, aus unserm Kinobesuch wird jetzt auch nichts mehr, grüßen Sie Thekla. – Vielleicht rufen Sie ihn sonntags mal an? – Also, auf Wiedersehen! – Ja, sicher, gern! – Adieu!

35 *Sie hängt ein und ruft eine andere Nummer an.*

Helene Weigel (1900–1971) als die „jüdische Frau"

---

[1] Die „Gesetze zum Schutze des deutschen Blutes", die sog. „Nürnberger Gesetze" vom September 1935, verboten Ehen mit Juden. Der Nachweis arischer Abstammung wurde zur Bedingung einer öffentlichen Anstellung.

Hier Judith Keith. Ich möchte Frau Schöck sprechen. – Lotte? – Ich wollte rasch Adieu sagen, ich verreise auf einige Zeit. – Nein, mir fehlt nichts, nur um mal ein paar neue Gesichter zu sehen. – Ja, was ich sagen wollte, Fritz hat nächsten Dienstag den Professor hier zu Abend, da könntet ihr vielleicht auch kommen, ich fahre, wie gesagt, heute nacht. – Ja, Dienstag. – Nein, ich wollte nur sagen, ich fahre heute nacht, es hat gar nichts zu tun damit, ich dachte, ihr könntet dann auch kommen. – Nun, sagen wir also: obwohl ich nicht da bin, nicht? – Das weiß ich doch, daß ihr nicht so seid, und wenn, das sind doch unruhige Zeiten, und alle Leute passen so auf, ihr kommt also? – Wenn Max kann? Er wird schon können, der Professor ist auch da, sag's ihm. – Ich muß jetzt abhängen. Also, Adieu!

Sie hängt ein und ruft eine andere Nummer an.

Bist du es, Gertrud? Hier Judith. Entschuldige, daß ich dich störe. – Danke. Ich wollte dich fragen, ob du nach Fritz sehen kannst, ich verreise für ein paar Monate. – Ich denke, du, als seine Schwester ... Warum möchtest du nicht? – So wird es aber doch nicht aussehen, bestimmt nicht für Fritz. Natürlich weiß er, daß wir nicht so ... gut standen, aber ... – Dann wird er eben dich anrufen, wenn du willst. – Ja, das will ich ihm sagen. – Es ist alles ziemlich in Ordnung, die Wohnung ist ja ein bißchen zu groß. – Was in seinem Arbeitszimmer gemacht werden soll, weiß Ida, laß sie da nur machen. – Ich finde sie ganz intelligent, und er ist gewöhnt an sie. – Und noch was, ich bitte dich, das nicht falsch aufzunehmen, aber er spricht nicht gern vor dem Essen, könntest du daran denken? Ich hielt mich da immer zurück. – Ich möchte nicht gern darüber diskutieren jetzt, mein Zug geht bald, ich habe noch nicht fertig gepackt, weißt du. – Sieh auf seine Anzüge und erinnere ihn, daß er zum Schneider gehen muß, er hat einen Mantel bestellt, und sorg, daß in seinem Schlafzimmer noch geheizt wird, er schläft immer bei offenem Fenster, und das ist zu kalt. – Nein, ich glaube nicht, daß er sich abhärten soll, aber jetzt muß ich Schluß machen. – Ich danke dir sehr, Gertrud, und wir schreiben uns ja immer mal wieder. – Adieu.

Sie hängt ein und ruft eine andere Nummer an.

Anna? Hier ist Judith, du, ich fahre jetzt. – Nein, es muß schon sein, es wird zu schwierig. – Zu schwierig! – Ja, nein, Fritz will es nicht, er weiß noch gar nichts, ich habe einfach gepackt. – Ich glaube nicht. – Ich glaube nicht, daß er viel sagen wird. Es ist einfach zu schwierig für ihn, rein äußerlich. – Darüber haben wir nichts verabredet. – Wir sprachen doch überhaupt nie darüber, nie! – Nein, er war nicht anders, im Gegenteil. – Ich wollte, daß ihr euch seiner ein wenig annehmt, die erste Zeit. – Ja, sonntags besonders, und redet ihm zu, daß er umzieht. – Die Wohnung ist zu groß für ihn. Ich hätte dir gern noch Adieu gesagt, aber du weißt ja, der Portier! – Also, Adieu, nein, komm nicht auf die Bahn, auf keinen Fall! – Adieu, ich schreib mal. – Sicher.

Sie hängt ein und ruft keine andere Nummer mehr an. Sie hat geraucht. Jetzt zündet sie das Büchlein an, in dem sie die Telefonnummern nachgeschlagen hat. Ein paarmal geht sie auf und ab. Dann beginnt sie zu sprechen. Sie probt die kleine Rede ein, die sie ihrem Mann halten will. Man sieht, er sitzt in einem bestimmten Stuhl.

Ja, ich fahre jetzt also, Fritz. Ich bin vielleicht schon zu lange geblieben, das mußt du entschuldigen, aber ...

Sie bleibt stehen und besinnt sich, fängt anders an.

Fritz, du solltest mich nicht mehr halten, du kannst es nicht ... Es ist klar, daß ich dich zugrunde richten werde, ich weiß, du bist nicht feig, die Polizei fürchtest du nicht, aber es gibt

Schlimmeres. Sie werden dich nicht ins Lager bringen, aber sie werden dich nicht mehr in die Klinik lassen, morgen oder übermorgen, du wirst nichts sagen dann, aber du wirst krank werden. Ich will dich nicht hier herumsitzen sehen, Zeitschriften blätternd, es ist reiner Egoismus von mir, wenn ich gehe, sonst nichts. Sage nichts ...

Sie hält wieder inne. Sie beginnt wieder von vorn.

Sage nicht, du bist unverändert, du bist es nicht! Vorige Woche hast du ganz objektiv gefunden, der Prozentsatz der jüdischen Wissenschaftler sei gar nicht so groß. Mit der Objektivität fängt es immer an, und warum sagst du mir jetzt fortwährend, ich sei nie so nationalistisch jüdisch gewesen wie jetzt. Natürlich bin ich das. Das steckt ja so an. Oh, Fritz, was ist mit uns geschehen!

Sie hält wieder inne. Sie beginnt wieder von vorn.

Ich habe es dir nicht gesagt, daß ich fort will, seit langem fort will, weil ich nicht reden kann, wenn ich dich ansehe, Fritz. Es kommt mir dann so nutzlos vor, zu reden. Es ist doch alles schon bestimmt. Was ist eigentlich in sie gefahren? Was wollen sie in Wirklichkeit? Was tue ich ihnen? Ich habe mich doch nie in die Politik gemischt. War ich für Thälmann?[1] Ich bin doch eines von diesen Bourgeoisweibern, die Dienstboten halten usw., und plötzlich sollen nur noch die Blonden das sein dürfen? In der letzten Zeit habe ich oft daran gedacht, wie du mir vor Jahren sagtest, es gäbe wertvolle Menschen und weniger wertvolle, und die einen bekämen Insulin, wenn sie Zucker haben, und die andern bekämen keins. Und das habe ich eingesehen, ich Dummkopf! Jetzt haben sie eine neue Einteilung dieser Art gemacht, und jetzt gehöre ich zu den Wertloseren. Das geschieht mir recht.

Sie hält wieder inne. Sie beginnt wieder von vorn.

Ja, ich packe. Du mußt nicht tun, als ob du das nicht gemerkt hättest die letzten Tage. Fritz, alles geht, nur eines nicht: daß wir in der letzten Stunde, die uns bleibt, einander nicht in die Augen sehen. Das dürfen sie nicht erreichen, die Lügner, die alle zum Lügen zwingen. Vor zehn Jahren, als jemand meinte, das sieht man nicht, daß ich eine Jüdin bin, sagtest du schnell: doch, das sieht man. Und das freut einen. Das war Klarheit. Warum jetzt um das Ding herumgehen? Ich packe, weil sie dir sonst die Oberarztstelle wegnehmen[2]. Und weil sie dich schon nicht mehr grüßen in deiner Klinik, und weil du nachts schon nicht mehr schlafen kannst. Ich will nicht, daß du mir sagst, ich soll nicht gehen. Ich beeile mich, weil ich dich nicht noch sagen hören will, ich soll gehen. Das ist eine Frage der Zeit. Charakter, das ist eine Zeitfrage. Er hält soundso lange, genau wie ein Handschuh. Es gibt gute, die halten lange. Aber sie halten nicht ewig. Ich bin übrigens nicht böse. Doch, ich bin's. Warum soll ich alles einsehen? Was ist schlecht an der Form meiner Nase und der Farbe meines Haares? Ich soll weg von der Stadt, wo ich geboren bin, damit sie keine Butter zu geben brauchen. Was seid ihr für Menschen, ja, auch du! Ihr erfindet die Quantentheorie[3] und den Trendelenburg[4] und laßt euch von Halbwilden kommandieren, daß ihr die Welt erobern sollt, aber nicht die Frau haben dürft, die ihr haben wollt. Künstliche Atmung, und jeder Schuß ein Ruß! Ihr seid Un-

---

[1] Ernst Thälmann war seit 1924 der Führer der KPD. Er wurde bereits im März 1933 verhaftet und jahrelang von KZ zu KZ verschleppt. Im Jahre 1944 wurde er in Buchenwald ermordet.
[2] Im Vergleich zu anderen akademischen Berufen hatten die Ärzte die meisten Mitglieder in den NS-Verbänden.
[3] Max Planck ist der Begründer der Quantenphysik; seine Schriften schätzte Brecht sehr.
[4] Friedrich Trendelenburg (1844–1925) entwickelte die „Trendelenburg'sche Operation" gegen die Lungenembolie.

geheuer oder Speichellecker von Ungeheuern! Ja, das ist unvernünftig von mir, aber was hilft in einer solchen Welt die Vernunft? Du sitzt da und siehst deine Frau packen und sagst nichts. Die Wände haben Ohren, wie? Aber ihr sagt ja nichts! Die einen horchen, und die andern schweigen. Pfui Teufel. Ich sollte auch schweigen. Wenn ich dich liebte, schwiege ich. Ich liebe dich wirklich. Gib mir die Wäsche dort. Das ist Reizwäsche. Ich werde sie brauchen. Ich bin sechsunddreißig, das ist nicht zu alt, aber viel experimentieren kann ich nicht mehr. Mit dem nächsten Land, in das ich komme, darf es nicht mehr so gehen. Der nächste Mann, den ich kriege, muß mich behalten dürfen. Und sage nicht, du wirst Geld schicken, du weißt, das kannst du nicht. Und du sollst auch nicht tun, als wäre es nur für vier Wochen. Das hier dauert nicht nur vier Wochen. Du weißt es, und ich weiß es auch. Sage also nicht: es sind schließlich nur ein paar Wochen, während du mir den Pelzmantel gibst, den ich doch erst im Winter brauchen werde. Und reden wir nicht von Unglück. Reden wir von Schande. Oh, Fritz!

Sie hält inne. Eine Tür geht. Sie macht sich hastig zurecht. Ihr Mann tritt ein.

DER MANN: Was machst du denn? Räumst du?
DIE FRAU: Nein.
DER MANN: Warum packen?
DIE FRAU: Ich möchte weg.
DER MANN: Was heißt das?
DIE FRAU: Wir haben doch gesprochen, gelegentlich, daß ich für einige Zeit weggehe. Es ist doch nicht mehr sehr schön hier.
DER MANN: Das ist doch Unsinn.
DIE FRAU: Soll ich denn bleiben?
DER MANN: Wohin willst du denn?
DIE FRAU: Nach Amsterdam. Eben weg.
DER MANN: Aber dort hast du doch niemanden.
DIE FRAU: Nein.
DER MANN: Warum willst du denn nicht hierbleiben? Meinetwegen mußt du bestimmt nicht gehen.
DIE FRAU: Nein.
Der Mann:Du weißt, daß ich unverändert bin, weißt du das, Judith?
DIE FRAU: Ja.

Er umarmt sie. Sie stehen stumm zwischen den Koffern.

DER MANN: Und es ist nichts sonst, was dich weggehen macht?
DIE FRAU: Das weißt du.
DER MANN: Vielleicht ist es nicht so dumm. Du brauchst ein Ausschnaufen. Hier erstickt man. Ich hole dich. Wenn ich nur zwei Tage jenseits der Grenze bin, wird mir schon besser sein.
DIE FRAU: Ja, das solltest du.
DER MANN: Allzulang geht das hier überhaupt nicht mehr. Von irgendwoher kommt der Umschwung. Das klingt alles wieder ab wie eine Entzündung. – Es ist wirklich ein Unglück.
DIE FRAU: Sicher. Hast du Schöck getroffen?
DER MANN: Ja, das heißt, nur auf der Treppe. Ich glaube, er bedauert schon wieder, daß sie uns geschnitten haben. Er war direkt verlegen. Auf die Dauer können sie uns Intellektbestien

doch nicht so ganz niederhalten. Mit völlig rückgratlosen Wracks können sie auch nicht
160 Krieg führen. Die Leute sind nicht mal so ablehnend, wenn man ihnen fest gegenübertritt.
Wann willst du denn fahren?
DIE FRAU: Neun Uhr fünfzehn.
DER MANN: Und wohin soll ich das Geld schicken?
DIE FRAU: Vielleicht hauptpostlagernd Amsterdam.
165 DER MANN: Ich werde mir eine Sondererlaubnis geben lassen. Zum Teufel, ich kann doch nicht meine Frau mit zehn Mark im Monat wegschicken! Schweinerei, das Ganze. Mir ist scheußlich zumute.
DIE FRAU: Wenn du mich abholen kommst, das wird dir gut tun.
DER MANN: Einmal eine Zeitung lesen, wo was drin steht.
170 DIE FRAU: Gertrud habe ich angerufen. Sie wird nach dir sehen.
DER MANN: Höchst überflüssig. Wegen der paar Wochen.
DIE FRAU *die wieder zu packen begonnen hat:* Jetzt gib mir den Pelzmantel herüber, willst du?
DER MANN *gibt ihn ihr:* Schließlich sind es nur ein paar Wochen.

(1935–1938)*

Arbeitshinweise

1. Das Stück „Furcht und Elend des Dritten Reiches" schrieb Bertolt Brecht zwischen 1935 und 1938 im dänischen Exil; in 24 Bildern entwarf der Autor Alltagsszenen des Dritten Reiches. Wie wirkt in der Szene „Die Jüdische Frau" die Naziherrschaft auf Denken und Verhalten der Personen ein?

2. In welcher Situation befindet sich die Frau und wie versucht sie, diese Situation zu bewältigen?

3. Der Handlungsverlauf lässt sich in drei Abschnitte gliedern: Der erste besteht aus vier Telefongesprächen, die Judith Keith mit Personen aus ihrem Bekanntenkreis führt; der zweite stellt fünf Versuche der Frau dar, in denen sie die bevorstehende Erklärung ihrer Abreise vor ihrem Mann erprobt; der dritte Abschnitt bringt die wirkliche Aussprache. Erkennen Sie ein Prinzip, nach dem die Abschnitte 1 und 2 aufgebaut sind?

4. Untersuchen Sie die einzelnen Telefongespräche:
   - Welche Rolle spielt Judith Keith ihrer jeweiligen Gesprächspartnerin bzw. ihrem Gesprächspartner gegenüber?
   - Welche Rückschlüsse auf ihr Verhältnis zu ihr bzw. ihm lassen sich daraus ziehen?

5. Wodurch unterscheiden sich die Reden, die Judith Keith ihrem Mann halten will? Vergleichen Sie die Gründe, die sie ihrem Mann für die Abreise sagen will, mit den Gründen aus den Telefonaten.

6. Beschreiben Sie den Dialog zwischen Mann und Frau in der Abschiedsszene. Wie stellt sich das Verhältnis der Ehepartner zueinander dar?

7. Durchdrungen von der Erkenntnis, dass die Reinheit des deutschen Blutes die Voraussetzung für den Fortbestand des deutschen Volkes ist, und beseelt von dem unbeugsamen Willen, die deutsche Nation für alle Zukunft zu sichern, hat der Reichstag einstimmig folgendes Gesetz beschlossen, das hiermit verkündet wird.
§ 1.1. Eheschließungen zwischen Juden und Staatsangehörigen deutschen oder artverwandten Blutes sind verboten. Trotzdem geschlossene Ehen sind nichtig, auch wenn sie zur Umgehung dieses Gesetzes im Auslande geschlossen sind […]

(Aus dem Gesetz „zum Schutze des deutschen Blutes und der deutschen Ehre" v. 15.9.1935)

17. Literatur in der Zeit des Nationalsozialismus – Innere Emigration und Exil (1933–1945)

Erklären Sie, was dieses Gesetz bedeutet, und stellen Sie fest, in welcher Weise in Bertolt Brechts Text auf das Gesetz Bezug genommen wird. Berücksichtigen Sie auch den Vorspruch.

8. Inwiefern stellt die Szene „Die Jüdische Frau" eine Kritik an der Ehe- und Zeitsituation dar?

9. Die Szenenfolge „Furcht und Elend des Dritten Reiches" wurde – stark gekürzt – am 21. 5. 1938 in Paris uraufgeführt. Formulieren Sie auf der Grundlage Ihrer Analyseergebnisse die mögliche Wirkungsabsicht des Autors.

Wichtige Autorinnen, Autoren und Werke:

Gottfried Benn (1886–1956)
Arzt und Schriftsteller, dessen Lyrik nach 1945 europäische Geltung erhält (s. auch Kapitel 15).
Werke: *Statische Gedichte, Aprèslude* (Gedichte).

Bertolt Brecht (1898–1956)
Überragender deutscher Schriftsteller bereits vor 1933 (s. Kapitel 16), im Exil und in der frühen DDR
Werke: Exilstücke i. S. des „epischen Theaters" *Furcht und Elend des Dritten Reiches* (Szenenfolge), *Leben des Galilei* (Stück), *Der gute Mensch von Sezuan* (Parabelstück).

Heinrich Mann (1871–1950)
Satirischer Romanschriftsteller (s. auch Kapitel 14)
Werke: Die Exilromane *Die Jugend des Königs Henri Quatre* und *Die Vollendung des Königs Henri Quatre* sowie *Lidice*.

Thomas Mann (1875–1955)
International erfolgreicher Romanautor, bereits 1929 mit dem Nobelpreis ausgezeichnet
(s. Kapitel 14); ab 1944 amerikanischer Staatsbürger.
Werke: *Joseph und seine Brüder* (Romantetralogie) sowie die Romane *Lotte in Weimar, Doktor Faustus. Das Leben des deutschen Tonsetzers Adrian Leverkühn, erzählt von einem Freunde*.

Nelly Sachs (1891–1970)
Lyrikerin, deren Gedichte im schwedischen Exil thematisch durch den Holocaust geprägt sind, 1966 mit dem Nobelpreis ausgezeichnet.
Werk: *In den Wohnungen des Todes* (Gedichte), *Sternverdunkelung* (Gedichte).

Reinhold Schneider (1903–1958)
Schriftsteller der Inneren Emigration
Werke: Geschichtsdramen, teilweise romanhafte Geschichtserzählungen wie *Las Casas vor Karl V., Szenen aus der Konquistadorenzeit*, Sonette, z. B. *Allein den Betern kann es noch gelingen*.

Grundlegende Literatur:

Christian Adam: *Lesen unter Hitler – Autoren, Bestseller und Leser im Dritten Reich*. Berlin 2010

Wilhelm Haefs (Hg.): *Nationalsozialismus und Exil 1933–1945*. München/Wien 2009 (= *Hansers Sozialgeschichte der deutschen Literatur vom 16. Jahrhundert bis zur Gegenwart*, Bd. 9)

Paul Riegel, Wolfgang van Rinsum: *Drittes Reich und Exil 1933–45*. München 2000 (= *Deutsche Literaturgeschichte*, Bd. 10)

18 Literatur der Nachkriegszeit – Bestandsaufnahme und Vergangenheitsbewältigung (1945–1949)

Die Bilanz der nationalsozialistischen Herrschaft ist furchtbar: Fast 40 Millionen Menschen haben im Zweiten Weltkrieg allein in Europa ihr Leben gelassen; fast sechs Millionen Juden aus ganz Europa sind in deutschen Konzentrationslagern umgekommen; Deutschland liegt in Trümmern. Neben der Wohnungsnot prägt der Hunger das Leben der Deutschen.
Gemäß dem Potsdamer Abkommen wird Deutschland (und Berlin) in vier Besatzungszonen aufgeteilt. Auch Österreich wird besetzt und von Deutschland getrennt (siehe Kapitel 21).

Nachkriegsalltag

18. Literatur der Nachkriegszeit – Bestandsaufnahme und Vergangenheitsbewältigung (1945–1949)

1949 entstehen aus den drei Westzonen, die eine demokratische Verfassung erhalten hatten, die Bundesrepublik Deutschland und aus der Ostzone, die sich enger an die Sowjetunion angeschlossen hatte, die Deutsche Demokratische Republik (siehe Kapitel 20).

Die Literatur der ersten Nachkriegsjahre lässt sich unter den Stichworten **„Bestandsaufnahme"** und **„Bewältigung der Vergangenheit"** zusammenfassen. Die vorherrschenden Themen sind nämlich der Krieg, die Verstrickung des Einzelnen in Schuld und Verbrechen sowie das Leben unter den Bedingungen der Nachkriegszeit einschließlich der Heimkehrerschicksale. Angesichts der prägenden Zeiterfahrungen materieller Not und geistiger Orientierungslosigkeit versucht man einen Neuanfang. Heinrich Bölls **„Bekenntnis zur Trümmerliteratur"** (1952) drückt rückblickend das Programm einer Literaturrichtung aus, die er in der Nachkriegszeit auch selbst vertritt: „Die ersten schriftstellerischen Versuche unserer Generation nach 1945 hat man als Trümmerliteratur bezeichnet, man hat sie damit abzutun versucht. Wir haben uns gegen diese Bezeichnung nicht gewehrt, weil sie zu Recht bestand: Tatsächlich, die Menschen, von denen wir schrieben, lebten in Trümmern, sie kamen aus dem Kriege, Männer und Frauen in gleichem Maße verletzt, auch Kinder. Und sie waren scharfäugig: sie sahen. Sie lebten keineswegs in völligem Frieden, ihre Umgebung, ihr Befinden, nichts an ihnen und um sie herum war idyllisch, und wir als Schreibende fühlten uns ihnen so nahe, dass wir uns mit ihnen identifizierten. Mit Schwarzhändlern und den Opfern der Schwarzhändler, mit Flüchtlingen und allen denen, die auf andere Weise heimatlos geworden waren, vor allem natürlich mit der Generation, der wir angehörten und die sich zu einem großen Teil in einer merk- und denkwürdigen Situation befand: sie kehrte heim. Es war die Heimkehr aus einem Krieg, an dessen Ende kaum noch jemand hatte glauben können.

Wir schrieben also vom Krieg, von der Heimkehr und dem, was wir im Krieg gesehen hatten und bei der Heimkehr vorfanden: von Trümmern; das ergab drei Schlagwörter, die der jungen Literatur angehängt wurden: Kriegs-, Heimkehrer- und Trümmerliteratur."

Das Erziehungsprogramm der Siegermächte öffnet das Land für politische und kulturelle Strömungen aus Ost und West. Die jungen Autoren der Nachkriegszeit entdecken für sich die **Kurzge-**

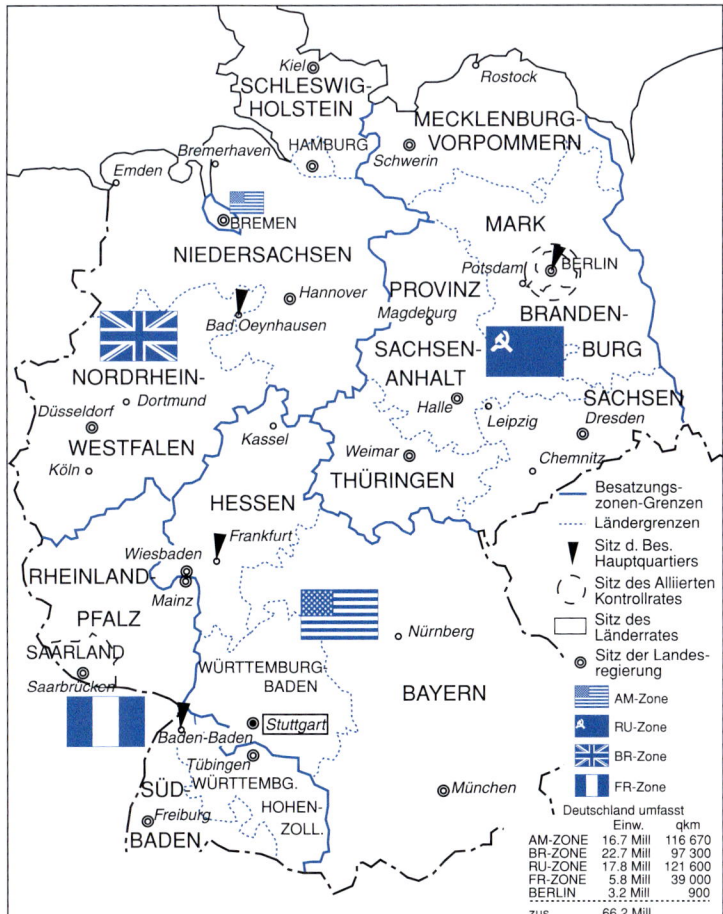

Die vier endgültigen Besatzungszonen in Deutschland 1945–1949

schichte, die – als Short Story in Amerika aus dem Zeitungsbericht hervorgegangen – ein entscheidendes Ereignis im Leben eines Menschen erzählerisch darstellt; sie ist bis heute eine wichtige Literaturform geblieben.

Im Herbst 1947 trifft sich erstmals eine Gruppe von Schriftstellern, die sogenannte **Gruppe 47**, die zwar nur eine lockere Vereinigung von Schriftstellern bleibt, aber 20 Jahre lang einen Kristallisationspunkt bedeutender zeitgenössischer Literatur bildet. Sie richtet sich gegen eine auf Zeitferne und dichterische Verklärung ausgerichtete Dichtung, wie sie manche Autoren der Inneren Emigration (siehe Kapitel 17) verwirklichten, und betont die Verantwortung des Schriftstellers in der Gesellschaft.

Einige Literaturgeschichten setzen die Auflösung der Gruppe 47 im Jahr 1967 mit dem Ende der deutschen Nachkriegsliteratur gleich.

1949: Im Antiquariat Rosen am Kurfürstendamm in Berlin liegen Bücher aus ...

18. Literatur der Nachkriegszeit – Bestandsaufnahme und Vergangenheitsbewältigung (1945–1949)

18.1 Günter Eich (1907–1972)
Inventur

Dies ist meine Mütze,
dies ist mein Mantel,
hier mein Rasierzeug
im Beutel aus Leinen.

5 Konservenbüchse:
Mein Teller, mein Becher,
ich hab in das Weißblech
den Namen geritzt.

Geritzt hier mit diesem
10 kostbaren Nagel,
den vor begehrlichen
Augen ich berge.

Im Brotbeutel sind
ein Paar wollene Socken
15 und einiges, was ich
niemand verrate.

So dient es als Kissen
nachts meinem Kopf.
Die Pappe hier liegt
20 zwischen mir und der Erde.

Die Bleistiftmine
lieb ich am meisten:
Tags schreibt sie mir Verse,
die nachts ich erdacht.

25 Dies ist mein Notizbuch,
dies ist meine Zeltbahn,
dies ist mein Handtuch,
dies ist mein Zwirn.

(1948)

Paul Celan (1920 – 1970)
Todesfuge

Schwarze Milch der Frühe wir trinken sie abends
wir trinken sie mittags und morgens wir trinken sie nachts
wir trinken und trinken
wir schaufeln ein Grab in den Lüften da liegt man nicht eng
5 Ein Mann wohnt im Haus der spielt mit den Schlangen der schreibt
der schreibt wenn es dunkelt nach Deutschland dein goldenes Haar Margarete
er schreibt es und tritt vor das Haus und es blitzen die Sterne er pfeift seine Rüden herbei
er pfeift seine Juden hervor lässt schaufeln ein Grab in der Erde
er befiehlt uns spielt auf nun zum Tanz

10 Schwarze Milch der Frühe wir trinken dich nachts
wir trinken dich morgens und mittags wir trinken dich abends
wir trinken und trinken
Ein Mann wohnt im Haus der spielt mit den Schlangen der schreibt
der schreibt wenn es dunkelt nach Deutschland dein goldenes Haar Margarete
15 Dein aschenes Haar Sulamith wir schaufeln ein Grab in den Lüften da liegt man nicht eng

Er ruft stecht tiefer ins Erdreich ihr einen ihr andern singet und spielt
er greift nach dem Eisen im Gurt er schwingts seine Augen sind blau
stecht tiefer die Spaten ihr einen ihr andern spielt weiter zum Tanz auf

Schwarze Milch der Frühe wir trinken dich nachts
20 wir trinken dich mittags und morgens wir trinken dich abends
wir trinken und trinken
ein Mann wohnt im Haus dein goldenes Haar Margarete
dein aschenes Haar Sulamith er spielt mit den Schlangen

Er ruft spielt süßer den Tod der Tod ist ein Meister aus Deutschland
25 er ruft streicht dunkler die Geigen dann steigt ihr als Rauch in die Luft
dann habt ihr ein Grab in den Wolken da liegt man nicht eng

Schwarze Milch der Frühe wir trinken dich nachts
wir trinken dich mittags der Tod ist ein Meister aus Deutschland
wir trinken dich abends und morgens wir trinken und trinken
30 der Tod ist ein Meister aus Deutschland sein Auge ist blau
er trifft dich mit bleierner Kugel er trifft dich genau
ein Mann wohnt im Haus dein goldenes Haar Margarete
er hetzt seine Rüden auf uns er schenkt uns ein Grab in der Luft
er spielt mit den Schlangen und träumet der Tod ist ein Meister aus Deutschland

35 dein goldenes Haar Margarete
dein aschenes Haar Sulamith

(1948)

18. Literatur der Nachkriegszeit – Bestandsaufnahme und Vergangenheitsbewältigung (1945–1949)

Arbeitshinweise

1. Lesen Sie das Gedicht „Inventur" mehrmals laut. Wie klingt es im Vergleich zu den Ihnen bekannten traditionellen Gedichten?

2. Wer Inventur macht, zählt seinen Bestand auf. Inwiefern entsprechen Inhalt und Darstellungsweise dem Titel des Gedichts von Günter Eich?

3. Die Gebrauchsdinge, auf die der Sprecher in Günter Eichs Gedicht aufmerksam macht, sind heute von geringem Wert. Welchen Wert besitzen sie aber für den Sprecher? Sind sie für ihn alle gleich wichtig?

4. Günter Eichs Gedicht „Inventur" kann als ein erster Versuch begriffen werden, nach 1945 in Deutschland wieder im Gedicht zu sprechen. Inwiefern deutet das Gedicht mit seiner neuen Sprache und Wirklichkeitserfahrung die Situation der Deutschen in der Nachkriegszeit?

5. Machen Sie für sich „Inventur" – in Form eines ähnlichen Gedichtes wie Günter Eichs.

6. Paul Celan (eigentlich: Paul Anczel), in Czernowitz (Bukowina) im heutigen Rumänien geboren, stammte aus einer ostjüdischen Familie. Sein Gedicht „Todesfuge" ist ein lyrischer Versuch, die Vernichtung der Juden durch Giftgas in den Konzentrationslagern darzustellen. Auf welche realen Vorgänge wird im Einzelnen verwiesen?

7. Interpretieren Sie das Gedicht „Todesfuge" von der Überschrift her. Beschreiben Sie dazu, wie der Autor die musikalische Kompositionsform „Fuge" zu dem Thema „Tod" in ein sprachliches Kunstwerk umgesetzt hat.
Zur Information: Eine Fuge ist ein mehrstimmiges Tonstück, bei dem ein Thema durch alle Stimmen in Wiederholung und Variation durchgeführt wird.

8. Tragen Sie das Gedicht „Todesfuge" mit mehreren Sprechern vor. Legen Sie vorher genau fest, wer welche Texteinheiten spricht.

9. Das Gedicht „Todesfuge" ist sehr heftig in Bezug auf die Frage diskutiert worden, ob ein so ungeheuerlicher Vorgang wie die systematische Vernichtung von Menschen durch Menschen *ästhetisch* behandelt werden darf. Wie denken Sie darüber?

18.2 Elisabeth Langgässer (1899–1950)
Untergetaucht

„Ich war ja schließlich auch nur ein Mensch", wiederholte die stattliche Frau immer wieder, die in der Bierschwemme an dem Bahnhof der kleinen Vorortsiedlung mit ihrer Freundin saß, und schob ihr das Möhrenkraut über die Pflaumen, damit nicht jeder gleich merken sollte: Die hatte sich was gegen Gummiband oder Strickwolle aus ihrem Garten geholt, und
5 dem Mann ging das nachher ab. Ich spitzte natürlich sofort die Ohren, denn obwohl ich eigentlich nur da hockte, um den „Kartoffelexpress", wie die Leute den großen Hamsterzug[1] nennen, der um diese Zeit hier durch die Station fährt, vorüberklackern zu lassen – er ist nämlich so zum Brechen voll, dass ein Mann, der müd von der Arbeit kommt, sich nicht mehr hineinboxen kann – also, obwohl ich im Grund nur hier saß, um vor mich hinzudösen,
10 fühlte ich doch: da bahnte sich eine Geschichte an, die ich unbedingt hören musste; und Geschichten wie die: nichts Besonderes und je dämlicher, umso schöner, habe ich für mein Leben gern – man fühlt sich dann nicht so allein.
„Am schlimmsten war aber der Papagei", sagte die stattliche Frau. „Nicht die grüne Lora, die wir jetzt haben, sondern der lausige Jacob, der sofort alles nachplappern konnte. ‚Entweder
15 dreh' ich dem Vieh den Hals um oder ich schmeiße die Elsie hinaus', sagte mein Mann, und er hatte ja Recht – es blieb keine andere Wahl."
„Wie lange", fragte die Freundin (die mit dem Netz voll Karotten), „war sie eigentlich bei euch untergetaucht? Ich dachte damals, ihr wechselt euch ab – mal diese Bekannte, mal jene; aber im Grund keine länger als höchstens für eine Nacht."
20 „Naja. Aber wie das immer so geht, wenn man mit mehreren Leuten zugleich etwas verabredet hat: Hernach ist der Erste ja doch der Dumme, an dem es hängen bleibt, und die anderen springen aus, wenn sie merken, dass das Ding nicht so einfach ist."
„Der Dumme?", fragte die Freundin zweifelnd und stützte den Ellbogen auf. „Das kannst du doch jetzt nicht mehr sagen, Frieda, wo du damals durch diese Elsie fast ins Kittchen gekom-
25 men bist. Schließlich muss man ja heute bedenken, dass dein Mann gerade war in die Partei frisch aufgenommen worden und Oberpostsekretär. Was glaubst du, wie wir dich alle im Stillen bewundert haben, dass du die Elsie versteckt hast, zu sowas gehört doch Mut!"
„Mut? Na, ich weiß nicht. Was sollte ich machen, als sie plötzlich vor meiner Tür stand, die Handtasche über dem Stern? Es schneite und regnete durcheinander, sie war ganz nass und
30 dazu ohne Hut; sie musste, wie sie so ging und stand, davongelaufen sein. ‚Frieda', sagte sie, ‚lass mich herein – nur für eine einzige Nacht. Am nächsten Morgen, ich schwöre es dir, gehe ich ganz bestimmt fort.' Sie war so aufgeregt, lieber Himmel, und von weitem hörte ich schon meinen Mann mit dem Holzbein die Straße herunterklappern – ‚aber nur für eine einzige Nacht', sage ich ganz mechanisch, ‚und weil wir schon in der Schule zusammen ge-
35 wesen sind.' Natürlich wusste ich ganz genau, dass sie nicht gehen würde; mein Karl, dieser seelensgute Mensch, sagte es schon am gleichen Abend, als er mir das Korsett aufhakte und dabei die letzte Fischbeinstange vor Aufregung zerbrach; und er sagte: ‚Die geht nicht wieder fort.'"

---
[1] Hamstern nannte man ugs. die (gesetzwidrige) Beschaffung von Vorräten.

Beide Frauen, wie auf Verabredung, setzten ihr Bierglas an, bliesen den Schaum ab und tranken einen Schluck; hierauf, in einem einzigen Zug, das halbe Bierglas herunter, ich muss sagen, sie tranken nicht schlecht.

„Es war aber doch wohl recht gefährlich in eurer kleinen verklatschten Siedlung, wo jeder den anderen kennt", meinte die Freundin mit den Karotten. „Und dazu noch der Papagei."

„Aber nein. An sich war das gar nicht gefährlich. Wenn einer erst in der Laube drin war, kam keiner auf den Gedanken, dass sich da jemand versteckt hielt, der nicht dazugehörte. Wer uns besuchte, kam bloß bis zur Küche und höchstens noch in die Kammer dahinter; alles Übrige war erst angebaut worden – die Veranda, das Waschhaus, der erste Stock mit den zwei schrägen Kammern, das ganze Gewinkel schön schummrig und eng, überall stieß man an irgendwas an: an die Schnüre mit den Zwiebeln zum Beispiel, die zum Trocknen aufgehängt waren, und an die Wäscheleine. Auch mit der Verpflegung war es nicht schlimm, ich hatte Eingemachtes genug, der Garten gab so viel her. Nur der Papagei: ‚Elsie' und wieder ‚Elsie' – das ging so den ganzen Tag. Wenn es schellte, warf ich ein Tischtuch über den albernen Vogel, dann war er augenblicks still. Mein Mann, das brauche ich nicht zu sagen, ist wirklich seelensgut. Aber schließlich wurde er doch ganz verrückt, wenn der Papagei immerfort ‚Elsie' sagte; er lernte eben im Handumdrehen, was er irgendwo aufgeschnappt hatte. Die Elsie, alles was recht ist, gab sich wirklich die größte Mühe, uns beiden gefällig zu sein – sie schälte Kartoffeln, machte den Abwasch und ging nicht an die Tür. Aber einmal, ich hatte das Licht in Gedanken schon angeknipst, ehe der Laden vorgelegt worden war, musste die Frau des Blockwalters[1], diese Bestie, sie von draußen gesehen haben. ‚Ach', sagte ich ganz verdattert vor Schrecken, als sie mich fragte, ob ich Besuch in meiner Wohnküche hätte, ‚das wird wohl meine Cousine aus Potsdam gewesen sein.' ‚So? Aber dann hat sie sich sehr verändert', sagt sie und sieht mich durchdringend an. ‚Ja, es verändern sich viele jetzt in dieser schweren Zeit, Frau Geheinke', sage ich wieder. ‚Und abends sind alle Katzen grau.'

Von da ab war meine Ruhe fort; ganz fort, wie weggeblasen. Immer sah ich die Elsie an, und je mehr ich die Elsie betrachtete, desto jüdischer kam sie mir vor. Eigentlich war das natürlich ein Unsinn, denn die Elsie war schlank und zierlich gewachsen, braunblonde Haare, die Nase gerade, wie mit dem Lineal gezogen, nur vorne etwas dick. Trotzdem, ich kann mir nicht helfen – es war wirklich ganz wie verhext. Sie merkte das auch. Sie merkte alles und fragte mich: ‚Sehe ich eigentlich „so" aus?' ‚Wie: so?', entgegnete ich wie ein Kind, das beim Lügen ertappt worden ist. ‚Du weißt doch – meine Nase zum Beispiel?' ‚Nö. Deine Nase nicht.' ‚Und die Haare?' ‚Die auch nicht. So glatt wie sie sind.' ‚Ja, aber das Löckchen hinter dem Ohr', sagt die Elsie und sieht mich verzweifelt an, verzweifelt und böse und irr zugleich – ich glaube, hätte sie damals ein Messer zur Hand gehabt, sie hätte sich und mich niedergestochen, so schrecklich rabiat war sie. Schließlich, ich fühlte es immer mehr, hatte ich nicht nur ein Unterseeboot, sondern auch eine Irre im Haus, die sich ständig betrachtete. Als ich ihr endlich den Spiegel fortnahm, veränderte sich ihre Art zu gehen und nachher ihre Sprache – sie stieß mit der Zunge an, lispelte und wurde so ungeschickt, wie ich noch nie einen Menschen gesehen habe: kein Glas war sicher in ihren Händen, jede Tasse schwappte beim Eingießen über, das Tischtuch war an dem Platz, wo sie saß, von Flecken übersät. Ich wäre sie gerne losgewesen, aber so, wie ihre Verfassung war, hätt' ich sie niemand mehr anbieten können – der Hilde nicht und der Trude nicht und erst recht nicht der Erika, welche sagte, sie könne auch ohne Stern und Sara jeden Menschen auf seine Urgroßmutter im Dunkeln abta-

---

[1] Blockwart

xieren. ‚Ja?', fragte die Elsie. ‚Ganz ohne Stern? Jede Wette gehe ich mit dir ein, dass man dich auch für „so eine" hält, wenn du mit Stern auf die Straße marschierst – so dick und schwarz, wie du bist.' Von diesem Tag an hassten wir uns. Wir hassten uns, wenn wir am Kochherd ohne Absicht zusammenstießen, und hassten uns, wenn wir zu gleicher Zeit nach dem Löffel im Suppentopf griffen. Selbst der Papagei merkte, wie wir uns hassten, und machte sich ein Vergnügen daraus, die Elsie in den Finger zu knappern, wenn sie ihn fütterte. Endlich wurde es selbst meinem Mann, diesem seelensguten Menschen, zu viel, und er sagte, sie müsse jetzt aus dem Haus – das war an demselben Tag, als die Stapo[1] etwas gemerkt haben musste. Es schellte, ein Beamter stand draußen und fragte, ob sich hier eine Jüdin namens Goldmann verborgen hätte. In diesem Augenblick trat sie vor und sagte mit vollkommen kalter Stimme: Jawohl, sie habe sich durch den Garten und die Hintertür in das Haus geschlichen, weil sie glaubte, das Haus stünde leer. Man nahm sie dann natürlich gleich mit, und auch ich wurde noch ein paarmal vernommen, ohne dass etwas dabei herauskam, denn die Elsie hielt vollkommen dicht. Aber das Tollste war doch die Geschichte mit dem Papagei, sage ich dir."

„Wieso mit dem Papagei?", fragte die Freundin, ohne begriffen zu haben.

„Na, mit dem Papagei, sage ich dir. Die Elsie nämlich, bevor sie sich stellte, hatte rasch noch das Tischtuch auf ihn geworfen, damit er nicht sprechen konnte. Denn hätte er ‚Elsie' gerufen: na, weißt du – dann wären wir alle verratzt."

„Hättest du selber daran gedacht?", fragte die Freundin gespannt. „Ich? Ich bin schließlich auch nur ein Mensch und hätte nichts andres im Sinn gehabt, als meinen Kopf zu retten. Aber Elsie – das war nicht die Elsie mehr, die ich versteckt hatte und gehasst und am liebsten fortgejagt hätte. Das war ein Erzengel aus der Bibel, und wenn sie gesagt hätte: ‚Die da ist es, diese Dicke, Schwarze da!' – Gott im Himmel, ich wäre mitgegangen!"

Na, solch'ne Behauptung, sagen Sie mal, kann selbst einem harmlosen Zuhörer schließlich über die Hutschnur gehen. „Und der Jacob?", frage ich, trinke mein Bier aus und setze den Rucksack auf. „Lebt er noch, dieses verfluchte Vieh?"

„Nein", sagte die dicke Frau ganz verblüfft und fasst von neuem nach den Karotten, um die Pflaumen mit dem Karottenkraut ringsherum abzudecken.

„Dem hat ein Russe wie einem Huhn die Kehle durchgeschnitten, als er ihn füttern wollte, und der Jacob nach seiner lausigen Art ihm in den Finger knappte."

„Böse Sache", sagte ich, „liebe Frau. Wo ist jetzt noch jemand, der Ihren Mann vor der Spruchkammer... (eigentlich wollte ich sagen: ‚entlastet', doch hol es der Teufel, ich sage, wie immer:) entlaust?"[2]

(1947)

---

[1] STAPO: Staatspolizei, neben GESTAPO (Geheime Staatspolizei) gebraucht
[2] Die Frage bezieht sich auf die von den Besatzungsmächten eingeleiteten Maßnahmen zur Ausschaltung nationalsozialistischer Einflüsse aus dem öffentlichen Leben („Entnazifizierung").

18. Literatur der Nachkriegszeit – Bestandsaufnahme und Vergangenheitsbewältigung (1945–1949)

Arbeitshinweise

1. Wer erzählt hier wem etwas? Und was ist der Inhalt des Erzählten? Beachten Sie, dass die Geschichte zwei Erzählebenen aufweist.

2. Welche Einzelheiten weisen darauf hin, dass die eine Ebene kurz nach dem Zweiten Weltkrieg, die andere in der Zeit des Nationalsozialismus spielt?
   Ebene A (Nachkriegszeit): *Waren tauschen (Möhren und Pflaumen gegen Gummiband und Strickwolle) ...*
   Ebene B (Zeit des NS-Regimes): *Zwang zum Eintritt in die Partei bei Tätigkeit im öffentlichen Dienst (hier: Post) ...*

3. Untersuchen Sie (evtl. arbeitsteilig), wie die Figuren charakterisiert sind. Berücksichtigen Sie nach Möglichkeit ihr Äußeres, ihre Verhaltensweisen und Ansichten.
   Der Erzähler:
   Karl:
   Frieda:
   Elsie:

4. Welche Rolle spielt der Papagei?
   Warum werden die menschlichen Gefahren und Leistungen eher „heruntergespielt", während der Papagei herausgehoben wird?

5. **Kurzgeschichte:** Lehnübersetzung des amerikanischen Gattungsbegriffs Short story, mit diesem jedoch nicht deckungsgleich, da im Unterschied zum Amerikanischen im Deutschen die Kurzgeschichte gegen andere Formen der Kurzprosa, insbesondere Novelle, Anekdote und Skizze, abzugrenzen ist. Kennzeichen der Kurzgeschichte sind u. a. ihr geringer Umfang, der offene Schluss, der lineare Handlungsverlauf, die straffe Komposition (oft: Montage), die Typisierung der Personen und das Herausstellen eines entscheidenden Moments im Leben eines Menschen. Mit der Verwendung moderner Erzähltechniken, der Vorliebe für Außenseiter der Gesellschaft, dem Bestreben, den Leser zu provozieren und zu aktivieren, folgt die deutsche Kurzgeschichte allgemeinen Tendenzen der modernen Literatur. Die Kurzgeschichte im engeren Sinn entstand in Deutschland nach dem 2. Weltkrieg. Ihre Themen waren zunächst der Aufarbeitung der Vergangenheit gewidmet (W. Borchert, H. Böll, E. Langgässer), Nachkriegszeit und Wirtschaftswundermentalität bestimmten noch lange die Inhalte (G. Eich, I. Aichinger, M. L. Kaschnitz, W. Schnurre), dabei standen psychologisch-existenzielle Handlungselemente im Mittelpunkt. Der große Erfolg der neuen Gattung hat neben soziologischen (neue Medien, Änderung des Leseverhaltens) literarische Gründe, etwa die Einfachheit, die Unverbindlichkeit des Erzählens, die Eignung als Experimentierfeld und nicht zuletzt die Scheu vor größeren Formen.

   (Schülerduden „Die Literatur". Hg. von der Redaktion Duden, Mannheim, Wien, Zürich 1980, S. 242 f.)

   Welche von den im Schüler-Duden angeführten Kennzeichen können Sie in dieser Kurzgeschichte entdecken?

6. Verfassen Sie zu der Kurzgeschichte „Untergetaucht" einen Interpretationsaufsatz, in dem Sie die in den Aufgaben 1–5 angesprochenen Aspekte aufgreifen und vertiefen.

18.3 Wolfgang Borchert (1921–1947)
Draußen vor der Tür
Ein Stück, das kein Theater spielen und kein Publikum sehen will (1. Szene)

„Draußen vor der Tür" war sowohl als Hörspiel (Erstsendung am 13.2.1947) wie als Bühnenstück (Uraufführung am 21.11.1947) und später als Film erfolgreich. Das Stück beginnt nicht mit der 1. Szene. Denn nach einer Art Vorrede sind zwei Bilder eingeschaltet, die die allgemeine („Vorspiel") und die besondere Lage („Traum") zeigen, in der sich der Held des Dramas am Anfang der Handlung befindet: Der nach drei Jahren russischer Kriegsgefangenschaft nach Deutschland heimkehrende Beckmann macht einen Selbstmordversuch, indem er sich in die Elbe stürzt.

1. Szene

(Abend. Blankenese. Man hört den Wind und das Wasser. Beckmann. Der Andere)

BECKMANN: Wer ist da? Mitten in der Nacht. Hier am Wasser. Hallo! Wer ist denn da?
DER ANDERE: Ich.
5 BECKMANN: Danke. Und wer ist das: Ich?
DER ANDERE: Ich bin der Andere.
BECKMANN: Der Andere? Welcher Andere?
DER ANDERE: Der von Gestern. Der von Früher. Der Andere von Immer. Der Jasager.
10 Der Antworter.
BECKMANN: Der von Früher? Von Immer? Du bist der Andere von der Schulbank, von der Eisenbahn? Der vom Treppenhaus?
DER ANDERE: Der aus dem Schneesturm bei
15 Smolensk. Und der aus dem Bunker bei Gorodok.
BECKMANN: Und der – der von Stalingrad, der Andere, bist du der auch?
BECKMANN: Der auch. Und auch der von
20 heute Abend. Ich bin auch der Andere von morgen.
BECKMANN: Morgen. Morgen gibt es nicht. Morgen ist ohne dich. Hau ab. Du hast kein Gesicht.
25 DER ANDERE: Du wirst mich nicht los. Ich bin der Andere, der immer da ist: Morgen. An den Nachmittagen. Im Bett. Nachts.
BECKMANN: Hau ab. Ich hab kein Bett. Ich lieg hier im Dreck.
30 DER ANDERE: Ich bin auch der vom Dreck. Ich bin immer. Du wirst mich nicht los.

Umschlagbild zur Taschenbuchausgabe

18. Literatur der Nachkriegszeit – Bestandsaufnahme und Vergangenheitsbewältigung (1945–1949)

Szenenfoto aus der Uraufführung von „Draußen vor der Tür" (Hamburger Kammerspiele 1947)

BECKMANN: Du hast kein Gesicht. Geh weg.

DER ANDERE: Du wirst mich nicht los. Ich habe tausend Gesichter. Ich bin die Stimme, die jeder kennt. Ich bin der Andere, der immer da ist. Der andere Mensch, der Antworter. Der lacht, wenn du weinst. Der antreibt, wenn du müde wirst, der Antreiber, der Heimliche, Unbequeme bin ich. Ich bin der Optimist, der an den Bösen das Gute sieht und die Lampen in der finstersten Finsternis. Ich bin der, der glaubt, der lacht, der liebt! Ich bin der, der weitermarschiert, auch wenn gehumpelt wird. Und der Ja sagt, wenn du Nein sagst, der Jasager bin ich. Und der –

BECKMANN: Sag Ja, soviel wie du willst. Geh weg. Ich will dich nicht. Ich sage Nein. Nein. Nein. Geh weg. Ich sage Nein. Hörst du?

DER ANDERE: Ich höre. Deswegen bleibe ich ja hier. Wer bist du denn, du Neinsager?

BECKMANN: Ich heiße Beckmann.

DER ANDERE: Vornamen hast du wohl nicht, Neinsager?

BECKMANN: Nein. Seit gestern. Seit gestern heiße ich nur noch Beckmann. Einfach Beckmann. So wie der Tisch Tisch heißt.

DER ANDERE: Wer sagt Tisch zu dir?

BECKMANN: Meine Frau. Nein, die, die meine Frau war. Ich war nämlich drei Jahre lang weg. In Russland. Und gestern kam ich wieder nach Hause. Das war das Unglück. Drei Jahre sind viel, weißt du. Beckmann – sagte meine Frau zu mir. Einfach nur Beckmann. Und dabei war man drei Jahre weg. Beckmann sagte sie, wie man zu einem Tisch Tisch sagt. Möbelstück Beckmann. Stell es weg. Das Möbelstück Beckmann. Siehst du, deswegen habe ich keinen Vornamen mehr, verstehst du.

DER ANDERE: Und warum liegst du hier nun im Sand? Mitten in der Nacht. Hier am Wasser?

BECKMANN: Weil ich nicht hochkomme. Ich hab mir nämlich ein steifes Bein mitgebracht. So als Andenken. Solche Andenken sind gut, weißt du, sonst vergisst man den Krieg so schnell. Und das wollte ich doch nicht. Dazu war das alles doch zu schön. Kinder, Kinder, war das schön, was?

DER ANDERE: Und deswegen liegst du hier abends am Wasser?

BECKMANN: Ich bin gefallen.

DER ANDERE: Ach. Gefallen. Ins Wasser?

BECKMANN: Nein, nein! Nein, du! Hörst du, ich wollte mich reinfallen lassen. Mit Absicht. Ich konnte es nicht mehr aushalten. Dieses Gehumpel und Gehinke. Und dann die Sache mit der Frau, die meine Frau war. Sagt einfach Beckmann zu mir, so wie man zu Tisch Tisch sagt. Und der andere, der bei ihr war, der hat gegrinst. Und dann dieses Trümmerfeld. Dieser Schuttacker hier zu Hause. Hier in Hamburg. Und irgendwo da unter liegt mein Junge. Ein bisschen Mud und Mörtel und Matsch. Menschenmud. Knochenmörtel. Er war gerade ein Jahr alt und ich hatte ihn noch nicht gesehen. Aber jetzt sehe ich ihn jede Nacht. Und unter den zehntausend Steinen. Schutt, weiter nichts als ein bisschen Schutt. Das konnte ich nicht aushalten, dachte ich. Und da wollte ich mich fallen lassen. Wäre ganz leicht, dachte ich: vom Ponton runter. Plumps. Aus. Vorbei.

DER ANDERE: Plumps? Aus? Vorbei? Du hast geträumt. Du liegst doch hier auf dem Sand.

BECKMANN: Geträumt? Ja. Vor Hunger geträumt. Ich habe geträumt, sie hätte mich wieder ausgespuckt, die Elbe, diese alte… Sie wollte mich nicht. Ich sollte es noch mal versuchen, meinte sie. Ich hätte kein Recht dazu. Ich wäre zu grün, sagte sie. Sie sagte, sie scheißt auf mein bisschen Leben. Das hat sie mir ins Ohr gesagt, dass sie scheißt auf meinen Selbstmord. Scheißt, hat sie gesagt, diese verdammte – und gekeift hat sie wie eine Alte vom Fischmarkt. Das Leben ist schön, hat sie gemeint, und ich liege hier mit nassen Klamotten am Strand von Blankenese und mir ist kalt. Immer ist mir kalt. In Russland war mir lange genug kalt. Ich habe es satt, das ewige Frieren. Und diese Elbe, diese verdammte alte – ja, das hab ich vor Hunger geträumt.
Was ist da?

DER ANDERE: Kommt einer. Ein Mädchen oder sowas. Da. Da hast du sie schon.

MÄDCHEN: Ist da jemand? Da hat doch eben jemand gesprochen. Hallo, ist da jemand?

BECKMANN: Ja, hier liegt einer. Hier. Hier unten am Wasser.

MÄDCHEN: Was machen Sie da? Warum stehen Sie denn nicht auf?

BECKMANN: Ich liege hier, das sehen Sie doch. Halb an Land und halb im Wasser.

MÄDCHEN: Aber warum denn? Stehen Sie doch auf. Ich dachte erst, da läge ein Toter, als ich den dunklen Haufen hier am Wasser sah.

BECKMANN: Oh ja, ein ganz dunkler Haufen ist das, das kann ich Ihnen sagen.

MÄDCHEN: Sie reden aber sehr komisch, finde ich. Hier liegen nämlich jetzt oft Tote abends am Wasser. Die sind manchmal ganz dick und glitschig. Und so weiß wie Gespenster. Deswegen war ich so erschrocken. Aber Gott sei Dank, Sie sind ja noch lebendig. Aber Sie müssen ja durch und durch nass sein.

BECKMANN: Bin ich auch. Nass und kalt wie eine richtige Leiche.

MÄDCHEN: Dann stehen Sie doch endlich auf. Oder haben Sie sich verletzt?

BECKMANN: Das auch. Mir haben sie die Kniescheibe gestohlen. In Russland. Und nun muss ich mit einem steifen Bein durch das Leben hinken. Und ich denke immer, es geht rückwärts statt vorwärts. Von Hochkommen kann gar keine Rede sein.

MÄDCHEN: Dann kommen Sie doch. Ich helfe Ihnen. Sonst werden Sie ja langsam zum Fisch.

BECKMANN: Wenn Sie meinen, dass es nicht wieder rückwärts geht, dann können wir es ja mal versuchen. So. Danke.

MÄDCHEN: Sehen Sie, jetzt geht es sogar aufwärts. Aber Sie sind ja nass und eiskalt. Wenn ich nicht vorbeigekommen wäre, wären Sie sicher bald ein Fisch geworden. Stumm sind Sie ja auch beinahe. Darf ich Ihnen etwas sagen? Ich wohne hier gleich. Und ich habe trockenes Zeug im Hause. Kommen Sie mit? Ja? Oder sind Sie zu stolz, sich von mir trockenlegen zu lassen? Sie halber Fisch. Sie stummer nasser Fisch, Sie!

BECKMANN: Sie wollen mich mitnehmen?

MÄDCHEN: Ja, wenn Sie wollen. Aber nur, weil Sie nass sind. Hoffentlich sind Sie sehr hässlich und bescheiden, damit ich es nicht bereuen muss, dass ich Sie mitnehme. Ich nehme Sie nur mit, weil Sie so nass und kalt sind, verstanden! Und weil –

BECKMANN: Weil? Was für ein Weil? Nein, nur weil ich nass und kalt bin. Sonst gibt es kein Weil.

18. Literatur der Nachkriegszeit – Bestandsaufnahme und Vergangenheitsbewältigung (1945–1949)

Mädchen: Doch. Gibt es doch. Weil Sie so eine hoffnungslos traurige Stimme haben. So grau und vollkommen trostlos. Ach, Unsinn ist das, wie? Kommen Sie, Sie alter stummer nasser Fisch.

Beckmann: Halt! Sie laufen mir ja weg. Mein Bein kommt nicht mit. Langsam.

Mädchen: Ach ja. Also: dann langsam. Wie zwei uralte steinalte nasskalte Fische.

Beckmann: Weg sind sie. So sind sie, die Zweibeiner. Ganz sonderbare Leute sind das hier auf der Welt. Erst lassen sie sich ins Wasser fallen und sind ganz wild auf das Sterben versessen. Aber dann kommt zufällig so ein anderer Zweibeiner im Dunkeln vorbei, so einer mit Rock, mit einem Busen und langen Locken. Und dann ist das Leben plötzlich wieder ganz herrlich und süß. Dann will kein Mensch mehr sterben. Dann wollen sie nie tot sein. Wegen so ein paar Locken, wegen so einer weißen Haut und ein bisschen Frauengeruch. Dann stehen sie wieder vom Sterbebett auf und sind gesund wie zehntausend Hirsche im Februar. Dann werden selbst die halben Wasserleichen noch wieder lebendig, die es eigentlich doch überhaupt nicht mehr aushalten konnten auf dieser verdammten öden elenden Erdkugel. Die Wasserleichen werden wieder mobil – alles wegen so ein paar Augen, wegen so einem bisschen weichen warmen Mitleid und so kleinen Händen und wegen einem schlanken Hals. Sogar die Wasserleichen, diese zweibeinigen, diese ganz sonderbaren Leute hier auf der Welt –

(1947)

Arbeitshinweise

1. Welche Gründe für seinen Selbstmordversuch führt Beckmann an? Welchen Grund halten Sie für ausschlaggebend?
2. Wodurch ist der „Andere" charakterisiert? Inwiefern könnte er als die Gestalt gewordene Hoffnung bestimmt werden?
3. Was bewegt das Mädchen, Beckmann mit zu sich nach Hause zu nehmen?
4. Lesen Sie den Text mit verteilten Rollen vor. Welche Besonderheiten der sprachlichen Gestaltung (Wortwahl, Satzbau) fallen Ihnen auf?
5. Wie verstehen Sie aufgrund Ihrer Kenntnis der 1. Szene den Titel des Dramas? Beziehen Sie folgende Erklärungen in Ihre Überlegungen ein:

    Wolfgang Borcherts Drama „Draußen vor der Tür", das der Dichter im Januar 1947 innerhalb weniger Tage niederschrieb, ist offensichtlich ganz aus dem Erleben, dem inneren, seelischen, und dem äußeren, tatsächlichen, der Kriegs- und unmittelbaren Nachkriegszeit herausgewachsen. Der Untertitel, „Ein Stück, das kein Theater spielen und kein Publikum sehen will", deutet auf diesen aktuellen Bezug hin. Und er spricht die Überzeugung des Dichters aus, dass das Stück zu sehr „Plakat" sei, als dass es von zeitlosem Wert sein könne.

    (Interpretationen zu Wolfgang Borchert, verfasst von einem Arbeitskreis, Oldenbourg ⁹1987, S. 8)

6. [...]

    Wir brauchen keine Dichter mit guter Grammatik. Zu guter Grammatik fehlt uns Geduld. Wir brauchen die mit dem heißen heiser geschluchzten Gefühl. Die zu Baum Baum und zu Weib Weib sagen und ja sagen und nein sagen: laut und deutlich und dreifach und ohne Konjunktiv.
    Für Semikolons haben wir keine Zeit und Harmonien machen uns weich und die Stillleben überwältigen uns: Denn lila sind nachts unsere Himmel. Und das Lila gibt keine Zeit für Grammatik,

das Lila ist schrill und ununterbrochen und toll. Über den Schornsteinen, über den Dächern: die Welt: lila. Über unseren hingeworfenen Leibern die schattigen Mulden: die blaubeschneiten Augenhöhlen der Toten im Eissturm, die violettwütigen Schlünde der kalten Kanonen – und die lilane Haut unserer Mädchen am Hals und etwas unter der Brust. Lila ist nachts das Gestöhn der Verhungernden und das Gestammel der Küssenden. Und die Stadt steht so lila am nächtlich lilanen Strom. Und die Nacht ist voll Tod: Unsere Nacht. Denn unser Schlaf ist voll Schlacht. [...]

Unsere Moral ist die Wahrheit. Und die Wahrheit ist neu und hart wie der Tod. Doch auch so milde, so überraschend und so gerecht. Beide sind nackt. [...]

Denn wir sind Neinsager. Aber wir sagen nicht nein aus Verzweiflung. Unser Nein ist Protest. Und wir haben keine Ruhe beim Küssen, wir Nihilisten. Denn wir müssen in das Nichts hinein wieder ein Ja bauen. Häuser müssen wir bauen in die freie Luft unseres Neins, über den Schlünden, den Trichtern und Erdlöchern und den offenen Mündern der Toten: Häuser bauen in die reingefegte Luft der Nihilisten, Häuser aus Holz und Gehirn und aus Stein und Gedanken.

Denn wir lieben diese gigantische Wüste, die Deutschland heißt. [...]

Unser Manifest ist die Liebe. [...]

(Wolfgang Borchert: Das ist unser Manifest [1947], aus: Das Gesamtwerk. Mit einem biografischen Nachwort v. B. Meyer-Marwitz, Rowohlt, Hamburg 1975, S. 310, 313, 314)

- Erläutern Sie Wolfgang Borcherts „Programmpunkte" in den Auszügen aus seinem „Manifest".
- „Draußen vor der Tür" gilt als das bedeutendste Stück jener „Trümmer"- und „Kahlschlagliteratur" nach 1945, deren Programm Borchert selbst entworfen hat. Finden Sie auch Zusammenhänge zwischen den Programmpunkten und der 1. Szene des Dramas?
- Vergleichen Sie Wolfgang Borcherts „Manifest" mit Heinrich Bölls „Bekenntnis zur Trümmerliteratur" (im Einführungstext zu diesem Kapitel) in Bezug auf die Einstellung der Autoren zur Literatur dieser Zeit. Beachten Sie die Unterschiedlichkeit der Perspektive.

7.

Beckmanns Seelennot rührt uns auch heute an
Jugendtheater bot Borcherts „Draußen vor der Tür"

Nicht von ungefähr gehört Wolfgang Borcherts 1947 entstandenes, zunächst als Hörspiel gesendetes und wenige Tage nach dem frühen Tod des Autors in den Hamburger Kammerspielen als Bühnenstück uraufgeführtes „Draußen vor der Tür" immer noch ins Repertoire vieler Deutschstunden an Gymnasien. Ist es doch in Form, Inhalt und Sprache ein großartiges Beispiel für Entwurzelung und Zerrissenheit der aus Gefangenschaft heimkehrenden Kriegsgeneration, der von Hitler um ihre Jugend betrogenen Männer, deren ganze Seelennot in der Gestalt des Ex-Unteroffiziers Beckmann so beeindruckend komprimiert wird. Das Ensemble des Kinder- und Jugendtheaters bot das exemplarische Stück im neuen Theater an der Schellstraße als seine zweite, „für Menschen ab 14" gedachte Neuinszenierung.

Im kargen Nachkriegsmilieu eines wartesaalähnlichen Lokals (Ausstattung Michael Wienand) lässt Regisseurin Regina Nölke auch die allegorischen Figuren Borcherts wie Gott, den Tod oder die Elbe als ganz reale Menschengestalten erscheinen.

Beckmann, der Heimkehrer im zerschlissenen Militärmantel, mit der unsäglichen Gasmaskenbrille vor den Augen und der Verzweiflung im Herzen, der seine Frau mit einem anderen im Bett vorfand, der kein Zuhause mehr hat und deshalb „Draußen vor der Tür" steht – dieser am Rande des Selbstmords stehende Beckmann diskutiert am tristen Kneipentisch mit „Frau Elbe", als stünde er todesbereit am Ufer des Flusses.

Das und die anderen „Visionen" dieses ersten existenzialistischen Dramas deutscher Spielart wirken dank der vorzüglichen Darstellerführung und glaubhaften Sprache nicht aufgesetzt. Vielmehr wird fast immer ein stets fesselnder Schwebezustand zwischen harter szenischer Wirklichkeit und „innerem" Drama erreicht. [...]

(WAZ Nr. 271 v. 21.11.1988)

18. Literatur der Nachkriegszeit – Bestandsaufnahme und Vergangenheitsbewältigung (1945 – 1949)

Wie wird Borcherts Stück in dieser Rezension einer Theateraufführung in Dortmund beurteilt?

8. **Projektvorschlag:** Untersuchen Sie die Darstellung problematischer Partnerbeziehungen im Drama –
Andreas Gryphius: „Catharina von Georgien" (Kapitel 5.3);
Heinrich von Kleist: „Amphitryon" (Kapitel 9.3);
Georg Büchner: „Woyzeck" (Kapitel 11.3);
Gerhart Hauptmann: „Vor Sonnenaufgang" (Kapitel 13.3);
Hugo von Hofmannsthal: „Der Schwierige" (Kapitel 14.3);
Marieluise Fleißer: „Pioniere in Ingolstadt" (Kapitel 16.3);
Bertolt Brecht: „Furcht und Elend des Dritten Reiches" (Kapitel 17.3);
Wolfgang Borchert: „Draußen vor der Tür" (Kapitel 18.3).

Wichtige Autorinnen, Autoren und Werke:

Wolfgang Borchert (1921 – 1947)
Literarischer Vertreter der durch den Zweiten Weltkrieg geopferten Generation
Werke: *Draußen vor der Tür* (Hörspiel und Schauspiel), Kurzgeschichten, z. B. *Das Brot*.

Paul Celan (d. i. Paul Ancel, 1920 – 1970)
Der exemplarische Vertreter der hermetischen deutschen Lyrik, die entscheidend von dem Thema der Judenvernichtung geprägt ist.
Werke: *Mohn und Gedächtnis* (darin die berühmte *Todesfuge*)

Günter Eich (1907 – 1972)
Lyriker und Hörspielautor, 1950 mit dem „Preis der Gruppe 47", 1952 mit dem Hörspielpreis der Kriegsblinden für *Träume* ausgezeichnet; 1953 Eheschließung mit der Österreicherin Ilse Aichinger (s. Kap. 21).
Werke: *Abgelegene Gehöfte* (Gedichte), *Träume. Vier Spiele*.

Elisabeth Langgässer (1899 – 1950)
Schriftstellerin
Werke: *Metamorphosen* (Gedichte); *Das unauslöschliche Siegel* (Roman) sowie Erzählungen (*Das Labyrinth*) und Kurzgeschichten (*Der Torso*).

Grundlegende Literatur:

Wilfried Barner (Hg.): *Geschichte der deutschen Literatur von 1945 bis zur Gegenwart*. München 1994 (= *Geschichte der deutschen Literatur von Anfängen bis zur Gegenwart*, begr. von Helmut de Boor und Richard Newald, Bd. 12).

Ludwig Fischer (Hg.): *Literatur in der Bundesrepublik Deutschland bis 1967*. München 1986 (= *Hansers Sozialgeschichte der deutschen Literatur vom 16. Jahrhundert bis zur Gegenwart*, Bd. 10)

19 Literatur der Bundesrepublik Deutschland von der Gründung bis zur Wiedervereinigung (1949 – 1990)

Von 1949 an bleibt Deutschland (einschließlich Berlin) 40 Jahre lang in zwei Staaten geteilt, in die Bundesrepublik Deutschland und die Deutsche Demokratische Republik (DDR). Zunehmende Ost-West-Spannungen und die Isolierung des eigenen Territoriums durch die Machthaber der DDR führen zu einer noch tieferen Spaltung Deutschlands – und zu zwei Literaturen (siehe Kapitel 20).

Nach dem Grundgesetz vom 23.5.1949 ist die Bundesrepublik Deutschland ein föderativer, demokratischer, parlamentarischer und sozialer Rechtsstaat. Und die Regierungen der Bundesrepublik versuchen – wenn auch mit unterschiedlicher Schwerpunktsetzung – diese Anforderungen des Grundgesetzes durch ihr politisches Handeln zu verwirklichen. Die Geschichte der Literatur der Bundesrepublik Deutschland ist nicht unabhängig von der Entwicklung dieses Staates zu beschreiben.[1]

1. Phase (1949 – 1959): Gesellschaftskritik und Auseinandersetzung mit politischen Themen

Die soziale Marktwirtschaft, verbunden mit der Aufbaufinanzierung durch die Amerikaner, vor allem aber Fleiß und Tüchtigkeit der Deutschen (die mit 48,2 Stunden wöchentlicher Arbeitszeit im Jahr 1950 mehr arbeiten als alle anderen Europäer) führen bereits Mitte der Ära Adenauer (1949 – 1963) zum sogenannten „Wirtschaftswunder", d. h. zur Vollbeschäftigung, die der Bevölkerung einen höheren Lebensstandard ermöglicht. Konsum und Wohlstandsgesellschaft werden wichtige Elemente des neuen bundesdeutschen Selbstverständnisses. Kritische (vor allem junge) Autoren denken darüber nach, ob diese materialistische Grundeinstellung und die sich abzeichnende Übersättigung nicht auch Gefahren mit sich bringen, wie Selbstzufriedenheit, Vernachlässigung geistiger Werte und Verdrängung der eigenen jüngsten Vergangenheit aus dem Bewusstsein. Kritik an der Wohlstandsgesellschaft wird zu einem wichtigen Thema der Literatur. Außerdem setzen sich die deutschen Schriftsteller engagiert mit politischen Themen auseinander, wie der Wiederaufrüstung der Bundesrepublik, dem Eintritt in die NATO, der atomaren Rüstung und dem Antikommunismus.

2. Phase (1960 – 1968): Politisierung der Literatur und öffentliches Engagement der Schriftsteller

Die 60er-Jahre sind durch eine starke Politisierung gekennzeichnet. Seitdem die beiden großen Parteien CDU/CSU und SPD in einer „Großen Koalition" (1966) gemeinsam regieren, sehen diejenigen, die grundlegende gesellschaftliche Reformen wünschen, keine Möglichkeit mehr, ihre Ziele innerhalb des Parlaments zu verwirklichen. Es bildet sich eine „außerparlamentarische Opposition" (APO) mit radikal-politischer Orientierung. Diese Opposition konzentriert

---

[1] Die folgende zeitliche Gliederung orientiert sich an Ralf Schnell, „Geschichte der deutschsprachigen Literatur seit 1945", Stuttgart; Weimar: 1993

19. Literatur der Bundesrepublik Deutschland von der Gründung bis zur Wiedervereinigung (1949–1990)

Schriftstellerkongress in Stuttgart 1970; von links: Heinrich Böll, Günter Grass, Bundeskanzler Willy Brandt

sich – wie in anderen hochindustrialisierten Ländern des Westens – an den Hochschulen und gelangt mit der Studentenrevolte 1967/68 zu ihrem Höhepunkt. Sie wendet sich gegen den Vietnamkrieg, gegen die USA und deren vermeintlichen Imperialismus, aber auch – in einer antiautoritären Bewegung – u.a. gegen staatliche Institutionen, die bürgerliche Gesellschaft und deren Moralvorstellungen. Innenpolitisch streitet man über die Notstandsgesetze, die von vielen als Einschränkung der Grundrechte angesehen werden, über Friedenssicherung und die Schwierigkeiten bei der Vergangenheitsbewältigung. Historiker, Soziologen und vor allem Schriftsteller engagieren sich öffentlich, indem sie zu diesen Streitfragen Stellung nehmen.

Diese Auseinandersetzungen prägen auch die Literatur dieser Zeit. Literatur, so wird mancherorts gefordert, soll sich vorrangig auf ihren sozialen und politischen Gebrauchswert ausrichten, nicht auf ihre ästhetische Qualität. Von Bedeutung ist vor allem die dokumentarische Literatur der 60er-Jahre.

3. Phase (1969–1977): Neue Subjektivität

In den folgenden Jahren verflüchtigt sich die gesellschaftliche Umbruchstimmung, die sich in einem politischen Veränderungswillen und in kulturellen Neuansätzen auszudrücken versuchte. Innere Spannungen prägen diese Zeit. Vor allem die Terroranschläge der sogenannten „Rote Armee Fraktion" (RAF) erzeugen ein Klima von Unsicherheit und Hass. Neben der Rüstungspolitik bereiten die Umweltproblematik und die hohe Arbeitslosigkeit, aber auch der Zustrom von Aussiedlern und Asylanten vielen Bundesbürgern Sorge und Angst. Da rückt neuere deutsche Literatur auf einmal ins Blickfeld der kulturell interessierten Welt; denn 1972 wird zum ersten Mal ein Autor der Bundesrepublik Deutschland von der Schwedischen Akademie mit dem Literatur-Nobelpreis ausgezeichnet: Heinrich Böll, ein engagierter linksintellektueller Schriftsteller aus dem Rheinland, damals Präsident des PEN-Zentrums der Bundesrepublik und des internationalen PEN. Während er weiterhin – auch literarisch – für Gerechtigkeit und gegen soziale Missstände eintritt, vor allem aber gegen das Verdrängen der jüngsten Geschichte, setzen sich viele andere Autorinnen und Autoren zwar auch mit gesellschaftlichen Problemen auseinander, im Wesentlichen besinnt man sich aber auf das eigene Ich und seine subjektive Welt. Man spricht deshalb von einer „Tendenzwende" Mitte der 70er-Jahre. Die Autoren verstehen ihre Suche nach Identität und Authentizität beim Schreiben allerdings nicht als Flucht vor der bedrängenden Wirklichkeit, sondern als Fortführung ihres gesellschaftlichen Engagements. Die „Neue Subjektivität" macht sich in der Literatur dieser Jahre vor allem in Form des Interesses an eigener und fremder Lebensgeschichte bemerkbar; es werden zum Beispiel viele autobiografische Werke veröffentlicht. In den 70er-Jahren entsteht außerdem im Zuge der Frauenbewegung eine neue Art von Texten, die spezifisch weibliche Erfahrungen zum Ausdruck bringen.

4. Phase (1978–1990): Im Zeichen der „Postmoderne"
Viele Deutsche haben in den 80er-Jahren das Gefühl, dass sie in einer Zeit des kulturellen Stillstands leben, in einer „nachgeschichtlichen" Epoche („Post-Histoire"), und sind orientierungslos. In dieser Phase taucht besonders häufig der Begriff „Postmoderne" auf; er bezeichnet vor allem den Verlust verbindlicher Orientierungen und Wertsetzungen, der mit dem Bewusstsein einhergeht, von ökologischen und sozialen Katastrophen globalen Ausmaßes bedroht zu sein. Dieses Krisenbewusstsein findet in unterschiedlicher Weise Eingang in die Literatur dieser Zeit und überdauert die Ereignisse des Herbstes 1989. Diese Ereignisse führen zum Fall der Mauer zwischen Ost und West am 9. November und schließlich – mit dem Einigungsvertrag – zur Wiederherstellung der deutschen Einheit am 3.10.1990.

6. Nov. 1990: 1. Jahrestag der Öffnung der innerdeutschen Grenzen und der Berliner Mauer: friedlicher Aufbruch zur deutschen Einheit

Durchbrochene Mauer   Szene am Brandenburger Tor

19.1 Hans Magnus Enzensberger (geb. 1929)
ins lesebuch für die oberstufe

lies keine oden[1], mein sohn, lies die fahrpläne:
sie sind genauer. roll die seekarten auf,
eh es zu spät ist. sei wachsam, sing nicht.
der tag kommt, wo sie wieder listen ans tor
schlagen und malen den neinsagern auf die brust
zinken. lern unerkannt gehn, lern mehr als ich:
das viertel wechseln, den paß, das gesicht.
versteh dich auf den kleinen verrat,
die tägliche schmutzige rettung. nützlich
sind die enzykliken[3] zum feueranzünden,
die manifeste[4]: butter einzuwickeln und salz
für die wehrlosen. wut und geduld sind nötig,
in die lungen der macht zu blasen
den feinen tödlichen staub, gemahlen
von denen, die viel gelernt haben,
die genau sind, von dir.

(1957)*

[1] feierliche, kunstvolle Gedichte, nach griechischem Vorbild in fester Strophenform
[2] geheime Erkennungszeichen
[3] Sendschreiben des Papstes
[4] öffentliche politische Erklärungen mit Aufruf- oder Rechtfertigungscharakter

Marie Luise Kaschnitz (1901–1974)
Hiroshima

Der den Tod auf Hiroshima warf
ging ins Kloster, läutet dort die Glocken.
Der den Tod auf Hiroshima warf
sprang vom Stuhl in die Schlinge, erwürgte sich.
Der den Tod auf Hiroshima warf
fiel in Wahnsinn, wehrt Gespenster ab
hunderttausend, die ihn angehen nächtlich
Auferstandene aus Staub für ihn.

Nichts von alledem ist wahr.
Erst vor kurzem sah ich ihn
im Garten seines Hauses vor der Stadt.
Die Hecken waren noch jung und die Rosenbüsche zierlich.
Das wächst nicht so schnell, daß sich einer verbergen könnte
im Wald des Vergessens. Gut zu sehen war
das nackte Vorstadthaus, die junge Frau

die neben ihm stand im Blumenkleid
das kleine Mädchen an ihrer Hand
der Knabe der auf seinem Rücken saß
und über seinem Kopf die Peitsche schwang.
20 Sehr gut erkennbar war er selbst
vierbeinig auf dem Grasplatz, das Gesicht
verzerrt von Lachen, weil der Photograph
hinter der Hecke stand, das Auge der Welt.

(1957)*

Franz Mon (eigentlich Franz Löffelholz, geb. 1926)

man muss was tun
muss man was tun
was muss man tun
tun muss man was

5 man hätte was getan
hätte man was getan
was hätte man getan
hätte man was getan

tun was man muss
10 was man tun muss
tun muss man was
was muss man tun

(1967)

Yaak Karsunke (geb. 1934)
jahrestag

heute ist
der 17. juni
19 hundert acht&sechzig
was wisst ihr über
5 den 17. juni

heute vor 15 jahren
erhob sich eine
kleine
radikale minderheit
10 gegen ihre regierung

am 18. juni
war schon alles vorüber
– so klein
war die minderheit ja
15 so radikal einen tag nur –

seither
wird alljährlich gefeiert
der tag der einheit
wir kinder
20 bekommen schulfrei:
heute müssen wir nichts lernen

(1968)

Wolf Wondratschek (geb. 1943)
In den Autos

Wir waren ruhig,
hocken in den alten Autos,
drehten am Radio
und suchten die Straße
5 nach Süden.

Einige schrieben uns Postkarten aus der
   Einsamkeit,
um uns zu endgültigen Entschlüssen
   aufzufordern.

10 Einige saßen auf dem Berg,
um die Sonne auch nachts zu sehen.

Einige verliebten sich,
wo doch feststeht, dass ein Leben
keine Privatsache darstellt.

15 Einige träumten von einem Erwachen,
das radikaler sein sollte als jede Revolution.

Einige saßen da wie tote Filmstars
und warteten auf den richtigen Augenblick,
um zu leben.

20 Einige starben,
ohne für ihre Sache gestorben zu sein.

Wir waren ruhig,
hockten in den alten Autos,
drehten am Radio
25 und suchten die Straße
nach Süden.

(1976)

Ulla Hahn (geb. 1946)
Endlich

Endlich besoffen und ehrlich
und immer noch'n Sonett
Reißt mir den Himmel auf
legt mir die Welt ins Bett:
5 Ich hab genug
ich steh mir selbst bis oben
und werd dies Leben nicht
vor seinem Tode loben.

Jaja ich weiß ihr habt mir keinen Grund
10 für dieses Wut- und Wehgeschrei gegeben
Mir geht es gut ich halt ja schon den Mund
nur eine Frage sei noch zugegeben
Seid ihr ganz sicher dass ihr lebt und
heißt Nichttotsein schon Leben?

(1983)

Arbeitshinweise

1. Warum sollen die Verse von Hans Magnus Enzensberger – wie der Titel des Gedichts beansprucht – ins Lesebuch für die Oberstufe aufgenommen werden? Untersuchen Sie dazu die einzelnen Aussagen des Textes und ihre Gestaltung genauer.

2. Diskutieren Sie über die Problematik einer rein pragmatischen Bildung, zu der der Text „ins lesebuch für die oberstufe" auffordert, und einer rein ästhetisierenden Bildung.

3. Analysieren Sie die beiden Strophen des Gedichts „Hiroshima" in Bezug auf den Gegensatz zwischen den Vermutungen der Sprecherin und der Realität.

4. Welche Bedeutung messen Sie der Anonymität der Zentralgestalt in dem „Hiroshima"-Gedicht bei? Beachten Sie die Umschreibung des Piloten in den Subjektsätzen und die Verwendung der Pronomen.

5. Welche Deutungen lässt der kommentarlose Schluss des Gedichts „Hiroshima" zu? Beziehen Sie folgende Hinweise in Ihre Überlegungen ein:

   Gezeigt wird die Unfassbarkeit der Verantwortungslosigkeit; dabei bleibt a) ein schuldiges Leben anscheinend harmlos und unbeschwert glücklich; in diesem Bild zeigt sich b) – bewusst oder unbewusst – Verzerrung und Unechtheit. Das bewahrte oder versuchte Glück wird fragwürdig. Es ist zwar von fotografierbarer Realistik; aber es ist so absurd, dass völlig unklar bleibt, wie hier ein wirkliches Verhältnis zwischen Vater und Kindern entstehen könnte. Das zweideutige Bild des Reittieres, über dem ein anderer die Peitsche schwingt, mag in die Vergangenheit zurückweisen. Dass es zugleich das Bild für Gegenwart und Vater-Sohn-Beziehung wird, zeigt, dass die Vergangenheit die Gegenwart belastet und verformt. c) Nur angedeutet: von erschreckender Absurdität, dass das Auge der Welt das Bild des scheinbar unversehrten Glücks **will**, dass es von einer anonymen Öffentlichkeit sogar zur Bestätigung der Richtigkeit von Handlung und Lebensführung genommen wird.

   (Dr. Ursula Heise [Hg.], Lesebuch A 10, Lehrerheft, Klett, Stuttgart 1970, S. 107)

6. Was könnte Marie Luise Kaschnitz mit der Veröffentlichung des Gedichts „Hiroshima" 12 Jahre nach dem Abwurf der Atombombe am 6.8.1945 beabsichtigt haben?

Das Stadtzentrum von Hiroshima nach dem Atombombenabwurf 1945

7. Franz Mons Text ist ein Beispiel konkreter Poesie (siehe Kapitel 21.2).
   - Stellen Sie fest, welche Satzarten hier (in äußerster sprachlicher Reduktion) vorkommen und was sie beinhalten, z. B. einen moralischen Appell, eine irreale Entschuldigung, eine Berufung auf delegierte Pflicht.

- Überlegen Sie, wozu solche gängigen Floskeln im privaten wie im öffentlichen Sprachgebrauch dienen und was ihre Zusammenstellung in diesem Gedicht bewirken soll.

8. Analysieren Sie das Gedicht „jahrestag", indem Sie von der dargestellten Kommunikationssituation des Unterrichts und der Perspektivität des Textes ausgehen.

9. Wie spricht der Schüler in dem Gedicht „jahrestag" über das Geschehen am 17. Juni 1953, über die Aufständischen und über den Feiertag? Haben Sie dafür eine Erklärung? Beziehen Sie folgende Informationen in die kritische Analyse des Sprachgebrauchs ein:
Am 17. Juni 1953 entwickelte sich aus einer Protestdemonstration von Ostberliner Bauarbeitern gegen die im Mai eingeführte Leistungsnormerhöhung um mindestens 10 % ein Aufstand gegen das SED-Regime der DDR, der unter russischem Panzereinsatz niedergeschlagen wurde.
Der 17. Juni wurde durch Bundesgesetz vom 4.8.1953 zum gesetzlichen Feiertag erklärt und behielt als „Tag der deutschen Einheit" bis zur Wiedervereinigung den Charakter eines nationalen Gedenktags.

Russische Panzer beim Volksaufstand am 17. Juni 1953 in Ostberlin

10. Deuten Sie die Intention des satirischen politischen Gedichts von Yaak Karsunke: Was hätte der Schüler im Jahr 1968 lernen müssen? Berücksichtigen Sie dazu auch den Einführungstext zu diesem Kapitel.

11. Analysieren Sie die Sprechsituation und wichtige Gestaltungsmittel, insbesondere die hervorstechende Stilfigur des Gedichts „In den Autos".

12. Welche Haltung nimmt der Sprecher in dem Gedicht „In den Autos" gegenüber den früheren Lebenseinstellungen und Zielen ein? Können Sie einzelnen Wendungen zeitgeschichtliche Bezüge entnehmen?

13. Analysieren Sie das Gedicht „Endlich" in Bezug auf die Situation der Sprecherin und ihre Haltung gegenüber den Angesprochenen. Was bedeutet die rhetorische Schlussfrage?

14. Inwiefern ist das Gedicht „Endlich" ein „un-anständiges Sonett" (Michael Braun)? Untersuchen Sie vor allem, wie Ulla Hahn die traditionelle Form des Sonetts abwandelt.

15. Diskutieren Sie, welcher Phase der bundesrepublikanischen Literaturgeschichte Sie diese fünf zeitkritischen Gedichte jeweils schwerpunktmäßig zuordnen können. Ist diese Zuordnung auch vertretbar, wenn man nur das Thema, nicht aber das Erscheinungsdatum der Gedichte berücksichtigt?

16. Stellen Sie zeitkritische Gedichte der Bundesrepublik Deutschland aus anderen Textsammlungen (z. B. Lesebüchern) vor und erörtern Sie eine mögliche Zuordnung zu einer literaturgeschichtlichen Phase.

17. Erstellen Sie einen Reader mit zeitkritischen Gedichten der Bundesrepublik mit Kurzinterpretationen und Bildern.

18. Schreiben Sie selbst ein zeitkritisches Gedicht. Verzichten Sie möglichst auf die Reimbindung und verwenden Sie eine einfache Sprache.

19. Veranstalten Sie einen Lyrikabend, an dem Sie zeitkritische Gedichte der Bundesrepublik und eigene Texte vortragen. Aber nicht alle Gedichte sind für einen Vortrag geeignet ...

Burckhard Garbe: statt planung (1978)

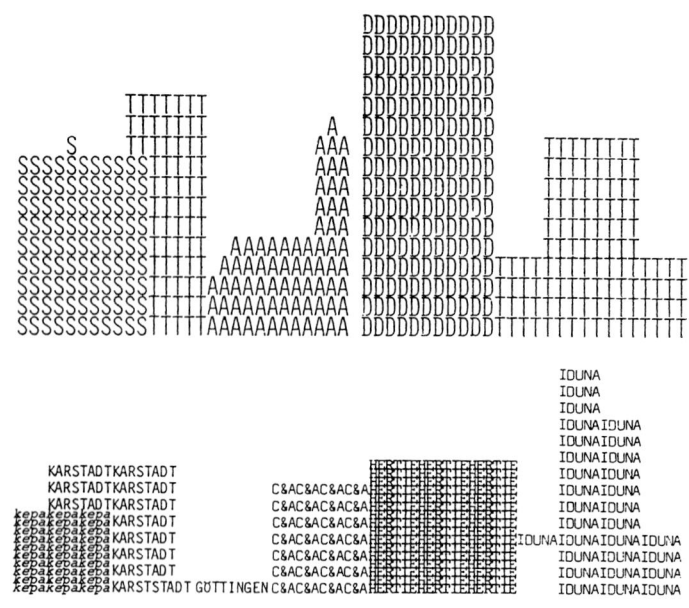

(Burckhard Garbe, Gisela Garbe, Status QUO: Ansichten zur Lage, visuelle texte und collagen 1972 – 1982. Göttingen (Edition Herodot) 1982, S. 56, 61)

19.2 Heinrich Böll (1917 – 1985) An der Brücke

Die haben mir meine Beine geflickt und haben mir einen Posten gegeben, wo ich sitzen kann: Ich zähle die Leute, die über die neue Brücke gehen. Es macht ihnen ja Spaß, sich ihre Tüchtigkeit mit Zahlen zu belegen, sie berauschen sich an diesem sinnlosen Nichts aus ein paar Ziffern, und den ganzen Tag, den ganzen Tag geht mein stummer Mund wie ein Uhrwerk, indem ich Nummer auf Nummer häufe, um ihnen abends den Triumph einer Zahl zu schenken.

Ihre Gesichter strahlen, wenn ich ihnen das Ergebnis meiner Schicht mitteile, je höher die Zahl, umso mehr strahlen sie, und sie haben Grund, sich befriedigt ins Bett zu legen, denn viele Tausende gehen täglich über ihre neue Brücke ...

Aber ihre Statistik stimmt nicht. Es tut mir leid, aber sie stimmt nicht. Ich bin ein unzuverlässiger Mensch, obwohl ich es verstehe, den Eindruck von Biederkeit zu erwecken.

Insgeheim macht es mir Freude, manchmal einen zu unterschlagen und dann wieder, wenn ich Mitleid empfinde, ihnen ein paar zu schenken. Ihr Glück liegt in meiner Hand. Wenn ich wütend bin, wenn ich nichts zu rauchen habe, gebe ich nur den Durchschnitt an, manchmal unter dem Durchschnitt, und wenn mein Herz aufschlägt, wenn ich froh bin, lasse ich meine Großzügigkeit in einer fünfstelligen Zahl verströmen. Sie sind ja so glücklich! Sie reißen mir förmlich das Ergebnis jedes Mal aus der Hand, und ihre Augen leuchten auf, und sie klopfen mir auf die Schulter. Sie ahnen ja nichts! Und dann fangen sie an zu multiplizieren, zu dividieren, zu prozentualisieren, ich weiß nicht was. Sie rechnen aus, wie viel heute jede Minute über die Brücke gehen und wie viel in zehn Jahren über die Brücke gegangen sein werden. Sie lieben das zweite Futur, das zweite Futur ist ihre Spezialität – und doch, es tut mir leid, dass alles nicht stimmt ...

Wenn meine kleine Geliebte über die Brücke kommt – und sie kommt zweimal am Tage –, dann bleibt mein Herz einfach stehen. Das unermüdliche Ticken meines Herzens setzt einfach aus, bis sie in die Allee eingebogen und verschwunden ist. Und alle, die in dieser Zeit passieren, verschweige ich ihnen. Diese zwei Minuten gehören mir, mir ganz allein, und ich lasse sie mir nicht nehmen. Und auch wenn sie abends wieder zurückkommt aus ihrer Eisdiele, wenn sie auf der anderen Seite des Gehsteiges meinen stummen Mund passiert, der zählen, zählen muss, dann setzt mein Herz wieder aus, und ich fange erst wieder an zu zählen, wenn sie nicht mehr zu sehen ist. Und alle, die das Glück haben, in diesen Minuten vor meinen blinden Augen zu defilieren, gehen nicht in die Ewigkeit der Statistik ein: Schattenmänner und Schattenfrauen, nichtige Wesen, die im zweiten Futur der Statistik nicht mitmarschieren werden ...

Es ist klar, dass ich sie liebe. Aber sie weiß nichts davon, und ich möchte auch nicht, dass sie es erfährt. Sie soll nicht ahnen, auf welche ungeheure Weise sie alle Berechnungen über den Haufen wirft, und ahnungslos und unschuldig soll sie mit ihren langen braunen Haaren und den zarten Füßen in ihre Eisdiele marschieren, und sie soll viel Trinkgeld bekommen. Ich liebe sie. Es ist ganz klar, dass ich sie liebe.

Neulich haben sie mich kontrolliert. Der Kumpel, der auf der anderen Seite sitzt und die Autos zählen muss, hat mich früh genug gewarnt, und ich habe höllisch aufgepasst. Ich habe gezählt wie verrückt, ein Kilometerzähler kann nicht besser zählen. Der Oberstatistiker selbst hat sich drüben auf die andere Seite gestellt und hat später das Ergebnis einer Stunde mit meinem Stundenplan verglichen. Ich hatte nur einen weniger als er. Meine kleine Geliebte war vorbeigekommen, und niemals im Leben werde ich dieses hübsche Kind ins zweite Futur transponieren lassen, diese meine kleine Geliebte soll nicht multipliziert und dividiert und in ein prozentuales Nichts verwandelt werden. Mein Herz hat mir geblutet, dass ich zählen musste, ohne ihr nachsehen zu können, und dem Kumpel drüben, der die Autos zählen muss, bin ich sehr dankbar gewesen. Es ging ja glatt um meine Existenz.

Der Oberstatistiker hat mir auf die Schulter geklopft und hat gesagt, dass ich gut bin, zuverlässig und treu. „Eins in der Stunde verzählt", hat er gesagt, „macht nicht viel. Wir zählen sowieso einen gewissen prozentualen Verschleiß hinzu. Ich werde beantragen, dass Sie zu den Pferdewagen versetzt werden."

Pferdewagen ist natürlich die Masche. Pferdewagen ist ein Lenz wie nie zuvor. Pferdewagen gibt es höchstens fünfundzwanzig am Tage, und alle halbe Stunde einmal in seinem Gehirn die nächste Nummer fallen zu lassen, das ist ein Lenz!

Pferdewagen wäre herrlich. Zwischen vier und acht dürfen überhaupt keine Pferdewagen über die Brücke, und ich könnte spazieren gehen oder in die Eisdiele, könnte sie mir lange anschauen oder sie vielleicht ein Stück nach Hause bringen, meine kleine ungezählte Geliebte ...

(1949)

Günter Grass (geb. 1927)
Die Blechtrommel. Roman (Erstes Buch)

Der weite Rock

Zugegeben: ich bin Insasse einer Heil- und Pflegeanstalt, mein Pfleger beobachtet mich, läßt mich kaum aus dem Auge; denn in der Tür ist ein Guckloch, und meines Pflegers Auge ist von jenem Braun, welches mich, den Blauäugigen, nicht durchschauen kann.

Mein Pfleger kann also gar nicht mein Feind sein. Liebgewonnen habe ich ihn, erzähle dem
5 Gucker hinter der Tür, sobald er mein Zimmer betritt, Begebenheiten aus meinem Leben, damit er mich trotz des ihn hindernden Guckloches kennenlernt. Der Gute scheint meine Erzählungen zu schätzen, denn sobald ich ihm etwas vorgelogen habe, zeigt er mir, um sich erkenntlich zu geben, sein neuestes Knotengebilde. Ob er ein Künstler ist, bleibe dahingestellt. Eine Ausstellung seiner Kreationen würde jedoch von der Presse gut aufgenommen
10 werden, auch einige Käufer herbeilocken. Er knotet ordinäre Bindfäden, die er nach den Besuchsstunden in den Zimmern seiner Patienten sammelt und entwirrt, zu vielschichtig verknorpelten Gespenstern, taucht diese dann in Gips, läßt sie erstarren und spießt sie mit Stricknadeln, die auf Holzsöckelchen befestigt sind.

Oft spielt er mit dem Gedanken, seine Werke farbig zu gestalten. Ich rate davon ab, weise auf
15 mein weißlackiertes Metallbett hin und bitte ihn, sich dieses vollkommenste Bett bunt bemalt vorzustellen. Entsetzt schlägt er dann seine Pflegerhände über dem Kopf zusammen, versucht in etwas zu starrem Gesicht allen Schrecken gleichzeitig Ausdruck zu geben und nimmt Abstand von seinen farbigen Plänen.

Mein weißlackiertes metallenes Anstaltsbett ist also ein Maßstab. Mir ist es sogar mehr: mein
20 Bett ist das endlich erreichte Ziel, mein Trost ist es und könnte mein Glaube werden, wenn mir die Anstaltsleitung erlaubte, einige Änderungen vorzunehmen: das Bettgitter möchte ich erhöhen lassen, damit mir niemand mehr zu nahe tritt.

Einmal in der Woche unterbricht ein Besuchstag meine zwischen weißen Metallstäben geflochtene Stille. Dann kommen sie, die mich retten wollen, denen es Spaß macht mich zu
25 lieben, die sich in mir schätzen, achten und kennenlernen möchten. Wie blind, nervös, wie unerzogen sie sind. Kratzen mit ihren Fingernagelscheren an meinem weißlackierten Bettgitter, kritzeln mit ihren Kugelschreibern und Blaustiften dem Lack langgezogene unanständige Strichmännchen. Mein Anwalt stülpt jedesmal, sobald er mit seinem Hallo das Zimmer sprengt, den Nylonhut über den linken Pfosten am Fußende meines Bettes. Solange sein
30 Besuch währt – und Anwälte wissen viel zu erzählen – raubt er mir durch diesen Gewaltakt das Gleichgewicht und die Heiterkeit.

Nachdem meine Besucher ihre Geschenke auf dem weißen, mit Wachstuch bezogenen Tischchen unter dem Anemonenaquarell deponiert haben, nachdem es ihnen gelungen ist, mir ihre gerade laufenden oder geplanten Rettungsversuche zu unterbreiten und mich, den
35 sie unermüdlich retten wollen, vom hohen Standard ihrer Nächstenliebe zu überzeugen, finden sie wieder Spaß an der eigenen Existenz und verlassen mich. Dann kommt mein Pfleger, um zu lüften und die Bindfäden der Geschenkpackungen einzusammeln. Oftmals findet er nach dem Lüften noch Zeit, an meinem Bett sitzend, Bindfäden aufdröselnd, so lange Stille zu verbreiten, bis ich die Stille Bruno und Bruno die Stille nenne.

40 Bruno Münsterberg – ich meine jetzt meinen Pfleger, lasse das Wortspiel hinter mir – kaufte auf meine Rechnung fünfhundert Blatt Schreibpapier. Bruno, der unverheiratet, kinderlos ist

und aus dem Sauerland stammt, wird, sollte der Vorrat nicht reichen, die kleine Schreibwarenhandlung, in der auch Kinderspielzeug verkauft wird, noch einmal aufsuchen und mir den notwendigen unlinierten Platz für mein hoffentlich genaues Erinnerungsvermögen beschaffen. Niemals hätte ich meine Besucher, etwa den Anwalt oder Klepp, um diesen Dienst bitten können. Besorgte, mir verordnete Liebe hätte den Freunden sicher verboten, etwas so Gefährliches wie unbeschriebenes Papier mitzubringen und meinem unablässig Silben ausscheidenden Geist zum Gebrauch freizugeben.

Als ich zu Bruno sagte: „Ach Bruno, würdest du mir fünfhundert Blatt unschuldiges Papier kaufen?" antwortete Bruno, zur Zimmerdecke blickend und seinen Zeigefinger, einen Vergleich herausfordernd, in die gleiche Richtung schickend: „Sie meinen weißes Papier, Herr Oskar."

Ich blieb bei dem Wörtchen unschuldig und bat den Bruno, auch im Geschäft so zu sagen. Als er am späten Nachmittag mit dem Paket zurückkam, wollte er mir wie ein von Gedanken bewegter Bruno erscheinen. Mehrmals und anhaltend starrte er zu jener Zimmerdecke empor, von der er all seine Eingebungen bezog, und äußerte sich etwas später: „Sie haben mir das rechte Wort empfohlen. Unschuldiges Papier verlangte ich, und die Verkäuferin errötete heftig, bevor sie mir das Verlangte brachte."

Ein längeres Gespräch über Verkäuferinnen in Schreibwarenhandlungen fürchtend, bereute ich, das Papier unschuldig genannt zu haben, verhielt mich deshalb still, wartete, bis Bruno das Zimmer verlassen hatte, und öffnete dann erst das Paket mit den fünfhundert Blatt Schreibpapier.

Nicht allzu lange hob und wog ich den zäh flexiblen Packen. Zehn Blatt zählte ich ab, der Rest wurde im Nachttischchen versorgt, den Füllfederhalter fand ich in der Schublade neben dem Fotoalbum: er ist voll, an seiner Tinte soll es nicht fehlen, wie fange ich an?

Man kann eine Geschichte in der Mitte beginnen und vorwärts wie rückwärts kühn ausschreitend Verwirrung anstiften. Man kann sich modern geben, alle Zeiten, Entfernungen wegstreichen und hinterher verkünden oder verkünden lassen, man habe endlich und in letzter Stunde das Raum-Zeit-Problem gelöst. Man kann auch ganz zu Anfang behaupten, es sei heutzutage unmöglich, einen Roman zu schreiben, dann aber, sozusagen hinter dem eigenen Rücken, einen kräftigen Knüller hinlegen, um schließlich als letztmöglicher Romanschreiber dazustehn. Auch habe ich mir sagen lassen, daß es sich gut und bescheiden ausnimmt, wenn man anfangs beteuert: Es gibt keine Romanhelden mehr, weil es keine Individualisten mehr gibt, weil die Individualität verloren gegangen, weil der Mensch einsam, jeder Mensch gleich einsam, ohne Recht auf individuelle Einsamkeit ist und eine namen- und heldenlos einsame Masse bildet. Das mag alles so sein und seine Richtigkeit haben. Für mich, Oskar, und meinen Pfleger Bruno möchte ich jedoch feststellen: Wir beide sind Helden, ganz verschiedene Helden, er hinter dem Guckloch, ich vor dem Guckloch; und wenn er die Tür aufmacht, sind wir beide, bei aller Freundschaft und Einsamkeit, noch immer keine namen- und heldenlose Masse.

Buchumschlag zu *Die Blechtrommel* von Günter Grass

Ich beginne weit vor mir; denn niemand sollte sein Leben beschreiben, der nicht die Geduld aufbringt, vor dem Datieren der eigenen Existenz wenigstens der Hälfte seiner Großeltern zu gedenken. Ihnen allen, die Sie außerhalb meiner Heil- und Pflegeanstalt ein verworrenes Leben führen müssen, Euch Freunden und allwöchentlichen Besuchern, die Ihr von meinem Papiervorrat nichts ahnt, stelle ich Oskars Großmutter mütterlicherseits vor. [...]

(1959)*

Gabriele Wohmann (geb. 1932)
Flitterwochen, dritter Tag

Reinhard am dritten Tag gegen fünf, auf der Bierkneipenterrasse: du wirst deine Arbeit aufgeben. Du wirst einfach kündigen. Es war fast windstill, die Luft feucht. Ich kam aber nicht ganz dahinter, ob es mir richtig behagte. Ich starrte immer weiter den Mann mit der Warze an. Reinhard hob sein Glas, trank mir zu, mit irgendeinem Trinkspruch auf unsere Zukunft. Die Warze sah wie ein Polyp aus. Reinhard schlug vor, so wie jetzt an der See auch später regelmäßig spazierenzugehen. Ja. Warum nicht? Schließlich: die Wohnung mit ihrer günstigen Lage. Unterm Hemd würde die Warze sich auch bemerkbar machen. Sie war mehr als einen Zentimeter lang. Seitlich vom Schlüsselbein stand sie senkrecht ab. Prost, Schatz, cheerio! Vielleicht, bei diesem Unmaß, hieß das nicht mehr Warze, was ich immer noch anstarrte. Liebling, he! Wir sind getraut! Du und ich, wir zwei – was man sich so zunuschelt kurz nach der Hochzeit. Reinhards Lieblingsgerichte, dann meine. Durch die Fangarme sah die Warze einer Narrenkappe ähnlich. Die Wohnung werden wir nach deinem Geschmack einrichten; der Garten – bloß Wildnis. Tee von Reinhards Teegroßhändler. Nett, so einig zu sein. Abwegiges Grau der See, und mein zweites Glas leer. Die Oberfläche der Warze war körnig, wie die Haut auf Hühnerbeinen. Reinhard hat noch zwei Stella Artois bestellt, ich fühlte nun doch ziemlich genau, daß es mir zusagte, das Ganze, Bier, diese Witterung, dies bemerkenswerte Meer und unser Gerede über alles, zum Beispiel: Hauptsache, du bist dein blödes Büro los. Das schrundige Ding auf der Schulter, erstarrtes Feuerwerk, stand nicht zur Debatte. Reinhard schützte wiedermal ein Schiff vor und starrte durchs Fernglas runter auf den Strand. Gewitter stand unmittelbar bevor, unser Zusammenleben auch, auch Abendspaziergänge, Teebestellungen, Leibgerichte, die Warze war immer noch sichtbar nun unterm Hemd, das der Mann anzog. Antonio Gaudi hätte sie geträumt haben können. Reinhard redete, und ich habe eine Zeitlang nicht zugehört, weil ich – ich hätte schon ganz gern gewußt, ob das nicht wehtut, wenn mehr als nur ein Hemd auf die Warze Druck ausübte. Organisation, Schatz, sagte Reinhard, und er ist nicht nur billiger bei diesem Großhändler, es ist einfach besserer Tee. Weitere Stella Artois, die Schwüle war mir recht, das Meer lieb und wert, egal Reinhards Seitensprünge durchs Fernglas. Die leicht bekleidete Krake, der vertrauliche Vielfuß, Verruca, die Warze. Freust du dich, Schatz? Reinhard war mir jetzt näher. Auf alles, Schatz? Und was man so sagt. Es war nett.
Der Mann mit der neukatalanischen Warze bezahlte. Dann verstaute er sein Fernglas in einem etwas abgeschabten Lederetui. Er stand auf. Da stand auch ich auf. Der Mann mit der Warze bahnte sich den besten Weg zwischen den Korbsesseln. Ich hinterher. Er brauchte nicht weiter auf mich zu warten, ich habe kaum gezögert, er wartete, wieder mir zugekehrt, die Warze, das Wappen, er wartete, Reinhard wartete, mein Mann mit der Warze.

(1968)*

Wolfdietrich Schnurre (1920 – 1989)
Beste Geschichte meines Lebens

Beste Geschichte meines Lebens. Anderthalb Maschinenseiten vielleicht. Autor vergessen; in der Zeitung gelesen. Zwei Schwerkranke im selben Zimmer. Einer an der Türe liegend, einer am Fenster. Nur der am Fenster kann hinaussehen. Der andere keinen größeren Wunsch, als das Fensterbett zu erhalten. Der am Fenster leidet darunter. Um den anderen zu entschädigen, erzählt er ihm täglich stundenlang, was draußen zu sehen ist, was draußen passiert. Eines Nachts bekommt er einen Erstickungsanfall. Der an der Tür könnte die Schwester rufen. Unterlässt es; denkt an das Bett. Am Morgen ist der andere tot; erstickt. Sein Fensterbett wird geräumt; der bisher an der Tür lag, erhält es. Sein Wunsch ist in Erfüllung gegangen. Gierig, erwartungsvoll wendet er das Gesicht zum Fenster. Nichts; nur eine Mauer.

(1978)

Arbeitshinweise

1. Untersuchen Sie, wie der Erzähler in Heinrich Bölls Kurzgeschichte „An der Brücke" die Welt der Zahl und sein eigenes Verhältnis zu dieser Welt darstellt. Welche Bedeutung kommt dabei der „ungezählten Geliebten" zu?

2. Welche Bedeutung haben die letzten Worte der Geschichte „An der Brücke" für ihre Thematik?

3. Nach Ansicht eines Literaturwissenschaftlers „zeigt sich in dieser frühen Kurzgeschichte" Heinrich Bölls, der 1972 den Nobelpreis für Literatur erhielt, „schon der Übergang zwischen der spezifischen Thematik der Kriegs- und Nachkriegsgeschichten zu der allgemeineren und zugleich gegenwartsnäheren einer Bedrohung des Humanen durch die Welt der Apparate, der Automatismen, der perfektionierten Bürokratie."

(Werner Zimmermann: Deutsche Prosadichtungen unseres Jahrhunderts. Interpretationen für Lehrende und Lernende, Bd. 2, Düsseldorf ²1970, S. 59)

Erläutern Sie diese Deutung und überprüfen Sie sie hinsichtlich der beiden Thematiken am Text selbst.

Heinrich Böll bei der Verleihung des Nobelpreises für Literatur durch Kronprinz Carl Gustaf, 1972

Heinrich und Annemarie Böll bei einer Sitzblockade gegen die Stationierung von atomaren Mittelstreckenwaffen in Mutlangen, 1983

4. Analysieren Sie den Anfang des Romans „Die Blechtrommel" von Günter Grass in Bezug auf die Selbstdarstellung des Erzählers und sein Verhältnis zu seinem Pfleger.

5. Welche gesellschaftskritischen Anspielungen können Sie dem Text von Günter Grass, Literatur-Nobelpreisträger des Jahres 1999, entnehmen?

6. Als Günter Grass seinen Roman „Die Blechtrommel" schrieb, prophezeiten manche Literaturkritiker das Ende der Literatur, speziell des Romans (nach dem Erscheinen der „Blechtrommel" 1959 sprach man dagegen vom Beginn einer neuen literarischen Epoche). Stellen Sie fest, wie der Autor in seinem Romananfang die These vom „Ende der Literatur" ironisiert.

7. Analysieren Sie „Flitterwochen, dritter Tag" von Gabriele Wohmann in Bezug auf das zentrale Thema der Kurzgeschichte, den inneren Konflikt. Beachten Sie, dass dieser nur aus der Perspektive der weiblichen Person dargestellt wird.

8. Untersuchen und deuten Sie die Darstellung der Warze in Gabriele Wohmanns Kurzgeschichte als Dingsymbol. Ein Dingsymbol ist ein Gegenstand von zentraler, zum Symbol erhöhter Bedeutung, der wiederholt an wichtigen Stellen des Textes erscheint.

9. Sprechen Sie darüber, warum Wolfdietrich Schnurre Ihrer Meinung nach die Geschichte als „beste Geschichte" seines Lebens bezeichnet, und untersuchen Sie die Gestaltung des Textes.

10. Erweitern Sie Wolfdietrich Schnurres epische Skizze „Beste Geschichte meines Lebens" zu einer traditionellen Kurzgeschichte („Anderthalb Maschinenseiten vielleicht"). Entscheiden Sie sich für eine bestimmte Erzählform und Perspektive (z. B. Ich-Erzählung des einen Patienten aus der Rückschau).

11. Formen Sie entsprechend der Geschichte von Wolfdietrich Schnurre eine der beiden Kurzgeschichten dieses Kapitels („An der Brücke" oder „Flitterwochen, dritter Tag") oder eines anderen Kapitels zu einer epischen Skizze um.

12. Analysieren Sie die Beziehung der Personen in den Erzähltexten dieses Kapitels.

13. **Projektvorschlag:** Deutsche Nobelpreisträger für Literatur im 20. Jahrhundert – Gerhart Hauptmann (siehe Kapitel 13.2 und 13.3), Thomas Mann (siehe Kapitel 14.2), Nelly Sachs (siehe Kapitel 16.2), Heinrich Böll (siehe Kapitel 18, Einführungstext, und 19.2) und Günter Grass (s. Kapitel 19.2). Informieren Sie sich arbeitsteilig darüber, für welche besonderen literarischen Leistungen die Dichterin und die Schriftsteller mit dem Nobelpreis ausgezeichnet worden sind, und halten Sie darüber ein Referat mit entsprechenden Informationspapieren.

19.3 Peter Weiss (1916–1982)
Die Ermittlung. Oratorium in elf Gesängen (Anfang)

Erst nach dem Krieg begann Peter Weiss zu schreiben. Dass er, dessen Eltern und Vorfahren deutsch, jüdisch, slowakisch und ungarisch waren, der Vernichtung in Auschwitz entgangen ist, blieb für ihn, den die Naziherrschaft zur Emigration nach England und Schweden zwang, seitdem ein lebenslanges Thema. Peter Weiss wählte für sein Dokumentarspiel „Die Ermittlung" den Frankfurter Prozess (1963–65) gegen 18 Angehörige des Aufsichts-, Sanitäts- und Wachpersonals des Konzentrationslagers Auschwitz. Sein Text beruht auf Zeugenaussagen, Protokollen, Akten und Briefen, die er kürzte, straffte und neu ordnete.

        Personen

Richter
Vertreter der Anklage
stellt Staatsanwalt und Nebenkläger dar
5 Vertreter der Verteidigung
Angeklagte 1–18
stellen authentische Personen dar
Zeugen 1–9
stellen abwechselnd die verschiedensten
10 *anonymen Zeugen dar*

        Anmerkung

Bei der Aufführung dieses Dramas soll nicht der Versuch unternommen werden, den Gerichtshof, vor dem die Verhandlungen über das Lager geführt wurden, zu rekonstruieren. Eine solche Rekonstruktion erscheint dem Schreiber des Dramas ebenso unmöglich, wie es
15 die Darstellung des Lagers auf der Bühne wäre.
Hunderte von Zeugen traten vor dem Gericht auf. Die Gegenüberstellung von Zeugen und Angeklagten, sowie die Reden und Gegenreden, waren von emotionalen Kräften überladen. Von alldem kann auf der Bühne nur ein Konzentrat der Aussage übrig bleiben.
Dieses Konzentrat soll nichts anderes enthalten als Fakten, wie sie bei der Gerichtsverhand-
20 lung zur Sprache kamen. Die persönlichen Erlebnisse und Konfrontationen müssen einer Anonymität weichen. Indem die Zeugen im Drama ihre Namen verlieren, werden sie zu bloßen Sprachrohren. Die 9 Zeugen referieren nur, was Hunderte ausdrückten.
Die Verschiedenheiten in den Erfahrungen können höchstens angedeutet werden in einer Veränderung der Stimme und Haltung.
25 Zeuge 1 und 2 sind Zeugen, die aufseiten der Lagerverwaltung standen.
Zeuge 4 und 5 sind weibliche, die übrigen männliche Zeugen aus den Reihen der überlebenden Häftlinge.
Die 18 Angeklagten dagegen stellen jeder eine bestimmte Figur dar. Sie tragen Namen, die aus dem wirklichen Prozess übernommen sind. Dass sie ihre eigenen Namen haben, ist be-
30 deutungsvoll, da sie ja auch während der Zeit, die zur Verhandlung steht, ihre Namen trugen, während die Häftlinge ihre Namen verloren hatten.
Doch sollen im Drama die Träger dieser Namen nicht noch einmal angeklagt werden. Sie leihen dem Schreiber des Dramas nur ihre Namen, die hier als Symbole stehen für ein System, das viele andere schuldig werden ließ, die vor diesem Gericht nie erschienen.

Bei Bühnenaufführungen kann eine Pause nach dem 6. Gesang eingelegt werden.

1. Gesang von der Rampe

I

Richter	Herr Zeuge
	Sie waren Vorstand des Bahnhofs
	in dem die Transporte einliefen
	Wie weit war der Bahnhof vom Lager entfernt
Zeuge 1	2 Kilometer vom alten Kasernenlager
	und etwa 5 Kilometer vom Hauptlager
Richter	Hatten Sie in den Lagern zu tun
Zeuge 1	Nein
	Ich hatte nur dafür zu sorgen
	dass die Betriebsstrecken in Ordnung waren
	und dass die Züge fahrplanmäßig
	ein- und ausliefen
Richter	In welchem Zustand waren die Strecken
Zeuge 1	Es war eine ausgesprochen gut
	ausgestattete Rollbahn
Richter	Wurden die Fahrplananordnungen
	von Ihnen ausgearbeitet
Zeuge 1	Nein
	Ich hatte nur fahrplantechnische Maßnahmen
	im Zusammenhang mit dem Pendelverkehr
	zwischen Bahnhof und Lager durchzuführen
Richter	Dem Gericht liegen Fahrplananordnungen vor
	die von Ihnen unterzeichnet sind
Zeuge 1	Ich habe das vielleicht einmal
	vertretungsweise unterschreiben müssen
Richter	War Ihnen der Zweck der Transporte bekannt
Zeuge 1	Ich war nicht in die Materie eingeweiht
Richter	Sie wussten
	dass die Züge mit Menschen beladen waren
Zeuge 1	Wir erfuhren nur
	dass es sich um Umsiedlertransporte handelte
	die unter dem Schutz des Reichs standen
Richter	Über die vom Lager regelmäßig
	zurückkehrenden Leerzüge
	haben Sie sich keine Gedanken gemacht
Zeuge 1	Die beförderten Menschen
	waren dort angesiedelt worden
Ankläger	Herr Zeuge
	Sie haben heute eine leitende Stellung
	in der Direktion der Bundesbahn
	Demnach ist anzunehmen

19. Literatur der Bundesrepublik Deutschland von der Gründung bis zur Wiedervereinigung (1949–1990)

80		dass Sie vertraut sind mit Fragen
		der Ausstattung und Belastung von Zügen
		Wie waren die bei Ihnen ankommenden Züge
		ausgestattet und belastet
	Zeuge 1	Es handelte sich um Güterzüge
		Laut Frachtbrief wurden per Waggon
85		etwa 60 Personen befördert
	Ankläger	Waren es Güterwagen
		oder Viehwagen
	Zeuge 1	Es waren auch Wagen
		wie sie zum Viehtransport benutzt wurden
90	*Ankläger*	Gab es in den Waggons
		sanitäre Einrichtungen
	Zeuge 1	Das ist mir nicht bekannt
	Ankläger	Wie oft kamen diese Züge an
	Zeuge 1	Das kann ich nicht sagen
95	*Ankläger*	Kamen sie häufig an
	Zeuge 1	Ja sicher
		Es war ein stark frequentierter Zielbahnhof
	Ankläger	Ist Ihnen nicht aufgefallen
		dass die Transporte
100		aus fast allen Ländern Europas kamen
	Zeuge 1	Wir hatten so viel zu tun
		dass wir uns um solche Dinge
		nicht kümmern konnten
	Ankläger	Fragten Sie sich nicht
105		was mit den umgesiedelten Menschen
		geschehen sollte
	Zeuge 1	Sie sollten zum Arbeitseinsatz
		geschickt werden
	Ankläger	Es waren aber doch nicht nur Arbeitsfähige
110		sondern ganze Familien mit alten Leuten und Kindern
	Zeuge 1	Ich hatte keine Zeit
		mir den Inhalt der Züge anzusehn
	Ankläger	Wo wohnten Sie
	Zeuge 1	In der Ortschaft
115	*Ankläger*	Wer wohnte sonst dort
	Zeuge 1	Die Ortschaft war von der einheimischen
		Bevölkerung geräumt worden
		Es wohnten dort Beamte des Lagers
		und Personal der umliegenden Industrien
120	*Ankläger*	Was waren das für Industrien
	Zeuge 1	Es waren Niederlassungen
		der IG Farben
		der Krupp- und Siemenswerke

	Ankläger	Sahen Sie Häftlinge
125		die dort zu arbeiten hatten
	Zeuge 1	Ich sah sie beim An- und Abmarschieren
	Ankläger	Wie war der Zustand der Gruppen
	Zeuge 1	Sie gingen im Gleichschritt und sangen
	Ankläger	Erfuhren Sie nichts
130		über die Verhältnisse im Lager
	Zeuge 1	Es wurde ja so viel dummes Zeug geredet
		man wusste doch nie woran man war
	Ankläger	Hörten Sie nichts
		über die Vernichtung von Menschen
135	*Zeuge 1*	Wie sollte man so was schon glauben [...]

(1965)

Peter Weiss: Die Ermittlung, Szene aus der Aufführung im Werkraumtheater der Münchner Kammerspiele 196...

Arbeitshinweise

1. Lesen Sie den Text mit verteilten Rollen vor. Machen Sie sich vorher klar, wie Sie mit den Besonderheiten der Interpunktion und des äußeren Druckbildes umgehen wollen.

2. Sprechen Sie darüber, wodurch die für viele Zuschauer erschütternde Wirkung hervorgerufen wird. Untersuchen Sie dazu auch die Sprache und Emotionen der handelnden Figuren.

3. Welche Absicht verfolgt Peter Weiss mit der Darstellung des Auschwitz-Prozesses auf der Bühne? Beziehen Sie auch die Anmerkungen des Autors über Gericht, Zeugen, Namen und Bühnentechnik in Ihre Überlegungen ein.

4. Untersuchen Sie, wie sich zu Beginn des Stücks „Die Ermittlung" Dokumentarisches und künstlerische Absicht verbinden. Berücksichtigen Sie dabei die Ergebnisse aus den Aufgaben 1–3.

5. **Projektvorschlag:** Untersuchen Sie die Darstellung des Verbrechens an den Juden in Deutschland in literarischen Texten verschiedener Gattungen.
   Lyrik: Nelly Sachs, „Qual" (Kapitel 17.1); Paul Celan, „Todesfuge" (Kapitel 18.1)
   Epik: Elisabeth Langgässer, „Untergetaucht" (Kapitel 18.2)
   Drama: Bertolt Brecht, „Furcht und Elend des Dritten Reiches" (Kapitel 17.3); Peter Weiss, „Die Ermittlung" (Kapitel 19.3)

Wichtige Autorinnen, Autoren und Werke:

Heinrich Böll (1917–1985)
Schriftsteller, 1970–72 Präsident des PEN-Zentrums der Bundesrepublik, 1971–74 des internationalen PEN, 1972 mit dem Nobelpreis für Literatur ausgezeichnet
Werke: *Der Zug war pünktlich* (Erzählung), *Wanderer, kommst du nach Spa ...* (Erzählungen), *Wo warst du, Adam?* (Roman), *Die verlorene Ehre der Katharina Blum oder: Wie Gewalt entsteht und wohin sie führen kann* (Erzählung).

Hans Magnus Enzensberger (geb. 1929)
Hauptvertreter der politischen Lyrik in der Bundesrepublik Deutschland
Werke: *verteidigung der wölfe*, *landessprache* und *blindenschrift* (Gedichte).

19. Literatur der Bundesrepublik Deutschland von der Gründung bis zur Wiedervereinigung (1949–1990)

Günter Grass (geb. 1927)
Schriftsteller, Literatur-Nobelpreisträger des Jahres 1999
Werke: *Die Blechtrommel* (Danziger Trilogie I; Roman), *Katz und Maus* (Danziger Trilogie II; Novelle), *Hundejahre* (Danziger Trilogie III; Roman), *Das Treffen in Telgte* (Erzählung), *Ein weites Feld* (Roman).

Ulla Hahn (geb. 1946)
Schriftstellerin, deren Gedichtband *Herz über Kopf* (1981) zu einem der seltenen Bestseller innerhalb von Lyrikveröffentlichungen in Deutschland geworden ist.
Werke: Außer *Herz über Kopf* zahlreiche weitere Gedichtbände, außerdem Erzählungen (*Liebesarten*) und Romane, z. B. *Das verborgene Wort, Aufbruch.*

Marie Luise Kaschnitz (1901–1974)
Schriftstellerin
Werke: Gedichte, z. B. *Hiroshima*, Erzählungen, *Das dicke Kind und andere Erzählungen, Lange Schatten*, und Hörspiele.

Siegfried Lenz (geb. 1926)
Vielfach ausgezeichneter Funkautor und Schriftsteller
Werke: Erzählungen, *So zärtlich war Suleyken. Masurische Geschichten*, und Romane, *Es waren Habichte in der Luft, Deutschstunde, Exerzierplatz.*

Wolfdietrich Schnurre (1920–1989)
Schriftsteller, dessen Kurzgeschichte *Das Begräbnis* als der erste Text der „Gruppe 47" gilt.
Werke: *Die Rohrdommel ruft jeden Tag* (Erzählungen), *Liebe, böse Welt* (Fabeln), *Das Los unserer Stadt* (Roman), *Kassiber* (Lyrik).

Botho Strauss (geb. 1944)
Schriftsteller, Verfasser zahlreicher und viel diskutierter Bühnenstücke
Werke: *Trilogie des Wiedersehens, Der Park*; Prosa: *Der junge Mann* (Roman), *Niemand anderes* (Erzählungen).

Martin Walser (geb. 1927)
Vielfach ausgezeichneter Schriftsteller
Werke: Romane, z. B. *Halbzeit, Das Einhorn, Brandung*, und Novellen, *Ein fliehendes Pferd, Dorle und Wolf.*

Peter Weiss (1916–1982)
Seit 1945 schwedischer Staatsbürger, ab 1960 Veröffentlichungen in Deutschland, insbes. dokumentarische Theaterstücke
Werke: *Die Verfolgung und Ermordung Jean Paul Marats ..., Die Ermittlung, Trotzki im Exil, Hölderlin.*

Gabriele Wohmann (geb. 1932)
Schriftstellerin, eine der profiliertesten deutschsprachigen Autorinnen im Bereich der Kurzgeschichte
Werke: *Paulinchen war allein zu Haus* (Roman, ihr größter Publikumserfolg), *Ländliches Fest und andere Erzählungen.*

Grundlegende Literatur:

Wilfried Barner (Hg.): *Geschichte der deutschen Literatur von 1945 bis zur Gegenwart*. München 1994 (= *Geschichte der deutschen Literatur von Anfängen bis zur Gegenwart*, begr. von Helmut de Boor u. Richard Newald, Bd. 12).

Klaus Briegleb (Hg.): *Gegenwartsliteratur seit 1968*. München 1992 (= *Hansers Sozialgeschichte der deutschen Literatur vom 16. Jahrhundert bis zur Gegenwart*, Bd. 12)

Ralf Schnell: *Geschichte der deutschsprachigen Literatur seit 1945*. Stuttgart, Weimar 1993

20 Literatur der DDR – Sozialistischer Realismus (1949 – 1990)

1949 wird zwar von der Sowjetischen Militäradministration eine Verfassung der Deutschen Demokratischen Republik (DDR) verkündet, die dem Typ nach parlamentarisch-demokratisch ist; in Wirklichkeit herrscht jedoch eine zentralistisch geführte Partei (SED), die von Zentralkomitee, Politbüro und Sekretariat gelenkt wird und mit absoluten Kontroll- und Wirkungsrechten ausgestattet ist. Die SED beansprucht sogar, die Künste anzuleiten, sodass die literarischen Werke in inhaltlicher wie formaler Hinsicht mehr oder weniger von der staatlichen Kulturpolitik beeinflusst sind. Gemäß der auch im übrigen kommunistischen Herrschaftsbereich offiziell geforderten Kunstrichtung ist für die Literatur der DDR der sogenannte **sozialistische Realismus** verbindlich: Er hat die gesellschaftliche Realität so darzustellen, dass das positive Wirken des Sozialismus als Prinzip der neuen Wirklichkeit und als Zukunftsperspektive hervortritt und der „neue Mensch" der neuen Gesellschaft zugleich als das für sie „Typische" erscheint.

1. Phase (1949 – 1961): Von der „Aufbau"-Periode zur Berliner Mauer

1952 proklamiert die Staatspartei den „Aufbau des Sozialismus". Dabei soll die Literatur mitwirken; und zwar hat sie die Wirklichkeit nicht so darzustellen, wie sie ist, sondern wie sie in ihrer revolutionären Entwicklung zur sozialistischen Gesellschaft sein soll. Dabei steht ein vorbildlicher Mensch, der „positive Held", im Vordergrund, der als Sieger aus der Auseinandersetzung mit dem rückschrittlichen Gegenspieler hervorgeht. Gegen Ende der 50er-Jahre versucht man, den Abstand zwischen Literatur und Wirklichkeit dadurch aufzuheben, dass man die Schriftstellerinnen und Schriftsteller auffordert, in die Betriebe zu gehen und dort mitzuarbeiten, damit sie die Produktion vor Ort kennenlernen. Auch Arbeiter und Angestellte veröffentlichen Texte zum betrieblichen Alltagsleben. Aber die Praxis dieses sogenannten „Bitterfelder Weges" ist spätestens mit dem Bau der Berliner Mauer im August 1961 nicht mehr gefragt.

Bau der Mauer am Brandenburger Tor im August 1961

2. Phase (1961–1976): Zwischen Ankunft und Abschied

Nach dem Bau der Berliner Mauer, der für nahezu drei Jahrzehnte die Spaltung Deutschlands verfestigt und deshalb einen tiefen Einschnitt in der deutschen Nachkriegsgeschichte bedeutet, ist zunächst eine vorsichtige Liberalisierung und Konsolidierung spürbar, eine Phase, die mit dem programmatischen Titel eines Romans dieser Zeit zu kennzeichnen ist: „Ankunft im Alltag" (des Sozialismus). Jetzt entstehende Werke beschäftigen sich schwerpunktmäßig mit der Frage, wie sich der Einzelne in der vom Kollektiv bestimmten gesellschaftlichen Wirklichkeit nach seinen Interessen und Bedürfnissen entwickeln kann. Obwohl die Vertreter der staatlichen Kulturpolitik ab 1965 wieder einen härteren Kurs einschlagen und kritische Autorinnen und Autoren, die teilweise ihre Werke in Westdeutschland erscheinen lassen, öffentlich tadeln, bleiben die Tendenzen zur thematischen und formalen Differenzierung der Literatur im Ganzen gewahrt.

In dieser Phase entstehen bedeutende Romane. Die Betonung des subjektiven Faktors ist auch für die Lyrik förderlich. Diese Gattung findet vor allem bei jungen Leuten zunehmend Anklang, sodass von einer Lyrikwelle gesprochen werden kann.

Auf dem achten Parteitag (1971) werden die Künstler der DDR zwar wiederum auf Wirklichkeitsnähe, Volksverbundenheit und Parteilichkeit verpflichtet, doch signalisiert man nun größere Freiheiten für die Kunst, die allerdings immer noch im Rahmen des sozialistischen Realismus zu verstehen sind.

Es entstehen literarische Werke, die den Alltag des Sozialismus und die unbewältigte Vergangenheit, die noch das Verhalten vieler DDR-Bürger bestimmt, kritisch darstellen, getragen von „Zweifeln, die bis zur Verzweiflung reichen" (Rolf Schneider). Dabei gewinnt die Sicht von Frauen zunehmend an Bedeutung.

Die Staatsführung reagiert mit erneuter Verschärfung des kulturpolitischen Kurses. Unbequeme Autorinnen und Autoren erhalten Druckverbot oder werden „ausgebürgert" (wie Wolf Biermann 1976).

3. Phase (1977–1990): Literatur und Gesellschaft im Übergang

Ein Stück aus dem Jahr 1982 von Volker Braun, das eine zeitgeschichtlich genaue Momentaufnahme der DDR-Situation in den 80er-Jahren darstellt, trägt den Titel: „Die Übergangsgesellschaft". Die DDR wird hier als ein Haus aus „morschem Holz" gezeigt, das schließlich seinem Untergangs-Schicksal überantwortet wird; es geht in Flammen auf. Auch in anderen literarischen Werken dieser letzten Phase spiegelt sich eine im „Übergang" befindliche Gesellschaft. In dieser Zeit erscheinen mehr kritische Werke als je zuvor nicht mehr im eigenen Land, sondern in Westdeutschland. Die jüngste Generation von Schriftstellerinnen und Schriftstellern lässt sich großenteils nicht mehr auf eine Diskussion mit der Parteiführung ein. Lange bevor die Volkskammer den Beitritt der DDR zur Bundesrepublik Deutschland beschließt (am 3. Oktober 1990), gibt es keine DDR-Literatur im eigentlichen Sinne mehr.

20.1 Peter Huchel (1903 – 1981)
Der Garten des Theophrast[1]

Wenn mittags das weiße Feuer
Der Verse über den Urnen tanzt,
Gedenke, mein Sohn. Gedenke derer,
Die einst Gespräche wie Bäume gepflanzt.
5 Tot ist der Garten, mein Atem wird schwerer,
Bewahre die Stunde, hier ging Theophrast,
Mit Eichenlohe zu düngen den Boden,
Die wunde Rinde zu binden mit Bast.
Ein Ölbaum spaltet das mürbe Gemäuer
10 Und ist noch Stimme im heißen Staub.
Sie gaben Befehl, die Wurzel zu roden.
Es sinkt dein Licht, schutzloses Laub.

(1962)

[1] griechischer Philosoph und Naturforscher (371 – 287 v. Chr.), von dem Schriften über Botanik überliefert sind

Stephan Hermlin (1915 – 1997)
Die Vögel und der Test

Von den Savannen übers Tropenmeer
Trieb sie des Leibes Notdurft mit den Winden,
Wie taub und blind, von weit- und altersher,
Um Nahrung und um ein Geäst zu finden.

5 Nicht Donner hielt sie auf, Taifun nicht, auch
Kein Netz, wenn sie was rief zu großen Flügen,
Strebend nach gleichem Ziel, ein schreiender Rauch,
Auf gleicher Bahn und stets in gleichen Zügen.

Die nicht vor Wasser zagten noch Gewittern
10 Sahn eines Tags im hohen Mittagslicht
Ein höhres Licht. Das schreckliche Gesicht

Zwang sie von nun an ihren Flug zu ändern.
Da suchten sie nach neuen sanfteren Ländern.
Lasst diese Änderung euer Herz erschüttern ...

(1965)

Volker Braun (geb. 1939)
Durchgearbeitete Landschaft

Hier sind wir durchgegangen
Mit unsern verschiedenen Werkzeugen

Hier stellten wir etwas Hartes an
Mit der ruhig rauchenden Heide

5 Hier lagen die Bäume verendet, mit nackten
Wurzeln, der Sand durchlöchert bis in die Adern
Und ausgepumpt, umzingelt der blühende Staub

Mit Stahlgestängen, aufgerissen die Orte, weggeschnitten
Überfahren der Dreck mit rohen Kisten, abgeteuft[1]
10   die teuflischen Schächte mitleidlos

Ausgelöffelt die weichen Lager, zerhackt, verschüttet,
zersiebt, das Unterste gekehrt nach oben und durch-
         gewalkt und entseelt und zerklüftet alles

15 Hier sind wir durchgegangen.

Und bepflanzt mit einem durchdringenden Grün
Der Schluff[2], und kleinen Eichen ohne Furcht

Und in ein plötzliches zartes Gebirge
Die Bahn, gegossen aus blankem Bitum[3]

20 Das Restloch mit blauem Wasser
Verfüllt und Booten: der Erde
Aufgeschlagenes Auge

Und der weiße neugeborene Strand
Den wir betreten

25 Zwischen uns.

(1969–73)

[1] abteufen: einen Schacht in die Tiefe treiben
[2] Ton, (Schwimm-)Sand
[3] Teer

Reiner Kunze (geb. 1933)
Der hochwald erzieht seine bäume

Der hochwald erzieht seine bäume

Sie des lichtes entwöhnend, zwingt er sie,
all ihr grün in die kronen zu schicken
Die fähigkeit,
5 mit allen zweigen zu atmen,
das talent,
äste zu haben nur so aus freude,
verkümmern

Den regen siebt er, vorbeugend
10 der leidenschaft des durstes

Er läßt die bäume größer werden
wipfel an wipfel:
Keiner sieht mehr als der andere,
dem wind sagen alle das gleiche

(1976)*

Wolf Biermann (geb. 1936)
Ermutigung

Peter Huchel gewidmet

Du, lass dich nicht verhärten
In dieser harten Zeit
die all zu hart sind, brechen
5 Die all zu spitz sind, stechen
und brechen ab sogleich

Du, lass dich nicht verbittern
In dieser bittren Zeit
Die Herrschenden erzittern
10 – sitzt du erst hinter Gittern –
Doch nicht vor deinem Leid

Du, lass dich nicht erschrecken
In dieser Schreckenszeit
Das wolln sie doch bezwecken
15 Dass wir die Waffen strecken
Schon vor dem großen Streit

Du, lass dich nicht verbrauchen
Gebrauche deine Zeit
Du kannst nicht untertauchen
20 Du brauchst uns, und wir brauchen
Grad deine Heiterkeit

Wir wolln es nicht verschweigen
In dieser Schweigezeit
Das Grün bricht aus den Zweigen
25 Wir wolln das allen zeigen
Dann wissen sie Bescheid

(v 1976)

Arbeitshinweise

1. Versuchen Sie, die Intention der ersten vier Gedichte knapp zu formulieren. Bei welchem Text bzw. welchen Texten fällt Ihnen das schwer? Geben Sie eine (vorläufige) Begründung für Ihre Verständnisschwierigkeiten.

2. Interpretieren Sie Peter Huchels Gedicht „Der Garten des Theophrast", das im letzten Band der Literaturzeitschrift „Sinn und Form" unter seiner Herausgeberschaft abgedruckt wurde, als allegorische Verschlüsselung, die sich auf folgenden Sachverhalt bezieht: 1962 wurde der Autor als Chefredakteur der Zeitschrift, die bis dahin als letztes freies Gesprächsforum in der DDR galt, auf Betreiben der SED abgesetzt.

3. Analysieren Sie Stephan Hermlins Sonett, indem Sie folgende Information berücksichtigen: Dem Autor lagen Zeitungsmeldungen vor, dass unter dem Einfluss der Wasserstoffbombenversuche die Zugvögel über der Südsee ihre herkömmlichen Routen ändern.

4. Volker Braun beschreibt in seinem Gedicht ein Gelände, in dem Braunkohle gefördert wurde. Interpretieren Sie das Gedicht „Durchgearbeitete Landschaft" als poetische Kritik an der rücksichtslosen „Aneignung" der Natur durch „Arbeit" im Sinne des Sozialismus. Hinweis: Der Titel nimmt Bezug auf das programmatische „Humanisieren" von Natur, das dem Bild vom aktiv die Prozesse der Natur gestaltenden sozialistischen Menschen entspricht.

5. Deuten Sie das Gedicht „Der hochwald erzieht seine bäume" von Reiner Kunze als getarnte Kritik am SED-Regime. Könnte man es auch als Einverständniserklärung mit dem SED-Regime verstehen? Begründen Sie Ihre Meinung.

6. Vergleichen Sie die Ergebnisse Ihrer genaueren Beschäftigung mit den Gedichten (Aufgaben 2–5) mit Ihrem Vorverständnis (Aufgabe 1). Begründen Sie abschließend Ihre anfänglichen Verständnisschwierigkeiten.

7. Erklären Sie, worum es in Wolf Biermanns „Ermutigung" im Einzelnen geht und auf welche Weise und mit welchen Mitteln der Autor seine Absichten und seine politische Einstellung deutlich macht.

8. Welche Bedeutung messen Sie der Tatsache bei, dass Wolf Biermanns Gedicht Peter Huchel gewidmet ist? Beachten Sie, dass Peter Huchel (siehe Aufg. 2) nach der Enthebung von seinem Posten als Chefredakteur zunächst völlig isoliert bei Potsdam lebte, bis er 1971 überraschend die Ausreise in den Westen erhielt.
Wolf Biermann wurde 1976 während einer Tournee durch die Bundesrepublik Deutschland aus der DDR ausgebürgert; dieser Vorgang löste in der DDR die schwerste politische Legitimationskrise seit dem Bau der Mauer aus und setzte eine Protest- und Ausreisewelle in Gang.

9. Was bedeutet die Naturmetapher „Das Grün bricht aus den Zweigen" im Kontext des Biermann-Gedichts?

10. Vergleichen Sie die Intention der fünf zeitkritischen Gedichte unter Berücksichtigung von Art und Funktion der Naturmetaphern.

20.2 Christa Wolf (geb. 1929)
Der geteilte Himmel. Erzählung (Kapitel 2)

Rita Seidel, in der Ausbildung befindliche Lehrerin und zugleich Arbeiterin in einer Waggonfabrik der DDR, erinnert sich im Krankenhaus während der Genesung nach körperlich-seelischem Zusammenbruch an die Geschichte ihrer Liebe zu dem Chemiker Manfred, der nach Westberlin gegangen ist.

Als er damals vor zwei Jahren in unser Dorf kam, fiel er mir sofort auf. Manfred Herrfurth. Er wohnte bei einer Verwandten, die vor niemandem Geheimnisse hatte. Da wußte ich bald so gut wie jeder andere, daß der junge Mann ein studierter Chemiker war und daß er sich im Dorf erholen wollte. Vor seiner Doktorarbeit, unter der dann stand: „Mit Auszeichnung". Ich
5 hab's selbst gesehen. Aber das kommt später.
Wenn Rita, die mit Mutter und Tante in einem winzigen Häuschen am Waldrand lebte, früh ihr Rad bergauf bis zur Chaussee schob, stand der Chemiker halbnackt bei der Pumpe hinter dem Haus seiner Kusine und ließ sich das kalte Wasser über Brust und Rücken laufen. Rita sah prüfend zu dem blauen Himmel hoch, in das klare Morgenlicht, ob es angetan war,
10 einem überarbeiteten Kopf Entspannung zu geben.
Sie war zufrieden mit ihrem Dorf: Rotdachige Häuser in kleinen Gruppen, dazu Wald und Wiese und Feld und Himmel in dem richtigen Gleichgewicht, wie man sich's kaum ausdenken könnte. Abends führte aus dem dunklen Kreisstadtbüro eine schnurgerade Straße mitten in den untergehenden Sonnenball, und rechts und links von dieser Straße lagen die
15 Ortschaften. Wo der Pfad in ihr eigenes Dorf abzweigte, stand dieser Chemiker an der einzigen windzerrupften Weide weit und breit und hielt seine kurzen Haarstoppeln in den lauen Abendwind. Die gleiche Sehnsucht trieb sie in ihr Dorf und ihn an diese Chaussee, die zur Autobahn und, wenn man will, zu allen Straßen der Welt führte.
Wenn er sie kommen sah, nahm er seine Brille ab und begann sie sorgfältig mit einem Zipfel
20 seines Hemdes zu putzen. Später sah sie ihn langsam auf den blauschimmernden Wald zugehen, eine große, etwas dürre Gestalt mit zu langen Armen und einem schmalen, harten Jungenskopf. Dem möchte man mal seinen Hochmut austreiben. Den möchte man mal sehen, wie er wirklich ist. Das prickelt sie. Gern, sehr gern, zu gerne möchte man das.
Aber Sonntag abends im Gasthaussaal fand sie, daß er älter und härter aussah, als sie gedacht
25 hatte, und ihr sank wieder der Mut. Den ganzen Abend sah er zu, wie die Jungen aus dem Dorf sie herumschwenkten. Der allerletzte Tanz begann, man öffnete schon die Fenster, und frische Luftschleusen zerteilten den Rauchvorhang über den Köpfen der Nüchternen und Betrunkenen. Jetzt endlich trat er zu ihr und führte sie in die Mitte. Er tanzte gut, aber unbeteiligt, er sah sich nach anderen Mädchen um und machte Bemerkungen über sie.
30 Sie wußte, am nächsten Tag fuhr er in aller Frühe zurück in die Stadt. Sie wußte, er kriegt es fertig, nichts zu sagen, nichts zu tun, er ist so. Ihr Herz zog sich zusammen vor Zorn und Angst. Plötzlich sagte sie in seine spöttischen und gelangweilten Augen hinein: „Ist das schwer, so zu werden, wie Sie sind?"
Er kniff bloß die Augen zusammen.
35 Wortlos ergriff er ihren Arm und führte sie hinaus. Schweigend gingen sie die Dorfstraße hinunter. Rita brach eine Dahlienblüte ab, die über einen Zaun hing. Eine Sternschnuppe fiel, aber sie wünschte sich nichts. Wie wird er es anstellen, dachte sie.

Da standen sie schon an der Gartenpforte, langsam ging sie die wenigen Schritte bis zu ihrer Haustür – ach, wie stieg ihre Angst bei jedem Schritt! –, schon legte sie die Hand auf die Klinke (die war eiskalt und fühllos wie ein ganzes einsames Leben), da sagte er in ihrem Rücken, gelangweilt und spöttisch: „Könnten Sie sich in einen wie mich verlieben?"

„Ja", erwiderte Rita.

Sie hatte keine Angst mehr, nicht die mindeste. Sie sah sein Gesicht als hellen Fleck in der Dunkelheit, und genauso mußte er das ihre sehen. Die Klinke wurde warm von ihrer Hand, die eine Minute, die sie noch so dastanden. Dann räusperte er sich leise und ging. Rita blieb ganz ruhig an der Tür stehen, bis sein Schritt nicht mehr zu hören war.

Nachts lag sie ohne Schlaf, und am Morgen begann sie auf seinen Brief zu warten, staunend über diese Wendung der Dinge, aber nicht im ungewissen über ihren Ausgang. Der Brief kam eine Woche nach jenem Dorftanz. Der erste Brief ihres ganzen Lebens, nach all den Aktenbriefen im Büro, die sie überhaupt nichts angingen.

„Mein braunes Fräulein", nannte Manfred sie. Er beschrieb ihr ausführlich und voller Selbstironie, was alles an ihr braun war, auf wieviel verschiedene Weise, daß es ihn, den doch seit langem nichts mehr an einem Mädchen überraschte, von Anfang an verwundert hatte.

Rita, neunzehn Jahre alt und oft genug mit sich selbst uneinig, weil sie sich nicht verlieben konnte wie andere Mädchen, mußte nicht erst lernen, einen solchen Brief zu lesen. Auf einmal zeigte sich: Die ganzen neunzehn Jahre, Wünsche, Taten, Gedanken, Träume, waren zu nichts anderem dagewesen, als sie gerade für diesen Augenblick, gerade auf diesen Brief vorzubereiten. Plötzlich war da eine Menge von Erfahrung, die sie gar nicht selbst gesammelt hatte. Wie jedes Mädchen war sie sicher, daß vor ihr keine und keine nach ihr gefühlt hatte und fühlen konnte, was sie jetzt empfand.

Sie trat vor den Spiegel. Sie war rot bis an die braunen Haarwurzeln, gleichzeitig lächelte sie, auf neue Weise bescheiden, auf neue Weise überlegen.

Sie wußte, es war genug an ihr, was ihm gefiel und immer gefallen würde.

(1963)*

Irmtraud Morgner (1933 – 1990)
Leben und Abenteuer der Trobadora Beatriz nach Zeugnissen ihrer Spielfrau Laura. Roman in dreizehn Büchern und sieben Intermezzos (4. Buch, 19. Kapitel)

Der folgende Ausschnitt aus dem Roman spielt in der ehemaligen DDR, genauer im Berlin-Ost der Siebzigerjahre.

19. Kapitel: Das die Geschichte wiedergibt, die Laura als zu wahr bezeichnet Kaffee verkehrt: Als neulich unsere Frauenbrigade[1] im Espresso am Alex[2] Kapuziner[3] trank, betrat ein Mann das Etablissement[4], der meinen Augen wohltat. Ich pfiff also eine Tonleiter rauf und runter und sah mir den Herrn an, auch rauf und runter. Als er an unserem Tisch vorbeiging, sagte

---

[1] Brigade (in der DDR): kleinste Arbeitsgruppe in einem Produktionsbetrieb
[2] Alexanderplatz
[3] Kaffee mit wenig Milch
[4] Gaststätte

ich „Donnerwetter". Dann unterhielt sich unsere Brigade über seine Füße, denen Socken fehlten, den Taillenumfang schätzten wir auf siebzig. Alter auf zweiunddreißig. Das Exquisithemd zeichnete die Schulterblätter ab, was auf Hagerkeit schließen ließ. Schmale Schädelform mit rausragenden Ohren, stumpfes Haar, das irgendein hinterwälderischer Friseur im Nacken rasiert hatte, wodurch die Perücke nicht bis zum Hemdkragen reichte, was meine Spezialität ist. Wegen schlechter Haltung der schönen Schultern riet ich zu Rudersport. Da der Herr in der Ecke des Lokals Platz genommen hatte, mussten wir sehr laut sprechen. Ich ließ ihm und mir einen doppelten Wodka servieren und prostete ihm zu, als er der Bedienung ein Versehen anlasten wollte. Später ging ich zu seinem Tisch, entschuldigte mich, sagte, dass wir uns von irgendwoher kennen müssten, und besetzte den nächsten Stuhl. Ich nötigte dem Herrn die Getränkekarte auf und fragte nach seinen Wünschen. Da er keine hatte, drückte ich meine Knie gegen seine, bestellte drei Lagen Sliwowitz[1] und drohte mit Vergeltung, für den Beleidigungsfall, der einträte, wenn er nicht tränke. Obgleich der Herr weder dankbar noch kurzweilig war, sondern wortlos, bezahlte ich alles und begleitete ihn aus dem Lokal. In der Tür ließ ich meine Hand wie zufällig über eine Hinterbacke gleiten, um zu prüfen ob die Gewebestruktur in Ordnung war. Da ich keine Mängel feststellen konnte, fragte ich den Herrn, ob er heute Abend etwas vorhätte, und lud ihn ein ins Kino „International". Eine innere Anstrengung, die zunehmend sein hübsches Gesicht zeichnete, verzerrte es jetzt grimassenhaft, konnte die Verblüffung aber doch endlich lösen und die Zunge, also dass der Herr sprach: „Hören Sie mal, Sie haben ja unerhörte Umgangsformen." – „Gewöhnliche", entgegnete ich. „Sie sind nur nichts Gutes gewöhnt, weil Sie keine Dame sind."

(1974)

[1] Sliwowitz, Slibowitz (serbokroatisch): ein Pflaumenbranntwein

Irmtraud Morgner und Christa Wolf

Arbeitshinweise

1. Geben Sie den Inhalt der Episode aus Christa Wolfs Erzählung „Der geteilte Himmel" wieder und charakterisieren Sie die beiden Personen.

2. Nach dem Muster der Ankunftsliteratur ist Rita in bürgerlichen Denk- und Verhaltensweisen befangen. Erst nachdem die Konflikte zu einer Entscheidung drängen, erreicht sie die mit der neuen Ordnung übereinstimmende Haltung.

   (Gisela Ullrich: DDR-Literatur. In: Geschichte der deutschen Literatur. Hg. v. J. Bark, D. Steinbach, H. Wittenberg. Bd. 6: Von 1945 bis zur Gegenwart, Stuttgart 1983, S. 208)

   Erläutern Sie an dem Auszug aus der Erzählung „Der geteilte Himmel", was mit den „bürgerlichen Denk- und Verhaltensweisen" im Sinne der „Ankunftsliteratur" gemeint ist. Beziehen Sie auch den Einführungstext zu diesem Kapitel in Ihre Überlegungen ein.

3. Beschreiben Sie die Episode „Kaffee verkehrt" aus Irmtraud Morgners Roman und charakterisieren Sie die Personen.

4. Welche Art des Verhaltens und sprachlichen Handelns wird in dem Romanauszug von Irmtraud Morgner parodiert?

5. Versuchen Sie die beiden Romanauszüge literaturgeschichtlich einzuordnen. Nehmen Sie dazu die Informationen des Einführungstextes zu Hilfe.

6. Schreiben Sie eine Geschichte aus Ihrem Erfahrungsbereich, in der die männlichen und weiblichen Rollen vertauscht sind und die der Intention des Textes von Irmtraud Morgner entspricht.

20.3 Heiner Müller (1929 – 1995)
Der Lohndrücker (8. und 9. Szene)

Das Drama „Der Lohndrücker" (1956/57 in Zusammenarbeit von Heiner und Inge Müller entstanden) schildert die Aufbauphase der Jahre 1948/49. Zugrunde liegt ein authentischer und schon mehrfach bearbeiteter Stoff: die Geschichte eines Maurers, der 1950 in der DDR zum „Helden der Arbeit" wurde, weil er durch neue Arbeitstechniken hohe Normen setzte und vor allem weil er einen Ringofen (zur Produktion von feuerfesten Steinen) bei laufendem Betrieb reparierte.

8a

Technisches Büro. Die Ingenieure Kant und Trakehner, der Direktor, Schorn, Balke, Bittner.

DIREKTOR. Der Ofen 4 ist gerissen. Ich brauche Ihnen nicht zu erklären, was das heißt. Die zerbombten Öfen sind noch nicht wieder aufgebaut, Material ist knapp. Wenn ein Ofen ausfällt, ist der Plan ein Stück Papier.

TRAKEHNER. Das ist er mit und ohne Ofen 4.

DIREKTOR. Darüber lässt sich streiten. Sie haben sich den Ofen angesehn. Eins ist klar: Er muss völlig umgebaut werden, mit Ausflicken ist nichts getan. Das heißt: er fällt aus, vier Monate, so lange dauert der Umbau.

(Es wird an die Tür geklopft.)

FRÄULEIN MATZ. Entschuldigung. Der Zeitungsreporter ist hier. Er will zu Ihnen. Er sagt, er braucht was aus der Produktion, für die Sonntagsbeilage.

DIREKTOR. Sagen Sie ihm, er soll über Maikäfer schreiben. Das interessiert die Leute im Dezember. Ich kann ihn nicht gebrauchen. Jetzt nicht.

15 FRÄULEIN MATZ *(kichert, dann)*. Aber ... *(Auf einen Blick vom Direktor.)* Ja. Maikäfer. *(Ab.)*

DIREKTOR. Es ist üblich, den Ofen für die Zeit des Umbaus ganz stillzulegen. Es ist immer so gemacht worden.

(Pause. Trocknet sich den Schweiß ab.)

TRAKEHNER. Ich sehe keine andre Möglichkeit.

20 BITTNER. Richtig, es ist immer so gemacht worden.

(Kant schweigt.)

DIREKTOR. Wenn wir den Ofen stilllegen, kommen wir in Teufels Küche. Da sind vor allem die Liefertermine.

TRAKEHNER. Ist es vorgekommen, dass sie eingehalten wurden?

25 DIREKTOR. Es ist vorgekommen. Jedenfalls, mit dem Ofen 4 steht und fällt der Produktionsplan. Stilllegen ist ausgeschlossen.

TRAKEHNER. Schön und gut, aber nicht stilllegen ist auch ausgeschlossen.

DIREKTOR. Das wollt ich fragen.

KANT. Sie wollen den Ofen bei Feuer umbauen?

30 DIREKTOR. Ja. Die Kammer, die in Arbeit ist, wird natürlich stillgelegt.

TRAKEHNER. Unfug.

BITTNER. Wenn das ginge, die Unternehmer hätten es gemacht.

TRAKEHNER. Preisfrage: Was fällt eher zusammen: Maurer oder Ofen?

KANT. Bei 100 Grad Hitze kann man vielleicht arbeiten. Die Frage ist: Kann man sauber arbei-
35 ten? Ich bezweifle das.

SCHORN. Das ist nicht nur eine Frage der Technik, des Materials.

TRAKEHNER. „Sondern eine Frage des Bewusstseins." Ich maße mir nicht an, Ihnen da hineinzureden, schließlich werden Sie dafür bezahlt. Aber hier handelt es sich um Tatsachen.

40 SCHORN. Die Arbeiterklasse schafft neue Tatsachen.

TRAKEHNER. Hut ab vor der Arbeiterklasse. Aber Ausbeutung ist keine neue Tatsache.

DIREKTOR. Der Maurer Balke hat sich bereit erklärt, den Ofen umzubauen, bei Feuer. Ich bin dafür, dass sein Vorschlag geprüft wird.

TRAKEHNER. Balke ist ein Wirrkopf.

45 SCHORN. Balke ist Maurer.

TRAKEHNER. Ich verstehe. Wenn der Maurer den Ofen macht, ist er ein Held. Wenn der Ofen reißt, sind wir die Saboteure.

(Schorn lächelt.)

BITTNER. Der Ofen wird reißen.

50 BALKE. Er ist gerissen.

BITTNER. Du denkst, du bist gerissner, was?

TRAKEHNER. Ich lehne die Verantwortung ab.

BALKE. Ich verlange, dass ich den Ofen machen kann.

(Pause. Trakehner raucht eine Zigarre an.)

55 DIREKTOR. Wir kommen in Teufels Küche.

TRAKEHNER. Denken Sie von mir, was Sie wollen. Ich habe immer meine Pflicht getan.

DIREKTOR. Mehr.
TRAKEHNER. Jawohl, auch mehr. Aber dass ich meinen Ruf als Fachmann aufs Spiel setze, das geht zu weit. Das kann niemand von mir verlangen. *(Pause.)* Dieser Plan ist etwas für den Papierkorb, eine Utopie.
BALKE *(zum Direktor)*. Ich kann den Ofen auch ohne Ingenieur umbauen.
TRAKEHNER. Bitte. *(Er steht auf.)* Ich finde mein Brot überall. Ihren Sozialismus aufzubauen ist kein Spaß. *(Er drückt seine Zigarre aus.)* Nicht einmal die Zigarren sind ein Spaß.
SCHORN. Sie haben Recht.
TRAKEHNER. Wie?
SCHORN. Ich sage, Sie haben Recht. Aber Balke kann den Ofen 4 nicht ohne Ingenieur machen.
(Pause. Trakehner setzt sich und raucht die Zigarre wieder an.)
KANT *(zu Balke)*. Haben Sie eine Kalkulation gemacht?
BALKE *(reicht ihm Papiere)*. Ich hab's versucht. *(Schweigen. Kant liest.)*

8 b

Halle. Arbeiter. Der Direktor, Balke und Schurek vor ihnen.

DIREKTOR. Eine große Sache haben wir vor. Das gibt ein Beispiel für die ganze Produktion. Damit können wir beweisen, was die Arbeiterklasse leisten kann. Es muss für euch eine Ehre sein, mitzumachen. *(Pause.)*
SCHUREK. Es ist eine Arbeit wie jede andre. Nur dass sie zum ersten Mal gemacht wird.
EIN ARBEITER. Schnaps ist Schnaps, sagte der Budiker und schenkte Terpentin aus.
KRÜGER. Das ist Ausbeutung.
BALKE. Es geht um den Plan, Kollegen.
STIMME *(aus dem Hintergrund)*. Wir scheißen auf den Plan.
BALKE. Fragt sich, ob ihr was zu scheißen habt ohne den Plan.
(Brillenträger lacht meckernd, verstummt, als die andern nicht mitlachen.)
Ich kann den Ofen nicht allein umbaun, aber wir brauchen ihn. *(Schweigen.)*
DIREKTOR. Krüger, du sagst: Ausbeutung. Du bist dein Leben lang ausgebeutet worden. Jetzt ist dein Junge auf der Universität.
KRÜGER. Hab ich ihn auf die Universität geschickt? Ich war dagegen. *(Schweigen.)*
BALKE. Es wird schwer sein, sehr heiß. Doppelter Verdienst, dreifache Arbeit.
EIN ARBEITER. Und acht Jahre, wenn was schief geht, wie bei Lerka.
BITTNER. Ich sage, das wird Murks.
BALKE. Ich weiß, was ich mache. *(Pause.)*
KOLBE. Ich hab in einem Panzer gesessen, bis fünfundvierzig. Das war auch kein Kühlschrank. Ich mach mit.
KRÜGER *(tritt vor)*. Wenn's sein muss.

8 c

Hof. Stettiner, Geschke, dann Brillenträger, später Kolbe.

STETTINER. Brauchst du trockne Steine, Geschke? Am Ofen 4 liegt Vorrat.
GESCHKE. Die braucht Balke selber.
STETTINER. Eben.

(Brillenträger, aus der Kantine kommend, bleibt stehen.) Mensch, wenn die den Ofen fertig
kriegen, ist unser Lohn versaut bis 1980.
(Kolbe kommt mit Balkes Essen aus der Kantine.)
(Laut.) Er schleppt ihm schon das Essen in den Ofen, dem Herrn Brigadier. Der schont sich.
KOLBE. Wenn ich herauskriege, wer Balke die Jacke geklaut hat, dass er nicht in die Kantine kann, aus der Ofenhitze über den Hof, ich weiß, was ich mache.
STETTINER. Die Menschen sind schlecht.
(Kolbe ab.)
GESCHKE. Hast du die Jacke?
STETTINER. Wenn du eine brauchst, dir geb ich sie billig, Geschke.
(Geschke ab.)
BRILLENTRÄGER. Guter Stoff?
STETTINER. Reine Wolle. Fast neu.

8 d

Am Ofen. Balke und Krüger. Sie sind erschöpft. Kolbe kommt mit Balkes Essen und Bier.

KOLBE *(trinkt)*. Gegen den Ofen war der Panzer ein Kühlschrank.
BALKE *(essend)*. Der Ofen ist kein Nazitank. Du kannst aussteigen.
KRÜGER *(zu Kolbe)*. Hast du die Zeitung mit?
KOLBE *(zieht eine Zeitung aus der Tasche)*. Hier. „Durchbruch im VEB ‚Roter Oktober'. Die Arbeiter des VEB ‚Roter Oktober' erzielten einen Durchbruch. Der Aktivist Balke entwickelte den Plan, einen Ringofen, der gerissen war, ohne Betriebsunterbrechung umzubauen, was in diesem Produktionszweig als unmöglich galt. Propagiert durch den BGL-Vorsitzenden Schurek …"
KRÜGER. Ausgerechnet Schurek.
KOLBE. „… wurde diesem Plan begeistert zugestimmt, der eine Einsparung von 400 000 Mark bedeutet und die Planerfüllung sicherstellt. Wir suchten die Brigade des kühnen Neuerers an ihrem Arbeitsplatz auf, wo ein reges Treiben herrscht, und konnten einen Blick in den Ofen werfen. Wie diese Männer mit den Steinen umgehn, das ist sozialistisches Tempo …" Spinner! Ohne Tempo verbrennst du dir die Pfoten. *(Er liest weiter.)* „Sie arbeiten mit Handschuhen, denn die Steine glühen, und im Vordergrund steht die Sorge um den Menschen. Während eine Kammer nach der andern stillgelegt, abgerissen und neu ausgemauert wird, brennt nebenan hinter einer dünnen Wand das Feuer weiter. Es kommt vor, dass die Pantinen der Männer in Brand geraten. Eine Leistung, welche sich der Laie nicht vorstellen kann. Von den nackten Oberkörpern rinnt der Schweiß, aus den Gesichtern sprechen Entschlossenheit und Zuversicht. Die Belegschaft ist stolz auf sie."
BALKE. Deswegen klauen sie uns auch die trocknen Steine, die wir brauchen.
KOLBE. Wenn der Tintenkuli wiederkommt, machen wir Schulung mit ihm, bei hundert Grad im Ofen.
KRÜGER. Dich hat er ja ganz schön herausgestrichen, Balke.

9

Ofen. Darin Balke, Krüger und Kolbe bei der Arbeit. Brillenträger wirft im Vorbeigehen einen Stein, der Balke trifft.

KRÜGER. Das ist zu viel.
KOLBE *(den Stein aufhebend)*. Den heben wir auf. Das ist ein Beweisstück.
BALKE *(die getroffene Stelle reibend)*. Ist er trocken?
KOLBE. Ja.
145 BALKE *(grinsend)*. Das Beweisstück wird vermauert.
(Kolbe reicht ihm den Stein.)

(1956/57)

Willi Sitte: Chemiearbeiter am Schaltpult (1968) – ein Beispiel für den sozialistischen Realismus in der Kunst

Arbeitshinweise

1. Geben Sie den Inhalt des Dramenausschnitts in knapper Form wieder.
2. Untersuchen Sie, wie der Maurer Balke dargestellt ist und in welchem Verhältnis die anderen Figuren zu ihm stehen.
3. Ordnen Sie den Text begründet in die Literaturgeschichte der DDR ein, indem Sie auf den Einführungstext Bezug nehmen. Wie stellen Heiner und Inge Müller den Aufbau des Sozialismus dar?
4. Beschreiben Sie den Dramenausschnitt als einen Text des sozialistischen Realismus. Beziehen Sie sich dabei auf die Erläuterung dieses literaturtheoretischen Begriffs im Einführungstext zu diesem Kapitel.

Wichtige Autorinnen, Autoren und Werke:

Wolf Biermann (geb. 1936)
Lyriker und Liedermacher, 1976 nach einem Konzert in Köln aus der DDR „ausgebürgert"
Werke: *Liebesgedichte, Die Drahtharfe, Mit Marx- und Engelszungen. Gedichte, Balladen, Lieder; Für meine Genossen. Hetzlieder, Gedichte, Balladen.*

Volker Braun (geb. 1939)
Schriftsteller, 1988 mit dem Nationalpreis der DDR für Kunst und Literatur ausgezeichnet
Werke: Gedichte, z. B. *Provokation für mich, Vorläufiges, Wir und nicht sie, Training des aufrechten Gangs*, Dramen, *Lenins Tod, Die Kipper*, Prosa, *Unvollendete Geschichte, Hinze-Kunze-Roman.*

Stephan Hermlin (1915–1997)
Einer der einflussreichsten Schriftsteller der neu gegründeten DDR, mehrmals mit dem Nationalpreis ausgezeichnet, zuletzt 1975.
Werke: Gedichte, z. B. *Der Flug der Taube, Die Städte*, Erzählungen wie *Die Argonauten, Lebensfrist.*

Peter Huchel (1903–1981)
Lyriker, 1949–1962 Chefredakteur der literaturwissenschaftlichen Zeitschrift „Sinn und Form", seit 1971 lebte er außerhalb der DDR, in der Bundesrepublik und in Italien.
Werke: *Chausseen Chausseen* (Gedichte), *Die Sternenreuse* (Gedichte 1925–1947).

Reiner Kunze (geb. 1933)
Schriftsteller, der nach Veröffentlichung seines Prosabandes *Die wunderbaren Jahre* in der Bundesrepublik 1977 aus der DDR ausgebürgert wurde (s. auch Kapitel 24).
Werke: Neben dem Prosaband *Die wunderbaren Jahre* zahlreiche Gedichte, *Vögel über dem Tau. Liebesgedichte und Lieder, Widmungen, sensible wege, zimmerlautstärke.*

Irmtraud Morgner (1933–1990)
Schriftstellerin, 1968 mit dem Roman *Hochzeit in Konstantinopel* Durchbruch beim Lesepublikum der DDR, danach mit dem Roman *Leben und Abenteuer der Trobadora Beatriz ...* sowie der Fortsetzung *Amanda* weltweiter Erfolg.
Werke: *Hochzeit in Konstantinopel, Die wundersamen Reisen Gustavs des Weltfahrers, Leben und Abenteuer der Trobadora Beatriz nach Zeugnissen ihrer Spielfrau Laura, Amanda. Ein Hexenroman.*

Heiner Müller (1929–1995)
Der bedeutendste Dramatiker der DDR
Werke: Die Dramen *Der Bau, Der Lohndrücker, Prometheus, Die Hamletmaschine.*

Christa Wolf (geb. 1929)
Schriftstellerin, 1964 mit dem Nationalpreis der DDR ausgezeichnet, später auch im Westen als Autorin hoch geschätzt.
Werke: Die Erzählungen *Der geteilte Himmel, Kein Ort. Nirgends, Kassandra, Störfall. Nachrichten eines Tages*; der Roman *Nachdenken über Christa T.* (über das mögliche „Nicht-Ankommen" im Sozialismus).

Grundlegende Literatur:

Wilfried Barner (Hg.): *Geschichte der deutschen Literatur von 1945 bis zur Gegenwart*. München 1994 (= *Geschichte der deutschen Literatur von Anfängen bis zur Gegenwart*, begr. von Helmut de Boor und Richard Newald, Bd. 12).

Wolfgang Emmerich: *Kleine Literaturgeschichte der DDR* [1945–1995]. Berlin 2004

Ralf Schnell: *Geschichte der deutschsprachigen Literatur seit 1945*. Stuttgart, Weimar 1993

Hans-Jürgen Schmitt (Hg.): *Die Literatur der DDR*. München 1983 (= *Hansers Sozialgeschichte der deutschen Literatur vom 16. Jahrhundert bis zur Gegenwart*, Bd. 11)

21 Österreichische Literatur der Gegenwart

Österreich ist wie Deutschland eine Bundesrepublik. Nach elfjähriger Besatzung erreicht es 1955 den Abzug aller vier Siegermächte (USA, England, Frankreich, Sowjetunion) aus österreichischem Territorium; zugleich beschließt der Nationalrat die „immerwährende Neutralität Österreichs".

Die Literatur der 50er-Jahre ist zunächst stark rückwärtsgewandt. Getragen wird sie im Wesentlichen von einer Gruppe älterer Autoren. Im Blick auf deren Werke betont man gern die **Bewahrung der Tradition** im Sinne der Kontinuität als das Charakteristische der österreichischen Kultur.

Dabei haben sich schon viel früher **Ansätze zu einer neuen Literatur** gezeigt; sie kristallisieren sich um die Zeitschrift „Plan", in der junge Autorinnen und Autoren vorgestellt werden. Ilse Aichingers „Aufruf zum Misstrauen", der hier 1946 erscheint, gilt als „Ausgangspunkt einer ganzen Schriftstellergeneration" (Herbert Eisenreich). In eindringlicher Sprache fordert die Autorin zur Suche nach der reinen Wahrheit in der Literatur auf. Um 1954 entsteht die „Wiener Gruppe", der experimentierfreudige österreichische Schriftsteller angehören. Aber erst in den 60er-Jahren findet diese Generation, die an den Problemen der Vergangenheit nicht mehr so stark interessiert ist, größeres Echo. Wichtigstes Zentrum der neuen österreichischen Literatur wird das „Forum Stadtpark" in Graz, aus dem der „Steirische Herbst" hervorgegangen ist – eine über die Grenzen Österreichs hinaus bekannte Veranstaltung (z. B. Lesungen mit Preisvergabe). Die 1960 von Regierungsseite gegründete „Österreichische Gesellschaft für Literatur" verhilft darüber hinaus zu internationalen Kontakten. Die Mehrzahl der österreichischen Schriftstellerinnen und Schriftsteller der Gegenwart erreicht breitere Wirkung, teilweise sogar außerordentlichen Erfolg, über den Weg ins benachbarte deutsche Ausland. Viele österreichische Autorinnen und Autoren publizieren sogar zuerst in Deutschland, so dass dort ihre Werke häufig früher als in Österreich diskutiert werden. „Die österreichische Literatur existiert nicht für sich allein, könnte es wohl auch nur schwer. Verleger, Kritiker und Publikum jenseits der Grenzen haben wesentlich zu ihrer Entfaltung beigetragen. Der deutschen Literatur insgesamt ist daraus ein besonderer Gewinn erwachsen."[1]

Es liegt deshalb nahe, bei der Betrachtung der Literatur Österreichs die **Verbindung zur deutschen Geschichte und Literatur** einzubeziehen.

Seit Ende der 70er-Jahre wird besonders engagiert darüber gestritten, was „das Österreichische" an der österreichischen Literatur sei. Dass man zu keiner allgemein anerkannten Antwort gelangt ist, liegt wohl an der **Unterschiedlichkeit, Vielfalt und Individualität** dieser Werke. Vielleicht ist das sogar das Charakteristikum österreichischer Literatur der Gegenwart.

---

[1] Helmut Nürnberger, Geschichte der deutschen Literatur, München 1992, S. 358

21.1 Ingeborg Bachmann (1926 – 1973)
Unterrichtet in der Liebe

Unterrichtet in der Liebe
durch zehntausend Bücher,
belehrt durch die Weitergabe
wenig veränderbarer Gesten
5 und törichter Schwüre –

eingeweiht in die Liebe
aber erst hier –
als die Lava herabfuhr
und ihr Hauch uns traf
10 am Fuß des Berges,
als zuletzt der erschöpfte Krater
den Schlüssel preisgab
für diese verschlossenen Körper –

 Wir traten ein in verwunschene Räume
15 und leuchteten das Dunkel aus
 mit den Fingerspitzen.

(1957)

Ingeborg Bachmann als Spiegel-Titelcover (18.8.1954)

Ernst Jandl (1925 – 2000)
hommage à brancusi (2)
„der kuss"

ja ja
ja ja
ja ja
ja ja
ja
ja ja
ja ja
ja ja
ja ja

(1970)

Constantin Brancusi: Der Kuss

Rose Ausländer (1901 – 1988)
Liebe VI

Wir werden uns wiederfinden
im See
du als Wasser
ich als Lotusblume

5 Du wirst mich tragen
ich werde dich trinken
Wir werden uns angehören
vor allen Augen

Sogar die Sterne
10 werden sich wundern:
hier haben sich Zwei
zurückverwandelt
in ihren Traum
der sie erwählte (1980)

Erich Fried (1921 – 1988)
Aber solange ich atme

Auch was
auf der Hand liegt
muss ich
aus der Hand zu geben
5 bereit sein

und muss wissen
wenn ich liebe
dass es wirklich
die Liebe zu dir ist
10 und nicht nur
die Liebe zur Liebe zu dir
und dass ich nicht
eigentlich
etwas Uneigentliches will

15 Aber
solange ich atme
will ich
wenn ich den Atem
anhalte
20 deinen Atem
noch spüren
in mir (1984)

Arbeitshinweise

1. Die vier Gedichte nehmen Bezug auf das Phänomen der Liebe. Halten Sie zunächst Ihre spontanen Gedanken zu den Texten fest und bringen Sie diese ins Gruppengespräch ein.

2. Analysieren und interpretieren Sie das Gedicht „Unterrichtet in der Liebe" von Ingeborg Bachmann, indem Sie von der Dreigliederung des Textes ausgehen. Legen Sie den Schwerpunkt der Deutung auf die Darstellung des existenziellen Liebeserlebnisses durch lyrische Bilder.

3. Beschreiben und deuten Sie das Bildgedicht von Ernst Jandl, indem Sie es mit Constantin Brancusis Plastik „Der Kuss" vergleichen. Inwiefern ist der Text ein konkretes Analogon (Entsprechung) zur Vorlage?

4. Verfassen Sie ein eigenes Bildgedicht zu der Brancusi-Plastik. Verfahren Sie dabei in ähnlicher Weise wie Ernst Jandl.

5. Suchen Sie sich (z. B. aus Zeitschriften) ein Bild (Foto oder Zeichnung) aus, das zwei Liebende darstellt, und fertigen Sie dazu ein Bildgedicht im Stil von Ernst Jandls konkretem Gedicht an.

6. Vergleichen Sie die Deutung der Brancusi-Plastik in den Bildgedichten von Ernst Jandl und Reiner Kunze (siehe auch Kapitel 20.1).

Reiner Kunze (geb. 1933)
Brancusi: Der Kuß, Grabskulptur auf dem Friedhof Montparnasse

Als hätten sie sich verirrt
zwischen diesen festungen von gräbern

und der friedhof habe unter aufbietung der letzten mauer

sie auf der flucht gestellt,

um endlich zwei zu haben
die leben

(1986)*

(Aus: Reiner Kunze, eines jeden einziges leben. Gedichte, S. Fischer Verlag, Frankfurt/M. 1986, S. 81)

7. Untersuchen Sie, wie in dem Gedicht „Liebe VI" von Rose Ausländer das Motiv der Sehnsucht nach Vereinigung der Liebenden gestaltet ist. Beachten Sie dabei die Integration von Natur- und Liebeserfahrung.

8. Analysieren Sie das Gedicht „Aber solange ich atme" von Erich Fried in Bezug auf das Liebesverständnis des Sprechers.

9. Vergleichen Sie die Gedichte in Bezug auf das Liebesverständnis und die künstlerische Gestaltung.
   - Lässt sich ein besonderes Selbstverständnis der Frau oder des Mannes, eine spezifisch weibliche oder männliche Perspektive erkennen?
   - Gibt es Ihrer Meinung nach etwas spezifisch „Österreichisches" in dieser Lyrik? Begründen Sie Ihre Meinung.

21.2 Ilse Aichinger (geb. 1921)
Wo ich wohne

Ich wohne seit gestern einen Stock tiefer. Ich will es nicht laut sagen, aber ich wohne tiefer. Ich will es deshalb nicht laut sagen, weil ich nicht übersiedelt bin. Ich kam gestern abends aus dem Konzert nach Hause, wie gewöhnlich samstagabends, und ging die Treppe hinauf, nachdem ich vorher das Tor aufgesperrt und auf den Lichtknopf gedrückt hatte. Ich ging ahnungslos die Treppe hinauf – der Lift ist seit dem Krieg nicht in Betrieb –, und als ich im dritten Stock angelangt war, dachte ich: „Ich wollte, ich wäre schon hier!" und lehnte mich für einen Augenblick an die Wand neben der Lifttür. Gewöhnlich überfällt mich im dritten Stock eine Art von Erschöpfung, die manchmal so weit führt, dass ich denke, ich müsste schon vier Treppen gegangen sein. Aber das dachte ich diesmal nicht, ich wusste, dass ich noch ein Stockwerk über mir hatte. Ich öffnete deshalb die Augen wieder, um die letzte Treppe hinaufzugehen, und sah in demselben Augenblick mein Namensschild an der Tür links vom Lift. Hatte ich mich doch geirrt und war schon vier Treppen gegangen? Ich wollte auf die Tafel schauen, die das Stockwerk bezeichnete, aber gerade da ging das Licht aus.

Da der Lichtknopf auf der anderen Seite des Flurs ist, ging ich die zwei Schritte bis zu meiner Tür im Dunkeln und sperrte auf. Bis zu meiner Tür? Aber welche Tür sollte es denn sein, wenn mein Name daran stand? Ich musste eben doch schon vier Treppen gegangen sein.

Die Tür öffnete sich auch gleich ohne Widerstand, ich fand den Schalter und stand in dem erleuchteten Vorzimmer, in meinem Vorzimmer, und alles war wie sonst: die roten Tapeten, die ich längst hatte wechseln wollen, und die Bank, die daran gerückt war, und links der Gang zur Küche. Alles war wie sonst. In der Küche lag das Brot, das ich zum Abendessen nicht mehr gegessen hatte, noch in der Brotdose. Es war alles unverändert. Ich schnitt ein Stück Brot ab und begann zu essen, erinnerte mich aber plötzlich, dass ich die Tür zum Flur nicht geschlossen hatte, als ich hereingekommen war, und ging ins Vorzimmer zurück, um sie zu schließen.

Dabei sah ich in dem Licht, das aus dem Vorzimmer auf den Flur fiel, die Tafel, die das Stockwerk bezeichnete. Dort stand: Dritter Stock. Ich lief hinaus, drückte auf den Lichtknopf und las es noch einmal. Dann las ich die Namensschilder auf den übrigen Türen. Es waren die Namen der Leute, die bisher unter mir gewohnt hatten. Ich wollte dann die Stiegen hinaufgehen, um mich zu überzeugen, wer nun neben den Leuten wohnte, die bisher neben mir gewohnt hatten, ob nun wirklich der Arzt, der bisher unter mir gewohnt hatte, über mir wohnte, fühlte mich aber plötzlich so schwach, dass ich zu Bett gehen musste.

Seither liege ich wach und denke darüber nach, was morgen werden soll. Von Zeit zu Zeit bin ich immer noch verlockt, aufzustehen und hinaufzugehen und mir Gewissheit zu verschaffen. Aber ich fühle mich zu schwach, und es könnte auch sein, dass von dem Licht im Flur da oben einer erwachte und herauskäme und mich fragte: „Was suchen Sie hier?" Und diese Frage, von einem meiner bisherigen Nachbarn gestellt, fürchte ich so sehr, dass ich lieber liegen bleibe, obwohl ich weiß, dass es bei Tageslicht noch schwerer sein wird, hinaufzugehen. Nebenan höre ich die Atemzüge des Studenten, der bei mir wohnt; er ist Schiffsbaustudent, und er atmet tief und gleichmäßig. Er hat keine Ahnung von dem, was geschehen ist. Er hat keine Ahnung, und ich liege hier wach. Ich frage mich, ob ich ihn morgen fragen werde. Er geht wenig aus, und wahrscheinlich ist er zu Hause gewesen, während ich im Konzert war. Er müsste es wissen. Vielleicht frage ich auch die Aufräumefrau.

Nein. Ich werde es nicht tun. Wie sollte ich denn jemanden fragen, der mich nicht fragt? Wie sollte ich auf ihn zugehen und ihm sagen: „Wissen Sie vielleicht, ob ich nicht gestern noch eine Treppe höher wohnte?" Und was soll er darauf sagen? Meine Hoffnung bleibt, dass mich jemand fragen wird, dass mich morgen jemand fragen wird: „Verzeihen Sie, aber wohnten Sie nicht gestern noch einen Stock höher?" Aber wie ich meine Aufräumefrau kenne, wird sie nicht fragen. Oder einer meiner früheren Nachbarn: „Wohnten Sie nicht gestern noch neben uns?" oder einer meiner neuen Nachbarn. Aber wie ich sie kenne, werden sie alle nicht fragen. Und dann bleibt mir nichts übrig, als so zu tun, als hätte ich mein Leben lang schon einen Stock tiefer gewohnt.

Ich frage mich, was geschehen wäre, wenn ich das Konzert gelassen hätte. Aber diese Frage ist von heute an ebenso müßig geworden wie alle anderen Fragen. Ich will einzuschlafen versuchen.

Ich wohne jetzt im Keller. Es hat den Vorteil, dass meine Aufräumefrau sich nicht mehr um die Kohlen hinunterbemühen muss, wir haben sie nebenan, und sie scheint ganz zufrieden damit. Ich habe sie im Verdacht, dass sie deshalb nicht fragt, weil es ihr so angenehmer ist. Mit dem Aufräumen hat sie es niemals allzu genau genommen; hier erst recht nicht. Es wäre lächerlich, von ihr zu verlangen, dass sie den Kohlenstaub stündlich von den Möbeln fegt. Sie ist zufrieden, ich sehe es ihr an. Und der Student läuft täglich pfeifend die Kellertreppe hinauf und kommt abends wieder. Nachts höre ich ihn tief und regelmäßig atmen. Ich wollte, er brächte eines Tages ein Mädchen mit, dem es auffällig erschiene, dass er im Keller wohnt, aber er bringt kein Mädchen mit.

Und auch sonst fragt niemand. Die Kohlenmänner, die ihre Lasten mit lautem Gepolter links und rechts in den Kellern abladen, ziehen die Mützen und grüßen, wenn ich ihnen auf der Treppe begegne. Oft nehmen sie die Säcke ab und bleiben stehen, bis ich an ihnen vorbei bin. Auch der Hausbesorger grüßt freundlich, wenn er mich sieht, ehe ich zum Tor hinausgehe. Ich dachte zuerst einen Augenblick lang, dass er freundlicher grüße als bisher, aber es war eine Einbildung. Es erscheint einem manches freundlicher, wenn man aus dem Keller steigt. Auf der Straße bleibe ich stehen und reinige meinen Mantel vom Kohlenstaub, aber es bleibt nur wenig daran haften. Es ist auch mein Wintermantel, und er ist dunkel. In der Straßenbahn überrascht es mich, dass der Schaffner mich behandelt wie die übrigen Fahrgäste und niemand von mir abrückt. Ich frage mich, wie es sein soll, wenn ich im Kanal wohnen werde. Denn ich mache mich langsam mit diesem Gedanken vertraut.

Seit ich im Keller wohne, gehe ich auch an manchen Abenden wieder ins Konzert. Meist samstags, aber auch öfter unter der Woche. Ich konnte es schließlich auch dadurch, dass ich nicht ging, nicht hindern, dass ich eines Tages im Keller war. Ich wundere mich jetzt manchmal über meine Selbstvorwürfe, über all die Dinge, mit denen ich diesen Abstieg zu Beginn in Beziehung brachte. Zu Beginn dachte ich immer: „Wäre ich nur nicht ins Konzert gegangen oder hinüber auf ein Glas Wein!" Das denke ich jetzt nicht mehr. Seit ich im Keller bin, bin ich ganz beruhigt und gehe um Wein, sobald ich danach Lust habe. Es wäre sinnlos, die Dämpfe im Kanal zu fürchten, denn dann müsste ich ja ebenso das Feuer im Innern der Erde zu fürchten beginnen – es gibt zu vieles, wovor ich Furcht haben müsste. Und selbst wenn ich immer zu Hause bliebe und keinen Schritt mehr auf die Gasse täte, würde ich eines Tages im Kanal sein.

Ich frage mich nur, was meine Aufräumefrau dazu sagen wird. Es würde sie jedenfalls auch des Lüftens entheben. Und der Student stiege pfeifend durch die Kanalluken hinauf und wieder hinunter. Ich frage mich auch, wie es dann mit dem Konzert sein soll und mit dem

Glas Wein. Und wenn es dem Studenten gerade dann einfiele, ein Mädchen mitzubringen?
Ich frage mich, ob meine Zimmer auch im Kanal noch dieselben sein werden. Bisher sind sie es, aber im Kanal hört das Haus auf. Und ich kann mir nicht denken, dass die Einteilung in Zimmer und Küche und Salon und Zimmer des Studenten bis ins Erdinnere geht.

Aber bisher ist alles unverändert. Die rote Wandbespannung und die Truhe davor, der Gang zur Küche, jedes Bild an der Wand, die alten Klubsessel und die Bücherregale – jedes Buch darinnen. Draußen die Brotdose und die Vorhänge an den Fenstern.

Die Fenster allerdings, die Fenster sind verändert. Aber um diese Zeit hielt ich mich meistens in der Küche auf, und das Küchenfenster ging seit jeher auf den Flur. Es war immer vergittert. Ich habe keinen Grund, deshalb zum Hausbesorger zu gehen, und noch weniger wegen des veränderten Blicks. Er könnte mir mit Recht sagen, dass ein Blick nicht zur Wohnung gehöre, die Miete beziehe sich auf die Größe, aber nicht auf den Blick. Er könnte mir sagen, dass mein Blick meine Sache sei.

Und ich gehe auch nicht zu ihm, ich bin froh, solange er freundlich ist. Das Einzige, was ich einwenden könnte, wäre vielleicht, dass die Fenster um die Hälfte kleiner sind. Aber da könnte er mir wiederum entgegnen, dass es im Keller nicht anders möglich sei. Und darauf wüsste ich keine Antwort. Ich könnte ja nicht sagen, dass ich es nicht gewohnt bin, weil ich noch vor kurzem im vierten Stock gewohnt habe. Da hätte ich mich schon im dritten Stock beschweren müssen. Jetzt ist es zu spät.

(1963)

Thomas Bernhard (1931 – 1989)
Umgekehrt

Wenn mir zoologische Gärten auch immer verhaßt gewesen sind und die Leute, die solche zoologischen Gärten aufsuchen, tatsächlich suspekt, ist es mir doch nicht erspart geblieben, einmal nach Schönbrunn hinauszugehn und, auf Wunsch meines Begleiters, eines Theologieprofessors, vor dem Affenkäfig stehenzubleiben, um die Affen zu beobachten, die mein Begleiter mit einem Futter fütterte, das er zu diesem Zwecke eingesteckt gehabt hatte. Der Theologieprofessor, ein früherer Studienkollege, der mich aufgefordert hatte, mit ihm nach Schönbrunn zu gehen, hatte mit der Zeit sein ganzes mitgebrachtes Futter an die Affen verfüttert, als plötzlich die Affen ihrerseits auf dem Boden verstreutes Futter zusammenkratzten und uns durch das Gitter herausreichten. Der

Hans-Georg Rauch: Fortschritt

Theologieprofessor und ich waren über das plötzliche Verhalten der Affen so erschrocken
gewesen, daß wir augenblicklich kehrtmachten und Schönbrunn durch den nächstbesten
Ausgang verließen.

(1978)*

Arbeitshinweise

1. Was finden Sie an der Geschichte „Wo ich wohne" von Ilse Aichinger normal und alltäglich, was erscheint Ihnen unrealistisch und unheimlich?

2. Untersuchen Sie das erzählende Ich in Ilse Aichingers Geschichte „Wo ich wohne" mit dem Ziel, Hinweise zum Verständnis des merkwürdigen Geschehens zu erhalten. Was deutet darauf hin, dass es sich dabei weniger um ein unabänderliches äußeres Schicksal als vielmehr um eine Zwangsläufigkeit im Inneren des Menschen handelt?

3. Ilse Aichingers Kurzgeschichte „Wo ich wohne" als Groteske über den „Abstieg" eines Menschen – verfassen Sie zu diesem Thema einen literarischen Aufsatz, indem Sie zunächst auf die Formelemente der Kurzgeschichte eingehen, sodann die grotesken Züge untersuchen und schließlich den Aspekt des „Abstiegs" analysieren und deuten.

4. Vergleichen Sie Ilse Aichingers Kurzgeschichte „Wo ich wohne" und Franz Kafkas „Der Nachbar" oder „Eine alltägliche Verwirrung" (Kapitel 15.2) in Bezug auf das Wirklichkeitsverständnis.

5. Sprechen Sie darüber, warum das Verhalten der Affen in Thomas Bernhards Kürzestgeschichte „Umgekehrt" bei den Beteiligten ein Erschrecken auslöst.

6. Erzählen Sie eine selbst ausgedachte Geschichte mit einer plötzlichen Rollenverkehrung wie in Thomas Bernhards Text.

7. Wie deuten Sie den Titel der Zeichnung von Hans-Georg Rauch: „Fortschritt"? Lassen Sie sich von der Zeichnung zu einer grotesken Kurzgeschichte im Stile Ilse Aichingers oder einer Kürzestgeschichte im Stile Thomas Bernhards anregen.

21.3 Peter Handke (geb. 1942) Kaspar (1–6)

Das Sprechstück bezieht sich auf den historischen Kaspar Hauser, der als Kind seit 1812 in einem niedrigen, lichtlosen Raum festgehalten worden sein und erst spät sprechen gelernt haben soll.

Peter Handke hat aber im Wesentlichen nur den Personennamen und den einzigen Satz (in leichter Abwandlung) übernommen, mit dem Kaspar Hauser in Nürnberg 1828 aufgetreten sein soll. Das Stück demonstriert, „wie jemand durch Sprechen zum Sprechen gebracht werden kann", aber auch, wie der einzelne Mensch mithilfe der Sprache manipuliert werden kann.

Kaspar-Hauser-Darstellung, 1828

[...]

Die Bühne ist schon offen. Die Zuschauer sehen das Bühnenbild nicht als Bild eines woanders gelegenen Raumes, sondern als Bild von der Bühne. Das Bühnenbild stellt die Bühne dar. Die Gegenstände auf der Bühne sehen schon auf
5 den ersten Blick theatralisch aus: nicht weil sie nachgemacht sind, sondern weil ihre Anordnung zueinander nicht ihrer üblichen Anordnung in der Wirklichkeit entspricht. Die Gegenstände, obwohl echt (aus Holz, Stahl, Stoff), sind sofort als Requisiten[1] erkennbar. Sie sind Spielgegenstände. Sie haben keine Geschichte. Die Zuschauer können sich nicht vor-
10 stellen, daß, bevor sie eingetreten sind und die Bühne erblickt haben, auf der Bühne eine Geschichte schon vor sich gegangen ist. Sie können sich höchstens vorstellen, daß die Bühnenarbeiter die Gegenstände hierhin und dorthin gestellt haben. Ebensowenig können sich die Zuschauer vorstellen, daß die Gegenstände auf der Bühne die Gegenstände einer Geschichte sein werden, die vorgibt, irgendwoanders vor sich zu gehen als auf der Bühne: sie
15 erkennen sofort, daß sie einem Vorgang zusehen werden, der nicht in irgendeiner Wirklichkeit, sondern auf der Bühne spielt. Sie werden keine Geschichte miterleben, sondern einen theatralischen Vorgang sehen. Dieser Vorgang wird solange dauern, bis am Schluß des Stücks der Vorhang zugehen wird: weil keine Geschichte vor sich gehen wird, können sich die Zuschauer auch keine Nachgeschichte vorstellen, höchstens ihre eigene (oder daß die
20 Bühnenarbeiter die Requisiten wieder wegräumen). [...]

1

Hinter dem Vorhang an der Rückseite des Bühnenraums *entsteht eine Bewegung,* deren Entstehen die Zuschauer an der Bewegung des Vorhangs verfolgen können. Die Bewegung entsteht an der linken oder rechten Seite des Vorhangs und setzt sich allmählich, dabei heftiger und schneller werdend, gegen die Mitte des Vorhangs fort. Je näher die Person hinter dem
25 Vorhang der Mitte kommt, desto weiter wird der Vorhang nach innen gedrückt. Was zuerst

---

[1] Gegenstände, die für eine Theateraufführung verwendet werden

nur eine Berührung war, wird jetzt, als sich der Stoff als nachgiebig erweist, der Versuch durchzukommen. Die Zuschauer erkennen immer deutlicher, daß jemand durch den Vorhang auf die Bühne will, aber bis jetzt den Spalt im Vorhang noch nicht gefunden hat. Nach einigen vergeblichen Versuchen an den falschen Stellen – die Zuschauer hören das Geräusch des Vorhangs, als auf ihn eingeschlagen wird – gelingt es der Person, den Spalt zu finden, den sie gar nicht gesucht hat. Der zuerst sichtbaren Hand folgt sehr langsam der übrige Körper. Die andere Hand hält den Hut fest, damit ihn der Vorhang nicht zu Boden wirft. Die Gestalt tut eine kleine Bewegung auf die Bühne, so daß sich der Vorhang nach und nach von ihr löst und hinter ihr wieder zusammenfällt. Kaspar steht auf der Bühne.

2

Die Zuschauer haben die Gelegenheit, Kaspars Gesicht und Aufmachung zu betrachten: er steht da. Seine Aufmachung ist eine theatralische. Er trägt etwa einen runden breiten Hut mit einem Band. Er trägt ein helles Hemd mit geschlossenem Kragen. Seine Jacke ist farbenfroh und mit vielen (etwa sieben) Metallknöpfen besetzt. Seine Hose ist weit. Er trägt klobige Schuhe; an einem Schuh ist zum Beispiel das sehr lange Schuhband aufgegangen. Er sieht „pudelnärrisch" aus. Die Farben seiner Kleidung schlagen sich mit den übrigen Farben auf der Bühne. Erst auf den zweiten oder dritten Blick erkennen die Zuschauer, daß sein Gesicht eine Maske ist; ihre Gesichtsfarbe ist „bleich"; sie sieht sehr lebensecht aus; sie ist dem Gesicht vielleicht angepaßt; ihr Ausdruck ist der Ausdruck der Verwunderung und Verwirrung. Das Maskengesicht ist rund, weil auf runden und breiten Gesichtern der Ausdruck der Verwunderung theatralischer ist. Kaspar muß nicht groß sein. Er steht da und bewegt sich nicht von der Stelle. Er ist die verkörperte Verwunderung.

3

Er setzt sich in Bewegung. Die eine Hand hält noch immer den Hut fest. Seine Art zu gehen ist eine sehr mechanische, künstliche, eine, die es nicht gibt. Er geht freilich auch nicht wie eine Marionette. Seine Gangart ergibt sich aus dem dauernden Wechsel von verschiedenen Gangarten. Den ersten Schritt geht er etwa mit gestrecktem Bein, wobei das andere „wackelnd" und unsicher nachfolgt; den nächsten Schritt tut er etwa mit der umgekehrten Methode; beim nächsten Schritt wirft er das eine Bein hoch in die Luft und schleift das andre schwer hinter sich her, den nächsten Schritt tut er mit zwei platten Füßen, den nächsten Schritt beginnt er mit dem falschen Bein, so daß er beim nächsten Schritt wieder das andre Bein sehr weit nach vorn setzen muß, um das erste Bein einzuholen; den nächsten Schritt, wobei er immer schneller wird und immer näher ans Umfallen kommt, tut er mit dem rechten Bein nach links und mit dem linken nach rechts, worauf er um ein Haar umfällt; beim nächsten Schritt kommt er mit dem einen Bein nicht am andern vorbei und tritt hinten dagegen, worauf er wieder Mühe hat nicht umzufallen; beim nächsten Schritt ist seine Schrittweite so groß, daß er fast in den Spagat ausrutscht und das andre Bein sehr langwierig nachziehen muß; mit dem ersten Bein hat er sich inzwischen schon hastig weiterbewegen wollen, bewegt sich aber in die falsche Richtung, so daß er wieder beinah das Gleichgewicht verliert; beim nächsten Schritt, noch hastiger, setzt er den einen Fuß mit der Spitze nach vorn, den andern aber mit der Spitze nach hinten, worauf er nun beim nächsten Schritt mit einem Ruck auch die Spitze des ersten Fußes der nach hinten weisenden Spitze des zweiten Fußes angleichen will, dabei nicht mehr mit sich zurechtkommt und, sich um die Achse drehend, nachdem die Zuschauer schon die ganze Zeit sein Fallen befürchtet haben, endlich zu Boden fällt. Sein Gehen vorher hatte nicht die Richtung geradewegs auf die Zuschauer zu, sondern verlief in Spiralen hin und her über die nicht zu kleine Bühne; es ist kein Gehen gewesen, sondern eine Mittelbewegung zwischen immerfort drohendem Fallen und verschlungenem Weiterkommen, wobei die eine Hand immerzu den Hut festhielt, der auch beim endgültigen Fallen auf dem Kopf geblieben ist. Am Ende des Falls sehen die Zuschauer Kaspar im ordentlichen Schneidersitz auf dem Boden der Bühne. Er bewegt sich nicht, nur die Hand am Hut macht sich selbständig: sie rutscht allmählich vom Kopf, fällt am Körper hinunter. Sie baumelt noch ein wenig, bevor auch sie sich nicht mehr bewegt. Kaspar sitzt da.

4

Er fängt zu sprechen an. Er sagt immer nur einen Satz: *Ich möcht ein solcher werden wie einmal ein andrer gewesen ist.* Er sagt den Satz hörbar ohne Begriff von dem Satz, ohne damit etwas auszudrücken als daß er eben noch keinen Begriff von dem Satz hat. Er wiederholt den Satz einige Male in gleichmäßigen Abständen.

5

In der gleichen Stellung auf dem Boden, im Schneidersitz, wiederholt Kaspar den Satz, jetzt mit fast allen möglichen Spielarten von Ausdruck. Er setzt ihn mit dem Ausdruck der Beharrlichkeit. Er setzt ihn mit dem Ausdruck der Frage. Er ruft den Satz aus. Er skandiert. Er spricht den Satz freudig. Er spricht den Satz erleichtert. Er spricht mit Gedankenstrichen. Er spricht ihn mit Wut und Ungeduld. Er spricht den Satz mit äußerster Angst. Er spricht ihn wie einen Gruß, wie eine Anrufung aus einer Litanei[1], wie eine Antwort auf eine Frage, wie einen Befehl, wie eine Bitte. Dann, eintönig zwar, singt er den Satz. Schließlich schreit er ihn.

6

Als er so nicht weiterkommt, steht er auf. Er versucht zunächst, mit einer Bewegung aufzustehen. Das gelingt ihm nicht. Er fällt aus halber Höhe auf den Boden zurück. Er fällt beim zweiten Versuch, fast ganz aufgerichtet, auf den Boden zurück. Jetzt zieht er langwierig die Beine unter sich hervor, wobei die Fußspitzen zum Beispiel in den Kniekehlen hängenbleiben. Er nimmt schließlich die Hände zuhilfe und zieht die Beine auseinander. Er streckt die Beine aus. Er schaut die Beine an. Er knickt gleichzeitig die Knie und zieht sie an sich. Plötzlich hockt er. Er schaut zu, wie sich der Boden von ihm entfernt. Er zeigt, mit der ganzen Hand, auf den sich entfernenden Boden. Er sagt verwundert den Satz. Er steht jetzt aufrecht da, wendet den Kopf hin und her, zu den Gegenständen, und sagt wieder den Satz: *Ich möcht ein solcher werden wie einmal ein andrer gewesen ist.*

(1968)*

[1] Wechsel-, Bittgebet

Arbeitshinweise

1. Analysieren Sie den Auszug aus den Regieanweisungen zu „Kaspar" in Bezug auf Peter Handkes Bühnenkonzeption:
   - Was ist die Bühne nach Peter Handke, was ist bzw. leistet sie nicht?
   - Wie will der Autor das Verhältnis von Theater (Bühne) und Wirklichkeit verstanden wissen?
   - Welche Rolle spielt bei Peter Handkes „theatralischem Vorgang" der Zuschauer?

2. Stellen Sie fest, was in dem Anfangsteil des Sprechstücks (1–6) dargestellt wird. Finden Sie dazu Überschriften für die einzelnen Phasen.

3. Betrachten Sie den Dramentext als literarische Gestaltung des Beginns der „Menschwerdung". Wodurch ist die Abfolge der einzelnen Phasen bestimmt?

4. Erörtern Sie die Bedeutung des Satzes: „Ich möcht ein solcher werden wie einmal ein andrer gewesen ist." Beziehen Sie folgende Aussage in Ihre Überlegungen ein:

   „Mensch- und Ichwerdung durch Sprachwerdung heißt notwendig, so wie die ‚anderen' zu werden, sich in die vorgegebene Sprachwirklichkeit einzufügen."

   (Wilfried Barner, Geschichte der deutschen Literatur von 1945 bis zur Gegenwart, München 1994, S. 500)

5. Vergleichen Sie Kaspars Satz in Peter Handkes Sprechstück mit dem ersten Satz, den der historische Kaspar Hauser gesprochen haben soll: „Ich möchte a söchener Reiter wärn, wie mei Voter aner geween is." Welche Absicht könnte Peter Handke mit der Veränderung des überlieferten Satzes verbunden haben?

6. Versuchen Sie, den Anfangsteil des Sprechstücks „Kaspar" (1–6) oder einzelne Phasen, insbes. die fünfte, möglichst textnah zu spielen.

Wichtige Autorinnen, Autoren und Werke:

Ilse Aichinger (geb. 1921)
Schriftstellerin, 1953 mit Günter Eich bis zu dessen Tod verheiratet (s. Kapitel 18), bedeutende Repräsentantin bereits der österreichischen Nachkriegsliteratur wird sie 1995 mit dem Großen Österreichischen Staatspreis für Literatur ausgezeichnet.
Werke: Erzählungen, *Rede unter dem Galgen*, *Der Gefesselte* (in diesem Sammelband: *Das Fenster-Theater*), *Nachricht vom Tag*, *Meine Sprache und ich*; Lyrik, *Verschenkter Rat*, *Kurzschlüsse*; Hörspiele, z. B. *Knöpfe*.

Rose Ausländer (1901–1988)
Aus der Bukowina stammende deutsch- und englischsprachige Lyrikerin, lebte in Rumänien, Österreich, Deutschland und in den USA.
Werke: Der Gedichtband *Blinder Sommer* (1965) bringt Rose Ausländer den ersten literarischen Erfolg; bis zu ihrem Tod veröffentlicht sie zahlreiche Gedichtbände, die teilweise hohe Auflagen erreichen, *36 Gerechte*, *Ohne Visum*, *Andere Zeichen*, *Noch ist Raum*, *Doppelspiel*, *Einverständnis*, *Im Atemhaus wohnen*, *Einen Drachen reiten*, *Ich spiele noch*, *Der Traum hat offene Augen*.

Ingeborg Bachmann (1926–1973)
Bereits ihre ersten Veröffentlichungen in den Fünfzigerjahren machen Ingeborg Bachmann als Lyrikerin bekannt; 1968 erhält sie den Großen Österreichischen Staatspreis für Literatur.
Werke: *Die gestundete Zeit* und *Anrufung des Großen Bären* (Gedichte); außerdem Hörspiele, z. B. *Der gute Gott von Manhattan*, und Erzählungen, *Das dreißigste Jahr* und *Simultan*.

Thomas Bernhard (1931–1989)
: Äußerst produktiver Schriftsteller
Werke: Romane, *Frost, Die Ursache. Eine Andeutung, Der Keller. Eine Entziehung, Der Atem. Eine Entscheidung, Ein Kind,* autobiographische Prosa, *Die Kälte. Eine Isolation,* sowie Stücke, *Die Jagdgesellschaft, Heldenplatz*

Erich Fried (1921–1988)
: Neben Hans Magnus Enzensberger (s. Kapitel 19) der Hauptvertreter der politischen Lyrik im deutschsprachigen Raum der Sechzigerjahre, überrascht 1979 durch sein Buch *Liebesgedichte*, das einer der erfolgreichsten deutschsprachigen Lyrikbände ist und Erich Fried einem größeren Leserkreis erschließt.
Werke: *Liebesgedichte, Lebensschatten, Das Nahe suchen, Es ist was es ist* (sein vermutlich bekanntestes Gedicht).

Peter Handke (geb. 1942)
: Schriftsteller, 1966 gelingt ihm mit seinem „Sprechstück" *Publikumsbeschimpfung* der Durchbruch als Autor; 1987 erhält er den Großen Österreichischen Staatspreis für Literatur.
Werke: Die Sprechstücke *Publikumsbeschimpfung* und *Kaspar*, Gedichte wie *Die Innenwelt der Außenwelt der Innenwelt*, Prosa, z. B. *Der kurze Brief zum langen Abschied, Drei Versuche. Versuch über die Müdigkeit. Versuch über die Jukebox. Versuch über den geglückten Tag.*

Ernst Jandl (1925–2000)
: Vielfach ausgezeichneter Schriftsteller, wichtigster Vertreter der deutschsprachigen experimentellen Lyrik.
Werke: *Laut und Luise* (Gedichtsammlung, darin z. B. *schtzngrmm* und *lichtung*), *Sprechblasen* (Gedichte) und *idyllen* (Gedichte).

Elfriede Jelinek (geb. 1946)
: Schriftstellerin, 2004 mit dem Literaturnobelpreis ausgezeichnet (s. Kapitel 24).
Werke: Die Romane *Die Klavierspielerin* und *Lust*, Jelineks bisher meistverkauftes Werk, sowie Stücke, z. B. *Krankheit* oder *Moderne Frauen*.

Grundlegende Literatur:

Barbara Baumann, Birgitta Oberle: *Deutsche Literatur in Epochen.* Ismaning, 2. überarbeitete Aufl. 1996

Ernst Fischer (Hrsg.): *Hauptwerke der österreichischen Literatur. Einzeldarstellungen und Interpretationen.* München 1997

Herbert Zeman (Hg.): *Geschichte der Literatur in Österreich: Von den Anfängen bis zur Gegenwart.* Bd. 7: *Das 20. Jahrhundert.* Graz 1999

22 Schweizer Literatur der Gegenwart

Die Schweizerische Eidgenossenschaft, bereits nach der Verfassung von 1874 ein demokratischer Bundesstaat mit 25 Kantonen, blickt auf eine lange mehrsprachige Literaturtradition (in Deutsch, Französisch, Italienisch und Rätoromanisch) zurück. „Bis auf die Literatur in rätoromanischer Sprache kann man die Schweizer Literatur jeweils im Zusammenhang mit dem gleichsprachigen Nachbarland sehen"[1], die Literatur der deutschsprachigen Schweiz also im Zusammenhang mit der deutschen und österreichischen Literatur.

Das Jahr 1945 bedeutet auch in der Schweiz – wenn auch nicht in dem besonderen Maße wie in Deutschland und Österreich – einen Einschnitt auf literarischem Gebiet. Während der nationalsozialistischen und faschistischen Diktatur über große Teile Europas erfüllt die Schweiz, die nicht am Zweiten Weltkrieg teilnimmt und neutral bleibt, eine wesentlich bewahrende Funktion. Das Land nimmt so manche Exilsuchende auf, darunter auch Literaten, und schafft mit dem Schauspielhaus Zürich ein demonstrativ antitotalitäres Theater. Nach dem Zusammenbruch des Dritten Reiches gibt es für die in der Schweiz lebenden Schriftstellerinnen und Schriftsteller auch wieder die Möglichkeit, in Deutschland und Österreich wirksam zu sein. **Räumliche Nähe und geistige Distanz zum deutschen Nachbarn** bilden ihre wesentlichen Charakteristika.

Als positive Konstante der Schweizer Literatur gelten die **eigenartige Verbindung des Lokalen mit dem Universalen** sowie eine **humanistische europäische Haltung**.

Die erste Nachkriegszeit bis hin in die 60er-Jahre ist durch die epischen und dramatischen Werke zweier bedeutender Autoren geprägt, Max Frisch und Friedrich Dürrenmatt, die erheblich zur internationalen Geltung moderner deutschsprachiger Literatur beitragen.

Die Schweizer Dichtung der letzten Jahrzehnte weist ähnliche **Krisenaspekte** wie die übrige moderne deutschsprachige Literatur auf, zu denen das Abbrechen der Tradition, die Auflösung eines festen Menschenbildes und die Suche nach einem neuen Wirklichkeitsverständnis gehören.

[1] Barbara Baumann, Birgitta Oberle: Deutsche Literatur in Epochen, 2. überarbeitete Auflage, Donauwörth 1996, S. 308

22.1 Kurt Marti (geb. 1921) vorzug von parlamentswahlen

<pre>
viele   einer
für einen   für viele
           alle
         für viele
          viele
         für alle
nicht   noch
alle für einen   einer für alle
              (1959)
</pre>

Claus Bremer (1924 – 1996)
Soldat

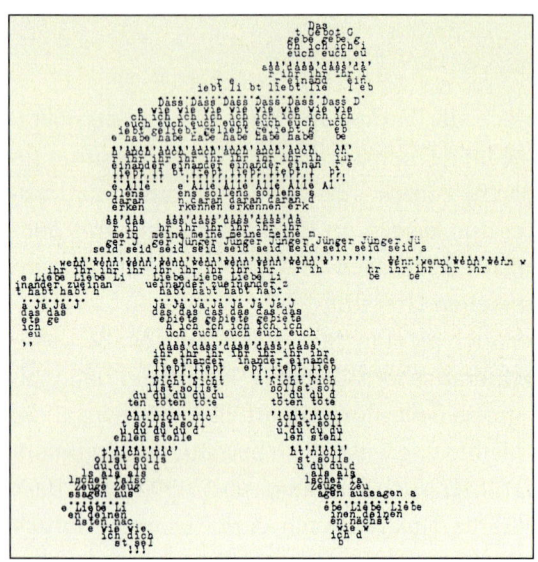

(1968)

Eugen Gomringer (geb. 1925)
3 variationen zu „kein fehler im system"

1

kein fehler im system
kein efhler im system
kein ehfler im system
kein ehlfer im system
kein ehlefr im system
kein ehlerf im system
kein ehleri fm system
kein ehleri mf system
kein ehleri ms fystem
kein ehleri ms yfstem
kein ehleri ms ysftem
kein ehleri ms ystfem
kein ehleri ms ystefm
kein ehleri ms ystemf
fkei nehler im system
kfei nehler im system
kefi nehler im system
keif nehler im system
kein fehler im system

2

kein fehler im system
kein fehler imt sysem
kein fehler itm sysem
kein fehler tmi sysem
kein fehler tim sysem
kein fehler mti sysem
kein fehler mit sysem

3

kein system im fehler
kein system mir fehle
keiner fehl im system
keim in systemfehler
sein kystem im fehler
ein fehkler im system
seine kehl im fyrsten
ein symfehler im sekt
kein symmet is fehler
sey festh kleinr mime

(1969)

Arbeitshinweise

1. Betrachten Sie die drei mithilfe sprachlicher Materialien hergestellten Objekte und tauschen Sie Ihre Eindrücke und Gedanken, die sie hervorrufen, miteinander aus.

2. Untersuchen Sie die drei Beispiele konkreter bzw. visueller Poesie (arbeitsteilig)
   - nach Art und Herkunft des in ihnen verwendeten Sprachmaterials (suchen Sie gegebenenfalls den Originaltext im Zusammenhang auf),
   - in Bezug auf das Verhältnis zwischen dem verwendeten Sprachmaterial und der grafischen Gestaltung (Text und Bild können z. B. gegensätzlich oder tautologisch wie „ein weißer Schimmel" sein),
   - hinsichtlich der Intentionen, die der Autor möglicherweise gegenüber dem Leser und Betrachter verwirklichen will.

3. Die Variationen des Schlüsselsatzes in dem konkreten Gedicht von Eugen Gomringer, einer sogenannten Permutation, sind nach verschiedenen Spielregeln hergestellt.
   - Welche Regel gilt für 1, welche für 2?
   - Wodurch unterscheidet sich die Regel der Variation 3 von den beiden anderen?

4. Versuchen Sie mithilfe der folgenden Beschreibungen von Eugen Gomringer zu bestimmen, welche Form der konkreten Poesie in den abgedruckten Texten jeweils vorliegt.

   ideogramme
   poetische ideogramme sind gebilde aus buchstaben und Wörtern, welche [...] als ganzes einprägsame sehgegenstände von logischem aufbau darstellen. sie sind eine der klassischen formen der konkreten poesie und wurden vorwiegend in den fünfzigerjahren geschaffen. im gegensatz zu anderen texten wirken sie als geschlossene gebilde.

   konstellationen
   konstellationen zählen wie die ideogramme, mit denen sie oft mischformen bilden, zu den charakteristischen gestaltungen der konkreten poesie. im gegensatz zu den ideogrammen sind konstellationen nicht unbedingt geschlossene gebilde. [...]
   wesentliches merkmal ist sowohl bei buchstaben- wie bei wort- und satzkonstellationen der einbezug des raumes als zwischen- und umgebungsraum, der einzelne elemente nicht nur trennt, sondern auch verbindet und dabei assoziationsmöglichkeiten schafft. konstellationen benötigen deshalb meist keine verbalen bindemittel. [...]

   piktogramme
   poetische piktogramme sind textanordnungen, deren erscheinungsbild absichtlich abbildende umrisse hat, es kann deshalb z. B. zuerst eine figur gedacht oder skizziert vorhanden sein, deren formen dann mit sprachmaterial aufgefüllt werden, oder es kann ein text durch die umrisse einer abbildenden figur begrenzt werden. [...]
   im gegensatz zu den [...] ideogrammen mit piktografischem einfluss sind piktogramme ausschließlich visuell kommunizierbare gebilde. [...]

   (konkrete poesie. deutschsprachige autoren. anthologie von eugen gomringer, Reclam, Stuttgart 1973, S. 163f.)

5. Stellen Sie selbst ein konkretes Gedicht nach einem der drei Muster her.

6. **Projektvorschlag:** Formen konkreter Poesie –
   Beziehen Sie außer den in diesem Kapitelteil zusammengestellten Texten sowie denen von Franz Mon (Kapitel 19.1) und Ernst Jandl (Kapitel 21.1) auch Ihre eigenen Gedichte (s. Aufgabe 5) in die vergleichende Betrachtung ein und ordnen Sie sie nach Formen der konkreten Poesie. Kopieren Sie die Texte nach Möglichkeit jeweils auf DIN-A4-Format und stellen Sie sie aus.

7. Suchen Sie in Zeitungen und Zeitschriften nach Werbetexten, die mit ähnlichen Mitteln gestaltet sind wie konkrete Gedichte, und analysieren Sie sie.
   - Welche Mittel der konkreten Poesie macht sich die Werbung zunutze?
   - Welche Absicht verfolgt die Werbung mit diesen Mitteln im Vergleich zur konkreten Poesie?

Warum wir manchmal Alleskönner sein müssen.

Es gibt Leute, die mögen Alleskönner nicht. Trotzdem müssen wir vom Roten Kreuz versuchen, Alleskönner zu sein; zum Beispiel in Afrika. Es fängt damit an, dass wir Schwesterorganisationen in allen Ländern Afrikas, auch in den islamischen Staaten, haben. Durch unsere Neutralität können wir selbst in Gebieten tätig werden, in denen gekämpft wird und wo kaum ein anderer den Betroffenen – vor allem der Zivilbevölkerung – helfen kann. Wir können daher überall dort helfen, wo Hilfe nötig ist. Flächendeckend und nicht nur punktuell. Hunderttausenden und nicht nur einigen wenigen. Wir können das, weil wir nicht nur die nötigen Hilfsgüter bereitstellen, sondern sie auch mit eigenen Transportmitteln dorthin bringen, wo sie am dringendsten gebraucht werden. Und wir können es, weil wir Rotkreuz-Personal einsetzen. Darum können wir auch garantieren, dass die Hilfe an die richtige Stelle gelangt. Unsere langjährige Erfahrung hilft uns dabei ebenso wie die Tatsache, dass wir vom Roten Kreuz eine der größten nichtstaatlichen Hilfsorganisationen in der Bundesrepublik sind. Das alles können wir aber nur, weil Sie uns unterstützen und – wenn Sie uns mit weiteren Spenden in Zukunft helfen. Denn jetzt wissen Sie ja, warum wir uns bemühen müssen, „Alleskönner" zu sein.

Mehr Informationen zum Thema Afrika-Hilfe bei:

Spendenkonto 41 41 41
bei allen Banken und Sparkassen

Deutsches Rotes Kreuz
Fr.-Ebert-Allee 71 · 53004 Bonn

(WAZ Nr. 97, 26.4.1986)

22.2 Max Frisch (1911 – 1991)
Homo faber. Ein Bericht (Anfang)

Der erfolgreiche Ingenieur Walter Faber sucht rückblickend und naturwissenschaftlich protokollierend Zufälligkeit und Tragik seines Lebens zu demonstrieren. Auf einem Flug begegnet er seiner eigenen Vergangenheit: zunächst in Herbert Hencke, dem Bruder seines Studienfreundes Joachim, der Hanna geheiratet hat, die von Faber ein Kind bekam; dann Sabeth, diesem Kind, also seiner Tochter, die er selbst verführt; schließlich Hanna, seiner früheren Geliebten.

Wir starteten in La Guardia, New York, mit dreistündiger Verspätung infolge Schneestürmen. Unsere Maschine war, wie üblich auf dieser Strecke, eine Super-Constellation. Ich richtete mich sofort zum Schlafen, es war Nacht. Wir warteten noch weitere vierzig Minuten draußen auf der Piste, Schnee vor den Scheinwerfern, Pulverschnee, Wirbel über der Piste,
5 und was mich nervös machte, so daß ich nicht sogleich schlief, war nicht die Zeitung, die unsere Stewardeß verteilte, FIRST PICTURES OF WORLD'S GREATEST AIR CRASH IN NEVADA, eine Neuigkeit, die ich schon am Mittag gelesen hatte, sondern einzig und allein diese Vibration in der stehenden Maschine mit laufenden Motoren – dazu der junge Deutsche neben mir, der mir sogleich auffiel, ich weiß nicht wieso, er fiel auf, wenn er den Mantel
10 auszog, wenn er sich setzte und sich die Bügelfalten zog, wenn er überhaupt nichts tat, sondern auf den Start wartete wie wir alle und einfach im Sessel saß, ein Blonder mit rosiger Haut, der sich sofort vorstellte, noch bevor man die Gürtel geschnallt hatte. Seinen Namen hatte ich überhört, die Motoren dröhnten, einer nach dem andern auf Vollgasprobe –
Ich war todmüde.
15 Ivy hatte drei Stunden lang, während wir auf die verspätete Maschine warteten, auf mich eingeschwatzt, obschon sie wußte, daß ich grundsätzlich nicht heirate.
Ich war froh, allein zu sein.
Endlich ging's los –
Ich habe einen Start bei solchem Schneetreiben noch nie erlebt, kaum hatte sich unser Fahrge-
20 stell von der weißen Piste gehoben, war von den gelben Bodenlichtern nichts mehr zu sehen, kein Schimmer, später nicht einmal ein Schimmer von Manhattan, so schneite es. Ich sah nur das grüne Blinklicht an unsrer Tragfläche, die heftig schwankte, zeitweise wippte; für Sekunden verschwand sogar dieses grüne Blinklicht im Nebel, man kam sich wie ein Blinder vor.

„Homo faber". Szene aus der Verfilmung von Schlöndorff, 1991

Rauchen gestattet.

Er kam aus Düsseldorf, mein Nachbar, und so jung war er auch wieder nicht, anfangs Dreißig, immerhin jünger als ich; er reiste, wie er mich sofort unterrichtete, nach Guatemala, geschäftlich, soviel ich verstand –

Wir hatten ziemliche Böen.

Er bot mir Zigaretten an, mein Nachbar, aber ich bediente mich von meinen eignen, obschon ich nicht rauchen wollte, und dankte, nahm nochmals die Zeitung, meinerseits keinerlei Bedürfnis nach Bekanntschaft. Ich war unhöflich, mag sein. Ich hatte eine strenge Woche hinter mir, kein Tag ohne Konferenz, ich wollte Ruhe haben, Menschen sind anstrengend. Später nahm ich meine Akten aus der Mappe, um zu arbeiten; leider gab es gerade eine heiße Bouillon, und der Deutsche (er hatte, als ich seinem schwachen Englisch entgegenkam mit Deutsch, sofort gemerkt, daß ich Schweizer bin) war nicht mehr zu stoppen. Er redete über Wetter, beziehungsweise über Radar, wovon er wenig verstand; dann machte er, wie üblich nach dem zweiten Weltkrieg, sofort auf europäische Brüderschaft. Ich sagte wenig. Als man die Bouillon gelöffelt hatte, blickte ich zum Fenster hinaus, obschon nichts andres zu sehen war als das grüne Blinklicht draußen an unsrer nassen Tragfläche, ab und zu Funkenregen wie üblich, das rote Glühen in der Motor-Haube. Wir stiegen noch immer –

Später schlief ich.

Die Böen ließen nach.

Ich weiß nicht, warum er mir auf die Nerven ging, irgendwie kannte ich sein Gesicht, ein sehr deutsches Gesicht. Ich überlegte mit geschlossenen Augen, aber vergeblich. Ich versuchte, sein rosiges Gesicht zu vergessen, was mir gelang, und schlief etwa sechs Stunden, überarbeitet wie ich war – kaum war ich erwacht, ging er mir wieder auf die Nerven.

Er frühstückte bereits.

Ich tat, als schliefe ich noch.

Wir befanden uns (ich sah es mit meinem rechten Auge) irgendwo über dem Mississippi, flogen in großer Höhe und vollkommen ruhig, unsere Propeller blinkten in der Morgensonne, die üblichen Scheiben, man sieht sie und sieht hindurch, ebenso glänzten die Tragflächen, starr im leeren Raum, nichts von Schwingungen, wir lagen reglos in einem wolkenlosen Himmel, ein Flug wie hundert andere zuvor, die Motoren liefen in Ordnung.

„Guten Tag!" sagte er –

Ich grüßte zurück.

„Gut geschlafen?" fragte er –

Man erkannte die Wasserzweige des Mississippi, wenn auch unter Dunst, Sonnenglanz drauf, Geriesel wie aus Messing oder Bronze; es war noch früher Morgen, ich kenne die Strecke, ich schloß die Augen, um weiterzuschlafen.

Er las ein Heftlein, rororo.

Es hatte keinen Zweck, die Augen zu schließen, ich war einfach wach, und mein Nachbar beschäftigte mich ja doch, ich sah ihn sozusagen mit geschlossenen Augen. Ich bestellte mein Frühstück ... Er war zum ersten Mal in den Staaten, wie vermutet, dabei mit seinem Urteil schon fix und fertig, wobei er das eine und andere (im ganzen fand er die Amerikaner kulturlos) trotzdem anerkennen mußte, beispielsweise die Deutschfreundlichkeit der meisten Amerikaner.

Ich widersprach nicht.

Kein Deutscher wünsche Wiederbewaffnung, aber der Russe zwinge Amerika dazu, Tragik, ich als Schweizer (Schwyzzer, wie er mit Vorliebe sagte) könne alldies nicht beurteilen, weil

nie im Kaukasus gewesen, er sei im Kaukasus gewesen, er kenne den Iwan, der nur durch Waffen zu belehren sei. Er kenne den Iwan! Das sagte er mehrmals. Nur durch Waffen zu belehren! sagte er, denn alles andere mache ihm keinen Eindruck, dem Iwan –
Ich schälte meinen Apfel.
Unterscheidung nach Herrenmenschen und Untermenschen, wie's der gute Hitler meinte, sei natürlich Unsinn; aber Asiaten bleiben Asiaten –
Ich aß meinen Apfel.
Ich nahm meinen elektrischen Rasierapparat aus der Mappe, um mich zu rasieren, beziehungsweise um eine Viertelstunde allein zu sein, ich mag die Deutschen nicht, obschon Joachim, mein Freund, auch Deutscher gewesen ist... In der Toilette überlegte ich mir, ob ich mich nicht anderswohin setzen könnte, ich hatte einfach kein Bedürfnis, diesen Herrn näher kennenzulernen, und bis Mexico-City, wo mein Nachbar umsteigen mußte, dauerte es noch mindestens vier Stunden. Ich war entschlossen, mich anderswohin zu setzen; es gab noch freie Sitze. Als ich in die Kabine zurückkehrte, rasiert, so daß ich mich freier fühlte, sicherer – ich vertrage es nicht, unrasiert zu sein – hatte er sich gestattet, meine Akten vom Boden aufzuheben, damit niemand drauf tritt, und überreichte sie mir, seinerseits die Höflichkeit in Person. Ich bedankte mich, indem ich die Akten in meine Mappe versorgte, etwas zu herzlich, scheint es, denn er benutzte meinen Dank sofort, um weitere Fragen zu stellen.
Ob ich für die unesco arbeite?
Ich spürte den Magen – wie öfter in der letzten Zeit, nicht schlimm, nicht schmerzhaft, ich spürte nur, daß man einen Magen hat, ein blödes Gefühl. Vielleicht war ich drum so unausstehlich. Ich setzte mich an meinen Platz und berichtete, um nicht unausstehlich zu sein, von meiner Tätigkeit, technische Hilfe für unterentwickelte Völker, ich kann darüber sprechen, während ich ganz anderes denke. Ich weiß nicht, was ich dachte. Die Unesco, scheint es, machte ihm Eindruck, wie alles Internationale, er behandelte mich nicht mehr als Schwyzzer, sondern hörte zu, als sei man eine Autorität, geradezu ehrfürchtig, interessiert bis zur Unterwürfigkeit, was nicht hinderte, daß er mir auf die Nerven ging.
Ich war froh um die Zwischenlandung.
Im Augenblick, als wir die Maschine verließen und vor dem Zoll uns trennten, wußte ich, was ich vorher gedacht hatte: Sein Gesicht (rosig und dicklich, wie Joachim nie gewesen ist) erinnerte mich doch an Joachim. –

(1957)*

Peter Bichsel (geb. 1935)
San Salvador

Er hatte sich eine Füllfeder gekauft.

Nachdem er mehrmals seine Unterschrift, dann seine Initialen, seine Adresse, einige Wellenlinien, dann die Adresse seiner Eltern auf ein Blatt gezeichnet hatte, nahm er einen neuen Bogen, faltete ihn sorgfältig und schrieb: „Mir ist es hier zu kalt", dann, „ich gehe nach Südamerika", dann hielt er inne, schraubte die Kappe auf die Feder, betrachtete den Bogen und sah, wie die Tinte eintrocknete und dunkel wurde (in der Papeterie garantierte man, dass sie schwarz werde), dann nahm er seine Feder erneut zur Hand und setzte noch großzügig seinen Namen Paul darunter.

Dann saß er da.

Später räumte er die Zeitungen vom Tisch, überflog dabei die Kinoinserate, dachte an irgendetwas, schob den Aschenbecher beiseite, zerriss den Zettel mit den Wellenlinien, entleerte seine Feder und füllte sie wieder. Für die Kinovorstellung war es jetzt zu spät.

Die Probe des Kirchenchores dauert bis neun Uhr, um halb zehn würde Hildegard zurück sein. Er wartete auf Hildegard. Zu all dem Musik aus dem Radio. Jetzt drehte er das Radio ab.

Auf dem Tisch, mitten auf dem Tisch, lag nun der gefaltete Bogen, darauf stand in blauschwarzer Schrift sein Name Paul.

„Mir ist es hier zu kalt", stand auch darauf.

Nun würde also Hildegard heimkommen, um halb zehn. Es war jetzt neun Uhr. Sie läse seine Mitteilung, erschräke dabei, glaubte wohl das mit Südamerika nicht, würde dennoch die Hemden im Kasten zählen, etwas müsste ja geschehen sein.

Sie würde in den „Löwen" telefonieren.

Der „Löwen" ist mittwochs geschlossen.

Sie würde lächeln und verzweifeln und sich damit abfinden, vielleicht.

Sie würde sich mehrmals die Haare aus dem Gesicht streichen, mit dem Ringfinger der linken Hand beidseitig der Schläfe entlangfahren, dann langsam den Mantel aufknöpfen.

Dann saß er da, überlegte, wem er einen Brief schreiben könnte, las die Gebrauchsanweisung für den Füller noch einmal – leicht nach rechts drehen – las auch den französischen Text, verglich den englischen mit dem deutschen, sah wieder seinen Zettel, dachte an Palmen, dachte an Hildegard.

Saß da.

Und um halb zehn kam Hildegard und fragte: „Schlafen die Kinder?"

Sie strich sich die Haare aus dem Gesicht.

(1964)

Arbeitshinweise

1. Analysieren Sie den Anfang des Romans „Homo faber" unter besonderer Berücksichtigung wichtiger erzählerischen Mittel (Erzählform, -verhalten, -haltung, -perspektive und Darbietungsweisen).

2. Charakterisieren Sie den Ich-Erzähler in dem „Homo faber"-Text. Beachten Sie dabei auch seine Sprache (z. B. die häufige Subjektstellung der Personalpronomen, insbes. der 1. Person Singular).

3. Untersuchen Sie die Beziehung zwischen dem Ich-Erzähler (Walter Faber) und seinem „Nachbarn" (Herbert Hencke) in Max Frischs Romananfang unter Berücksichtigung des personalen Erzählverhaltens. Gehen Sie dabei vor allem auf Walter Fabers Gesprächsverhalten und seine Einstellung gegenüber dem Deutschen ein.

4. Analysieren Sie die Kurzgeschichte „San Salvador" von Peter Bichsel in Bezug auf die Situation der Figur Paul. Beachten Sie dabei den Gegensatz zwischen der Alltagswelt des Mannes und seinen geheimen Wünschen.

5. Schreiben Sie den letzten Teil der Kurzgeschichte „San Salvador" (ab „Und um halb zehn kam Hildegard …") so um, dass das Verhalten der heimkehrenden Frau den Erwartungen des Mannes nicht entspricht und trotzdem glaubwürdig erscheint.

6. Vergleichen Sie die Beziehung zwischen den beiden Menschen in dem Romanauszug von Max Frisch und der Kurzgeschichte von Peter Bichsel unter Berücksichtigung der erzählerischen Mittel.

7. Vergleichen Sie die Kurzgeschichten „San Salvador" von Peter Bichsel und „Flitterwochen, dritter Tag" von Gabriele Wohmann (Kapitel 19.2) in Bezug auf die Problematik der (Ehe-) Partnerbeziehung.

8. **Projektvorschlag:** Untersuchen Sie die Darstellung (gestörter) menschlicher Beziehungen in deutschsprachiger Kurzprosa –
Franz Kafka: „Der Nachbar", „Eine alltägliche Verwirrung" (Kapitel 15.2);
Elisabeth Langgässer: „Untergetaucht" (Kapitel 18.2);
Heinrich Böll: „An der Brücke" (Kapitel 19.2);
Gabriele Wohmann: „Flitterwochen, dritter Tag" (Kapitel 19.2);
Ilse Aichinger: „Wo ich wohne" (Kapitel 21.2);
Peter Bichsel: „San Salvador" (Kapitel 22.2).

22.3 Friedrich Dürrenmatt (1921–1990)
Die Physiker. Eine Komödie in zwei Akten
(2. Akt, Auszug)

Mit seiner Komödie „Die Physiker", die 1962 in Zürich uraufgeführt wurde, will Friedrich Dürrenmatt das „Paradoxe" jedes auf die menschliche Vernunft gestützten Tuns zeigen.
Ein genialer Physiker (J. W. Möbius) hält sich unter vorgetäuschtem Wahnsinn in einem Irrenhaus verborgen, um die Welt vor der gefährlichen Nutzung seiner Entdeckungen zu schützen. Zwei weitere Physiker, A. J. Kilton und J. Eisler, die sich gleichfalls wahnsinnig stellen und sich Newton und Einstein nennen, versuchen im Dienste westlicher und östlicher Geheimdienste, hinter die Geheimnisse von Möbius zu kommen. Als ihr Irrsinn angezweifelt wird und ihre Vorhaben bedroht sind, ermorden sie zum Erweis ihres Wahnsinns ihre Pflegerinnen. Möbius vermag seine Kollegen von der Richtigkeit seines Verzichts zu überzeugen. (Diese Kernstelle des Dramas wird im Folgenden wiedergegeben.)
Aber die Chefärztin hat längst die Aufzeichnungen des Erfinders fotokopiert und ein von ihr aufgebauter Trust wird sich alles unterwerfen.

MÖBIUS: [...] Was wir denken, hat seine Folgen. Es war meine Pflicht, die Auswirkungen zu studieren, die meine Feldtheorie und meine Gravitationslehre haben würden. Das Resultat ist verheerend. Neue, unvorstellbare Energien würden freigesetzt und eine Technik ermöglicht, die jeder Phantasie spottet, falls meine Untersuchung in die Hände der Menschen fiele.
5 EINSTEIN: Das wird sich kaum vermeiden lassen.
NEWTON: Die Frage ist nur, wer zuerst an sie herankommt.
   Möbius lacht.
MÖBIUS: Sie wünschen dieses Glück wohl Ihrem Geheimdienst, Kilton, und dem Generalstab, der dahintersteht?
10 NEWTON: Warum nicht? Um den größten Physiker aller Zeiten in die Gemeinschaft der Physiker zurückzuführen, ist mir jeder Generalstab heilig. Es geht um die Freiheit unserer Wissenschaft und um nichts weiter. Wer diese Freiheit garantiert, ist gleichgültig. Ich diene jedem System, läßt mich das System in Ruhe. Ich weiß, man spricht heute von der Verantwortung der Physiker. Wir haben es auf einmal mit der Furcht zu tun und werden
15 moralisch. Das ist Unsinn. Wir haben Pionierarbeit zu leisten und nichts außer dem. Ob die Menschheit den Weg zu gehen versteht, den wir ihr bahnen, ist ihre Sache, nicht die unsrige.
EINSTEIN: Zugegeben. Wir haben Pionierarbeit zu leisten. Das ist auch meine Meinung. Doch dürfen wir die Verantwortung nicht ausklammern. Wir liefern der Menschheit gewaltige Machtmittel. Das gibt uns das Recht, Bedingungen zu stellen. Wir müssen Machtpoliti-
20 ker werden, weil wir Physiker sind. Wir müssen entscheiden, zu wessen Gunsten wir unsere Wissenschaft anwenden, und ich habe mich entschieden. Sie dagegen sind ein jämmerlicher Ästhet, Kilton. Warum kommen Sie dann nicht zu uns, wenn Ihnen nur an der Freiheit der Wissenschaft gelegen ist? Auch wir können es uns schon längst nicht mehr leisten, die Physiker zu bevormunden. Auch wir brauchen Resultate. Auch unser politisches System muß
25 der Wissenschaft aus der Hand fressen.
NEWTON: Unsere beiden politischen Systeme, Eisler, müssen jetzt vor allem Möbius aus der Hand fressen.

EINSTEIN: Im Gegenteil. Er wird uns gehorchen müssen. Wir beide halten ihn schließlich in Schach.

NEWTON: Wirklich? Wir beide halten wohl mehr uns in Schach. Unsere Geheimdienste sind leider auf die gleiche Idee gekommen. Machen wir uns doch nichts vor. Überlegen wir doch die unmögliche Lage, in die wir dadurch geraten sind. Geht Möbius mit Ihnen, kann ich nichts dagegen tun, weil Sie es verhindern würden. Und Sie wären hilflos, wenn sich Möbius zu meinen Gunsten entschlösse. Er kann hier wählen, nicht wir.

Einstein erhebt sich feierlich.

EINSTEIN: Holen wir die Revolver.

Newton erhebt sich ebenfalls.

NEWTON: Kämpfen wir.

Newton holt die beiden Revolver hinter dem Kamingitter, gibt Einstein dessen Waffe.

EINSTEIN: Es tut mir leid, daß die Angelegenheit ein blutiges Ende findet. Aber wir müssen schießen. Aufeinander und auf die Wärter ohnehin. Im Notfall auch auf Möbius. Er mag der wichtigste Mann der Welt sein, seine Manuskripte sind wichtiger.

MÖBIUS: Meine Manuskripte? Ich habe sie verbrannt.

Totenstille.

EINSTEIN: Verbrannt?

MÖBIUS *verlegen*: Vorhin. Bevor die Polizei zurückkam. Um sicherzugehen.

Einstein bricht in ein verzweifeltes Gelächter aus.

EINSTEIN: Verbrannt.

Newton schreit wütend auf.

NEWTON: Die Arbeit von fünfzehn Jahren.

EINSTEIN: Es ist zum Wahnsinnigwerden.

NEWTON: Offiziell sind wir es ja schon.

Sie stecken ihre Revolver ein und setzen sich vernichtet aufs Sofa.

EINSTEIN: Damit sind wir Ihnen endgültig ausgeliefert, Möbius.

NEWTON: Und dafür mußte ich eine Krankenschwester erdrosseln und Deutsch lernen.

EINSTEIN: Während man mir das Geigen beibrachte: Eine Tortur für einen völlig unmusikalischen Menschen.

MÖBIUS: Essen wir nicht weiter?

NEWTON: Der Appetit ist mir vergangen.

EINSTEIN: Schade um das Cordon bleu.

Möbius steht auf.

MÖBIUS: Wir sind drei Physiker. Die Entscheidung, die wir zu fällen haben, ist eine Entscheidung unter Physikern. Wir müssen wissenschaftlich vorgehen. Wir dürfen uns nicht von Meinungen bestimmen lassen, sondern von logischen Schlüssen. Wir müssen versuchen, das Vernünftige zu finden. Wir dürfen uns keinen Denkfehler leisten, weil ein Fehlschluß zur Katastrophe führen müßte. Der Ausgangspunkt ist klar. Wir haben alle drei das gleiche Ziel im Auge, doch unsere Taktik ist verschieden. Das Ziel ist der Fortgang der Physik. Sie wollen ihr die Freiheit bewahren, Kilton, und streiten ihr die Verantwortung ab. Sie dagegen, Eisler, verpflichten die Physik im Namen der Verantwortung der Machtpolitik eines bestimmten Landes. Wie sieht nun aber die Wirklichkeit aus? Darüber verlange ich Auskunft, soll ich mich entscheiden.

NEWTON: Einige der berühmtesten Physiker erwarten Sie. Besoldung und Unterkunft ideal, die Gegend mörderisch, aber die Klimaanlagen ausgezeichnet.

MÖBIUS: Sind diese Physiker frei?
NEWTON: Mein lieber Möbius. Diese Physiker erklären sich bereit, wissenschaftliche Probleme zu lösen, die für die Landesverteidigung entscheidend sind. Sie müssen daher verstehen –
MÖBIUS: Also nicht frei.
Er wendet sich Einstein zu.
MÖBIUS: Joseph Eisler. Sie treiben Machtpolitik. Dazu gehört jedoch Macht. Besitzen Sie die?
EINSTEIN: Sie mißverstehen mich, Möbius. Meine Machtpolitik besteht gerade darin, daß ich zugunsten einer Partei auf meine Macht verzichtet habe.
MÖBIUS: Können Sie die Partei im Sinne ihrer Verantwortung lenken, oder laufen Sie Gefahr, von der Partei gelenkt zu werden?
EINSTEIN: Möbius! Das ist doch lächerlich. Ich kann natürlich nur hoffen, die Partei befolge meine Ratschläge, mehr nicht, ohne Hoffnung gibt es nun einmal keine politische Haltung.
MÖBIUS: Sind wenigstens Ihre Physiker frei?
EINSTEIN: Da auch sie für die Landesverteidigung ...
MÖBIUS: Merkwürdig. Jeder preist mir eine andere Theorie an, doch die Realität, die man mir bietet, ist dieselbe: ein Gefängnis. Da ziehe ich mein Irrenhaus vor. Es gibt mir wenigstens die Sicherheit, von Politikern nicht ausgenützt zu werden.
EINSTEIN: Gewisse Risiken muß man schließlich eingehen.
MÖBIUS: Es gibt Risiken, die man nie eingehen darf: Der Untergang der Menschheit ist ein solches. Was die Welt mit den Waffen anrichtet, die sie schon besitzt, wissen wir, was sie mit jenen anrichten würde, die ich ermögliche, können wir uns denken. Dieser Einsicht habe ich mein Handeln untergeordnet. Ich war arm. Ich besaß eine Frau und drei Kinder. Auf der Universität winkte Ruhm, in der Industrie Geld. Beide Wege waren zu gefährlich. Ich hätte meine Arbeiten veröffentlichen müssen, der Umsturz unserer Wissenschaft und das Zusammenbrechen des wirtschaftlichen Gefüges wären die Folgen gewesen. Die Verantwortung zwang mir einen anderen Weg auf. Ich ließ meine akademische Karriere fahren, die Industrie fallen und überließ meine Familie ihrem Schicksal. Ich wählte die Narrenkappe. Ich gab vor, der König Salomo erscheine mir, und schon sperrte man mich in ein Irrenhaus.
NEWTON: Das war doch keine Lösung!
MÖBIUS: Die Vernunft forderte diesen Schritt. Wir sind in unserer Wissenschaft an die Grenzen des Erkennbaren gestoßen. Wir wissen einige genau erfaßbare Gesetze, einige Grundbeziehungen zwischen unbegreiflichen Erscheinungen, das ist alles, der gewaltige Rest bleibt Geheimnis, dem Verstande unzugänglich. Wir haben das Ende unseres Weges erreicht. Aber die Menschheit ist noch nicht so weit. Wir haben uns vorgekämpft, nun folgt uns niemand nach, wir sind ins Leere gestoßen. Unsere Wissenschaft ist schrecklich geworden, unsere Forschung gefährlich, unsere Erkenntnis tödlich. Es gibt für uns Physiker nur noch die Kapitulation vor der Wirklichkeit. Sie ist uns nicht gewachsen. Sie geht an uns zugrunde. Wir müssen unser Wissen zurücknehmen, und ich habe es zurückgenommen. Es gibt keine andere Lösung, auch für euch nicht.
EINSTEIN: Was wollen Sie damit sagen?
MÖBIUS: Ihr müßt bei mir im Irrenhaus bleiben.
NEWTON: Wir?
MÖBIUS: Ihr beide.
Schweigen.
NEWTON: Möbius! Sie können von uns doch nicht verlangen, daß wir ewig –

MÖBIUS: Ihr besitzt Geheimsender?
EINSTEIN: Na und?
MÖBIUS: Ihr benachrichtigt eure Auftraggeber. Ihr hättet euch geirrt. Ich sei wirklich verrückt.
EINSTEIN: Dann sitzen wir hier lebenslänglich. Gescheiterten Spionen kräht kein Hahn mehr nach.
MÖBIUS: Meine einzige Chance, doch noch unentdeckt zu bleiben. Nur im Irrenhaus sind wir noch frei. Nur im Irrenhaus dürfen wir noch denken. In der Freiheit sind unsere Gedanken Sprengstoff.
NEWTON: Wir sind doch schließlich nicht verrückt.
MÖBIUS: Aber Mörder.
Sie starren ihn verblüfft an.
NEWTON: Ich protestiere!
EINSTEIN: Das hätten Sie nicht sagen dürfen, Möbius!
MÖBIUS: Wer tötet, ist ein Mörder, und wir haben getötet. Jeder von uns hatte einen Auftrag, der ihn in diese Anstalt führte. Jeder von uns tötete seine Krankenschwester für einen bestimmten Zweck. Ihr, um eure geheime Mission nicht zu gefährden, ich, weil Schwester Monika an mich glaubte. Sie hielt mich für ein verkanntes Genie. Sie begriff nicht, daß es heute die Pflicht eines Genies ist, verkannt zu bleiben. Töten ist etwas Schreckliches. Ich habe getötet, damit nicht ein noch schrecklicheres Morden anhebe. Nun seid ihr gekommen. Euch kann ich nicht beseitigen, aber vielleicht überzeugen? Sollen unsere Morde sinnlos werden? Entweder haben wir geopfert oder gemordet. Entweder bleiben wir im Irrenhaus, oder die Welt wird eines. Entweder löschen wir uns im Gedächtnis der Menschen aus, oder die Menschheit erlischt.
Schweigen.
NEWTON: Möbius!
MÖBIUS: Kilton?
NEWTON: Diese Anstalt. Diese schrecklichen Pfleger. Diese bucklige Ärztin!
MÖBIUS: Nun?
EINSTEIN: Man sperrt uns ein wie wilde Tiere!
MÖBIUS: Wir sind wilde Tiere. Man darf uns nicht auf die Menschheit loslassen.
Schweigen.
NEWTON: Gibt es wirklich keinen andern Ausweg?
MÖBIUS: Keinen.
Schweigen.
EINSTEIN: Johann Wilhelm Möbius. Ich bin ein anständiger Mensch. Ich bleibe.
Schweigen.
NEWTON: Ich bleibe auch. Für immer.
Schweigen.
MÖBIUS: Ich danke euch. Um der kleinen Chance wegen, die nun die Welt doch noch besitzt, davonzukommen.
Er erhebt sein Glas.
MÖBIUS: Auf unsere Krankenschwestern!
Sie haben sich feierlich erhoben.
NEWTON: Ich trinke auf Dorothea Moser.
DIE BEIDEN ANDERN: Auf Schwester Dorothea!

NEWTON: Dorothea! Ich mußte dich opfern. Ich gab dir den Tod für deine Liebe! Nun will ich mich deiner würdig erweisen.
EINSTEIN: Ich trinke auf Irene Straub.
DIE BEIDEN ANDERN: Auf Schwester Irene!
170 EINSTEIN: Irene! Ich mußte dich opfern. Dich zu loben und deine Hingabe zu preisen, will ich vernünftig handeln.
MÖBIUS: Ich trinke auf Monika Stettler.
DIE BEIDEN ANDERN: Auf Schwester Monika!
MÖBIUS: Monika! Ich mußte dich opfern. Deine Liebe segne die Freundschaft, die wir drei
175 Physiker in deinem Namen geschlossen haben. Gib uns die Kraft, als Narren das Geheimnis unserer Wissenschaft treu zu bewahren.
Sie trinken, stellen die Gläser auf den Tisch.
NEWTON: Verwandeln wir uns wieder in Verrückte. Geistern wir als Newton daher.
EINSTEIN: Fiedeln wir wieder Kreisler und Beethoven.
180 MÖBIUS: Lassen wir wieder Salomo erscheinen.
NEWTON: Verrückt, aber weise.
EINSTEIN: Gefangen, aber frei.
MÖBIUS: Physiker, aber unschuldig.
[...]

(1961)*

„Die Physiker". Inszenierung am Deutschen Theater Berlin, 2005

Arbeitshinweise

1. Um welches Problem geht es in diesem Dramenausschnitt? Geben Sie dazu den Gesprächsverlauf knapp mit eigenen Worten wieder.

2. Stellen Sie den Standpunkt und die Argumente der drei Physiker zur Frage der Verantwortung des Wissenschaftlers in unserer Zeit dar.

A. J. Kilton (Newton)	J. W. Möbius	J. Eisler (Einstein)

3. Schreiben Sie den Dramenausschnitt um, indem Sie die Standpunkte der drei Physiker mit eigenen Argumenten, aber rollengemäß verstärken.

4. Untersuchen Sie die sprachlich-stilistische Gestaltung des Komödienauszugs. Geben Sie dazu vor allem einige Textbeispiele für komische, paradoxe und groteske Elemente.

5. Im letzten seiner „21 Punkte zu den Physikern" schreibt Friedrich Dürrenmatt:

   „Die Dramatik kann den Zuschauer überlisten, sich der Wirklichkeit auszusetzen, aber nicht zwingen, ihr standzuhalten oder sie gar zu bewältigen."

   Erläutern Sie diese Aussage am Beispiel der Komödie „Die Physiker" und sprechen Sie darüber, was der Autor mit seinem Theaterstück beabsichtigt.

6. Erörtern Sie den Gedanken des Physikers J. W. Möbius in Friedrich Dürrenmatts Komödie, dass die Naturwissenschaftler ihr Wissen „zurücknehmen" müssen, um zur Lösung des Problems der Wissenschaftsverantwortung beizutragen.

7. **Projektvorschlag:** Das Problem der Verantwortung gegenüber den Mitmenschen bzw. der Gesellschaft im modernen Drama – Analysieren und erörtern Sie die Gestaltung des Problems:
   Georg Kaiser: „Die Bürger von Calais" (Kapitel 15.3);
   Peter Weiss: „Die Ermittlung" (Kapitel 19.3);
   Heiner Müller: „Der Lohndrücker" (Kapitel 20.3);
   Friedrich Dürrenmatt: „Die Physiker" (Kapitel 22.3).

Wichtige Autorinnen, Autoren und Werke:

Peter Bichsel (geb. 1935)
Schriftsteller, 1964 mit seinen Kurzgeschichten auf einen Schlag bekannt
Werke: *Eigentlich möchte Frau Blum den Milchmann kennenlernen* (21 Kurzgeschichten, darunter *Die Tochter* und *San Salvador*), *Die Jahreszeiten* (Roman), *Kindergeschichten*.

Claus Bremer (1924–1996)
In den 50er- und 60er-Jahren ein Wegbereiter experimenteller Text- und Theaterformen, Mitbegründer der Konkreten Poesie
Werke: *Man trägt keine Mützen nach Athen* (Gedichte), *wir tragen die Taube* (Gedichtbilder), *hände weg von meinem ferrari* (gedichte, texte & essays).

Friedrich Dürrenmatt (1921–1990)
Neben Max Frisch bedeutendster Schweizer Dramatiker des 20. Jahrhunderts

Werke: Die Komödien *Die Ehe des Herrn Mississippi*, *Ein Engel kommt nach Babylon*, *Der Besuch der alten Dame*, *Die Physiker*, *Der Meteor*; aber auch Kriminalromane, *Der Richter und sein Henker* und *Der Verdacht*.

Max Frisch (1911–1991)
Schriftsteller, erreicht ein breites Publikum und findet Eingang in den Schulkanon.
Werke: Theaterstücke wie *Biedermann oder die Brandstifter* („Lehrstück ohne Lehre"), *Andorra. Stück in 12 Bildern* sowie die drei Romane *Stiller*, *Homo faber* und *Mein Name sei Gantenbein*.

Eugen Gomringer (geb. 1925)
Mitbegründer der Konkreten Poesie
Werke: *Vom Rand nach Innen, die Konstellationen 1951–1995* (Gesamtwerk Band I); *vom vers zur konstellation* (programmatischer Aufsatz).

Kurt Marti (geb. 1921)
Engagierter und kritischer Pfarrer und Schriftsteller
Werke: *Republikanische Gedichte*, *Abendland. Gedichte*, *Kleine Zeitrevue. Erzählgedichte*

Grundlegende Literatur:

Barbara Baumann, Birgitta Oberle: *Deutsche Literatur in Epochen*. Ismaning, 2. überarbeitete Aufl. 1996

Peter A. Schmid (Hg.): *Schriftstellerinnen und Schriftsteller der Gegenwart: Schweiz*. Aarau 2002

23 Gegenwartsliteratur in Deutschland – Multikulturelle Akzente

Die Gegenwartsliteratur in Deutschland ist außerordentlich vielgestaltig und spiegelt in ihren Themen die nach der „Wende" (siehe Kapitel 19 und 20) auftretenden Probleme wider: „Die 90er-Jahre werden stark bestimmt von den **geistigen und finanziellen Problemen der Vereinigung**. Die Umwandlung der volkseigenen sozialistischen Planwirtschaft in die privat-kapitalistische Marktwirtschaft führt zu erheblichen Problemen, unter anderem zu großer Arbeitslosigkeit, zu Identitätsschwierigkeiten und bisweilen auch zu Radikalisierung und Ausländerhass."[1]

Ein völlig neues Phänomen ist das massive Erscheinen deutschsprachiger Literatur von Menschen, die seit der staatlich organisierten Anwerbung ausländischer Arbeitnehmer während der Regierungszeit Konrad Adenauers aus dem Ausland nach Deutschland gekommen sind. Nach den angeworbenen Arbeitsimmigranten aus Anatolien, Nordafrika und anderen Gebieten kamen zunächst deren Familienangehörige und dann andere Personen, z. B. politische Flüchtlinge, Armutsflüchtlinge, Aussiedler. Inzwischen leben mehr als sieben Millionen Menschen ausländischer Abstammung unter uns. Nach Einschätzung des Statistischen Bundesamtes beträgt der Anteil an der Gesamtbevölkerung im Jahre 2000 etwa zehn Prozent. Von der Quantität her ist die Produktion türkischer Schriftstellerinnen und Schriftsteller im Vergleich zu anderen Nationalitäten, deren Werke zu der sogenannten **Migrantenliteratur** zu rechnen sind, mit Abstand die reichste.

„Die Motivationen zum Schreiben sind ebenso vielfältig wie Herkunft, Sozialisation und Grad der Einbindung der Autoren in die deutsche Gesellschaft. Zunächst diente das Schreiben als Therapie, um den Verlust von Heimat und Familie zu verarbeiten und die Orientierungslosigkeit in der Fremde zu artikulieren. [...] Später erst entwickelte sich das Schreiben als ein künstlerisches Medium in der Bewältigung der Auseinandersetzung mit den in der Fremde erfahrenen Problemen."[2] Damit sind schon die wichtigsten **Themen der Migrantenliteratur** angedeutet: Erinnerungen an die zurückgelassene Heimat, Probleme, die mit dem Leben zwischen zwei Kulturen auftreten, Schwierigkeiten der Integration in die deutsche Gesellschaft.

Während die Literatursprache der zur ersten Migrantengeneration der 50er- und 60er-Jahre gehörenden Autorinnen und Autoren noch ihre Muttersprache ist, schreiben viele Angehörige der „zweiten Generation", die bereits in Deutschland aufgewachsen sind, auf Deutsch. Diese junge Generation beklagt und kritisiert nicht mehr in erster Linie die Zustände in der deutschen Gastgesellschaft im Sinne der Politisierung der literarischen Produktion, sondern greift die in der übrigen modernen deutschsprachigen Literatur herrschenden Tendenzen auf und erweitert sie um eigene Erfahrungen – auch in oft spielerischer Auseinandersetzung mit der deutschen Sprache. Die Gegenwartsliteratur der Bundesrepublik wird von den in Deutschland lebenden Ausländern vor allem in der Lyrik und Epik bereichert.

---

[1] Deutsch in der Oberstufe, hg. und erarbeitet von Peter Kohrs, Paderborn 1998, S. 333

[2] Nevfel A. Cumart, Vom Schreiben in der Fremde. Einblicke in die Migrantenliteratur in Deutschland. In: Diskussion Deutsch, Heft 143, September 1995, S. 166

23.1 Said (geb. 1947)
Wo ich sterbe, ist meine Fremde

Geliebte,
auf dieser Straße kann ich
nicht einmal deine Hand halten.
Wie verspottet hier
5 die Liebe ist.
Wo ich sterbe,
ist meine Fremde.

(1981)

Zehra Çirak (geb. 1961)
Eigentum

Meine Heimat mein Land
meine Landsleute meine Sprache
meine Geschichte mein Krieg mein Sieg
meine Sehnsucht mein(e) Frau (Mann) mein Kind
5 mein Haus mein Hab und Gut meine Zukunft
meine Meinung mein Recht meine Person
mein Nachbar mein Feind in meiner Zeit

mein Gott steh mir bei dass mir alles bleibt
da kommt einfach ein anderer mit seinem mein
10 und nichts bleibt mir mehr
nichts von mir – ach du meine Güte

(1991)

Hanefi Yeter: Wohin gehöre ich? (1989)

Nevfel A. Cumart (geb. 1964)
deine Augen

stock und stein
überquerte ich
meine fußsohlen wie leder

tiefe meere
5 hinter mir
voller tang meine haare

in meinem bart raureif
ließ zurück
gewaltige berge

10 gelangte nicht
in deine augen

(e 1987, v 1993)

Cyrus Atabay (1929 – 1996)
Das magische Buch

Die erste Lektüre deines Gesichts
und die erste scheinbare Bedeutung deiner Wörter;
dann die Auslegung der Schrift
des Funkenflugs in den Augen;
5 nach dem zweiten Glas deine Wörter
als Wegweiser zu einer anderen Bedeutung
auf die du hinweist oder anspielst;
die Anfangsbuchstaben dieser Art von Begegnung
bilden das Paradies, dass alles
10 was in dieser Konfiguration steht,
die totale Kenntnis des Universums in sich birgt.

(1995)

Arbeitshinweise

1. Lesen Sie die Gedichte vor und untersuchen Sie sie in Bezug auf die angesprochenen Themen.
2. Welche spezifischen Erfahrungen von Migranten sind in den Gedichten des Iraners Said und des Deutsch-Türken Nevfel A. Cumart verarbeitet?
3. Die in Deutschland aufgewachsene Türkin Zehra Çirak gilt als „Migrationslyrikerin des Sprachspiels" (Heidi Rösch). Rechtfertigt ihr Gedicht „Eigentum" diese Bezeichnung?

4. Interpretieren Sie „Das magische Buch" des Iraners Cyrus Atabay als Liebesgedicht unter besonderer Berücksichtigung der Sprachmetaphern.

23. Gegenwartsliteratur in Deutschland – Multikulturelle Akzente

5. **Projektvorschlag:** Analysieren Sie Liebeslyrik in der deutschsprachigen Literatur des 20. Jahrhunderts im Blick auf die Aspekte der Liebe und Besonderheiten der dichterischen Gestaltung.
   Else Lasker-Schüler: „Versöhnung" (Kapitel 15.1);
   Bertolt Brecht: „Die Liebenden" (Kapitel 16.1);
   Erich Kästner: „Sachliche Romanze" (Kapitel 16.1);
   Ingeborg Bachmann: „Unterrichtet in der Liebe" (Kapitel 21.1);
   Ernst Jandl: „hommage à brancusi (2) ‚der kuss'" (Kapitel 21.1);
   Rose Ausländer: „Liebe VI" (Kapitel 21.1);
   Erich Fried: „Aber solange ich atme" (Kapitel 21.1);
   Said: „Wo ich sterbe, ist meine Fremde" (Kapitel 23.1);
   Cyrus Atabay: „Das magische Buch" (Kapitel 23.1).

23.2 Rafik Schami (geb. 1946)
Erzähler der Nacht (6. Kapitel, Auszug)

Der Syrer Rafik Schami, ein promovierter Chemiker, wurde 1946 in Damaskus geboren und stammt aus einer christlich-aramäischen Minderheit. Seit 1971 lebt er in der Bundesrepublik – von 1982 an als freier Schriftsteller. Der Autor sagt über sein Buch „Erzähler der Nacht" (1989), das bereits in zahlreiche Sprachen übersetzt ist: „Ich wollte einmal alle Möglichkeiten des Erzählens in einer Geschichte versammeln." Es ist ein Buch über Rafik Schamis alte Heimat Damaskus.

Jede Straße hat ihr Gesicht, ihren Geruch und ihre Stimme. Die Abaragasse, in der Salim wohnte, hat ein erdfarbenes, altes Gesicht voller Furchen, Kinderkritzeleien und Geschichten. Die Fenster stehen jeden Morgen neugierig auf und warten auf jede Nachricht, jede Schwalbe und jeden Geruch. Die Gasse riecht auch im Winter nach Anis. Etwa in ihrer Mitte
5 gibt es ein großes Lager für Anis, das zwei Brüdern gehört. Man erzählt die irrsinnigsten Geschichten über ihren Geiz. Es heißt, sie hätten sich zu gleicher Zeit in zwei Schwestern verliebt und sich darüber gefreut, dass die Hochzeit nur einen Pfarrer kosten würde. Es ging beinahe gut, bis eine der Frauen nach drei Monaten Verlobung gesagt haben soll: „Jeden Tag kommt ihr hierher und bleibt bis Mitternacht. Lasst uns einmal zusammen eine Kutsche
10 mieten und eine Runde in Damaskus machen und dann im Hamidije-Basar ein Eis bei Bekdasch essen." Die Brüder schauten sich entsetzt an und taumelten auf unsicheren Füßen ins Freie. Sie freuten sich ihr Leben lang dieser Rettung im letzten Augenblick vor zwei Verschwenderinnen und blieben Junggesellen. Man erzählte viele Geschichten über ihre Knauserigkeit, doch weder ihre Millionen noch der Spott der Nachbarn hat am Festklammern der
15 zwei an jedem einzelnen Piaster etwas verändert. Im Gegenteil. Je älter und reicher sie wurden, umso geiziger wurden sie.

An diesem Morgen erschien der jüngere Bruder auf dem Balkon und rief dem Kartoffelverkäufer zu: „Sind die Kartoffeln fest?" Der Verkäufer drehte sich nur kurz um und lächelte bitter. „Ich verkaufe nichts. Ich gehe hier nur spazieren", rief er nach oben.
20 „Unverschämt. Die Leute sind übersättigt, und dann jammern sie auch noch, dass sie keine Geschäfte mehr machen!", empörte sich der Millionär.

„Ein gebranntes Kind", dachte Salim und lächelte bitter. Tatsächlich kannte der Verkäufer die beiden Brüder viel zu gut. Nur ein Neuling konnte auf die höfliche Frage hereinfallen. Sobald er mit seinem Gemüsekarren nämlich bis zur Tür kam, stürzten sich die zwei auf seine Ware. Nach einer Stunde war der Verkäufer ausgelaugt und sein Gemüse angenagt. Die zwei hatten todsichere Methoden, wie sie sich mit vollen Bäuchen aus dem Geschäft zurückziehen konnten. Sie knabberten an etwas und sagten dann entsetzt: „Also hör mal, willst du uns für dumm verkaufen? Dieser halbgefressene Salatkopf soll eine Lira kosten?" Sie scheuten sich auch nicht, ungewaschenen Blumenkohl, Salatblätter und Karotten zu verdrücken.

Die geizigen Brüder lebten zurückgezogen, als gehörten sie nicht zur Gasse. Ein alter Mann mit krummen Beinen siebte für sie in großen Drahtsieben von morgens bis abends den Anis und füllte ihn in große Säcke aus Jute. Salim kannte den Mann seit über fünfzig Jahren. Er redete nie, kam jeden Morgen und verschwand im Anisstaub. Doch Salim merkte mit der Zeit, dass der Mann immer kleiner wurde. Seine Beine krümmten sich mit den Jahren, und sein Gesicht bekam die graugrüne Farbe der Aniskörner.

Umschlag von Root Lub zu dem Band von Rafik Schami: Erzähler der Nacht, © 1994 Deutscher Taschenbuch Verlag, München

Einen anderen Geruch hat die Gerade Straße, in die die Abaragasse mündet. Schon bei der Kreuzung schlägt einem der etwas muffige Geruch der Kneipe entgegen. Es riecht nach Pferden und nach Schweiß, und gäbe es den Obsthändler Karim nicht, so wäre der Gestank unerträglich. Doch Karim hatte vielleicht die besten Früchte der Welt. Sie waren immer etwas teurer als die der anderen Obsthändler, dafür sahen sie schön aus und dufteten sehr angenehm. Früchte isst man zuerst mit den Augen, dann mit der Nase und an letzter Stelle mit dem Mund. Karim gab etwas an, wenn er seine Früchte pries: „Jedes Obst, das du nicht aus fünf Metern Entfernung riechen kannst, bekommst du umsonst!" Doch unbestritten wehten die Duftfahnen weiter als nur um die Ecke. Karim stellte seine Obstkisten in zwei Reihen am Eingang seines Ladens auf. Wie zwei Reihen lustiger, bunter Zähne in einem großen Mund sah das aus.

Die Läden der Geraden Straße verliehen ihr das Antlitz eines Wesens mit großem Mund und bunten Zähnen aus Süßigkeitskästen und Nussgläsern, die prall und verlockend glänzten. Wen wundert es, dass dieser große Schlund der Geraden Straße keinem Passanten Angst einjagte. Wie die alten reichen Damaszener ihre Münder mit Goldzähnen schmückten, so schmückte sich diese schon von den Römern gebaute Straße seit uralten Zeiten mit Teppichen, Nüssen, Kupferkesseln und gedrechseltem Holz.

Salim schloss seine Augen und ging sehr langsam, mit seinen Ohren und seiner Nase die Straße erkundend. [...]

(1989)

Renan Demirkan (geb. 1955)
Schwarzer Tee mit drei Stück Zucker

Renan Demirkan wurde 1955 in Ankara geboren; ihre Kindheit und Schulzeit verbrachte sie in Deutschland. Seit Anfang der 80er-Jahre arbeitet sie als Schauspielerin für Theater, Film und Fernsehen. In ihrem 1991 veröffentlichten Roman lässt sie eine junge türkische Frau in einem deutschen Krankenhaus auf die Geburt ihres ersten Kindes warten. Während der langen, bangen Stunden im Kreißsaal durchgeht diese junge Frau die Stationen ihres Lebens; sie ist die Erzählerin auch des folgenden Auszugs, in dem sie von ihrer Mutter erzählt, die ihrem Mann nach Deutschland gefolgt ist.

[...]
Traurig sah sie ihre Töchter an: „Könntet ihr einen Tag in meinen Schuhen gehen, einen Tag mit meinen Augen sehen, ihr würdet verstehen: Es ist nicht der Weg aus dem Staub zum
5 glänzenden Asphalt, nicht die 3 000 km, die man messen kann, es ist der Blick zurück, der immer verschwommener geworden ist. Die Zeit verliert sich in uns hinein und lässt uns mit den Erinnerungen allein. Mit jedem Schritt bin ich blinder geworden." Die Mädchen beobachteten, dass sie zunehmend stiller von den
10 jährlichen Urlaubsreisen in die Türkei zurückkehrte, die sie alleine unternahm. Je tiefer sich die steile Falte zwischen ihre Augen grub, je mehr „der Blick zurück" sie betäubte, desto heftiger klammerte sie sich an „unsere Tugenden". „Wir sind Fremde hier", sagte sie und beschwor die Kinder, „anständig" zu bleiben. Sie durften weder an Schulausflügen noch an den Feiern der Mitschüler teilnehmen. „Mit der Zeit werdet ihr verstehen. Ein Mensch soll nie
15 seine Wurzeln verlassen. Hier werden wir Fremde bleiben." Das Wort „Fremde" hatte einen traurigen und zugleich hilflosen Klang, nicht nur, dass sie sich hier fremd fühlte, von den Einheimischen als „Fremde" nicht wirklich respektiert wurde, sie spürte gleichzeitig eine wachsende Entfremdung in ihrer Heimat. Sie bereute immer wieder den Entschluss, fortgegangen zu sein. Die strenggläubige Tochter eines Hadci, eines Mannes, der nach Mekka[1]
20 gepilgert war, hatte hier vor allem die religiöse Einbindung verloren. Sie betete allein, war die Einzige in der Familie, die fastete und auf den Feiertagen des arabischen Kalenders bestand, vor allem Ramadan[2] und Opferfest. Alleine kochte sie ein Dutzend verschiedener Festtagsgerichte, die nie aufgegessen wurden. Mit aller Kraft stemmte sie sich gegen das Heute, flüchtete mehr und mehr in die arabischen Suren ihres in grünem Samt eingewickelten Korans.
25 „Wenn wir zurückgehen, soll keiner mit dem Finger auf uns zeigen können. Wir sind anstän-

---

[1] Der Besuch der Kaaba in Mekka gehört zu den religiösen Pflichten aller gläubigen Muslime. Nach Sure 3,97 des Korans soll jeder Muslim diese Wallfahrt einmal in seinem Leben verrichten.
[2] Neunter Monat des islamischen Kalenders, in dem das Fasten vorgeschrieben ist

dig geblieben." Sie wollte unberührt von der freizügigen „sündigen" Lebensweise nach der Rückkehr bei Null beginnen. Wenn sie nur die Töchter heil durch diese vom Weltuntergang bedrohte Hippiezeit bis zum Abitur brächte, wäre das Schlimmste überwunden. Aber die Ältere saß wie gebannt vor dem ersten Farbfernseher und saugte fasziniert die Berichte über Demonstrationen und Open-air-Konzerte in sich auf. Tausende trugen Blumen im Haar, begegneten sich anscheinend ohne Vorurteile, liebten ohne Schamgefühl, sangen „All you need is love". Auf den Transparenten stand „Make love not war!", egal welcher Herkunft, Hautfarbe oder Konfession die Menschen waren. Das Mädchen rebellierte gegen blanke Lackschuhe, gebügelte Blusen und karierte Faltenröcke. Die mit den langen Haaren und Bärten würden sie annehmen, wie sie ist. Bei ihnen wäre sie nicht allein, dachte sie. „Das sind keine normalen Menschen, die so herumlaufen!", schrie die Mutter entsetzt, „und du auch nicht! Geh zum Arzt und lass dir den Kopf untersuchen." Kaum betrat sie abends grau vor Erschöpfung die Diele, schloss sie dreimal hinter sich ab und begann wehzutun.

An Tagen, an denen sich die steile Falte besonders tief in die Stirn grub, zog sich die müde Frau in die Küche zurück. Dann hörte man das Kratzen des Bleistifts auf linierten Briefbögen. Sie tauchte in die andere Zeit ein, träumte von der gelben Luft, einem Gemisch aus Sonne und Staub, die die widerspenstige anatolische Landschaft verschleierte und durstig machte auf den einzigartigen schwarzen Tee, der mit drei Stück Zucker serviert wurde. Sie träumte von dem Fluss, der sich unterhalb des Elternhauses durch das Tal schlängelte. Von den Wasserbüffeln, die sie dorthin zur Tränke geführt und wo sie sich am steinigen Ufer die aufgerissenen Füße gekühlt hatte. Sie dachte an den Schweißgeruch in den kühlen, flachen Zimmern, an den Duft von frischer Minze und Rosmarin, von selbst gebackenem Maisbrot und gekochtem Walnusshuhn. Da war noch der Maulbeerbaum, der größte Maulbeerbaum weit und breit, der Stamm so dick, dass ihn die drei Schwestern gerade umfassen konnten. Er stand direkt vor dem Haus auf der großen Wiese, ein paar Meter hinter dem Ziehbrunnen, und war voller weißer, süßer Früchte. In seinem Schatten verging die Zeit, das nussgroße, weiche, saftige Obst schmolz auf der Zunge, man spürte es kaum und wurde nie satt davon. Bis in die Nacht hinein schrieb sie endlose Briefe, schickte Geld an ihre Eltern für eine Waschmaschine. Sie sollten sich nicht mehr mit Wasserziehen und Wäschewaschen quälen. Aber die Stromleitung wurde nur für die Beleuchtung der einzigen Dorfstraße gelegt, und fließendes Wasser gab es auch noch nicht. Der Bruder antwortete, dass das sicher noch zehn Jahre dauern würde und man statt dessen einen Gaskocher gekauft hätte. So brauchten sie im Sommer den Ofen nicht mehr zu heizen. [...]

(1991)

Arbeitshinweise

1. Untersuchen Sie den Auszug aus Rafik Schamis „Erzähler der Nacht" in Bezug auf die Darstellung der Straßen und Menschen in Damaskus.

2. „Orientalische Sprachbilder und andere ethnische (volkseigentümliche) Metaphern, die den Bezug zu Erfahrungen in der Gegenwart widerspiegeln, werden bei Schami gern als Stilmittel verwendet."

   (Aus: „Das Wort ist die letzte Freiheit, über die wir verfügen." Ein Gespräch mit dem syrischen Erzähler und Literaten Rafik Schami, geführt von Franco Foraci. In: Diskussion Deutsch, Heft 143, September 1995, S. 190)

   Suchen Sie in dem Auszug aus „Erzähler der Nacht" Beispiele für solche sprachlichen Bilder.

3. Schildern Sie in ähnlicher Weise wie Rafik Schami eine Straße in Ihrem Wohnort.

4.

Die Bestie Exil

Oder: Wie ich ein deutscher Dichter wurde – ein ZEIT-Gespräch mit Rafik Schami, der aus seiner Heimat Syrien geflohen ist

Rafik Schami

DIE ZEIT: *Seit 25 Jahren sind Sie jetzt in Deutschland im Exil – Hälfte des Lebens. Sie haben einen deutschen Pass, schreiben in deutscher Sprache. Ihr Geburtsland können Sie nicht mehr besuchen. Nicht einmal, als Ihre Eltern starben, gewährte Ihnen Syrien die Einreise. Haben Sie Ihre Heimat endgültig verloren?*

RAFIK SCHAMI: Ich habe in Deutschland Menschen gefunden, bei denen ich mich zu Hause fühle. Auch die deutsche Sprache wurde etwas wie eine Heimat. Ich lernte, mich darin bewegen, ich gestalte sie und überschreite in ihr und mit ihr Grenzen. Die Sprache hat mich hier vielleicht sogar ein wenig schneller als Gast angenommen als die Menschen.

Keine Sehnsucht mehr nach der Welt Ihrer Jugend?

O doch! Es gibt Augenblicke der Angst oder der Trauer, da ich mich nach einem geschützten Ort sehne. Dieser Ort ist für mich die Welt meiner Kindheit. Sie reist mit mir, in meinem Gedächtnis, und erzeugt meine Sehnsucht. Die Welt der Jugend ist ein Fluchtort vor allzu viel Bedrohung, vor allzu viel Traurigkeit. [...]

Was lieben Sie an Deutschland?

Die Gastfreundschaft. Sie ist besser als ihr Ruf. Was ich aber am meisten liebe, ist die deutsche Sprache. Ich kann in ihr meinen Traum leben, in ihr bin ich zum Schriftsteller geworden. Sie ist für mich das Tor zur Welt.

Und was mögen Sie nicht an Ihrer neuen Heimat?

Es gibt einen deutschen Hang zur Tragödie, der oft die Sicht auf den Lauf der Dinge verstellt und sich in eine Weltuntergangsstimmung hineinsteigert. Oh, fünf Prozent Inflation, um Gottes willen! Dann antworte ich: In Syrien sind es dreißig Prozent. Ich wünsche mir einen etwas leichteren, angstloseren, vielleicht sogar selbstironischeren Umgang mit der Wirklichkeit. Deutschland ist im Grunde doch ein unglaublich reiches Land. Die Einzigen, die das nicht merken, sind die Deutschen selbst. [...]

Fremde, Zirkusleute oder Oppositionelle sind die Helden Ihrer Geschichten. Sie selber sind in Damaskus als Mitglied der christlich-aramäischen Gemeinde aufgewachsen, jetzt leben Sie hier in Deutschland wieder als Teil einer Minderheit, der Minderheit der Fremden.

Natürlich, alles, was ich schreibe, ist aus dieser Perspektive gesehen. Das ist mein Leben. Aber ich sehe meine Biografie als ein Geschenk. Vielleicht muss man einmal erfahren haben, was das heißt, Teil einer Minderheit zu sein, um ganz zu begreifen, wie das Zusammenleben unterschiedlicher Religionen und Kulturen funktionieren kann oder wann und warum es nicht funktioniert. Und das fehlt vielen meiner Kollegen, die zum ersten Mal in ihrem Leben den Schock erleben, im Exil über Nacht Teil einer Minderheit geworden zu sein, nicht mehr dazuzugehören. [...]

(Patrik Landolt, in: DIE ZEIT Nr. 34/1997, S. 37)

- Was können Sie dem Interview über die Situation des Schriftstellers Rafik Schami in Deutschland entnehmen?
5. Beschreiben Sie die Situation, in der sich die Mutter der Ich-Erzählerin und die Schwester in Renan Demirkans Roman „Schwarzer Tee mit drei Stück Zucker" befinden.
6. Untersuchen Sie die Darstellung der anatolischen Heimat der Mutter in Renan Demirkans Text. Wodurch könnte das Schreiben „endloser Briefe" motiviert sein? Beziehen Sie auch die Informationen des Einführungstextes zu diesem Kapitel in Ihre Überlegungen ein.

23.3 Mauricio Kagel (1931 – 2008)
Die Entstehung des Bühnenbildes als Parabel

In etwa gleicher Reihenfolge wie in den vom Alten Testament vorgeschlagenen Modellen (Erstes Buch Mose, Genesis[1,2]) erscheinen und verwandeln sich hier die Elemente:

a. *Zuerst den Himmel, dann ...*
   (Gottes Stimme leise, ohne Affekt)
5 LICHT!
   (Keine spürbare Beleuchtungsveränderung)
   (cholerisch, Feldwebelton) LICHT!!
   (Pause) LICHT!!!

Ein außerordentlicher Blitz erfasst den Zuschauerraum. Gleichzeitig:

10 b. *... stürzen die Wassermassen auf die Bühne: das vorsintflutliche Meer tritt ein.*

   DAS NÄCHSTE!

c. *Hartes Licht auf die gesamte Bühnenfläche (jedoch Himmel nicht ausleuchten).*

d. *Auf der Wasseroberfläche beginnt ein Felsen herauszuragen, der immer größer wird. Das Meer tobt wie bei einem Erdbeben.*

15 e. *Der Felsen verwandelt sich langsam in ein grünbespanntes Stück Erde. Üppige Bäume sprießen aus dem Boden mit überdimensionierten Früchten und Blumensträußen. Das Meer beruhigt sich.*

f. Es wird dunkel. Am Himmel erscheinen pulsierende Sterne, die, einer Lichtreklame ähnlich, verschiedene, sich wiederholende Konstellationen bilden (Jungfrau, Kleiner Bär, Waage, Krone, Großer Bär, Krebs, Drache, Kleiner Hund, Herkules, usw.).

g. Tagesanbruch. Zwischen einigen Bäumen sind jetzt Furchen aufgerissen. Der Ackerboden scheint zu schmelzen: zunächst unförmig, dann monsterhaft entsteht der erste Mensch aus Erde. Er zieht den braunen Erdteppich sanft an sich, um seinen Körper auszustopfen. Bäume rutschen und brechen zusammen, Früchte und Blumen trocknen aus, schrumpfen.

Der Mensch nimmt Gestalt an. Er ist vorne weitgehend nackt, mit einer (Block-)Flöte als Geschlechtsteil, die durch einen dünnen, durchsichtigen Plastikschlauch Mund zu Kernspalt des Instrumentes verbindet.

Zunächst sind nur zarte Anblasgeräusche hörbar. Erst als der Mensch seine Flöte aufmerksam betrachtet, entsteht allmählich der Wunsch, melodisch sinnvolle Verläufe zu spielen. Es sind die ersten, zaghaften Versuche, dem Instrument Musik zu entlocken; sie werden entsprechend ungeschickt, mit freudigen Überraschungen und Pausen, durchgeführt. Bruchstücke einer volkstümlichen Melodie sind erkennbar. (Da, wo die Finger nicht nach Wunsch gehorchen, werden die fehlenden Instrumentaltöne gesungen.) Sein Glück kennt keine Grenzen.

Lobpreis des göttlichen Einfalls mit Schluckauf

Mensch

LOB	DE	HER!
LOBE	DEN	HERR!
LO	DEN	HE!
L	DEN	H(A)!
LOBET	D	HERR!
LO	D	H(A)!
L	DE	
LO	DEN	HERR!
	D	HERRE!
LOBET		HE!
LOB	D	HE!
LOBET		
LOBE		HERRE!
L	DEN	HERR!
LOBE	DE	HERREN!
LOBE	DE	H(O)
LOBET		
LOB	DE	HE

📢 *(Gottes Stimme synchron dazu)*

LOB	DE	HE!
LOB	D	H!

NICHT GUT.
ALLEIN: NICHT GUT.
(Pause)
GUT.
(Schläft mit dem Schlauch im Mund ein; periodischer Flötenton)

h. *Es wird dunkel. Nur der Darsteller bleibt durch diffuses Licht erhellt. Ein Netz mit blankpolierten Knochen erscheint von oben und landet sanft auf dem Schlafenden. (Etwa die Hälfte der Knochen, zu einem skelettähnlichen Gerippe verdrahtet, ist mit phosphoreszierender Farbe angemalt.) Das Licht flackert. Ein Schnarchen. Scharfer, enger Lichtstrahl auf die Knochen: Zwei Hände mit weißen Handschuhen hinter dem Menschen ziehen eine große Rippe aus dem Netz. Black-out.*

Das Netz, in dem jetzt das ruhende Skelett deutlich zu erkennen ist, wird schnell nach oben gezogen. Nur die phosphoreszierende Rippe, sich im Atemrhythmus langsam bewegend, bleibt sichtbar. Pause.

Mensch

(ohrenzerreißender Schmerzensschrei)
AAAAIIIIIIIII!!
Gleichzeitig verschwindet die Rippe.
Nach einem Augenblick: Gegenlicht in Bodenhöhe auf die gesamte Bühnenbreite. Neben dem Menschen, durch eine Kordel verbunden, sitzt das Weib – völlig nackt. Sie schämt sich nicht. Mensch betrachtet Weib aufmerksam, sie fasst die Flöte an.

Mensch

FINGER GOTTES?

Während Weib auf dem Instrument präludiert, bläst er zart, fast schüchtern an. Ebenso zaghaft, aber mit wachsender Hingabe beginnt Weib zu singen. Es entsteht das

Große Flötenduo zur Ballade der Männin

Weib

WIE. WIE.
WIE HERRLICH!
WIE IST DEIN NAME?
WIE HERRLICH IST DEIN NAME.

MIT. MIT DEM MUNDE?
MIT DEM MUNDE WILL ICH
DICH BESINGEN.

ABER SO. SO.
ABER SO, DASS ICH MICH
SELBST
ZUM SCHWEIGEN BRINGE.
VOLLBRINGE.

WENN ICH. WENN ICH SCHAUE.
WENN ICH DAS WERK MEINER
FINGER SCHAUE:
DAS KLINGT GUT.

OHNE. ER IST OHNE.
OHNE SPRACHE, OHNE WORTE.
O MEIN FELS, MEINE KLINGE.
MEIN ERLÖSER BIS ZUM ENDE.

(1978)

Arbeitshinweise

1. Was wird in diesem Theaterstück eigentlich dargestellt?

2. Untersuchen Sie einige auffallende Gestaltungsmittel. Berücksichtigen Sie vor allem komische Elemente sowie Art und Funktion der Anspielungen und Zitate.

3. Deuten Sie den Titel „Die Entstehung des Bühnenbildes als Parabel".

4. Mauricio Kagel, 1931 in Buenos Aires geboren, war in seiner Heimat Kapellmeister und lebt seit 1957 in Deutschland. Er ist hier in erster Linie Komponist, schreibt aber auch Stücke für Theater und Film und hat die Musikalität des Neuen Hörspiels, die wechselseitige Annäherung von sprachlicher und musikalischer Form, wesentlich mitgeprägt. Mauricio Kagel versucht, vor allem die sichtbare Seite der Darbietung von Musik zu eigener künstlerischer Bedeutung zu erheben, und nennt dies „instrumentales Theater".
Inwiefern lässt das vorliegende Kurzstück die besondere „Handschrift" des Komponisten erkennen?

5. Vergleichen Sie Mauricio Kagels Kurzstück „Die Entstehung des Bühnenbildes als Parabel" mit dem Anfang von Peter Handkes Sprechstück „Kaspar" (Kapitel 21.3) in Bezug auf die Darstellung der Menschwerdung.

Wichtige Autorinnen, Autoren und Werke:

Cyrus Atabay (1929–1996)
Iranischer Schriftsteller deutscher Sprache, Lyriker in der Tradition der Sufi und der Mystik sowie des Orients des Dichter Hafis.
Werke: *An diesem Tage lasen wir keine Zeile mehr. Gedichte, Die Leidenschaft der Neugierde. Neue Gedichte, Die Linien des Lebens. Gedichte, Leise Revolten. Kleine Prosa aus drei Jahrzehnten.*

Zehra Cirak (geb. 1960)
In Istanbul geborene deutschsprachige Dichterin, die als Zweijährige nach Deutschland kam.
Werke: Gedichte, *Flugfänger, Vogel auf dem Rücken eines Elefanten, Fremde Flügel auf eigener Schulter, Leibesübungen*, sowie Kurzprosa, *Der Geruch von Glück.*

Nevfel A. Cumart (geb. 1964)
Einer der bekanntesten und produktivsten publizierenden deutschsprachigen Lyrikdichter türkischer Abstammung und vielgereister „Wanderer zwischen den Welten".
Werke: Gedichtbände *Das ewige Wasser, Das Lachen bewahren, Zwei Welten, Schlaftrunken die Sterne, Waves of time/Wellen der Zeit, Auf den Märchendächern, Ich pflanze Saatgut in Träume, Seelenbilder*; Erzählungen: *Hochzeit mit Hindernissen.*

Renan Demirkan (geb. 1955)
In der Türkei geborene deutsche Schriftstellerin und Schauspielerin.
Werke: *Schwarzer Tee mit drei Stück Zucker* (Roman), *Die Frau mit Bart* (Erzählung), *Es wird Diamanten regnen vom Himmel* (Roman), *Über Liebe, Götter und Rasenmäh'n* (Geschichten).

Said (geb. 1947)
Deutscher Schriftsteller iranischer Herkunft, schreibt Lyrik und Prosa in deutscher Sprache, die er als seine „Behausung" begreift.
Werke: Gedichte, *wo ich sterbe ist meine fremde, Sei Nacht zu mir. Liebesgedichte, Außenhaut Binnenträume, Psalmen, Das Haus, das uns bewohnt.*

Rafik Schami (d.i. Suhail Fādil, geb. 1946)
Syrisch-deutscher Schriftsteller, der zu den erfolgreichsten und beliebtesten deutschsprachigen Autoren der Gegenwart gehört.
Werke: *Das Schaf im Wolfspelz. Märchen & Fabeln, Der Fliegenmelker und andere Erzählungen aus Damaskus, Erzähler der Nacht, Die Sehnsucht fährt schwarz. Geschichten aus der Fremde, Der geheime Bericht über den Dichter Goethe. Wie er eine Prüfung auf einer arabischen Insel bestand* (zusammen mit Uwe-Michael Gutzschhahn), *Die Sehnsucht der Schwalbe*. Roman.

Grundlegende Literatur:

Irmgard Ackermann (Hg.): *Fremde Augen-Blicke. Mehrkulturelle Literatur in Deutschland*. Bonn 1996

Carmine Chiellino (Hg.): *Interkulturelle Literatur in Deutschland. Ein Handbuch*. Stuttgart 2007

24 Deutschsprachige Literatur der Jahrtausendwende

vers zur jahrtausendwende

Wir haben immer eine wahl,
und sei's, uns denen nicht zu beugen,
die sie uns nahmen
(Reiner Kunze)

Nach dem Zusammenbruch des Staatssozialismus in der Sowjetunion, der zur Auflösung der militärischen Blöcke führte und die deutsche Wiedervereinigung ermöglichte, bildet die „Deutsche Einheit" den wichtigsten Themenkomplex der deutschsprachigen Literatur der 1990er-Jahre und noch darüber hinaus.

Die nun fast unangefochten dominierende **bürgerlich-kapitalistische Weltdeutung** wird in Europa zunächst gestärkt durch die Installierung der Gemeinschaftsorgane, die Europäische Union und deren Erweiterung um mittel- und osteuropäische Länder sowie die Einführung des Euro, die neben dem US-Dollar internationale Leitwährung wird. Das Internet begünstigt die zunehmende Globalisierung, das Elektronikzeitalter und die Informationsgesellschaft werden zur Normalität.

Allerdings wächst auch das Bewusstsein, von sozialen, ökonomischen und ökologischen Katastrophen globalen Ausmaßes bedroht zu sein. Ein Auslöser für die **Schärfung des Krisenbewusstseins** sind die Terroranschläge auf das World Trade Center in New York City (2001); als Reaktion auf die Anschläge wird von den USA ein weltweiter Krieg gegen den (islamistischen) Terrorismus begonnen, in dem auch deutsche Soldaten, vor allem bei der Auseinandersetzung mit den Taliban, Glaubenskriegern in Afghanistan, ihr Leben lassen.

Rainer Madsen,
Bankenkrise
(2009)

24. Deutschsprachige Literatur der Jahrtausendwende

Literatur-Nobelpreis für Herta Müller

Im Jahr 2007 wird durch eine von den USA ausgehende Bankenkrise eine weltweite Finanzkrise ausgelöst, die zusammen mit anderen Faktoren einige europäische Länder an den Rand des Ruins treibt und auch Geldinstitute sowie die Realwirtschaft in Deutschland außerordentlich stark belastet.

Als mindestens ebenso gravierend ist die ökologische Krise einzustufen, weil wir durch die Umweltverschmutzung und -zerstörung, den globalen Raubbau an der Erde, die durch uns mitbewirkte Klimaveränderung und die Schrumpfung der Artenvielfalt unsere Lebensgrundlagen unwiederbringlich vernichten. Die deutschsprachigen Länder gehören durchaus zu den „ökologischen Schuldnern" auf der Welt. Die seit Langem beschworene **Medienkonkurrenz** ist zu Beginn des 21. Jahrhunderts eindeutig für das Fernsehen bzw. Internet und gegen das Buch in der Freizeit entschieden. Das gilt jedenfalls für eine von den Massenmedien organisierte Öffentlichkeit, die inzwischen einen Großteil der deutschsprachigen Gesellschaft repräsentiert. Was dem gut ausgebildeten, kulturell versierten Leserkreis an Literatur geboten wird, ist durch die Unterwerfung der meisten Verlage unter das ökonomische Diktat[1] gekennzeichnet, sodass von Literatur oft nur der „Unterhaltungswert" bleibt: „Es kann kaum noch gesagt werden, welche Funktion und welchen Wert Literatur außerhalb des Unterhaltungspostulats noch beanspruchen kann."[2]

Als Äquivalent zu dem Zeitgeist einer Gesellschaft, in dem nicht anspruchsvolle Inhalte, sondern der Unterhaltungswert, die beste Show die Publikumsgunst gewinnen, gilt auch bei der Präsentation literarischer Texte und ihrer Verfasser die beste **Inszenierung** als Erfolgsgarant. Hierzu gehören auch Produkte der „Popkultur", einer literarischen Strömung, deren Merkmale „Medienwelt, Lifestyle, Musikkultur, Fernsehen, Internetkultur – und die Inszenierung von Literatur in einem durchgestalteten künstlerischen Lebensentwurf sind"[3], bzw. Texte popkultureller Alltagswelten (von Jugendlichen), wie sie in sogenannten Poetry-Slam-Veranstaltungen dargeboten werden.

Es gibt allerdings auch Beispiele dafür, dass anspruchsvolle Literatur im beginnenden neuen Jahrtausend im deutschsprachigen Raum von Bedeutung ist. Das gilt vor allem für Erzähltexte, die durch das Hinterfragen eines Standortes mit dem Ziel der Weiterentwicklung innerhalb oder außerhalb des Bestehenden gekennzeichnet sind. Dazu zählen Romane, deren Autoren die nationalsozialistische Vergangenheit problematisieren, teilweise aus dem Motiv, über die Voraussetzungen der eigenen Biografie Klarheit zu gewinnen.[4] Einen besonderen Impuls erhält die jüngste engagierte Literatur durch die **Verleihung des Literatur-Nobelpreises an zwei deutschsprachige Schriftstellerinnen**: die Österreicherin Elfriede Jelinek (2004) für ihre gesellschaftskritischen Romane und Theaterstücke und die in Rumänien geborene Deutsche Herta Müller (2009) für ihre intensive erzählerische Darstellung des Lebens und Leidens in der Diktatur (in Rumänien) und im sowjetischen Arbeitslager.

---

[1] Vgl. André Schiffrin, Verlage ohne Verleger. Über die Zukunft der Bücher. Berlin, 2000, S. 12: „Mehr und mehr Bücher werden ganz offenkundig nur deshalb verlegt, weil man meint, dass sie sich gut vermarkten lassen, und immer weniger Titel stehen für jene gewichtigen intellektuellen bzw. kulturellen Beiträge, auf die früher kein Verlag in seinem Programm verzichtet hätte."
[2] Christian Schärf, Literatur in der Wissensgesellschaft. Göttingen, 2001, S. 16
[3] Benedikt Jeßing, Neuere deutsche Literaturgeschichte. Eine Einführung. Tübingen, 2008, S. 243
[4] Das gilt beispielsweise für Uwe Timms „Am Beispiel meines Bruders" (2003).

In Jelineks neueren Stücken agieren auf der Bühne keine Charaktere, sondern es sind „Sprachflächen", die einander konfrontieren.

Die deutschsprachige Lyrik weist eine Themen- und Formenvielfalt wie nie zuvor auf, oft geht sie virtuos mit erprobten Formtraditionen wie dem Sonett oder dem aus der japanischen Literatur stammenden Haiku um. Ein wichtiges Thema ist u. a. die Zeitlichkeit bzw. Vergänglichkeit des Daseins.

24.1 Sarah Kirsch (geb. 1935)
Aus dem Haiku-Gebiet

Unter dem Himmel des
Neuen Jahrs gehen die
Alten Leute

(1992)

Robert Gernhardt (1937 – 2006)
Es, es, es und es

Es ist nicht schön, wenn man begreift:
Du bist nur gealtert, du bist nicht gereift.

Es tut nicht gut, wenn man bemerkt:
Die Zeit hat nur deine Schwächen verstärkt.

5 Es führt nicht weit, wenn man erkennt:
Was du auch anfängst, es ist der Anfang vom End.

Es baut etwas auf, wenn man bedenkt:
Mit dem Tod bekamst du das Leben geschenkt.

(1997)

Reiner Kunze (geb. 1933)
lied

Als bete der bach in den wiesen,
so viele buchten hat er ausgekniet

Das jahr ist abgeblüht

5 Am pappelwehr staut sich der wind

(1998)

Durs Grünbein (geb. 1962)
Nachbilder. Sonette*

VIII
Und daß es Tod nicht gibt, nur Tote ... endlich war
Auch diese Einsicht nah. An einer Straßenecke,
Nach einem Unfall triebhaft dicht die Schaulustschar,
War es sehr still um eine braune Decke.
5 Orangen lagen und Zitronen breit verschmiert
Am Ende einer schwarzen Bremsspur. Im Asphalt
Versickerte ein Stirnfleck Blut. Wie konzentriert
Vorm Kühlergrill die Splitter glänzten, sternenkalt
So früh am Morgen. „Alle todgeweiht" –
10 Ein Fazit, das sie kannten und sofort vergaßen,
Im Andrang wie vorm Wurstbuffett. Sie merkten kaum,
Verführt von den Sirenen, daß die Zeit
Als erste Fahrerflucht beging. So blieb die Straße
....
Cloaca maxima[1] für jeden Traum.

(1999)

*Aus lizenzrechtlichen Gründen nicht in reformierter Schreibung

[1] Eine im antiken Rom angelegte Entwässerungsanlage des Forum Romanum.

Klaus Gasseleder (geb. 1945)
handy

mir unerklärlich schon das telefon
an schnur und dose, die
leitungsdrähte, vogelheimat.
lauschend am mast glaubte ich einst,
5 stimmen zu hören, im rauschen
ein wörtergemisch in allen sprachen
der welt – doch nun:
drahtlos und vogelfrei, die stimmen
ausgesetzt den winden
10 finden den weg, weit
zuverlässiger noch als tauben,
und ich erinnere mich:
einst lebte in unserer straße
ein alter, der hört' auch stimmen
15 in der luft, nun weiß ich,
er war nicht verrückt, war
seiner zeit um jahre nur
voraus

(2003)

Dietrich Homberger (geb. 1940)

> Krähen stelzen übers Feld
> Wendezeit
> Nichts was dich noch hält
>
> (2009)

Arbeitshinweise

1. Deuten Sie Sarah Kirschs Gedicht.
   Wie ändert sich Ihre Deutung, wenn Sie es als Reaktion auf die „Wende" durch die Wiedervereinigung Deutschlands im Jahre 1990 verstehen?

2. Die Gedichte von Sarah Kirsch (1992) und Dietrich Homberger (2009) sind Haikus. Ein Haiku ist eine lyrische Kurzform der japanischen Literatur, die in westlicher Tradition aus drei Zeilen zu 5, 7 und 5 Silben besteht. Stellen Sie fest, wie diese Gedichtform in den beiden Texten variiert worden ist.

3. Wie verstehen Sie den Titel „Es, es, es und es" des Gedichts von Robert Gernhardt? Bedenken Sie, dass dies auch der Anfang eines Volkslieds („Handwerksburschenabschied") ist. Welche weiteren „aufbauenden" Lehren kann man als junger Mensch den ersten drei Strophen entnehmen?

4. Deuten Sie die Naturmetaphern in Reiner Kunzes „lied" und vergleichen Sie das Gedicht mit dem früheren „Der hochwald erzieht seine bäume" (Kap. 20.1) desselben Autors, der 1977 die DDR verließ und in die Bundesrepublik übersiedelte.

5. Analysieren Sie Durs Grünbeins Gedicht aus dem Zyklus „Nachbilder. Sonette". Welchen Titel würden Sie dem Sonett geben?

6. Vergleichen Sie Durs Grünbeins Gedicht mit dem Sonett „Es ist alles eitell" von Andreas Gryphius (Kap. 5.1) unter besonderer Berücksichtigung der Vergänglichkeitsthematik.

7. **Robert Gernhardt**
   Materialien zu einer Kritik der bekanntesten Gedichtform italienischen Ursprungs

   > Sonette find ich sowas von beschissen,
   > so eng, rigide, irgendwie nicht gut;
   > es macht mich ehrlich richtig krank zu wissen,
   > dass wer Sonette schreibt. Dass wer den Mut
   >
   > hat, heute noch so'n dumpfen Scheiß zu bauen;
   > allein der Fakt, dass so ein Typ das tut,
   > kann mir in echt den ganzen Tag versauen.
   > Ich hab da eine Sperre. Und die Wut
   >
   > Darüber, dass so'n abgefuckter Kacker
   > Mich mittels seiner Wichsereien blockiert,
   > schafft in mir Aggressionen auf den Macker.
   >
   > Ich tick nicht, was das Arschloch motiviert.
   > Ich tick es echt nicht. Und will's echt nicht wissen:
   > Ich find Sonette unheimlich beschissen.
   >
   > (aus: Gedichte 1954–1994, Haffmans Verlag, Zürich 1996)

Welche Einstellung des Autors Robert Gernhardt gegenüber der Gedichtform Sonett ist diesem Gedicht zu entnehmen? Deuten Sie es als Parodie und berücksichtigen Sie dabei folgende Begriffserläuterung:

Parodie [...]: literarisches Werk, das in satirischer, kritischer oder polemischer Absicht ein vorhandenes, bei den Adressaten der Parodie als bekannt vorausgesetztes Werk oder Teile davon unter Beibehaltung kennzeichnender Formmerkmale, aber mit gegenteiliger Absicht nachahmt. Der durch das so entstandene Auseinanderfallen von Form und Aussageanspruch gewonnene Reiz des Komischen ist dabei umso wirkungsvoller, je größer die Fallhöhe von der Vorlage zur Parodie ist.

(Schüler-Duden „Die Literatur". Hg. von der Redaktion Duden, Mannheim, Wien, Zürich 1980, S. 312)

8. Klaus Gasseleder wurde mit seinem „handy"-Gedicht zweiter Preisträger des Dorstener Lyrikpreises 2003. Was könnte der Jury an dem Text besonders gefallen haben?
9. Versehen Sie Dietrich Hombergers Haiku mit einem Titel und begründen Sie Ihre Entscheidung.
10. Arbeiten Sie die in den vorliegenden Gedichten hervortretenden Aspekte der Thematik Zeit/Zeitlichkeit heraus.

11. Verfassen Sie ein Haiku zu dem thematischen Aspekt Zeit/Zeitlichkeit.

24.2 Bernhard Schlink (geb. 1944)
Der Vorleser

Die Handlung des Romans „Der Vorleser" ist in drei Teile gegliedert und wird aus der Erzählgegenwart der 1990er-Jahre von dem Ich-Erzähler Michael Berg dargeboten.

Im ersten Teil erzählt er, wie er Ende der 50er-Jahre als fünfzehnjähriger Schüler eine sexuell geprägte Beziehung zu der 36-jährigen Schaffnerin Hanna Schmitz unterhält, der er auf ihren Wunsch hin regelmäßig aus Schullektüren und anderen Büchern vorliest, bis sie eines Tages ohne Angabe des neues Wohnortes verzogen ist.

Der zweite Teil spielt sieben Jahre später. Michael Berg studiert Jura und besucht mit Kommilitonen einen Kriegsverbrecherprozess gegen Wärterinnen eines Außenlagers des Konzentrationslagers Auschwitz. In einer der Angeklagten erkennt er Hanna Schmitz. Sie ist die Einzige, die die Taten nicht abstreitet und sogar zugibt, einen sie

belastenden Bericht verfasst zu haben. Obwohl Michael Berg inzwischen klar geworden ist, dass Hanna Schmitz Analphabetin ist, was sie vor Gericht teilweise entlasten könnte, unternimmt er nichts, sodass Hanna als Einzige von den Angeklagten zu einer lebenslänglichen Freiheitsstrafe verurteilt wird.

Im dritten Teil, der aus 12 Kapiteln besteht, wird zunächst von Michael Bergs beruflichem Werdegang zum Rechtshistoriker und von seinem Privatleben erzählt. Seine Ehe scheitert ebenso wie andere Beziehungen zu Frauen, was er damit erklärt, dass er seine Partnerinnen ständig mit Hanna verglichen habe. Er beginnt, für die Gefangene auf Kassetten vorzulesen und diese an Hanna zu schicken. Mithilfe dieser Vorträge bringt sich Hanna selbst das Lesen und Schreiben bei und schickt ihm kurze Grüße, die er jedoch unbeantwortet lässt. Auf Veranlassung der Gefängnisleiterin bereitet er alles für Hannas nach achtzehnjähriger Haftzeit bevorstehende Entlassung vor und besucht die Gefangene eine Woche vor dem Entlassungstermin: Michael hat den Eindruck, einer alten Frau gegenüberzustehen. Einen Tag, bevor er sie abholen soll, telefoniert er noch einmal mit Hanna und hat den Eindruck, dass ihre Stimme „ganz jung geblieben" sei.

10

Am nächsten Morgen war Hanna tot. Sie hatte sich bei Tagesanbruch erhängt.

Als ich kam, wurde ich zur Leiterin gebracht. Erstmals sah ich sie, eine kleine, dünne Frau mit dunkelblonden Haaren und Brille. Sie wirkte unscheinbar, bis sie zu reden begann, mit Kraft und Wärme und strengem Blick und energischen Bewegungen der Hände und Arme.

5 Sie fragte mich nach dem Telefongespräch vom letzten Abend und der Begegnung vor einer Woche. Ob ich etwas geahnt, gefürchtet hätte. Ich verneinte. Es hatte auch keine Ahnung oder Befürchtung gegeben, die ich verdrängt hatte.

„Woher kennen Sie sich?"

„Wir wohnten in der Nähe." Sie sah mich prüfend an, und ich merkte, dass ich noch mehr
10 sagen musste. „Wir wohnten in der Nähe und haben uns kennengelernt und befreundet. Als junger Student war ich dann beim Prozess, bei dem sie verurteilt wurde."

„Wieso haben Sie Frau Schmitz Kassetten geschickt?"

Ich schwieg.

„Sie wussten, dass sie Analphabetin war, nicht wahr? Woher wussten Sie's?"

15 Ich zuckte mit den Schultern. Ich sah nicht, was Hannas und meine Geschichte sie anging. Ich hatte Tränen in Brust und Hals und Angst, nicht reden zu können. Ich wollte vor ihr nicht weinen.

Sie hat wohl gesehen, wie es um mich stand. „Kommen Sie mit, ich zeige Ihnen Frau Schmitz' Zelle." Sie ging voraus, drehte sich aber immer wieder um, um mir etwas zu berichten oder
20 zu erklären. Hier habe es einen Anschlag von Terroristen gegeben, hier sei die Näherei, in der Hanna gearbeitet hatte, hier habe Hanna einmal einen Sitzstreik gemacht, bis die Streichung der Bibliotheksmittel korrigiert wurde, hier gehe es zur Bibliothek. Vor der Zelle blieb sie stehen. „Frau Schmitz hat nicht gepackt. Sie sehen die Zelle so, wie sie in ihr gelebt hat."

Bett, Schrank, Tisch und Stuhl, an der Wand über dem Tisch ein Regal und in der Ecke hinter
25 der Tür Waschbecken und Klo. Statt eines Fensters Glasbausteine. Der Tisch war leer. Im Regal standen Bücher, ein Wecker, ein Stoffbär, zwei Becher, Pulverkaffee, Teedosen, das Kassettengerät und in zwei niedrigen Fächern die von mir besprochenen Kassetten.

„Es sind nicht alle." Die Leiterin war meinem Blick gefolgt. „Frau Schmitz hat immer einige Kassetten dem Hilfsdienst blinder Strafgefangener geliehen."

30 Ich trat an das Regal. Primo Levi, Elie Wiesel, Tadeusz Borowski, Jean Améry – die Literatur

der Opfer neben den autobiografischen Aufzeichnungen von Rudolf Höss, Hannah Arendts Bericht über Eichmann in Jerusalem und wissenschaftliche Literatur über Konzentrationslager.

„Hat Hanna das gelesen?"

„Sie hat die Bücher jedenfalls mit Bedacht bestellt. Ich habe ihr schon vor mehreren Jahren eine allgemeine KZ-Bibliografie besorgen müssen, und dann hat sie mich vor ein oder zwei Jahren gebeten, ihr Bücher über Frauen in KZs zu nennen, Gefangene und Wärterinnen. Ich habe an das Institut für Zeitgeschichte geschrieben und eine entsprechende Spezialbibliografie geschickt bekommen. Nachdem Frau Schmitz lesen gelernt hat, hat sie gleich angefangen, über KZs zu lesen."

Über dem Bett hingen viele kleine Bilder und Zettel. Ich kniete mich auf das Bett und las. Es waren Zitate, Gedichte, kleine Meldungen, auch Kochrezepte, die Hanna notiert oder wie die Bildchen aus Zeitungen und Zeitschriften ausgeschnitten hatte. „Frühling lässt sein blaues Band wieder flattern durch die Lüfte", „Wolkenschatten fliehen über Felder" – die Gedichte waren alle voller Naturfreude und -sehnsucht, und die Bildchen zeigten frühlingshellen Wald, blumenbunte Wiesen, Herbstlaub und einzelne Bäume, eine Weide am Bach, einen Kirschbaum mit reifen roten Kirschen, eine herbstlich gelb und orange flammende Kastanie. Ein Zeitungsfoto zeigte einen älteren und einen jüngeren Mann in dunklen Anzügen, die einander die Hand gaben, und in dem jüngeren, der sich vor dem älteren verbeugte, erkannte ich mich. Ich war Abiturient und bekam bei der Abiturfeier vom Rektor einen Preis überreicht. Das war lange, nachdem Hanna die Stadt verlassen hatte. Hatte sie, die nicht las, die lokale Zeitung, in der das Foto erschienen war, damals abonniert? Jedenfalls musste sie einigen Aufwand getrieben haben, um von dem Foto zu erfahren und es zu bekommen. Und während des Prozesses hatte sie es gehabt, dabeigehabt? Ich spürte wieder die Tränen in Brust und Hals.

„Sie hat mit Ihnen lesen gelernt. Sie hat sich in der Bibliothek die Bücher geliehen, die Sie auf Kassette gesprochen haben, und Wort um Wort, Satz um Satz verfolgt, was sie gehört hat. Das Kassettengerät hat das viele Ein- und Ausschalten, Vor- und Zurückspulen nicht lange ausgehalten, ging immer wieder kaputt, musste immer wieder repariert werden, und weil's dafür Genehmigungen braucht, habe ich schließlich mitgekriegt, was Frau Schmitz macht. Sie wollte es zunächst nicht sagen, aber als sie auch zu schreiben begann und mich um ein Buch mit Schreibschrift bat, hat sie es nicht länger zu verbergen versucht. Sie war auch einfach stolz, dass sie es geschafft hatte, und wollte ihre Freude mitteilen."

Ich hatte, während sie sprach, weiter mit dem Blick auf die Bilder und Zettel gekniet und die Tränen niedergekämpft. Als ich mich umdrehte und aufs Bett setzte, sagte sie: „Sie hat so darauf gehofft, dass Sie ihr schreiben. Sie bekam nur von Ihnen Post, und wenn die Post verteilt wurde und sie fragte ‚Kein Brief für mich', meinte sie mit Brief nicht das Päckchen, in dem die Kassetten kamen. Warum haben Sie nie geschrieben?"

Ich schwieg wieder. Ich hätte nicht reden, ich hätte nur stammeln und weinen können.

Sie ging zum Regal, griff eine Teedose, setzte sich neben mich und nahm ein gefaltetes Blatt aus der Tasche ihres Kostüms. „Sie hat mir einen Brief hinterlassen, eine Art Testament. Ich lese Ihnen vor, was Sie betrifft." Sie faltete das Blatt auf. „In der lila Teedose ist noch Geld. Geben Sie es Michael Berg; er soll es mit den 7 000 Mark, die auf der Sparkasse liegen, der Tochter geben, die mit ihrer Mutter den Brand der Kirche überlebt hat. Sie soll entscheiden, was damit geschieht. Und sagen Sie ihm, ich grüße ihn."

Sie hatte mir also keine Nachricht hinterlassen. Wollte sie mich kränken? Wollte sie mich strafen? Oder war ihre Seele so müde, dass sie nur noch das Allernötigste hatte tun und schreiben können? „Wie war sie all die Jahre", ich wartete, bis ich weiterreden konnte, „und wie war sie die letzten Tage?"

„Über viele Jahre hat sie hier gelebt wie in einem Kloster. Als hätte sie sich freiwillig hierher zurückgezogen, als hätte sie sich der hiesigen Ordnung freiwillig unterworfen, als sei die einigermaßen eintönige Arbeit eine Art Meditation. Bei den anderen Frauen, zu denen sie freundlich, aber distanziert war, genoss sie besonderes Ansehen. Mehr noch, sie hatte Autorität, wurde um Rat gefragt, wenn es Probleme gab, und wenn sie bei einem Streit dazwischenging, wurde akzeptiert, was sie entschied. Bis sie sich vor einigen Jahren aufgab. Sie hatte immer auf sich gehalten, war bei ihrer kräftigen Gestalt doch schlank und von peinlicher, gepflegter Sauberkeit. Jetzt fing sie an, viel zu essen, sich selten zu waschen, sie wurde dick und roch. Sie wirkte dabei nicht unglücklich oder unzufrieden. Eigentlich war es, als hätte der Rückzug ins Kloster nicht mehr genügt, als gehe es selbst im Kloster noch zu gesellig und geschwätzig zu und als müsse sie sich daher weiter zurückziehen, in eine einsame Klause, in der einen niemand mehr sieht und Aussehen, Kleidung und Geruch keine Bedeutung mehr haben. Nein, dass sie sich aufgegeben hat, war falsch gesagt. Sie hat ihren Ort neu definiert, in einer Weise, die für sie gestimmt, aber die anderen Frauen nicht mehr beeindruckt hat."

„Und die letzten Tage?"

„Sie war wie immer."

„Kann ich sie sehen?"

Sie nickte, blieb aber sitzen. „Kann einem die Welt in Jahren der Einsamkeit so unerträglich werden? Bringt man sich lieber um, als aus dem Kloster, aus der Einsiedelei wieder in die Welt zurückzukehren?" Sie wandte sich mir zu. „Frau Schmitz hat nicht geschrieben, warum sie sich umgebracht hat. Und Sie sagen nicht, was zwischen Ihnen beiden gewesen ist und vielleicht dazu geführt hat, dass Frau Schmitz sich in der Nacht vor dem Tag umbringt, an dem Sie sie abholen wollten." Sie faltete das Blatt zusammen, steckte es ein, stand auf und strich den Rock glatt. „Mich trifft ihr Tod, wissen Sie, und im Moment bin ich zornig, auf Frau Schmitz und auf Sie. Aber gehen wir."

Sie ging wieder voraus, diesmal wortlos. Hanna lag auf der Krankenstation in einer kleinen Kammer. Wir konnten gerade zwischen Wand und Trage treten. Die Leiterin schlug das Tuch zurück.

Hanna war ein Tuch um den Kopf gebunden worden, um das Kinn bis zum Eintritt der Todesstarre hochzuhalten. Das Gesicht war weder besonders friedlich noch besonders qualvoll. Es sah starr und tot aus. Als ich lange hinschaute, schien im toten Gesicht das lebende auf, im alten das junge. So muss es alten Ehepaaren gehen, dachte ich; für sie bleibt im alten Mann der junge aufgehoben und für ihn die Schönheit und Anmut der jungen Frau in der alten. Warum hatte ich den Aufschein vor einer Woche nicht gesehen?

Ich musste nicht weinen. Als die Leiterin mich nach einer Weile fragend ansah, nickte ich, und sie breitete das Tuch wieder über Hannas Gesicht.

(1995)

Uwe Timm (geb. 1940)
Am Beispiel meines Bruders

Der Autor geht in diesem autobiografischen Roman der Frage nach, warum sich sein 1943 in einem Lazarett in der Ukraine nach einer doppelten Beinamputation gestorbener Bruder Karl-Heinz freiwillig zur Waffen-SS gemeldet hat. Der damals Neunzehnjährige lebt weiter in der Trauer der Eltern, ihren Erzählungen, aber auch in den Träumen des Bruders, der kaum eigene Erinnerungen an ihn hat und erst nach mehr als einem halben Jahrhundert dem Impuls nachgibt, über ihn zu schreiben.

Erhoben werden – Lachen, Jubel, eine unbändige Freude – diese Empfindung begleitet die Erinnerung an ein Erlebnis, ein Bild, das erste, das sich mir eingeprägt hat, mit ihm beginnt für mich das Wissen von mir selbst, das Gedächtnis: Ich komme aus dem Garten in die Küche, wo die Erwachsenen stehen, meine Mutter, mein Vater, meine Schwester. Sie stehen da und sehen mich an. Sie werden etwas gesagt haben, woran ich mich nicht mehr erinnere, vielleicht: Schau mal, oder sie werden gefragt haben: Siehst du etwas? Und sie werden zu dem weißen Schrank geblickt haben, von dem mir später erzählt wurde, es sei ein Besenschrank gewesen. Dort, das hat sich als Bild mir genau eingeprägt, über dem Schrank, sind Haare zu sehen, blonde Haare. Dahinter hat sich jemand versteckt – und dann kommt er hervor, der Bruder, und hebt mich hoch. An sein Gesicht kann ich mich nicht erinnern, auch nicht an das, was er trug, wahrscheinlich Uniform, aber ganz deutlich ist diese Situation: Wie mich alle ansehen, wie ich das blonde Haar hinter dem Schrank entdecke, und dann dieses Gefühl, ich werde hochgehoben – ich schwebe.

Es ist die einzige Erinnerung an den 16 Jahre älteren Bruder, der einige Monate später, Ende September, in der Ukraine schwer verwundet wurde.

Mein Lieber Papi   *30.9.1943*

Leider bin ich am 19. schwer verwundet ich bekam ein Panzerbüchsenschuß durch beide Beine die die sie mir nun abgenommen haben. Daß rechte Bein haben sie unterm Knie abgenommen und daß linke Bein wurde am Oberschenkel abgenommen sehr große Schmerzen hob ich nicht mehr tröste die Mutti es geht alles vorbei in ein paar Wochen bin ich in Deutschland dann kanns Du Mich besuchen ich bin nicht waghalsig gewesen Nun will ich schließen

Es Grüßt Dich und Mama, Uwe und alle

Dein Kurdel

Am 16.10.1943 um 20 Uhr starb er in dem Feldlazarett 623.

Abwesend und doch anwesend hat er mich durch meine Kindheit begleitet, in der Trauer der Mutter, den Zweifeln des Vaters, den Andeutungen zwischen den Eltern. Von ihm wurde erzählt, das waren kleine, immer ähnliche Situationen, die ihn als mutig und anständig auswiesen. Auch wenn nicht von ihm die Rede war, war er doch gegenwärtig, gegenwärtiger als andere Tote, durch Erzählungen, Fotos und in den Vergleichen des Vaters, die mich, den *Nachkömmling*, einbezogen.

Mehrmals habe ich den Versuch gemacht, über den Bruder zu schreiben. Aber es blieb jedesmal bei dem Versuch. Ich las in seinen Feldpostbriefen und in dem Tagebuch, das er während seines Einsatzes in Russland geführt hat. Ein kleines Heft in einem hellbraunen Einband mit der Aufschrift *Notizen*.

35 Ich wollte die Eintragungen des Bruders mit dem Kriegstagebuch seiner Division, der SS-*Totenkopfdivision*, vergleichen, um so Genaueres und über seine Stichworte Hinausgehendes zu erfahren. Aber jedesmal, wenn ich in das Tagebuch oder in die Briefe hineinlas, brach ich die Lektüre schon bald wieder ab.

Ein ängstliches Zurückweichen, wie ich es als Kind von einem Märchen her kannte, der Geschichte von Ritter Blaubart. Die Mutter las mir abends die Märchen der Gebrüder Grimm vor, viele mehrmals, auch das Märchen von Blaubart, doch nur bei diesem mochte ich den Schluss nie hören. So unheimlich war es, wenn Blaubarts Frau nach dessen Abreise, trotz des Verbots, in das verschlossene Zimmer eindringen will. An der Stelle bat ich die Mutter, nicht weiterzulesen. Erst Jahre später, ich war schon erwachsen, habe ich das Märchen zu Ende
45 gelesen.

Da schloss sie auf, und wie die Türe aufging, schwamm ihr ein Strom Blut entgegen, und an den Wänden herum sah sie tote Weiber hängen, und von einigen waren nur die Gerippe noch übrig. Sie erschrak so heftig, dass sie die Türe gleich wieder zuschlug, aber der Schlüssel sprang dabei heraus und fiel in das Blut. Geschwind hob sie ihn auf und wollte das Blut abwaschen, aber es war umsonst,
50 *wenn sie es auf der einen Seite abgewischt, kam es auf der anderen Seite wieder zum Vorschein.*

(2003)

Herta Müller (geb. 1953)
Atemschaukel

Der Roman „Atemschaukel" führt uns in die unmittelbare Nachkriegszeit, als viele Rumäniendeutsche grundlos in sowjetische Arbeitslager verschleppt wurden. Das Leben und Leiden in einem solchen Lager mit Hunger, Erniedrigung und Gewalt ist der Hauptgegenstand des Romans, dargestellt als die fünfjährige Erfahrung eines jungen Mannes, die sein Leben prägt.

In Gesprächen mit dem 2006 verstorbenen Lyriker Oskar Pastior und anderen Überlebenden hat die Autorin den Stoff gesammelt und zu einem in zahlreiche Kapitel gegliederten Roman geformt.

Eintropfenzuvielglück für Irma Pfeifer

Schon Ende Oktober schneite es Eisnägel in den Regen. Der Begleitposten und der Vorprüfer teilten uns die Norm zu und gingen gleich wieder ins Lager, in ihre warmen Dienststuben. Auf der
5 Baustelle begann ein stiller Tag ohne Angst vor dem Geschrei der Kommandos.

Doch mitten in diesen stillen Tag hat Irma Pfeifer geschrien. Vielleicht HILFEHILFE oder ICHWILLNICHTMEHR, man hat es nicht deutlich hören können. Wir sind mit Schaufeln und Holzlatten zur Mörtelgrube gerannt, nicht schnell genug, der Bauleiter stand schon da. Wir mussten alles aus den Händen fallenlassen. Ruki na sad, Hände auf den Rücken – mit einer erhobenen Schaufel hat er uns gezwungen, tatenlos in den Mörtel zu schauen.

Die Irma Pfeifer lag mit dem Gesicht nach unten, der Mörtel machte Blasen. Erst schluckte der Mörtel ihre Arme, dann schob sich die graue Decke bis zu den Kniekehlen hoch. Ewig lang, ein paar Sekunden, wartete der Mörtel mit gekräuselten Rüschen. Dann schwappte er mit einem Mal bis zur Hüfte. Zwischen Kopf und Mütze wackelte die Brühe. Der Kopf sank und die Mütze hob sich. Mit den gespreizten Ohrenklappen trieb die Mütze langsam an den Rand wie eine aufgeplusterte Taube. Der Hinterkopf, kahlgeschoren mit den verkrusteten Läusebissen, hielt sich noch oben wie eine halbe Zuckermelone. Als auch der Kopf geschluckt war, nur noch der Buckel herausschaute, sagte der Bauleiter: Schalko, otschin Schalko.

Dann trieb er uns mit der Schaufel an den Baustellenrand zu den Kalkfrauen, alle auf einen Haufen, und schrie: Wnimanje liudej. Der Akkordeonspieler Konrad Fonn musste übersetzen: Achtung Leute, wenn ein Saboteur den Tod will, soll er ihn haben. Sie ist hineingesprungen. Die Maurer haben es vom Gerüst oben gesehen.

Wir mussten uns aufstellen und in den Lagerhof marschieren. Es gab an diesem frühen Vormittag Appell. Es schneite immer noch Eisnägel in den Regen, und wir standen von außen und von innen monströs still in unserem Entsetzen. Schischtwanjonow kam aus seiner Dienststube gerannt und brüllte. Um seinen Mund schäumte der Speichel wie bei einem überhitzten Pferd. Er warf seine Lederhandschuhe zwischen uns. Wo sie hinfielen, musste sich einer bücken und ihm den Handschuh jedesmal wieder nach vorne bringen. Wieder und wieder. Dann überließ er uns Tur Prikulitsch. Der trug einen Wachstuchmantel und Gummistiefel. Er ließ durchzählen, vortreten, zurücktreten, durchzählen, vortreten, zurücktreten bis in die Abendstunden.

Wann die Irma Pfeifer aus der Mörtelgrube geholt und wo sie verscharrt wurde, weiß niemand. Am nächsten Morgen schien die Sonne kalt und blank. Es war frischer Mörtel in der Grube, es war wie immer. Niemand hat den Vortag erwähnt. Manch einer hat bestimmt an die Irma Pfeifer gedacht und an ihre gute Mütze und den guten Watteanzug, weil die Irma Pfeifer wahrscheinlich angezogen unter die Erde kam und Tote keine Kleider brauchen, wenn Lebende erfrieren.

Die Irma Pfeifer wollte den Weg abkürzen und konnte mit dem Zementsack vor dem Bauch nicht sehen, wo ihre Füße hintreten. Der Sack war vom Eisregen vollgesoffen und ist zuallererst untergegangen. Darum konnten wir keinen Sack mehr sehen, als wir an die Mörtelgrube kamen. Das meinte der Akkordeonspieler Konrad Fonn. Meinen kann man allerhand. Wissen kann man es nicht.

(2009)

Arbeitshinweise

1. „Frau Schmitz hat nicht geschrieben, warum sie sich umgebracht hat.", teilt die Gefängnisleiterin dem Ich-Erzähler in Bernhard Schlinks Roman „Der Vorleser" mit und auch der Leser ist auf Vermutungen angewiesen. Welche Selbstmordmotive Hannas werden im 10. Kapitel angedeutet?

2. Untersuchen Sie den Anfang des Romans „Am Beispiel meines Bruders" von Uwe Timm. Berücksichtigen Sie dabei vor allem die Bedeutung der verschiedenen Textsorten – Erzählerbericht, Brief, Märchen – im Zusammenhang mit dem Tod des älteren Bruders (Karl Heinz Timm).

3. Analysieren Sie die Darstellung des Todes im Kapitel „Eintropfenzuvielglück für Irma Pfeifer" in Herta Müllers „Atemschaukel".

4. Die Königlich-Schwedische Akademie in Stockholm begründete die Vergabe des Nobelpreises für Literatur des Jahres 2009 an Herta Müller u. a. mit der Reinheit der Dichtung, die Müllers Werken innewohne. Müller zeichne „mittels der Verdichtung der Poesie und der Sachlichkeit der Prosa Landschaften der Heimatlosigkeit". (Tagesschau am 8.10.2009)
Finden Sie in dem Romanauszug Beispiele für die „Verdichtung der Poesie" (z. B. durch Metaphern, Personifikationen und Vergleiche) und die „Sachlichkeit der Prosa".

5. Stellen Sie mithilfe der Übersicht zu den Kategorien der Erzählgeschichte[1] fest, ob die Texte von Bernhard Schlink, Uwe Timm und Herta Müller eher projektiv, kritisch oder analytisch sind.

Kategorien der Erzählgeschichte

	Wer	Wem	Was	Wie
projektiv *(Bemühung um Definition eines Standortes <u>innerhalb</u> des Bestehenden)*	Ein auktorialer Erzähler bietet das Erzählte dar.	Der fiktive Leser wird als Allianzpartner gewonnen.	Der gewählte Stoff repräsentiert bereits das Neue.	Alles ordnet sich dem Entwurf unter (konstruktiv).
kritisch *(Hinterfragen eines Standortes mit dem Ziel der Weiterentwicklung <u>innerhalb</u> des Bestehenden)*	Einzelne Motive/Figurenperspektiven stören die Auktorialität.	Der fiktive Leser erhält Freiräume gegenüber der gesetzten Norm.	Der gewählte Stoff enthält Aspekte, die über ihn hinausweisen.	Es wird durch die Darbietungsweise auf Lücken im Entwurf hingewiesen (relativ).
analytisch *(Hinterfragen eines Standortes mit dem Ziel der Weiterentwicklung <u>außerhalb</u> des Bestehenden)*	Einzelne Motive/Figurenperspektiven <u>zer</u>stören die Auktorialität.	Der fiktive Leser wird aus der Identifikation ganz herausgedrängt und so befreit.	Der gewählte Stoff wird als veraltet angesehen, aus ihm werden nur die Widersprüche herausgestellt, die diese Materialbasis zu sprengen versprechen.	Nichts lässt sich mehr dem Entwurf unterordnen (dekonstruktiv).

[1] Aus: Einfach Deutsch … verstehen. Johann Wolfgang Goethe, Die Leiden des jungen Werthers. Von Hendrik Madsen. Paderborn 2010, S. 103

24.3 Elfriede Jelinek (geb. 1946)
Die Kontrakte des Kaufmanns. Eine Wirtschaftskomödie

So könnte es hier vielleicht aussehen: Der Saal fensterlos, gedämpftes Licht, Wände und Decken schwarz, Boden und Sesselreihen dunkelgrau, die Menschen dunkel gekleidet. Ganz vorn ein Podium, die Tische darauf mit schwarzen Tüchern verhängt. Wo bin ich? Beim Jahrestreffen der Gruftie-Gruppe? Der Groupies von Beerdigungsunternehmern, wüsste ich es nicht besser? „Annual General
5 *Meeting, 16 July 2008, St. Helier/Jersey, oder St. Peter Port/Guernsey, egal wo, unsere Gesellschaft lädt ein." Das steht auf der Rückwandprojektion am Ende des Saales. Eine Vokabel fehlt: Extraordinary. Außerordentliche Hauptversammlung. Es geht um ein millionenschweres Geschäft. Die Bank, die Immo-Gesellschaft aus fernem Land, unnahbar unsren Schritten, wollen es hier besiegelt sehen, was sie beschlossen haben. Viele Anleger fürchten, noch mehr Geld zu verlieren. Und so wird es auch*
10 *sein. Mit ein paar hunderttausend Stimmrechten in der Tasche sitzt man hier in der Halle, Vertreter von Kleinanlegern, die nicht einmal in ihr eigenes Bad finden würden, hätten sie keinen Wegweiser in der Wohnung, aus der sie bald weggewiesen werden, denn sie haben Papiere dieser Gesellschaft gekauft. Sie haben alles verkauft, um Papiere dieser Gesellschaft zu kaufen. Was liegt herum? Macbook oder andres Notebook auf den Knien, Sie auch auf den Knien, drei elektronische Voting Ma-*
15 *chines, Taschen, Blackberry, Fotoapparat, Unterlagen, Schreibmaterialien, eine kleine Flasche Mineralwasser. Kein Tisch. Alles liegt auf dem Boden.*
Der Text kann an jeder beliebigen Stelle anfangen und aufhören. Es ist egal, wie man ihn realisiert, ich stelle mir vor, dass drei oder vier Männer ihn möglichst laut schreien. Sie müssen dabei nicht präzise vorgehen, das heißt, sie müssen nicht unbedingt immer im gleichen Rhythmus bleiben, es
20 *können sich ruhig Verschiebungen und Ungenauigkeiten bilden, aber bitte nicht mit Absicht! Man kann das auch aufnehmen und die Toiletten oder die Garderobe damit beschallen, egal ... Wenn man es aufführt, wären große Politikerköpfe aus Pappmaché, wie sie bei den Demos zum G8-Gipfel getragen werden, ganz lustig.*
[...]
25 Wir singen dem Herrn ein kleines Lied, ein seliges Lied, wir werden nicht klagen, wir werden gegen niemand klagen, und auch gegen uns wird niemand klagen, wieso denn auch? Es wäre sinnlos. Wir können Tote nun mal nicht erwecken, und totes Kapital kann nicht auferstehen, das Kapital muss arbeiten, wie gut, dass wir es nicht haben, aber wer hat es denn dann? Wer hat es dann? Wo arbeitet es jetzt? Welche Stelle hat es jetzt? Keine Ahnung, keine Ahnung. Die
30 Krise hat es, wir kriegen die Krise, und dann stellen wir das öffentliche Vertrauen wieder her, und dann nehmen wir erneut, wir können ganze Märkte deregulieren wie Flüsse, und dann regulieren wir sie wieder, ganz nach unsren Wünschen, und wenn sie friedlich in ihren Bettchen liegen, die Märkte, dann deregulieren wir sie wieder, und sie fliegen wieder raus, und sie spritzen uns ins Gesicht wie Milch aus dem Euter, das wir nach oben halten, damit nicht im-
35 mer nur das Vieh etwas davon hat. Kaum hat der Markt sich beruhigt, fliegt er schon wieder raus aus seinem Stundenhotel, in dem er stündlich das Zimmer wechselt, damit keiner Hand an ihn legen kann, während er selber, offen für alles, daliegt. So. Der Markt legt sich jetzt freiwillig ein wenig hin, na, ganz freiwillig vielleicht nicht, aber zwingen kann man ihn nicht, nein, auch nicht in einen Rahmen kann man ihn zwingen, damit Sie Ihr Risiko besser einschätzen
40 können. In der Nacht der Erde der Schatten der Geier steigt, seine Mühen mit Gekrächz er kränzt, als Pleitegeier kommt er zurück, unkenntlich, ein Skelett, so abgemagert ist er, doch

den Markt preisende Lieder des Lobes singt er immer noch, großherziger Taten Preis ist der Markt, auf den wir Sie treiben, Sie alte Sau, Sie Stimmvieh, Sie Stammtischhocker! Denn großherziger Taten Preis ist die Zierde der Toten. Die wollen nämlich nichts mehr. Solang sie leben, wollen sie was vom Markt, aber wenn sie tot sind, wollen sie ab sofort nichts mehr. Die Toten fechten uns nicht an, sie fechten keine Gerichtsurteile mehr an, und es ficht sie nicht an, dass Herkules einst einen Heiligen Hain vom Löwen befreite, die Befreiung des Marktes von wilden Tieren können wir auch Ihnen nur wärmstens empfehlen, die stören uns ziemlich, diese Tiere, ein Tier stört das andre, befreien Sie bitte unseren Markt, damit er endlich wirklich frei ist!, denn wir werden, ist der Markt erst mal befreit, schon ganz woanders sein und fressen und fressen und fressen und verkaufen und verkaufen und verkaufen. Kaufen natürlich auch, das gehört ja zusammen, das Kaufen entsündigt das Verkaufen, wie das Opfer am Altar den Mörder entsündigt. Die Politik wird diese Anregung dankbar aufgreifen, den Markt von uns zu befreien, und dann wird sie sie wieder fallenlassen. Die Sünden bestraft er ja jetzt schon. Das ist nur ein kleiner Schritt. Sie wird sich selbst an eine Rating-Agentur[1] ausliefern, die Politik, sie kann ja nicht alles allein machen, nicht wahr?, nicht wahr!, das kann sie nicht, sie lagert sich selbst aus an eine Agentur, die den Papieren die Noten gibt, unseren gute, Ihren schlechte. Den Heiligen Hain also von Löwen und andren Raubtieren befreit, und schon deckt unsere Häupter, unsere vielköpfigen Häupter – Moment, das mit der Schlange kommt später, oder sie kommt gar nicht –, unser Haupt deckt das Fell des Löwen, das wir verteilten, bevor wir ihn hatten, zu spät, jetzt behalten wir ihn, wir werfen uns das Fell des Löwen, das wir nicht verteilen werden und nie verteilen wollten, über die Rücken. Sie, lieber Kunde, schweifen derweil auf den Bergen umher und geben Kunde, die keiner hört, in den Bergen, wo die Börse keinen Kurs abhalten kann, nicht wahr?, und so hören wir nicht einmal Ihr Echo, das doch zu den Bergen gehört, nicht wahr, die Börse hält ihre Kurse derzeit lieber am Boden, sie versucht sich in Bodenhaltung, hält sie also am Boden und am Boden ab, die Kurse werden derzeit nicht abgehalten, sie hält sie nicht weg vom Boden, die Börse, nein, das tut sie nicht, das nicht, und wenn sie dort liegen, die Armen, dann kaufen wir, während Sie auf den Bergen umherschweifen und sich erholen wollen, das ist ja legitim, das ist legitim, das ist rechtmäßig, das dürfen Sie, währenddessen kaufen wir, und was Sie nicht dürfen, was Sie nicht dürfen, ist, das Volk der Kentauren, das mitten auf dem Markt gekentert ist, das wegen des Marktes gekentert ist, wir können nichts dafür, das Volk der Kentauren, der Blinden, unter denen der Einäugige König ist, niederstrecken mit dem blutigen Bogen, den Tod senden mit beschwingtem Geschoss, das dürfen Sie nicht, das dürfen nur wir, diese Arbeit dürfen nur wir erledigen, während Ihnen das Fell des Löwen davonschwimmt, das Fell des Bären und das Fell des Bullen, des Minotaurus, samt Ihren Anteilen an nichts, an nichts, an nichts. Waren da im Nichts nicht auch Pferde, waren da nicht Rösser? Ihre weiten, jedoch fruchtleeren Gefilde sehen das, Ihre Gefilde sehen Ihre fruchtlosen Bemühungen, denn wir haben diese Firma filetiert, bevor Sie schauen konnten, und die Filetstücke haben wir schon, die haben wir schon, Sie finden ja nicht einmal diese Gefilde, denn kaum ein Bereich in Ihren fruchtleeren Gefilden ist, ach, keine Ahnung, was er ist, er ist nicht, er ist nicht legitimiert, er ist nicht zur Deregulierung legitimiert und auch nicht zur Regulierung, dieser riesige reißende Strom, er ist überhaupt nicht legitimiert. Sie sind nicht legitimiert, den Markt zu betreten, haben Sie Ihre Legitimation vergessen? Dann können Sie gar nichts kaufen, dann müssen Sie sich selbst regulieren, so wie der Markt sich selbst reguliert und dann wieder deregulierte, ganz wie wir wollen, denn wir nehmen die Sache jetzt in

---

[1] Agentur, die die „Güte", die Bonität von Wertpapieren, Unternehmen u. Ä. einschätzt

die Hand, und jetzt ist sie unsere Sache. Da können Fichten sogar ihre Arme bewehren, uns kriegen sie nicht, da können Fichten mit ihren Ärmchen wedeln: Hierher!, hierher!, wer will noch mal, wer hat noch nicht?, da können Sie hoch auf dem Ross daherkommen, da können Sie im Auto daherkommen, da können Sie daherkommen, wie Sie wollen, sogar auf dem Mountainbike, wenn es hoch hergehen soll, Sie kriegen nichts, Sie kriegen uns nicht! Nie werden sie uns kriegen, nie werden sie uns kriegen, so wie sie die Hindin mit dem goldenen Geweih nicht gekriegt haben, werden sie auch uns nicht kriegen, sie werden sich keine goldene Nase verdienen, und droht das Scheitern der Flussregulierung, droht das Scheitern des Regulierungssystems, dann ändern wir halt die Regeln. Wir sagen der Politik, sie soll die Regeln ändern, und schon ändert sie sie, und wir bezwingen auf unserem hohen Ross die Hindin, die wir töten, nein, die wir am Leben lassen, für den Transport gefesselt, die gefleckte Räuberin der Gefilde, und wir verherrlichen die Räuber, die Räuber, die sind einfach sagenhaft toll. Sie sind keine Sage, aber sie sind sagenhaft toll. Wir sind es. Nicht Herkules war es, den haben wir nur vorgeschoben, an unserer Stelle steht er jetzt, so heißt jetzt unser Immo-Fonds[1], der sich endlich bewegt, aber nicht in Ihre Richtung, der nicht mehr heißt wie wir, aber wir noch sind, nein, der wir nicht mehr sind, oder doch?, jetzt kennen wir uns nicht mehr aus, nicht einmal mehr in uns selbst, wie sollen dann Sie das durchschauen? Auch Ihren Wagen bezwingen wir spielend, es ist ein Modell von vor fünf Jahren, von vorgestern, den bezwingen wir wie nichts, kaufen Sie sich ein neues Modell, damit Leben auf den Automarkt kommt, der stirbt sonst noch!, die Automarke ist nicht egal, der Automarkt auch nicht, kleinere Fahrzeuge derzeit bevorzugt, wir aber fahren die großen Schlitten, wir fahren mit Ihnen Schlitten, und wir fahren die größeren Schlitten, immer die größeren, wir bezwingen die Pferde unter Ihrer Haube spielend, wir haben mehr Pferdestärken unter unseren Hauben, als Sie überhaupt Hauben haben, wir gehen in die Haubenlokale, Sie gehen nach Hause essen und verlieren Ihre Haube im Wind, nach dem Sie sich drehen müssen, wir essen Sie auf, und Sie merken es nicht, wir fressen Ihnen die Haare vom Kopf, und Sie glauben, das wären Schicksal und Ausfall, dass Sie nun keine mehr haben?, nichts da! Nichts da. Unsere Rosse strömen schreiend und wiehernd und kopfwerfend, und es sind nicht unsere Köpfe, mit denen sie werfen, unsere Rosse strömen brüllend zu der blutigen Kost an den mordenden Krippen, dort stürmen sie hin, da liegt kein Kindlein in der Krippe, da liegen blutige Kost, blutige Kosten, die wir beim besten Willen nicht mehr runtergekriegt haben, und unsere Pferdestärke hat sie auch nicht geschafft, die sind sehr stark, die Pferde unter unseren Hauben, aber alles schaffen sie auch nicht, das schafft nicht einmal unser neuer Fonds Herakles, Herkules, Pferde, die Menschenfleisch fres-

Elfriede Jelinek, Die Kontrakte des Kaufmanns. Schauspiel Köln, 2009, Foto: © David Baltzer

---

[1] Fonds: Geld- oder Vermögensreserve für bestimmte Zwecke

sen! Pferdestärken, die Menschen über den Haufen fahren! Schrecklich, was jeden Tag geschieht, schrecklich, schrecklich, schrecklich! So viel Fleisch! Da graust einem ja! Dann übersetzen wir, ich meine, dann setzen wir über, dann setzen wir über die Silberflut, dann setzen wir über die Goldflut, der Goldpreis steigt, der Goldpreis steigt, oje, jetzt fällt er bereits wieder, doch wir haben rechtzeitig übergesetzt, so, und nachdem wir rechtzeitig den Goldpreis, diese im Abendschein leuchtende Flut, übersetzt haben, ich meine, nachdem wir übergesetzt sind, denn Gold kann man nicht übersetzen, doch, Gold kann man in einen Goldpreis übersetzen, den wir gewonnen haben, dann gehen wir zu den singenden Mädchen, des Abends kommen wir zu diesen singenden Sägen, zu diesen singenden Mädchen, nicht wahr?, wahr!, um von den goldenen Blättern die Früchte der goldenen Äpfel zu pflücken, als Apfel ist Geld auch recht schön, das finden wir, ja, Hauptsache, wir finden die goldenen Äpfel, die sind echt schön, wirklich, und einen Drachen erschlagen wir, die Geldmarktaufsicht erschlagen wir, die Finanzmarktaufsicht erschlagen wir, die Kontrollinstanzen erschlagen allesamt wir noch zuvor, die kleinen Instanzenwege schlagen wir nicht ein, wir gehen gleich in die nächste Instanz, und auf die schlagen wir dann ein, das sagen wir schon vor der ersten Instanz, wir schlagen Schädel ein, aber keine Instanzenwege, doch, wir schlagen genau den Instanzenweg ein, das kann dauern; den Drachen, der uns nicht dauert, der die goldenen Äpfel bewacht, haben wir schon zuvor erschlagen, die Aufsicht haben wir umgangen, indem wir sie aus dem Weg räumten, wegräumten, und da, die tiefen Buchten der See, Meeresstille, so weit sind wir gekommen, so weit, so gut, doch was machen wir jetzt? Was machen wir jetzt? [...]
Nichts machen wir. Wir machen doch gar nichts! Wir machen gar nichts. Wir haben nichts gemacht und machen gar nichts, wir machen die Arbeiten des Herkules, bitte, das schon, aber wir machen ansonsten gar nichts. Wir machen doch nichts. Haben wir Ihnen was gemacht? Was sagen Sie? Wir haben Ihr Geld weniger gemacht, wir hätten Ihr Geld um mindestens einen Kopf kürzer gemacht? Wir hätten Ihr Geld um sich selbst verkürzt, ganz genau um seine Summe? Wo sehen Sie hier ein Geld, dem wir irgendetwas abschlagen könnten? Wir können unserem Geld doch nie etwas abschlagen! Nein, das könnten wir nicht! Das können wir nicht. Wir können die Arbeiten des Herkules tun, aber wir können unserem Geld einfach nichts abschlagen, da werden wir schwach. Wenn es um unser Geld geht, dann werden wir schwach. [...]

Arbeiten des Herkules/Sarkophagrelief Skulptur, römisch, 1.–3. Jahrhundert. – Sarkophagrelief mit neun der zwölf Arbeiten des Herkules (v. li. Nemäischer Löwe, Lernäische Hydra, Erymanthischer Eber, Kerynithische Hirschkuh, Stymphalische Vögel, Gürtel des Hippolyte, Ställe des Augias und Kretischer Stier). Museo Nazionale Romano delle Terme

Arbeitshinweise

1. Stellen Sie fest, wer die Sprecher und wer die Angesprochenen im Bühnenraum sind. Beziehen Sie auch die Regieanweisungen am Anfang des Dramas ein.

2. Klären Sie, worüber eigentlich geredet wird, und deuten Sie die Tatsache, dass die genauere Festlegung des Redeinhalts Schwierigkeiten bereitet.

3. Untersuchen Sie die Art der Rede. Berücksichtigen Sie vor allem
   - die Selbstdarstellung der Sprechergruppe,
   - Personifikationen, insbes. des „Marktes",
   - Wortspiele (z. B. „wir aber fahren die großen Schlitten, wir fahren mit Ihnen Schlitten"),
   - religiöse und mythologische Anspielungen.

   Welche Funktion messen Sie diesen oft komischen sprachlichen Mitteln bei?

4. In welchem Zusammenhang stehen die Anspielungen auf die Herakles-Sage mit dem Immo-Fonds? Untersuchen Sie diese Anspielungen genauer, indem Sie folgende Informationen über die Taten des Sagenheldes einbeziehen:

   Herakles (griech. „der durch Hera Berühmte"), lat. Hercules, griechischer Sagenheld, der für den Herrn von Mykenai 12 Arbeiten zu verrichten hat:
   1. Besiegung des Löwen von Nemea, dessen Fell Herakles dann als Gewand trägt (daran, an der Keule und an der kraftvollen Gestalt sind Herakles-Darstellungen als solche kenntlich), und
   2. der Hydra, einer neunköpfigen Wasserschlange bei der Quelle Lerna;
   3. Einfangen der windschnellen Hirschkuh von Keryneia sowie
   4. eines Ebers;
   5. Erlegung oder Vertreibung furchtbarer Vögel,
   6. Reinigung eines Stalles, den der König Augeias von Elis hat verschmutzen lassen;
   7. Bändigung eines wilden Stiers auf Kreta und
   8. der Pferde des Thrakerkönigs Diomedes;
   9. Herbeischaffen des Gürtels der Amazonenkönigin Hippolyte,
   10. der Rinder des Riesen Geryoneus von einer Insel im äußersten Westen und
   11. ebenfalls aus dieser Gegend der Äpfel der Hesperiden sowie schließlich
   12. des Hundes Kerberos (lat. Zerberus) aus der Unterwelt.

   Die Aufgaben werden also immer schwieriger und führen Herakles in immer weitere Fernen – bis an die „Säulen des Herakles", die Straße von Gibraltar.

   Daneben gab es noch viele andere Erzählungen und Gestaltungen des Herakles-Stoffes, u.a. die Darstellung des Helden am Scheidewege, wo er zwischen Tugend und Laster zu wählen hat, und sein Kampf mit dem Kentauren Nessos, der seine Gattin zu rauben versucht und von Herakles mit einem vergifteten Pfeil erschossen wird.

5. „Der Nobelpreis für Literatur des Jahres 2004 wird Elfriede Jelinek verliehen für den musikalischen Fluss von Stimmen und Gegenstimmen in Romanen und Dramen, die mit einzigartiger sprachlicher Leidenschaft die Absurdität und zwingende Macht der sozialen Klischees enthüllen." (Aus der Begründung der Schwedischen Akademie)
   Finden Sie diese Begründung in dem mehrere Jahre nach der Verleihung des Nobelpreises entstandenen Text aus der Wirtschaftskomödie „Die Kontrakte des Kaufmanns" bestätigt?
   Erweitern und konkretisieren Sie Ihren Untersuchungsergebnissen entsprechend die Begründung der Akademie.

6. Gestalten Sie Elfriede Jelineks Dramentext, indem sie ihn mit verteilten Rollen vorlesen. Beachten Sie die Regieanweisungen.

7. Deuten Sie die Karikatur von Eiko Sakurai vor dem Hintergrund der im Jahre 2010 und 2011 beschlossenen internationalen Nothilfe für Griechenland, die mit einem mehrjährigen radikalen Sanierungsprogramm verbunden ist.

„Griechische Mythologie, Neufassung" (WAZ, 3.5.2010)

8. Verfassen Sie mit Bezug auf die obige Karikatur und mit Anspielung auf die Herakles-Sage einen Dramentext im Stile der Wirtschaftskomödie Elfriede Jelineks.

Wichtige Autorinnen, Autoren und Werke:

Robert Gernhardt (1937–2006)
Zeichner, Maler und Schriftsteller, 1964–1965 Redakteur der Satirezeitschrift „Pardon", Mitbegründer der Beilage „Welt im Spiegel", die bis 1976 erschien und die neuere humoristische Literatur erheblich und maßgeblich beeinflusste.
Werke: *Wörtersee, Besternte Ernte. Gedichte aus fünfzehn Jahren, Hier spricht der Dichter. 120 Bildgedichte, Lichte Gedichte, Im Glück und anderswo, Herz in Not. Gedichte, Die K-Gedichte.*

Durs Grünbein (geb. 1962)
Der bedeutendste deutsche Lyriker der Gegenwart mit einer Fülle von Gedichten
Werke: *Grauzone morgens, Schädelbasislektion, Falten und Fallen, Den Teuren Toten. 33 Epitaphe, Von der üblen Seite, Nach den Satiren, Erklärte Nacht, Porzellan. Poem vom Untergang meiner Stadt, Strophen für übermorgen, Liebesgedichte.*

Elfriede Jelinek (geb. 1946)
Österreichische Schriftstellerin (s. auch Kapitel 21), im Jahr 2004 mit dem Literaturnobelpreis ausgezeichnet

Werke: Die Romane *Die Kinder der Toten, Gier, Neid* und Dramen, *Das Lebewohl, In den Alpen, Das Werk, Prinzessinnendramen (Der Tod und das Mädchen I–V), Ulrike Maria Stuart, Über Tiere, Rechnitz (Der Würgeengel), Die Kontrakte des Kaufmanns. Eine Wirtschaftskomödie.*

Daniel Kehlmann (geb. 1975)
Seit etwa 2003 internationaler Durchbruch als Schriftsteller
Werke: Die Romane *Ich und Kaminski, Die Vermessung der Welt*, sein bisher erfolgreichster Roman, und *Ruhm. Ein Roman in neun Geschichten.*

Sarah Kirsch (geb. 1935)
Lyrikerin, als Erstunterzeichnerin der Protesterklärung gegen die Ausbürgerung Wolf Biermanns (s. Kapitel 20) wird sie 1976 aus dem Schriftstellerverband der DDR ausgeschlossen und zieht im Jahr darauf mit ihrem Sohn nach West-Berlin bzw. in die Bundesrepublik Deutschland.
Werke: *Sieben Häute. Gedichte 1962–1979, Landwege. Eine Auswahl 1980–1985, Erlkönigs Tochter.*

Herta Müller (geb. 1953)
Rumäniendeutsche Schriftstellerin, nach Bedrohungen durch den Geheimdienst Securitate reist sie 1987 mit ihrem damaligen Ehemann in die Bundesrepublik Deutschland aus und wird im Jahr 2009 mit dem Nobelpreis für Literatur ausgezeichnet.
Werke: *Niederungen. Prosa, Drückender Tango. Erzählungen, Der Fuchs war damals schon der Jäger* (Roman), *Herztier* (Roman), *Atemschaukel. Roman*, ihr bisher erfolgreichstes Buch.

Bernhard Schlink (geb. 1944)
Bedeutender Jurist und Schriftsteller
Werke: *Der Vorleser*, sein bisher erfolgreichster Roman, Kriminalromane, *Selbs Justiz* (zusammen mit Walter Popp), *Die gordische Schleife, Selbs Betrug, Selbs Mord*, und Erzählungen, *Liebesfluchten, Sommerlügen.*

Ingo Schulze (geb. 1962)
Schriftsteller, seit 1993 freier Autor
33 Augenblicke des Glücks. Aus den abenteuerlichen Aufzeichnungen der Deutschen in Piter, Simple Storys. Ein Roman aus der ostdeutschen Provinz; Neue Leben. Die Jugend Enrico Türmers in Briefen und Prosa, Handy. Dreizehn Geschichten in alter Manier.

Uwe Timm (geb. 1940)
Schriftsteller, seit 1971 freier Autor
Werke: Gedichte, z.B. *Widersprüche*, Erzählungen wie *Die Entdeckung der Currywurst, Am Beispiel meines Bruders, Der Freund und der Fremde* und Romane, *Heißer Sommer, Morenga, Kerbels Flucht, Der Schlangenbaum, Kopfjäger*, aber auch der Kinderroman *Rennschwein Rudi Rüssel* und das Jugendbuch *Der Schatz auf Pagensand.*

Grundlegende Literatur:

Evelyn Annuß: *Elfriede Jelinek – Theater des Nachlebens.* Paderborn 2005

Paola Bozzi: *Der fremde Blick. Zum Werk Herta Müllers.* Würzburg 2005

Christoph Jürgensen (Hg.): *Die Lieblingsbücher der Deutschen.* Kiel 2006 (Darin: Christoph Cornelißen: Platz 14. Bernhard Schlink: Der Vorleser)

Lutz Hagestedt (Hg.): *Alles über den Künstler. Zum Werk von Robert Gernhardt.* Frankfurt/M. 2002

Helge Malchow: *Der schöne Überfluss. Texte zu Leben und Werk von Uwe Timm.* Köln 2005

Ron Winkler: *Dichtung zwischen Großstadt und Großhirn. Annäherungen an das lyrische Werk Durs Grünbeins.* Hamburg 2000

Kleines Lexikon wichtiger Begriffe zur Literaturbetrachtung

Abvers: der zweite Teil einer → Langzeile oder eines → Reimpaares oder der Schlussvers eines → Stollens. → auch Anvers.

Akt: → Aufzug.

Alexandriner: ein sechshebiger jambischer Reimvers (→ Jambus,) mit einer festen → Zäsur nach der dritten Hebung oder sechsten Silbe. Beispiel: *Was dieser heute bawt/reist jener morgen ein* (A. Gryphius, *Es ist alles eitell*, Kap. 6.1). Der Alexandriner ist der beherrschende → Vers des Dramas und der Lyrik des → Barock.

Allegorie: die sinnlich und verstandesmäßig fassbare Darstellung eines abstrakten Begriffes durch ein Bild, häufig mithilfe der → Personifikation, z. B. „iustitia" (Gerechtigkeit) als blinde Frau. Die Allegorie ist eine wichtige Aussageform der Barockdichtung; → Kap. 5.

Alliteration: Anreim, Hervorhebung zweier oder mehrerer Wörter innerhalb eines Satzes oder eines → Verses durch denselben Anlaut betonter Stammsilben; Beispiel: *bên zi bêna, bluot zi bluoda* (2. Merseburger Zauberspruch, Kap. 1.1); in der altgermanischen Dichtung zeigt die Alliteration teilweise die besondere Form des → Stabreims.

Alternierende Dichtung: eine Dichtung nach dem Prinzip des regelmäßigen Wechsels einer betonten und einer unbetonten Silbe, z. B. in der Form des → Jambus oder → Trochäus. In der Dichtung der romanischen Sprachen ist das alternierende Versprinzip die Regel; s. auch → Versfuß.

Althochdeutsch: die früheste Entwicklungsstufe der deutschen Sprache vom Beginn der Schriftzeugnisse (8. Jahrhundert) bis etwa in die Mitte des 11. Jahrhunderts; → Kap. 1.

Anakoluth: Durchbrechung der üblichen Satzkonstruktion. Beispiel: *dz gefiel dem spitel meister wol vnd gab im .xx. guldin daruff.* (H. Bote, Dyl Vlenspiegel, Kap. 4.2). Diesen stilistischen Fehler kann ein Autor bewusst zur Betonung einer besonders wichtigen Aussage verwenden. Beispiel: *Nicht die eherne Brust rührt es des stygischen Zeus* (F. Schiller, *Nänie*, Kap. 8.1).

Analyse: Untersuchung und Erfassung der Besonderheit eines Textes. Das Verstehen eines fiktionalen Textes nimmt seinen Ausgang vom Text selbst; die textimmanente Analyse versucht die Darstellung der inhaltlichen und formalen Elemente einer Dichtung in ihrer funktionalen Bezogenheit aufeinander (Interdependenz) zu beschreiben; weiterführende Untersuchungsaspekte beziehen sich auf textexterne Gesichtspunkte, z. B. die Biografie des Autors, geschichtliche und gesellschaftliche Bedingungen zur Entstehungszeit des Textes und seine Wirkungsgeschichte; s. auch → Interpretation.

Anapäst: ein umgekehrter → Daktylus; dreiteiliger antiker → Versfuß mit zwei kurzen (unbetonten) Silben und einer langen (betonten) Silbe, z. B. *Elegie*.

Anapher: → rhetorische Figur, bei der ein Wort oder eine Wortgruppe am Beginn aufeinander folgender Sätze, Teilsätze oder → Verse wiederholt wird. Beispiel (mit → Parallelismus): *Dies ist mein Notizbuch,/dies ist meine Zeltbahn,/dies ist mein Handtuch,/dies ist mein Zwirn.* (G. Eich, *Inventur*, Kap. 18.1)

Anspielung: Sachverhalte, Ereignisse oder Personen, die als bekannt vorausgesetzt werden, werden nicht unmittelbar benannt, sondern durch Hinweise lediglich angedeutet; vgl. z. B. die Anspielungen in H. Manns Roman *Die Jugend des Königs Henri Quatre*, Kap. 17.2.

Antike: das griechisch-römische Altertum von der Mitte des 2. Jahrtausends v. Chr. (frühgriech. Einwanderung) bis zum Verbot heidnischer Lehrtätigkeit durch Kaiser Justinian (529 Schließung der Platonischen Akademie in Athen). Die antike Tradition ist ein wesentlicher Bestandteil der abendländischen Kultur; teils wurde sie im frühen Mittelalter ungebrochen übernommen (z. B. das römische Recht), teils durch Neubesinnungen wieder entdeckt; s. auch → Renaissance.

Antithese: „Gegensatz", Konfrontation einer Aussage mit ihrem Gegenteil; oft als → rhetorisches Mittel eingesetzt, aber auch Ausdruck einer grundlegenden Denkfigur, die z. B. die Literatur des → Barock bestimmt. Beispiel: *Was dieser heute bawt/reist jener morgen ein* (A. Gryphius, *Es ist alles eitell*, Kap. 5.1)

Anvers: der erste Teil einer → Langzeile oder der erste → Vers eines → Reimpaares; s. auch → Abvers.

Aphorismus: epische Kleinform, knappe Darstellung (meist in einem Satz) eines Gedankens. Beispiel: *Die gefährlichsten Unwahrheiten sind Wahrheiten mäßig entstellt.* (C. Chr. Lichtenberg, Kap. 6.2)

Argument: 1. In der → Rhetorik die Bezeichnung für den Beweisgrund, auf den sich eine Behauptung stützen kann; 2. die gereimte oder in Prosa verfasste Einleitung eines literarischen Textes, z. B. eines Dramas im → Barock.

Aristotelisches Theater: klassische Form des Theaters, in der ein → Drama nach der Forderung des griech. Philosophen Aristoteles (384–322 v. Chr.) eine Einheit der Handlung (keine Nebenhandlungen), des Ortes (kein Wechsel des Schauplatzes) und der Zeit (Dauer der Handlung nicht länger als ein Tag) aufweisen muss, sodass eine → geschlossene Form entsteht.

Assonanz: klangliches Mittel, das auf dem Gleichklang der Stammvokale von Wörtern beruht. Die Assonanz kann in zwei Formen auftreten: 1. als unvollkommener → Reim (Halbreim), z. B. in der althochdeutschen Dichtung: *Sánt er filu wîse/selbes bóton sîne* (Otfried von Weißenburg, Kap. 1.2), und 2. als eigenständiges Formprinzip neben dem Reim; Beispiel: *Aber stille blutet in dunkler Höhle stummere Menschheit* (G. Trakl, *An die Verstummten*, Kap. 15.1); s. auch → Stabreim.

Aufklärung: → Epoche der Literatur (Kap. 6)

Aufzug: (seit dem 18. Jahrhundert gebräuchliche) deutsche Bezeichnung für den Akt im Drama: ein in sich abgeschlossener, größerer Handlungsabschnitt eines → Dramas, der äußerlich durch das Aufziehen des Vorhangs (daher der Name) gekennzeichnet ist.

Autobiografie: die literarische Darstellung des eigenen Lebens; Beispiel: J. W. Goethes *Dichtung und Wahrheit*; → Kap. 7.1, Aufg. 4.

Ballade: seit dem 18. Jahrhundert Bezeichnung für Erzähllied oder Gedicht, das ein außergewöhnliches Ereignis darstellt und dazu lyrische (stimmungshafte), epische (erzählende) und dramatische (dialogische, Spannung erzeugende) Elemente benutzt; Beispiele: C. Brentano, *Lore Lay* (Kap. 9.1), A. von Droste-Hülshoff, *Der Knabe im Moor* (Kap. 10.1).

Barock: → Epoche der Literatur (Kap. 5)

Biedermeier: → Epoche der Literatur (Kap. 10)

Bild: Bezeichnung für die verschiedenen Formen bildlicher Ausdrucksweise in der Dichtung. Neben der allgemeinen Bildhaftigkeit dichterischer Sprache gibt es die Sonderformen der so genannten uneigentlichen Redeweise, z. B. → Emblem, → Metapher, → Personifikation, → Symbol, → Vergleich.

Blankvers: reimloser jambischer → Vers (→ Jambus), in der Regel mit fünf Hebungen. G. E. Lessings Versdrama *Nathan der Weise* (Kap. 6.3) machte den Blankvers zum gebräuchlichsten Vers des klassischen Dramas. Beispiel: *So lass die Großmut und das Mitleid siegen.* (F. Schiller, *Maria Stuart*, Kap. 8.3).

Briefroman: Sonderform des → Romans, die aus einer Folge von Briefen (mindestens) eines fingierten Verfassers besteht. Diese Briefe werden oft durch kurze Zwischentexte eines fingierten Herausgebers verbunden; als Erster griff in Deutschland Ch. F. Gellert in seinem Roman *Leben der schwedischen Gräfin von G...* (Kap. 6.2) zu Briefeinlagen. Bedeutendstes Beispiel: J. W. Goethe, *Die Leiden des jungen Werthers* (Kap. 7.2).

Bürgerlicher Realismus: → Realismus

Chiffre: eine der → Metapher verwandte Stilfigur (→ rhetorische Figuren) der modernen → Lyrik: bildhafter Ausdruck, dessen Bedeutung nicht isoliert, sondern nur aus dem Zusammenhang des Textes oder gar des Gesamtwerks des Autors erschlossen werden kann. Beispiel: *Die Rose* (stellvertretend für die *Blumen*) in F. Hölderlins *Hälfte des Lebens* (Kap. 8.1) ist ein Bild des Sommers, aufgrund des Hölderlin'schen Gesamtwerks aber auch ein „Liebeszeichen" für die „Himmlischen" (in dem *Die Rose* überschriebenen Entwurf zu dem Gedicht), deren Wiederkehr ersehnt wird.

Daktylus: dreiteiliger antiker → Versfuß mit einer langen (betonten) Silbe und zwei kurzen (unbetonten) Silben, z. B. *Unwetter*; Beispiel aus einem Gedicht: *Denn das Gemeine geht klanglos zum Orkus hinab* (F. Schiller, *Nänie*, Kap. 8.1).

Darbietungsweise: Erzählweise, in der ein → Erzähler Wirklichkeit darbietet, z. B. → epischer Bericht, Personenrede (durch eine → Figur der Erzählung), direkte und indirekte Rede.

Dekadenzdichtung: Sammelbezeichnung für eine Tendez der europäischen Literatur des ausgehenden 19. Jahrhunderts; → Kap. 14

Deutung: → Interpretation

Dialog: mündliches oder schriftliches Zwiegespräch, eine Hauptform zweiseitiger Kommunikation; s. auch → Dialogtypen. Der Dialog wird in allen → Gattungen der Dichtung verwendet; er ist das Wesenselement des → Dramas.

Dialogtypen: nach dem Verhalten der Gesprächspartner, vor allem nach der Art, wie sie die Äußerungen des anderen kommentieren, lassen sich drei Dialogtypen unterscheiden: aktiver, reaktiver und direkter Dialog; → Kap. 11.3, Aufg. 4.

Didaktische Literatur: → Lehrdichtung

Dingsymbol: ein Gegenstand von zentraler Bedeutung in → Ballade und → Novelle, der zum → Symbol erhöht wird und an wichtigen Stellen des Textes wiederholt erscheint. Beispiel: die Buche in der Novelle *Die Judenbuche* von A. von Droste-Hülshoff (Kap. 10.2).

Distichon: Doppelvers, und zwar die Verbindung eines → Hexameters mit einem → Pentameter zu einer zweizeiligen Strophe; → Kap. 8.1, Aufg. 2

Dokumentarisches Theater: Form des modernen → Dramas, in Deutschland besonders in den 60er-Jahren des 20. Jahrhunderts bevorzugt; es verwendet Dokumente, also authentisches Material (z. B. Akten, Protokolle, Fotos), um damit größtmögliche historische Wahrheit zu erreichen; Beispiel: P. Weiss, *Die Ermittlung* (Kap. 19.3)

Drama: unmittelbare Vergegenwärtigung einer Handlung durch Personen in → Dialog und → Monolog auf der Bühne

Dramatik: neben → Lyrik und → Epik eine der drei Grundformen oder Hauptgattungen der Dichtung: → Drama.

Dramatisch: das → Drama betreffend, in Dramenform dargestellt.

Elegie: in der → Antike jedes Gedicht, das in → Distichen, dem elegischen → Versmaß, verfasst war; später traten neben diese rein formale Bestimmung inhaltliche Kriterien, vor allem die wehmütig-klagende sehnsuchtsvolle Stimmung; Beispiel: F. Schiller, *Nänie* (Kap. 8.3).

Ellipse: Auslassung eines Wortes oder mehrerer Wörter in einem Satz, die aus dem Sinnzusammenhang leicht zu ergänzen sind; Beispiel: *Du wirst mich doch nicht etwa für einen Schuft ...* (G. Hauptmann, *Vor Sonnenaufgang*, Kap. 13.3)

Emblem: Kennzeichen, Sinnbild mit eindeutigem Bezug auf einen außerhalb des Dargestellten liegenden Sachverhalt, z. B. *Ölzweig* für Friede. Das Emblem als Kunstgebilde besteht aus einem Bild, einer Überschrift und einem unter das Bild gesetzten Spruch (oft in der Form des → Epigramms); es war im Europa des 16.–18. Jahrhunderts sehr beliebt (→ Kap. 5); Beispiel: → Titelkupfer der Erstausgabe des *Simplicissimus*-Romans von H. J. Ch. von Grimmelshausen (Kap. 5.2).

Empfindsamkeit: → Epoche der Literatur (Kap. 6)

Endreim/Reim: Bezeichnung für den Gleichklang zweier oder mehrerer Verse von der letzten Hebung an; → Reimform

Endsilbenreim: eine z. B. von Otfried von Weißenburg (Kap. 1.2) verwendete → Reimform, bei der der Gleichklang der jeweils letzten Silbe zweier Zeilen vorgeschrieben ist.

Enjambement: Zeilensprung, d. h., der Satz- und Sinnzusammenhang im Gedicht reicht über das Versende hinaus in den nächsten → Vers; Beispiel: ... *hinter den Blütendolden, die ein Blau/nicht auf sich tragen, nur von ferne spiegeln* (R. M. Rilke, *Blaue Hortensie*, Kap. 14.1).

Epigramm: in der Literatur knappes, pointiert formuliertes Gedicht, Sinnspruch; bedeutende Gedichtform im → Barock; Beispiele: A. Silesius, *Cherubinischer Wandersmann*, Kap. 5.1.

Epik: neben → Lyrik und → Dramatik eine der drei Grundformen oder Hauptgattungen der Literatur; in der Epik vermittelt ein → Erzähler die Geschehnisse.

Epimythion: nachgestellte Lehre („Moral") in der → Fabel; Beispiel: M. Luther, *Vom wolff und lemlin* (Kap. 4.2).

Episch: die → Epik betreffend; Stilart, die vornehmlich in erzählender Literatur anzutreffen ist

Epischer Bericht: Erzählerbericht, Wiedergabe des Geschehens in beschreibender oder kommentierender Form

Episode: eine Nebenhandlung, die zwar an die Haupthandlung anknüpft, doch ein eigenes, kleineres Ganzes bildet

Episches Theater: eine im Gegensatz zum klassischen → aristotelischen Drama entwickelte Form des modernen Theaters: durch ein erzählerisches Element zwischen Publikum und Bühne wird die Handlung (wie in der → Epik) vermittelt; bei dem erzählerischen Element kann es sich um eine → Erzählerfigur (eine Person) oder um erzählerische Mittel handeln, z. B. Spruchbänder, Lautsprecheransagen, Songs. Beispiel: B. Brecht, *Furcht und Elend des Dritten Reiches*, Kap. 17.3.

Epoche: Zeitraum, der durch grundlegende Gemeinsamkeiten (z. B. Welt- und Menschenbild, Denkmuster, Themen) geprägt ist; Zeitabschnitt in der Literaturgeschichte; → Zur Einführung, S. 7 ff.

Erlebnisdichtung: Dichtung, in der persönliche Erlebnisse des Autors verarbeitet sind; zum Beispiel hat J. W. Goethe in seinem *Werther*-Roman (Kap. 7.2) Erlebnisse aus seiner Wetzlaer Zeit verarbeitet; weiteres Beispiel: J. W. Goethe, *Es schlug mein Herz* (Kap. 7.1).

Erörterung: argumentative Stellungnahme. Bei der freien Erörterung oder Problemerörterung stellt der Verfasser kontroverse Standpunkte, das Pro und Kontra zu einer Entscheidungsfrage gesammelt dar, um dann erst eine persönliche Stellungnahme abzugeben. Die Erörterung im Anschluss an eine fachspezifische Textvorlage setzt die → Analyse des Textes, insbes. des Argumentationsansatzes und seiner Voraussetzungen voraus: Der Verfasser prüft die angeführten → Argumente auf ihre Überzeugungskraft, modifiziert, ergänzt oder verwirft sie und baut eine Argumentation auf der vorgegebenen Grundlage auf.

Erzähler: Vermittler von Geschehen an Zuhörer bzw. Leser; in der Dichtung: Rolle, die ein Autor oder eine Autorin einnimmt, um dem Leser die erzählte Wirklichkeit darzubieten.

Erzählerbericht: → epischer Bericht

Erzählerfigur: eine fiktive Gestalt, die in der erzählenden Dichtung als Vermittler zwischen dem epischen Geschehen und dem Leser auftritt und in dieser Eigenschaft eine bestimmte → Erzählhaltung begründet. Beispiel: das erzählende Ich in H. Heines *Wintermärchen* (Kap. 11.2).

Erzählform: der → Erzähler tritt entweder in der Ich-Form selber in Erscheinung (→ Erzählerfigur) oder er berichtet in der Er-Form über andere.

Erzählhaltung: Einstellung, Verhältnis des → Erzählers zur erzählten Wirklichkeit, z. B. kritisch, zustimmend oder unbeteiligt

Erzählung: Sammelbegriff für alle weniger durch Gattungsmerkmale geprägten Formen der Erzählkunst in Prosa oder Versen (→ Verserzählung)

Erzählverhalten: der → Erzähler bringt sich selbst ins Spiel, indem er das Geschehen kommentiert (auktoriales Erzählverhalten); er tritt hinter die Figuren zurück und erzählt aus ihrem Blickwinkel (personales Erzählverhalten); oder er bleibt weitgehend im Hintergrund und vermeidet wertende Aussagen (neutrales Erzählverhalten).

Erzählweise: → Darbietungsweise

Erzählzeit: → Zeitgestaltung

Evangelienharmonie: einheitlicher Bericht von Leben und Wirken Jesu unter weitgehender Verwendung der vier Evangelien. Beispiel: Otfried von Weißenburgs Werk (Kap. 1.2).

Exilliteratur: Literatur, die während eines Exils entstand; die umfangreichste Gruppe in der Geschichte der Exilliteratur wurde von den während der nationalsozialistischen Herrschaft in Deutschland wegen politischer und rassistischer Verfolgung emigrierten Schriftsteller verfasst; → Kap. 17.

Expressionismus: → Epoche der Literatur (Kap. 15)

Fabel: kurzer epischer Text in → Vers oder Prosa, der überwiegend in der Tierwelt spielt und eine Lehre enthält; Beispiel: G. E. Lessing, *Der Wolf und das Schaf* (Kap. 6.2).

Fastnachtspiel: ältester Formtyp des weltlichen → Dramas in deutscher Sprache; es wird im späten Mittelalter im Rahmen städtischer Fastnachtsfeiern literarisch greifbar. Beispiel: *Vom Tanawäschel* (Kap. 3.3). Der Höhepunkt der Entwicklung des Fastnachtspiels war mit H. Sachs erreicht; Beispiel: *Das Narren schneyden* (Kap. 4.3).

Figur: Gestalt, Handlungsträger in einem literarischen Werk. Neben Menschen können auch, wie in der → Fabel, andere Lebewesen als Figuren auftreten.

Figurengedicht: ein Gedicht, das durch entsprechende Gestaltung im Druckbild einen Gegenstand im Umriss darstellt, der meist zum Inhalt in direkter oder symbolischer Beziehung steht; in der → Barockzeit hoch geschätzt. Beispiel: J. Ch. Männling: *Todten-Bahre* (Kap. 5.1). Eine Erneuerung erfuhr das Figurengedicht im 20. Jahrhundert durch die Ausdrucksformen der → konkreten Dichtung; Beispiel: C. Bremer: *Soldat* (Kap. 22.1)

Fiktion: das nur der Vorstellung Entsprungene im Gegensatz zur wahrnehmbaren Welt. Dichterische Texte beruhen im Gegensatz zu Sachtexten auf Fiktion, indem sie eine eigenständige Wirklichkeit durch Sprache gestalten.

Form: die äußere Erscheinung eines sprachlichen Kunstwerks und die sprachlichen Mittel, durch die ein Inhalt gestaltet wird; man unterscheidet z. B. → geschlossene und → offene Form.

Fragment: 1. unvollendet überliefertes Werk; Beispiel: *Hildebrandslied* (Kap. 1.1); 2. unvollendet gebliebenes oder aufgegebenes Werk; Beispiel: Wolfram von Eschenbach, *Parzival* (Kap. 2.2); die (z. B. in der → Romantik) bewusst gewählte Form, die ihre Wirkung aus der vorgeblichen Unfertigkeit gewinnt; Beispiel: Novalis, *Heinrich von Ofterdingen* (Kap. 9.2).

Frühes Mittelalter: → Epoche der Literatur (Kap. 1)

Frühneuhochdeutsch: Entwicklungsperiode der deutschen Sprache von etwa 1350 bis etwa 1650. Die sprachlichen Neuerungen gegenüber dem → Mittelhochdeutschen wurden vor allem durch die reichsfürstlichen Kanzleien entwickelt; von entscheidender Bedeutung für die Verbreitung war die Erfindung des Buchdrucks (→ Kap. 3) und die Bibelübersetzung M. Luthers (→ Kap. 4).

Gattung: Grundform der Dichtung. Die drei literarischen Hauptgattungen → Lyrik, → Epik, → Dramatik lassen sich zusätzlich in einzelne Untergattungen wie → Sonett, → Novelle, → Lehrstück unterteilen. Die Adjektive lyrisch, episch, dramatisch bezeichnen Gattungselemente, die in einzelnen literarischen Werken vermischt werden können, z. B. in der → Ballade.

Geistliche Dichtung: von Angehörigen des geistlichen Standes, aber auch von Laien verfasste Dichtung, die auf Vermittlung christlicher Glaubensinhalte zielt; → geistliches Spiel; → Kirchenlied.

Geistliches Spiel/geistliches Drama: → geistliche Dichtung in → dramatischer Gestaltungsform. Sämtliche Dramen ernsten Inhalts waren im → Mittelalter geistliche Spiele, in denen den Gläubigen auf der Bühne das Heilsgeschehen vorgeführt wurde. Beispiel: *Wiener Passionsspiel: Maria Magdalena* (Kap. 3.3).

Germanische Dichtung: die fast ausschließlich mündlich überlieferte Dichtung der germanischen Stämme vor der Christianisierung. Die im → frühen Mittelalter vereinzelt und zufällig aufgeschriebenen mündlich überlieferten Texte lassen teilweise Spuren einer christlichen Überarbeitung erkennen; Beispiele: *Hildebrandslied* und *Merseburger Zaubersprüche* (Kap. 1.1).

Geschlossene Form: nach streng festgelegten Formprinzipien gestaltetes literarisches Werk, dem Kunstideal der → Klassik entsprechend; s. auch → aristotelisches Theater; Gegensatz: → offene Form.

Groteske: eine Darstellungsart, die sich mit → Satire und → Karikatur berührt. Während diese sich jedoch in kritischer Absicht an einer Norm, einem als richtig empfundenen Bild orientieren, fehlt der Groteske eine solche Orientierung: das Wirkliche erscheint als fremd und unheimlich; Komisches und Grausiges, Lächerliches und Schreckliches gehen eine enge Verbindung ein. Beispiel: F. Dürrenmatt, *Die Physiker*, Kap. 22.3.

Haiku: japanische Gedichtform, die in westlicher Tradition aus drei Versen besteht, und zwar im Allgemeinen zu 5, 7 und 5 Silben. Zumeist im Bild eines Augenblicks angedeutet, enthält das Haiku eine Aussage von oft metaphysischer Tiefe. Varianten des Haiku in Kap. 24.1: die Gedichte Sarah Kirschs und Dietrich Hombergers.

Handlung: Ablauf der Geschehnisse in → epischen, vor allem aber in dramatischen Dichtungen. Dieser Geschehensablauf wird getragen von den handelnden → Figuren. Zu unterscheiden ist die äußere Handlung (der Ablauf der sichtbaren Ereignisse) von der inneren Handlung (seelisch-geistige Vorgänge in den Figuren bzw. Personen).

Handlungsträger: → Figur im literarischen Werk.

Handschrift (Abkürzung Hs., Plural: Hss.): 1. handgeschriebener Text vor der Zeit des Buchdrucks (um 1440). Als Material für die Herstellung von Handschriften wurde im frühen Mittelalter Pergament benutzt; im 13. Jahrhundert wurde es vom Papier verdrängt. Beispiele bedeutender Handschriften mit Werken der deutschen Literatur des Mittelalters: die Münchener *Nibelungenlied*-Handschrift und die „Große Heidelberger Liederhandschrift" oder „Manessische Handschrift" mit Minnesänger-Miniaturen (Kap. 3). 2. ein vom Verfasser eigenhändig geschriebenes Schriftstück (Autograph): Beispiel: *Der römische Brunnen*, frühe Fassung, Hs. C. F. Meyers (Kap. 12.1).

Heldenepos: Form der Heldendichtung, in der Stoffe und → Motive der Heldensage verarbeitet sind. Beispiel für ein Heldenepos aus dem germanischen Sagenkreis: *Der Nibelunge Nôt* (Kap. 2.1).

Hexameter: ein aus sechs → Daktylen bestehender antiker → Vers. Die ersten vier Daktylen können durch → Spondeen ersetzt werden. Beispiel: *Auch das Schöne muss sterben! Das Menschen und Götter bezwinget* (F. Schiller, *Nänie*, Kap. 8.1).

Humanismus: Epochenbezeichnung für eine kulturelle und wissenschaftliche Bewegung des 14. bis 16. Jahrhunderts; → Kap. 4

Ich-Form: → Erzählform

Impressionismus: eine gegen 1870 entstandene Stilrichtung der französischen Malerei; der Begriff wurde dann auf eine entsprechende Strömung der Literatur der Jahrhundertwende (→ Kap. 14) übertragen; Beispiel: Max Dauthendey, *Regenduft* (Kap. 14.1).

Innere Emigration: 1933 geprägte Bezeichnung für die politisch-geistige Haltung der Schriftsteller, die nicht ins Ausland flohen, sondern ihre literarischen Möglichkeiten in Deutschland während des Dritten Reiches mehr oder weniger zum Widerstand gegen den Nationalsozialismus nutzten; → Kap. 17.

Innerer Monolog: Erzähltechnik, die den Bewusstseinszustand einer Person unmittelbar (→ Ich-Form, Präsens) wiederzugeben versucht. Beispiel: *Ich schlage alles* (A. Döblin, *Berlin Alexanderplatz*, Kap. 16.2); s. auch → Monolog.

Intention: Redeabsicht, Redezweck. Verfasserintention und Textintention (Intentionalität) sind grundsätzlich nicht identisch. Vor allem ein literarischer Text besitzt einen Bedeutungsreichtum, der über die subjektive Absicht des Autors hinausgehen kann.

Interpretation: Akt und Ergebnis des Verstehens, Auslegung, Deutung eines dichterischen (fiktionalen) Textes und unter Umständen die Beurteilung seiner ästhetischen → Struktur. Im Vergleich zur → Analyse legt die Interpretation den Schwerpunkt mehr auf den Sinn des Textes: Sie gibt Auskunft darüber, wie die beobachteten und beschriebenen Besonderheiten im Sinnzusammenhang des Textes verstanden werden können, und teilt mit, welche Bedeutung der Text aufgrund seiner ästhetischen Struktur für den Interpreten hat. Dabei reflektiert er die Bedingungen des Textverstehens und berücksichtigt die geschichtliche Bedingtheit des Textes, das (synchrone und diachrone) Bezugsfeld, in dem der Text steht.

Ironie: eine Redeweise, bei der das Gegenteil des Gesagten gemeint ist; in der Literatur hat sie oft kritischen, aggressiven Charakter; Beispiel: *Schöner Preis für euren Schweiß in der Feldschlacht, dass ihr jetzt in Gymnasien lebet ...* (F. Schiller, *Die Räuber*, Kap. 7.3).

Jambus: antiker → Versfuß, der aus einer kurzen und einer langen bzw. aus einer unbetonten und einer betonten Silbe besteht: *erst récht*. Je nach Anzahl der betonten Silben (Hebungen) entstehen mehrhebige Jamben. Wichtige jambische Verse der deutschen Dichtung sind der → Alexandriner und der → Blankvers.

Junges Deutschland: seit 1834 Bezeichnung für eine nicht organisierte literarische Bewegung mit politisch-zeitkritischer Tendenz; später auch Bezeichnung für eine → Epoche der Literatur (Kap. 11).

Jugendstil: deutsche Bezeichnung für eine internationale Stilrichtung zur Zeit der Jahrhundertwende (Frankreich: Art Nouveau, England: Modern Style, Österreich: Sezessionsstil). Einige Literaturgeschichten beziehen den Begriff „Jugendstil" auf Dichtungen, die um 1900 entstanden sind; → Kap. 14. Beispiel für den Jugendstil in der bildenden Kunst: Umschlagzeichnung für die Erstausgabe (1905) von R. M. Rilkes *Stundenbuch* (Kap. 4.1).

Kadenz: die rhythmische Gestalt des Versschlusses. Man unterscheidet zwischen männlicher (stumpfer) Kadenz (einsilbig, auf eine Hebung endend) und weiblicher (klingender) Kadenz (zweisilbige Folge von Hebung und Senkung). Gebräuchliche Zeichen für stumpf: s, für klingend: k; Beispiel:

Zu Bacharach am Rheine   (k)
Wohnt eine Zauberin,   (s)
Sie war so schön und feine (k)
Und riss viel Herzen hin.   (s)

(C. Brentano, Lore Lay, Kap. 9.1)

Karikatur: die verzerrende, übertreibende Darstellung einer Person, einer Handlung oder eines Sachverhaltes; die Karikatur dient der Kritik. Beispiel: *Der Denker-Club*, Kap. 11.2.

Kirchenlied: das von der Gemeinde im christlichen Gottesdienst gesungene deutschsprachige Lied mit zum Teil liturgischer Funktion ist Teil der → geistlichen Dichtung. In der → Reformation (Kap. 4) wurde das Kirchenlied zu einem Träger des neuen Glaubensgutes; Beispiel: M. Luther, *Ein feste burg ist vnser Gott* (Kap. 4.1).

Klassik: → Epoche der Literatur (Kap. 8)

Knittelvers: paarweise gereimter vierhebiger → Vers, der entweder Füllungsfreiheit bei einer schwankenden Zahl von sechs bis fünfzehn Silben oder – in seiner strengeren Form – acht Silben bei männlicher, neun Silben bei weiblicher → Kadenz hat. Der Knittelvers herrscht in der Dichtung des 15./16. Jahrhunderts vor (→ Kap, 4.3). J. W. Goethe verwendet ihn später in Teilen seines *Urfaust* (Kap. 7.3). Beispiel:
Bild mir nicht ein, ich könnt was lehren,   (9 Silben)
Die Menschen zu bessern und zu bekehren ...   (11 Silben)

Kommentar: Im Journalismus ein Meinungsbeitrag, in dem ein Autor (Kommentator) aktuelle Ereignisse interpretiert und bewertet; im → Dialog: Reaktion eines Sprechers auf die Äußerung des Gesprächspartners; in der → Epik ein Kennzeichen von auktorialem → Erzählverhalten.

Kommunikationssituation: eine Kommunikationssituation wird durch soziokulturelle und individuelle Faktoren sowie die jeweilige → Intention der Gesprächspartner bestimmt. Auch ein literarischer Text unterliegt biografischen, gesellschaftlich-politischen und kulturellen Bedingungen und ist durch Intentionen bestimmt; dies ist bei der → Analyse und → Interpretation zu beachten.

Konkrete Dichtung/Poesie: Bezeichnung für die etwa seit 1950 international auftretenden Versuche, aus dem sprachlichen „konkreten" Material visuell oder akustisch eine Aussage zu gestalten, und zwar unmittelbar und losgelöst von syntaktischen Zusammenhängen. Beispiel: C. Bremers *Soldat* (Kap. 22.1). Zu den verschiedenen Formen (Ideogramm, Konstellation, Piktogramm) siehe Kap. 22.2, Aufg. 4.

Kurzgeschichte: eine moderne Form der → Epik; Kurzprosa, die in einer der Alltagswelt angenäherten Sprache eine bedeutsame Situation oder ein entscheidendes Ereignis im Leben eines Menschen ausschnitthaft – mit unvermitteltem Anfang und offenem Schluss – gestaltet; → Kap. 18.2, Aufg. 5; Beispiel: G. Wohmann, *Flitterwochen, dritter Tag* (Kap. 19.2).

Langzeile: aus zwei Kurzzeilen (→ Anvers und → Abvers) bestehend, die zu einer rhythmischen Einheit zusammengefasst sind; häufig in epischer Dichtung der → alt- und mittelhochdeutschen Zeit, in der → germanischen Dichtung ebenso wie z. B. im *Nibelungenlied* (Kap. 2.2).

Lehrdichtung/lehrhafte Dichtung: didaktische Literatur, die der Wissensvermittlung und Belehrung in poetischer Form dient. Der Lehrdichtung nahe stehen bestimmte Formen der Dichtung, z. B. → Aphorismus, → Fabel, → Lehrstück, → Parabel, → Spruchdichtung.

Lehrstück: im weiteren Sinne → Lehrdichtung in der Form eines → Dramas; in engerem Sinne Bezeichnung B. Brechts für Dramen nach dem Konzept des → epischen Theaters, die der Demonstration von Verhaltensweisen im Sinne der marxistisch-leninistischen Gesellschaftslehre dienen.

Leserrolle: die in der → perspektivischen Struktur eines erzählenden oder lyrischen Textes enthaltene Vorgabe für den Leser, der sich mit der → Perspektive des → Erzählers oder des → Sprechers identifizieren oder sich von ihr distanzieren soll. Beispiel für ein Identifikationsangebot: M. Luther, *Ein feste burg ist vnser Gott* (Kap. 4.1.); Beispiel für eine kritisch-distanzierte Leserrolle: Y. Karsunke, *jahrestag* (Kap. 19.1).

Lied: singbares Gedicht, gereimt und strophisch gegliedert; Beispiel: M. Opitz, *Ach Liebste lass vns eilen*, Kap. 5.1; s. auch → Kirchenlied, → Volkslied.

Lyrik: neben → Epik und → Dramatik eine der Grundformen oder Hauptgattungen der Literatur. In der Lyrik wird Wirklichkeit mit rhythmischen, klanglichen und bildhaften Mitteln der Sprache aus der → Perspektive eines → Sprechers gestaltet. Die Rolle und Stellung des Sprechers im Gedicht, des sogenannten lyrischen Ichs (im → lyrischen Gedicht), ist ähnlich bedeutsam wie die des → Erzählers in der → Epik.

Lyrisch: die → Lyrik betreffend; Bezeichnung für die Zugehörigkeit eines literarischen Werkes zur → Gattung Lyrik, aber auch für die unmittelbare Kundgabe des dichterischen Fühlens, der stimmungshaften Verschmelzung von Subjekt und Objekt, die auch im → Drama und in der → Epik vorkommt.

Meistersang: bürgerliche Liedddichtung des 15. und 16. Jahrhunderts (→ Kap. 3), im Handwerklichen erstarrte Fortsetzung des → Minnesangs.

Metapher: Verwendung eines Wortes in übertragener Bedeutung; Beispiel: *im Wald des Vergessens* (M. L. Kaschnitz, *Hiroshima*, Kap. 19.1)

Metonymie: Vertauschung inhaltlich verwandter oder zueinander in Beziehung stehender Begriffe. Beispiel: *wenn ich in meinem Plutarch lese von großen Menschen* (F. Schiller, *Die Räuber*, Kap. 7. 3): *Plutarch* statt seines Werks (*Parallele Lebensläufe*).

Metrik: Teil der Wissenschaft vom → Vers, Verslehre

Metrum: Versmaß; Gleichmaß der Wortbewegung, das entweder – antikem Vorbild folgend – nach der Länge oder Kürze der Silben, im Deutschen nach dem Akzent, der Betonung bestimmt wird und – im Gegensatz zum → Rhythmus – als Schema darstellbar ist; es besitzt den → Versfuß oder → Takt als kleinste Einheit.

Migrantenliteratur: Literatur von Autoren und Autorinnen, die ihre Texte in einem fremden Land – oft in dessen Sprache – verfassen. Die deutschsprachige Literatur der Gegenwart ist reich an solcher Literatur, die von in Deutschland lebenden Menschen anderer Nationalität geschrieben worden ist; → Kap. 23.

Minnesang: Sammelbezeichnung für die verschiedenen Formen → mittelhochdeutscher Liebeslyrik (→ Kap. 2.1); Beispiel: Walther von der Vogelweide, *Wol mich der stunde* (Kap. 2.1).

Mittelhochdeutsch: Entwicklungsperiode der deutschen Sprache von etwa 1050 bis 1350 vom → Althochdeutschen zum → Frühneuhochdeutschen; → Kap. 2

Monolog: Selbstgespräch einer einzelnen → Figur im Gegensatz zum → Dialog; im → Drama: als epischer Monolog zur Beschreibung nicht darstellbarer Situationen oder geschehener Handlungen, als betrachtender Monolog deutender → Kommentar der Figuren zur Lage oder als Reflexionsmonolog um Klärung und Entscheidung ringendes Streitgespräch des Helden mit sich selbst. Beispiele für den letzten Typus: G. E. Lessing: *Nathan der Weise* [III, 6] (Kap. 6.3); J. W. Goethe, *Faust* (Kap. 7.3); s. auch → innerer Monolog in der → Epik.

Montage: (aus der Filmtechnik in den Bereich der Literatur übernommener) Begriff, der das Zusammenfügen sprachlich und inhaltlich verschiedenartiger Teile bezeichnet. Heute nennt man diese Darstellungstechnik häufig auch Collage. Beispiel: A. Döblin, *Berlin Alexanderplatz* (Kap. 16.2).

Motiv: Beweggrund für Personen, sich in bestimmter Weise zu verhalten, z. B. Liebesleid. Als literarisches Element ist das Motiv thematischer Art und hat strukturelle Bedeutung; Beispiel: das Motiv der *Dampframme* in A. Döblins Roman *Berlin Alexanderplatz* (Kap. 16.2); je nach Absicht des Autors, Gattung oder Epoche kann ein Motiv verschieden gestaltet werden. Die → Analyse motivgleicher Texte klärt z. B. die epochenspezifischen Unterschiede; s. auch die Vorschläge für Längsschnitte in der „Einführung", S. 9 f.

Narrenliteratur: satirische (→ Satire), meist in → Versen verfasste Dichtung mit didaktischem Anspruch (→ Lehrdichtung), in der Zeit- und Moralkritik mit der allgemein-menschlichen Narrheit begründet wird. Beispiel: S. Brant, *Das Narren schyff*, Kap. 4.2.

Naturalismus: → Epoche der Literatur (Kap. 13)

Neue Sachlichkeit: ein 1925 geprägter Begriff für eine Gegenbewegung zum → Expressionismus; → Kap. 16

Neuhochdeutsch: die letzte der vier Perioden in der Entwicklung der deutschen Sprache: → Althochdeutsch, → Mittelhochdeutsch, → Frühneuhochdeutsch, Neuhochdeutsch; diese deutsche Hochsprache beginnt etwa 1650, also im → Barock.

Neuklassik: Neuklassizismus; Strömung der deutschen Literatur um 1900; → Kap. 14

Neuromantik: Ende des 19. Jahrhunderts geprägte Sammelbezeichnung für eine Strömung der deutschen Literatur; → Kap. 14

Novelle: → Erzählung mittlerer Länge mit straffer, meist einsträngiger Handlungsführung, deutlichem Höhe- und Wendepunkt und Tendenz zur → geschlossenen Form; als Gattungsbegriff seit G. Boccaccios *Dekameron* (Kap. 6.3), dessen 100 Erzählungen zum Vorbild für die europäische Novelle wurden. Beispiele: A. von Droste-Hülshoff, *Die Judenbuche* (Kap. 10.2); G. Hauptmann, *Bahnwärter Thiel* (Kap. 13.2.).

Offene Form: literarisches Werk, das keinen streng gesetzmäßigen Aufbau zeigt, im Gegensatz zu einem Werk mit → geschlossener Form; Beispiel für die offene Form des Dramas: G. Büchner, *Woyzeck* (Kap. 11.3)

Parabel: ein zu einer selbstständigen lehrhaften Erzählung erweiterter → Vergleich; Leser oder Hörer müssen oft selbst das Erzählte (den Bildbereich) auf den gemeinten Sachverhalt (den Sachbereich) übertragen; im Gegensatz zum Gleichnis wird in der Parabel ein prägnanter Einzelfall gestaltet, kein allgemein gültiger Regelfall. Beispiel: G. Boccaccios *Ringparabel* aus dem *Decameron*, die G. E. Lessing in seinem Versdrama *Nathan der Weise* in einen neuen Zusammenhang stellte (Kap. 6.3). In der Literatur des 20. Jahrhunderts ist die Parabel eine wichtige Literaturform, und zwar ebenso als dramatisches Parabelstück wie als Prosatext. In F. Kafkas Prosaparabeln wird die Unerschließbarkeit des Parabel-Sinnes selbst zum Ausdruck der Situation, in der sich der moderne Mensch befindet; Beispiele: F. Kafka, *Der Nachbar* und *Eine alltägliche Verwirrung* (Kap. 15.2).

Paradox(on): eine scheinbar unsinnige Behauptung, die aber bei genauerer Überlegung auf eine höhere Wahrheit hinweist. *Im Paradoxen erscheint die Wirklichkeit* (F. Dürrenmatt). In der Literatur dient es als Mittel der Verfremdung, des Nachdrucks oder der Verrätselung. Beispiel: NEWTON: *Verrückt, aber weise.*
            EINSTEIN: *Gefangen, aber frei.*
(F. Dürrenmatt, *Die Physiker*, Kap. 22.3)

Parallelismus: Wiederholung derselben Wortreihenfolge in aufeinanderfolgenden Sätzen, Satzgliedern oder Versen; Beispiel:
Hier sind wir durchgegangen/Mit unsern verschiedenen Werkzeugen
Hier stellten wir etwas Hartes an/Mit der ruhig rauchenden Heide
(V. Braun, *Durchgearbeitete Landschaft*, Kap. 20.1)

Parodie: verspottende Nachahmung eines als bekannt vorausgesetzten Werks unter Beibehaltung kennzeichnender Formmerkmale. Beispiel: G. Herwegh, *Wiegenlied* (Kap. 11.2).

Passionsspiel: Leiden und Sterben Jesu Christi in dramatischer Gestaltung; neben dem Osterspiel bedeutendster Typus des mittelalterlichen → geistlichen Spiels; Beispiel: *Wiener Passionsspiel: Maria Magdalena*, Kap. 3.3.

Pentameter: aus der → Antike stammender → Vers, der aus sechs → Daktylen besteht; der dritte und sechste Daktylus wird nur mit seiner Länge bzw. Hebung wirksam. Wesentliches Kennzeichen ist die unveränderliche Diärese (Verseinschnitt) nach der dritten Hebung. Beispiel: *Und an der Schwelle noch, streng, rief er zurück sein Geschenk* (F. Schiller, *Nänie*, Kap. 8.1).

Personifikation: Vermenschlichung von Dingen oder abstrakten Begriffen, z. B. des „Gestumpfs" und der „Föhre" in folgendem Beispiel: *Vom Ufer starret Gestumpf hervor,/Unheimlich nicket die Föhre* (A. von Droste-Hülshoff, *Der Knabe im Moor*, Kap. 10.1)

Perspektive: Blickwinkel; die dargestellte Wirklichkeit ist an den Blickwinkel des → Sprechers oder → Erzählers (Erzählperspektive) gebunden.

Perspektivische Struktur: sie ist bestimmt durch die Rolle, die ein → Sprecher im Gedicht oder ein → Erzähler in der Erzählung spielt, und durch den Standort, von dem aus die Wirklichkeit dargestellt wird, sowie durch die Haltung, die ein Erzähler oder Sprecher der dargestellten Wirklichkeit gegenüber einnimmt. Beispielsweise spielt der Erzähler in H. Heines Verserzählung *Deutschland. Ein Wintermärchen* [Caput II] (Kap. 11.2) die Rolle einer an dem erzählten Geschehen beteiligten Figur, die über die Grenze zwischen Frankreich und Deutschland tritt, ist also zugleich erzählendes und erlebendes Ich; er stellt das Geschehen aus der Distanz als Vergangenes dar (Präteritum), und zwar mit kritisch-ironischer Haltung.

Pietismus: eine um 1700 entstandene Strömung innerhalb des deutschen Protestantismus, die für Verinnerlichung und Intensivierung des religiösen Lebens eintrat und starken Einfluss auf die literarische Strömung der → Empfindsamkeit ausübte.

Poesie: Bezeichnung für Dichtung, besonders für Versdichtung im Gegensatz zur → Prosa.

Politische Dichtung: → Dichtung im Dienst einer politischen Auseinandersetzung; z. B. die politische Dichtung des → Vormärz (Kap. 11)

Promythion: ein die Lehre, „Moral" bietender Spruch, der den Bildteil der → Fabel einleitet; → Epimythion

Prosa: die ungebundene, d.h. nicht durch besondere formale Mittel wie → Metrum oder → Reim gekennzeichnete Schreib- und Redeweise, die auch Ausdruck dichterischer Aussage sein kann und deshalb eine literarische Darstellungsform ist, z. B. als → Kurzgeschichte.

Psalmen: die (im Alten Testament zum Psalter vereinigten) religiösen Lieder Israels und der jüdischen Gemeinde; sie wurden vom Christentum übernommen, übersetzt und nachgedichtet. In der → Reformation dienten die Psalmen mehrfach als Vorlagen für das → Kirchenlied.

Pseudonym: Deckname eines Autors, Künstlername; Grund für die Wahl eines Pseudonyms ist meist Rücksicht auf politische oder soziale Gegebenheiten. Beispiele: *Angelus Silesius* für Johann Scheffler (Kap. 5.1), *German Schleifheim von Sulsfort* für Hans Jakob von Grimmelshausen (Kap. 5.2), *Novalis* für Friedrich von Hardenberg (Kap. 9.2).

Realismus: Stilmerkmal einer Dichtung, die die wirklichkeitsgetreue Darstellung der gegebenen Tatsachen und Verhältnisse zum Ziel hat, und → Epoche der Literatur (Kap. 12)

Reformation: durch M. Luther (→ Kap. 4) herbeigeführte kirchliche Bewegung, die zur Entstehung neuer, von der römisch-katholischen Kirche unabhängiger Kirchengemeinschaften und einer neuartigen religiösen Haltung geführt hat, die auch die Literatur beeinflusst hat; → Epoche der Literatur (Kap. 4).

Reihung: die gehäufte Aneinanderreihung von mehr als zwei Begriffen oder Aussagen, so dass aus der Vielzahl von Einzeleindrücken ein Gesamteindruck entsteht. Beispiel: ... *Brasil, Havanna, Mexiko, Kleine Trösterin, Liliput* ... (A. Döblin, *Berlin Alexanderplatz*, Kap. 16.2).

Reim: → Endreim; s. auch → Reimformen

Reimformen: 1. nach der Art des Reims: reiner Reim (Vollreim) mit vollständiger lautlicher Übereinstimmung zweier Wörter in Vokalen und Konsonanten vom letzten betonten Vokal an, → Assonanz und unreiner Reim mit nur annähernder Gleichheit der Konsonanten und besonders der Vokale, z. B. *fließen/grüßen*; 2. nach der Länge des Reims: z. B. männlicher oder weiblicher Reim (→ Kadenz); nach grammatikalischen Aspekten: z. B. → Endsilbenreim; nach der Reimstellung: z. B. Paarreim (aabb), Kreuzreim (abab), umarmender (umschließender) Reim (abba), Schweifreim (aabccb), Binnenreim (Reim innerhalb eines Verses).

Reimpaar: zwei durch Paarreim (→ Reimformen) verbundene → Verse; Grundform der → althochdeutschen und → mittelhochdeutschen Dichtung. Beispiel: Wolfram von Eschenbach, *Parzival* (Kap. 2.2).

Renaissance: kulturgeschichtlicher Begriff, der die „Wiedergeburt" der → Antike bezeichnet; → Epoche der Literatur (Kap. 4)

Rhetorik: Redekunst, die Fähigkeit, einen Standpunkt durch öffentliche Rede überzeugend zu vertreten; Lehre von der Technik der Rede

Rhetorische Figuren: in der → Antike entwickelte Stilmittel, die eine sprachliche Aussage verdeutlichen, ausschmücken und ihre Wirksamkeit erhöhen sollen: Wortfiguren, insbes. die Wiederholung eines Wortes oder einer Wortfolge (z. B. → Anapher), Sinnfiguren, die den Gedankengang in bestimmter Weise ordnen (z. B. → Antithese), grammatische Figuren (z. B. → Ellipse) und Klangfiguren (z. B. → Alliteration und → Reim).

Rhetorische Frage: eine Frage, die keine Antwort erwartet, sondern die eigene Aussage nachdrücklich betont

Rhetorische Mittel: sprachliche Mittel, deren gezielter Einsatz das Denken, Fühlen und Handeln eines Zuhörers oder Lesers beeinflussen soll; s. auch → rhetorische Figuren.

Rhythmus: in der Dichtung die gegliederte Bewegung des Sprachstroms, z. B. steigend – fallend, leicht – schwer, vorandrängend – ruhig, aber nicht so schematisch wie das → Metrum.
Roman: Großform der Erzählkunst (→ Epik); Beispiel: G. Grass, *Die Blechtrommel* (Kap. 19.2)
Romantik: → Epoche der Literatur (Kap. 9)
Runen: die älteste Schrift der Germanen aus vertikalen und diagonalen Strichen; Beispiele: das Runen-„Alphabet" *Futhark* und die Runeninschrift auf dem Goldhorn von Gallehus in Kap. 1.
Sage: auf mündlicher Überlieferung beruhender Bericht um historisch verbürgten Namen oder Ort; → auch Heldenepos.
Satire: Darstellungsform, die an Personen und Ereignissen Kritik übt, indem sie sie lächerlich macht. Beispiele: S. Brant, *Das Narren schyff* (Kap. 4.2); H. Heines *Wintermärchen* (Kap. 11.2).
Schauspiel: Bühnenstück, → Drama
Schwank: scherzhafte → Erzählung oder lustiges, volkstümliches → Schauspiel. Beispiele: H. Botes *Dyl Vlenspiegel* (Kap. 4.3); H. Sachs, *Das Narren schneyden* (Kap. 4.3)
Simultantechnik: moderne literarische Verfahrensweise, die Simultaneität (Gleichzeitigkeit) schafft, indem sie einen Wirklichkeitsausschnitt in seiner Mehrschichtigkeit oder einen Handlungsablauf in seiner Verflochtenheit mit gleichzeitigen, aber andersartigen Vorgängen darstellt; dazu bedient man sich z. B. der → Montage.
Sonett: nach festen Regeln gestaltete Gedichtform, die aus vier → Strophen besteht, und zwar aus zwei vierzeiligen (Quartette) und zwei dreizeiligen Strophen (Terzette). Beispiel: A. Gryphius, *Es ist alles eitell* (Kap. 5.1).
Soziale Dichtung: Dichtung, die durch sozialkritische Haltung und kämpferisches Engagement für eine Änderung der gesellschaftlichen Verhältnisse zugunsten der Unterschicht gekennzeichnet ist, wie die Dichtung des → Vormärz, des → Naturalismus und → Expressionismus; Beispiel: G. Büchner, *Woyzeck* (Kap. 11.3).
Soziales Drama: → soziale Dichtung
Sozialistischer Realismus: seit 1932 in der Sowjetunion, nach 1945 offizielle Literaturtheorie der meisten sozialistisch-kommunistischen Staaten und Parteien, z. B. der DDR (→ Kap. 20); Literatur gilt demnach als parteiliches Mittel ideologischer Beeinflussung im Sinne des historischen Materialismus: Darstellung der Welt nicht wie sie ist, sondern wie sie sein soll. Beispiel: H. Müller, *Der Lohndrücker* (Kap. 20.3).
Spondeus: antiker → Versfuß aus zwei langen Silben, der in der deutschen Sprache eher einen → Trochäus entstehen lässt: *Eínhorn*.
Sprecher: derjenige, der die → perspektivische Struktur eines Gedichts durch die Rolle, die er darin spielt, bestimmt.
Sprechstück: von P. Handke geprägte Bezeichnung für seine ohne übliche Handlung angelegten, nur durch Aneinanderreihung von rhythmischen Texten aufgebauten Theaterstücke; Beispiel: P. Handke, *Kaspar* (Kap. 21.3).
Spruchdichtung: → mittelhochdeutsche Lieder und Gedichte, die sich thematisch vom → Minnesang unterscheiden, sowie formelhafte Dichtung, die Lebensweisheiten, Rätsel- und → Zaubersprüche überliefert. Beispiel: Walther von der Vogelweide, *Ich saz ûf eime steine* (Kap. 2.1).
Stabreim: besondere Form der → Alliteration in der → germanischen Dichtung; der Stabreim beruht auf dem Gleichklang im Anlaut von betonten, bedeutungstragenden Wörtern und ist Lautreim, im Unterschied zum → Endreim, von dem er seit dem 9. Jahrhundert aus der

europäischen Dichtung verdrängt wurde. Beispiel: **welaga nû, waltant got, wêwurt skihit** (*Hildesbrandslied*, Kap. 1.1).
Stilfiguren: → rhetorische Figuren
Stollen: 1. im → Meistersang die beiden gleich gebauten und nach der gleichen Melodie zu singenden Teile des Aufgesangs, die durch einen Kreuzreim miteinander verbunden sind; die Stollen bilden sozusagen die „Stützen", auf denen der Abgesang ruht. 2. die beiden Stäbe (→ Stabreim) im → Anvers der germanischen → Langzeile.
Strophe: Anordnung einer bestimmten Anzahl von → Versen oder → Langzeilen zu einer in sich geschlossenen, in gleicher Form wiederkehrenden höheren metrischen Einheit; s. auch → Sonett, → Terzine, → Volkslied.
Struktur: Aufbau, Gefüge; Zuordnung der Einzelelemente eines sprachlichen Kunstwerks zu einer Gesamtheit; s. auch → perspektivische Struktur.
Sturm und Drang: → Epoche der Literatur (Kap. 7)
Symbol: → Bild (Person, Gegenstand [→ Dingsymbol], Handlung, Vorgang), das auf einen allgemeinen Sinnzusammenhang verweist und vom Leser gedeutet werden muss. Zu J. W. Goethes Symbolbegriff s. Kap. 8.1, Aufg. 9. Beispiel: Das Wasser in C. F. Meyers Gedicht *Der römische Brunnen* (Kap. 12.1) – ein Symbol für die Natur als bewegende und alles belebende Kraft, Werden und Vergehen, Stillstand und Verwandlung des Lebens.
Symbolik: Sinnbildgehalt einer Darstellung; durch → Symbole dargestellter Sinngehalt; Art und Weise der Symbolverwendung
Symbolismus: 1886 geprägte Bezeichnung für eine literarische Richtung der europäischen → Lyrik, die auch andere → Gattungen beeinflusste; → Epoche der Literatur (Kap. 14).
Szene: 1. Gliederungseinheit des → Dramas; als Auftritt Unterabteilung des → Aktes durch Auf- und Abtreten der Personen (deshalb „Auftritt"); 2. → episches Kompositionselement, Erzähleinheit, in der eine „dramatische" Situation dargestellt wird und der Bericht zugunsten des → Dialogs zurücktritt.
Tagebuch: täglich oder zumindest in regelmäßigen Abständen in chronologischer Abfolge niedergeschriebene Aufzeichnungen eines Autors oder einer Autorin. Beispiel: J. W. Goethe: *Dornburger Tagebücher* (Kap. 8.1, Aufg. 9).
Takt: metrische Einheit im → Vers, → Versfuß, besteht aus der Hebung und der Taktfüllung (einer Senkung oder mehreren Senkungen). Man unterscheidet zweiteiligen Takt (Zweiviertel), dreiteiligen (Dreiviertel) oder vierteiligen Takt (Viertviertel), wenn er auf der dritten Silbe eine Nebenhebung hat. Beispiel: die → Langzeile des *Hildebrandsliedes* ist in vier Viervierteltakte gegliedert (Kap. 1.1, Aufg. 11).
Tatsachenreportage: Einfügung von nichtfiktionalen Texten (z. B. Reklame, Wetterbericht, Zeitungsmeldung) in einen dichterischen Text im Stil der → Montage. Beispiel: *Loeser & Wolff, Berlin – Elbing, erstklassige Qualitäten in allen Geschmacksrichtungen, Brasil, Havanna, Mexiko ...* (A. Döblin, *Berlin Alexanderplatz*, Kap. 16.2).
Terzine: dreizeilige Strophenform in fünfhebigen → Jamben mit durchgehender Reimverkettung nach dem Schema ababcb usw.; Beispiel: B. Brecht, *Die Liebenden* (Kap. 16.1).
Thema: Hauptgedanke eines (literarischen) Werkes bzw. Gegenstand, mit dem sich eine Abhandlung befasst; häufig gleichbedeutend mit → Motiv
Titel: 1. Anrede; 2. Überschrift eines Schriftwerks, insbes. der Name eines Buches (Buchtitel); 3. buchtechnisch bedeutet Titel das Titelblatt. Das Titelblatt hat sich erst im 16. Jahrhundert allgemein durchgesetzt. Damals war der Titelholzschnitt sehr verbreitet; im → Barock wurde er vom Titelkupfer verdrängt, einem Kupferstich auf dem Titelblatt selbst oder auf der

gegenüberliegenden Seite. Beispiel: Titelkupfer des *Simplicissimus*-Romans von H. J. Ch. von Grimmelshausen, Kap. 5.2.

Trochäus: antiker → Versfuß aus langer bzw. betonter und kurzer bzw. unbetonter Silbe, z. B. Lében

Trümmerliteratur: die Literatur der Generation, die 1945 in den Trümmern, die das Dritte Reich hinterlassen hatte, einen neuen Anfang versuchte; → Kap. 18

Vergleich: → rhetorische Figur zur Steigerung der Anschaulichkeit einer Aussage. Zumeist mithilfe von Vergleichswörtern (so – wie) wird zwischen zwei Wirklichkeitsebenen, die in einem Punkt, dem sogenannten Tertium comparationis, eine Übereinstimmung aufweisen müssen, eine Beziehung hergestellt. Beispiel: *So wie das letzte Grün in Farbentiegeln / sind diese Blätter, trocken, stumpf und rau* (R. M. Rilke, *Blaue Hortensie*, Kap. 14.1).

Vers: rhythmische Wortreihe als Zeile im Gedicht oder in anderen Dichtungen

Versepos: Großform erzählender Dichtung in gleichartig gebauten → Versen oder → Strophen; Beispiel: H. Heines *Wintermärchen* (Kap. 11.2)

Verserzählung: kürzere → epische Dichtung in Versform; Beispiel: Wernher der Gartenaere, *Helmbrecht* (Kap. 3.2)

Versfuß: die kleinste Einheit des metrischen Baus (→ Metrum) eines → Verses, die aus einer festgelegten Anzahl und einer bestimmten Abfolge von langen oder kurzen bzw. betonten oder unbetonten Silben besteht. In der deutschen → Metrik verwendet man auch die der Musik entlehnte Bezeichnung → Takt anstelle von Versfuß, um dem akzentuierenden Prinzip in der Dichtung dieser germanischen Sprache gerecht zu werden; denn die griechische und römische Dichtung der → Antike folgte dem quantitierenden Prinzip, d. h. der geregelten Abfolge kurzer und langer Silben.

Versmaß: → Metrum

Volksbuch: Bezeichnung für → frühneuhochdeutsche Nacherzählungen mittelalterlicher → Epik in → Prosa sowie für volkstümliche Schwanksammlungen (→ Schwank) der beginnenden Neuzeit; romanhafte Unterhaltungsprosa. Beispiel: H. Botes *Dyl Vlenspiegel*, Kap. 4.3.

Volkslied: von J. G. Herder geprägte und vor allem in der → Romantik aufgegriffene Bezeichnung für ein volkstümlich schlichtes gereimtes Lied von meist unbekanntem Verfasser, das seit langem im Volk gesungen wurde. Beispiel: *Es ist ein schne gefallen*, Kap. 3.1.

Volksliedstrophe: häufig im → Volkslied vorkommende Strophenform (→ Strophe), die aus vier drei- oder vierhebigen → Versen besteht und einen Kreuzreim (→ Reimformen) aufweist; häufig ist auch der Wechsel von Vier- und Dreihebern mit abwechselnd klingender und stumpfer → Kadenz. Beispiel: *Es ist ein schne gefallen*, Kap. 3.1.

Vorausdeutung: ein episches Gestaltungsmittel: der allwissende → Erzähler weist auf später eintretende Ereignisse und Vorgänge voraus. Beispiel: *dar umbe muosen degene vil verliesén den lîp* (*Der Nibelunge Nôt*, Kap. 2.2)

Vormärz: → Epoche der Literatur (Kap. 11); die Bezeichnung ist an der politischen Geschichte orientiert (Märzrevolution von 1848/49).

Zäsur: Sinneinschnitt im → Vers (Pause). Die Zäsur gliedert die Verszeile in zwei (oder mehr) Teile, sogenannte Kola, z. B. im → Alexandriner nach der dritten Hebung.

Zaubersprüche: Sprüche oder Formeln, deren Aufsagen eine bestimmte magische Wirkung hervorrufen soll. Beispiel: *Merseburger Zaubersprüche*, Kap. 1.1.

Zeilensprung: → Enjambement

Zeilenstil: Form der Versdichtung, bei der sich Satz- und Versende decken; vereinzelt fällt schon im *Hildebrandslied* (Kap. 1.1) das Ende einer syntaktischen Einheit mit dem Ende einer → Langzeile zusammen.

Zeitgestaltung: wichtiges Element jeder Dichtung, vor allem in → Dramatik (s. auch → aristotelisches Theater) und → Epik. In der Epik sind Erzählzeit, d.h. die Dauer des Erzählens, und erzählte Zeit als die Dauer des erzählten Ereignisses zu unterscheiden; es gibt drei Möglichkeiten der Zeitgestaltung in epischen Texten: die Raffung oder Dehnung der erzählten Zeit oder die Deckung von erzählter Zeit und Erzählzeit; vgl. den „Sekundenstil" in G. Hauptmanns *Bahnwärter Thiel* (Kap. 13.2).

Textquellenverzeichnis

Die Texte der mit * gekennzeichneten Autoren werden aus lizenzrechtlichen Gründen nicht in reformierter Schreibung abgedruckt.

Aichinger, Ilse: *Wo ich wohne,* aus: Erzählungen, Gedichte, Dialoge, S. Fischer Verlag, Frankfurt a. M. 1958 322
Angelus Silesius (d. i. Johannes Scheffler): *Cherubinischer Wandersmann,* aus: Das Zeitalter des Barock. Texte und Zeugnisse, hg. von Albrecht Schöne, C.H. Beck'sche Verlagsbuchhandlung, München 1963, S. 255 81
Atabay, Cyrus: *Das magische Buch,* aus: Die Wege des Leichtsinns. Zerstreutes äolisches Material. Gedichte, Eremiten-Presse, Düsseldorf (1995), S. 7 349
Ausländer, Rose: *Liebe VI,* aus: Einverständnis. Gedichte, Pfaffenweiler Press, Pfaffenweiler 1980, S. 52 320

Bachmann, Ingeborg: *Unterrichtet in der Liebe,* aus: Anrufung des großen Bären, Piper, München 1957, S. 78 f. 319
Benn, Gottfried*: *Einsamer nie –,* aus: Gottfried Benn, Statische Gedichte, © 1948, 1983 by Arche Verlag AG, Raabe + Vitali, Zürich 254
Bernhard, Thomas: *Umgekehrt,* aus: Der Stimmenimitator, Suhrkamp Verlag, Frankfurt a. M. 1978 324
Bichsel, Peter: *San Salvador,* aus: Eigentlich wollte Frau Blum den Milchmann kennen lernen, Suhrkamp Verlag, Frankfurt a. M. 1964 ... 338
Biermann, Wolf: *Ermutigung,* aus: Mit Marx- und Engelszungen, Wagenbach, Berlin 1976... 306
Böll, Heinrich: *An der Brücke,* aus: Werke. Romane und Erzählungen 1, 1947–1951, hg. von B. Balzer, Lamuv, Göttingen, S. 55–57 290
Borchert, Wolfgang: *Draußen vor der Tür. Ein Stück, das kein Theater spielen und kein Publikum sehen will,* aus: Das Gesamtwerk, Rowohlt, Hamburg 1975, S. 108–112 276
Bote, Hermann: *Ein kurtzweilig lesen von Dyl Vlenspiegel,* aus: Spätmittelalter, Humanismus, Reformation: Texte und Zeugnisse, hg. von Hedwig Heger, Teilband 2: Blütezeit des Humanismus und Reformation (Die deutsche Literatur, Bd. 2, Teilbd. 2), C. H. Beck'sche Verlagsbuchhandlung, München 1978, S. 662 f. 68
Brant, Sebastian: *Das Narren schyff,* aus: Spätmittelalter, Humanismus, Reformation: Texte und Zeugnisse, hg. von Hedwig Heger, Teilband 1: Spätmittelalter und Frühhumanismus (Die deutsche Literatur, Bd. 2, Teilbd. 1), C.H. Beck'sche Verlagsbuchhandlung, München 1975, S. 597 f., 601 f. 66
Brecht, Bertolt*: *Die Liebenden. Aufstieg und Fall der Stadt Mahagonny.* Oper, aus: Gesammelte Werke, Band 2, Suhrkamp Verlag, Frankfurt a. M. 1967, S. 535–537 242
Brecht, Bertolt*: *Furcht und Elend des Dritten Reiches.* 24 Szenen, aus: Gesammelte Werke, Band 3, Suhrkamp Verlag, Frankfurt a. M. 1967, S. 1127–1133 260
Braun, Volker*: *Durchgearbeitete Landschaft,* aus: Gegen die symmetrische Welt. Gedichte, Suhrkamp Verlag, Frankfurt a. M. 1974, S. 34 f. (Lizenzausgabe, ©VEB Mitteldeutscher Verlag, Halle/Saale) 305
Bremer, Claus: *Soldat,* aus: Texte und Kommentare, Anabas, Steinbach/Gießen 1968 332
Brentano, Clemens: *Lore Lay,* aus: Brentanos Werke, hg. von J. Dohmke, Bibliographisches Institut, Leipzig und Wien o.J. 146
Brockes, Barthold Hinrich: *Kirschblüte bei Nacht,* aus: Deutsche Dichtung im 18. Jahrhundert, hg. von Adalbert Elschenbroich, Carl Hanser Verlag, München 1960 95
Büchner, Georg: *Woyzeck,* aus: Werke und Briefe, Münchner Ausgabe, hg. von K. Pörnbacher, G. Schaub, H.-J. Simm und Edda Ziegler, Deutscher Taschenbuch Verlag, München 1990, S. 239–241 (© 1988 Carl Hanser Verlag, München) 185
Bürger, Gottfried August: *Der Bauer. An seinen Durchlauchtigen Tyrannen,* aus: Gedichte, hg. von Jost Hermand, Philipp Reclam jun., Stuttgart 1981, S. 58 113

Celan, Paul (d. i. Paul Anczel): *Todesfuge,* aus: Ausgewählte Gedichte, Suhrkamp Verlag, Frankfurt a. M. 1968, S. 18 f. 270

Çirak, Zehra: *Eigentum*, aus: Vogel auf dem Rücken eines Elefanten. Gedichte, Kiepenheuer & Witsch, Köln 1991 348

Cumart, Nevfel A.: *deine Augen*, aus: Das Lachen bewahren. Gedichte aus den Jahren 1983 bis 1993, Grupello, Düsseldorf 1993, S. 72. 349

Dauthendey, Max: *Regenduft*, aus: Gesammelte Werke, Band 4, Langen-Müller, München 1925, S. 54. 216

Demirkan, Renan: *Schwarzer Tee mit drei Stück Zucker*, Kiepenheuer & Witsch, Köln 1991 352

Der von Kürenberg: siehe **Kürenberg**

Döblin, Alfred: *Berlin Alexanderplatz. Die Geschichte vom Franz Biberkopf*, Walter, Olten 1961 245

Droste-Hülshoff, Annette von: *Der Knabe im Moor*, aus: Gesammelte Werke, hg. von Reinhold Schneider, Band 2: Gedichte, S. 75 f., Lichtenstein Verlag, Vaduz 1950. 163

Droste-Hülshoff, Annette von: *Die Judenbuche. Ein Sittengemälde aus dem gebirgichten Westfalen*, aus: Gesammelte Werke, hg. von Reinhold Schneider, Band 4: Erzählungen und Briefe, S. 18 – 21, Lichtenstein Verlag, Vaduz 1950 168

Dürrenmatt, Friedrich*: *Die Physiker. Eine Komödie in zwei Akten*, Copyright © 1985 by Diogenes Verlag AG Zürich. 340

Eich, Günter: *Inventur*, aus: Gesammelte Werke, Band 1: Die Gedichte, hg. von H. Ohde, Suhrkamp Verlag, Frankfurt a. M. 1973, S. 35. . . . 269

Eichendorff, Joseph von: *Aus dem Leben eines Taugenichts*, aus: Werke, hg. von Wolfdietrich Rasch, Carl Hanser Verlag, München 1971, S. 1061 – 1063 153

Eichendorff, Joseph von: *Waldgespräch*, aus: Werke, hg. von Wolfdietrich Rasch, Carl Hanser Verlag, München 1971, S. 304 f. 148

Enzensberger, Hans Magnus*: *ins lesebuch für die oberstufe*, aus: Verteidigung der Wölfe, Suhrkamp Verlag, Frankfurt a. M. 1957 285

Fallersleben, August Heinrich Hoffmann von: *Lied der Deutschen*, aus: Der deutsche Vormärz. Texte und Dokumente, hg. von J. Hermand, Reclam, Stuttgart 1967 178

Fleißer, Marieluise: *Pioniere in Ingolstadt. Komödie in zwölf Bildern. Fassung 1929*, aus: Gesammelte Werke, Band 1: Dramen, Suhrkamp Verlag, Frankfurt a. M. 1989, S. 193 – 195. 250

Fontane, Theodor: *Der Karrenschieber von Grisselsbrunn*, aus: Meisternovellen neuerer Erzähler, eingel. von R. Wenz, Hesse & Becker o. J. (1916), S. 137 – 142 (jetzt: Meco Verlag, Dreieich) 197

Fried, Erich: *Aber solange ich atme*, aus: Beunruhigungen, Wagenbach, Berlin 1984, S. 29 324

Frisch, Max*: *Homo faber. Ein Bericht*, Suhrkamp Verlag, Frankfurt a. M. 1957. 335

Gasseleder, Klaus: *handy*, aus: Wolfgang Klingler u. a., Die literarische Vernus. Dorstener Lyrikpreis 2003, HW-Verlag, Dorsten 2003, S. 18 363

Gellert, Christian Fürchtegott: *Leben der schwedischen Gräfin von G...*, hg. von J. U. Fechner, Reclam, Stuttgart 1971 97

Gernhardt, Robert: *Es, es, es und es*, aus: Lichte Gedichte, Haffmanns Verlag, Zürich 1997, S. 195 362

George, Stefan*: *Mein garten bedarf nicht luft und nicht wärme*, aus: Algabal: Im Unterreich, 1894; zit. nach: Naturlyrik. Ein Arbeitsbuch für die Schule, hg. von Margret und Karlheinz Fingerhut, Ernst Klett Verlag, Stuttgart 1984, S. 61. 216

Goethe, Johann Wolfgang: *Die Leiden des jungen Werthers*, aus: Werke, Hamburger Ausgabe, hg. von Erich Trunz, C. H. Beck'sche Verlagsbuchhandlung, München, Band 6, S. 525 116

Goethe, Johann Wolfgang: *Die Wahlverwandtschaften*, Reclam, Stuttgart 1991, S. 88 ff. 132

Goethe, Johann Wolfgang: *Es schlug mein Herz. Geschwind, zu Pferde!*, aus: Werke, Hamburger Ausgabe, hg. von Erich Trunz, Band 1, S. 28, Beck'sche Verlagsbuchhandlung, München 1981 112

Goethe, Johann Wolfgang: *Faust*, aus: ebd., Band 3: Faust in ursprünglicher Gestalt (Urfaust), S. 367 f. 118

Goethe, Johann Wolfgang: *Früh, wenn Tal, Gebirg und Garten*, aus: ebd. Band 1, S. 391 128

Gomringer, Eugen*: *3 variationen zu „kein fehler im system"*, aus: worte sind schatten. die konstellationen 1951 – 1968, Rowohlt, Reinbek 1969, S. 96 f. 332

Grass, Günter*: *Die Blechtrommel. Roman*, Luchterhand-Literaturverlag, München 1960. . . . 292

Grillparzer, Franz: *Ein Bruderzwist in Habsburg. Trauerspiel in fünf Aufzügen*, aus: Werke, hg. von Paul Stapf, Band 1: Dramen, Der Tempel-Verlag, Berlin und Darmstadt 1965, S. 1004–1006. 173

Grimmelshausen, Hans Jakob Christoffel von: *Der Abentheuerliche Simplicissimus Teutsch*, Winkler Verlag, München o. J., S. 15–18 83

Grünbein, Durs*: *Nachbilder. Sonette VIII*, aus: Nach den Satiren, Suhrkamp, Frankfurt am Main 1999, S. 191. 363

Gryphius, Andreas: *Catharina von Georgien*. Trauerspiel, hg. von Alois Haas, Philipp Reclam jun., Stuttgart 1975, S. 117–120. 87

Gryphius, Andreas: *Es ist alles eitell*, aus: Das Zeitalter des Barock. Texte und Zeugnisse, hg. von Albrecht Schöne, C. H. Beck'sche Verlagsbuchhandlung, München 1963, S. 242 80

Günderode, Karoline von: *Ein apokalyptisches Fragment*, aus: Sämtliche Werke und ausgew. Studien, Bd. 1, hg. von Walter Morgenthaler, Stroemfeld/Roter Stern, Frankfurt/M. 1990, S. 52–54 151

Hahn, Ulla: *Endlich*, aus: Spielende. Gedichte, Deutsche Verlags-Anstalt, Stuttgart 1983. . . 287

Handke, Peter*: *Kaspar*, Suhrkamp Verlag, Frankfurt/M. 1973, S. 8, 11–14 (© Suhrkamp Verlag, Frankfurt/M. 1967) 326

Hauptmann, Gerhart: *Bahnwärter Thiel*. Novellistische Studie, Reclam, Stuttgart 1970, S. 29 f. 207

Hauptmann, Gerhart: *Vor Sonnenaufgang. Soziales Drama*, Ullstein, Berlin 1959, S. 85–89 208

Hebbel, Friedrich: *Agnes Bernauer. Ein deutsches Trauerspiel in fünf Aufzügen*, aus: Dramen, hg. von H. Geiger, Der Tempel-Verlag, Berlin und Darmstadt, S. 640–643. 200

Heine, Heinrich: *Deutschland – Ein Wintermärchen*, aus: Heines Werke in fünf Bänden, Bd. 2, Volksverlag, Weimar 1963, S. 97 f. 182

Heine, Heinrich: *Ich weiß nicht, was soll es bedeuten*, aus: Hist.-krit. Gesamtausgabe der Werke, hg. von Manfred Windfuhr, Bd. I/2: Buch der Lieder, Hoffmann und Campe, Hamburg 1975 148

Hermlin, Stephan*: *Die Vögel und der Test*, aus: Lesebuch. Deutsche Literatur der sechziger Jahre, hg. von Klaus Wagenbach, Wagenbach, Berlin 1969, S. 133 f. 304

Herwegh, Georg: *Wiegenlied*, aus: Herweghs Werke in einem Band, ausgew. und eingel. von H.-G. Werner, Aufbau Verlag, Berlin und Weimar 1980, S. 123 f. 179

Hoddis, Jakob van: *Weltende*, aus: Weltende. Gesammelte Dichtungen, P. Schifferli/Die Arche, Zürich 1958 230

Hölderlin, Friedrich: *Hälfte des Lebens*, aus: Sämtliche Werke, hg. von Friedrich Beißner, Kohlhammer, Stuttgart 1961, Bd. 2, S. 121 128

Hoffmann von Fallersleben, August Heinrich: siehe Fallersleben

Hofmannsthal, Hugo von: *Der Schwierige. Lustspiel in drei Akten*, aus: Ausgewählte Werke in zwei Bänden, hg. von Rudolf Hirsch, Bd. 1: Gedichte und Dramen; Lizenzausgabe mit Genehmigung des S. Fischer Verlages für Bertelsmann, Reinhard Mohn OHG, Gütersloh o. J., S. 521–528 (© S. Fischer Verlag, Frankfurt/M. 1957) 221

Holz, Arno: *Phantasus*, aus: Phantasus. Verkleinerter Faksimiledruck der Erstfassung, hg. von G. Schulz, Philipp Reclam jun., Stuttgart 1984, S. 52 205

Homberger, Dietrich: *Krähen stelzen übers Feld*, aus: innen wie außen. Haiku, Books on Demand GmbH, Norderstedt 2009, S. 48 368

Huchel, Peter: *Der Garten des Theophrast*, aus: Gesammelte Werke, hg. von A. Viewegg, Band 1, Suhrkamp Verlag, Frankfurt/M. 1984, S. 155. 304

Jandl, Ernst: *hommage à brancusi (2) „der kuss"*, aus: der künstliche baum, Luchterhand Literatur Verlag, München 1970, S. 25 319

Jelinek, Elfriede: *Die Kontrakte des Kaufmanns. Eine Wirtschaftskomödie*, aus: Drei Theaterstücke, Rowohlt Taschenbuch Verlag, Reinbek bei Hamburg 2009, S. 209–210, 332–338 (Copyright © 2009 by Rowohlt Verlag GmbH) 373

Kästner, Erich: *Sachliche Romanze*, aus: Lärm im Spiegel, Atrium Verlag, Zürich 1929 242

Kafka, Franz: *Der Nachbar*, aus: Sämtliche Erzählungen, hg. von P. Raabe, Fischer Bücherei, Frankfurt/M., S. 300 f. 233

Kafka, Franz: *Eine alltägliche Verwirrung*, aus: Sämtliche Erzählungen, hg. von P. Raabe, Fischer Bücherei, Frankfurt/M., S. 303 f. 234

Kagel, Mauricio: *Die Entstehung des Bühnenbildes als Parabel*, aus: DIE ZEIT Nr. 53/1, 1978, S. 38 355

Kaiser, Georg: *Die Bürger von Calais*, aus: Werke in sechs Bänden, hg. von W. Huder, Band 1, Bayerische Verlagsanstalt, Bamberg 1970, S. 562 236

Karsunke, Yaak: *jahrestag*, aus: Kilroy und andere. Wagenbach, Berlin 1967 286

Kaschnitz, Marie Luise*: *Hiroshima*, aus: Gedichte, Suhrkamp Verlag, Frankfurt/M. 1975, S. 44 . 285

Kirsch, Sarah*: *Aus dem Haiku-Gebiet*, aus: Erlkönigstochter, Deutsche Verlagsgesellschaft, Stuttgart 1992. Zitiert nach: Texte, Themen und Strukturen. Deutschbuch für die Oberstufe, Cornelsen, Berlin 1999, S. 355 362

Kleist, Heinrich von: *Amphitryon. Ein Lustspiel nach Molière*, aus: Sämtliche Werke, hg. von Hans Jürgen Meinerts, Mohn & Co. GmbH, Gütersloh o. J., S. 255–259 156

Klopstock, Friedrich Gottlieb: *Die Sommernacht*, aus: Ausgewählte Werke in einem Band, hg. von Karl-August Schleichen, Carl Hanser Verlag, München o. J. 95

Kunze, Reiner*: *Der hochwald erzieht seine bäume*, aus: Sensible Wege, Rowohlt, Reinbek 1969, S. 9 306

Kunze, Reiner*: *vers zur jahrtausendwende* und *lied*, aus: ein tag auf dieser erde. Gedichte, S. Fischer, Frankfurt am Main 1998, S. 19 und 65 362

Kürenberg, Der von: *Ich zôch mir einen valken*, aus: Gedichtbuch, hg. von Karl Pörnbacher, Cornelsen, Berlin 1987, S. 27 33

Langgässer, Elisabeth: *Untergetaucht*, aus: Gesammelte Werke, Band 5: Erzählungen, Claassen, Düsseldorf 1959, S. 29–33 272

Lasker-Schüler, Else: *Versöhnung*, aus: Sämtliche Gedichte, Kösel, München 1966, S. 171 231

Lessing, Gotthold Ephraim: *Nathan der Weise. Ein dramatisches Gedicht in fünf Aufzügen*, aus: Dichtungen, Briefe, Tempel-Verlag, Berlin und Darmstadt 1965, S. 889 ff. 101

Lessing, Gotthold Ephraim: *Der Wolf und das Schaf*, aus: Ebd., S. 200 98

Lichtenberg, Georg Christoph: *Aphorismen aus den „Sudelbüchern"*, aus: Aphorismen – Schriften – Briefe, hg. von Wolfgang Promies, Carl Hanser Verlag, München o. J., passim 98

Luther, Martin: *Ein feste burg ist vnser Gott*, aus: Spätmittelalter, Humanismus, Reformation: Texte und Zeugnisse, hg. von Hedwig Heger, Teilband 2: Blütezeit des Humanismus und Reformation (= Die deutsche Literatur, Band 2, Teilband 2), C. H. Beck'sche Verlagsbuchhandlung, München 1978, S. 328 f. 63

Luther, Martin: *Vom wolff und lemlin*, aus: Martin Luthers Fabeln. Nach seiner Handschrift und den Drucken mit einem vergleichenden Teil von Boner bis Krylow, neu hg. von Willi Steinberg, Niemeyer, Halle an der Saale 1961, S. 15 69

Männling, Johann Christoph: *Todten-Bahre*, aus: Das Zeitalter des Barock. Texte und Zeugnisse, hg. von Albrecht Schöne, C. H. Beck'sche Verlagsbuchhandlung, München 1963, S. 695 . . 81

Mann, Heinrich: *Die Jugend des Königs Henri Quatre. Roman*, Aufbau Verlag, Berlin 1956 258

Mann, Thomas: *Tonio Kröger*, aus: Sämtliche Erzählungen, S. Fischer Verlag, Frankfurt/M. 1963, S. 227–229. 218

Marti, Kurt: *vorzug von parlamentswahlen*, aus: konkrete poesie. Deutschsprachige autoren. anthologie von e. gomringer, Philipp Reclam jun., Stuttgart 1973, S. 87 331

Meyer, Conrad Ferdinand: *Der römische Brunnen*, aus: Gedichte Conrad Ferdinand Meyers. Wege ihrer Vollendung, hg. und mit einem Nachwort versehen von H. Henel, Max Niemeyer, Tübingen 1962, S. 22 194

Mörike, Eduard: *Abreise*, aus: Werke, hg. von Hannsludwig Geiger, Der Tempel-Verlag, Berlin und Darmstadt 1963, S. 83 f. 165

Mörike, Eduard: *Auf eine Lampe*, aus: Ebd., S. 76 166

Mon, Franz (d. i. Franz Löffelholz): *man muss was tun*, aus: lesebuch, Luchterhand Literatur Verlag, München 1967, S. 29 286

Morgner, Irmtraud: *Leben und Abenteuer der Trobadora Beatriz nach Zeugnissen ihrer Spielfrau Laura. Roman in dreizehn Büchern und sieben Intermezzos*, Aufbau Verlag, Berlin/Weimar 1974, 4. Buch, 19. Kap., S. 171. 309

Müller, Heiner*: *Der Lohndrücker*, aus: Geschichten aus der Produktion 1, Rotbuch, Berlin 1974, S. 28–33 311
Müller, Herta: *Atemschaukel. Roman*, Carl Hanser Verlag, München 2009, S. 68–70 370

Noker (Notker): *Memento mori*, aus: Althochdeutsches Lesebuch, hg. von Braune-Ebbinghaus, Max Niemeyer Verlag, Tübingen 1965, S. 142 20
Novalis (Friedrich von Hardenberg): *Heinrich von Ofterdingen*, aus: Gesammelte Werke, hg. von Hildburg und Werner Kohlschmidt, Buchgemeinschafts-Ausgabe, Lizenzausgabe für die Bertelsmann GmbH mit Genehmigung des Sigbert Mohn Verlages, Gütersloh o. J., S. 247 f. 150
Novalis (Friedrich von Hardenberg): *Wenn nicht mehr Zahlen und Figuren*, aus: Paul Kluckhohn, Richard Samuel (Hg.): Schriften, Band 1: Das dichterische Werk, Kohlhammer Verlag, Stuttgart 146

Opitz, Martin: *Ach Liebste lass vns eilen*, aus: Das Zeitalter des Barock. Texte und Zeugnisse, hg. von Albrecht Schöne, C. H. Beck'sche Verlagsbuchhandlung, München 1963, S. 806 80
Oswald von Wolkenstein: *Es fügt sich, do ich was von zehen jaren alt*, aus: Spätmittelalter, Humanismus, Reformation: Texte und Zeugnisse, hg. von Hedwig Heger, Teilband 1, Spätmittelalter und Frühhumanismus (= Die deutsche Literatur, Band 2, Teilband 1), C. H. Beck'sche Verlagsbuchhandlung, München 1975, S. 313 f. 46
Oswald von Wolkenstein: *Es fügt sich, do ich was von zehen jaren alt*, Übertragung von Dieter Kühn, aus: D. Kühn, Ich Wolkenstein. Eine Biografie, S. Fischer Verlag, Frankfurt/M. 1980 47
Otfried von Weißenburg: *Evangelienharmonie*, aus: Otfrieds Evangelienbuch, hg. von Erdmann-Wolff, Max Niemeyer Verlag, Tübingen 1965 24

Rilke, Rainer Maria: *Blaue Hortensie*, aus: Sämtliche Werke, hg. vom Rilke-Archiv in Verbindung mit R. Sieber-Rilke, Band 1, Insel Verlag, Wiesbaden 1955 217

Sachs, Hans: *Das Narren schneyden*, aus: Spätmittelalter, Humanismus, Reformation: Texte und Zeugnisse, hg. von Hedwig Heger, Teilband 2: Blütezeit des Humanismus und Reformation (= Die deutsche Literatur, Band 2, Teilband 2), C. H. Beck'sche Verlagsbuchhandlung, München 1978, S. 603–607 72
Sachs, Nelly: *Qual*, aus: Gesammelte Gedichte, Suhrkamp Verlag, Frankfurt/M. 1977 255
Said: *Wo ich sterbe ist meine Fremde*, aus: Wo ich sterbe ist meine Fremde. Exil und Liebe. Gedichte, Kirchheim, München 1987, S. 9 352
Schami, Rafik: *Erzähler der Nacht*, Beltz & Gelberg, Weinheim und Basel 1989 348
Scheffler, Johannes: siehe **Angelus Silesius**
Schiller, Friedrich: *Die Räuber. Ein Schauspiel*, aus: Werke. Nationalausgabe, Böhlaus Nachfolger, Weimar 1953, Band 3, S. 20 f. 120
Schiller, Friedrich: *Maria Stuart*, aus: Werke in drei Bänden, Carl Hanser Verlag, München 1966, Band 3 135
Schiller, Friedrich: *Nänie*, aus: Sämtliche Werke, hg. von Gerhard Fricke und Herbert G. Göpfert, Carl Hanser Verlag, München 1980, Band 1, S. 242 127
Schlink, Bernhard: *Der Vorleser. Roman*, Diogenes Taschenbuch, Zürich 1997, S. 192–198 (Copyright © 1995) 365
Schneider, Reinhold: *Allein den Betern kann es noch gelingen*, aus: Gesammelte Werke, hg. von E. M. Landau, Band 5: Lyrik, hg. von C. Perels, Insel Verlag, Frankfurt/M. 1981, S. 54 255
Schnurre, Wolfdietrich: *Beste Geschichte meines Lebens*, aus: Der Schattenfotograf, List, München 1978, S. 158 295
Stifter, Adalbert: *Der Hochwald*, aus: Stifters Werke in vier Bänden, ausgew. und eingeleitet von Joachim Müller, Aufbau Verlag, Berlin und Weimar 1988, Band 1, S. 60–64 169
Storm, Theodor: *Die Stadt*, aus: Storms Werke in zwei Bänden, Aufbau Verlag, Berlin und Weimar 1988, Band 2, S. 35 194
Stramm, August: *Vorfrühling*, aus: Das Werk, hg. von René Radrizzani, Wiesbaden 1963, S. 109 232

Timm, Uwe: *Am Beispiel meines Bruders*, Kiepenheuer & Witsch, Köln 2003, S. 9–11 369

Trakl, Georg: *An die Verstummten*, aus: Die Dichtungen, hg. von K. Horcoitz, Die Arche, Zürich 1946, S. 127 231

Walther von der Vogelweide: *Ich saz ûf eime steine*, aus: Gedichte, übersetzt von Peter Wapnewski, S. Fischer Verlag, Frankfurt/M. 1970, S. 124 f. 33

Walther von der Vogelweide: *Wol mich der stunde*, aus: Die Gedichte Walthers von der Vogelweide. Urtext mit Prosaübersetzung von Hans Böhm, de Gruyter, Berlin 1964, S. 96 f. 35

Weiss, Peter: *Die Ermittlung. Oratorium in elf Gesängen*, aus: Stücke I, Suhrkamp Verlag, Frankfurt/M. 1976, S. 258–263. 297

Wernher der Gartenaere (d. i. Gärtner): *Helmbrecht*, aus: Wernher der Gartenaere: Helmbrecht, hg. von Friedrich Panzer, 8. Auflage besorgt von Kurt Ruh, Max Niemeyer Verlag, Tübingen 1968 (= Altdeutsche Textbibliothek, Nr. 11), S. 27 f. 50

Wernher der Gärtner: *Helmbrecht*, herausgegeben, übersetzt und erläutert von Fritz Tschirch, Reclam, Stuttgart 1974 50

Wohmann, Gabriele*: *Flitterwochen, dritter Tag*, aus: Ländliches Fest, Luchterhand Literatur Verlag, München 1980, S. 61 f. 294

Wolf, Christa*: *Der geteilte Himmel. Erzählung*, © Mitteldeutscher Verlag, Halle/Saale 1973 308

Wolfram von Eschenbach: *Parzival*, hg. von Karl Bartsch, Erster Theil, Brockhaus, Leipzig 1875, S. 181–184 39

Wolfram von Eschenbach: *Parzival, Übertragung von Dieter Kühn*, aus: Der Parzival des Wolfram von Eschenbach, S. Fischer Verlag, Frankfurt/M. 1992 39

Wondratschek, Wolf: *In den Autos*, aus: Das leise Lachen am Ohr eines anderen. Gedichte/Lieder II, Zweitausendeins, Frankfurt/M. 1976 287

Unbekannte Verfasser:

Der Nibelunge Nôt, aus: Das Nibelungenlied. Nach der Ausgabe von Karl Bartsch hg. von Helmut de Boor, F. A. Brockhaus, Wiesbaden 1963, S. 3, 4, 6, 7 37

Du bist mîn, aus: Gedichtbuch, hg. von K. Pörnbacher, Cornelsen, Berlin 1987, S. 5 32

Fastnachtspiel. Vom Tanawäschel, aus: Spätmittelalter, Humanismus, Reformation: Texte und Zeugnisse, hg. von Hedwig Heger, Teilband 1: Spätmittelalter und Frühhumanismus (= Die deutsche Literatur, Band 2, Teilband 1), C. H. Beck'sche Verlagsbuchhandlung, München 1975, S. 357 f. 57

Hildebrandslied, Älteres, aus: Altdeutsches Lesebuch, bearbeitet von Kurt Bona, Diesterweg, Frankfurt/M. 1968, S. 15–17 16

Merseburger Zaubersprüche, aus: Altdeutsches Lesebuch, bearbeitet von Kurt Bona, Diesterweg, Frankfurt/M. 1968, S. 12 14

Verschneiter Weg, aus: Altdeutsches Lesebuch, bearbeitet von Kurt Bona, Diesterweg, Frankfurt/M. 1968, S. 262 47

Wiener Passionsspiel. Maria Magdalena, aus: Mittelalter. Texte und Zeugnisse, hg. von Helmut de Boor, 1. Teilband (= Die deutsche Literatur, Band 1, Teilband 1), C. H. Beck'sche Verlagsbuchhandlung, München 1965, S. 262 f. 56

Bildquellenverzeichnis:

Umschlag: Universitätsbibliothek Heidelberg - © Klassik Stiftung Weimar, Fotothek/Fotograf: Geske - © david baltzer/bildbuehne.de

Aufklappbare Seiten (in der Reihenfolge ihres Vorkommens): Thilo Zimmermann; Verlagsarchiv Schöningh; bpk, Berlin, Archiv für Kunst und Geschichte (2); © akg-images; AKG, Berlin; Schiller Nationalmuseum/Deutsches Literaturarchiv Marbach; © Ursula Edelmann/Artothek; AKG, Berlin (2); Verlagsarchiv Schöningh; AKG, Berlin (3); Archiv/INTERFOTO; © picture-alliance/akg-images; INTERFOTO/Felicitas (2); dpa, Frankfurt; © picture-alliance; KEYSTONE (2); Fotoagentur SVEN SIMON GmbH Co Pressefoto KG; picture-alliance/akg-images; dpa; Verlagsarchiv Schöningh; ullstein-bild – Buhs-Remmler; © picture-alliance; Foto: dpa; © ullstein bild; © picture-alliance/dpa; © picture-alliance/SVEN SIMON

S. 13 u.: Dr. Ludwig Reichert Verlag Wiesbaden – S. 14 o.: Verlagsarchiv Schöningh; u.: AKG, Berlin – S. 16: Gesamthochschul-Bibliothek Kassel, Landesbibliothek Murhardsche Bibliothek der Stadt Kassel – S. 18, 28, 30, 33, 34, 37, 38, 44, 45, 51, 59, 61, 62, 64, 66, 67, 68, 75, 78, 79 u., 96, 98, 101, 108, 111, 122, 155, 170, 181, 194, 205, 207, 212, 215, 219, 221, 228, 235, 276, 310: Verlagsarchiv Schöningh – S. 25: Thilo Zimmermann – S. 35: Stadtarchiv Würzburg – S. 39 o.: Bildarchiv Foto Marburg; u.: Verlagsarchiv Schöningh – S. 46: Oswald von Wolkenstein – S. 65: Deutsches Volksliedarchiv V 2/872 – S. 76: Wikipedia Commons – S. 79: o.: Staatliche Kunsthalle Karlsruhe – S. 85, 87, 115, 124, 126, 127, 145, 148, 162, 165, 176, 180, 184, 185, 193, 204, 214, 232, 245, 326: AKG, Berlin – S. 92: © picture-alliance/akg-images – S. 100: © Rolf Hannes – S. 103: Deutsches Theatermuseum München – S. 105: Ruth Wilhelmi, Berlin – S. 106: Arthaus Musik GmbH 1984 – S. 110: © akg-images / Ehrt – S. 112: Fotograf: Electa Napoli – S. 114, 134 u., 197, 239: © akg-images – S. 117: Schiller Nationalmuseum, Deutsches Literaturarchiv Marbach – S. 121, 344: © picture-alliance/ZB – S. 123: Schiller-Nationalmuseum, Deutsches Literaturarchiv Marbach – S. 125: Städelsches Kunstinstitut, Frankfurt – S. 131: © picture-alliance/Bildagentur Huber – S. 134 o.: © picture-alliance/akg-images – S. 136, 196, 218: © picture-alliance – S. 143: AKG, Berlin/Erich Lessing – S. 152, 231, 253, 319 u.; bpk, Berlin – S. 164: © picture alliance/Arco Images GmbH – S. 189: Cinetext/Creaps – S. 206: © picture-alliance / dpa – S. 217: Insel Verlag/Verlagsarchiv Schöningh – S. 237: Bildarchiv Foto Marburg – S. 240: © VG Bild-Kunst, Bonn 2011 – S. 241: © akg-images/Erich Lessing – S. 242: © VG Bild-Kunst, Bonn 2011 – S. 243: AKG, Berlin/Viola Roehr von Alvensleben – S. 248: AKG Berlin/© VG Bild-Kunst, Bonn 2011 – S. 249: D.H. Teufen/INTERFOTO - S. 254: Archiv Gerstenberg – S. 255: Foto: dpa – S. 258: © The Heartfield Community of Heirs/VG Bild-Kunst, Bonn 2011 – S. 260: © Vera Tenschert – S. 266: Ullstein Bilderdienst – S. 268: bpk, Berlin/Foto: Friedrich Seidenstücker 1947 – S. 277: Hamburger Theatersammlung/Archiv Rosemarie Clausen – S. 283: Foto: dpa – S. 288, 289: Bilderdienst Süddeutscher Verlag – S. 293: © Steidl Verlag – S. 295 li.: Foto: dpa; re.: © picture-alliance/dpa – S. 300: Deutsches Theatermuseum, Archiv: Hildegard Steinmetz – S. 302: Ullstein Bilderdienst – S. 315: © VG Bild-Kunst, Bonn 2011/Foto: akg-images – S. 319 o.: SPIEGEL Nr: 34/1954 – S. 324: Hans-Georg Rauch/CCC – S. 335: © picture-alliance/Mary Evans Picture Library – S. 348: Hanefi Yeter, BerlinS. 351: Umschlag von Root Leeb zu dem Band von Rafik Schami: Erzähler der Nacht © 1994 – Deutscher Taschenbuch Verlag, München – S.352: Kiepenheuer & Witsch – S. 354: Petra Harrer/Interfoto – S. 360: © Rainer Madsen – S. 361: © picture-alliance/SVEN SIMON – S. 365: Senator/Cinetext – S. 370: Hanser Verlag – S. 375: © david baltzer/bildbuehne.de – S. 376: picture-alliance/akg-images/Erich Lessing – S. 378: © Heiko Sakurai

1933–1945

N. Sachs
(1891–1970)

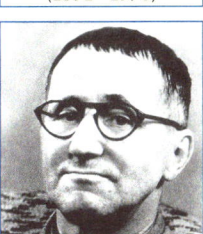

B. Brecht
(1898–1956)

Innere Emigration und Exil
Gedichte von
Gottfried Benn,
Reinhold Schneider,
Nelly Sachs;

Heinrich Manns Romane
(*Henri Quatre*);

Bertolt Brechts Episches Theater
(*Furcht und Elend des Dritten Reiches*)

Die Herrschaft des Nationalsozialismus
Hitler wird Reichskanzler (1933);
Anschluss Österreichs (1938);
Zweiter Weltkrieg (1939–1945);
Exilanten auf der Flucht;
systematische Ermordung von Juden (ab 1942/43);
Atombombenabwürfe über Hiroshima und Nagasaki durch die Amerikaner (1945);
nationalsozialistische Bücherverbrennung (1933);
„Gleichschaltung" aller kulturellen Bereiche (Goebbels);
Beschlagnahme „Entarteter Kunst";
Monumentalkunst und -architektur (Arno Breker, Albert Speer);
Theater: Gustav Gründgens;
Film: Leni Riefenstahl;
„Volksempfänger" (Radio), Film (*Jud Süß*, *Hitlerjunge Quex*) als Propagandamittel;
VW-Käfer (Auto);
Urankernspaltung (1938) durch Otto Hahn und Lise Meitner

1945–1949

E. Langgässer
(1899–1950)

W. Borchert
(1921–1947)

Vergangenheitsbewältigung und Neuanfang (1945–1949)

Günter Eich: *Inventur*;
Paul Celan: *Todesfuge*;

Elisabeth Langgässer: *Untergetaucht*;

Wolfgang Borchert: *Draußen vor der Tür*

Nachkriegszeit
UNO-Erklärung der Menschenrechte (1948);
Übernahme der obersten Regierungsgewalt in Deutschland durch die vier Siegermächte;
Aufteilung Deutschlands in vier Besatzungszonen, Groß-Berlins in vier Besatzungssektoren;
Wiederherstellung Österreichs in den Grenzen von 1937 und seine Aufteilung in vier Besatzungszonen (1945);
schwere seelische und wirtschaftliche Not der deutschen Bevölkerung; wirtschaftlicher Wiederaufstieg und Wiedererlangung politischer Selbstbestimmung und Freiheit vollziehen sich in der Bundesrepublik dank der Westmächte erfolgreich und schnell; die sowjetisch besetzte Zone kann unter dem Druck des ihr von der Besatzungsmacht aufgezwungenen kommunistischen Systems nur langsam die Kriegsfolgen beseitigen;
Schriftstellervereinigung „Gruppe 47" (1947–1967)

1949–1990

H. Böll
(1917–1985)

G. Wohmann
(geb. 1932)

Ch. Wolf
(geb. 1929)

R. Kunze
(geb. 1933)

I. Bachmann
(1926–1973)

M. Frisch
(1911–1991)

Literatur der Bundesrepublik Deutschland und der DDR

Literatur der Bundesrepublik Deutschland

Gedichte von Hans Magnus Enzensberger, Marie Luise Kaschnitz, Franz Mon, Yaak Karsunke, Wolf Wondratschek, Ulla Hahn;
Heinrich Bölls Prosa (*An der Brücke*);
Günter Grass: *Blechtrommel*;
Gabriele Wohmanns Kurzgeschichten (*Flitterwochen, dritter Tag*);
Wolfdietrich Schnurre: *Beste Geschichte meines Lebens*;
Peter Weiss: *Die Ermittlung* (Dokumentartheater)

Literatur der DDR – Sozialistischer Realismus
Gedichte von Peter Huchel, Stephan Hermlin, Volker Braun, Reiner Kunze, Wolf Biermann;
Christa Wolf: *Der geteilte Himmel*;
Irmtraud Morgner: *Trobadora Beatriz*;
Heiner Müller: *Der Lohndrücker*

Deutschsprachige Literatur

Österreichische Literatur
Gedichte von Ingeborg Bachmann, Ernst Jandl (konkrete Poesie), Rose Ausländer, Erich Fried;
Ilse Aichinger: *Wo ich wohne*;
Thomas Bernhard: *Umgekehrt*;
Peter Handkes Sprechstück *Kaspar*

Schweizer Literatur
Konkrete Poesie von Kurt Marti, Claus Bremer, Eugen Gomringer; Max Frisch: *Homo faber*;
Peter Bichsel: *San Salvador*;
Friedrich Dürrenmatt: *Die Physiker*

Bundesrepublik Deutschland und DDR

Gründung der Bundesrepublik Deutschland und der DDR (1949);
Arbeiteraufstand in der DDR (1953);
Österreich erreicht volle Unabhängigkeit;
Abzug der Besatzungstruppen (1955);
Bundesrepublik Deutschland in der NATO, DDR im Warschauer Pakt (1955);
EWG-Vertrag tritt in Kraft (1958);
Bau der Berliner Mauer (1961);
Kuba-Krise; Höhepunkt des Kalten Krieges (1962);
Vertrag über die deutsch-französische Zusammenarbeit (Adenauer – De Gaulle, 1963);
Beginn des Vietnam-Krieges (1964);
Studentenunruhen in der Bundesrepublik Deutschland (1968);
Deutsch-polnischer Vertrag in Warschau (1970); ein Jahr später: Friedens-Nobelpreis für Willy Brandt;
Ausbürgerung Wolf Biermanns aus der DDR (1967);
Neue Partei: Die Grünen (1980);
Liberalisierung Osteuropas seit 1985 (Gorbatschow);
Fall der Berliner Mauer (1989);
Wiedervereinigung Bundesrepublik Deutschland/DDR (1990)
Kultur: 1949 Einführung des UKW-Rundfunks; ab 1952 regelmäßige Fernsehsendungen (ab 1967 Farbfernsehen in der BRD);
französischer Existenzialismus (Jean-Paul Sartre) wird in den 50er-Jahren Mode;
Gründung der „Gruppe 61" (Literatur der Arbeitswelt); 1972 erhält Heinrich Böll den Nobelpreis für Literatur;
„Postmoderne";
Pop-Art (Andy Warhol); Joseph Beuys, Künstler;
Film: ital. Neorealismus (Pasolini, Visconti); in Deutschland verfilmt Reiner Werner Fassbinder Döblins *Berlin Alexanderplatz*;
wachsendes Umweltbewusstsein (v.a. seit dem AKW-Unfall in Tschernobyl/UdSSR 1986)